ERINNERUNGEN AN RUDOLF STEINER

Gesammelte Beiträge aus den
„Mitteilungen aus der anthroposophischen Arbeit
in Deutschland" 1947—1978

Herausgegeben von
Erika Beltle und Kurt Vierl

VERLAG FREIES GEISTESLEBEN

Einband: Walter Krafft
© 1979 Verlag Freies Geistesleben GmbH, Stuttgart
Satz und Druck: Hans Hawelka, Stuttgart
ISBN 3 7725 0712 3

BEGEGNUNGEN MIT RUDOLF STEINER

Inhalt

Vorwort	9
Emil Bock, Der Schritt von der Theosophischen zur Anthroposophischen Gesellschaft	11
Rudolf Rissmann, Rudolf Steiner Anfang des Jahrhunderts	21
Albert Schweitzer, Meine Begegnung mit Rudolf Steiner	33
Hedwig Denekamp/Walther Bühler, Der Lehrer, der nicht schimpfte	37
Georg Hartmann, „Welche Fehler würdest du am ersten entschuldigen?"	43
Maximilian Gümbel-Seiling, Eine Weihnachtsfeier mit Rudolf Steiner	47
Margarita Woloschin, Aus Tagebuchaufzeichnungen	50
Marie Steiner, Über die Mysterienspiele in München und die Ursprünge des Baues	76
Maximilian Gümbel-Seiling, Münchener Aufführungen der Mysteriendramen	81
Lutz Kricheldorff, Die Münchener Mysterienspiele	94
Oskar Schmiedel, Erinnerungen an die Proben zu den Mysterienspielen in München 1910—1913	99
Lory Maier-Smits, Erste Lebenskeime der Eurythmie	104
Erna van Deventer-Wolfram, Leben und Schicksal im Schatten Rudolf Steiners	120
Gerhard Klein, Pfarrer Paul Klein und Rudolf Steiner	135
N. Grosheintz-Laval, Die Feier der Grundsteinlegung zum ersten Goetheanum am 20. September 1913	143
Max Benzinger, Von einem Augenzeugen der Grundsteinlegung	148

Leopold van der Pals, Erinnerungen eines Musikers aus den Anfängen der Weihnachtsspiele	153
Karl Schubert, Die Weihnachtsspiele	155
Hermann Ranzenberger, Weihnachtsspiele in Dornach zur Zeit Rudolf Steiners	159
Erna van Deventer-Wolfram, Eine Begegnung Christian Morgensterns mit der Eurythmie	166
Walter Conradt, Kleine Erinnerung	169
Martin Münch, Der Lehrer	171
Annemarie Dubach-Donath, Aus der eurythmischen Arbeit mit Rudolf Steiner	174
W. Lothar Gärtner, Herren-Eurythmie	180
Adelheid Petersen, Dornach in den Jahren 1914/1915	184
Viktor Stracke, Wie es zu den Arbeitervorträgen am Goetheanum kam	197
Assja Turgenieff, Arbeiter und Künstler am Goetheanum	205
Johannes Neumeister, Zur Situation des Jahres 1919	209
Hans Kühn, Wie es zur Dreigliederungsbewegung kam	215
Adelheid Petersen, Rudolf Steiner über Vortragstätigkeit und Zweigarbeit	232
Wilhelm Rath, Studentensorgen in den zwanziger Jahren	239
Herbert Hahn, Begegnungen mit Rudolf Steiner als Auftakt der Waldorfpädagogik	244
Emil Molt, Von der Gründung der Waldorfschule	249
Rudolf Treichler d. Ä., Wege und Umwege zu Rudolf Steiner	258
Max Wolffhügel, Aus meinem Leben	270
Nora von Baditz-Stein, Aus der eurythmischen Arbeit in Dornach und an der Waldorfschule in Stuttgart	276
Martha Haebler, Meine Erinnerungen an Rudolf Steiner	280
Hans Theberath, Aufzeichnungen für einen Vortrag	292
Gottfried Husemann, Die Begründung der Christengemeinschaft	297
Rudolf von Koschützki, Erinnerungen eines Priesters	313
Gerhard Klein, Berlin im Frühjahr 1922	320

Hans Büchenbacher, München 1922	323
Wilhelm Rath, Erinnerungen an den West-Ost-Kongreß in Wien Pfingsten 1922	327
Gladys Mayer, In Wien erlebt	337
Heinz Müller, Lebenswege zu und mit Rudolf Steiner	340
Ernst Lehrs, Aus den Anfängen meiner Mitgliedschaft in der Anthroposophischen Gesellschaft	383
Wilhelm Rath, Von der Begegnung der Jugend mit Rudolf Steiner, Michaeli 1922	394
Wilhelm Rath, Das große Fest des Menschenherzens	404
Max Stibbe, Rudolf Steiner bei der Begründung der „Anthroposophischen Vereinigung in Nederland"	418
Willi Kux, Erinnerungen an Rudolf Steiner	424
Wilhelm Rath, Berliner Erinnerungen aus der Zeit der Weihnachtstagung	432
Rudolf Meyer, Pfingsttagung in Koberwitz 1924	441
Siegfried Pickert, Von Rudolf Steiners Wirken bei der Begründung der heilpädagogischen Arbeit	447
Kurt v. Wistinghausen, Die Breslauer Jugendansprachen Rudolf Steiners, Juni 1924	454
Wilhelm Rath, Anthroposophischer Landbau	460
Moritz Bartsch, Ein Schlesier berichtet	470
Willi Kux, Aus dem Dornacher Leben im Jahre 1924	479
Ernst Weißert, Neustiftung der Dramatischen Kunst	487
Kleine Streiflichter	497
Bibliographie	507

Vorbemerkung

Rudolf Steiner tritt von Jahr zu Jahr stärker in das Interesse der Öffentlichkeit. In immer neuen Publikationen erscheint sein Name, mehr oder weniger verbunden mit einem seiner in der Welt sich ausbreitenden kulturerneuernden Impulse, wie etwa der Waldorfpädagogik, der biologisch-dynamischen Landwirtschaft, der Medizin, der Architektur, der Eurythmie u. a. m.

Wer war diese Persönlichkeit, die in so umfassender Weise aus dem Geiste heraus zu schöpfen vermochte? Wie wurde sie erlebt in der Begegnung von Mensch zu Mensch?

Auf diese Fragen suchen die verschiedenen Beiträge dieses Buches, jeweils aus dem persönlichen Erleben und der individuellen Sicht der Verfasser, eine Antwort zu geben. Die so entstandenen Erinnerungen an Rudolf Steiner sind ausnahmslos in der Zeitschrift *Mitteilungen aus der anthroposophischen Arbeit in Deutschland*, die jetzt im 33. Jahrgang erscheint, veröffentlicht worden. Es war ein Anliegen der Redakteure, insbesondere auch von Fritz Götte und Jürgen von Grone, solche Erinnerungen zu sammeln, um sie auf diese Weise vor dem Vergessen zu bewahren.

Das Schicksal von Zeitschriften ist es jedoch, daß sie nach einiger Zeit aus dem Gesichtskreis entschwinden. Die einzelnen Beiträge — beispielsweise solche Erinnerungen — sind nicht mehr auffindbar. So wurde immer wieder der Wunsch wach, diese einmal gesammelt vor sich zu haben. Der letzte Anstoß, daß diese Arbeit tatsächlich in Angriff genommen wurde, kam im vergangenen Herbst von Dr. med. Gerhard Kienle.

Nun galt es, die vielen Jahrgänge der *Mitteilungen* zu sichten, die Erinnerungsbeiträge zu ordnen, neu zu redigieren und in eine chronologische Folge zu bringen. Dabei war es nicht zu vermeiden, daß sich ab und zu ein Thema wiederholt oder auch zeitlich überschneidet.

Es sind diese Begegnungen also nicht für ein Buch aufgeschrieben worden, das von vornherein für die Öffentlichkeit bestimmt ist, sondern sie waren für den intimen Rahmen einer Zeitschrift „nur für Mitglieder der Anthroposophischen Gesellschaft" konzipiert, innerhalb welchem ein bestimmtes Verständnis sowohl für den Inhalt als auch für die Formulierung vorausgesetzt werden konnte. Sie wurden für Menschen geschrieben, die der Anthroposophie Rudolf Steiners nahestehen und mit ihrer Terminologie vertraut sind. Das ist in die Ausdrucksweise der einzelnen Beiträge, deren Stil wir beibehalten wollten, eingeflossen.

Zusammengeschaut ergeben diese Aufzeichnungen ein reiches Anschauungsmaterial vom Ringen Rudolf Steiners im Kampf um die Erneuerung der Kultur. Auf allen Gebieten, wo ihn Menschen um seinen Rat gebeten haben, gab er ihn in überströmender, bis heute nicht auszuschöpfender Fülle.

Die Beiträge der meistenteils heute nicht mehr im Leben weilenden Verfasser schildern Begegnungen mit Rudolf Steiner vom Anfang des Jahrhunderts bis zu seinem Tode im Jahre 1925. Lediglich der Artikel von Lic. Emil Bock enthält keine unmittelbare persönliche Erinnerung, er wurde aus biographischen Gründen und zur geistesgeschichtlichen Orientierung den übrigen Beiträgen vorangestellt.

So möchten sich diese Aufzeichnungen, die auch vom Menschen Rudolf Steiner ein Bild geben, seinem umfassenden Werk ebenso wie den vielen bereits vorliegenden Erinnerungsbüchern seiner Schüler ergänzend an die Seite stellen.

Stuttgart, im Juli 1979 *Erika Beltle*

EMIL BOCK

Der Schritt von der Theosophischen zur Anthroposophischen Gesellschaft

In den Tagen vom 18. bis 21. Oktober 1902 fand in Berlin in Anwesenheit von Mrs. Annie Besant die Gründungsversammlung der deutschen Sektion der Theosophischen Gesellschaft statt. Dr. Rudolf Steiner wurde zum Generalsekretär gewählt und eingesetzt. Das halbe Jahrhundert, das wir überschauen, wenn wir auf jene Oktobertage zurückblicken, umfaßt Unerhörtes: Schicksalskatastrophen, die einem Weltuntergang gleichkommen; aber auch, vorher beginnend, wie zur inneren Ausrüstung der Menschheit für ihren schweren Weg, Offenbarungsgaben des Himmels in unerschöpflicher Fülle: den Teil im Lebenswerke Rudolf Steiners, der im speziellen Sinne der Geistesforschung gewidmet war. Heute ist deutlich zu erkennen, welchen entscheidenden Knotenpunkt in der Geistesentwicklung dasjenige darstellt, was damals unscheinbar in kleinem Kreise in Berlin geschah.

Am Sonnabend, dem 18. Oktober, wurden abends Vorbesprechungen abgehalten, an denen wohl nur einige wenige Persönlichkeiten teilnahmen.

Am nächsten Tage, dem 19. Oktober, traten mittags in der Theosophischen Bibliothek (nahe am Bahnhof Charlottenburg: Kaiser-Friedrich-Straße 54a) die Mitglieder zusammen, die als Abgesandte der kleinen, im Entstehen begriffenen deutschen Gruppen nach Berlin gekommen waren. Dr. Steiner leitete die Besprechungen mit einer Ansprache ein. Seine Worte sind in der damaligen Berichterstattung wie folgt zusammengefaßt worden:

„Wer die Zeichen der Zeit versteht, dem kann es nicht entgehen, daß wir vor einer neuen Geistesepoche stehen, daß sich eine neue Wende vorbereitet, die ebenso wichtig und bedeutsam ist, wie die zu Zeiten Augustins oder etwa des 16. Jahrhunderts, ein Wandel, in dem speziell Deutschland zu etwas ganz Großem berufen ist; der deutschen Wissenschaft fällt dem Materialismus gegenüber die wichtigste Aufgabe zu. Nur Hand in Hand mit ihr werden wir wirken können."

Innerhalb eines Menschenkreises, der sich die Pflege der „alten Weisheit", die aus dem Orient stammt, zur Aufgabe gemacht hatte, bedeuteten diese Worte das flammende Anfangssignal für einen im Einklang mit echter Naturwissenschaft zu entwickelnden abendländischen Okkultismus und damit einer von der Ichkraft des Menschen zu erobernden „neuen Weisheit". In den Zuhörern kann kaum mehr als eine erste Ahnung von dem lebendig geworden sein, was sich hier als ein radikal Neues ankündigte.

Nachmittags um 6 Uhr beendete man die Besprechungen, und 25, also die Hälfte der Teilnehmer, begaben sich zum Bahnhof Friedrichstraße, um Annie Besant abzuholen, die um 7 Uhr ankam.

Am Montag, dem 20. Oktober, erfolgte die eigentliche Sektionsgründung. Mrs. Besant überreichte Rudolf Steiner feierlich im Namen des Präsidenten die Beauftragungsurkunde für die neubegründete Sektion, die aus zehn Logen bestand (Berlin, Charlottenburg, Düsseldorf, Hamburg, Hannover, Kassel, Leipzig, Lugano, München, Stuttgart). Daran schloß sich ein geselliges Beisammensein an, bei welchem 50 bis 60 Personen Gäste bei Marie von Sivers waren. Annie Besant hielt eine Ansprache. Den Abschluß des Tages bildete ein Vortrag von Rudolf Steiner über *Praktische Karma-Übungen* in einem vegetarischen Restaurant vis-à-vis des Zentral-Hotels.

Der Dienstag (21. Oktober) brachte eine Bewirtung der Teilnehmerschaft in Charlottenburg bei Frau von Holten, die zum Schatzmeister der Sektion gewählt worden war. Damit war eine ausführliche Fragenbeantwortung durch Annie Besant verbunden. Am Abend hielt Mrs. Besant im Hotel Prinz Albrecht vor etwa 400 Zuhörern in englischer Sprache einen öffentlichen Vortrag über das Thema: „Theosophy, its meaning and objects" (Die Theosophie, ihr Ziel und ihre Inhalte). Ganz Berlin prangte im Flaggen- und Girlandenschmuck, der allerdings nicht der stillen Gründungstagung, sondern dem morgigen Geburtstag der deutschen Kaiserin galt. Dr. Steiner faßte den Vortrag am Schluß auf Deutsch zusammen. In der Einleitung, mit der er den Abend eröffnete, flammte das gleiche Feuerzeichen einer neuen Geistepoche auf wie bei der Eröffnung der internen Zusammenkunft, jetzt aber vor der breiten Öffentlichkeit. Im „Vâhan" wird darüber referiert:

„Viele mochten, so sagte er, überrascht gewesen sein, als er sich vor etwa 14 Tagen im Giordano-Bruno-Bunde öffentlich zur Theosophie bekannt habe. Aber wie Giordano Bruno damals, sich auf Keplers Entdeckungen stützend, die Anerkennung einer neuen Weltanschauung forderte, so bringe die Theosophie heute eine neue Weltanschauung, und wir ständen heute genau wie damals an einem welthistorischen Wendepunkte. Heute nun sei die Deutsche Sektion gegründet worden und aus diesem Grunde die hervorragendste Vertreterin der theosophischen Bewegung nach hier gekommen, um die ersten Worte öffentlich zu sprechen."

Zwei Tage darauf, am Donnerstag, dem 23. Oktober, folgte in der Stille noch ein für den inneren Duktus der Arbeit wichtiges Ereignis: Mrs. Besant nahm Dr. Steiner und Fräulein Marie von Sivers in die „Esoterische Schule" (E. S.) auf. Dieser streng ordensmäßige Zusammenhang war von H. P. Blavatsky gestiftet worden. Die derzeitige Leitung lag nicht bei Olcott, dem Präsidenten der Theosophical Society, sondern bei A. Besant, die bisher unbestrittenermaßen die geistige Führung der theosophischen Bewegung innehatte. Die Zugehörigkeit Rudolf Steiners zur E. S. ergab sich aus seiner Aufgabe als Generalsekretär. Zwei Jahre danach begann Rudolf Steiner im Einverständnis mit Mrs. Besant eine selbständige aktiv-leitende Wirksamkeit innerhalb der E. S. Und noch ein Jahr später, am 24. Oktober 1905, hielt er in Berlin die erste der E.-S.-Stunden, die in der Stille (bis Juli 1914) einen starken Strom völlig unabhängiger schöpferischer neuer Geistigkeit bildeten.

In der Tat mußte es für alle, die Rudolf Steiners bisherige literarische Wirksamkeit kannten, überraschend und zunächst völlig unverständlich sein, ihn als führende Persönlichkeit innerhalb der theosophischen Bewegung wiederzufinden. War er nicht immer als schonungslos-konsequenter Freigeist hervorgetreten, allem Traditionellen und Nebulos-Gefühlsmäßigen abhold: sei es in seinen philosophischen Schriften, in seiner Literatur-, Theater- und Zeitkritik, sei es in seiner Arbeit an der Herausgabe der naturwissenschaftlichen Werke Goethes? Welche seltsame Schwenkung hatte ihn zum Theosophen gemacht und zum Funktionär einer innerlich ganz auf Indien eingestellten Gesellschaft?

Was böswillige Zungen damals getuschelt haben mögen, Rudolf Steiner probiere es jetzt einmal auf einem ganz anderen Felde, weil er mit seinem bisherigen Wirken ohne Erfolg geblieben sei, wurde durch die Tatsachen widerlegt. Nie war die Zahl der Vorträge und Lehrkurse, zu denen er von den verschiedensten Seiten aufgefordert wurde, größer als zu Beginn des neuen Jahrhunderts, d. h. in der Zeit, als er, gleichfalls gerufen, für die Theosophie einzutreten begann. Jeder Tag in der Woche war besetzt.

Drei Kurse liefen regelmäßig nebeneinander in der *Arbeiterbildungsschule*, die von dem sozialdemokratischen Revolutionär Wilhelm Liebknecht begründet worden war und von jungen Proletariern besucht wurde. Dienstags war der Hauptkurs, durchweg mit groß-historischen Themen. Bis zum Sommer 1902 war das Thema behandelt worden: „Die Literaturgeschichte von Luther bis zur Gegenwart". Am 7. Oktober hatte ein neuer Kurs begonnen: „Die Entwicklung des Weltalls und das soziale Leben der Tiere". Die beiden anderen Kurse hatten mehr den Charakter von seminaristischen Übungen: „Übungen in mündlicher Rede und im schriftlichen Aufsatz" (freitags); „Redeübungen für Fortgeschrittene" (sonntags).

In der von dem Friedrichshagener Kreise um Wilhelm Bölsche und Bruno Wille gegründeten *Freien Hochschule* hatte am 15. Oktober 1902 ein zehnstündiger Kurs über „Deutsche Geschichte von der Völkerwanderung bis ins 12. Jahrhundert" begonnen, der jeweils mittwochs gehalten wurde.

In dem aus dem gleichen Kreise heraus entstandenen „Giordano-Bruno-Bund für einheitliche (monistische) Weltanschauung" hatte Rudolf Steiner schon seit 1900 immer wieder einmal mitgewirkt. Im Jahre 1902 aber hatten die prägnanten, vorwärtsstürmenden Thesen, die er gerade in diesen Zusammenhang hineingeworfen hatte, dazu geführt, daß er zu einer ganzen Reihe von Vorträgen aufgefordert wurde. Am 8. Oktober hatte er sich dort zum ersten Male öffentlich zur Theosophie bekannt, worauf er in der Einleitung zum Besant-Vortrag am 21. Oktober hinwies. Das Thema war gewesen: „Monismus und Theosophie". Acht Tage darauf, am 15. Oktober, war heftig über diesen Vortrag diskutiert worden.

Die Kommenden nannte sich ein Kreis von Künstlern, Gelehrten und Schriftstellern, der sich im Gefühl des Anbruchs einer neuen Ära ganz besonders der Zukunft verschworen hatte. Ludwig Jacobowski hatte diesen Kreis gegründet und geführt. Nach dem frühen Tode des befreundeten Dichters nahm Rudolf Steiner sich mit besonderer Hingabe der verwaisten Aufgabe an. Am 9. Mai 1901 hatte er dort bei der Trauerfeier für Jacobowski gesprochen. Bald darauf hatte er einen Kursus begonnen, der immer donnerstags stattfand und bis in die Osterzeit 1902 auf 24 Vorträge angewachsen war. Bei den „Kommenden" ließ er die Weltkinder am deutlichsten in die Erkenntnissphäre hineinschauen, die sich ihm seit 1899 in neuer Art aufgetan hatte, und so lautete das Thema dieser ersten großen Vortragsreihe „Von Buddha zu Christus". Einzelvorträge über „Das Goethesche Märchen" und „Das Wesen der Mysterien" waren im Winter 1901/02 noch dazugekommen. Am 6. Oktober hatte nun ein neuer Vortragszyklus begonnen, der immer montags lief und schließlich (April 1903) 27 Vorträge zählte. Er hatte einen Doppeltitel, von dem der letzte Bestandteil im Stillen doch den ganzen Akzent trug: „Von Zarathustra bis Nietzsche. Entwicklungsgeschichte der Menschheit an Hand der Weltanschauungen von den ältesten orientalischen Zeiten bis zur Gegenwart oder Anthroposophie". Auf den Montag, an welchem sich dieser Kursus mit der Sektions-Gründungsversammlung überschnitt, kommen wir noch zu sprechen.

Nur an einer Stelle hatte die Vortragstätigkeit Dr. Steiners in den Jahren 1901/02 die Kreise der Theosophischen Gesellschaft bereits berührt. *Gräfin und Graf Brockdorff* hielten allwöchentlich bei sich offene Vortragsabende ab, zu denen sie aus allen Zweigen und Lagern des Geisteslebens Redner einluden. Sie waren Mitglieder der Theosophischen

Gesellschaft und hatten in ihre Wohnung in der Kaiser-Friedrich-Straße 54 a die „Theosophische Bibliothek" aufgenommen. Sie luden im September 1900 auch Rudolf Steiner ein, in welchem sie jedoch auf keine Weise einen jetzigen oder zukünftigen Theosophen vermuten konnten. An zwei aufeinander folgenden Samstagen sprach er nun also in der Theosophischen Bibliothek über „Nietzsche" und „Goethes geheime Offenbarung". Der Nietzsche-Vortrag war ein Gedenken an den genialen Denker, der am 25. August endlich hatte sterben dürfen. Der Vortrag über Goethes Märchen bezog sich noch auf Goethes 150. Geburtstag am 28. 8. 1899. Der Kontakt war sofort in überraschender Art vorhanden, so daß man Dr. Steiner bat, gleich am nächsten Sonnabend mit einem fortlaufenden Kurs zu beginnen. In 27 Vorträgen (vom 6. Oktober 1900 bis zum 27. April 1901) entstand so der Inhalt des Buches „Die Mystik im Aufgang des neuzeitlichen Geisteslebens", und an weiteren 25 Abenden (vom 5. Oktober 1901 bis 22. März 1902) der Inhalt des Buches „Das Christentum als mystische Tatsache". Am Schauplatz dieser Kurse fand nun die Gründungsversammlung statt, bei welcher Rudolf Steiner die Leitung des deutschen Zweiges der Theosophischen Gesellschaft übernahm. Ein neuer Zyklus begann dann sogleich am Sonnabend nach der Gründungszusammenkunft (25. Oktober): „Fortlaufende Vorträge über das Gesamtgebiet der Theosophie".

Daß Rudolf Steiner, als er die Aufgabe eines Generalsekretärs in der Theosophischen Gesellschaft übernahm, voll und ganz ein Eigener blieb und keinen Fingerbreit von seinen ureigensten Geisteswegen abwich, daß er also nicht in die Pflege asiatisch-theosophischer Traditionen eintrat, geschweige denn, daß er eine „Schwenkung" gemacht hätte, ist schließlich auch daran abzulesen, wie die Fäden seiner bisherigen Vortrags- und Lehrtätigkeit durch jene Oktober-Gründungstage hindurch weiterlaufen. Nur eine Kursstunde ließ er ausfallen, nämlich die in dem kosmologischen Lehrgang, den er in der Arbeiterbildungsschule hielt; sie hätte zu gleicher Zeit mit dem öffentlichen Vortrag von A. Besant stattfinden müssen. Die „Redeübungen" in der Liebknechtschule sowie den Geschichtskurs in der „Freien Hochschule" führte er auch in den Tagen der Gründungsversammlung durch (Sonntag und Mittwoch). Vor allem aber ließ er es sich nicht nehmen, bei den „Kommenden" den Kursus „Von Zarathustra bis Nietzsche", der auch den Titel „Anthroposophie" trug, weiterzuführen, obwohl dieser auf den Tag fiel, an welchem die feierliche Konstitution der deutschen Sektion und seine Einsetzung zum Generalsekretär stattfand. Während nach Überreichung des Charters die Festgesellschaft bei Marie von Sivers zu Gast ist und der Ansprache von Annie Besant lauscht, stiehlt sich Dr. Steiner aus dem *theosophischen*

Kreise hinweg, um vor den Weltkindern, die sich die „Kommenden" nannten, über *Anthroposophie* zu sprechen. Erst abends kehrt er zurück. Aber mit dem Thema, über das er dann spricht, „Praktische Karma-Übungen", möchte er gesteigert das fortsetzen, was er nachmittags „draußen" dargestellt hat. Von dem radikal Neuen, dem erst vom Himmel herunter zu holenden geistigen Zukunftseinschlag, spricht er nicht nur in der Form eines Postulates oder Programmes, wie er es am Sonntag zur Eröffnung der Theosophischen Tagung getan hat, und wie er es am Dienstag zur Einleitung des Besant-Vortrags wieder tun wird: er unternimmt es mit unbeirrter Tatkraft, das Neue sogleich konkret in die Gegenwart hereinzubauen.

Rudolf Steiner ist oft darauf zu sprechen gekommen, wie im Stundenplan des 20. Oktober 1902 das Schicksal selbst die allerdeutlichste Rune geschaffen habe für seinen spirituellen Weg und Auftrag, vor allem für sein Drinnenstehen in Theosophie und Anthroposophie. Zwei Stellen seien hier zitiert. Im „Lebensgang" heißt es:

„Niemand blieb im Unklaren darüber, daß ich in der Theosophischen Gesellschaft nur die Ergebnisse meines eigenen forschenden Schauens vorbringen werde... als in Berlin im Beisein von Annie Besant die Deutsche Sektion der Theosophischen Gesellschaft begründet und ich zu deren Generalsekretär gewählt wurde, da mußte ich von den Gründungssitzungen weggehen, weil ich einen der Vorträge vor einem nicht theosophischen Publikum zu halten hatte, in dem ich den geistigen Werdegang der Menschheit behandelte und bei denen ich im Titel: ‚Eine Anthroposophie' ausdrücklich hinzugefügt hatte. Auch Annie Besant wußte, daß ich, was ich über die Geistwelt zu sagen hatte, damals unter diesem Titel in Vorträgen vorbrachte."

Aus dem Vortrag *Neues Denken und Neues Wollen* (Stuttgart, 6. Februar 1923):

„Ich habe die Theosophische Gesellschaft nicht gesucht. Man hat dasjenige, was in jenen Vorträgen (‚Die Mystik...') rein aus der Verfolgung meiner eigenen Weltanschauung entsprungen war, für dasjenige gehalten, was einen dazu geführt hat zu sagen: Die Theosophen wollen dasjenige hören, was da zu hören ist... Ich fand keine Veranlassung, nicht nachzukommen der Aufforderung, innerhalb der Theosophischen Gesellschaft das zu vertreten, was ich selber aus der geistigen Welt heraus zu vertreten habe. Daß es aber als Anthroposophie vertreten worden ist, mag eben daraus hervorgehen, daß in derselben Zeit, und zwar in denselben Stunden, als die deutsche Sektion der Theosophischen Gesellschaft in Berlin gegründet worden ist, ich — abgesondert davon — meinen damaligen Vortragszyklus über Anthroposophie gehalten habe, der auch so benannt war. Auf der einen Seite ist die deutsche Sektion der Theosophischen Gesellschaft gegründet worden, — und *ich* habe meinen Vortragszyklus über *Anthroposophie* damals gehalten. Also es hat sich darum gehandelt, von Anfang an nicht irgend etwas anderes zu vertreten als Anthroposophie ... Durch die erste Phase hindurch war also gewissermaßen die Anthroposophische Gesellschaft in einer Art embryonalen Lebens innerhalb der Theosophischen Gesellschaft ..., eine Art Embryo war sie in der Theosophischen Gesellschaft. Sie hatte innerhalb dieser ersten Phase ihre ganz besondere Aufgabe: ... demjenigen, was in der Theosophischen Gesellschaft vorlag — und das war die traditionelle Aufnahme uralter orientalischer Weistümer — *entgegenzusetzen die Spiritualität der abendländischen Zivilisation mit dem Mittelpunkt des Mysteriums von Golgatha*".

Mehr als es auf den ersten Blick erkennbar ist, verbirgt sich hinter dem Thema, das Rudolf Steiner für den von ihm selbst innerhalb der Gründungsversammlung zu haltenden Vortrag wählte, die unbeirrbare Entschlossenheit und Kühnheit, das radikal Neue in den gegebenen älteren Rahmen hineinzustellen. „Praktische Karma-Übungen", das klingt sehr schlicht und anspruchslos, bedeutete aber, daß Rudolf Steiner vorhatte, sogleich mit ganz konkreten Ergebnissen seiner geistigen Forschung hervorzutreten. Dem orientalisierenden Traditionalismus der Theosophen wollte er den Funken und Blitz unmittelbaren, stets neuen Schöpfertums entgegenstellen. In das wolkig-verschwommene, aus der Vor-Ich-Zeit stammende Reden von „Seelenwanderung" wollte er die klar konturierte, ganz aus dem freien Ich hervorgehende Anschauung von der „Wiederverkörperung des Menschengeistes" hineintragen. Und er wollte dies nicht in theoretischer Art, sondern durch Schilderung konkreter historischer Beispiele tun, so daß es kein Ausweichen geben konnte. Das Abendland sollte sprechen durch Enthüllung des konkreten Geschichtsgeheimnisses, klar abgehoben gegen die passive Geschichtslosigkeit des Orients.

Offenbar hat Rudolf Steiner an jenem Montagabend, als er aus dem Kreis der „Kommenden" zu den Theosophen zurückkehrte, dennoch das nicht wirklich sagen können, was zu sagen er sich vorgenommen hatte. Jedenfalls kam es zu den weiteren Vorträgen, die er unter dem Thema „Praktische Karma-Übungen" anzuschließen gedachte, nicht. Als er im Jahre 1924, nach der Weihnachtstagung, sein Lebenswerk mit der Fülle der Karmavorträge krönte, knüpfte er immer wieder an sein Vorhaben vom Abend jenes 20. Oktober an und sprach aus, daß er jetzt erst durch den neuen esoterischen Zug, der nach der Weihnachtstagung durch die Anthroposophische Gesellschaft gehe, voll verwirklichen könne, was sich damals infolge vorhandener Widerstände nicht so kühn, wie es nötig gewesen wäre, habe beginnen lassen.

Einige solche Stellen seien hier zitiert:

Prag, 31. März 1924: „Unsere erste Versammlung war so, daß ich in der Tat damals — ich möchte sagen: eine Art Ton angeben wollte für dasjenige, was eigentlich geschehen sollte... Ich hatte eigentlich vor, ganz unbefangen über die Wirkungsweise des Karma zu sprechen. — Nun waren auf der Versammlung... die Koryphäen der vorangegangenen theosophischen Bewegung, die mein Dasein dazumal als das eines Eindringlings empfunden haben und die von vornherein überzeugt waren, daß ich eigentlich keine Berechtigung habe, über etwas Inneres, Geistiges zu sprechen... Die ‚praktischen Karma-Übungen' waren angekündigt, aber kein Mensch hätte dazumal etwas von dem verstanden, am wenigsten die Koryphäen der Theosophischen Gesellschaft. Und so blieb dann das eine Aufgabe, die gewissermaßen unter der Oberfläche der anthroposophischen Strömung gepflegt werden mußte, die zunächst mit der geistigen Welt abgemacht werden mußte. Ich kann mich auch erinnern, wie erschrocken die Koryphäen damals gewesen sind, daß ein so verwegener Titel dazumal erschien."

Bern, 16. April 1924: „Ich habe bei der allerersten Versammlung... für einen Vortrag, den ich damals halten wollte, einen bestimmten Titel gewählt...: ‚Praktische Karma-Übungen'... Dazumal waren in der deutschen Sektion der Theosophischen Gesellschaft einzelne ältere Mitglieder..., die fingen an, förmlich zu beben davor, daß ich die Absicht hätte, in einer so esoterischen Weise anzufangen. Und in der Tat war keine Stimmung dazu da. Man konnte konstatieren, wie wenig vorbereitet die Seelen für so etwas waren. Es konnte in der Form, wie es damals beabsichtigt war, das Thema ‚Praktische Karma-Übungen' überhaupt nicht zur Geltung kommen. Die Verhältnisse machten es dazumal notwendig, daß eigentlich in einer viel exoterischeren Weise gesprochen wurde, als es damals beabsichtigt war. Aber es muß einmal mit dem wirklichen Esoterischen begonnen werden... und so kann eigentlich jetzt dort angeknüpft werden, wo damals beabsichtigt war, diesen esoterischen Zug in die Gesellschaft hineinzutragen."

Breslau, 9. Juni 1924: „Angekündigt war der Vortrag, gehalten konnte er nicht werden (gemeint ist doch wohl: so wie er beabsichtigt war, konnte er nicht gehalten werden) aus dem einfachen Grunde...: da waren die verschiedenen alten Mitglieder..., die hatten so ihre Vorstellungen von dem, was man sagen darf, was man nicht sagen darf; danach hatte sich aber das ganze Milieu, die ganze Atmosphäre gebildet. Die, welche die Leiter waren, wären ja Kopf gestanden, wenn man dazumal begonnen hätte, über praktische Karma-Übungen zu sprechen. Es war einfach die theosophische Bewegung nicht reif dazu. Es mußte erst vieles vorbereitet werden. Und... die Vorbereitung hat zwei Jahrzehnte gedauert... Es wird ... in der Zukunft rückhaltlos gesprochen werden innerhalb der Anthroposophischen Gesellschaft über dasjenige, was doch schon von Anfang an in der Absicht lag, wozu aber diese Anthroposophische Gesellschaft erst allmählich heranreifen mußte..."

Dornach, 5. September 1924: „Das erste, was ich dazumal einem ganz kleinen Kreise ankündigte, trug für ein paar Vorträge den Titel ‚Praktische Karma-Übungen'. Ich fühlte den allerlebhaftesten Widerstand gegen die Ausführung dieses Vorhabens... Es kam nicht zu diesen Vorträgen. Es kam nicht dazu, ... jene Esoterik zu pflegen, die in ganz unverhohlener Weise vom konkreten Wirken des menschlichen Karma in geschichtlichen Erscheinungen, in einzelnen Menschen gesprochen hätte... Damit kehren wir in einem gewissen Sinne zu dem Ausgangspunkt zurück."

Rudolf Steiner hat 1902 den Kampf dennoch nicht sogleich aufgegeben. Es ist geradezu erschütternd zu sehen, wie er in wichtigen Augenblicken den zunächst steckengebliebenen Vorstoß wiederholt. Bei der ersten Generalversammlung der deutschen Sektion — fortan wurden für das alljährliche Zusammenkommen, wenn irgend möglich, die gleichen Oktobertage gewählt, an denen die Gründungstagung stattgefunden hatte — behandelte Rudolf Steiner am Sonntag, dem 18. Oktober 1903, um 5.30 Uhr nachmittags, den gleichen Gegenstand, diesmal unter dem Thema „Okkulte Geschichtsforschung". Zwar geht aus dem Bericht, der in der Zeitschrift „Vâhan" darüber erschien, hervor, daß Dr. Steiner seine Kühnheit absichtlich dämpft, indem er die konkreten karmischen Angaben an Enthüllungen von H. P. Blavatsky u. a. anknüpft. Aber er läßt doch nicht locker und behält den Hebelpunkt, an dem er die Alte Welt aus den Angeln heben will, scharf im Auge:

„... Im Geistigen finden wir das Gebiet, wo die Ereignisse der Geschichte *entstehen*. Hier haben wir die wahren Ursachen für alles Geschehen auf Erden zu suchen, hier beraten sich die leitenden Personen der Geschichte Aug' in Auge mit den großen und unsichtbaren Führern der Menschheit. Erst wenn wir die Absicht erforschen, die jene zum Handeln trieb, begreifen wir die oft unerklärlichen Tatsachen der Geschichte.

So lebte z. B. im 15. Jahrhundert ein Kardinal Nikolaus von Cusa (Cusanus), der tiefe wissenschaftliche Einsicht hatte. Lange vor Kopernikus hatte er die doppelte Bewegung der Erde erkannt und gelehrt... Es war eine Art der Vorbereitung zu dem, was Kopernikus (geboren 1473) einer einsichtsvolleren Generation... mitteilen konnte. Die okkulten Forscher lehren nun übereinstimmend (und auch H. P. Blavatsky hat es offen ausgesprochen und im 3. Band der ‚Geheimlehre' angedeutet), daß Kopernikus niemand anders war als der wieder inkarnierte Kardinal Cusa... Noch zwei andere Beispiele führte der Redner aus..." —

Nach der Weihnachtstagung hatte Rudolf Steiner einmal — in den Karmavorträgen von Torquay (12. August 1924) — den Bann, den er 1902 noch nicht zu sprengen vermochte, der aber der geistigen Wucht der Weihnachtstagung weichen mußte, selber geistig enthüllt. Er beschreibt, wie er als junger Mensch zwischen seinem 28. und 35. Lebensjahr in den Anfängen des neuen Michael-Zeitalters, das 1879 begann, darinnengestanden habe.

„Hinter einem Schleier spielten sich gewaltige Erscheinungen ab, die sich alle herumgruppierten um das Geistwesen, das wir als Michael bezeichnen. Da waren mächtige Anhänger Michaels..., aber auch mächtige dämonische Gewalten, die sich auflehnten unter ahrimanischen Einflüssen gegen das, was durch Michael in die Welt kommen sollte... Ich mußte drinnenstehen in dieser Welt hinter dem Schleier..., in dieser Region des Michael, mußte mit durchmachen, was sich da abspielte... Hinter den Kulissen... in der Region des Michael, da wurden die großen Lebensfragen aufgeworfen... Diese Fragen... wirkten weiter in das 20. Jahrhundert herein. Und jedesmal, wenn man schon jahrzehntelang unter dem Einfluß dieser Fragen stand und lebte, dann war es dennoch so, wenn man die Dinge aussprechen wollte, als ob die Feinde des Michael immer kämen und einem die Zunge festhielten... Seit einiger Zeit (aber) kann über diese Dinge rückhaltlos gesprochen werden... (Jetzt ist es so), daß über die Zusammenhänge in den Erdenleben nunmehr rückhaltlos gesprochen werden kann. Denn das hängt zusammen mit der Enthüllung der Michael-Geheimnisse... Hinzugekommen ist, daß die Dämonen schweigen müssen, welche vorher die Dinge nicht haben aussprechen lassen."

RUDOLF RISSMANN

Rudolf Steiner Anfang des Jahrhunderts

Meine eigenen Erinnerungen an Rudolf Steiner aus der Frühzeit der anthroposophischen Bewegung sind nur spärlich. Ich war ja, als ich im Jahre 1904 ihm zum ersten Male die Hand reichen durfte, noch in den unteren Klassen der Volksschule. Glücklicherweise jedoch liegen Aufzeichnungen meiner Mutter Minna Rißmann vor. Gelegentlich finden sich Formulierungen, die auch vorkommen in dem liebevoll geschriebenen Buch von Margareta Morgenstern *Michael Bauer, ein Bürger beider Welten*. Frau Morgenstern hatte seinerzeit meine Mutter aufgefordert, über Michael Bauer zu berichten.

In den Aufzeichnungen (die im Nachstehenden mit M. R. gekennzeichnet sind) werden zunächst die Ereignisse geschildert, die sich im Verlauf von drei Jahren abspielen, bevor noch Rudolf Steiner in den kleinen Kreis um Michael Bauer trat. Niemand kannte den 29jährigen Volksschullehrer, der um die Jahrhundertwende mit Frau und drei schon größeren Stiefkindern nach Nürnberg zog. Zwölf Jahre später hielt der Unbekannte Vorträge, welche die Menschen tief bewegten, zusammen mit den erlesensten Männern der Stadt, mit Geyer, Rée und Rittelmeyer.

1901 war Michael Bauer erst wenige Monate in Nürnberg. Lediglich zwei Sonderlinge hatten seinen Namen vernommen, zwei Vegetarier, die einen wahren Kultus des Körperlichen betrieben, jedoch für geistige Fragen kein Verständnis aufbringen konnten. Beide waren Wegweiser. Der eine kannte durch irgendeinen Zufall Michael Bauer, der andere war mein Vater. Man möge es dem Sohn verzeihen, wenn er um des Zusammenhangs willen Vater und Mutter charakterisieren muß.

Die Mutter, mit einem Feuer-Temperament begabt, stammte aus einer Familie, die befreundet war mit Bechstein, Mörike, Heyse, vor allem mit Leopold Jacoby, dem Dichter und Denker. Als meine Mutter später einmal Rudolf Steiner über Jacoby fragte, erhielt sie die Antwort: „Eine bedeutende Erscheinung. Jacoby gehört eigentlich zu uns. Aber im vorigen Jahrhundert gab es eben noch keine Theosophie." Es dürfte sich lohnen, dieser Anregung Rudolf Steiners nachzuspüren.

M. R.: „Eines Sonntag-Nachmittags im Spätsommer 1901 gingen wir mit einem Bekannten spazieren, mein Mann, ich und die Kinder. Wir wanderten die Sulzbacher Straße hinaus bis zum Rechenberg und standen vor dem alten Haus, in dem Ludwig Feuerbach gewohnt hatte. Der Bekannte sagte: ‚Hier wohnt Herr Lehrer Bauer, ich kenne ihn, gehen wir zu ihm hinauf!' Ich machte Einwände, das ginge doch nicht, er würde sicher die Fremden hinauswerfen. ‚O nein', meinte der Bekannte, ‚wenn er merkt, daß Sie sich für Theosophie interessieren, sind Sie willkommen.' Da waren wir schon im Hausflur — oben an der Treppe stand eine hohe, fast priesterlich anmutende Gestalt und begrüßte uns ruhig, aber herzlich. In ganz kurzer Zeit waren wir in ein Gespräch vertieft, als wäre es die Fortsetzung vieler vor langer, langer Zeit geführter Gespräche. Bauer fragte mich, was ich auf theosophischem Gebiet schon gelesen. Besant meistens, gegen die er damals schon ein geheimes Mißtrauen hegte, jedenfalls aus einem sehr gesunden Instinkt heraus; ich glaubte, er habe ein Vorurteil gegen schriftstellernde Frauen — doch nein, er hatte keine Vorurteile. Beim Abschied gab er mir Bücher mit und einige Nummern des deutschen Vâhan, der in Leipzig herauskam."

Dieser Besuch in Michael Bauers Heim legte den Keim für den späteren Nürnberger Zweig. Man darf sagen, der „Urzweig" von Nürnberg stammt aus den Septembertagen 1901, wenn auch die eigentliche Gründung durch Rudolf Steiner erst drei Jahre später erfolgte. Ich selbst erinnere mich noch sehr deutlich an den herrlichen Herbsttag, an den Garten mit der Kornelkirschenhecke, an das Haus mit den 12 Zimmern, an den Steinflur mit der Treppe, vor allem jedoch an die Vogelzimmer, in denen die Dompfaffen und Stieglitze frei herumflogen. Später verbrachte ich noch viele Tage im Hause von Michael Bauer. Er war es auch, der zuerst die Natur an mich heranführte, vor allem die Welt der Pflanzen. Wir Kinder verehrten ihn gar sehr, er war für uns der geistige Vater.

M. R.: „Wir ließen, um nicht aufdringlich zu erscheinen, einige Wochen vergehen, ehe wir wiederkamen, wurden aber mit Vorwürfen empfangen, wo wir geblieben seien. Sie hätten uns jeden Sonntag erwartet. Und so kam es: bald war ich jeden Sonntag da; meinen Mann interessierten theosophische Gespräche nicht, meist nahm er die Kinder mit, und ich blieb bei Bauers. Ich erfuhr, wie sie in München gelebt hatten in einem Kreis von Freunden, die zuerst spiritistischen Dingen nachgingen, allen möglichen anderen okkulten Richtungen bis zu indischen Übungen, so daß es Michael Bauer im Äußeren wenigstens bis zum Mahatma gebracht hatte. Als ich ihn kennenlernte, war er noch sehr in das Studium der deutschen Mystiker vertieft — sein Liebling war Suso (er holte sich ihre Bücher aus der Bibliothek des Germanischen Museums), denn im Grunde war ihm das ‚fremde Zeug', die englisch-theosophische Literatur, nicht sympathisch. Wir zerbrachen uns überhaupt die Köpfe, wohin wir gehörten; Bresch in Leipzig hatte eine Theosophische Gesellschaft, Hübbe-Schleiden in Hannover, — doch sollten sie an die Engländer angeschlossen sein.

Es hatten sich jetzt sonntags immer so fünf bis zehn Menschen eingefunden im Feuerbachhaus, darunter ein junges Paar; zärtlich wie Turteltauben saßen sie da, was Bauers Spottlust entfesselte — Herr und Frau K.; ein junger Mensch war da, ein Nachkomme Hans Sachsens, nämlich seines Zeichens Flickschuster, mit einer unglaublich kühnen Phantasie begabt. Bauer mochte ihn sehr gern. Er war aber keineswegs ein Phantast, doch war ihm die Welt zu klein, zu eng, zu erbärmlich; er stürmte beständig in den Kosmos hinaus und war bei den Planeten zu Hause. Ja, hätten wir damals schon den Düsseldorfer, Helsingforser und Christiania-Zyklus gehabt! So wirkte der junge Wierschmitt unter uns wie ein Sauerteig und brachte alles in Aktivität. Bauer ging wie ein Löwe im Käfig auf und ab (die Löwin war eigentlich meine Mutter! Der Verf.) und wiederholte: Wir müssen etwas tun, wir müssen anfangen zu lernen, was soll geschehen? Es geschah, daß wir einen Abend in der Woche in dem kleinen Nebenzimmer eines Cafés zusammenkamen, und Bauer hielt schöne, kleine Vorträge daselbst. Auf diese Weise war ich sonntags wieder allein bei Bauers, was sehr schön war; denn unsere Freundschaft hatte sich inzwischen vertieft.

Das Schönste war, wenn wir zusammen einen Wanderausflug machten. Michael Bauer war ‚draußen' von einer Aufgeschlossenheit, die sich allerdings nicht in Worten äußerte. Die Natur schien ihn zu lieben, und es war unglaublich, was er alles sah. Mir wäre es weiter nicht verwunderlich gewesen, wenn er angefangen hätte, den Vögeln zu predigen, wie weiland sein berühmter Vorfahre von Assisi. Er ging beschwingt durch die Natur und war erfüllt von einer fröhlichen Frommheit. Er konnte liebevoll eine schöne Baumgruppe betrachten, und man sah mit seinem Blick in einer einfachen Landschaft Wunder der Schönheit.

Wenn wir dann irgendwo im Walde oder in einem ländlichen Gasthaus bei Milch und Butterbrot rasteten, dann geriet er in eine behagliche Stimmung und erzählte ergötzliche Geschichten aus seiner Bauernjungenzeit, wobei er in seinen heimatlichen Dialekt verfiel, was einfach köstlich war. Er war wieder der junge Bären-Michael und ritt auf der Weide den Stier. Diese und ähnliche Jugendgeschichten sind in der Zeitschrift *Jugendlust* veröffentlicht. Jeder solche Ausflugstag war herausgehoben aus dem alltäglichen Leben und leuchtete fort in heiterem Glück."

Bei den Ausflügen saßen wir Kinder um ihn herum auf einer Waldwiese oder auf einem Berg der Fränkischen Alb und lauschten ihm. Er war ein Meister im Erzählen von Märchen und Geschichten. So berichtet eine einfache Frau, daß sie als Kind, obwohl sie gar nicht Schülerin von

Michael Bauer war, jeden Tag auf ihn gewartet habe, um auf dem Schulweg von ihm Märchen zu hören.

M. R.: „Michael Bauer sprach gern über das Wesen des Aphorismus, das ihm nahe lag bei der reinen Keuschheit des Wortes, die seinem Wesen ebenso angemessen war, wie er die redselige Phrase haßte. Er bat mich, ihm kurze, charakteristische Stellen aufzuschreiben aus den Büchern, die ich gerade las. Später bearbeiteten wir zusammen Hebbels Tagebücher, der Auszug wurde im Vâhan abgedruckt. Für dieses Blatt übersetzte er verschiedene theosophische Aufsätze aus dem Englischen im Auftrage von Frau Lübke, der Witwe des Kunsthistorikers in Weimar, einer eifrigen Anhängerin von Frau Besant. Diese schrieb ihm eines Tages, er möge doch nach Weimar kommen, der neue Generalsekretär der Deutschen Theosophischen Gesellschaft, Herr Dr. Steiner, käme, um einen Vortrag zu halten, und Frau Besant sei auch da. Lange zögerte und überlegte Michael Bauer. Er konnte den Entschluß nicht fassen, ob er gehen wolle oder nicht —, aber auf unser hartnäckiges Zureden entschloß er sich zu reisen.[1] Rudolf Steiner suchte ihn in seinem Zimmer auf und begrüßte ihn wie einen Erwarteten und längst Bekannten. Daß die Begegnung gerade in Weimar stattfand, war ein schöner Zug des Schicksals. Wir zuhause waren erwartungsvoll, was er berichten würde. Er kam und erzählte — nichts, so gut wie nichts. Nebensächliches: Frau Besant habe ihm nicht besonders imponiert, das Gebaren ihres ‚Gefolges' erst recht nicht.[2] Fräulein von Sivers sei eine sehr anziehende feine Dame. Ich merkte aber, daß er sehr tiefe Eindrücke von Dr. Steiner erhalten haben müsse und drängte nicht weiter in ihn. Eine Bemerkung machte er, die ihm später noch oft ein herzliches Lachen auslöste, er sagte nämlich: ‚So viel ist sicher, daß Herr Dr. Steiner viel mehr weiß als ich.'

Es wurde nun die Möglichkeit erwogen, Herrn Dr. Steiner zu einem Vortrag nach München zu bekommen. Bauer schrieb. Die Antwort ließ ziemlich lange auf sich warten, aber sie kam. Eines Nachmittags, als ich hinauskam, überreichte mir Bauer stumm, aber mit glücklichem Lächeln den Brief aus Berlin. Rudolf Steiner schrieb, wir möchten die nötigen Schritte tun, um seinen Vortrag zu ermöglichen. Er käme gern und es sei ihm ganz gleich, ob er vor 5 oder 50 Personen spräche.

Er kam (nach H. Schmidt: am 27. 4. 04 Vortrag in Nürnberg), und wir erlebten etwas sehr Merkwürdiges. Wir bildeten uns ein, Dr. Steiner würde nun unserem bedeutenden theosophischen Wissen den letzten Schliff geben und es auf den höchsten Gipfel der Erkenntnis führen.

---

[1] Nach H. Schmidt, Das Vortragswerk Rudolf Steiners, fanden Vorträge in Weimar statt im April, Oktober, November und Dezember 1903 und ebenso im Januar, Februar und März 1904.

[2] Der Vortrag von A. Besant fand am 20. 9. 1904 in München statt.

Hatten wir doch mit Annie Besant den ‚Vorhof' betreten, uns in uralte Weisheit einführen lassen, wir waren durch Leadbeater auf der Astralebene zu Hause, hatten Sinett studiert, wir lasen zahllose Aufsätze aus Vâhan, Sphinx und Metaphysischer Rundschau. Wir prüften die wissenschaftlich gründlichen Ausführungen Du Prels und Aksakows über den Spiritismus, in dem Wahn, das hinge mit Theosophie zusammen. Kurz, wir schienen gerüstet.

Und was brachte uns Dr. Rudolf Steiner vom ersten Augenblick seines Erscheinens an? Es war nicht überlegenes Wissen in unserem Sinne, es war eine unbeschreibliche Herzlichkeit, unendliche, von Weisheit getragene Liebe, wie wir nach und nach fühlen lernten. Denn ach, wir kannten ja bislang noch keinen solchen ‚Menschen' und waren so verdorben von heuchlerischer Konvenienz und traditionellem Unfug von ‚Erziehung', daß wir tatsächlich auf Augenblicke zweifelten, ob denn diese liebenswürdige Hingabe ‚echt' sei oder nicht etwa einer jesuitischen Berechnung entspringe. Aber seine unendliche Güte leuchtete sieghaft in unsere verrohten Seelen und ließ uns die Wahrheit erkennen. Freilich, oftmals hätten wir später in den Boden sinken können ob unserer Fehler und Irrtümer. Das ließ aber damals unser Hochmut und unsere Aufgeblasenheit nicht zu. Langsam erkannten wir, daß das große Mitleid mit unserer Seelenverfassung jenes fast schmerzhaft gütige Lächeln auf seinem Antlitz auslöste, vor dem unsere Alltagsgesinnung zerstob."

Der erste Besuch Rudolf Steiners in Nürnberg im Frühjahr 1904 steht noch lebendig vor mir. Er wohnte im Hause von Bauer. Meine Mutter wurde eingeladen. Ich danke ihr heute noch, daß sie mich mitnahm zu dem feierlichen Mittagstisch. Rudolf Steiner war sehr freundlich zu mir. Der Eindruck ist unauslöschlich geblieben trotz meiner großen Jugend. Nach dem Essen ging meine Mutter mit ihm zu Fuß in die Altstadt, ich blieb bei Bauers. Wir schauten alle den beiden nach. Rudolf Steiner wie immer in dunkler Kleidung. Und so sagte Frau Bauer: „Schaut, da steigt er wie ein Pfäfflein!" Das ist das erste Wort über ihn, das ich behalten habe.

Bald nach dem Nürnberger Besuch erhielt meine Mutter einen Brief von Rudolf Steiner. Sie war tief gerührt über den Satz: „Grüßen Sie Ihren Mann aufs beste." Wußte er doch genau, daß mein Vater nicht das geringste Interesse für Theosophie hatte.

Berlin, 16. Juni 1904

Sehr verehrte Frau!

Verzeihen Sie, daß Sie die von Ihnen bestellte Luzifer-Sendung noch immer nicht erhalten haben. Er soll Ihnen jetzt regelmäßig zugehen. Die Nummern 1—11 erhalten Sie *sofort,* wenn ich in nächster Woche von

Amsterdam zurückkomme. Heute benutze ich nur noch die Gelegenheit, um Ihnen zu sagen, daß mich mein Nürnberger Aufenthalt tief befriedigt hat und daß ich Ihnen für alles vom Herzen danke.

Grüßen Sie Ihren Mann aufs beste, und seien Sie selbst gegrüßt von Ihrem

Dr. Rudolf Steiner
Berlin W, Motzstr. 17

Bereits vom 17. 6. 04 ist ein großer, gelber Umschlag vorhanden, in welchem die angekündigten Luzifer-Hefte geschickt wurden. Die Adresse schrieb er eigenhändig. Wir werden erinnert an einige Sätze aus dem *Lebensgang:* „Wir konnten wirklich anfangs nur aus den primitivsten Verhältnissen heraus arbeiten. Ich schrieb den größten Teil des *Luzifer.* Marie von Sivers besorgte die Korrespondenz. Wenn eine Nummer fertig war, dann besorgten wir selbst das Fertigen der Kreuzbände, das Adressieren, das Bekleben mit Marken und trugen beide persönlich die Nummern in einem Waschkorbe zur Post."

Ein zweiter Brief folgte nach einigen Wochen. Er enthält den bedeutsamen Satz, der uns Mut gibt für die nächsten Jahre und Jahrzehnte: „Theosophie als Leben aufgefaßt, wird ja die größten Aufgaben in der Zukunft zu erfüllen haben." — Sehr interessant sind die Bemerkungen über Annie Besant, die mit ähnlichen Sätzen im „Lebensgang", S. 299 und 304 übereinstimmen. 20 Jahre später gebrauchte er wieder für Besant den Ausdruck „Seele", der in dem nachfolgenden Brief an meine Mutter auftritt:

Berlin, 14. August 1904

Sehr verehrte Frau!

Gestern sind an Sie die Hefte 1—12, dann 13 und 14 von Luzifer-Gnosis abgegangen. Wenn nun etwa ein paar Hefte doppelt in Ihre Hände gelangt sind, so schadet das nichts. Alle folgenden Nummern aber sollen Ihnen jetzt regelmäßig nach Erscheinen zugehen. Es gereicht mir zu großer Befriedigung, daß Sie an der theosophischen Bewegung einen solch großen Anteil nehmen. Und ich denke gern an die Nürnberger Tage, die mir im Hinblick auf die theosophische Weltaufgabe so lieb sind.

Die Theosophie als *Leben* aufgefaßt, wird ja die größten Aufgaben in der Zukunft zu erfüllen haben, und wir, die ihr heute dienen, wollen zu dieser ihrer Sendung unser Scherflein beitragen.

Im Hinblick auf unser Gespräch in Nürnberg teile ich Ihnen mit, daß im Herbst (September) Annie Besant wieder nach Deutschland kommen wird. Sie wird einige Vorträge halten und zwar in Hamburg, Berlin, Weimar, München und Cöln. Leider kann sie nur wenige Tage in Deutschland bleiben, und deshalb ist es unmöglich, daß sie auch in Nürnberg spricht. Aber Sie können vielleicht nach München kommen. Dort wird sie an einem Tage um den 20. September herum sprechen. Ich werde Ihnen die Zeit noch genau angeben. Es wäre sehr schön, wenn Sie dahin kommen könnten, denn von Annie Besant geht wirklich etwas aus, was in vollem Maße dazu berechtigt, sie die „Seele der Theosophie" in der Gegenwart zu nennen. Und sowohl Sie, verehrte Frau, wie auch Frau Bauer sprachen ja, als ich in Nürnberg war, so schöne Worte über Annie Besant.

Nun im Hinblick darauf darf ich vielleicht annehmen, daß auch wir uns dann in München sehen werden. Ich weiß es noch nicht gewiß; aber wahrscheinlich werde ich Frau Besant zu begleiten haben.

Grüßen Sie aufs herzlichste Ihren Gemahl und seien Sie selbst herzlich gegrüßt von

Ihrem
Dr. Rudolf Steiner
Berlin W, Motzstraße 17

Silvester 1904. Ein trüber Wintertag. Gegen drei Uhr erschien Rudolf Steiner in unserer Wohnung ohne vorherige Anmeldung. Er befand sich auf der Durchreise. Am Abend vorher hatte er noch in Berlin gesprochen, am 3. Januar sollte er in Stuttgart reden, niemand erwartete ihn in Nürnberg. Die Mutter und die drei Kinder, die Puppenküche spielten, waren im engen Wohnzimmer versammelt. Wir kleinen Leute kratzten auf einem alten Reibeisen ganz hartes Brot, meine Mutter führte ernste Gespräche mit Rudolf Steiner. Wir kratzten immer lauter, die Mutter wehrte immer heftiger. Aber Rudolf Steiner: „O, lassen Sie die Kinder!" Er beugte sich zu uns herunter, er kratzte ebenfalls und spielte mit uns Puppenküche. Wir hatten auf der ganzen Linie gesiegt. Die Erinnerung ist noch ganz lebhaft in mir.

Meine Mutter teilte mir später noch öfter seine Worte mit. Unsere Großmutter war eben erst verstorben und noch nicht beerdigt, vor ihrem Tod war sie etwa 14 Tage bewußtlos gewesen. Es bestand deshalb die Sorge, ob sie wirklich gestorben wäre. Rudolf Steiner sagte zur Mutter: „Seien Sie beruhigt, sie ist wirklich tot." Diese Worte haben sie sehr getröstet.

M. R.: „Dr. Steiner kam dann oft nach Nürnberg, und es wurden gerade hier die tiefgründigen Vorträge gehalten über *Blut ist ein ganz besonderer Saft* (22. 1. 1907), *Wie begreift man Krankheit und Tod?* (21. 1. 1907), über die *Temperamente* (15. 12. 1908) und vor allem der *Apokalypse-Zyklus* (17. bis 30. 6. 1908). Nach den Vorträgen saßen wir meistens noch beisammen in einem kleinen Zimmer, Bauer erörterte uns noch einiges aus dem Vortrag. Da trat Dr. Steiner noch einmal herein, stellte sich mit im Rücken verschlungenen Armen an die Türe und musterte die verstummte Gesellschaft. Da sagte Bauer ganz verlegen: ‚Wir spielen nur noch ein wenig Eckermännerles‘, was Dr. Steiner ein köstliches Lächeln abnötigte und ihn zu einem neuen Gespräch veranlaßte.

Die sehr zahlreichen Gespräche Bauers mit Dr. Steiner, deren Zeuge ich sein durfte, drehten sich in der Hauptsache um das Problem: englisch-theosophische Literatur, östliche Weisheit, von der wir uns hatten befeuern lassen; aber was würde sich bei uns formen? Der Lehrer wies uns auf Goethe (Märchen), Novalis, Schiller (Briefe über ästhetische Erziehung). Bauers Sehnsucht ging nach deutsch-theosophischen Büchern, und Rudolf Steiner verwies uns auf das *Theosophie*-Buch, das demnächst erscheinen sollte. Wir konnten es kaum erwarten. Da, eines Tages schickte mir mein Buchhändler das Buch; ich renne damit zu Bauer hinaus, wir waren beglückt. Bauer war begeistert über das herrliche deutsche Buch, doch machte er mir recht eindringlich begreiflich, daß das kein Buch sei, über das man herstürzen könne, wie über andere Bücher. Nun, im Vorwort stand es ja deutlich, und unser Wille war der beste. Das Neue auf neue Art zu lernen!

Unter unseren Getreuen fanden sich sieben, die bereit waren, eine theosophische ‚Loge‘, wie man damals sagte, zu gründen zu gemeinsamer Arbeit. Bei sieben Teilnehmern ging es, und Rudolf Steiner kam mit Fräulein Sivers selbst, um das ‚Fähnlein der sieben Aufrechten‘ zu einem Albrecht-Dürer-Zweig zu weihen mit Michael Bauer als Vorstand. Nun hub ein Lernen an, das Buch *Theosophie* wurde durchgearbeitet, Bauer hielt Vorträge, wir fanden uns innig verbunden in Liebe zu unserem Vorstande. Die Art seines Vortrages ist ja sehr schön beschrieben von Friedrich Rittelmeyer."

Die sieben ersten Mitglieder waren vermutlich Herr und Frau Bauer, Herr und Frau K., Herr Wierschmitt, Frau Sebald und meine Mutter. Die Gründung des Nürnberger Zweiges dürfte wahrscheinlich am Sonntag, den 20. November 1904, stattgefunden haben gelegentlich der beiden öffentlichen Vorträge *Die Freiheit des Menschen* und *Okkultismus und Theosophische Gesellschaft* (18. und 19. 11. 1904). Ob die Bezeichnung „Albrecht-Dürer-Zweig" von Michael Bauer oder von Rudolf Steiner selbst stammt, konnte ich nicht mehr in Erfahrung bringen. Im 16. Zyklus *Okkulte Geschichte* wird erwähnt, daß die Gestalten Albrecht Dürers die Menschen der 5. Kulturepoche repräsentieren, die nach einer Vertiefung des Seelischen streben. Im 3. Kunstvortrag wird Dürer als „eine ganz einzigartige Gestalt" bezeichnet, als eine mitteleuropäische Gestalt, die aber auch in Verbindung steht mit dem umliegenden Kulturleben, eine Künstlerpersönlichkeit mit Beweglichkeit, welche „die Willensimpulse in dem Daseienden" verfolgt, ein Meister der Hell-Dunkel-Malerei.

M. R.: „Unsere Mitgliederzahl wuchs. Einige wurden uns hinweggenommen, so der junge Wierschmitt, der Flickschuster. Ich besuchte einen Tag nach seinem Tod seinen Vater in der Werkstätte, in der sie zusammen gehaust hatten. Die Mutter war längst tot, und die beiden behalfen sich in dem engen, finsteren Haus, das in einer engen, finsteren Gasse lag, ohne jede weibliche Hilfe. Das Haus befand sich in der Nähe der Jakobskirche, in der Nähe der Färberstraße. Da stand des Sohnes leerer Schusterstuhl und darauf lag das Buch, das ihn zuletzt intensiv beschäftigte: Dantes Göttliche Komödie. Jetzt konnte er seine Schwingen entfalten. Bauer hat ihn sicher auch nie vergessen."

Es ist derselbe Wierschmitt, auf den Rudolf Steiner bei einem Zweigvortrag sehr lange wartete, seinen Vortrag nicht begann und schließlich sagte: „Es fehlt noch einer." Endlich schnaufte der junge Flickschuster heran.

In den Jahren 1905/06 besuchte Rudolf Steiner wieder einmal unsere Familie. Wir durften ihn zuletzt in die Altstadt begleiten. In der Nähe der Burg begegnete uns eine junge Engländerin, bei der meine Mutter Sprachstunden nahm. Bauer und sie übersetzten damals viele Artikel aus theosophischen Zeitschriften. Dr. Steiner sagte nach der Trennung herzliche Worte über die „Miss", was uns besonders freute; denn wir Kinder liebten sie sehr. Unser Ziel war das Tucherhaus. Im Amtszimmer meines Vaters stand eine alte Hegelbüste, die Dr. Steiner sehen wollte. Hatte er doch, wie Karl König zeigen konnte, schicksalsmäßige Beziehungen zu Hegel.[3]

In jenen Jahren führte meine Mutter ein interessantes Gespräch mit ihm über Kaspar Hauser. Ihre Eltern waren eng befreundet mit Prof. Daumer, von dem im Apokalypse-Zyklus gesagt wird: „Der nicht hoch genug zu schätzende Professor Daumer". Einige Jahre vorher sagte Dr. Steiner zu meiner Mutter, Kaspar Hauser sei ein „versprengter Atlantier". Meine Mutter hat mir dies öfter erzählt, wenn wir am Hause Daumers vorübergingen.

Während der ersten Jahre ließ sich auf Wunsch der Nürnberger Mitglieder Dr. Steiner photographieren. Man ist überrascht, ihn ausnahmsweise mit einer Brille zu sehen.

Im Jahre 1908 fand der Apokalypse-Zyklus statt. Auch für mich spielten sich Festtage ab. Ich sah viele Menschen und durfte manchmal an den gemeinsamen Mahlzeiten teilnehmen. Besonders schön war die gesellige

---

[3] Karl König: *Der 27. Februar 1861 — als welthistorisches Datum*. Mitteilungen, Nr. 27.

Veranstaltung im säulenverzierten Saal des *Goldenen Adler*. Vor allem ein Bild steigt in mir auf: das dreijährige Mädchen einer schlanken Französin (die angeblich sogar aus der Hand lesen konnte) war der Liebling. Rudolf Steiner trug es mehrere Male auf dem Arm durch den Saal.

In den folgenden Jahren wohnte er regelmäßig im Hotel Maximilian am Marientor. Von seinem Fenster aus blickte man auf die alte Stadtmauer. Meine Mutter ging während der Vortragstage immer in seine Sprechstunde, ich mußte auf dem Gang warten. Am Schluß wurde auch ich hereingerufen und besonders freundlich von Dr. Steiner begrüßt. Es imponierte mir sehr, daß er schon in ganz jungen Jahren mich mit „Sie" ansprach.

In den Jahren 1910 und 1912 konnte ich in München die Aufführungen der *Kinder des Luzifer* miterleben. Dr. Steiner hatte mir als dem jüngsten Teilnehmer seine persönliche Einwilligung gegeben. Michael Bauer trat in der Würde eines Bischofs auf und wurde später wegen des Krummstabs von den Nürnberger Freunden oft gehänselt. Damals nahm mich meine Mutter bereits zu kleineren Vorträgen Rudolf Steiners mit. Wenn ich auch nicht viel verstand, ein Gesamteindruck von der großen Feierlichkeit ist doch geblieben. Jeden Abend holte ich sie ab. Er sprach im 1. Stock, die großen Fenster standen offen. Manche Menschen, die gerade des Weges kamen, blieben auf der Straße stehen und horchten auf die sonore Stimme, die über den ganzen Salvatorplatz erklang.

Auch bei meiner ersten, sehr frühzeitigen Berufswahl hat er entscheidend mitgewirkt. Die Sprechstunde wurde diesmal in der Wohnung von Herrn Theodor Binder abgehalten, in der auch ein stilgemäßer Zweigraum vorhanden war. Ich stand vorne am Fenster und blickte halb verlegen auf die Bäume vor dem Haus. Ich wußte natürlich, daß Dr. Steiner mich durch und durch wahrnehmen konnte. Er war jedoch sehr freundlich und riet eindringlich zu einer pädagogischen Tätigkeit. Er gab nur den Rat, ich müßte noch etwas heiterer werden. Dieses Wort hat mich späterhin durch das ganze Leben getragen. Am gleichen 14. November 1910 fand übrigens ein öffentlicher pädagogischer Vortrag statt über *Anlage, Begabung und Erziehung des Kindes*.

M. R.: „Herr Dr. Steiner kam sehr häufig, unseren Zweig zu stärken. Es waren jedesmal hohe Festtage; nicht ahnend, was uns vom Schicksal vorbehalten war, genossen wir sie in vollen Zügen. Aber die höchsten Festtage verlebten wir in München alle Jahre bei den Zyklusvorträgen. An einem der letzten stellte er mir eine feine, stille nordische Dame vor, Frau Geelmuyden, einen der besten Hegelkenner. Ich hätte ihr in Dankbarkeit die Hand küssen mögen, daß sie sich mit Michael Bauer befreundete.

Wir (Michael Bauer und meine Mutter) gingen einst zusammen langsam eine der engen, steilen Gassen hinauf, die zur Burg führen. Natürlich sprachen wir wieder von Theosophie. Da blieb Michael Bauer stehen und sagte mit tiefstem Ernst: ‚Ja, Theosophie ist mir nun zum Lebensbrot geworden, ich könnte ohne sie nicht mehr leben.' Er hatte den Kopf geneigt wie unter der Wucht dieses Geständnisses, und wir schwiegen lange. Schweigend stiegen wir aufwärts."

Mit diesem Satz schließen die Aufzeichnungen. Erst im Oktober 1917 durfte ich Rudolf Steiner wieder sehen. Als ich zwei Jahre vorher in den Krieg zog, da ahnte ich nicht, daß der Feldzug für mich in Dornach endigen sollte. Am Vierwaldstättersee, wo ich als Kriegsgefangener und Internierter zur Erholung weilte, besuchten mich völlig unerwartet Michael Bauer und Margareta Morgenstern. Ich durfte mit Bauer am Seeufer einen Spaziergang machen, den letzten mit ihm. Von Zeit zu Zeit mußte ich ihm unscheinbare Pflanzen bringen: Gundermann, Blutheide, kriechender Günsel usw. Es ist mir unvergeßlich, wie Michael Bauer diese Blumen in die Hand nahm, wie seine Augen leuchteten und wie er von ihnen sprach. Ich habe das nie mehr erlebt, auch nicht bei den berühmtesten Universitätsprofessoren für Botanik. Und so kam ich in diesen Tagen zu meinem engeren Beruf. Rudolf Steiner und Michael Bauer hatten Pate gestanden.

Im Herbst 1917 traf Dr. Steiner endlich in Dornach ein, schon lange sehnsüchtig erwartet. In den vorangegangenen Monaten war von ihm erstmalig der Versuch unternommen, die Dreigliederung des öffentlichen Lebens als das „Wort der Mitte" in den Stürmen des Krieges zu Gehör zu bringen. (Vgl. Günther Wachsmuth: Rudolf Steiners Erdenleben und Wirken, 3. Aufl. 1964). Aber wie komme ich jetzt nach Dornach? Ich war weder Mitglied noch durfte ich als Internierter die Kantonsgrenze überschreiten. Da kam Rudolf Steiner eines Tages selbst zu einem Konzert nach Basel, wohin ich mittlerweile versetzt worden war. Ich wartete unten an der leicht geschwungenen Treppe in meiner strahlenden bayerischen Uniform. Langsam kam er herunter, musterte mich sehr eingehend und schritt auf mich zu. Zu meiner großen Verwunderung sagte er: „Das ist schön, daß Sie hier sind, Herr Rißmann!" Ich war sprachlos, denn zuletzt sah er mich noch in kurzen Hosen im Flegelalter. Er erkundigte sich teilnahmsvoll nach meinen Kriegserlebnissen, nach meiner Verwundung, nach meiner Mutter. Und dann brachte ich meine Bitte vor. Sie wurde sofort erfüllt.

Häufigere Urlaubsgesuche nach Dornach wurden jedoch von der Militärbehörde abgewiesen. Es gab nur den Ausweg: ich mußte schwarz über die Kantonsgrenze in Zivil. Jetzt bekamen es die Baseler Freunde mit der Angst zu tun. Ich könnte doch Herrn Dr. Steiner keine Schwierigkeiten bereiten. Und wieder kam er nach Basel, diesmal zu einem öffentlichen Vortrag, in dem zum ersten Mal der Name „Goetheanum" fiel. Im Nebenzimmer erzählte ich ihm etwas stockend von meinen Absichten. Er beugte sich vor und sagte: „Wie meinen Sie?" Ich wiederholte, und er erwiderte nur: „O, das müssen Sie selbst entscheiden!" Erfreut und verlegen zog ich zu den Freunden, die jetzt auch zufrieden waren und mir einen viel zu kurzen Anzug liehen.

Da ich noch einen Urlaubsschein besaß, konnte ich wenigstens das erste Mal nach Dornach in Uniform fahren und erregte dort beträchtliches Aufsehen. Die Engländerinnen hielten sich zurück, um so liebenswürdiger wurde ich von den Russinnen beschenkt. Dr. Steiner sprach vor etwa 200 Menschen mit ungeheurem Ernst, z. B. über den Sieg Michaels über die ahrimanischen Gewalten im Jahre 1879, über das Wirken der Geister der Finsternis in der neueren Zeit. Besonderen Eindruck machte ein Vortrag über altchristliche Kunst mit Lichtbildern. Als ich nach Deutschland zurückkehren durfte, verabschiedeten mich Herr und Frau Dr. Steiner überaus freundlich am Eingang zur Schreinerei.

Wenige Monate nach meiner Rückkehr kam Rudolf Steiner nach Nürnberg, im Februar 1918, leider zum letzten Mal. Zwei öffentliche Vorträge, am 11. (*Leib, Seele und Geist des Menschen. Ergebnisse aus den Forschungen der Geisteswissenschaft*) und 12. 2. *Die Offenbarungen des Unbewußten im Seelenleben vom geisteswissenschaftlichen Standpunkt*) ergriffen die Menschen tief, die durch die Kriegsgeschehnisse aufgewühlt waren. In einem Zweigvortrag am 10. 2. sprach er über das Verhältnis zu den Verstorbenen. Meine Mutter bedankte sich bei ihm für seine große Güte zu mir in Dornach und fragte ihn auch wegen meiner Kriegsverletzung. Ganz spontan sagte er: „Es wird alles gut werden." Und auch hier hat er recht behalten.

In den nächsten Jahren konnte ich noch zahlreiche Vorträge Rudolf Steiners hören, im ganzen etwa 50: die Vorträge des sprachwissenschaftlichen Kurses, des West-Ostkongresses in Wien, des Stuttgarter Hochschulkurses, einer pädagogischen Tagung usw. 1923 ahnte ich nicht, daß ich ihm das letzte Mal die Hand reichen durfte im Saal der Waldorfschule in Stuttgart. Nahezu 20 Jahre genoß ich das Geschenk des Schicksals, ihm begegnen zu dürfen.

ALBERT SCHWEITZER

Meine Begegnung mit Rudolf Steiner [1]

Meine Begegnung mit Rudolf Steiner fand statt bei Gelegenheit einer Theosophenzusammenkunft in Strasbourg. Wenn ich nicht irre, war es 1902 oder 1903. Annie Besant, mit der ich durch Straßburger Freunde bekannt geworden war, stellte uns untereinander vor.

Rudolf Steiner trat damals in Verbindung mit der Theosophischen Gesellschaft, nicht so sehr, weil er ihre Überzeugungen teilte, sondern weil er bei deren Mitgliedern die Möglichkeit voraussetzte, sich für die geistigen Wahrheiten, die er zu verkünden hatte, zu interessieren und Verständnis für sie aufzubringen.

Ich wußte von ihm, daß er sich in Weimar mit Goethestudien abgegeben hatte. Er natürlich wußte nichts von dem jungen Privatdozenten der Straßburger Universität, der sich mit Kants Philosophie und den Problemen der Leben-Jesu-Forschung beschäftigte. Er war ja vierzehn Jahre älter als ich.

Die Umgangssprache in jener Zusammenkunft der Theosophen war französisch. Man zählte also auf mich, der ich deutsch sprach, daß ich mich mit dem österreichischen Gaste abgeben würde, was ich auch gerne tat. Ich richtete es so ein, daß wir beim gemeinsamen Essen der Tagung Tischnachbarn waren.

Von selbst kam das Gespräch, ehe wir die Suppe ausgelöffelt hatten, auf seine Studien über Goethe in Weimar und auf dessen Weltanschauung. Hierbei ging mir gleich auf, daß mein Nachbar über weitgehende Kenntnisse auf dem Gebiet der Naturwissenschaften verfügte. Eine große Überraschung war für mich, daß er darauf zu sprechen kam, daß es darum gehe, die Tragweite der Naturerkenntnis Goethes einzusehen. Dieser sei in seiner Forschung dazu gekommen, von der ausschließlichen Kenntnis der Sinnenwelt zu einer tieferen, auf ihr geistiges Wesen gehenden, vorzudringen.

Ich hatte einige Kenntnisse von den naturwissenschaftlichen Schriften Goethes und von den Stellen, in denen er auf ein zu ahnendes Wissen ausschaut.

[1] Aus dem 37. Rundbrief für den Freundeskreis von Albert Schweitzer.

Mein Tischnachbar sah, daß er einen aufmerksamen Zuhörer neben sich hatte. Er hielt Vortrag. Wir vergaßen, daß wir uns beim Essen befanden.

Am Nachmittag standen wir miteinander herum, uns wenig darum kümmernd, was in der theosophischen Versammlung vor sich ging.

Wo das Gespräch dann auf Platon kam, konnte ich schon besser mitmachen. Aber auch hier überraschte mich Steiner, indem er auf verborgene und noch nicht gewürdigte, bei Platon vorhandene Erkenntnisse aufmerksam machte.

Als Steiner mich fragte, mit was ich mich in Theologie besonders beschäftigte, antwortete ich, daß es die Erforschung des historischen Jesus sei.

Nun hielt ich den Augenblick für gekommen, meinerseits das Gespräch in die Hand zu nehmen und fing an, ihm vom Stande der Leben-Jesu-Forschung und von den Problemen, welches Evangelium die älteste Überlieferung enthalte, vorzutragen. Zu meinem Erstaunen mußte ich feststellen, daß es nicht zu einem Gespräch über diesen Gegenstand kam. Er ließ mich dozieren, ohne eine Frage einzuwerfen. Ich hatte den Eindruck, daß er innerlich gähnte. Da stieg ich von dem hohen Rosse meiner theologischen Geschichtswissenschaft herunter und führte es wieder in den Stall, der Dinge wartend, die da kommen würden.

Und es ereignete sich etwas Merkwürdiges: Einer von uns beiden — ich weiß nicht mehr, welcher — kam darauf, vom geistigen Niedergang der Kultur zu sprechen. Da erfuhren wir, daß wir beide mit ihm beschäftigt waren.

Keiner hatte es von dem anderen erwartet. Eine lebhafte Aussprache kam alsbald in Gang. Einer von dem anderen erfuhren wir, daß wir uns als Lebensaufgabe dasselbe vornahmen, sich um das Aufkommen der wahren, vom Humanitätsideal beherrschten Kultur zu bemühen und die Menschen dazu anzuhalten, wahrhaft denkende Wesen zu werden.

In diesem Bewußtsein der Zusammengehörigkeit verabschiedeten wir uns. Ein Wiedersehen war uns nicht beschieden. Aber das Bewußtsein der Zusammengehörigkeit blieb. Ein jeder verfolgte das Wirken des anderen. Rudolf Steiners hohen Gedankenflug der Geisteswissenschaften mitzumachen war mir nicht verliehen. Ich weiß aber, daß er in diesem so manchen Menschen emporriß und neue Menschen aus ihnen machte. In seiner Jüngerschaft sind hervorragende Leistungen auf so manchem Gebiete vollbracht worden.

Das Leben Rudolf Steiners habe ich fort und fort in herzlicher Teilnahme verfolgt. Die Erfolge bis zum ersten Kriege, die Probleme und Nöte, die dieser mit sich brachte, das tapfere Bemühen, in den Wirren der Nachkriegszeit durch die Verkündung der Lehre von der Dreigliederung des sozialen Organismus Ordnung aufkommen zu lassen, das Gelingen der Gründung des Goetheanums in Dornach, wo seine Gedankenwelt eine Heimat fand, der Schmerz, den ihm dann Vernichtung durch Feuer in der Silvesternacht 1922 auf 1923 brachte, der Mut, mit dem er den Wiederaufbau betrieb und zuletzt die seelische Größe, die er in unermüdlichem Lehren und Schaffen in der Leidenszeit der letzten Monate, die er auf Erden weilte, bewährte.

Er seinerseits hat mich auch nicht aus den Augen verloren. Als 1923 meine beiden Schriften *Verfall und Wiederaufbau der Kultur* und *Kultur und Ethik* miteinander erschienen, hat er von ihnen Kenntnis genommen und sich in einem Vortrag anerkennend über die in ihnen dargebotene Darlegung des Problems der Kultur geäußert, wobei er natürlich von seinem Bedauern kein Hehl machte, daß ich die Lösung des Problems nur mit vertieftem ethischen Denken, ohne die Hilfe der Geisteswissenschaft, unternahm.

Bei meiner Begegnung mit ihm hat sein Antlitz mit den wunderbaren Augen einen unvergeßlichen Eindruck auf mich gemacht.

Lambaréné, am 5. November 1960

Ergänzende Bemerkungen: Die von Albert Schweitzer geschilderte Begegnung mit Rudolf Steiner in Straßburg fand nicht 1902 oder 1903, sondern erst 1906 statt. Dies ist einem Brief zu entnehmen, den Rudolf Steiner am 13. Januar 1906 an Marie von Sivers schrieb (veröffentlicht in *Briefwechsel und Dokumente 1901—1925*, Dornach 1967). Ohne Albert Schweitzer mit Namen zu nennen, berichtet Rudolf Steiner in diesem Brief von dem Zusammentreffen mit „einem Manne..., der eben ein Buch über die verschiedenen ‚Leben Jesu' seit dem 18. Jahrhundert verfaßt hat, der Dozent an der Universität ist und außerdem zu seinem theologisch-philosophischen Studium jetzt noch Medizin studiert. Er will nach vier Jahren nach Afrika gehen, um dort die ‚Wilden' emporzubringen..."

Aus diesem Brief ergibt sich als Zeitpunkt der ersten Begegnung zwischen Rudolf Steiner und Albert Schweitzer der 12. Januar 1906.

Viele Jahre später haben Rudolf Steiner und Albert Schweitzer noch einmal ein Gespräch miteinander gehabt: Albert Schweitzer suchte Rudolf Steiner in Dornach auf. Durch einen Zufall haben wir von dieser zweiten Begegnung Kenntnis. Emil Bock schreibt am 3. August 1951 an Albert Schweitzer: „Ich weiß nicht, ob Sie über die Existenz und die Arbeit der Christengemeinschaft schon einmal etwas gehört haben. Sehr lebendig ist mir dagegen die Erinnerung, daß ich einmal Anfang der zwanziger Jahre in Dornach zu Dr. Steiner kam, als Sie soeben zu einem

Besuch bei ihm gewesen waren. Es war für mich überaus eindrucksvoll, als Dr. Steiner mir spontan von der Begegnung mit Ihnen erzählte und in Worten, die man selten von ihm hörte, von der Bedeutung sprach, die er Ihnen aus der Kenntnis Ihres Werkes, vor allem aber aus dem unmittelbaren Eindruck Ihrer Persönlichkeit zumaß."

Und in seinem Aufsatz zum 80. Geburtstag Albert Schweitzers am 14. Januar 1955 schrieb Emil Bock über dieselbe Begebenheit: „Als ich vor vielen Jahren — es war 1922, wir standen in den Vorbereitungen zur Begründung der Christengemeinschaft — einmal in Dornach, um einige Fragen zu stellen, zu Dr. Rudolf Steiner kommen durfte, empfing er mich mit strahlendem Blick: Denken Sie! Heute ist Albert Schweitzer bei mir gewesen! Das ist wirklich eine bedeutende Persönlichkeit."

Außerdem wird berichtet, daß Emil Bock unmittelbar nach seinem Besuch bei Rudolf Steiner einem Dornacher Freund von diesem Erlebnis erzählt und die Bemerkung Rudolf Steiners hinzugefügt habe, Schweitzer werde wohl den Weg zur Anthroposophie nicht finden.

Es ist ganz sicher wichtig, diese scheinbar so verschieden klingenden Äußerungen Rudolf Steiners nebeneinander zu halten. Er unterscheidet deutlich seine positive und voll anerkennende Stellung gegenüber der Persönlichkeit Albert Schweitzers von der sachlichen Feststellung, daß bei aller gegenseitigen Wertschätzung die geistigen Wege durchaus verschiedene sind. Diese Unterscheidung wurde von seiten Albert Schweitzers sowohl in seinem schriftlichen Bericht über die erste Begegnung als auch bei anderen Gelegenheiten gemacht.

So äußerte er sich in einem Gespräch mit Camille Schneider im Jahre 1951 in Straßburg in folgender Weise: „Unser beider Ziel ist das gleiche, unsere Wege sind scheinbar verschieden. Während Rudolf Steiner als Geistesforscher auf dem Weg der Übung, des Denkens und der Mystik zum Christuserlebnis vordringt, habe ich versucht, durch denkerisches Erkennen dem Christus Jesus im eschatologischen Inhalt seiner Lehre zu begegnen. Und ich begegne ihm auch täglich in meiner Arbeit unter den Negern Afrikas. Aus diesem doppelten Erlebnis entnahm ich die Grundlage meiner Lebensethik. Auf sie kommt es bei mir an."

(Nach Mitteilungen von Gundhild Kačer, Stuttgart)

HEDWIG DENEKAMP / WALTHER BÜHLER

Der Lehrer, der nicht schimpfte

Gelegentlich einer Studienarbeit auf der Rüspe über *Die geistigen Wesenheiten in den Himmelskörpern und Naturreichen* wurde auch über die Funktion des individuellen Führerwesens des Menschen gesprochen, von dem Albert Steffen einmal schrieb: „Es weint der Mensch vor Freude, der seinen Engel schaut!" Dabei überraschte die älteste Kursteilnehmerin, die jetzt 87jährige Frau Hedwig Denekamp, die Anwesenden mit einem Beispiel von der Führung durch das Engelwesen. Sie sei mit fünfzehn oder sechzehn Jahren zu Anfang des Jahrhunderts in Berlin in einer Mädchenschule Schülerin von Dr. Rudolf Steiner gewesen. Als sie später in Holland verheiratet war, fiel ihr etwa zwanzig Jahre später ein illustriertes Magazin *Op de Hoogte* in die Hände, in dem von der Errichtung des Goetheanums in Dornach, seinem Gründer und der dazugehörigen geistigen Bewegung berichtet wurde. Neben Fotografien des ersten Baues erblickte Frau Denekamp zu ihrer großen Überraschung das Bild ihres einstigen Lehrers. Dies ließ der ehemaligen Schülerin, die stets an geistigen Fragen interessiert war und sich unter anderem Goethe sehr verbunden fühlte, keine Ruhe. Trotz Mutter- und Haushaltspflichten schaffte es Frau Denekamp, nach Dornach zu reisen, wo ihr Rudolf Steiner auf dem Hügel entgegenkam, sie aber nicht wiedererkannte. Wohl aber erinnerte er sich der Berliner Situation und fragte sofort: „Aber was hat Sie denn hierher geführt?" Die Erlebnisse in Dornach waren so positiv, daß Frau Denekamp bald erkannte, daß sie hier den Weg zu ihrer geistigen Heimat gefunden hatte, und Mitglied der Gesellschaft wurde.

Diese kleine Lebensschilderung, in der sich das Engelwesen auch des „Indiehändespielens" einer Zeitschrift bediente, um seinem Schützling die Lebensschritte im Sinne des veranlagten Karma weisen zu können, war der Anlaß, der bisher so gut wie unbekannten Tätigkeit Rudolf Steiners an einer Mädchenschule in Berlin nachzugehen. Wir folgen dabei zunächst den Schilderungen von Frau Denekamp, die Berlin mit einundzwanzig Jahren verlassen hatte.

Sie besuchte wenige Jahre nach ihrem Eintritt in die Gesellschaft gelegentlich eines Aufenthaltes in Berlin die Begründerin der Schule, Fräulein Anna Peltesohn, um von ihr Näheres zu erfahren, vor allem, wie es zum Engagement Rudolf Steiners als Lehrer gekommen war. Die Schule befand sich in einem Hause in der Motzstraße 8, wo zunächst „Schulmädels verschiedenen Alters nachmittags unter Aufsicht von Fräulein Peltesohn oder noch einer Lehrerin ihre Schularbeiten machten, Klavier oder Geige übten, spazieren gingen etc. . . . ." Während Frau Denekamp an diesen Nachmittagen bereits teilnahm, eröffnete Fräulein Peltesohn eine Art „Fortbildungsschule für Mädchen", welche die gewöhnliche Schule absolviert hatten und nunmehr in Fremdsprachen, Kunstgeschichte und Kulturgeschichte am Vormittag unterrichtet werden konnten.

Kurz vor der Eröffnung fand, wie Frau Denekamp durch Fräulein Peltesohn erfuhr, eine Konferenz mit den verschiedenen Lehrern statt, wobei der Lehrer für Kulturgeschichte in leicht angeheitertem Zustande erschien, so daß die Schulvorsteherin von seiner Anstellung Abstand nehmen mußte, obwohl sie dadurch, da nur schwer so rasch ein Ersatz zu beschaffen war, in größte Verlegenheit geriet. Jemand habe ihr damals geraten: „Setzen Sie sich doch mit Doktor Steiner in Verbindung, der hier ganz nah wohnt. Er ist zwar nicht vom Fach, aber der kann alles!" — Auf diese Weise kam Rudolf Steiner, der seinerseits im Herbst 1903 einige Häuser weiter in die Motzstraße 17 einzog, in das Kollegium der kleinen Schule, die anscheinend aus nur einer Mädchenklasse bestand, und gab zunächst einmal wöchentlich eine Stunde Kulturgeschichte. Ob die Schulvorsteherin bei der Einstellung erfuhr, daß der neue Lehrer durch seine monatelangen Kurse über *Kulturgeschichte in großen Zügen von den Anfängen der menschlichen Kultur bis zur Gegenwart* in der Arbeiter-Bildungsschule in Berlin im Jahre 1900 auf seine ihm zugedachte Aufgabe bestens vorbereitet war? Fräulein Peltesohn, die von Frau Denekamp als eine intelligente, offene und energische Persönlichkeit geschildert wird, hatte in der Folgezeit viele Gespräche mit Rudolf Steiner, der ihr oft gesagt habe: „Sie stehen ja meinen Anschauungen ganz nah!" Den letzten Schritt aber habe sie nicht vollziehen können.

Frau Denekamp erinnert sich genau, wie sie in dem großen Schulzimmer in der ersten Schulbank saß und Rudolf Steiner vor den Mädels — unterrichtend — stets auf und ab ging, während alle anderen Lehrer hinter einem großen Tisch sitzen blieben. Bezüglich der äußeren Erscheinung „sah er in den Augen eines Berliner Backfisches etwas ärmlich, ja vielleicht etwas unversorgt aus, aber die wunderschönen, strahlenden Augen und das strähnige Haar, das immer wieder energisch zurückgeworfen werden mußte, das alles habe ich nicht vergessen". Als sanguinisches Kind habe sie schwer längere Zeit aufmerksam zuhören können und habe — stets zu allerlei Faxen aufgelegt — ihre „Nachbarinnen mit irgendeinem geflüsterten Unsinn angesteckt", was ihr viele

Ermahnungen seitens der anderen Lehrer eingetragen habe. Nur Dr. Steiner tat immer, als ob er gar nichts merkte, und sprach ruhig weiter, bis sie wieder Interesse zeigte. Während die Schülerin von dem Inhalt der Stunden gar nichts mehr erinnert, habe sich ihr diese Seelenhaltung tief in das Gedächtnis eingeprägt. Sie hat also ihre erzieherische Wirkung offenbar nicht verfehlt und bestätigt die Auffassung, daß der Lehrer vor allem auch durch das wirkt, was er ist.

Die erst aufgrund der Angaben von Frau Denekamp erhobenen Nachforschungen durch die Freunde des Archivs der Rudolf-Steiner-Nachlaßverwaltung, denen wir an dieser Stelle für ihre erfolgreichen Bemühungen und die freundliche Überlassung des abgedruckten Materials herzlich danken möchten, bestätigen und ergänzen die Aussagen der ehemaligen Schülerin. Ist doch unter anderem eine originelle, erst jetzt verständliche Notiz aufgefunden worden, aus der die Funktion des Schullehrers vor seiner Klasse in einzigartiger und sprechender Weise abzulesen ist.[1] Sie stammt aus einem Notizbuch aus dem Jahre 1904 und zeigt die Namen von acht Schülerinnen; sie bestätigt die Aussage von Frau Denekamp

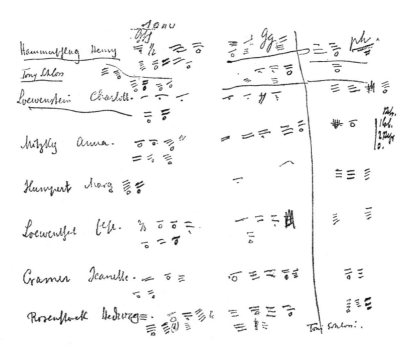

[1] Alle Rechte bei der Rudolf-Steiner-Nachlaßverwaltung, Dornach.

— falls die ganze Klasse darauf erfaßt war —, wonach die kleine Mädchenklasse — zumindest in der Anfangszeit — nur aus acht bis neun Schülerinnen bestanden hat. An den letzten Namen der Reihe, den der Mitschülerin „Rosenstock, Hedwig", erinnert sich Frau Denekamp noch genau, ebenso an zwei weitere Namen. Da diese nicht verzeichnet sind, besteht die Möglichkeit, daß es sich um eine Klasse nach dem Abgang von Frau Denekamp handelt. Aus den waagrechten Strichen und Kringeln geht deutlich hervor, wie sorgfältig der Lehrer das Aufrufen oder die Leistungen der Schülerinnen — offenbar für die erforderlichen Zeugnisnoten — notiert hat. Da das Blatt deutlich drei Spalten erkennen läßt mit den Abkürzungen „Gsch", „G" und „Ph" darf geschlossen werden, daß Rudolf Steiner in mehreren Fächern (Kulturgeschichte? Geographie? Philosophie?) unterrichtet hat.

Das Verhältnis zur Schulleiterin hatte sich offensichtlich in einem guten Sinne entwickelt; denn wie aus der abgedruckten Einladung zu einem Vortragszyklus über das Thema *Von Zarathustra bis Nietzsche* hervorgeht, wurde Rudolf Steiner gestattet, die Räume der Schule für öffentliche Vorträge in Anspruch zu nehmen.

Der Beginn derselben am 6. Oktober 1902 läßt zudem den Schluß zu, daß die Schule wohl im gleichen Jahr — vielleicht noch Ostern — eröffnet worden war. Denn es wird ausdrücklich erwähnt, daß als Vortragsraum „die Schulvorsteherin, Fräulein Anna Peltesohn, in liebenswürdiger Weise ihren Vortragssaal zur Verfügung gestellt" hat. Dies ist in späteren Anzeigen von Vorträgen, wo als Ort nur die „Aula der höheren Mädchenschule" in der Motzstraße 8 angegeben wird, nicht mehr der Fall.

Das wahrscheinliche Eröffnungsjahr der Schule — also 1902 — stimmt auch mit den Erinnerungen von Frau Denekamp überein, die im Dezember 1902 fünfzehn Jahre alt wurde und selbst angibt, daß sie 1902 oder 1903 mit fünfzehn oder sechzehn Jahren in diese Schule gekommen sei.

Es liegt ein weiteres Einladungsverzeichnis vor, worin „Französische Vorträge von Mr. A. Duverdier, Prof. de littérature et d'histoire...", „Englische Vorträge von Mrs. Pittard Bullock" und „Deutsche Vorträge von Herrn Dr. Rud. Steiner" angezeigt sind.

Am gleichen Dienstag hielt Rudolf Steiner abends noch die jahrelang fortlaufenden Vorträge in der Arbeiterbildungsschule neben den Redeübungen, die jeweils freitags und sonntags stattfanden. Aus der reichhaltigen Thematik dieser Vortragstätigkeit im Rahmen der Schule, deren Ruf dadurch in der Öffentlichkeit sehr verbreitet worden sein dürfte, ist zu ersehen, daß sich in ihr der Keim zu einer Institution entwickelte, wie sie heute als sogenannte Volkshochschulen in fast allen deutschen Städten aufgeblüht sind.

Nach dem Vortrag am 29. März 1904 wurde in der Mädchenschule kein Vortrag mehr gehalten, und es ist anzunehmen, daß Rudolf Steiner im gleichen Jahre dort auch seine Lehrtätigkeit beendet hat, was sich wohl im Hinblick auf die immer mehr anwachsenden Verpflichtungen als Generalsekretär der deutschen Sektion der Theosophischen Gesellschaft und die Vortragstätigkeit in anderen Städten als notwendig erwies.

EINLADUNG.

Dr. Rudolf Steiner
wird in diesem Winter wieder einen Vortragcyclus halten und zwar über das Thema:

Von Zaratustra bis Nietzsche.

Die Entwicklung des Geisteslebens der Menschheit von den ältesten Zeiten bis zur Gegenwart.

DAUER: Oktober 1902 — März 1903.
ZEIT: Montag 8 1/4 Uhr — 9 1/2 Uhr.
Monatlich 4 Mk. für 1 Perf.; 6 Mk. für 2 Perf.
Einzelvortrag 1,25 Mk.

Als Vortragsraum hat die Schulvorsteherin Frl. ANNA PELTESOHN in liebenswürdiger Weise ihren Vortragsaal zur Verfügung gestellt. BERLIN W., MOTZ-STRASSE 3 (1 Treppe).

Beginn des Cyclus: 6. Oktober 1902.

Das Wirken an der höheren Mädchenschule ist gewiß nur eine relativ kurze, zweijährige Episode im Leben Rudolf Steiners. Im Hinblick auf ihn als späteren Begründer einer menschheitsgeforderten, heilsamen, weltweiten Pädagogik darf jedoch von einem nicht unwesentlichen Baustein im karmischen Gefüge des Lebensganges gesprochen werden. Denn die praktischen pädagogischen Erfahrungen mit halbwüchsigen Mädels der modernen Gesellschaft in diesem schwierigen Alter ergänzen sicher diejenigen der Wiener Hauslehrertätigkeit und der Wirksamkeit an der Arbeiterbildungsschule und kamen so unter anderem der Aufstellung des Lehrplanes für die entsprechenden Altersstufen an der Waldorfschule zugute.

So darf zum Schluß die Frage erlaubt sein, ob der angeheiterte Zustand jenes Lehrers für Kulturgeschichte selbst nicht nur als Zufall, sondern als Fügung im rechten Augenblick betrachtet werden muß, also jenes Wesens, das unser Karma sinngerecht zu verwirklichen hilft. Warum sollte es sich nicht auch gelegentlich menschlicher Schwächen bedienen?

GEORG HARTMANN

„Welche Fehler würdest Du am ersten entschuldigen?"

Wenn in der Menschenseele die Rätselfragen des Daseins auftauchen, dann kann man im eigentlichen Sinne nicht sagen: die Welt und das Leben stellen die Fragen. Denn es könnte den Welt- und Lebenserscheinungen ganz gleichgültig sein, ob ein irgendwie geartetes Bewußtsein sich ihnen gegenüber stellt. Es ist immer die Menschenseele selbst, welche die Fragen stellen muß. Sie tut es, sobald sie in ihrem Bewußtsein den Gegensatz von sich selbst und der Welt erlebt. Mit diesem ersten Ich-Erlebnis beginnt das Fragestellen.

„Warum ist das Feuer heiß?" „Warum ist der Zucker süß?" „Warum ist das Wasser naß?" Diese Kinderfragen werden gestellt, weil die Menschenseele aus der Welt des Geistes kommt und weil sie noch als letzten Rest eines kosmischen Bewußtseins die Gewißheit hat, daß hinter allen Sinnesqualitäten das moralische Wirken geistiger Wesenheiten steht. Eine Naturwissenschaft muß solche Fragen als „unwissenschaftlich" ablehnen. **Muß sie es wirklich?**

Jede Frage erwartet eine Antwort. Die Antwort kommt aus einem reicheren Bewußtsein als demjenigen des Fragenden. Dadurch erweitert sich das Bewußtsein des Fragenden. So frägt der des Weges Unkundige den Wissenden, der Laie den Fachmann, der Schüler den Lehrer.

Aber es kann das Fragen auch dazu dienen, etwas über den Menschen zu erfahren, an den die Frage gerichtet ist. Von den Prüfungsfragen in den ältesten Mysterienschulen bis zum unnötigen Schulreifetest des 20. Jahrhunderts oder zu einem „programmierten Unterricht" gibt es alle Phasen der Fragestellung.

Eine besondere Form des Fragens und Antwortens trat auf mit dem Erscheinen des Katechismus. Glaubensinhalte in Gedankenform sollten auswendig gelernt werden. Dadurch „ersetzte man das selbstverständliche elementare Zuhören" (Rudolf Steiner, 11. Juli 1924). In dieser Art der Fragestellung liegt eine besonders starke suggestive Kraft. Jeder Fragebogen arbeitet mit dieser Kraft mehr oder weniger deutlich.

Aber wie es neben den Welt- und Lebensrätseln auch das Rätsel als heiteres Spiel geben darf, so darf es wohl auch einen Fragebogen geben, der heiter-ernst von Mensch zu Mensch gegeben werden kann und dessen Beantwortung etwas offenbart von der Persönlichkeit des Antwortenden.

Ein solches Fragebogen-Spiel war vor etwa 100 Jahren aus den angelsächsischen Ländern nach Mitteleuropa gekommen. In Deutschland wurde der Fragebogen dann gedruckt und in vielen Gesellschaftskreisen verbreitet. Von mancher Persönlichkeit kennen wir die Antworten. Die meisten sind vergessen.

Rudolf Steiner war kein Spielverderber. Als ihm am 8. Februar 1892 in Weimar dieser Fragebogen zum Ausfüllen vorgelegt wurde — vielleicht war es in dem Kreis der Künstler und Literaten, die sich bei Hans Olden zusammenfanden —, schrieb er mit fester Hand die Antworten auf die vorgedruckten Fragen. Aber — es gibt eben gescheitere und weniger gescheite Fragen, es gibt sachliche, ehrliche, vorlaute, ungehörige und noch viele anders geartete Fragen. Und eigentlich muß sich die Form der Antwort nach der „Qualität" der Frage richten.

Wortlaut des Fragebogens
Motto: An Gottes Stelle den freien Menschen!

Deine Lieblingseigenschaften am Manne?	Energie
Deine Lieblingseigenschaften am Weibe?	Schönheit
Deine Lieblingsbeschäftigung?	Sinnen und Minnen
Deine Idee von Glück?	Sinnen und Minnen
Welcher Beruf scheint Dir der beste?	Jeder, bei dem man vor Energie zu Grund gehen kann
Wer möchtest Du wohl sein, wenn nicht Du?	Friedrich Nietzsche vor dem Wahnsinn
Wo möchtest Du leben?	Das ist mir gleichgültig
Wann möchtest Du gelebt haben?	In Zeiten, wo was zu tun ist
Deine Idee von Unglück?	Nichts zu tun zu wissen
Dein Hauptcharakterzug?	Den weiß ich auch nicht
Dein Lieblingsschriftsteller?	Nietzsche, Hartmann, Hegel
Deine Lieblingsmaler und -bildhauer?	Rauch, Michelangelo
Deine Lieblingskomponisten?	Beethoven
Deine Lieblingsfarbe und -blume?	Violett. Herbstzeitlose
Lieblingshelden in der Geschichte?	Attila, Napoleon I., Cäsar
Lieblingsheldinnen in der Geschichte?	Katharina von Rußland
Lieblingscharakter in der Poesie?	Prometheus
Deine Lieblingsnamen?	Radegunde. Das mögen die Frauen entscheiden

Welche geschichtlichen Charaktere kannst Du nicht leiden?	Die schwachen
Welche Fehler würdest Du am ersten entschuldigen?	Alle, wenn ich sie begriffen habe
Deine unüberwindliche Abneigung?	Pedanterie und Ordnungssinn
Wovor fürchtest Du Dich?	Vor Pünktlichkeit
Lieblingsspeise und -trank?	Frankfurter Würste und Cognac. Schwarzer Kaffee
Dein Temperament?	Wandelbarkeit

Weimar, 8. Februar 1892 Rudolf Steiner

Betrachtet man die Antworten Rudolf Steiners, so kann man wahrnehmen, wie einige Fragen mit dem tiefsten Ernst beantwortet werden, andere mit feinem Humor, wieder andere fast mit leisem Spott. Es lohnt sich, die Art der Antwort gedankenhaft nachzuvollziehen.

Auf einige Antworten sei hingewiesen.

Daß die Idee vom Glück zusammenfällt mit der Lieblingsbeschäftigung und daß diese Lieblingsbeschäftigung im Pendelschlag zwischen Denken und Wollen sich vollzieht, daß die Formulierung dieser Antwort übernommen wird von dem Titel der Gedichtsammlung von Robert Hamerling *Sinnen und Minnen* und daß diese Formulierung von Rudolf Steiner zur Grundmaxime des freien Menschen erhoben worden ist, zum Leben in der *Liebe* zum Handeln und zum Lebenlassen im *Verständnisse* des fremden Wollens, das offenbart, wie ein Dichterwort aus einem höheren Bewußtsein heraus geadelt und erweitert werden kann.

Und wer möchte leugnen, daß im Grunde genommen das meiste Unglück seine Ursache darin hat, daß man „nichts zu tun weiß". Diesmal die Negation der Polarität der Seelenkräfte von Wissen (Denken) und Wollen.

Die Frage nach dem „Hauptcharakterzug" wird einfach zurückgewiesen. Denn der Mensch, der aus den Kräften des Ich heraus sein Leben führt, hat keinen „Hauptcharakterzug". Deshalb wird auch die Frage nach dem Temperament nicht mit der Nennung eines der vier Temperamente beantwortet, sondern mit der „Wandelbarkeit". Charakterzüge und Temperament hängen mit den Wirkungen des astralischen und ätherischen Leibes zusammen. Wer vom Ich aus das Geistselbst und den Lebensgeist bildet, für den werden die Fragen nach Charakterzug und Temperament wesenlos.

„Wer möchtest Du wohl sein, wenn nicht Du?" Das ist eine Frage, die gar keinen Wirklichkeitswert haben kann, es sei denn, daß man das Unmögliche als hypothetisch möglich denkt. Aber die Antwort gibt der

Geistesforscher, der einen Menschheits-Führungsauftrag in Freiheit übernommen hat. Friedrich Nietzsche hätte, wenn die Widersachermacht ihn nicht mit dem Wahnsinn geschlagen hätte, die Möglichkeit gehabt, das philosophisch-naturwissenschaftlich orientierte Denken in eine Geisteswissenschaft hinüberzuleiten. In Rudolf Steiners Antwort ist der Hinweis auf eine Weltenschicksalssituation.

„Deine Lieblingsnamen?" Man lese im VII. Kapitel von Rudolf Steiners *Mein Lebensgang* nach, wo von dem schönen Freundschaftsverhältnis zu einer Persönlichkeit die Rede ist. Sie trug den Namen Radegunde Fehr.

Eine in ihrer Größe erschütternde Antwort ist diejenige auf die Frage, die als Überschrift über diesem Aufsatz steht. „Welche Fehler würdest Du am ersten entschuldigen?" — „Alle, wenn ich sie begriffen habe." Es ist die Antwort des freien Menschen. Und sie enthält wiederum die Aufforderung zum Verständnis des fremden Wollens auch dort, wo dieses Wollen noch nicht von dem frei erfaßten Motiv durchleuchtet und geleitet wird, sondern wo noch Trieb, Begierde und Leidenschaft zur Handlung führen.

So darf auch als Motto über dem Fragebogen das gewaltige Wort stehen, das dem Menschen seine Aufgabe in der Evolution des Weltenalls zuweist. Wo der alte Kosmos erstirbt, muß auf der Erde durch den Menschen der Keim für einen neuen Kosmos gebildet werden. Aus den freien Impulsen der Menschenseele erwächst eine künftige Weltenordnung. In höchster Verehrung der göttlichen Ursprungskräfte darf das neue Welten-Keimes-Wort geprägt werden:

„An Gottes Stelle den freien Menschen!"

MAXIMILIAN GÜMBEL-SEILING

Eine Weihnachtsfeier mit Rudolf Steiner

Es war in München im Jahre 1908. Weihnachten kam heran. Rudolf Steiner wurde für zwei Vorträge in der „Loge" erwartet und für eine esoterische Stunde, die er für seine Schüler gab.

Zwei durch eine breite hohe Türe verbundene Räume im Erdgeschoß eines Ateliergebäudes an der Ecke der Adalbert- und Schraudolphstraße bildeten den Vortragssaal für etwa insgesamt zweihundert Personen.

Die Wände waren mit rosenrotem Satin bis zur Decke hinauf bespannt. Über dem Rednerpult hing das Rosenkreuz. Links vom Rednerpult stand der große Weihnachtsbaum, auf dessen Zweigen frische rote Rosen lagen. Er war geschmückt mit den sieben Weihnachtssymbolen, die Rudolf Steiner angegeben und in einem Vortrag erklärt hatte. Sie waren in Gold ausgeführt. An der Spitze des Baumes war der Fünfstern, das Pentagramm, darunter das Tao und das Taurho, links das Alpha, rechts das Omega und unten das Dreieck über dem Quadrat.

Ein großer schlanker Herr trat würdig und gemessen mit einer Stange, an der ein brennendes Licht befestigt war, an den Baum heran und entzündete mit natürlich angeborenem Zeremoniell die Kerzen. Ich vernahm, daß er im Jahre 1907 anläßlich des theosophischen Kongresses in München die Rolle des Zeus in Edouard Schurés *Drama von Eleusis* gespielt hatte. Dieser Herr, ein Münchner Arzt, sollte später den Oberpriester in Schurés *Die Kinder des Luzifer* spielen und dann in den Mysteriendramen den Benedictus. Auf der Bühne wirkte seine im Leben auffallend zeremonielle Art überzeugend und natürlich. Es war Dr. Felix Peipers, welcher 1944 verstorben ist.

In dem dichtgefüllten weihnachtlichen Raume trat Stille ein, so daß die Schritte Rudolf Steiners vom Gang her deutlich hörbar wurden, bis er, gefolgt von Marie von Sivers und den beiden Leiterinnen der Münchner Loge, eintrat und hinter das Vortragspult ging.

Zum ersten Male erlebte ich die Nähe Rudolf Steiners, in einer der ersten Reihen sitzend. Der tiefe Glanz seiner dunklen Augensterne schien jeden Anwesenden gütig zu begrüßen.

Der Eindruck, den ich stets hatte, wenn Rudolf Steiner vor seine Zuhörer trat, wurde auch von anderen, mit welchen ich hierüber sprach, in ähnlicher Weise erlebt. Er sah jeden, der anwesend war, und jeder fühlte seinen Blick auf sich ruhend, wenn er nicht, mit weitem Blick, über das Publikum hinweg, in die Ferne schaute.

Vor seinem Blick wurden mir alle meine Mängel peinigend bewußt; es wurde mir glühend warm, sogleich entnahm mir aber auch sein Blick diese innere Bedrängnis wiederum, ich konnte um so freier mich der Kraft seines Wortes hingeben. Seine Stimme klang voll und tief, wie aus dem Grunde der intuitiven Willensregion des Sprachorganismus, kräftig und warm zugleich.

Als er uns alle mit der herzlichen Anrede „Meine lieben Freunde" gewissermaßen in seinen Geisteskreis aufnahm, konnte sich jede Seele frei seinem Worte öffnen.

Seinen Blick kann keine Fotografie wiedergeben, ich wurde auch später oder früher bei keinem Portrait, bei keiner Büste an diese Augen erinnert. Der Waldorflehrer Karl Wolffhügel zeigte mir einmal eine von ihm gefertigte Holzplastik von Rudolf Steiner, bei welcher er den geistsprühenden Blick seiner Augen durch Kristallformen in der Pupille zu einem hohen Grad zum Ausdruck gebracht hatte.

In der Münchner Loge stand eine vom Bildhauer Ernst Wagner geschaffene Bronzebüste, und später fertigte Taddäus Rychter ein Hochrelief von Rudolf Steiners Antlitz, auf welchem sich dem linken Ohr ein Adler naht. Als Rudolf Steiner dies sah, sagte er, daß der moderne Geistesforscher des Zuraunens nicht bedürfe, weil seine Forschung selbständig sei.

Ich erlebte sein Wort wie eine Manifestation der in der *Philosophie der Freiheit* ausgesprochenen Wahrheit, wo von der „in Liebe getauchten Intuition" gesprochen wird, welche „in der rechten Art in dem intuitiv zu erlebenden Weltenzusammenhange drinnen steht".

An der Wand hingen Madonnenbilder Raphaels in farbigen Reproduktionen. Marie von Sivers las Geistige Lieder und Marienlieder von Novalis. Von Raphael und von Novalis handelte der Vortrag, und wir hörten von Johannes und dem Jesuskinde.

Der eigentliche Sinn von Novalis' Versen sprach zu uns als Ausdruck wahren Erlebnisses:

„Längst vermißte Brüder
find' ich nun in seinen Jüngern wieder..."

und die an die Gottesmutter gerichteten Verse:

„Dein Kindlein gab mir seine Hände,
daß es dereinst mich wiederfände."

Die erleuchtete Seele des Novalis berührte an diesem Weihnachtsabend alle Gemüter wie eine Offenbarung:

> „Da ich so im Stillen krankte ...
> ward mir plötzlich wie von oben
> weg des Grabes Stein gehoben
> und mein Innres aufgetan.
> Wen ich sah, und wen an seiner
> Hand erblickte, frage keiner ..."

Es lag Rudolf Steiner am Herzen, daß wir uns bei jedem Zusammenkommen gegenseitig als Freunde begrüßen und erkennen, die im vorgeburtlichen Leben den Entschluß gefaßt haben, gemeinschaftlich auf Erden der Geisteswissenschaft zu dienen.

MARGARITA WOLOSCHIN

Aus Tagebuchaufzeichnungen

Hamburg, 19. Mai 1908
 Gestern bin ich von Berlin weggefahren. Wir sind zusammen mit Dr. Steiner gereist — schon auf dem Bahnsteig sahen wir ihn. Er unterscheidet sich so stark von allen anderen Menschen durch seinen Gang und die adlerartige Kopfhaltung, aber auch dadurch, wie die Kleider auf ihm sitzen. Er fuhr vorne in der 1. Klasse. Marie von Sivers schlief, weil sie sich die ganze Nacht mit der Gestaltung der Zeitschrift *Luzifer-Gnosis* beschäftigt hatte; er aber arbeitete. Ich fuhr zusammen mit der Schwester von Fräulein von Sivers und Selling. Es ist Frühling, die Apfelbäume blühen. In Hamburg mieteten wir Zimmer. Vor meinem Fenster schwarze Häuser und frische Linden. Ich ging mit Aljoscha[1] durch die märchenhafte Stadt. Alle Sträucher, Rhododendren und Magnolien waren in Blüte, alle durchsichtigen Blättchen an den Bäumen von den Laternen durchleuchtet, im Wasser — Feuer. Eine von Gott getrennte Seele hätte diesen Frühling nicht ertragen können. Im alten Hamburg läuteten die Glocken.
 Abends gingen wir zum Vortrag.[2] Er sprach vom Anfang des Johannes-Evangeliums.[3] Seine Stimme schwand, unentschieden, ob sie ins Irdische zurückkehren sollte, starb ab, um neu wieder aufzuerstehen — noch einmal und noch einmal. Großartiger Sieg. Wer kann diese Ewigkeit, die menschliche Form angenommen hat, in sich aufnehmen? Zuweilen kann man nicht die Augen auf ihn richten. Aber er, uns schonend, nimmt ein einfaches menschliches Aussehen an. So, als ich gestern nach dem Vortrag aus dem Saal ging und er mich im Vorraum fragte: „Könnten Sie vielleicht durch den Tanz darstellen, worüber ich gesprochen habe?" „Ein vollkommenes Gefühl, wie sollte es sich anders verkörpern?" „Ja, um das Gefühl ging es heute auch."
 Und das ist ein Glück, daß es ums Gefühl ging, weil alles, was in Berlin vorkam, schrecklich für mich war. Er predigt den harten Steinen auf

---

[1] Bruder von Margarita Woloschin.
[2] *Das Johannes-Evangelium*, 18. Mai bis 31. Mai 1908. GA 103.
[3] Ebenso.

der Straße und spricht in ihrer Sprache von riesigen Angelegenheiten. Aber er muß sprechen.

Ich war beim Doktor. Wir tranken Kaffee. Er sprach von Rußland. „Die Russen leben über dem physischen Plan, die Holländer leben unterhalb des physischen Planes, die Franzosen und Engländer direkt auf dem physischen Plan. Bei den Deutschen ist ein Übergang zu den Russen. — Rußland und die buddhistische Theosophie — das ist wie Feuer und Wasser." Aus einem Brief ergab sich, daß der Petersburger Kreis eine Sektion (Zweig) geworden ist. Dr. Steiner war sehr traurig, daß es dort keinen bedeutenden und gebildeten Menschen gibt, der die Führung übernehmen könnte. Er äußerte den Wunsch, daß einige russische Menschen bei ihm bleiben und, nachdem sie das Wissen aufgenommen haben, nach Rußland zurückkehren sollten.

Berlin, 2. Juni 1908

Ein starker Mensch empfängt nicht die Wahrheit, er schafft sie. Eine Wahrheit, die uns von außen kommt, trägt immer den Stempel der Unsicherheit an sich.

Dr. Steiner wurde gefragt: „Könnte jetzt ein großer Eingeweihter erscheinen?" Er lächelte und sagte: „Man muß die Frage anders stellen: erkennt man denn heute den Weisen?"

Nürnberg, 30. Juni 1908

Ich wohne am Rande der Stadt, wo schon die Felder beginnen. Die Linden blühen. Abends gehe ich zum Vortrag Dr. Steiners über die *Apokalypse* [4] in das Gasthaus „Zum goldenen Adler".

Alte Dächer spiegeln sich im Wasser. In den tiefen Fensterchen der breiten Häuser blühen rote Geranien. Es riecht nach warmem Brot, nach Rosen und Jasmin. Auf dem alten Friedhof liegen inmitten einer Fülle von Rosen heiße Grabplatten, und unter trockenen, von der Sonne angewärmten Tannenkränzen schauen eiserne Wappen hervor. Ihre geheimen Zeichen werden mir verständlich, das sind die letzten Offenbarungen der Familien-Seele. Das Haus Dürers, das in allen Kleinigkeiten alles bewahrt hat: hölzerne Lampen unter der Zimmerdecke, Fensterchen mit Butzenscheiben und Zeichnungen — vor allem die Folge der Apokalypse.

Aus meinem Fenster kann man weit sehen — wie in Bogdanowschine (Gut in Rußland). Und auf meiner Kommode leben leise goldene Fischlein im Aquarium.

---

[4] *Die Apokalypse des Johannes*, 17. bis 30. Juni 1908. GA 104.

Christiania, 7./8. Juli 1908

Gestern wanderte ich den ganzen Tag durch die Wälder. Es sind finstere, große Wälder, wie ich sie nur im Traum gesehen habe, und unter den finsteren alten Bäumen blüht ab und zu ein Hagebuttenstrauch mit zarten weißen und rosa Blüten.

Abends ging ich zur Schule, wo Dr. Steiner vorträgt.[5] Er lächelte uns auf der Treppe an und sagte: „Sie gehen also jetzt in die Mittelschule!" Im hölzernen Saal, der mit grünen und roten Flaggen geschmückt war, saßen ruhige, blauäugige, stumme Norweger. Es war 8 Uhr abends, aber die Sonne füllte das Zimmer, so daß Dr. Steiner blinzeln mußte, wir aber den Nacken angewärmt bekamen. Durch die großen Fenster waren silberne Gewässer zu sehen, die Fjorde, mit dunklen Eicheninselchen. Ein Vögelchen sang. Dr. Steiner sagte zwei Worte und das Vögelchen sang, er sagte wieder etwas und das Vögelchen sang wieder. — Er sprach ganz anders als in Hamburg. —

11. Juli 1908

Weiße Nächte. Die gesamte Natur ist hell, durchsichtig und in Gedanken versunken. Alle Farben sind leicht angedeutet und sind doch noch klar. Jede Blume ist sichtbar. Der Himmel wird leicht bläulich, der Mond und die Bäume sind wie Geister. Und ich selber wandere auch leise wie ein Geist durch die Wälder, die Augen und das Herz öffnen sich immer weiter, der Körper verliert das Gewicht. Hier ist die Grenze zum anderen Sein. Auf dem schimmernden Fjord bewegen sich unhörbar die Boote entlang den hügeligen bewaldeten Inseln, und unhörbar tritt der Morgen ein.

Am Tage ist die Waldluft von Harz und Honig durchtränkt. — Ich wohne in einem kleinen blauen Zimmerchen beim Pfarrer neben der Schule. Zum Essen gehe ich ins Gasthaus. Dort trinke ich nach dem Mittagessen Kaffee und rauche! — Mir gefällt meine Rolle einer jungen, emanzipierten Frau!

15. Juli 1908

Am Tage war ich zum Tee bei Frau Dr. Imerek. Dort war Rudolf Steiner. Es regnete, man zündete Kerzen an. Alle Gesichter freundlich, alle Worte bedeutend und interessant.

Dr. Steiner fragte mich, ob ich morgen um 12 Uhr zu ihm kommen wolle. „Wird es nicht zu früh für Sie sein?" meinte er. „Sie werden geneckt", sagte Fräulein von Sivers: „Dr. Steiner weiß, welche Spätaufsteher die Russen sind."

[5] *Theosophie im Anschluß an das Johannes-Evangelium*, Kristiania 7. Juni bis 21. Juni 1908.

16. Juli 1908

Am Vormittag war ich im Walde, um mich zu sammeln und mir meine Fragen zurecht zu legen. Um 12 Uhr ging ich in das „Weiße Haus", wo Dr. Steiner wohnte. Er führte mich auf den Balkon; es war sonnig.

„Es ist Ihnen doch angenehm hier zu sitzen? Wie gefällt es Ihnen hier?" „Es ist ganz unsagbar schön hier." „Ja, hier ist es schön, hier fühlt man deutlich den harten, dichten Granit und deshalb ist die Luft klarer. Hier kann man, besonders am Abend, noch die alten Götter sehen, die menschlichen Gedanken jagen sie nicht fort."

Er fragte mich, ob es mir gelingt, mich zu konzentrieren. — „Ja, ich glaube schon, aber ich bin nicht sicher, ob ich es richtig mache . . ." „Aber die Resultate?"

Er zeigte mir noch einige Übungen. „Sie werden es nicht leicht mit der Geisteswissenschaft haben, weil Sie die Dinge nicht oberflächlich nehmen. Nun müssen Sie sich entschließen, entweder wegzubleiben oder ganz hineinzusteigen, um dort, wo Sie hinkommen, etwas mitbringen zu können." Ich antwortete, daß es für mich gar kein Problem sei; ich könne gar nicht wegbleiben, denn es sei mein Leben.

Langes Gespräch über Kunst. „Ich habe kein Bedürfnis nach der Natur zu zeichnen. Ich möchte eine Malerei von kristallinisch durchsichtigen, sich gegenseitig durchdringenden Flächen! Die Farben sollten von den Gegenständen gelöst sein, aber nicht in einem gleichgültigen Chaos." Dr. Steiner: „Ich verstehe Sie, das ist richtig."

Als ich Dr. Steiner von meinem Bestreben erzählte, die zwei Strömungen, die männliche und die weibliche, in der Menschheit zu verfolgen, nickte er bejahend mit dem Kopf. Dann verlangte er, daß ich ihm Beispiele in der Kunst anführe. Ich nannte Michelangelo als Repräsentanten der männlichen Strömung und Raffael als den der weiblichen Strömung. „Es ist richtig", sagte er, „Michelangelo hätte noch unendlich lange leben und immer Neues schaffen können. Raffael aber mußte früh sterben, er hat sich in der vollendeten Form erschöpft. — Gehen Sie doch in Ihrer Arbeit von der Sphinx aus. Die Sphinx ist noch von niemandem verstanden worden. Sie steht am Anfang der menschlichen Evolution, an der Schwelle, vor dem Niederstieg des Menschen in die Materie. Der Eingeweihte sah in ihr das Bild des androgynen Menschen. Der Stiermensch, bei dem das Physisch-Astralische das Übergewicht über das Ätherische hatte, der Löwenmensch, bei dem das Ätherisch-Astralische das Übergewicht über das Physische und der Adlermensch, bei dem das Astralische über das Physische und Ätherische das Übergewicht hatte: diese drei Arten sind in der Sphinx vereinigt. Die Gestalt des geistigen Menschen offenbart sich in ihrem Kopf." Ich fragte: „Und an der anderen Schwelle, an der Schwelle des Aufstiegs, steht da der Erzengel?" „Ja", sagte er,

„der Erzengel ist auch androgyn." „Die dekadente Form der Sphinx ist die Mittagsfrau, die dem Menschen beim Mittagsschlaf erscheint, wenn er einen leichten Sonnenstich bekommt und dadurch aus sich herauskommt. Auch die Mittagsfrau stellt die Frage. Dem Ödipus erschien aber die richtige Sphinx ... Die Sphinx muß stürzen, wenn ihr ihr Bild entgegengebracht wird. Und die Sphinx stürzte in die Seele des Menschen als Seelenrätsel. Im Erzengel lebt das Prinzip des Lebensgeistes, der noch nicht auf der Erde verkörpert ist. — In Tolstoi lebte „Lebensgeist" in der Andeutung. Im Okkultismus wird Budhi (Lebensgeist) durch das Bild eines Pferdes symbolisiert. Das Pferd mit erhobenem Huf und mit gesenktem Huf. Wenn das Pferd mit allen vier Beinen auf der Erde steht, heißt das, daß Budhi vollkommen entwickelt ist." Dr. Steiner zeichnete mit Bleistift ein kleines Pferdchen und schrieb darunter „Kalinka". „So heißt es im Sanskrit", sagte er. Auf dem Blättchen, das er mir gab, ist auch ein Pentagon. „Diese Form muß man lieben lernen."

Über Tolstoi: „Gedanklich ist er schwach, oft töricht, auch seine Romane schätze ich nicht besonders, aber das, was er zum Beispiel in seinem Buch über das Leben ausspricht, sind Wahrheiten, die an Wert alles, was in den Weltbibliotheken zu finden ist, übertreffen. Mereschkowski — bei ihm ist alles vom westlichen, analytischen Intellekt durchsetzt." — Er erzählte von einem schwedischen Bildhauer, der bei Göteborg seine Werkstatt hat: „Es ist ganz interessant, was er macht, er will den sieben Planeten entsprechende Gestalten modellieren und sie später in Granit ausführen. Sie sind gar nicht naturalistisch, es ist schon etwas Richtiges daran. Besuchen Sie ihn doch auf dem Rückwege."

Ich war eineinhalb Stunden da. Es war leicht und gut zu sprechen. Vieles war noch sehr neu für mich. Irgendein Schleier hat sich ein wenig gehoben. Er spricht zuweilen sehr zart andeutend, und ich verstand ihn nicht immer.

Düsseldorf, 21. April 1909

Heute werde ich nach dem Vortrag mit Dr. Steiner sprechen können. Ich werde um Meditationen bitten für bestimmte Wochentage und Jahreszeiten. Meine äußeren Pläne sind ganz unbestimmt. Zunächst fahre ich für kurze Zeit nach Paris. Meine innere Richtung ist mir im allgemeinen klar.

Nach einem Spaziergang im hellen Frühlingspark fuhren wir abends zu Dr. Steiner und warteten mit anderen zusammen eineinhalb Stunden im Speisesaal. Als er mich in sein Zimmer führte, erblickte ich in der Lampenbeleuchtung sein ermüdetes Gesicht. Die Augen sind umrändert und schwarz wie Kohle. Sein Gesicht bestürzt mich immer so, daß ich in meinen Gedanken zerstreut werde.

„Was sind Ihre Pläne?" fragt Dr. Steiner.

„Jetzt fahre ich nach Paris, um meine Freunde zu sehen, aber zur Zeit habe ich keine bestimmten Pläne."

„Fahren Sie fort, die Meditationen zu machen, die ich Ihnen gegeben habe."

Ich begann von meinem Leben in Rußland zu erzählen und von dem christlichen Mysterium in der Natur. Das hat ihn sehr gefreut. Auf meine vorher vorgebrachte Bitte wegen Meditationen für den Jahreslauf antwortete er, daß er das später geben werde und daß er sehr gut verstehe, was ich möchte. Er nahm mir das Versprechen ab, daß ich nach Kassel kommen würde, wenn auch nur für zwei Tage.

„Jetzt können Sie verwirklichen, was Sie wollen, aber dieses Jahr mit Vortragskursen war für Sie unerläßlich. Kommen Sie nach Kassel, es ist jetzt die Zeit gekommen, wo ich Ihnen Kräfte für Ihr Schaffen, Ihre Werke werde geben können. Jetzt müssen Sie, mitten in der Pariser Unruhe, sehr gewissenhaft Ihre alten Übungen fortsetzen." Und er gab mir noch eine weitere für abends.

Auf eine andere Frage sagte er: „Christus setzte keine Mysterien ein, er hat altertümliche erneuert."

„Aber Beichte, Eheschließung usw., sind das keine Mysterien?"

„Das sind keine Mysterien, das sind Sakramente."

„Was nennen Sie Sakramente? Bei uns nennt man das Mysterium; das verstehe ich nicht."

„Das Sakrament ist eine Handlung auf dem physischen Plan, dem eine geistige Realität entspricht."

„Und ein Mysterium?"

„Das kann man nicht erklären, man erlebt es mit der Einweihung."

„Und was für Mysterien enthält die orthodoxe Kirche?"

„In ihr sind Mysterien, aber andere."

„Gibt es denn in der Welt nicht nur *ein* Mysterium?"

„Ja, aber die schattenhaften Abbilder von ihm auf der Erde können verschieden sein und mehr oder weniger der Realität entsprechen. In den Gottesdienst der griechisch-katholischen Kirche sind Elemente der ägyptischen Mysterien aus der Zeit ihres Niedergangs und Elemente der Mithras-Mysterien hereingekommen."

„Ich habe einige Teile des russischen Gottesdienstes zu real miterlebt, als daß ich an ihrer Wahrheit zweifeln könnte... In Rußland steht man ernst und einfach in der Kirche, hier (bei anthroposophischen Veranstaltungen) sind alle sentimental und süß."

„Süß?" — Er fing an zu lachen. „Aber in mir selbst ist nichts, was die Sentimentalität hervorrufen würde."

„In Ihnen nicht, aber alles projiziert sich gerade umgekehrt dem, was

Sie wollen. Sie wollen Freiheit und Selbständigkeit, und es entsteht das Gegenteilige; hier herrscht Ihre Autorität und keiner will selber denken."

„Ja, aber ich will doch nichts anderes als die Freiheit, das hängt schon von den Menschen selber ab."

„Besteht denn keine Gefahr, daß die erhabenen Worte ihre Kraft verlieren, z. B. die Namen der Hierarchien, wenn man sie öfters wiederholt?"

„Aber ich spreche sie doch nicht umsonst aus."

„Ich meine die anderen Menschen."

„Das ist dann deren Taktlosigkeit."

„Aber Sie geben diese Worte ab, und die Menschen haben keine Möglichkeit, sie richtig aufzunehmen."

„Das wird vergehen, in 2000 Jahren wird das anders sein. Erinnern Sie sich daran, was ich das letzte Mal von den Heringseiern sagte. Von 100 vergehen 99 — das ist ein großes kosmisches Gesetz, und wenn der Okkultist das nicht wissen würde, so könnte er nicht schaffen. Wenn von 100 Menschen auch nur ein halber von dem Segen dieser Offenbarung etwas hat, dann hat die Aufgabe ihr Ziel erreicht. Ja, die Natur ist verschwenderisch. Das Gesetz der Verschwendung — genau der Verschwendung — herrscht in der Welt..."

Er verabschiedete sich von mir mit großer Herzlichkeit.

In Paris kam ich spät abends an und wir rasten im Auto durch die gut bekannten Straßen. Ist es denn wirklich mein Leben, das sich in dieser Stadt abgespielt hat? Ich erkenne alles wieder, aber nichts verbindet mich mehr mit ihr, außer dem kleinen Häuschen in der Rue Renoir, in dem Dr. Steiner vor vier Jahren wohnte und seine Vorträge hielt.

Kassel, 5. Juli 1909

Doktor Steiner ist mir gegenüber sehr aufmerksam und freundlich. Mehrere Male ergriff er mit beiden Händen meine Hand und schaute mich an mit seinen Augen, in denen Freude und Trauer durch die Liebe zusammengeschweißt sind — Brunnen der Ewigkeit. Die Vorträge *Das Johannes-Evangelium im Verhältnis zu den drei anderen Evangelien* (Kassel, 24.—30. Juni, 1.—7. Juli 1909), enthalten viel Schweres, aber auch Allerwesentlichstes und mir Teuerstes. Noch nie haben mir Vorträge so viel gegeben. Tagsüber gehe ich viel im Park spazieren.

Gespräche mit Dr. Steiner: Von Übungen. Über Malerei. Er gab mir ein Porträt von Nostradamus und sprach über die Kupferstecher des Mittelalters. Ich fragte nach Maria. Wie verhält sich die irdische Individualität zu der Idee? Maria zur Sophia? Die Realität dieser Welt zu jener?

„Was einmal in der Zeit vorging in Palästina — das ist auf dem astralischen Plan ein dauerndes Geschehen. In der physischen Welt kann es sich aufgrund der Gesetze und Bedingungen der physischen Welt nur einmal verwirklichen. Die reine Frau Maria, die Christus den Leib gegeben hat, verwandelte sich. Es wuchs und entwickelte sich Jesus Christus und auch sie entwickelte sich, und zum Schluß verblieb in ihr nichts außer der Weisheit. Sie war deren reine Verkörperung. So kehrte die Jungfräulichkeit zu ihr zurück im Moment der Taufe, als Jesus in der geistigen Welt geboren und aus der physischen weggenommen wurde. Christus verbindet Johannes, der den Christus-Impuls, den schaffenden Urgrund in sich trug, mit der Mutter, denn ohne sie kann Johannes nicht tätig sein."

Im Anschluß an die Frage nach Maria und ihrem Verhältnis zur Sophia sprach Dr. Steiner über die Ehe. Er sagte, ursprünglich habe sich in der geistigen Welt die Frau vorher dem Manne geistig hingegeben. Während der Ehemann den physischen Leib befruchtete, gab sie ihm die Weisheit. Es war tatsächlich ein Austausch. Auch heute käme das zuweilen vor. Es hätten viele Frauen ihrer Organisation nach die Ehe in dieser Weise annehmen und Sophien sein können, aber das Männergeschlecht sei degeneriert, es sei gefallen.

Die schöpferischen, künstlerischen Naturen würden ihre Werke aber doch den Frauen verdanken. So habe sich beispielsweise Goethes Liebe nicht sinnlich geäußert.

„Glauben Sie das nicht?" fragte Dr. Steiner.

„Vollständig", anwortete ich, „bei Goethe verwandelte sich die Flamme in geistiges Schaffen."

„Ja, das ist so. Und schauen Sie diesen Siebenerrhythmus seines Schaffens an, wenn eine neue Frau wieder einen neuen Geist in sein Leben brachte! Das kann man durchaus verfolgen. Als er die *Metamorphose der Pflanze* schrieb, da brauchte er das Erfassen dieser elementaren Liebe. Diese Frau war Vulpius — die Pflanze. Wieder übertrug sich das auf seine Kunst. — Die Kunst ist sakramental, wenn sie Einheit ist auf allen Ebenen. Sie kann unvollkommen sein, aber das Erzeugte ist entweder lebendig oder tot."

„Entweder ist es eine Geburt oder eine Mißgeburt."

„Das ist richtig", sagte er.

„Aber darum", entgegnete ich, „macht es mich so traurig, daß Sie sich mit Schuré abgeben; was er schreibt, ist grobe Illustration, aber keine Kunst."

„Es wäre falsch zu glauben, daß, wenn ich seine Sachen aufführen lasse, dies auch bedeuten würde, daß sie mir gefallen. Aber anderes gibt es zur Zeit nicht, und den Menschen ist es nötig. Ihnen scheint es unsympathisch zu sein, daß ich so vorgehe?"

Ich konnte es nicht einsehen.

„Ja, sehen Sie, wenn ich eine beschauliche Natur wäre wie Sie, so würde ich nicht anders gesprochen haben. Ich verstehe Sie sehr gut — aber ich muß wirken."

Zu Hause angekommen, erhalte ich von Njuscha eine telegraphische Geldanweisung. Es sollte reichen, um nach Rußland zu fahren! Ich laufe zurück zum Doktor, durchbreche die Reihe seiner „Schwellenhüter" und erkläre ihm meinen Entschluß. Er hatte mir eben eine Übung gegeben, die er nur denen gab, die in ihrer Entscheidungskraft sicher sind...
„Nach meiner Rückkehr aus Rußland komme ich nach Basel!" sagte ich.
„Ja, kommen Sie unbedingt!"

Es war bedrückend in Moskau. Es ist grob. Bei uns kann man nur entweder Despot oder Sklave — oder voll Seligkeit sein.

Gryon, Januar 1912

Rudolf Steiner hielt Vorträge in St. Gallen, Winterthur und Zürich. Als wir in St. Gallen eintrafen, gingen gerade die Fabrikarbeiter von der Arbeit nach Hause. Das Zimmer, wo Dr. Steiner als erster vor anderen Rednern sprechen sollte, war nur klein. Es kamen Menschen mit stumpfen, verschlafenen Gesichtern. Kein einziges aufgewecktes Angesicht. Ich dachte, was wird er ihnen sagen? Und er sprach wie noch nie. Wieviel Liebe, Feuer und Schönheit war in ihm! Alle Kraft, alle Güte wandte er gerade diesen einfachen, noch schlafenden Seelen zu, klopfte das erste Mal bei ihnen an. Er sprach vom physischen Leib als dem Leib der Hoffnung, dem Ätherleib als dem Leib der Liebe, dem Astralleib als dem des Glaubens.[6] Am nächsten Tag war ein öffentlicher Vortrag in Winterthur über Goethe und Paracelsus. Er sprach ungewöhnlich schnell, und es war mir schwer zu folgen.

In Zürich gab es ein Gespräch mit Dr. Steiner. Er fragte mich nach meiner Arbeit. Als ich einmal sagte, daß die deutsche Landschaft anders ist als die russische, meinte er: „Ja, aber die Deutschen haben noch nicht verstanden, in der Malerei die Natur wiederzugeben; der Fortschritt und die Vertiefung drückte sich bei ihnen in den Interieurs und Accessoires aus."

Er stand auf und begann, im Schrank nach etwas zu suchen — es war das Porträt eines Mannes mit gespaltenem Bart. Der Mann öffnet ein Buch und zeigt mit dem Finger auf einen Schädel. Dr. Steiner deutete auf einen Kerzenleuchter: ein Accessoir im Bilde. „Ja, das ist erstaunlich."

Wir sprachen weiter über die Malerei, und Dr. Steiner sagte, daß die Farben die Rache der Götter an Luzifer, aber auch seine Erlösung seien. Die Realität der seelischen Welt wird uns durch die Farben verhüllt. Gott

---

[6] 12. 1. 1912. Bisher nicht gedruckt.

legte eine farbige Binde auf unsere Augen, damit wir die verbotene Welt nicht sehen.

Über die Feiertage äußerte er: „Wichtig sind ihre Abstände und die Aufeinanderfolge, nicht das genaue Datum."

München, 8. März 1912

Bei Dr. Peipers wurden Lichtbilder und Bilder von Madonnen und Kirchen gezeigt. Dr. Peipers, Architekt Schmidt-Curtius und Uehli — feierliche, hochgewachsene, ernst gehaltene Menschen, die ihr Leben dem Dienst an Dr. Steiners Werk gewidmet haben. Ihre Worte sind gründlich und sachlich, die Späße schwerfällig. Man fühlt solche Gediegenheit, solchen Ernst in allem. Auf solche Menschen kann man bauen. Aber — wie ist mir langweilig bei ihnen! Bin ich für immer vergiftet worden durch jene genialen russischen Halunken?

Ich lerne, lerne bei den Deutschen, aber manchmal ergreift das Herz eine solche Sehnsucht nach Rußland. Doch es ist ja verurteilt, dieses wahnsinnige, weglose Rußland! Nein — es ist nicht wahr: es ist Iwanuschka, das Dummerchen, bei dem der schöne Ring in einen schmutzigen Lumpen eingewickelt ist, aber den Ring hat es ...

Moskau, 1. April 1912

Gestern fuhren alle meine Freunde nach Helsingfors, wo Dr. Steiner jetzt weilt. Als ich das Telegramm bekam, daß ich wegen Mamas Krankheit nach Rußland reisen müsse, war Dr. Steiner gerade in München. Auf dem Bahnhof sah ich ihn. „Ich reise nach Rußland", sagte ich.

„Sie werden schon wiederkommen!" — und mich streng anschauend: „Machen Sie Ihre Meditation gut!"

Er half Marie von Sivers beim Einsteigen in den Waggon. Er war unendlich freundlich zu uns allen, stand am Fenster — und noch einmal winkte er mir zu.

In Moskau wollte ich zum Abendgottesdienst der zwölf Evangelien gehen und legte mich etwas nieder. Auf dem Tisch lag das Telegramm der Freunde aus Helsingfors: „Ihre Gegenwart ist unbedingt erforderlich!"

Ich wußte, daß sie eigentlich nicht unbedingt nötig war und daß man mir mit dem Telegramm die Abreise von zu Hause erleichtern wollte. Ich beschloß, nicht zu fahren. Aber in letzter Minute sprang ich doch vom Bett herunter, sagte Papa, daß ich reise, schickte Michailo an die Kasse und fuhr ins Krankenhaus, um mich von Mama zu verabschieden. Sie weinte. Mir fiel es schwer zu reisen. Vom Bahnhof aus schickte ich ein Telegramm an Boris Lehmann in Petersburg.

Am anderen Morgen traf ich Boris am Bahnhof. Er war grün und mager wie der Tod. Wir sprachen über seine kürzlich verstorbene Braut. Dann gingen wir in die Wohnung seines Onkels, wo ich oft zu Gast gewesen war. Beim Frühstück versammelten sich der Onkel und alle Töchter. Boris machte Späße, und alle lachten bis zum Umfallen. Ich bemerkte, daß er nichts aß, drei Oliven und Tee für den ganzen Tag. Sonja sagte, daß er seit zwei Monaten niemals mehr äße. Der Onkel meinte lachend:

„Ich kann nicht garantieren, daß er bei Ihrer Rückkehr noch existieren wird."

Und wieder wurde gescherzt und gelacht. Als wir allein waren, fragte ich Boris: „Ist das nicht Selbstmord?"

Er sagte lächelnd: „Ich kann ja nichts essen, denn ich habe Magenkrebs."

„Wer hat das gesagt?"

„Der Arzt. Mir ist nicht mehr viel Zeit gegeben. Ich weiß es schon lange und betete nur darum, daß es nicht vor dem Hingang meiner Braut geschähe. Jetzt kann ich ruhig auf den Tod warten. — Rufe mich nicht nach Helsingfors. Ich kann nichts mehr annehmen, weil ich schon nichts mehr geben kann. Mitglied werden, das würde heißen, daß ich die Arbeit in Petersburg übernehmen müßte, denn ein anderer ist nicht da. Aber etwas anfangen, von dem man weiß, daß man es bald verlassen muß, ist nicht ehrlich. Verstehe mich, ich habe höchstens noch fünf Monate zu leben. Aber ich bitte dich, nun nicht mehr darüber zu sprechen, es tut mir so weh."

Wir fuhren im Regen, unter dem schützenden Verdeck des Wagens, zum Einkaufen. Wenn der Tod über dem Menschen steht — wie seltsam nehmen sich dann die Kleinigkeiten des Lebens, die Dinge, die Straßen aus... Boris begleitete mich zum Finnischen Bahnhof. — Ich verstand, daß alles Menschliche in ihm furchtbar litt. „Ja", sagte er, „soweit der irdische Bürger noch lebt... Schlimm geht es diesem Spießbürger, oj, oj, oj. Am besten ist es, zu lachen und zu scherzen. Und im Herzen lebt das, was den Tod nicht fürchtet."

Helsingfors, April 1912
Auf dem Bahnhof am Morgen eine Reihe bekannter Gesichter — alle sind sie gekommen, um mich zu begrüßen — alle Moskauer und die deutschen Freunde. Es schien wie ein Traum, diese Menschen beisammen zu sehen, die für mich bis jetzt zwei ganz getrennten Welten angehört hatten.

Wir tranken im Bahnhofsrestaurant Kaffee. Man erzählte sich, daß Rudolf Steiner den Ostergottesdienst mit uns feiern und daß er den Russen einen besonderen Vortrag halten wird. Ich schrieb sogleich einen Brief an Boris und bat ihn sehr, doch nach Helsingfors zu kommen.

Als ich in den Vortragssaal trat, kam Dr. Steiner mir entgegen und fragte mich nach der Gesundheit meiner Mutter.

Die Vorträge [7] wirken hier in Finnland, wo die Elementarwelt so stark ist, ungeheuer. Rudolf Steiners Gesten und seine Stimme drücken so viel aus, daß man Unendliches dadurch erlebt.

Eines Morgens erschien Boris. Ich hatte am Vortag Dr. Steiner einen Brief gegeben, der Boris' Lage schildert. „Was ist los, es geht Ihnen doch nicht schlecht?" fragte Dr. Steiner rasch, als ich ihm den Brief gab. „Nein, ich schreibe wegen jemand anderem."

Dr. Steiner bestimmte eine Zeit, wo er ihn empfangen wollte. Zur angegebenen Stunde ging ich mit Boris durchs Schneegestöber ins Gasthaus Während wir auf Dr. Steiner warteten, saß ich mit Marie von Sivers zusammen. Sie fragte nach Petersburger Bekannten. In dem hellen, warmen Gang des Gasthauses wandelten die Menschen vor und nach den Versammlungen wie an der Schwelle zu einem neuen Leben, sich gegenseitig wie Brüder begrüßend...

Und nun öffnete sich die Tür, Rudolf Steiner empfing uns. Ich übersetzte. O, welche einfachen Worte!

Rudolf Steiner: „Ich glaube, daß Sie Kraft zum Leben bekommen würden, wenn Sie okkult arbeiten würden."

„Nein, ich habe schon keine Kraft mehr. Ich habe schon lange gewußt, daß es so sein wird. Ich habe schon zu lange gekämpft. Ich erlitt dauernd Versagen und Schiffbruch bei allem, was ich begonnen habe. Ich habe den Unterricht dieses Lebens verstanden."

„Also, Ihnen bleibt nichts anderes übrig, als ruhig den Tod zu erwarten."

„Ja, das tue ich."

„Nun, das ist auch ein Standpunkt."

Und sich zu mir wendend sagte Dr. Steiner: „Ich habe mit dem Herrn nur darum gesprochen, weil Sie ihm helfen wollten."

Ich sagte nichts darauf. Boris sprach noch von zwei jungen Petersburger Damen, für die er sich verantwortlich fühlte, und sagte dann: „Ich freue mich, daß ich vor dem Weggehen das Glück hatte, Sie zu sehen." Dr. Steiner neigte den Kopf, dann sagte er einfach: „Auf Wiedersehen."

Boris hörte zwei Vorträge, dann reiste er ab. [8]

Wir waren mit Dr. Steiner zusammen beim Nachtgottesdienst vor dem Ostermorgen. Seltsam war es, ihn in der russischen Kirche zu sehen...

[7] Helsingfors, 3. bis 14. April 1912. *Die geistigen Wesenheiten in den Himmelskörpern und Naturreichen.* GA 136.

[8] Boris Lehmann ist gesund geworden und hat die anthroposophische Arbeit in Petersburg übernommen.

Er blieb die ganze Zeit während des langen Gottesdienstes und bei der Messe stehen. Die Gestaltung des Gottesdienstes war sehr schwach.

Um 3 Uhr nachts kamen wir in das Hotel zurück, wo Frau Cleopatra Christophorow das Ostermahl für uns bereitet hatte. Wir gingen nacheinander in den Saal, wo Dr. Steiner an der Tür stand und jedem die Hand gab. Er schaute fragend und fordernd und bestätigend in die Seele. Seinerseits war es eine Frage, meinerseits ein Versprechen. Als wir am Tisch saßen, segnete er den Kulitsch (Osterbrot), d. h., er zerschnitt ihn in Form eines Hexagramms. Sein Gesicht war dabei hell und streng und in das, was er tat, schien er auch die größte Strenge hineinzulegen. Dann stand er auf und sprach davon, daß die ganze Geschichte der Menschheit zum Tode Christi und zur Grablegung geführt hat und wir mit unserem Bewußtsein Jahr um Jahr nur die Grablegung feiern können. Das große Fest der Auferstehung verstehen wir noch kaum. Wenn wir jetzt feiern, so geloben wir uns damit, zum Verständnis der Auferstehung kommen zu wollen dadurch, daß wir geistige Kräfte entwickeln.

Nach der Ansprache aß man mit Appetit die guten Dinge, die auf dem Tisch standen. Ich saß Dr. Steiner gegenüber. Er fragte mich:

„Wie steht es mit Ihrem Buch?"[9]

„Sie wird", antwortete ich, und alle lachten. Das Buch ist im Russischen weiblich, so hatte ich für „es" „sie" gesagt.

Nach der Ansprache für die Russen zeigte Dr. Steiner uns den Seelenkalender, der soeben erschienen war. Er bemerkte, daß es nicht leicht gewesen sei, die Technik für diese Dinge zu finden.

Während dieser Tage sprach Dr. Steiner oft mit mir über russische Freunde, die sich in den verschiedensten Angelegenheiten an ihn gewandt hatten. Eine Dame beispielsweise glaubte zu wissen, daß Dr. Steiner selber der Meinung sei, die Anthroposophie in der Form, wie er sie jetzt entwickelt habe, sei noch nichts für Rußland.

„Aber das meine ich nicht", sagte Dr. Steiner, „man kann ja nicht immer nur warten. Natürlich wird das, was kommen soll, auch einmal kommen. Aber man muß ihm entgegengehen, man muß lernen zu sehen, was schon da ist, es erkennen, es aufnehmen — und dann wird es von den Menschen (die Anthroposophie aufgenommen haben) selbst abhängen, wie es an Rußland weitergegeben wird. Verstehen Sie?"

„Ja, ich verstehe es jetzt. Aber in Rußland ist alles anders. Kann man dort wirklich mit Worten etwas bewirken? Worte werden dort leicht verstanden, aber sie werden nicht zu Leben. Was Rußland braucht, kann man nicht mit Worten geben. Soll man da sprechen und schreiben?"

---

[9] *Die Regenbogenbrücke.* Roman.

„Sie sagen Richtiges, aber für etwas anderes ist es zu früh. Die Worte werden immerhin aufgenommen, obwohl das, was aufgenommen wird, in den meisten Fällen in dem Meer der Gefühle verbrennt. Aber vorläufig kann man nur so wirken, und man muß es."

Bei einer anderen Gelegenheit wandte sich Dr. Steiner an mich: „Man braucht Ihnen nicht den Willen zum Guten und starke Gefühle zu wünschen, aber Energie und Ausdauer. Warum haben Sie alle den Willen vom Leben abgewandt? Warum diese Passivität? Sie warten alle darauf, daß der goldene Regen vom Himmel fällt, aber man muß handeln, damit etwas verwirklicht wird."

Es wurden Dr. Steiner auch verschiedene Bücher aus Moskau mitgebracht, so u. a. die von Petrowski übersetzte *Aurora* von Jakob Böhme und eine Prachtausgabe meiner Übersetzung sämtlicher Werke, Predigten und Traktate von Meister Eckhart. Dr. Steiner bedauerte, daß er mein Vorwort nicht lesen könne, und sagte: „Das ist ausgezeichnet, daß Sie Eckhart übersetzt haben, das wird man jetzt lesen" (tatsächlich war die Auflage nach wenigen Monaten schon vergriffen und wurde später als bibliophile Seltenheit angesehen). Er fuhr fort: „Petrowski hat Böhme übersetzt und will auch Paracelsus übersetzen."

Ich fragte: „Kann man Goethe ins Russische übertragen?"

Dr. Steiner: „Wie hat ihn Hall übersetzt?"

„Er schuf neue Worte, die russische Sprache ist so biegsam, daß man aus dem Geiste heraus neue Worte finden kann. Er war mutig, im Anfang waren wir über das eine oder andere Wort empört, aber nachher schien es ganz annehmbar."

Dr. Steiner: „Wenn ich höre, wie man russisch spricht, habe ich den Eindruck, daß Sie Ihre Sprache noch nicht ganz beherrschen. Die Vokale strömen nicht aus. In der englischen Sprache hat man alle Konsonanten herausgeworfen, es klingen nur die Vokale. Das ist Egoismus. Es ist unmöglich, objektiv zu sein. In der deutschen Sprache ist ein Gleichgewicht — aber bei Ihnen (den Russen) werden die Vokale erst entstehen. Sie sind noch subjektiv, Ihnen steht ein anderer Weg bevor." Er verabschiedete sich sehr freundlich: „Bis zum Juli . . ."

Nach dem Schluß des Helsingforser Zyklus wieder in den Straßen Petersburgs. Tiefe Ermüdung. Die Welt steht wie eine Maja da. Man bittet beinahe um ein Wölkchen, welches die Sonne mildern würde; die geistige Sonne, welche scharf und unerbittlich ist. Man erlebt Wunder, aber das Wunder nimmt den stillen Alltag weg. Man wächst, alle Spielsachen werden weggenommen, und zuletzt wird die Illusion der eigenen Persönlichkeit weggenommen . . .

Sarow, 19. Juli 1912

Ich fuhr mit Papa nach Sarow. Hier hat der heilige Seraphim gelebt, und Dr. Steiner sagte mir von ihm, daß er eine der größten Individualitäten sei, aber in diesem Leben nicht durch das Denken gewirkt habe. „Man muß auf seine Taten schauen, gehen Sie dorthin wo er gelebt hat, Sie werden dann schon wissen, wie Sie über ihn schreiben sollen; dort werden Sie die Inspiration bekommen." [10]

Zunächst besuchten wir Diwejewo (das Frauenkloster). Es ist ein Jahrmarkt geworden und macht einen kümmerlichen Eindruck. Eine Nonne, die seit 13 Jahren hier wohnt, sagte mir, daß dieser Ort, obwohl unter den Menschen nichts mehr vom Geiste Pater Seraphims zu finden sei, dennoch ein Ort der Gnade ist. Am Abend ging ich allein zu den Gräbern der „Schwestern Müllerinnen". Maria-Sophia, die mit 19 Jahren starb, war die größte unter ihnen, „die Königin, um die die anderen Bienchen schwärmen". Jedem Besucher gab Vater Seraphim ein Stückchen Brot, das aus dem Mehl der Mühle von Diwejewo gebacken war. „Das ist ein gutes Brot", sagte er.

Ich war bei der „Närrin in Christo", der kranken Pascha (Pelageja). Sie ist 115 Jahre alt, hat sommers und winters im Wald gelebt, kein Mensch weiß, wie und wovon, und kam — noch zur Zeit Seraphims — nach dem Tod ihrer Vorgängerin ins Kloster. Als ich in ihre Zelle trat, saß sie, im leinenen Hemd, mit bloßen Füßen und mit einem Kinderhäubchen auf den langen Haaren, auf einem Sofa. Sie warf Fäden auseinander, was bedeuten soll, daß sie für mich betet. Sonst spielt sie mit Puppen und trägt im Sack allerlei Lumpenzeug mit sich herum. Ihre Dienerin, die das Knäuel hielt, übersetzte die unverständlich gesagten Worte: „Sie bemitleidet Sie, spricht von kleinen Leiden, irgendjemanden wird man in Lumpen wegschicken, in eine Grube eingraben, d. h. er wird gekränkt, aber, aber Ihnen sagt sie: Gut mit Gott." Ich habe der Übersetzung nicht geglaubt, obwohl diese Wahnsinnigen oftmals wahr schauen und mit dem uns Unsichtbaren sprechen.

Sarow hat mich überrascht, und ich kann noch nicht sagen, warum. Weiße Kirchen, Tore, Glockentürme und Menschen mit bronzefarbenen Gesichtern und hellen, tiefliegenden, unirdischen Augen. Alte und Kinder. Und besonders die Haare sprechen von einer besonderen Kraft. Es gibt schwarze Haare, wie vom Feuer verbrannt, wie Kohle; es gibt weiße, wie der morgendliche Schnee, es gibt goldene, hellgoldene, rotgoldene und alle sehr dicht, lang und lockig. Die Bärte bedecken die Brust, sie fallen in herrlichen Wellen herunter wie bei Zeus. Nicht Gesich-

---

[10] M. Woloschin schrieb 1912/13 im Auftrag des Moskauer Verlages *Geistiges Wissen* ein Buch über den heiligen Seraphim von Sarow (1759—1833).

ter, sondern Antlitze — biblische oder archaische. Augen unter dichten Augenbrauen, schauend und demütig. Viel Leid und Demut, weltabgewandt bei fast allen. Als die Glocken läuteten, strömten sie, strömten endlos zur Kirche. Und als man heute die Gebeine des Heiligen heraustrug und über den Köpfen der Menge die Opfergaben — die handgewebten Leintücher — weitergereicht wurden, da fühlte ich, daß der heilige Seraphim der Vater dieses Volkes ist. Er gab und sagte das, was man Kindern geben muß: Tröstung, Liebe, Streicheln. Als wir zur Einsiedelei fuhren, war es, als würde er gleich selber, im weißen Kittelchen, auf seine Axt gestützt, aus dem Walde herauskommen. Ich habe auf einer schlechten Reproduktion von einem schlechten Gemälde sein Gesicht gesehen: selbst da ist es noch unerhört groß. In seinen Augen ist unbeschreibliches Leid, sie sind ganz eingeengt durch schneidenden Kummer — und gleichzeitig ist in ihnen Freude — eine unsägliche Freude. Diese zwei Pole sind zusammengeschmolzen durch Liebe. In diesem gebeugten alten Männchen lebte ein Feuer, eine göttliche Kraft, die wie ein Gewitter die ganze Welt hätte zerstören können, aber sie ist Liebe geworden, und darum kann sie die Welt erwärmen. Es ist nichts höher als die Liebe. Aber man kann sie nicht durch Worte aussprechen.

September 1912
In Basel war ich bei Dr. Steiner. Über den heiligen Seraphim sagte er: „Ja, diese Individualität muß man außerhalb der Kirche sehen. Er ist ein Bild der Zukunft. Er war ein Wissender, nicht mit dem Intellekt, denn der Intellekt ist gebunden an den physischen Leib. Und in Rußland ist das Physische für sich und das Geistige für sich und die Verbindung ist noch nicht da. Er hatte einen russischen Leib und konnte die ganze Fülle seines Wissens nicht in den Leib herunterbringen."

Dann fragte Dr. Steiner mich: „Und wie geht Ihr esoterisches Leben?"

„Schlecht. Ich habe wieder eine Dummheit gemacht, erlebte eine seelische Erschütterung und habe viel gelitten."

„Nun, — auch damit kann man vorwärtskommen. Wenn Sie freilich keine solchen Erschütterungen erlebten, könnten Sie schneller zum Schauen dessen kommen, was in Ihnen ist."

Ich sprach davon, mich mehr zurückzuziehen und nur der Kunst leben zu wollen. „Für den okkulten Weg ist auch Ruhe nötig. Sie erinnern sich doch, was Ihnen der Einsiedler (Makarius)[11] über das Schweißtuch der

[11] M. Woloschin hatte einen russischen Einsiedler Makarius aufgesucht, der ihr u. a. folgendes sagte: „Christus will sein Bild geben, er ist gekommen, um sein Bild zu geben. Seitdem er auf der Erde gelebt hat, ist alles: Stein, Wolke, Blume, sein Bild. Ja, und die Frau hat doch nur ein einfaches Stück Leinwand hingestreckt, das Bild aber hat ER gegeben. So mußt auch Du Deine Seele hinstrecken..."

Veronika sagte, als Sie ihn fragten, ob sie sich mit Malerei beschäftigen sollen?"

„Ich fragte ihn nicht, sondern ich sagte ihm, daß ich mich mit Malerei beschäftige."

„Ja, aber in Ihrem Herzen war eine Frage. Seine Antwort kam aus dem Herzen. Ich antworte Ihnen auch, aber aus dem ganzen Kosmos heraus. Und Sie stehen gerade in der Mitte und zwischen beiden scheint Ihnen ein Abgrund zu sein. Aber Sie müssen das verbinden." Dazu zeichnete Dr. Steiner erst Pfeile, die von einem Punkt ausgingen und nachher Pfeile, die, von der Peripherie kommend, sich auf den Punkt richteten.

Ich sprach davon, daß mir passende Farben fehlen. „Die Farben werden kommen", sagte er und zeigte mir ein Gelb in Nagelgröße. „Wir machen gerade Versuche. Die Farben sind schon da; Pflanzenfarben. Sie werden in Salzlösung durchsichtig und zart und leuchtend."

Als ich erwog, ob ich nicht in Italien leben sollte, meinte er: „In Italien ist alles tot und die Natur ist in Zersetzung." „Ja, aber in München ist eine so unausstehlich stumpfe und leere Luft." „In München ist überhaupt keine Luft, da ist nur Stickstoff und Sauerstoff; etwas südlicher von München, in Tirol, da ist noch lebendige Luft und lebendige Natur."

Von einigen Minuten des Gespräches mit Dr. Steiner geht Ruhe und Freude aus.

München, 21. November 1912

Der Chemiker kam zu mir und zeigte mir eine Flasche mit einer wunderbaren roten Farbe — gewonnen aus Rosen. Die Farben werden alle mit Honig und Wachs verrieben. Dr. Steiner sagte, daß man aus den Pflanzen alle Farben bekommen könne. Das Wort „Blume" und das Wort „Farbe" ist in der russischen Sprache gleich (zwet). Auch „Licht" und „Farbe" hat die gleiche Wurzel.

Ich fragte den Chemiker, unter welchen Bedingungen aus der Kohle ein Diamant entsteht. Er sagte: „Es bedarf einer sehr hohen Temperatur von einigen tausend Graden, dann einer sehr schnellen Abkühlung unter ganz starkem Druck. Das heißt: ein maßloses Leid des Minerals." Und wonach streben wir? Aus der Kohle ein Diamant zu werden.

München, 22. Dezember 1912

Gestern sah ich ein altertümliches Mysterienspiel (das Oberuferer Weihnachtsspiel) mit einem Sternsinger, einem Engel, Maria und Josef, Hirten und bösen Wirten. Alles war erstaunlich einfach, ohne jede Schminke; die einzige Dekoration bildete ein Stern, der an einen Vorhang geheftet war. Der Engel kam hinter dem Klavier hervor, Josef trug einen einfachen Mantel, Maria war mit einem blauen Schleier bedeckt. Alle gingen hintereinander durch den Saal und lobten Christus. Das Publikum bestand zum größten Teil aus Kindern; es spielten unsere Theosophen. Ich war erschüttert. Das ist Kunst.

Berlin, 2. bis 13. Februar 1913
Einzige und unvergeßliche Tage bei der ersten Generalversammlung der Anthroposophischen Gesellschaft in Berlin. Man hat uns wegen Intoleranz aus der Theosophischen Gesellschaft ausgeschlossen. Dr. Steiner mußte wieder viel Schweres durchstehen. Er wurde beschuldigt, ein Jesuitenzögling zu sein. Daraufhin erzählte er uns seine Biographie.[12] Er sprach von seiner Kindheit mit solch einer entzückenden Bescheidenheit, mit Takt und Humor und mit so viel Liebe zum Leben und seiner alltäglichen Seite. Selbst die Schulhefte und das Lineal wurden erwähnt; er hatte Interesse für Mathematik und Philosophie, aber auch für die praktischen Tätigkeiten. Solche Dankbarkeit den Menschen gegenüber sprach aus allem. Jeglicher Klerikalismus fehlte in seinem Leben. Er redete von sich immer in der dritten Person: er, Rudolf Steiner. Wir hörten drei Stunden zu und wurden dabei keinen Augenblick müde. Nach dem Vortrag sagte er zu mir: „Es ist gewiß uninteressant, aber man muß von Persönlichem sprechen, um die Beschuldigungen zurückzuweisen." Ich hatte keine Worte um auszudrücken, welch ein großes Geschenk er uns gemacht hatte.
Dr. Steiner hielt einen Vortrag über das Wesen der Anthroposophie.[13] Er sprach von Dante, von der altgriechischen Sophia, von der Liebe zur Philo-Sophia im Mittelalter und davon, daß wir sie heute ganz in uns hereinnehmen und dann, von uns befruchtet, sie wieder in der Welt erblicken sollen — Anthroposophia.
Nach dem Vortrag trat ich zu André Bjely und erinnerte ihn an Worte Pater Seraphims: „Die mütterliche Herrin kommt, schreitet..." Und ihm kam sogleich Solowjow in den Sinn: „Die Frau, die mit der Sonne bekleidet ist." Bjely strahlte und sagte: „Das ist unser Zeichen, Sophia, von ihr sprachen wir und werden wir sprechen." Und wir redeten von dem, was schon in der Jugendzeit unsere Sehnsucht gewesen ist, als wir in Moskau auf dem Pretschistenko-Prospekt herumliefen und die Morgenröte hinter der Christus-Kirche sahen, und wir sprachen davon, daß uns schon damals etwas geführt hat.

[12] *Skizze eines Lebensabrisses.* Briefe I.
[13] 3. 2. 1913, *Das Wesen der Anthroposophie.* Dornach 1943.

28. Juni 1913

Gestern war Lory Smits bei mir und erzählte, wie Dr. Steiner sie in die Eurythmie eingeführt hat.

Wir versuchten, russische Gedichte zu eurythmisieren, und dabei begriff ich, daß es die russische Poesie noch nicht gibt. Die russische Sprache ist zwar lebendig, aber die Sprache, in der man z. B. das moderne Mysteriendrama schreiben kann, ist die deutsche Sprache. Bei ihr fällt die Gebärde des Lautes mit der Bedeutung des Wortes zusammen. Das ist beinahe Magie. Die russische Sprache ist zusammengesetzt; was an Laut und Bedeutung in den Worten zusammenströmt, hat noch kein einheitliches, in sich geschlossenes Leben. Die Laute strömen noch nicht voll heraus, sondern bleiben in der Kehle sitzen. „Die russische Sprache muß man erst herunterholen und herausbringen", sagte mir Dr. Steiner bei der Probe; und er machte dabei eine Geste, als würde er etwas von oben zu sich herunterziehen. „Wie?" fragte ich. „Im Wort muß man die Verkörperung eines selbständigen Wesens sehen, das Wort muß man als lebendiges Wesen verstehen. Die russische Sprache ist reich, aber man muß sie erst lautlich aussprechen lernen." „Aber hat sie denn diese Kraft, diese Magie wie die deutsche Sprache?" „In der Gegenwart nicht, sie ist noch ein Kind."

Ende September 1913

Nach der Aufführung der Mysteriendramen im Herbst fuhr ich nach Moskau. Mich erstaunte dieses wogende, aufgeregte Meer von Leidenschaften, Wünschen, Vorurteilen und Feindschaften, das ich um mich erlebte. Nicht eigentlich Geist ist es, sondern nur Seele, eine reiche Seele, die von vielerlei Geistern regiert wird. Wieviel Genialität ist in den Menschen — sich verzettelnd, leer und eigentlich umsonst. Ich begann zu verstehen, warum Dr. Steiner mich immer mit Sorge nach Rußland abreisen sah. „Tauchen Sie wieder in den Abgrund?" sagte er einmal.

Am Abend des 7. (20.) September 1913 wurde in Moskau die Anthroposophische Gesellschaft begründet und der Zweig, den wir vorläufig mit dem Namen Solowjows verbanden, eingeweiht. (Dr. Steiner gab später dem Moskauer Zweig den Namen „Michael Lomonossow".)

Ich fuhr durch die vom Mond erleuchteten Straßen, über die Pretschistenka an der Uspiensky-Kirche vorbei. Es wurde gerade der Abendgottesdienst zu Ehren der Geburt Marias gehalten. In den Fenstern sah man ganze Bündel von Wachskerzen brennen. Der Weg führte weiter, vorbei an einem Haus mit zwei Tannenbäumchen davor, in dem ich meine Jugend verbracht hatte. Wir bogen in die Usziensky Straße ein, wo in dem Keller des Hauses Pestel (?), neben der kleinen Kirche „Maria Himmelfahrt auf den Gräbern" unsere Versammlung sein sollte. Man hatte Bilder von Dr. Steiner und Solowjow aufgehängt.

Nach einem offiziellen Teil las Grigorow den Vortrag von Dr. Steiner über die Sophia-Philosophia-Anthroposophia vor.[14] Ich hatte den Vortrag von Dr. Steiner selbst gehört und erzählte, daß sich damals Bjely gleich an Solowjow und ich mich an Worte Pater Seraphims erinnert hatten. Dann las ich die *Drei Begegnungen* von Solowjow und schloß einige Gedanken über die Aufgabe der russischen Arbeit an. Unsere Stärke, nämlich die Seele zum Geist zu finden — wir Russen sollen ja den Geist verseelen — ist zugleich auch unsere Schwäche. — In der Kirche feierte man Mariä Geburt; wir feierten die Geburt der Sophia und in Dornach feierte man zur gleichen Stunde die Grundsteinlegung des Ersten Goetheanum.

Dornach, im April 1914
Durch blühende Kirschbäume hindurch erblicke ich zum ersten Mal die mit frischem Holz gedeckten Kuppeln des Goetheanum-Baues. Im Sockel stehen riesige Holzplastiken wie Felsblöcke umher. Überall sind Gerüste aufgestellt. Schon von weitem höre ich das Klopfen von Hunderten von Hämmern und Klöppeln.

Soll man nun etwas einschreiben (in das Tagebuch), oder soll, was man hier erlebt, in der Seele bleiben als ein Keim für die Zukunft? Was jetzt hineingearbeitet wird in das Holz, es wird nach einigen Jahrzehnten verschwunden sein wie diese Tagebuchblätter; und doch ist in dem, was hier geschieht, das Geheimnis zukünftiger Jahrhunderte verborgen.

Nach der Arbeit ging ich in den Bau hinein. Es herrscht dort eine besondere, feierliche Stille, nur die Vögel singen in den Balken und Gerüsten. Jedes bearbeitete Holzstück drückt in seiner Fülle innere Bewegung und Ruhe aus. Und geht man hinaus, so erscheint alles, Wolken, Hügel und Bäume wie musikalisch bewegt und klingend. In der abendlich kühlen, feuchten Frühlingsluft treten alle Dinge klar vor das Auge. Gehorsam trägt die Natur ihre Fülle, ihre Überfülle.

Dornach, 8. Mai 1914
Doktor Steiner arbeitet an den Kapitellen, sehr aufmerksam, sehr behutsam. Er hält den Meißel leicht in der Hand und schlägt leicht mit dem Hammer darauf. Konzentriert und froh scheint er innerlich auf etwas Schönes zu lauschen. Nach einer Weile sagt er: „Denken Sie an die Flächen; die Kanten werden sich von selbst ergeben, man muß nicht mit ihnen beginnen; man sollte nicht schon vorher wissen, wie die Kante her-

[14] Siehe Fußnote 13.

auskommt. Auf die Kante müssen Sie neugierig sein; nicht darauf, *was* für eine Kante herauskommt, sondern *wie* sie herauskommt. Neugierig sein, das kann einem sehr helfen. — Man muß denken, daß man nicht einen Stiefel macht, sondern den Fuß. Die Form soll sich von innen heraus durch eigene Kraft in sich selber halten." Und er wiederholte einige Male den Vergleich mit dem Stiefel und dem Fuß. Dann fügte er hinzu: „Denken Sie an die Blumen, studieren Sie die Pflanzen! Die ätherischen Formen bei den Menschen und den Tieren sind verdorben, bei den Pflanzen sind sie rein. Wenn Sie Blumen studieren, die Bewegung ihrer Flächen im Raum, dann werden Sie den Ätherleib verstehen können." [15]

Als wir weggingen, fragte er: „Frau Sabaschnikow, können Sie sich in diese Formen einleben?" „Allmählich", antwortete ich und vermochte nicht auszusprechen, daß ich diese Formen längst als etwas dem Tiefsten der Seele Verwandtes empfand. „O, sie werden Ihnen schon gefallen, wenn Sie sich in sie hineinfinden werden." Und er wiederholte: „Man muß an die Flächen denken, die Blüte im Raum empfinden."

Dornach, 20. Mai 1914

Gestern bemühte sich Dr. Steiner, Kačer zu erklären, daß man nicht unbedingt exakte geometrische Symmetrie anstreben müsse. Alles Organische ist unsymmetrisch. „Ihr Herz liegt nicht in der Mitte. Und schauen Sie: die Nase von Dr. Unger ist ein wenig nach rechts gebogen — entschuldigen Sie, Herr Dr. Unger!" Zu Bjely gewendet sagte er, die russische Kunst müsse aus dem Empfinden der Fläche entstehen.

Dornach, 23. Mai 1914

Es ist erstaunlich, wie Dr. Steiner in einem Klumpen Holz schon die Form sieht und sie — ganz unerwartet — aus dem dichten Stoff herausholt, sie gleichsam nur befreiend. Gestern sagte er: „Die Kunstgelehrten irren vollständig, wenn sie denken, daß das Akanthusblatt die Grundlage für das Kapitell abgab. Diese Form entstand aus der geistigen Welt heraus, sie entsprach jedoch dem Akanthusblatt in der Natur. Und als man die Ähnlichkeit hinterher bemerkte, fing man an, die Form zu vervollkommen. Ebenso ist es mit den Gefäßen in Hirschgestalt. Als die Menschen diese Gefäße aus Knochen gemacht hatten, entdeckten sie, daß sie an einen Hirsch erinnerten, und setzten eben noch ein Auge hinein. Die Kunst kopiert nicht die Natur, die Anfänge der Kunst sind nie aus dem Naturalismus hervorgegangen. Von unseren Formen wird

---

[15] Eine ähnliche Bemerkung zitiert Assja Turgeniew-Bugajew: „Studieren Sie die Blumenflächen, das sind die besten Plastiker... Doch deswegen kann man keine Blumen plastisch wiedergeben." (G. Wachsmuth: „Rudolf Steiners Erdenleben und Wirken", S. 245.)

man später auch sagen, daß sie von diesem oder jenem in der Natur herkommen, sie sind aber der ätherischen und astralischen Welt entnommen und erinnern nur an einiges, was es in der Natur auch gibt. — „Frau Sabaschnikow", wandte er sich an mich, „Sie glauben nicht daran, daß die Kunst nicht aus dem Naturalismus hervorgeht?" „Doch", sagte ich — aber warum fragt er mich das?

Dornach, 4. Juni 1914

Ich bin nun in der Gruppe von Frau Strakosch und arbeite am Jupiter-Architrav. Vorher, in der Gruppe der Russen, kam leicht das Element des persönlichen „Kochens" auf, und es war nicht immer leicht, unter „dem Summen dieser Mückchen" zu arbeiten. Heute fragte Dr. Steiner mich wieder, ob ich mich schon in die Formen einleben könne. „Ja, es sollte einmal etwas gebaut werden mit nur einer Symmetrieachse." Die Maschine machte Lärm, und so fragte ich zurück: „Eine Symmetrieachse?" „Ja, nicht wahr, bis jetzt ist alles so gebaut worden, daß es immer zwei Symmetrieachsen gab. Jetzt ist ein Bau mit einer Symmetrieachse versucht worden. Hier ist alles eine Einheit, alles lebt, und alles ist real empfangen aus der geistigen Welt. — Ich möchte, daß Sie das verstehen", sagte er.

Dornach, 20. Juni 1914

Am Mittwoch rief mich der Ingenieur heraus, ich solle mir den Schiefer ansehen, der an der Kuppel angebracht würde. Er schimmert silbrig und grünlich und paßt im Ton ganz zum Beton des Sockels. Mittags sagte mir der Ingenieur, daß das Modell des Heizhauses gekommen sei. Es stand in seinem Büro auf dem Ofen — wie eine Sphinx oder wie ein sprungbereites wachsames Tier mit einem Wildkatzenbauch — eigentlich halb Pflanze, halb Tier.

Am Abend gingen wir in das Rychter-Haus (Glashaus), in dem die Werkstatt für die Glasfenster sein wird. Dr. Steiner wollte das Haus durch einen Vortrag einweihen, und wir hatten die Wände unter der Kuppel mit Zweigen und Rosen geschmückt. Das Rednerpult sah wie ein ausgehöhlter Baumstamm aus. Dr. Steiner schien erfreut zu sein über den Anblick des Raumes, aber den Vortrag begann er sehr ernst.[16] Bald kam ein Gewitter, und er mußte seine Stimme erheben, um das Rollen des Donners und das Rauschen des Regens zu übertönen. Klar und verständlich drangen seine Worte zu uns. Am Schluß nahm jeder einen Rosenzweig mit hinaus. Das Gewitter hatte sich verzogen, und die Venus glühte am Abendhimmel.

[16] 17. 6. 1914, *Wege zu einem neuen Baustil.* GA 286.

Dornach, 18. August 1914

Am Samstag vor 10 Tagen erwarteten wir die Franzosen hier. Man war bereit, in die Berge zu flüchten oder im Bau umzukommen. Die Damen regten sich auf. Am Sonntag hörte ich bis spät in die Nacht Kanonendonner aus der Richtung Belfort. Die Sterne brannten feierlich, die Erde war wunderbar vom stillen Mond beschienen, und der Kanonendonner ertönte Schlag auf Schlag. Im Garten wurden die Kaninchen in ihrem Stall unruhig.

Dornach, 11. September 1914

Ein Brief von Mama aus Moskau. Sie nennen den Krieg gegen Deutschland den Kampf des Guten gegen das Böse. Das russische Volk ist nüchtern geworden, trinkt keinen Wodka mehr, ist aber offenbar betrunken und berauscht von eingeblasenen Lügen.

Am Mittwoch — ich ging gerade mit einem Schweizer Freund den Hügel hinunter — traf ich Dr. Steiner. „Oh, die russisch-schweizerische Allianz! Es ist doch gut, daß es bei uns in der Gesellschaft keine nationalen Leidenschaften gibt — das wäre schrecklich." Und das sagte er, längst wissend, was alles in dieser Hinsicht schon gesündigt worden ist! Er sprach, als schmerze ihn alles; seine Stimme war wie erloschen, er schien wie aus Glas, alles an ihm gestrafft und klingend vor Schmerz. Wie hat er sich in dieser Zeit verändert!

Am Freitag: Es klopft an die Tür, und Dr. Steiner kommt mit E. und U. in mein Atelier. Er stellt die „Roten Engel" auf die Staffelei. „Nun ja, sie fangen an zu leuchten, sie halten sich, aber die Hände sind zu passiv, — die Augen müssen aufmerksam empfangend sein, so wie die Ihren jetzt, wenn Sie mich anhören und verstehen wollen." Ich fragte, was für eine Hierarchie das sei. „Das sind die Gedanken der Geister der Form." Ob ich die Flügel in Schichten übereinandersetzen darf, um so ihre Zahl zu vergrößern, wollte ich wissen. „Vervielfältigen Sie die Figuren so viel Sie wollen, wichtig ist nur, daß die hauptsächlichen fünf sind. Die ätherische Substanz ist spiegelnd, man kann das gleiche Wesen hier und dort und dort und hier sehen."

Er fragte, ob ich Nachrichten aus Rußland hätte, und ich erzählte von dem Brief meiner Mutter. Wir sprachen von dem Haß auf Deutschland, und Dr. Steiner machte Bemerkungen über die Unnormalität der Verbindung Rußlands mit England.

Später erwähnte Dr. Steiner dem Ingenieur gegenüber diesen Haß Rußlands auf Deutschland: „Das ist eine Eigenschaft des russischen Volkes; es nimmt gierig alles Fremde auf, und nachdem es aufgenommen ist, wendet es seinen Haß gegen die Quelle, von der es die Nahrung bekommen hat. So war es mit aller Wissenschaft — man hat für die verschiedensten Gebiete nach überallhin die Deutschen eingeladen — und Sie werden sehen, so wird es auch mit der Geisteswissenschaft sein."

Dornach, November 1914

Dr. Steiner kam — ganz gegen seine Gewohnheit, ohne anzuklopfen — in meine Werkstatt. Er wuchs sozusagen plötzlich hinter meinem Rücken auf. „Können Sie das malen?" In seinen Händen war eine Zeichnung, der ägyptische Eingeweihte mit einem Engel und einem Erzengel über ihm. Als ich fragte: „Herr Doktor, wie soll ich malen?" sagte er: „Ich möchte, daß Sie ganz frei bleiben." Ich fragte nach den Schatten, nach der Rolle des Hellen und Dunklen in der Malerei. „Das Dunkle soll nicht als Schatten verwendet werden, sondern nur, um einen seelischen Eindruck zu vermitteln, z. B. von etwas, was sich für das Gefühl wie ein Tiefes, wie ein Brunnen ausnimmt. — Die Malerei darf nicht als Fläche wirken, sie muß einen (Farb)-Raum schaffen, damit die Wände aufgehoben werden."

Einige Tage später brachte er Louise Clason die Skizze für den Vorhang und anderen Mitarbeitern weitere Skizzen für die kleine Kuppel.

Zürich, 31. Januar 1915

Am Morgen war die Kremation der jungen Collaza. Dr. Steiner sprach schon, als wir in das Krematorium hereinkamen. Seine Worte klangen in Ton und Stimmung fast magisch zusammen und schienen ihre Seele zu tragen. Er sprach von ihrer bewegten Ruhe, ihrer Demut und ihrer, durch den Tod geprüften selbstlosen Liebe. Es war der Eindruck einer Himmelfahrt.

Den Abend, nach Dr. Steiners Vortrag, verbrachte ich mit Frau Morgenstern. Sie erzählte von den Arbeiten ihres Mannes, vor allem von seinem angefangenen Roman. Wir sprachen von der Möglichkeit, nach seinem Tode nun seine Arbeit durch andere Menschen weiterführen zu lassen. An welche Form hatte Morgenstern bei seinem Roman gedacht? Die Form sollte bunt, mosaikartig, aphoristisch sein, das Einheitliche sollte im Inhalt liegen, der den mystischen Weg des Geistes nachgezeichnet haben würde. Er wollte die Form eines Briefwechsels zwischen Bruder und Schwester wählen. Morgenstern hatte die Arbeit wegen seiner Krankheit nicht ausführen können. Er äußerte zu seiner Frau: „Für Lyrik ist die liegende Haltung möglich, aber bei einem Roman müßte ich gerade sitzen."

Dornach, 13. Mai 1915

Njuscha ist angekommen. Eine liebe Seele, aber nur Seele, und es wird einem dumpf wie unter einer niedrigen Decke. Keine Bewegung, kein

Fortgang in der Zeit — nur Dauer. Das ist etwas, was einen überhaupt an Rußland erstaunt. Alles liegt da, umgeben von Seelenhaftigkeit. Das Leben hat noch gar nicht angefangen. Welch ein Schmerz, von der Empörung gegenüber Deutschland zu hören! Sogar durch die sanfte Seele Njuschas atmete mich etwas von den schwarzen Wolken der Rache und des Hasses an.

Dornach, 13. Juli 1915

Ich machte die ganze Komposition in dem Kuppel-Modell. Heute schaute Dr. Steiner meine Arbeit an und fand die Verteilung richtig. Wenn es anders gewesen wäre, hätte er dann gesagt, daß es nicht richtig ist? Die Aufgabe der gemeinsamen Arbeit ist fast unlösbar für mich. Wenn ich male, stört meine Begeisterung die anderen Mitarbeiter, und umgekehrt wünsche ich oft sie über alle Berge.

Dornach, 23. Juli 1915

Immer mehr komme ich in eine depressive Stimmung hinein: ich arbeite an der Kuppel und weiß, daß sie schlecht wird wegen der gänzlich talentlosen Mitarbeiter! Ich muß meine Arbeit mit gedrücktem Herzen machen, ohne mich um das, was die anderen tun, zu kümmern, ohne das Ganze zu beweinen, mich nur bemühend, soviel Positives, wie eben möglich, hineinzugeben. Als ich Dr. Steiner von meiner Verzweiflung erzählte, sagte er: „Die Fähigkeit kommt mit der Arbeit."

Neulich fragte er eine von uns, ob wir uns auch wirklich innerlich viel mit unserer Malerei beschäftigten, ob wir viel daran dächten? —

Die Arbeitsmethode müßte sein: Versenkung in ein bestimmtes Gefühl, das Gefühl übergehen lassen in Farben, die Farben in Formen. Das Talent ist das Durchführen! Aber der Verstand kann das künstlerische Tun stören. Als ich Dr. Steiner darüber klagte, sagte er: „Verstand hat mit der Malerei nichts zu tun. Im Auge lebt die Kraft des kosmischen Denkens, das vom menschlichen Denken nicht beeinträchtigt ist. Die Malerei soll dieses kosmische Denken offenbaren."

Dornach, November 1915

Doktor Steiner hatte eine Ausstellung moderner Maler besucht; anschließend sagte er zu mir: „Die gegenstandslose Malerei kann man nur als Protest gegen den Naturalismus verstehen. An sich ist sie absurd; wenn man wirklich in die Welt der Farben eindringt, kommt man zu Wesen. In der Welt der waltenden Farben findet man z. B. das Urbild des Löwen, man braucht ihn nicht erst in der physischen Welt zu suchen."

Ein andermal sagte er uns: „Wenn das wesenhafte Erleben der Farbe in unserer Zeit nicht gepflegt wird und die mechanistischen Theorien über das Wesen der Farbe weiter bei den Menschen leben, werden Kinder zur Welt kommen, die kein Organ mehr für das Wahrnehmen von Farben haben. Die Welt wird grau für sie sein, so wie die Menschen jetzt nicht mehr fähig sind, die in der Natur webenden Elementargeister zu sehen."

Dornach, Dezember 1915

Am 17. November starb in München Sofie Stinde. Ihr ganzes Leben war angespannte Arbeit, Dienst an der einen Sache, Objektivität, Sachlichkeit par excellence! Eine mit Seelenzartheit verbundene männliche Natur, voll künstlerischem Verstehen und Humor. Gerade zu Weihnachten erschien ihr liebes, silbernes Wesen in besonderem Glanz. Sie bereitete uns das Fest. Als ich mich in diesen schweren Tagen in Gedanken an sie wandte, hörte ich immer das Wort: Ruhe. Nur in dieser Ruhe und inneren Stille ist jene Schöpfung eines Neuen möglich, jene Bereicherung des Lebens, die nicht eine Nachrechnung alter Zahlen und Notwendigkeiten ist, sondern die Schöpfung eines neuen Werkes — in freudiger Freiheit.

MARIE STEINER

Über die Mysterienspiele in München und die Ursprünge des Baues

Damals, im Sommer 1907, gab es einen jungen Menschen unter den über unsere Innendekoration des Kongreßsaales erregten Holländern, der sich mit ganzer Seele hingab — den Eindrücken durch Wort und Bild. Ich kannte ihn noch nicht. Und 1908, an einem Sommerabend in Norwegen, trat er an mich heran und wollte mir die Möglichkeit geben, dem Worte Rudolf Steiners einen „Tempel" zu bauen. Ich mußte diesem jungen Menschen — es war Marie Elisabeth Waller — auseinandersetzen, was dazu gehöre. Da sah sie ein, daß es nur ein Baustein sein könne. Doch sollte ich sagen, was zu machen wäre — auf dem Gebiete der Kunst. Unsere Wünsche kamen sich entgegen und fanden die Zustimmung Rudolf Steiners. Das Resultat war die Aufführung des Dramas von E. Schuré: *Die Kinder des Luzifer* im Sommer 1909, und ein Jahr später durften wir das erste Mysteriendrama Rudolf Steiners erleben: *Die Pforte der Einweihung*.

Es war die schönste Zeit des Jahres, diese Festspielzeit in München. Denn da war es uns gestattet, im Zeitraum von ungefähr zwei Monaten uns auf *eine* Arbeit zu konzentrieren. Am Tage probten wir; in der Nacht schrieb Rudolf Steiner seine in Gedanken schon fertig gestalteten Dramen. Dazwischen leitete und überwachte er die verschiedenen Werkstätten, in denen nach seinen Angaben geschreinert, gezimmert, gemalt, modelliert, genäht und gestickt wurde. Für alles hatte er neue Gedanken; überall konnte er zugreifen. Schnell entstand unter seinen geschickten Fingern das Modell, nach dem der ausführende Künstler sich richten konnte. So schritt er einher, und überall unter seinen Schritten keimte es, sproßte es, fruchtete es zu neuem Leben heran. Da lagen sie, in den großen Speichern der Schrannenhallen in München, die Riesenleinenstücke, aus denen unsere Kulissen wurden; da gab er sie an, die Maße und Ornamente der Säulen der Sonnentempel, der unterirdischen Tempel, die Wolkengebilde des Geistgebietes, die Kluften, Felskegel und Kristalle aus Ahrimans Reich, die Zaubergebilde in Luzifers Landen. Da gab es die Landschaften mit Baldes rundem Häuschen, mit Hilarius' ovalem Haus, jenen Formen, die später am Bauplatz des Goetheanums ihre Verwendung fanden; da standen die Möbel, die in ihren schönen geschwungenen Linien und in ihren Farbtönen angepaßt waren den Individualitäten, denen sie die äußere Umrahmung gaben, und auch den Farben der Wandflächen. Immer farbig leuchtend, diese Flächen, ob blau, ob rot oder lila. Wir führten diese wandauflösenden oder zur Initiative anregenden, zur Sammlung auffordernden Farbentönungen nachher auch in unsere anthroposophischen Arbeitsräume und Kunstzimmer ein; einige Jahre später fanden wir ähnliches wieder in manchem modernsten Theater oder Vortragssaal. Und sogar unsere in der Welt zuerst bespotteten Stolenkleider, die zum ersten Male verfertigt wurden für den Empfangsraum von Maria, im ersten Bild der *Pforte der Einweihung,* sie fanden den Weg in die äußere Mode, verschwanden, kamen wieder, wie es sich bei Dame Mode gebührt, ließen diese aber nicht mehr ganz frei. So stark war immerhin die Wirkung jener Gedankenformen Rudolf Steiners, die hier unter Imme von Eckardtsteins geschickten Fingern zum ersten Male zu stofflichen Gebilden wurden. Damals auch erstand der erste modellierte Kopf von Ahriman, das erste Gemälde in den pfirsichfarbenen Wogen des Äthermeers; kurz, die ersten Keime für alles das, was später hingeführt hat zur Kunst des Goetheanums.

Und der Zustrom der Menschen zu diesen Spielen wurde ein immer größerer; es begannen unsere kosmopolitischen, sehr internationalen Versammlungen. Den Festspielen schloß sich an ein vierzehntägiger Vortragszyklus. Viel hatten Sophie Stinde und die Gräfin Kalckreuth zu tun, die in aufoperndster Weise sich der mühevollen Arbeit unterzogen, die ganze äußere Organisation einer so großen Veranstaltung zu leiten. Ununterbrochen wurden Bestellungen entgegengenommen, Bücher geführt, Briefe geschrieben, Wege gemacht. In der Woche vor der Aufführung ließ die durch die Zureisenden in Bewegung gesetzte Klingel nicht locker, während wir Probenden in dieser letzten Woche mit Spannung entgegensahen unseren letzten Reden, die noch nicht niedergeschrieben waren. Unterdessen aber wurden die anderen Szenen gedruckt; ruhigen Schlaf gab es nicht mehr; um eins, um vier Uhr nachts wurde energisch geklingelt, um sieben Uhr morgens wieder, Manuskriptbogen wurden abgeholt, Korrekturen zurückgebracht. Die Laufburschen und Setzer taten übrigens das Ihre mit Begeisterung. Endlich in den allerletzten Tagen vor der Generalprobe bekamen Mieta Waller und ich als die letzten unsere abschließenden Reden und mußten schauen, wie wir sie unserem Gedächtnis einprägten. Zu gleicher Zeit bekam sie der Drukker. Zwei Tage vor der Aufführung war das Buch fertig zum Verkauf da. Eine große herrliche Arbeit lag hinter uns. Nun war der Höhepunkt gekommen: zuerst zwei, dann drei, dann vier Aufführungen in den aufeinanderfolgenden Jahren 1909 bis 1913. Der gemietete Theatersaal erwies sich bald als zu klein und wurde als unschön empfunden; die Versammlungslokale zu dem Vortragszyklus konnten die Leute nicht mehr fassen. So entstand aus den Mysterienspielen heraus der Gedanke zu bauen. Es wurde als notwendig empfunden: die Mysterienspiele sollten ihre eigene Stätte haben; die aus allen Landen hinzuströmenden Menschen sollten die Geisteswissenschaft entgegennehmen in einem Raum, der ihr eine würdige Umrahmung schuf, der aus ihr herausgewachsen war. Zögernd unterwarfen wir uns dieser Notwendigkeit; die Freunde drängten. Ich fühlte es als ein Fatum über mir schweben, als ich das Podium besteigen mußte, um auf Bitte und im Namen der Freunde, die den Johannesbauverein gründeten, von diesem Entschluß der Versammlung Mitteilung zu machen und sie zur Mitarbeit aufzufordern. Er stieß auf begeisterte Zustimmung.

Der Bau sollte in München aufgeführt werden; ein schöner Platz nahe der Erlöserkirche wurde erstanden. Die Pläne wurden ausgeführt; es war von Rudolf Steiner alles auf die Innenarchitektur hin gedacht. Der Bau sollte von Wohnhäusern umschlossen sein. Da begannen die Schwierigkeiten. Erst war es der Pastor, der Verwahrung einlegte: die Erlöserkirche würde um ihre Wirkung gebracht werden. Dann waren es die den Kunstgeschmack beherrschenden und gebietenden Kunstzöpfe von München: wie sollte etwas durchgelassen werden, was nicht von ihnen ausging, was einer verpönten Weltanschauung entstammte? Sie wehrten sich. Die Verhandlungen wurden möglichst lange hinausgezogen. Dann kam die Ablehnung des Bauprojektes.

In diesem Augenblick traten Schweizer Freunde an uns heran. Dr. Emil Grosheintz und Professor Gysi hatten den Hügel von Dornach erworben. Hier hatten sich Herr und Frau Grosheintz eine Villa bauen lassen. Diesen Hügel wollten die drei Freunde der Gesellschaft schenken, wenn der Bau hier errichtet würde. Es trat wieder eine Realität ins Leben; sie wurde akzeptiert. München hatte sich verschlossen; in der Schweiz wurde uns der Bauplatz angetragen, ohne irgendeinen Einwand von Seiten der Behörden. Das Schicksal hatte gesprochen. Wir begannen zu bauen.

Grün und urchig lag der Hügel da, uneben und unberührt, mit Ausnahme des am nordwestlichen Abhange gelegenen Hauses Brodbeck, in dem die Familie Grosheintz wohnte und uns gastlich aufnahm. Vor einem Jahre hatten wir, ohne zu ahnen, was kommen würde, einige Tage dort zugebracht, nach einem Vortragszyklus in Basel, um schriftliche Arbeiten dort fertigzustellen. In strahlendem Herbstglanz lag die Landschaft zu unseren Füßen, rot flammten die Kirschbäume im Tal, wie Feuer, wie brennendes Blut im Lichtspiel der Sonne. So flammten die Bäume erst wieder im Widerschein der Lohe, die aus dem krachenden, in sich zusammenstürzenden Goetheanum in der Sylvesternacht drang.

Und in allen Schattierungen des Gelb erstrahlten die Berge um den Hügel herum. Für uns Stadtmenschen ein wonnevoller Anblick. Ich lehnte mich begeistert aus dem Fenster. Aber am andern Morgen erwachte Rudolf Steiner wie nie zuvor. Verstört, wie zermalmt, ganz umdüstert; es lag eigentlich kein Grund dazu vor, und so etwas geschah ihm nie, dem trotz ewiger Hetze in ewiger Harmonie Lebenden. Es ging vorüber: er hat in jener ersten Nacht manches vorausgeschaut, was in Gedanken zu bewegen er sich verbieten mußte.

Und ein Jahr später hatten die Schaufeln den Lehmboden umzuwerfen begonnen. Hei, wie sprangen die Mäuse wirr durcheinander, scharenweise, in hellen Haufen: in ihr Reich hatten wir die Zerstörung gebracht. Der kleine Köter aus dem Hause Brodbeck sauste umher in wilder Jagdlust. Mit elegantem Biß drehte er jeder gefangenen Maus das Genick ab und legte sie mir zu Füßen. Entsetzt blickte ich auf diese hingerichteten Trophäen.

Die Maus- und Maulwurfswelt ging ein, nachdem die schützende Grasdecke hinweggeschaufelt war. Gebälke bedeckten den Boden, Gerüste erhoben sich, Zement wurde gerührt. Es nahte sich der Tag der Grundsteinlegung.

Eigentlich — die Nacht, denn es war der 20. September, früh dunkel also und stürmisch. Die Elemente hatten sich gleichsam verschworen: der Wind sauste, der Regen strömte, die Füße versanken ihm Lehm, viele konnten nur noch einen Schuh herausziehen aus dem weglosen, lehmigen Boden, den andern ihm überlassend. Die großen Fackeln, welche die Grube beleuchteten, in die der Stein versenkt wurde, ließen fortwährend Flammenstücke ihres Leibes in sie hineinfallen: eine Szene von ungeheurem, düsterem Ernst und ungeahnter Größe. Denn das Wort Rudolf Steiners übertönte den Aufruhr der Elemente, erscholl klar, groß, schicksaltragend und gewaltig.

Wir waren ein Häuflein armer Menschen. Unter uns ein Großer, wie ihn die Geschichte nur in ganz weiten Abständen an die Wendepunkte der Zeit hinstellt; der seinen Willen dem Geistwillen unterordnet hatte; der da wußte, daß er zu einer Zeit sprach, in der die Übel walten.

Und unheilvoll ballten sie sich am Horizonte des Erdgeschehens auf.

Aber zuversichtlich und glücklich eilten die Menschen herbei, die helfen wollten, vor allem die Künstler aus allen Weltrichtungen und besonders aus Deutschland, junge frohe Männer, zarte Frauen, die zu jeder Arbeit bereit waren, ob Handwerk oder Kunst: wenn Rudolf Steiner den Hammer schwang, das Stemmeisen bohrte, das Wort ergriff, befeuerte er alle; aus jedem Handgriff machte er ein bewußtseinsdurchwärmtes Erleben; man mußte lieben was man tat, was er tat, und so schien alles leicht, wenn auch die Muskeln und Sehnen schmerzten. Getragen wurde man von seiner wunderbar belebenden Kraft, hinein in die Geschehnisse des Makrokosmos, hinunter in die Geheimkammern des Mikrokosmos.

„Im Juli 1914 müssen wir fertig sein", — so sprach er immer wieder zu uns, indem er alle anspornte. „Im Juli 1914 muß der Bau fertig da stehen."

Im August sollten wir das neue Mysteriendrama aufführen.

Daß der Bau bis dahin nicht fertig werden konnte, ließ sich schon im Frühling voraussehen, — wie gewöhnlich traten manche Hemmungen von außen heran, manche Unzulänglichkeiten, die wohl selbstverständlich sind bei solch großem Unternehmen, unter so viel Mitarbeitern; auch wuchsen die Aufgaben mit den Leistungen. So wurde denn beschlossen, im August und September die Festspiele in München vorzubereiten und darzustellen.

Das neue Drama, das nicht niedergeschriebene Drama, wie oft gehen meine Gedanken zu ihm zurück. Am Kastalischen Quell sollte es sein, im Tempel von Delphi. Griechenland sollte wieder erklingen in seiner Blütezeit, seiner Werdezeit innerhalb der Mysterien, die seine Größe geschaffen haben: das ganze, lichte, tiefe, dunkle, emporstrebende Griechenland, hinaufstrahlend aus dem Reiche von unten, dem Reiche der Mütter, empor zur Sonne, zu Helios, zu Phöbus Apollo, durch ihn zu Christus. Von einem Wissenden im Wort gestaltet. Es ist nicht geworden, denn Rudolf Steiner gestattete sich nur ein Drama zu schreiben in dazu ausgesonderter Zeit, während der Proben; zuviel anderes — Menschliches und Sachliches — beanspruchte ihn in andrer Zeit, Tag und Nacht. Der von uns herbeigesehnte August kam. Aber wie? — Es war 1914. —

Uns traf der Schlag in Bayreuth. Es war eine Nachmittagsvorstellung. Kirchhof sang den Parsival. Gleich darauf mußte er abreisen, sich stellen. Wir sausten die Nacht durch im offenen Auto, so viel Menschen — als Vertreter verschiedener Nationen. Fahl die Nacht, geisterhaft. Die gewehrbewaffneten Brücken- und Geleisewächter äußerst mißtrauisch, — wir zerzaust und ziemlich wild ausschauend in unsern schnell gekauften Wolljacken und Kappen — und paßlos. Die Liebenswürdigkeit, die gewinnende Art Rudolf Steiners überwand die Schwierigkeiten; allein wäre es uns anders gegangen.

Die Grenzbehörden waren coulant! — Woher kommen Sie? — Aus Bayreuth. — Ah, und das sind wohl Ihre Kostüme? — Ja. — Fertig. — Der Schlagbaum wurde hinter uns zugeklappt!

Hinter uns versank eine Welt in Not und Jammer, ihrem dunkelsten Geschick entgegen.

Es war der schwerste Tag im Leben Rudolf Steiners. So niedergedrückt hatte ich ihn noch nie gesehen.

MAX GÜMBEL-SEILING

Münchener Uraufführungen der Mysteriendramen

Es ist nunmehr ein halbes Jahrhundert verstrichen, seit, wie Rudolf Steiner während der Weihnachtstagung in Dornach 1923 sagte, „die teueren fünf Jahre, wo in München die Mysterienspiele möglich waren", begonnen haben.[1] Diese Bedeutsamkeit spricht aus der Beantwortung einer Frage, welche der ins Gewand des Großmeisters gehüllte Darsteller während einer Hauptprobe zu dem Mysteriendrama *Die Prüfung der Seele* an Rudolf Steiner richtete: „Herr Doktor, ist Ihr Mysteriendrama eine dramatische Ausgestaltung von Goethes Märchen?" „Es verhält sich umgekehrt", antwortete Dr. Steiner, „Goethes Märchen verdankt seinen Ursprung dem in meinen Mysteriendramen unserer Zeit vermittelten umfassenden Kultus, den die Wesenheit Michaels zur Goethe-Zeit den von ihm Berufenen in gewaltigen Imaginationen offenbart hat. Goethes Genie vermochte davon Miniaturbilder aufzufassen. Die durch mich dramatisch vermittelten Bilder haben ihren Ursprung in dem Gesamttableau jenes Kultus, an welchem Sie alle teilgenommen haben."

Derselbe Darsteller, welcher in den von Rudolf Steiner dramatisierten seelischen und geistigen Vorgängen des dritten und vierten Mysteriendramas die Rolle des Hilarius Gottgetreu spielte, stellte die Frage, ob alle Darsteller eine persönliche Beziehung zu der Rolle hätten, welche sie spielen; und Rudolf Steiner antwortete, daß jeder Mitwirkende eine bestimmte persönliche Eignung für die von ihm dargestellte Individualität besitze: „Sie waren ja selbst früher einmal ein solcher Würdenträger! Nur ein Einziger unter den Mitwirkenden hat keine derartige persönliche Eignung." Damit wandte er sich um zu dem Darsteller des Doktor Strader, welchem er sagte: „Sie könnten ja *jede* Rolle in meinen Mysteriendramen darstellen. Ich fragte Sie deshalb, ob Sie den Strader spielen *wollen,* weil ich Ihre Erscheinung für diese Rolle brauchte."

[1] Im Jahre 1909 wurde in München aufgeführt das Drama *Die Kinder des Luzifer* von Edouard Schuré. 1910 erfolgte die Uraufführung von Rudolf Steiners erstem Mysteriendrama *Die Pforte der Einweihung*.

Dieser Darsteller der Strader-Rolle war nämlich betroffen, als bei der Charakterisierung und anschließenden Verteilung der Rollen zuletzt erst die Figur des Strader zur Sprache kam, nachdem alle anderen Rollen vergeben waren. Nach der Kennzeichnung dieses anfänglichen Gegners der Geisterkenntnis richtete Rudolf Steiner an den zur Darstellung gewählten Schauspieler die Frage, ob er den Strader spielen *wolle*.

Es gab Mitspielende, welche sich erst der Mitwirkung entziehen wollten oder eine sympathischere Rolle wünschten, worauf sie durch Zureden und die Versicherung, daß diese Rolle für ihre individuelle Entwicklung günstig sei, sich einverstanden zeigten. So fuchtelte die für die Felicia Balde Ausersehene verzweifelt mit den Armen, versichernd, daß sie keiner Gebärde fähig wäre, worauf Dr. Steiner sagte, für diese Rolle seien so viele Gebärden, wie sie sie eben gemacht habe, überhaupt nicht nötig.

Den Darstellern wurde auch die Namengebung der Rollen erklärt. Wenn man bedenkt, daß es im Jahre 1910 weder Eurythmie noch Sprachgestaltung gab, ist es gewiß bemerkenswert, wie Rudolf Steiner dem Darsteller des Strader diesen Namen auslegte. Er beginne mit einer Häufung von Konsonanten, wodurch eine Willensfunktion aktiver Art wirksam werde, wie in Streben, Streit, Strahl. Konsonantenreiche Sprachen seien willensbedingten Völkern eigen. Der folgende Konsonant D setze dieser Willensentfaltung einen Damm entgegen, so wie in „dumm" der Weisheit eine Hemmung gesetzt ist. Die Endung auf R bezeichne die mit dem Karma des Strader verknüpfte (tragisch) sich wiederholende Hemmung seiner Aktivität. Einer, der zu lehren habe, heiße Lehrer, der zu richten habe, Richter mit dem auslautenden R. Die Vokale A und E deuten diese Tragik seelisch an.

Den Darsteller des Strader — obwohl dieser Schauspieler von Beruf war — kostete es einige Überwindung, wenn er z. B. während der ersten Rede des Professors Capesius im ersten Bilde der *Pforte der Einweihung* jedesmal heftige wegschleudernde Armgesten machen sollte, wenn Capesius sich zu einer *Wirkung* der soeben gehörten Rede des Benediktus bekennt. Jeder Zuhörende sollte in Haltung, Miene und Gebärde anschaulich machen, wie er sich innerlich dazu verhält.

Außerdem wünschte der Dichter und Regisseur der Mysteriendramen, daß sich in der *Stimme* die Entwicklung der Seele im Fortgang der Handlung vernehmbar mache. So wünschte Rudolf Steiner, daß Straders Stimme schon im ersten Bilde des *Hüters der Schwelle* erkennen lasse, daß die liebevolle Milde und Güte des Juden Simon in die jetzige Inkarnation hereinwirke und somit die anfangs denkerisch-schneidende Sprechart warm werde.

Intime Seelenerlebnisse, welche sich nicht unmittelbar aus dem Text ergeben, anschaulich darzustellen, war für den Darsteller keine leichte Aufgabe. Davon ein Beispiel.

Am Schluß des ersten Bildes in *Der Seelen Erwachen* fragte Dr. Steiner den Strader-Darsteller, warum er anstatt „gewiß" „vielleicht" sage und vorher eine Pause gemacht habe — es stehen da im Text lediglich drei Gedankenstriche —? Als der Darsteller keine Antwort wußte, erklärte ihm Dr. Steiner, daß in diesem Augenblicke die Vision der Theodora-Seele als Todesahnung für Strader ansichtig werde. Es steht dabei Strader im Vordergrund mit dem Rücken zum Bureauchef und Hilarius, wodurch der Eindruck der Einsamkeit Straders szenisch verstärkt wird —, und der Vorhang schließt sich hierauf sehr langsam.

Rudolf Steiner wußte seine Absichten ohne viele Bemerkungen zu erreichen. Wenn gegen Ende des vierten Bildes in *Der Seelen Erwachen* die Seele der Theodora erscheint, so sollte sie am Schluß ihrer kurzen Worte winken und Strader ihr, wie nachgezogen, folgen.

Die Darstellerin der Theodora war etwas ängstlich, besonders wenn sie als Seele mittels einer Theatermaschinerie erscheinen sollte. Da sprang ihr der Strader-Darsteller einmal zu Hilfe und sagte: „Ja, Fräulein Sprengel, man hat's nicht leicht nach dem Tode!" Herzlich lachend schlug Rudolf Steiner diesem Darsteller auf die Schulter: „Na, warten *Sie* es nur einmal ab!"

Als im Jahre 1913 in *Der Seelen Erwachen* die Eurythmie mitzuwirken begann, ließ Rudolf Steiner auch den Strader bei der Geistesschau im Tatensturme die Szene am Abgrund eurythmisieren und sagte dabei: „Sie werden einmal erfahren, was die Eurythmie für die Erneuerung der Schauspielkunst bedeuten wird."

Für die Erscheinung der Geistgestalten auf der Bühne wollte Rudolf Steiner, wenn in Dornach die eigene Bühne fertig sein würde, eine Gleitvorrichtung angeben und anwenden, so daß die Beine dabei nicht bewegt werden. Die Geistesstimmen hinter der Bühne verlangen die Anspannung höchster Intensität, und das Sprechen derselben war dem Darsteller des Strader anvertraut, von dessen Stimme Rudolf Steiner sagte, daß sie die Eigenart habe, den physischen Plan mit dem geistigen zu verbinden.

Die damaligen Dekorationen und Kostüme sind mit dem Brande des ersten Goetheanums in Flammen aufgegangen. Jene Farbenfreudigkeit ist nicht mehr erreicht worden. So strahlte die Strader-Wesenheit in einem Kostüm von rötlich angehauchtem Gelb und stimmte zu der rötlichblonden, hellen Perücke mit der hohen Stirne. Im vierten Bilde des *Hüters der Schwelle* war das Kostüm ein lichtes Grau, über welchem ein zartes Violett schimmerte. Der Jude Simon trug rote Haare, wovon noch ein heller Schimmer in Straders Haaren übrig blieb.

Damen mit kurz geschnittenen Haaren gab es vor fünfzig Jahren noch nicht. Welch ein Mut gehörte damals zu Mieta Wallers Entschluß, sich für die Rolle des Johannes Thomasius die schönen langen Haare abzuschneiden! Frau Poolman tat es ihr nach, als sie sich zur Darstellung des fünften Bauern in *Die Prüfung der Seele* bereitgefunden hatte. Diese beiden saßen in einem öffentlichen Vortrage Rudolf Steiners in der ersten Reihe nebeneinander, und als nach der Pause Rudolf Steiner die Fragezettel auf der Ecke des Rednerpultes las, lautete eine Frage so: „Es haben sich Damen Ihres Kreises die Haare abgeschnitten. Ist dies empfehlenswert für okkulte Entwicklung?" Sachlich erklang die Antwort: „Es haben sich die betreffenden Damen erst seit kurzer Zeit die Haare abgeschnitten, so daß sich okkulter Forschung das Resultat noch nicht ergeben konnte. (Große Heiterkeit.) Wir wollen es aber für die betreffenden Damen von Herzen wünschen!" (Schallendes Gelächter.)

Die große Überzeugungskraft, welche von den Aufführungen der Mysteriendramen in München ausgegangen war, schien vielen rätselhaft, unerklärbar. Man bedenke jedoch, daß ein Geistesforscher der Dichter war und die Auswahl der Darsteller treffen konnte, daß derselbe Geistesforscher der auf allen Gebieten souveräne Regisseur war, und daß jeder Darsteller sich getragen fühlte von dem in ihn gesetzten Vertrauen.

Im August 1909 begannen die Mysteriendramen im Schauspielhaus mit Eduard Schurés *Die Kinder des Luzifer,* welche im Jahre 1910 als Wiederholung der Aufführung von Rudolf Steiners erstem Mysteriendrama *Die Pforte der Einweihung* voraufgingen. Drei Jahre fanden diese Uraufführungen im Theater am Gärtnerplatz statt. 1913, im fünften Jahre, wurden je zweimal im Volkstheater aufgeführt: *Der Hüter der Schwelle* und *Der Seelen Erwachen.*

„Wir haben viel an ihr verloren!" so sagte zu mir Rudolf Steiner, als ich den Saal verließ, worin eben die Gedächtnisfeier für *Sophie Stinde* stattgefunden hatte, welche die Leiterin des Münchner Zweiges war. Militärdienst hatte mich plötzlich verhindert, beim Beginne des Abends die Worte des *Hüters der Schwelle* zu sprechen in dem Bilde der Weltenmitternacht im vierten Mysteriendrama. Rudolf Steiner sprach dann selbst die Worte, und so wird es auch wohlgefällig gewesen sein für die Seele der teuren Freundin. Ich mußte zu gleicher Zeit, auf Befehl meines Majors für ins Feld ziehende Soldaten Gedichte von Kleist, Goethe und Friedrich Rückert rezitieren und eilte danach, um noch das Ende der Totenfeier mitzumachen.

Sophie Stinde hatte einen großen Anteil am Zustandekommen der Mysterienaufführungen vom Jahre 1909 bis 1913 in den „teuern fünf

Jahren", wie sie Rudolf Steiner in der Weihnachtstagung 1923 nannte; auch an dem „Johannes-Bau", wie der ursprüngliche Name des Goetheanums hieß, als es in München errichtet werden sollte. Der Doppelkuppelbau, dessen Modell während des Vortragszyklus 1912 im Vorsaale stand, war als Mittelpunkt der ihn umschließenden Wohnhäuser für Anthroposophen gedacht. München hat den Bau abgelehnt. Wer Mitglied des Johannes-Baues war, bekam eine violette Karte mit der goldenen Zeichnung eines durchsichtigen Dodekaeders, der auf einem großen T ruhte. Er war umschrieben mit den zehn Anfangsbuchstaben des Rosenkreuzerspruches.

Seit im Jahre 1909 über dem Bühnentempel in Edouard Schurés *Die Kinder des Luzifer* das Rosenkreuz auf dem hellen Pentagrammsterne leuchtete, zierte dieses Symbol den Platz über dem Rednerpulte Dr. Steiners während der Zyklen, welche auf die Mysteriendramen folgten.

Im Sommer 1910 wurden wir, auf Veranlassung von Dr. Steiner, in die Wohnung Sophie Stindes gebeten, wo er uns die Rollen im Rosenkreuzermysterium zuwies, ohne daß wir das Drama kannten. Es stellte sich ja erst während der Proben heraus, daß noch kein einziges Bild niedergeschrieben war. Dies geschah während der Nächte, während bei Tage die Proben für die fertiggewordenen Bilder stattfanden. Am Vormittag erschien Dr. Steiner und las uns jeweils aus seinem Heft das neuentstandene Bild vor. Manchmal schrieben wir uns aus diesem Heft selbst unsere Rollen ab. Die Bleistiftschrift war deutlich und klar. Bald unterzog sich Dr. Elisabeth Vreede der Mühe, die fertigen Szenen für uns auf der Schreibmaschine abzuschreiben. „Nicht wahr", sagte Dr. Steiner, „es wäre ja Unsinn, ein Drama zu schreiben, bevor es sich um eine Aufführung handelt. Es ist das erste Drama, worin die Reinkarnationsidee in wahrer künstlerischer Form erscheint."

Er las mit zurückgehaltenem Pathos, aber deutlicher Charakterisierung. Während der Proben gab er sparsame Winke. Selten machte er es uns auf der Bühne vor. Dann aber bekam man den Eindruck einer konkreten Persönlichkeit, und bemerkte, daß es ihm Freude machte, seinen Gestalten Haltung, Ton und Gebärde zu verleihen.

Strader ist im ersten Bilde der *Pforte der Einweihung* 28 Jahre alt, hat rötlich-blondes, bereits im Scheitel gelichtetes Haar und einen kurzen Kinnbart. Ausdrücklich wünschte Dr. Steiner, daß der Mystiker Felix Balde einen Bart tragen solle, während Benedictus als moderner Eingeweihter bartlos sein müsse. Die alten Eingeweihten bezogen noch die in den Haaren astralisch wirkenden Kräfte in ihr übersinnliches Erleben ein. Für den Maler sollen die Haare, zum Beispiel die Augenbrauen, Kunde geben von der Bildekraft, welche die Organe, also hier das Auge, erzeugt.

Das Interesse Rudolf Steiners ging bis ins einzelne. In der Garderobe des Gärtnerplatz-Theaters, wo das Rosenkreuzermysterium die sogenannte Uraufführung erlebte, lag eine Nummer des umgetauften Wochenblattes der Schauspieler „Der neue Weg". Dr. Steiner las laut und langsam: „Der neue Weg!!" Er blätterte und las laut die Überschriften: „Geschäftsbericht, Die Berliner Uraufführungen, Abgeschlossene Verträge und Gastspiele..." und fragte dann erstaunt: „Warum heißt das ,der neue Weg'?"

„Wer hat Sie denn geschminkt?" fragte er Dr. Kricheldorff, der den Ahriman spielte, und er lobte darum den Hofschauspieler Jürgas, der die Maske geschminkt hatte und mit seiner kraftvollen Stimme den Romanus spielte.

Ahrimans Äußeres wird im Laufe der vier Mysteriendramen immer prononcierter, weil er von den die geistige Welt kennenlernenden Schülern des Benedictus besser geschaut wird. Viele Jahre später zeigte mir Rudolf Steiner in seinem Dornacher Atelier nach einer Erklärung der Christusstatue das kleine Plastilinmodell des Ahrimankopfes, während er es auf der linken Handfläche hielt und mit der Rechten eindringlich und streng auf die Plastik wies: „Da hat er still halten müssen!" — Das Sprechen der Ahrimanrolle forderte einen hohlen Vokalismus und einen harten Konsonantismus, jenen, weil Ahriman nichts verinnerlichen kann. Der schief herabgezogene linke Mundwinkel begünstigt diese charakteristische Sprechweise. Die Gestalt erschien in kaltes, gleißendes Gelb gekleidet. Die Gebärde war bedingt durch sklerotisch versteifte Gelenke. Als Rudolf Steiner zum ersten Male diese Rolle vorgelesen hatte, klang sie noch nicht so charakteristisch, und der Darsteller des Strader murmelte: „Das klingt nicht einmal unsympathisch." Das folgende Mal war es ganz anders und wir erschraken leise beim Zuhören.

Bei den Proben zu den Mysteriendramen sprach Rudolf Steiner davon, daß die seelischen und geistigen Gestalten, „wenn wir unser eigenes Theater haben werden", auf einer technischen Einrichtung von oben schräg herabgleiten würden, ohne die Füße zu gebrauchen, so wie Goethe Gretchens Vision mit geschlossenen Füßen erscheinen läßt in der Walpurgisnacht.

Damals sagte er zu mir, daß das Geheimnis der Akustik in der Durchdringung zweier Kreise liege, wie sie im Grundriß des beabsichtigten Baues geplant seien.

Im Hinblick auf die Bühnendarstellung sei noch die Anweisung Dr. Steiners erwähnt, daß sich die Erscheinungen von Ahriman und Luzifer so überkreuzen, daß *vor* dem Mysterium von Golgatha Ahriman links und Luzifer rechts im Vordergrunde stehen, während *nach* dem Mysterium von Golgatha Ahriman rechts und Luzifer links im Hintergrunde stehen. Recht überraschend waren manche Mitteilungen während der Niederschrift der Bilder, wie diese: „Was Luzifer gesprochen hat, das konnte ich fast wörtlich ins Drama aufnehmen. Ich habe Fräulein von Sivers die kleinen Änderungen gezeigt, die ich machen wollte." Auch ein Auftrag wurde als bedeutungsvoll von uns erlebt, wie der dem Darsteller des Strader gewordene, als ihm das Blatt mit der Prophezeiung der Theodora durch Dr. Steiner eingehändigt wurde, um es der Darstellerin zu überbringen.

Meistens erschien Rudolf Steiner morgens um 10 Uhr mit seinem Regenschirm und einem Heft im Raume, wo die Proben stattfanden, nachdem er meistens zuvor den drei Malern Haß, Linde und Volkert Anweisungen für die in der „Schrannenhalle" zu malenden Dekorationen gegeben hatte. Dabei mußte der Vorraum des ersten Bildes für *Der Hüter der Schwelle* dreimal übertüncht werden, weil Rudolf Steiner die Nuance der Indigo-Farbe noch nicht zugesagt hatte. Er sagte: „Indigo scheint wohl eine schwer definierbare Farbe zu sein." Für das neunte Bild schmückte Graf Otto Lerchenfeld den Vordergrund mit einer Blütenfülle aus seinem Garten, damit der Kontrast zum öden Fabrikhintergrund deutlicher hervortreten konnte.

Auf den Ton der Farbe legte Rudolf Steiner besonders großen Wert, wovon der Darsteller der Strader-Rolle zu berichten weiß, weil er jeweils mit ins Kostümatelier des Schneidermeisters Johann Nepomuk Mück ging, wo Schnitt und Farbennuance der Kostüme genauestens bestimmt wurden. Hatte er doch selbst eine Begegnung, wobei ihn Rudolf Steiner am Ärmel faßte, ihm den grünen Filzhut vom Kopfe nahm, weil die vorn nach unten und hinten nach oben aufgerichtete Krämpe der Form der Kopfaura widerspreche. Rudolf Steiner krämpelte die Hutform zurecht, indem er die hintere Krämpe nach unten, die vordere aufwärts bog, und setzte ihm den Hut ziemlich weit aus der Stirne wieder auf. „Solch eine schöne grüne Farbe, wie sie Herrn Seilings Hut hat, würde ich selbst gern tragen, wenn man es mir zugestehen würde", sagte er dabei zu den ihn begleitenen Damen Sophie Stinde und Pauline von Kalckreuth.

Auch Schnitt und Farbe der Haare und Bärte sollten der Rolle ganz entsprechen. Es gelang allerdings Rudolf Steiner nicht, die Darstellerin des Johannes Thomasius in *Der Hüter der Schwelle* zum Tragen eines angegrauten Vollbartes zu bewegen, in welcher Weigerung sie durch ihre Seelenhüterin Maria bestärkt wurde. In der ersten Hauptprobe stand sie vor dem Mysten zwar mit solchem Bart, aber sie weigerte sich, damit zu spielen, und als versucht worden war, sie in *Der Seele Erwachen* wiederum damit auftreten zu lassen, riß sie sich den Bart ab und warf ihn zur Erde. Professor Capesius ertrug seinen erst schwarzen, dann angegrauten großen Vollbart ungern aber geduldig in allen vier Mysteriendramen. Felix Balde wurde dringend ersucht, als Mystiker, der auf luzifrischem Wege noch inspiriert war, einen Bart zu tragen. Bei Thomasius war dies notwendig, seit er sich dem Einflusse Luzifers hingegeben hatte.

„Theodoren" nennt der Okkultismus solche Menschen, welche in ihrem Astralleib einen reinen, keuschen Einschluß aus der „Abel-Seth-Stimmung der Götter" tragen, der keinem dämonischen Einfluß unterliegen kann, so daß er Sprachrohr für höchste Geisteswesen zu werden vermag zufolge dieses naiven Hellsehertums. Aber auch Sphärenseelen, wie das „Menschenwesen", in welchem wir Tycho de Brahe zu vernehmen haben, bedienen sich der Begabung Theodoras.

„Im dritten Bilde der *Pforte der Einweihung*, sagte Rudolf Steiner „habe ich die von Luzifer gesprochenen Worte fast wortwörtlich in das Mysteriendrama aufnehmen können. Ich habe Fräulein von Sivers die geringfügigen Änderungen gezeigt, die ich angebracht habe."

Also der Dichter und Regisseur seiner Dramen kam morgens zur Probe und las den Darstellern zuerst das während der Nacht entstandene neue Bild mit deutlich-anschaubarer Charakteristik vor, worauf wir uns die Rollen nach seiner Handschrift aus den Heften abschrieben. „Es geht ja okkult nicht an, ein Drama niederzuschreiben, bevor es für die Aufführung geprobt wird", betonte er. Als im Jahre 1912 nach wiederholten Proben gerade das erste Bild im *Hüter der Schwelle* an derselben Stelle abgebrochen wurde, trat ich auf Rudolf Steiner zu: „Herr Doktor, warum stockt hier immer wieder die Szene?" Mit bekümmerter Miene erfolgte diese Antwort: „Dies liegt an dem Ferdinand Reinecke; dieser Kerl lügt so, und Lüge künstlerisch zu gestalten, das hält so entsetzlich lange auf!"

Rudolf Steiner selbst anstelle eines gerade verhinderten Darstellers dessen Rolle übernehmen zu sehen, gehört zu den überraschendsten und überzeugendsten Erlebnissen dieser unvergeßlichen Zeit, in welcher wir durch seine tägliche Gegenwart und Unterweisung begnadet wurden. „Ich glaube, er wäre am liebsten Schauspieler geworden!" rief der vom lebendigen Spiel erschütterte Darsteller des Felix Balde aus. Als 1912 eine Wiederholung der *Pforte der Einweihung* stattfand, sagte uns der Geisteslehrer: „Es war schon zu bemerken, daß sich die Worte einigermaßen in den Ätherleib eingesenkt haben, aber dramatisch war die Darstellung bei weitem noch nicht." — Es überlief uns eiskalt, als der Ahriman-Darsteller im sechsten Bilde des „Hüters" nach den Worten: „... sie wird auf diesem Wege aber Furcht" unterbrochen wurde, worauf in anschwellender Steigerung Rudolf Steiner wiederholte:

„Und so vermag ich nur von diesem Orte
Zur Erde hin die starke Kraft zu senden — — —"

nun mit nochmals anwachsender Stimme:

„Sie wird auf diesem Wege aber" — (Pause, und dann mit lang ausgehaltenem *sehr* lautem U) „*Furcht*!".

Im neunten Bilde stockte ich beim Auftritt mit Benedictus, als uns beiden erst am Schluß der Probe der Text eingehändigt war, in welchem Strader ein einziges Mal Benedictus mit „du" anredet. Ich blickte auf Rudolf Steiner und frug: „deine?" Er fragte zurück: „Wollen Sie dies nicht zu ihm sagen?" „Ja, gern", erwiderte ich, worauf wir vernahmen, warum gerade hier, nachdem Strader seine Simon-Inkarnation erlebt hat, das Du begründet ist.

Zur Probe des XIV. Bildes in *Der Seelen Erwachen* brachte Rudolf Steiner einen Brief mit der Photographie einer durch ihre treue Pflegerin im Bett gestützten, italienischen Heilerin mit. Deren Tod war ihm durch diesen Brief mitgeteilt, während er gerade beim Niederschreiben jener Szene war, in welcher — ihn selbst überraschend — Straders Tod mitgeteilt wird. Er habe diese im Rücken seit Jahren verletzte Heilerin besucht, und es sei für uns auch bedeutsam, daß das Eintreffen dieses Briefes der Pflegerin zusammentraf mit der Überraschung von Straders Tod.

Wenn dann im letzten Bild Straders Pflegerin vor dem Eintritt des Benedictus das Wort „rätselvoll" ausspricht, fügte Rudolf Steiner hinzu, daß sich dies vor allem auch auf ihre eigene Wesenheit beziehe, welche sowohl als die dritte Bäuerin wie auch als Berta, Kühnes Tochter, anzusehen sei. Erklärt hat er uns damals diese Rätselhaftigkeit nicht.

Bei einer der Hauptproben fehlte für die bereits fertiggestellte Dekoration des ersten Bildes ein Darsteller, worauf angeordnet wurde, daß das *zweite* Bild erstellt werden sollte. Als diese Dekoration stand, zeigte sich, daß noch einer dafür fehlte, welcher mit dem früheren Beginn dieses Bildes noch nicht gerechnet hatte. „Sind jetzt alle Darsteller für das erste Bild anwesend?" Als diese Frage bejaht war, wurde wiederum das erste Bild aufgebaut, aber viel Zeit war dadurch verloren. Rudolf Steiner verhielt sich ganz gelassen. Da trat die Bildhauerin Maria Kačer auf ihn zu und sagte: „Herr Doktor, warum lassen Sie die Dekoration nicht projizieren, Sie würden dadurch sehr viel Zeit sparen." „Ich muß mich wirklich wundern", war die Antwort, „daß mir eine *Künstlerin* einen derartigen Vorschlag machen kann!" „Aber, Herr Doktor, diese Dekorationsbilder könnten ja genauestens nach Ihrer Vorschrift von ausgezeichneten Künstlern gemalt sein!" „Ja, vergessen Sie denn dabei den Projektionsapparat? Wo zwischen Kunstwerk und Genießer sich ein Mechanismus einschaltet, kann das Kunstwerk nur mehr auf den Kopf und nicht mehr auf den *ganzen* Menschen wirken."

Die Mitwirkung der erst vor kurzem inaugurierten *Eurythmie* stellte an die noch unerfahrenen jungen Künstler schwere Anforderungen, welchen der Inaugurator gern zu Hilfe kam. Er hatte vor Monatsfrist in einer Klamm seine Begleiter auf die unter einer bronzenen Ehrentafel sich belustigenden Gnomen aufmerksam gemacht, welche den Vorübergehenden lange Nasen mit lebhafter Gebärde machten. „Ihnen, Herr Doktor, schneiden Sie die Nasen?" rief eine Begleiterin und erhielt die Erklärung: „Allen Menschen, ob sie es sehen oder nicht, schneiden die Gnomen Grimassen, weil es für sie nichts Lächerlicheres und Dümmeres gibt als die Menschen."

Man bat nun um Hilfe für die eurythmische Darstellung der im zweiten Bilde des vierten Dramas erscheinenden Gnomen und Sylphen. Da ergriff Rudolf Steiner seinen Regenschirm, mit welchem er auch das Poltern und den Donner gelegentlich markierte, ließ sich noch einen Turnstab reichen, womit er in gebückter, geduckter Stellung außerordentlich behend die entsprechenden Vokalgebärden ausführte und lebhaft umherhüpfte. Dabei wirbelten die langen Schöße seines Gehrocks den Staub auf, wodurch er gar bald in eine Staubwolke gehüllt erschien.

So durften wir damals in jenen so teuren Jahren in München Rudolf Steiner als den größten Schauspieler und den gewandtesten Eurythmisten bewundern.

Aus Gesprächen mit Rudolf Steiner

Der Ort, wo diese Gespräche stattfanden, ist hauptsächlich München, nur gelegentlich Dornach, die Zeit derselben die Jahre nach 1909. Der Berichterstatter ist der Schüler Rudolf Steiners, welchem dieser die Rolle des Doktor Strader in den Mysteriendramen anvertraute und alle geistigen Stimmen, welche im Hintergrunde der Bühne erklangen, weil — wie Rudolf Steiner wiederholt betonte — die Eigenart dieser Stimme den physischen Plan mit dem geistigen zu verbinden vermag. Als ich bei einer Probe hinter dem Vorhang eines Torbogens nicht sichtbar war, fragte Rudolf Steiner: „Wo ist denn unser Gewissen?, rief ich: „Hier, Herr Doktor!" Es handelte sich um die Stimme des geistigen Gewissens, welche ich mit der größtmöglichen Stärke zu rufen hatte. Es bestand ursprünglich die Absicht, das Bild des roten Tempels in *Der Hüter der Schwelle* durch ein Wort dieser Stimme abzuschließen, in welchem sich der Sinn des Rosenkreuzes aussprechen sollte, dessen „helle Lichtesrosen bedeutungsvoll die Schwelle" des Tempels zieren. Rudolf Steiner hatte mir bereits die

Verse vorgesprochen, kam jedoch vor der folgenden Probe geradezu ratlos auf mich zu: „Aber Sie stehen ja selbst als Strader im Tempel und können die Worte nicht sprechen — —, da muß ich die Seelenkräfte abschließen lassen!"

Rudolf Steiner hatte im Künstlertheater die Aufführung von Hebbels *Judith* unter der Regie von Max Reinhardt besucht, worin ich mitspielte. Tags darauf fragte er mich: „Wo war denn gestern Ihre Stimme?" — „Herr Doktor, die darf ich dort nicht hören lassen." Als ich ihm mitteilte, daß ich meinen Vertrag mit Reinhardt gelöst habe, sagte er: „Sie haben sich somit für das Ideal Ihrer Kunst entschieden."

Mit Bedauern vernahm er, daß der Berufsschauspieler, welchem er die Rolle des Capesius gegeben hatte, sich weigerte, in Schurés *Seelenhüterin* den Matrosen darzustellen. Da sagte ich im Rücken Rudolf Steiners leise zu Felix Peipers: „Hier handelt es sich um eine Angelegenheit des Willens!" Sofort unterbrach Rudolf Steiner sein Gespräch mit Mieta Waller und wandte sich nach mir um: „Das ist es auch!" Als der Darsteller des Hilarius Gottgetreu von dieser Weigerung erfuhr, donnerte er den ihm befreundeten Schauspieler an: „Was?! Sie haben eine Rolle ausgeschlagen, welche Ihnen Herr Doktor Steiner geben wollte?! Wenn Herr Doktor es von mir wünschte — ich würde einen Säugling spielen!"

Bei der Bekleidungsprobe zur Seelenmitternacht fragten die Nymphen: „Herr Doktor, sollen wir die A-Gebärde der Hände beibehalten, nachdem sie unter dem Schleier nicht mehr sichtbar ist?" — „Gewiß soll diese Gebärde ausgeführt werden; denn *sie ist da*, wenn man sie auch physisch nicht mehr sieht."

Als ich für meine Darstellung in den Mysteriendramen kein Honorar annehmen wollte, überredete mich Dr. Steiner: „Sie müssen als Künstler bezahlt werden, sonst würden wir in der Anthroposophischen Gesellschaft das Recht verlieren, die Kunst zu pflegen."

Da sich nach meinen kleinen Erfolgen im architektonischen Fache meine Professoren wunderten, daß ich zum Bühnenberufe überging, fragte ich deshalb Dr. Steiner, der mir erst mit vorgeneigtem Haupte zuhörte, sich danach aber im Sessel zurücklehnte und mit nach oben gerichtetem Blicke lange schwieg. Endlich neigte er sich mir wieder zu und sprach: „Die Schauspielkunst ist Ihrem Wesen angemessen." — Hierbei konnte ich erleben, wie der Geistesforscher die Antwort nicht aus sich holte, sondern aus der Anschauung meines Ich.

Im Jahre 1915 mußte ich nach einer Aufführung in der Dornacher Schreinerei, wo ich den Faust gespielt hatte, zum Militärdienst. Beim Abschied reichte mir Rudolf Steiner die Hand mit den Worten: „Es war schön, daß wir wieder einmal gemeinschaftlich wirken durften."

Der folgende Bericht bezieht sich auf einige Erlebnisse, welche das Verhalten Rudolf Steiners zu Kindern zeigen möchten. Zu verabredeten Nachmittagsstunden durften Eltern ihre Kinder zu ihm bringen. Manchmal redete er sie an, auch wenn sie ihm noch nicht antworten konnten. Mit seiner Hand beschrieb er über Stirne, Mund und Kinn eines Säuglings weihende Zeichen, wobei der Gesichtsausdruck des Kindes aufleuchtete. Freudig fragte er mich: „Haben Sie bemerkt, wie das Knäblein die Gebärden beantwortet hat?" — Das Kind eines jungen Ehepaares war nach wenigen Monaten gestorben; als aber im Jahre darauf wieder ein Kind geboren war, sagte Rudolf Steiner zu den Eltern, daß es dieselbe Individualität sei.

Eine Mutter fragte, warum bei ihrem Kinde das Zungenbändchen bis zur Spitze festgewachsen sei und bekam zur Antwort: „Das hat es von Ihnen." — „Aber meine Zunge ist doch nicht angewachsen!" — „Ihre physische Zunge allerdings nicht, aber Ihre Ätherzunge. Wissen Sie dies nicht?" — Diese Mutter berichtete später: „Vor dem Schlafengehen erinnere ich meine Kinder daran, wann sie am Tage unartig und böse waren." Darauf erhielt sie den Rat, ihren Kindern vor dem Schlafengehen nur das zu sagen, was sie tagsüber gut gemacht haben, und dasjenige, was nicht recht war, erst morgens.

Ein meiner Pflege anvertrauter sechsjähriger Knabe, dessen Vater sich erhängt hatte, schrie oftmals im Traume auf und sagte, als man ihn weckte: „Es fuhr an mir vorbei und schrie schrecklich Pallack." Als ich einmal nicht Herr seines Wutanfalls zu werden vermochte, hielt ich seinen Kopf unter den kalten Wasserstrahl. Als ich dies Rudolf Steiner beichtete, erwiderte er lachend: „Das haben Sie sogar ganz richtig gemacht!" — Diesem Knaben zeigte er bei einem gelegentlichen Besuche ein bewegliches Spielzeug aus Holz. Als er es nicht wieder hergeben wollte, befahl ihm seine Mutter, es sofort Herrn Doktor wiederzugeben; denn in seinen Händen bliebe kein Spielzeug heil. Hierauf sagte Dr. Steiner: „Ich schenke es dir, wenn du mir versprichst, es morgen noch nicht kaputtzumachen." Der Knabe schlug in die dargebotene Hand ein —, und gerade dieses Spielzeug hat er niemals zerbrochen.

Ein von seiner Frau geschiedener Vater fragte, warum beide Kinder seiner vorigen Ehe nicht ganz normal wären. „Dies lag an den besonderen Verhältnissen", antwortete Rudolf Steiner, „die Seelenart solcher Kinder sucht sich derartige Umstände." Das betreffende Elternpaar sah sich so auffallend ähnlich, daß man die beiden für Geschwister hielt. — Hierzu darf vielleicht eine von Rudolf Steiner während der Proben zu den Mysteriendramen gemachte Bemerkung angeführt werden im Zusammenhange mit der durch Luzifer bewirkten Sinnesliebe des Johannes Thomasius zu Theodora, welche im vorigen Erdenleben Johannes' Schwester war; danach sei es in unserer Zeit sogar bedenklich, wenn Menschen sich heiraten, welche in der vorangegangenen Inkarnation Geschwister waren. Die im alten Ägypten noch gepflogene Geschwisterliebe hatte sich in französischen Provinzen sogar bis ins neunte nachchristliche Jahrhundert erhalten, bis sie vom Papste verboten wurde. Ist also heute ausgesprochene Blutsverwandtschaft für die Nachkommenschaft gefährlich, so kann sogar blutsverwandtschaftliche Bindung aus einem vorigen Leben bedenklich sein. Luzifers Bestreben ist es, vergangene Gepflogenheiten in der Gegenwart zu erneuern.

In seinem Atelier sprach Rudolf Steiner angesichts seiner monumentalen Holzplastik zu uns über die gebärdenhaften Gestaltungen des Luzifer und des Ahriman, wobei er den auf einem Brettchen plastizierten Kopf des Ahriman zeigte. Er deutete auf diesen mit seinem rechten Zeigefinger hin, indem er nachdrücklich sagte: „Da hat er einmal stillhalten müssen! Dies mußte er trotz großem Widerstreben tun, bis ich mit der Plastik fertig war." An der Gestalt des Menschheitsrepräsentanten wies er auf die vom Herzen ausgehenden, hervortretenden Muskelgebärden, welche sich bis in die Stirne fortsetzen. — Bei diesem letzten Besuch durfte ich von ihm einen großen Trost durch seine Abschiedsworte entgegennehmen: „Sie dürfen sich jederzeit an mich wenden, und Sie werden Antwort von mir erhalten."

LUTZ KRICHELDORFF

Die Münchener Mysterienspiele

Eines Tages, im Juni des Jahres 1910, erhielt ich — ich war damals Student in Berlin — von Fräulein von Sivers einen überaus liebenswürdigen Brief aus München mit der Bitte, nach dort zu kommen, um eine Rolle in den *Kindern des Luzifer* von Eduard Schuré zu übernehmen. Sie glaubte, meine angebliche schauspielerische Begabung gelegentlich kleinerer Aufführungen im Kunstzimmer der Berliner Südstadt entdeckt zu haben. Auch Dr. Steiner hatte sich in Dresden bei der Einweihung des dortigen Zweiges, als wir in größerer Gesellschaft bei der Mittagsmahlzeit saßen und Fräulein von Sivers die Meinung äußerte, ich könne sicher den Mephisto spielen, dahin ausgesprochen, daß mir ebensogut der Faust läge — eine Aussage, die mir später in Zeiten schwerer Erkrankungen einen tröstenden Halt geboten hat.

In München im Juli angekommen, eröffnete mir mein damaliger Freund Fritz Mitscher auf der Straße — die Proben hatten schon begonnen —, daß ich in dem neuen Mysterienspiel von Dr. Steiner — der Name des Spieles war noch unbekannt — die Rolle des Ahriman übernehmen sollte. Ich war einigermaßen entsetzt über die Zumutung, diese mit einem gewissen Odium behaftete Gestalt verkörpern zu sollen. Doch Mitscher tröstete mich mit dem Hinweis, daß es sich doch um die Darstellung einer gewaltig großen kosmischen Kraft handle.

Ich hatte in den *Kindern des Luzifer* den römischen Prokonsul zu spielen — eine Miniatur-Ausgabe des großen Cäsar —, der schließlich auf seinem curulischen Sessel effektvoll durch einen Dolchstoß ermordet wird. Welcher Aufgabe ich mich, mit Grandezza zu sterben, mit einigem Geschick entledigt haben soll.

Soweit ich mich erinnere, fanden die Proben in einer Turnhalle in Schwabing statt. Rudolf Steiner skizzierte dem Neuling mit charakteristischen Gesten, das Textbuch in der linken Hand, die Rolle in der notwendigen Sprechweise. Was mich betrifft, sagte er mir, nachdem er mir den Text des Ahriman vorgesprochen hatte, lediglich: „Sprechen Sie breit." Ich erinnere mich beim besten Willen nicht, daß er mich auch nur ein einziges Mal korrigiert hätte. Ich erwähne dies mit Bedacht; denn ich bin in den nachfolgenden Jahren des häufigeren von schauspielerisch interessierten Mitgliedern gefragt worden: „Was hat Ihnen denn der Doktor gesagt?" Ich konnte lediglich das eben Erwähnte wiederholen.

Es wäre nun an der Zeit, als das objektiv Wichtigste die allgemeine Atmosphäre zu schildern, in der die Proben und danach die Aufführungen stattfanden. Aber das ist schwierig. Ganz mit der eigenen Rolle beschäftigt und umgeben von Mitstrebenden, d. h. Mitspielenden, ahnte man zunächst wenig von dem, was im unsichtbaren Hintergrunde hinter unserem Rücken als die mühselige, umfangreiche Arbeit, z. B. seitens der verschiedenen Maler, wie Linde, Haas, Volker, und der Kostümschneiderinnen unter der Anweisung von Imme von Eckhardtstein geleistet wurde. Die Proben begannen meist wohl um zehn Uhr und dehnten sich zuweilen bis weit über die Mittagszeit aus. Dr. Steiner wohnte bei Fräulein Sophie Stinde und der Gräfin Pauline Kalckreuth. Es wurde bekannt, daß er an dem neuen Drama immer in der Nacht schrieb und die fertigen Blätter in den Hausbriefkasten warf, wo sie dann in der Frühe um sechs Uhr vom Drucker abgeholt wurden. Fräulein Stinde hat mir selber erzählt, daß manches Mal sein Bett unberührt geblieben sei.

Man konnte sich von dem langsam entstehenden Stück kein rechtes Bild machen. An der Seite des Turnsaales auf Seilen oder Sprunggeräten hockend, prägte sich einem bei den zu vielen Malen wiederholten Szenen der Wortlaut der einzelnen Rollen mechanisch ein. Aber gerade dieser Umstand verhinderte das tiefere Eindringen in den unausschöpflichen Gehalt der bedeutsamen Gestalten — jedenfalls erging es mir so. Ich erhielt keine Übersicht über den Zusammenhang des Ganzen.

Den ersten Luzifer spielte Frau von Vacano. Im folgenden Jahr trat Imme von Eckhardtstein an ihre Stelle, die mit dionysischem Schwung die Rolle verkörperte. Noch immer ist mir im Ohre der Klang der Worte, die der Graf Otto Lerchenfeld als German zu sprechen hatte. Dr. Felix Peipers' edle Hochgestalt als Benediktus mit der seiner Rolle angemessenen feierlichen Sprechweise prägt sich mir unauslöschlich ein. Unvergeßlich bleibt mir der alte köstliche Sellin, der Kolonialdirektor, der trotz seines vorgeschrittenen Alters immer wieder von Dr. Steiner bewogen wurde, in den nachfolgenden Mysterienspielen die Rolle des Hilarius Gottgetreu bzw. die des Großmeisters zu übernehmen. Vorzüglich und über jedes Lob erhaben waren die Leistungen von Fräulein von Sivers als Maria und die von Mieta Waller, nachmaliger Mrs. Pyle, als Johannes. Ihre Szenen wurden oft geprobt. Die Sprechweise und die Haltung des stillen, besinnlichen Doser als Capesius und die feurig enthusiastische von Max Gümbel-Seiling als Strader prägten sich mir ein. Ich kann nicht alle nennen.

Durch das wochenlange Zusammenarbeiten stellte sich ein schöner Gemeinschaftsgeist unter den Spielern ein. Man lernte einander kennen und schloß Freundschaften. Man hatte sich an das tägliche Zusammensein mit Dr. Steiner so gewöhnt, daß man darin nichts Besonderes mehr erblickte.

Einschalten will ich hier ein höchst Persönliches in einer anderen Beziehung, weil es für mich mit den Münchener Aufführungen unabtrennbar verknüpft ist. Ich hatte Albert Steffen im Jahre 1907 in Berlin durch Vermittlung des Malers Stockmeyer kennengelernt. Er kam mit seinem damaligen Freunde Ernst von May, dem Bruder von Walo, zu mir auf mein Zimmer. Er hatte die Abrechnung von S. Fischer über seinen ersten Roman: „Ott, Alois und Werelsche" in der Tasche. Die beiden jungen gleichaltrigen Menschen machten mir einen unauslöschlichen Eindruck durch ihre abgeschlossene, zielbewußte, strenge Seelenhaltung. Jedesmal wenn ich nach München zu den Aufführungen kam, ging ich auf die Polizei und erfragte die Wohnung von Albert Steffen. Ich war des häufigeren mit ihm, ebenfalls mit dem Dichter Hans Reinhart und dem Verleger Mörike zusammen. Als im Volkstheater in den nachfolgenden Jahren die Mysterienspiele stattfanden, hatten Steffen und ich uns zum gemeinsamen Besuch desselben verabredet. Als wir ungefähr zweihundert Meter vom Theater entfernt waren, verabschiedete er sich in seiner sprichwörtlichen Feinfühligkeit von mir, wohl in der Annahme, daß ich mich auf den Ernst des Spieles und auf meine Rolle konzentrieren müsse. Jedoch war seine Rücksichtnahme unnötig. Ich konnte mich, eben noch hinter den Kulissen höchst alltägliche Gespräche führend, mit Blitzesschnelle umstellen und war sofort vollständig in meinem Element. Lampenfieber, wie es der eigentliche Künstler haben muß, ist mir von je völlig unbekannt geblieben. Im Gegenteil. Ich freute mich damals diebisch darauf, auch einmal zum Wort zu kommen und als Ahriman den Zuhörern gehörige Furcht einzujagen. Obwohl meine Stimme über eine beträchtliche Lautstärke verfügte — sie soll damals bei den Aufführungen im Gärtnertheater durch das Foyer noch auf dem Platze davor zu hören gewesen sein —, so drohte mir doch, da es Sprachgestaltung noch nicht gab, eine beklemmende Heiserkeit. Ich trank häufig heiße Milch mit viel Honig. — Im letzten Mysteriendrama benötigte der Ahriman mehrere farbige Gewänder. Angefertigt hatte mir diese eine charmante, witzige Russin, deren Namen ich vergessen habe. Ihr Vater war der Erbauer der Kaukasus-Bahnen. Sie sagte mir: „O, wissen Sie, wenn man mich an die Grenze beim Zoll fragt, wer ich bin, sage ich: ‚Je suis tailleuse du Satan!'"

Doch ich habe vorgegriffen. Denn es wäre längst an der Zeit gewesen, einiges darüber zu sagen, in welcher Weise Dr. Steiner die Regie führte. Hierzu kann ich nur bemerken: in sehr lockerer, unschulmeisterlicher Art. Er ließ jedem seine individuelle Freiheit. Und dennoch kam, trotz der vielen Laienspieler, eine solche, geradezu rätselhafte Wirkung zustande, daß mir alte Mitglieder, welche damals die Münchener Aufführungen und dann in späteren Jahren die so sorgfältig durchgefeilten, auf Sprachgestaltung beruhenden in Dornach sahen, sagten, an die früheren kämen diese nicht heran. Mir steht kein Urteil in dieser Hinsicht zu. Denn als Schauspieler hatte man sich hinter den Kulissen aufzuhalten und konnte nur ganz selten sich in die hinten im Zuschauerraum gelegene Parterreloge stehlen, um eine Szene zu sehen. Somit hatte man niemals einen Gesamteindruck. — Auf den Proben wurde einem nach und nach der Text der einzelnen Szenen ausgehändigt. Nebenbei: Dr. Steiner veränderte zuweilen noch nachträglich deren Wortlaut. Zumal die ersten Szenen waren häufig und gründlich geprobt worden. Dr. Steiner lieferte die letzten Szenen manchmal zu unserer großen Sorge so spät aus, daß wir diese nur wenige Male proben konnten. Aber er sagte uns beruhigend: Wenn die große Szenenfolge richtig abläuft, so laufen die letzten Szenen durch den Schwung der ersteren von alleine ab. Und er behielt recht.

Mit welchen einfachen, primitiven Mitteln der durchschlagende Erfolg erzielt wurde, erhellt aus folgendem: Im 8. Bild des *Hüters der Schwelle*, Ahrimans Reich, genügte eine einfache, hinter einer Kulisse aufgestellte Leiter, auf welche der Ahriman zu klettern hatte. Der Bruder der Bildhauerin Kačer, die später kleine Plastiken von diesem kosmischen Widersacher anfertigte, hatte mir, dem Darsteller, mit viel Geschick aus Gips eine Riesenkralle zurechtgemacht, mit der ich, am rechten Arm befestigt, über die zwölf Gestalten, auf deren Köpfen graue Gazestücke als Ausdruck ihres gedämpften Bewußtseins angebracht waren, zu schalten hatte. Da ich mit meinem guten Gedächtnis nie meine Rollen zu Hause lernte, sondern sie mir meist in der Elektrischen einprägte, so versagte ich dennoch nie, außer einem Male. Ich wurde unsicher. Die Souffleuse, auf die ich sonst nie hörte, fing an, wie sie mir später sagte, Blut zu schwitzen. Ich näherte mich seelenruhig ihrem Kasten, hörte ihre Worte und spielte weiter. Niemand hatte etwas gemerkt. Aber der Ruhm des Schauspielers ist einmal nach einem klassischen Ausspruch ein vergänglicher und, wie in meinem Falle, eine höchst zweifelhafte Angelegenheit. Wenn ich in ein Café ging, in dem die aus allen Himmelsgegenden herbeigereisten vielen Mitglieder saßen, so wurde getuschelt und mit Fingern auf mich gezeigt, was mir sehr unangenehm war. Nach einer Aufführung trat, nachdem sich der Schwarm der Lobredner verloren hatte — einmal war ich als Laie sogar zum Hofschauspieler avanciert (besser: degradiert) — trat Christian Morgenstern an mich heran. Wortlos drückte er mir mit einem leuchtenden Ausdruck in seinen Augen stumm die Hand. Ich nahm den Dank ebenfalls wortlos hin.

Die Aufführung der vier Dramen 1913 erforderte vier Proben, die meist um neun Uhr anfingen und bis zum späten Nachmittag dauerten. Dann folgten die viertägigen Darbietungen, die um zehn Uhr begannen und bis vier, fünf Uhr sich ausdehnten. Danach war man, wenigstens ich, erledigt, zumal nach dem Stück, in dem ich als ahrimanische Sphinx achtzehn Minuten ohne mit der Wimper zu zucken, wie eine Steinsäule zu stehen hatte. Nach einer solchen Aufführung war ich in den „Fruchtkorb" von Frau von Vacano, dem vegetarischen Restaurant, geflüchtet. Ich hatte mich an einen leeren Tisch gesetzt. Nach einiger Zeit setzte sich eine mir unbekannte, bescheidene Dame zu mir. Ich war zu keinem Gespräch aufgelegt. Bald merkte ich, wie sie unruhig wurde und schließlich einen Anlauf nahm, mich anzureden: „Ach, entschuldigen Sie bitte, daß ich Sie anspreche. Haben Sie vielleicht eben den Ahriman gespielt?" Ich bejahte. Danach atmete sie, sichtlich erleichtert, auf und erwiderte: „Sie glauben gar nicht, wie dankbar ich bin, daß ich Sie kennenlernen darf. Denn ich habe mir gesagt: das muß ja ein entsetzlich böser Mensch sein." Ich habe laut und herzlich lachen müssen.

Eine Episode steigt nachträglich noch in meiner Erinnerung hoch. Ich hatte im blauen Meditationszimmer einen Dialog mit der Maria, an dessen Ende ich mich, rückwärts gehend, gebückt durch eine mit einem blauen Tuch verhangene Öffnung zu entfernen hatte. Bei der blitzartig ausgeführten Rückbewegung war ich gerade noch an den Vorhang gelangt, als ich das Gleichgewicht verlor und mich nach hinten überkugelte, was vom Zuschauerraum aber nicht zu sehen war. Rückwärts landete ich inmitten eines friedlich auf den Brettern sitzenden Kreises von Kollegen, die von diesem Einbruch höchst überrascht waren. Der ehrwürdige alte Arenson war unter ihnen. Dr. Steiner hat, wie ich nachträglich erfuhr, von einem phänomenalen Abgang gesprochen, ohne meine Purzeliade zu ahnen. — Es ging immer sehr ruhig und ohne besondere Feierlichkeit hinter der Bühne zu. In den Pausen kam Dr. Steiner regelmäßig zu uns und drückte seine Zustimmung zu unseren Leistungen aus. Als der Vorhang nach dem Schlußbild des ersten Mysterienspieles niederging, das mit den feierlichen Worten der Theodora endet: „Wenn deine Zeit erfüllt wird sein", reizte dies meine satyrisch-mephistophelische Ader. Ich wiederholte parodierend die Worte, was sehr ungehörig war. Aber niemand nahm es mir übel.

Münchener Mysterienzeit! Ihr in den heutigen Tagen schwer nachfühlbarer Zauber — er ist vergangen. Aber die Keime dieser Spiele haben bedeutsame gegenwärtige Frucht getragen.

OSKAR SCHMIEDEL

Erinnerungen an die Proben zu den Mysterienspielen in München 1910 bis 1913

Es war für jeden, der bei den Proben der Mysterienspiele in München anwesend sein konnte, ein großes Erlebnis, das allmähliche Entstehen derselben und deren Einstudieren beobachten zu können. Einen ganz besonders starken Eindruck machte es, wenn Dr. Steiner einzelne Rollen vorspielte; er tat dies mit einer schauspielerischen Kunst und Kraft, die es den Spielern schwer machte, in ihrer eigenen Darstellung dem einigermaßen nachzukommen. Ganz unvergeßlich ist mir z. B., wie Rudolf Steiner die Szene vorspielte, in der Strader vor dem von Thomasius gemalten Bild des Capesius steht (8. Bild der *Pforte der Einweihung*). Mit einer Eindringlichkeit spielte Rudolf Steiner, daß wir alle, die wir dies miterleben durften, erschüttert waren und eine tiefe Stille danach längere Zeit im Saale herrschte.

Die Darsteller hatte Rudolf Steiner meisterhaft ausgewählt. Sie paßten in ihrem Verhalten und ihrem Aussehen ganz ausgezeichnet zu den einzelnen Rollen; sie konnten diese größtenteils ohne Maske und ohne irgendwelche „Schauspielerei" wiedergeben. Man glaubte ihnen einfach die Menschen, die sie verkörperten. Vor allem galt dies für die Maria von Marie Steiner, aber auch Dr. Peipers als Benediktus, Mieta Waller als Johannes, Lutz Kricheldorff als Ahriman, Olga von Sivers als Frau Balde und die anderen waren wie selbstverständlich in ihren Rollen.

Interessant war zu sehen, wie in Rudolf Steiner die innere Beziehung der *Pforte der Einweihung* zu dem *Märchen von der grünen Schlange und der schönen Lilie* von Goethe lebte. Während der Proben bezeichnete er die einzelnen Gestalten oft nur mit Namen, die die ihnen verwandten im Märchen trugen. So sprach er z. B. von Capesius und Strader, vor allem bei ihrem Erscheinen in der geistigen Welt, von den beiden Irrlichtern. Er hätte es gerne gehabt, wenn deren Kostüme geleuchtet hätten, und er fragte mich auch, ob es nicht möglich wäre, eine Art Phosphoreszieren durch Leuchtfarben zu erreichen. Ich konnte leider seinen Wunsch nicht erfüllen, da ich keine technische Möglichkeit hierzu fand. Das Kind, das von Maria erzogen wurde, bezeichnete er als Kanarienvogel. Es hatte im Devachan auch ein entsprechendes Kostüm (gelblich, mit Federnandeutung); als „grüne Schlange" die „andere Maria", die auch ein entsprechendes Kostüm in der geistigen Welt trägt. Der Geist des Erdgehirns war der Riese, der auch als solcher, d. h. mit hohen Klötzen unter den Füßen, auftrat. Der Geist der Elemente war der Fährmann, und von den Hierophanten in den Tempeln sprach Rudolf Steiner nur von dem goldenen, silbernen, kupfernen und gemischten König.

Welche immense Arbeit Rudolf Steiner während der Wochen, die der Aufführung vorangegangen waren, leistete, können wohl nur die einigermaßen beurteilen, die diese Zeit in der Nähe Rudolf Steiners erleben durften. Er studierte die Stücke nicht nur in den Vormittagsproben ein, sondern veranstaltete außerhalb dieser Zeit mit den Hauptdarstellern besondere Proben. Und nun bedenke man, daß während dieser Zeit erst das Stück geschrieben und die Druckbogen korrigiert wurden. Dazu kamen noch zahlreiche Besprechungen auf den verschiedensten Gebieten. Das Verwunderliche dabei war, daß man Rudolf Steiner von den großen Anstrengungen nie etwas anmerkte; er war immer der gleiche, immer frisch, freundlich, geduldig und gütig. Überhaupt scheinen diese vier Sommer der Vorbereitungen der Aufführungen seiner Mysterienspiele etwas wie ein Höhepunkt seines Lebens und Wirkens gewesen zu sein. Wir alle, die wir an dieser Arbeit teilnehmen durften, empfanden diese ganzen Sommerwochen als eine hohe Festeszeit. Ich kann mich nicht erinnern, Rudolf Steiner in späteren Zeiten in einer gleichen Stimmung erlebt zu haben.

In den Proben gab Rudolf Steiner oft Erklärungen, die für das Verständnis der Mysterienspiele sehr wichtig waren und die er anderweitig nicht ausgesprochen hatte. Es ist nur zu bedauern, daß kein Tagebuch während der Proben geführt wurde. Auch machte er zahlreiche Angaben für die Ausgestaltung der Dekorationen und Kostüme usw., die oft bis in die geringsten Einzelheiten gingen und von großer Wichtigkeit waren. Im folgenden möchte ich aus meiner Erinnerung einige Beispiele derartiger Angaben mitteilen.

Der Altar in dem Meditationszimmer im ersten Mysteriendrama bestand aus einem unteren und einem oberen Teil; in beide waren farbige Transparente eingesetzt. Oben war eines, das eine Art Hufeisen bildete und das in der Mitte ein Rosenkreuz darstellte, das umgeben von einigen verschiedenfarbigen Ovalen war; unten eines, das aus einem Kegel bestand, der in Kreisen dieselben Farben und in der gleichen Anordnung bzw. Aufeinanderfolge aufwies, wie sie das obere Transparent zeigte. Dazu sagte Rudolf Steiner etwa folgendes:

„Die Farben des oberen Bildes strömen geistig hinaus in den Raum, kreuzen sich dort, strömen dann zurück nach unten und erzeugen da den Kegel mit dem Farbkreis. Gleichzeitig ertönen sie geistig in den Worten:

‚Om mani padme hum.' Es ist dies ein Zeichen für den Zusammenklang des orientalischen und abendländischen Okkultismus."

Die Modelle für Straders Arbeitszimmer im „Hüter der Schwelle" gab Rudolf Steiner ganz im Detail, ja sogar unter Erwähnung der zu verwendenden Metalle an. Sie wurden zuerst 1912 in meinem ersten Münchner Laboratorium — durch die Eile bedingt — sehr provisorisch hergestellt. Im darauffolgenden Winter ließ ich sie — auch dem Material nach — getreu nach den Angaben Rudolf Steiners herstellen. Sie wurden 1913 in dem *Hüter der Schwelle* verwendet und blieben auch bei dem Brand des Goetheanums verschont, da sie aus irgendeinem Grunde während dieser Nacht nicht im Goetheanum waren. Es war schon eindrucksvoll, wie genau die Angaben Rudolf Steiners waren; ein Bestandteil sollte sogar ein Metall oder einen Stoff repräsentieren, der noch nicht entdeckt war. Es ist schwer konkret zu sagen, welche Zwecke mit diesen Apparaten beabsichtigt waren. Der zentrale Apparat schien mir etwas zu sein wie ein Kondensator zur Sammlung von aus dem Kosmos einströmenden Strahlen und Wirkungen, vielleicht auch ein Transformator von diesen. Verschiedene Metalle: Antimon, Kupfer, Nickel und auch Uranpechblende wurden verwendet; außerdem ein Surrogat für den oben erwähnten noch nicht entdeckten Stoff, der blau gefärbt sein sollte. — Außer diesem zentralen Apparat waren noch einige andere angegeben. So hing an der Wand eine hohle Halbkugel aus Kupfer. Die innere Seite war dem Zentralapparat zugewendet. Ein anderer Apparat stellte vielleicht eine Art Meßinstrument dar.

In der ägyptischen Szene von *Der Seelen-Erwachen* ist bekanntlich der Hauptschauplatz ein Tempelinneres. Dasselbe war aus grauen Steinquadern geformt, die Steinsäulen selbst trugen keine Hieroglyphen. Nur eine waagrechte Steinverbindung zwischen zwei Säulen hatte einen kurzen Hieroglyphentext. Das Bühnenbild war also nicht ein hoher — ich möchte sagen — gepflegter Raum wie heute, sondern ein niederer, aus dunklen Steinen und Säulen gestalteter. Das Äußere des Tempels in der Szene, in der die Ägypterin allein wartet, entsprach dem Inneren, es war eine Wand aus grauen Quadern.

Wichtig erscheint mir die Angabe Dr. Steiners, daß in Luzifers Reich (*Hüter der Schwelle*, 3. Bild) auf dem Hintergrund Bilder von durch Menschen erzeugten Kunstwerken erscheinen sollten. Es wurde dies so bewerkstelligt, daß Lichtbilder auf Aussparungen des Hintergrundes projiziert wurden. Ich erinnere mich z. B., daß so das „Abendmahl" von Leonardo da Vinci projiziert wurde, und zwar in Abwechslung mit einer ganzen Anzahl ähnlicher Kunstwerke. Es sollte dadurch wohl der Hinweis gegeben werden, daß der Ursprung dieser Kunstwerke in Luzifers Reich liegt.

Von der mittelalterlichen Szene in der *Prüfung der Seele* sagte Dr. Steiner, daß die Burg in den östlichen Zentralalpen gelegen war, sie habe wirklich existiert, und wurde möglichst getreu nachgebildet (die Burg hatte im Äußeren und Inneren eine mehr gotische Form). Soweit ich mich erinnere, war die Waldwiese mit einer Mauer abgeschlossen, die anscheinend das Besitztum der Ritter abgrenzte. Im übrigen traten die Bauern gleichzeitig, wie dies bei einem Kirchgang ja üblich ist, auf. Dr. Steiner sprach dabei von einem „Tierkreisgespräch", d. h. einem Gespräch, das sich gegenseitig anschließt und ergänzt, und bezeichnete auch die Bauern immer nur als „Tierkreisbauern".

Auch die Kostüme wurden bis ins kleinste von Rudolf Steiner angegeben. Die sogenannten „Stolenkleider" der Damen sind bekannt. Weniger vielleicht die Herrenkleider. Die Männer sollten zum Teil verschieden lange Schulterkragen tragen. Es waren dies Benediktus, Capesius und Strader. Rudolf Steiner sagte, daß die Kragenlängen je nach ihrem akademischen Grade verschieden wären. Benediktus trug den längsten. Das Kostüm, das Benediktus jetzt trägt, ist im übrigen das ursprünglich von Dr. Peipers in München getragene. Es verbrannte nicht, da er es bei sich aufbewahrt hatte. Die Sakkos der Männer hatten Revers ohne Spitzen. Diese bildeten eine Kurve, die sich der Schultergelenksform anschmiegte. Die Hosen waren unten mit „Stegen" versehen, wie es früher üblich war.

In der Gestaltung der Masken ließ Dr. Steiner den Spielern größtenteils vollkommene Freiheit; im allgemeinen hatten die Mitwirkenden auch ein Aussehen, das kaum viel Veränderungen für ihre Rolle brauchte. Nur bei Capesius wollte Rudolf Steiner, daß er einen bläulich-schwarzen Vollbart trüge. Er sagte, daß das Urbild von Capesius so ausgesehen hätte. Er wollte sogar eine Photographie bringen, doch fand er diese dann nicht. Wenn ich nicht irre, sagte er, daß die betreffende Persönlichkeit aus Siebenbürgen stamme. Capesius sollte in der *Pforte der Einweihung* etwa vierzig Jahre alt sein. Im Laufe der Stücke alterte er auch im Aussehen; er trug z. B. im fünften Bild des *Hüters der Schwelle* (Baldes Häuschen) einen längeren grauen Vollbart. Der Darsteller des Capesius ließ bei der Aufführung der *Pforte der Einweihung* nach dem ersten Jahre den dunklen Vollbart jedoch weg, da er ihm zu seinem sonstigen Äußeren nicht zu passen schien.

Für die zwischen den einzelnen Spielen liegende Zeit machte Rudolf Steiner genaue Zeitangaben. Auch erwähnte er einmal, wann die Erfindung von Strader verwirklicht werden würde. Es war dies in einer nicht zu fernen Zukunft. Leider erinnere ich mich nicht mehr an diese Daten. Auch sprach er einmal davon, daß er plane, zwölf Mysterienspiele zu schreiben.

Zum Schlusse sei noch darauf hingewiesen, daß das Jahr 1912 mit der Szene im Bereiche des Luzifer und Ahriman im *Hüter der Schwelle* (6. Bild) die eigentliche Geburtsstunde der Eurythmie ist. In dieser Szene führten die luziferischen und ahrimanischen Wesenheiten tanzartige Bewegungen aus. Es war dies damals eigentlich nur ein Stellungswechsel, bei dem die Arme gehoben wurden. Ich bot mich an, diese „Tänze" einzustudieren und leitete bei den Proben und bei den Aufführungen mit aufflammenden Lämpchen die Stellungswechsel. Die einzelnen Formen drückten folgendes aus. Erstens: Ich will. Zweitens: Ich kann nicht. Drittens: Ich will. Viertens: Ich muß.

Im Herbste 1912 gab bekanntlich Rudolf Steiner die ersten Eurythmieübungen, so daß im folgenden Jahre (1913) auch diese „Tänze" der luziferischen und ahrimanischen Wesenheiten nicht mehr so primitiv, sondern in „wirklicher Eurythmie" ausgeführt wurden. Natürlich war damit meine Laufbahn als „Eurythmielehrer" zu Ende.

LORY MAIER-SMITS

Erste Lebenskeime der Eurythmie

Es war in der zweiten Adventwoche des Jahres 1911. Mein Vater war in den Novembertagen plötzlich und unerwartet gestorben, und die Mutter, Clara Smits, fuhr ungefähr zwei Wochen nach diesem Geschehen voll Leid und voller Fragen zu Rudolf Steiner nach Berlin. Und sie kam zurück mit dem Geschenk der Eurythmie, mit neuem Mut zum Leben und neuen Zukunftsaufgaben.

Sie hatte in der Wohnung von Rudolf Steiner warten müssen. Dort war noch eine andere ihr bekannte Dame, und durch das Gespräch mit dieser wurde die Mutter an meinen Wunsch, irgendeine Tanz- oder Gymnastikmethode zu erlernen, erinnert. — Während der nun folgenden Besprechung fragte Rudolf Steiner ganz plötzlich und scheinbar unvermittelt: „Was wird Ihre Tochter Lory machen?" Da erzählte die Mutter von meiner Neigung und auch von dem eben geführten Gespräch, in dem sie auf die Mensendiecksche Gymnastik aufmerksam gemacht worden war. „Ja", sagte Rudolf Steiner, „man kann natürlich ein guter Theosoph sein und nebenbei Mensendieck machen, aber das hat nichts miteinander zu tun. Man könnte so etwas aber auch ganz auf theosophischer Grundlage machen. Ich bin gerne bereit, es Ihrer Tochter zu zeigen." Nun konnte die Mutter von einer Frage sprechen, die während eines bestimmten Vortrages, es war der über *Lachen und Weinen,* in ihr aufgestiegen war und bei ihren Unterhaltungen mit mir in bezug auf meine Berufswünsche eine besondere Rolle gespielt hatte. Es war die Frage: „Könnte man nicht durch rhythmische Bewegungen, das Ätherische anregend und stärkend, gesundende und heilende Wirkungen hervorrufen?" Diese Frage wurde dann einige Monate später in der schönsten Weise schon in den allerersten Übungen bestätigt, bei denen immer wieder dieser Gesichtspunkt ganz ausdrücklich hervorgehoben wurde. „Beruhigend", „excitierend", „hygienisch", „hygienisch-pädagogisch", „gut für...", „gegen..." steht oft als kurzer Hinweis neben einer solchen Angabe.

Damals in dieser ersten Besprechung sagte Rudolf Steiner schon, es würde sich zunächst aber nicht um Musik handeln, sondern um das gesprochene Wort. Und gleich kam die erste Aufgabe: „Sagen Sie Ihrer Tochter, sie solle Alliterationen schreiten; einen kräftigen, etwas stampfenden Schritt auf den alliterierenden Konsonanten machen und eine gefällige Armbewegung dann, wenn dieser fehlt. Sie soll daran denken, daß Alliterationen eigentlich nur in solchen Ländern aufgetreten sind, wo es sehr windig war. Sie soll sich einen alten Barden vorstellen, wie er im Sturm am Meeresstrand dahergeht, die Leier im Arm. Jeder Schritt ist eine Tat, ist ein Kampf, ein Sieg über den Sturm. Und dann schlägt er die Saiten und eint sein Lied dem des Sturmes."

Und so begann das große Geschenk, welches in der Adventszeit 1911 Rudolf Steiner uns versprochen und in so unvorstellbar reichem Maße der Menschheit bis zuletzt immer weiter gegeben hat.

Es waren Wochen der schönsten, ernstesten Erwartung, eine wirkliche Adventszeit, bis dann im Januar 1912 meine Mutter mit mir nach Kassel fuhr, wo Rudolf Steiner einige Vorträge hielt und an einem Tage Zeit für uns hatte. Bei dieser Besprechung gab er allgemeine, die eigentliche Sache vorbereitende Anweisungen. Merkwürdig war die Einleitung. Er sah mich sehr lieb, aber ein bißchen lächelnd an und sagte: „Ja, die Kleine muß jetzt viel lernen, was sie dann alles wieder vergessen muß." Dazu gehörte zum Beispiel Anatomie, aber nur soweit sie für bildende Künstler in Betracht kommt. Ich sollte also den physischen Leib mit seinen Knochen, Gelenken, Muskeln und Bändern kennenlernen. Rudolf Steiner empfahl, für diese Arbeit einen „Anatomischen Atlas für bildende Künstler" zu benutzen, in dem ich wohl sehr schöne Abbildungen, aber nur sehr sparsame Erklärungen fand. Dann sollte ich, soviel ich mir davon zugänglich machen könnte, griechische Bildwerke anschauen; aber nur anschauen, niemals versuchen, die jeweiligen Stellungen oder Gebärden nachzuahmen. Auch sollte ich soviel wie möglich über den griechischen Tanz lesen.

Die weiteren Anweisungen in jener Januar-Besprechung gingen schon unmittelbar auf das Kommende ein. Sprachübungen sollte ich machen, Sätze sprechen, die nur einen Vokal enthielten, und genau beobachten, was dabei in meiner Kehle vorginge, und das sollte ich dann — — — tanzen! Als Beispiel schrieb er:

Barbara saß stracks am Abhang

Andere Sätze mit anderen Vokalen sollte ich mir selber bilden. Die Linie zeichnete er, während er den Satz noch einmal stark akzentuiert und das a herausmodulierend sprach. „Bar", das ist ein Ruck nach oben, „ba ra saß", das sind drei gedehnte Laute, besonders das „saß"; „stracks", das ist wieder ein Ruck, diesmal aber nach unten, und „am Abhang", das sind wellenförmige Bewegungen. Ja, und das nun tanzen! Der vielsagende griechische Rat: „Wer weiche Arme hat, der tanze", war mir damals noch nicht bekannt, und so versuchte ich im Verfolg, all diese hauptsächlich dynamischen Erlebnisse, die ich beim Sprechen dieses Satzes und der später selbst gebildeten hatte, durch Schreiten, Springen, Hüpfen, Schleifen, aber eben vorwiegend mit den Beinen, auszudrücken. Nur zart andeutend die Richtung nach oben oder geradeaus oder nach unten machte der ganze Körper und machten auch die Arme mit.

„Und dann müssen Sie lernen, mit den Füßen zu schreiben. Da nehmen Sie eine Kreide oder einen Bleistift zwischen die Zehen, und dann schreiben Sie, mit dem linken Fuß aber nur Spiegelschrift. Dadurch bekommt man ein sehr feines Gefühl in die Füße und lernt intime, differenzierte Fußbewegungen machen."

Weiter gab Rudolf Steiner mir ein Buch von Agrippa von Nettesheim an. Darin würde ich Zeichnungen finden, die die menschliche Gestalt in den verschiedensten geometrischen Stellungen darstellten. Ich sollte nun üben, in raschem Wechsel von der einen der abgebildeten Stellungen in die andere zu springen und dabei besonders auf die auftretenden Parallel- oder Gegenbewegungen zwischen Armen und Beinen achten.[1]

Eine wundervolle Oktave zu diesen ersten Bemühungen ist nun die allerletzte, von Rudolf Steiner im großen Eurythmiekurs gegebene Übung: „Ich denke die Rede". Bis auf eine kleine Vertauschung zwischen 1 und 2 in der Reihenfolge ist es das gleiche, aber wie inhaltvoll und vielsagend sind diese Stellungen durch die kurzen Sätze geworden, die 1924 als tragender, formender Impuls dazu gesagt wurden.

Auch zwei kleine Zeichnungen zu „Reigentänzen" gab Rudolf Steiner damals schon. Sieben Menschen sollten langsam und feierlich eine Kreislinie abschreiten, und jeder von ihnen sollte wiederum umkreist werden von einer zweiten Person. — Wir haben ein Prélude von Bach dazu gewählt und nannten es „Erzengel und Engel". — Auf der zweiten Zeichnung waren zwei übereinanderliegende, um 90 Grad umeinandergedrehte Achten, die von mehreren Personen gleichzeitig abgelaufen werden sollten. „Nur müssen Sie aufpassen, daß Sie in der Mitte gut aneinander vorbeikommen. Da muß man ein bißchen nacheinander anfangen, damit immer nur zwei gleichzeitig in der Mitte sind." Beide „Reigentänze" fanden ein halbes Jahr später ihre Erklärung, der erste als

---

[1] Agrippa von Nettesheim. Magische Werke 2. Band Kapitel 27: Von dem Verhältnisse, dem Maße und der Harmonie des menschlichen Körperbaues.

"Er"-Form respektive "Sie"-Form, "zum Preise der Götter". Der zweite als "Ihr"-Form, "das Empfinden der ganzen Menschheit" ausdrückend.

Das war das Arbeitsprogramm. Es wurde dann noch ausgemacht, daß ich zu den Proben der Münchner Festspiele, die im Juli begannen, kommen dürfte, um dann dort die weiteren Unterweisungen zu erhalten.

Genau ein halbes Jahr dauerte die Vorbereitungszeit, während welcher ich mich so gut ich konnte mit den gestellten Aufgaben beschäftigte. — Ich las über den griechischen Tanz, aber da erging es mir sehr merkwürdig. Das, worauf es ankam, ließ sich nicht finden. Rudolf Steiner hatte von "Mysterientänzen" gesprochen, aber darüber stand an einer Stelle zum Beispiel nur der Satz: "Und dann gab es noch ,Mysterientänze', darüber kann man aber nicht sprechen, denn das hieße ja, die ,Mysterien unter das Volk tanzen', und darauf steht der Tod!" Es zeigte sich also, daß kein noch so altes Buch mir sagen konnte, wie diese Mysterientänze gewesen waren, und daß ich warten müßte, bis Rudolf Steiner es mir sagen würde, denn nur er konnte es. — Bei einem deutschen Philologen, Kirchhoff, fand sich wenigstens etwas, nicht über Mysterientänze, aber über den griechischen Tanz im allgemeinen. Er stellte sich auch die Frage: Wie kommt es, daß man nirgends in der griechischen Literatur Angaben über ihre doch immer wieder erwähnte Tanzkunst findet? Seine Antwort lautete: Das brauchten die Griechen nicht. Sie lasen ja ihre Bewegungen von dem Text ab! Kirchhoff weist das dann in seinem Buche in sehr eindrucksvollen, bis in die Einzelheiten gehenden Ausführungen für das Metrisch-Rhythmische nach. — Hammerling in seiner *Aspasia* geht noch weiter. Er läßt seinen Perikles, nachdem dieser die Tänzerin Theodata tanzen gesehen hat, sagen: "Ich zweifle nicht, daß sie es auch versteht, gleich jenem Tänzer, den ich kürzlich gesehen, sogar des Alphabetes Buchstaben, einen nach dem anderen, durch die Mimik ihres wunderbar gelenken und geschmeidigen Leibes auszudrücken."

Wie ich durch die Beschäftigung mit der Anatomie den gewordenen physischen Leib kennenlernte, mit all seinen Bewegungsmöglichkeiten, ermöglicht und begrenzt zugleich durch die Art der Gelenke, den Verlauf der Muskeln und den Ansatz der Bänder, so erwuchs aus dem Anschauen der griechischen Kunstwerke ein ganz anderes Erlebnis. Besonders wenn ich wirkliche Plastiken, nicht nur Abbildungen, ansehen konnte, war dieses andere Erlebnis manchmal ganz deutlich und beglückend zu fühlen. Angesichts all dieser Götterschönheit, Ruhe und doch fließende Bewegung darin erlebend, erfühlte ich meine eigene Leibesorganisation in einer neuen, anderen Art. Die Empfindung eines erlaubten, gottgewollten Zuhauseseins im eigenen Leib leuchtete auf, wenn ich unter solchen Kunstwerken verweilen durfte. — Man konnte sogar die Augen schließen und fühlte doch, wie man anders atmete, wie das

Blut anders strömte und pulsierte, wie bei einer Pflanze, die welk und matt und nun begossen wurde und sich mit neuem Leben bis in die kleinsten Blättchen und Fäserchen erfühlen konnte. War es ein ganz zartes, noch unerkanntes Empfinden des ätherischen Leibes angesichts dieser griechischen Kunstwerke, die Zeugnis ablegen für die Zeit seiner schönsten und harmonischen Ergreifung und Durchdringung des physischen Leibes? Für eine Zeit, in welcher dieses Ätherische eine Physis ergreifen konnte, die noch bildsam und durchsichtig war und daher die in ihr wirksame ätherische Gesetzmäßigkeit sinnlich sichtbar in die Erscheinung treten lassen konnte? Aber wir sind nicht mehr Griechen, härter und schwerer ist unser physischer Leib geworden, fest und verhaftet in ihm und sinnlich-unsichtbar unser Ätherleib. Und darum würde auch nichts Wesentliches erreicht werden bei einer noch so treuen Nachahmung der Gebärden und Bewegungen dieser griechischen Kunstwerke. Wir müssen lernen, diesen Ätherleib als ein erstes übersinnliches Wesensglied zu erleben, beheimatet in dem letzten, untersten Himmel, und den Weg weisend in die oberen Himmel, aus denen es herniedergestiegen und nun verzaubert und gefangen ist in der zu harten und festen physischen Leiblichkeit der heutigen Menschheit.

Aber der Weg zu diesem Wiederaufstieg ist erschlossen, *ein* Schlüssel sind die zehn oder zwölf Blätter von Rudolf Steiners Hand, auf denen er in einfachen Worten, einem damals 19jährigen jungen Menschen verständlich, die Grundlagen für die Eurythmie niedergelegt hatte.

Und dann kam der Juli, und wir fuhren nach München. Als wir ankamen, hatten die Proben zu dem *Hüter der Schwelle,* der in jenem Jahre zum ersten Male gespielt wurde, schon begonnen. Der „Hüter" ist ja das dritte in der Reihe der Mysterienspiele; aber diesmal war etwas ganz Neues und alle Mitspieler sehr Überraschendes in einer Szene enthalten. Da sollten Wesen auftreten, die „tanzen" mußten! Und gerade als ich zum erstenmal den Saal betrat, übte man an diesen „Tänzen". Es waren die luziferischen und ahrimanischen Wesen. „In tanzartiger Weise führen diese Bewegungen aus, welche Gedankenformen, den Worten Luzifers (Ahrimans) entsprechend, darstellen." Rudolf Steiner hatte für jede Gruppe drei allereinfachste Formen angegeben, die durch die Anordnung und Stellung der Personen im Raum sichtbar wurden. Das heißt, man stand zum Beispiel ruhig in einer Acht und lief auf ein bestimmtes Zeichen hin in einen flach nach rechts geöffneten Bogen, dann zurück in die Acht, und von da in einen Winkel, so daß die Form immer in der Ruhe sichtbar war und durch die Bewegung die eine Form zerstört und die nächste neugeformt wurde. Rudolf Steiner hatte vier kleine Sätze angegeben, die diesem Geschehen zugrunde lagen: „Ich will" (Acht), „Ich kann nicht" (Bogen), „Ich will" (wieder Acht), „Ich muß"

(Winkel). Auch Armbewegungen machten wir schon. Wir hatten ganz leichte Schleierstolen; die rechte Hand hielt den vorderen Teil, die linke den Rückenteil der Stola, und nun wechselte man zwischen einer A- oder U-Geste ungefähr in Brusthöhe und einer I-Geste. Natürlich ohne diese Lautbezeichnungen. Die luziferischen Wesen mußten die Bewegungen „graziöse und geschmeidig" machen, die ahrimanischen „hart und eckig". Die Formen für diese ahrimanischen Wesen hatten auch diesen Charakter. Ein auf der Spitze stehendes Quadrat mit leicht nach innen gebogenen Seiten — „Ich will", eine Gerade, vom Hintergrund nach vorne verlaufend — „Ich kann nicht", wieder das Quadrat „Ich will" und dann ein Kreuz „Ich muß". Das war also die erste „Eurythmie", die gezeigt worden ist, aber Rudolf Steiner hatte gar keine näheren Erläuterungen dazu gegeben, und so ahnte damals niemand, daß es sich um den allerersten, zartesten Anfang einer ganz neuen Kunst handelte.

Ich aber wartete von Tag zu Tag darauf, daß Dr. Steiner uns rufen lassen würde und die „Stunden" begännen. Endlich eines Tages begegnete ich ihm in einer offenen Tür. Vielleicht habe ich ihn sehr fragend und erwartungsvoll angesehen, jedenfalls legte er die Hand auf meine Schulter und sagte: „Ja, Kleine, es gehört die Weisheit der ganzen Welt dazu, ich kann es Ihnen jetzt noch nicht sagen. — Ich kann mir in diesen Wochen hier nicht die Zeit nehmen, die ich dazu brauche. — Wäre es möglich, daß Sie im September, wenn ich in Basel bin, dorthin kämen? Da werde ich Zeit haben." Und so kam es, daß schon das erste Kapitel der Eurythmie in Basel gegeben wurde. Einen Tag vor unserer Abreise von München wurden wir aber doch noch ganz überraschend zu Dr. Steiner gerufen, und in dieser Besprechung gab er die ersten konkreten Angaben über drei Vokale.

Er sagte ungefähr das Folgende: „Stellen Sie sich aufrecht hin und versuchen Sie, eine Säule zu empfinden von den Ballen der Füße bis in den Kopf, und diese Gerade, diese Aufrechte lernen Sie empfinden als I." — Ich glaube, er war nicht befriedigt von dem, was ich machte, er wiederholte, während ich mich noch bemühte: „Das Gewicht ruht auf dem Ballen, nicht auf der Ferse!" — Ich möchte nun jeden Leser bitten, das selbst zu versuchen und sich den Unterschied fühlend und lauschend zum Bewußtsein zu bringen. Und dann möchte ich schon an dieser Stelle von einem Satz erzählen, den Rudolf Steiner später in Basel, die Unterweisungen einleitend und die ganze Eurythmie damit unterbauend, sagte, und den er bei seiner Ansprache zu der ersten Eurythmieaufführung am 28. August 1913 in München der Frau Felicia in den Mund legte: „Sie müssen lernen, das Herz in den Kopf hinaufsteigen zu lassen." — Ich stand also da in der angegebenen Haltung, fühlte, wie von den Füßen (Ballen) ausgehend eine Aufrechte emporstieg, ich fühlte sie vor meinem

Körper, nicht in der Wirbelsäule, durch Brust und Herz hinauf bis in die Stirne, von der ich das Empfinden hatte, sie müsse zu leuchten beginnen.

„Nun verlagern Sie diese Säule so, daß der Kopf hinter dem Punkt der Füße steht, und dann haben Sie eine Haltung, die Sie als A empfinden lernen sollen". Das ist nun ein ganz anderes Erlebnis. Das Gewicht verlagert sich auf die Fersen, die Säule, die außerhalb des Körpers und doch ihn aufrichtend, emporgestiegen war, erfaßt und durchdringt die Wirbelsäule, so daß man jetzt ein deutliches Erleben seines Knochenmenschen hat und damit einer gewissen Schwere und Erdgebundenheit. Dafür aber ist Brust und Herz wie geöffnet für alle Einflüsse. Die ganze Welt und der ganze Himmel schicken ihre Strahlen herein. Und alle diese Strahlen treffen sich im Herzen. Im Vergleich mit der Empfindung bei der ersten Haltung ist es ein leiser Schmerz, ein Getroffen-Sein. Geöffnet und preisgegeben der Außenwelt.

„Und nun kommt die dritte Haltung: Dazu bringen Sie den Kopfpunkt der Säule vor den Fußpunkt, und das lernen Sie empfinden als O." — Das ist ein ganz großer Unterschied gegenüber den beiden ersten Lauten, wenn man es empfindend macht. Aus dem A, aus diesem Untergetauchtsein in den physischen Leib bis zu einem Erleben des Rückgrats, der Rippen, bis zu dem deutlichen Gewahrwerden: ja, die Arme sind ja eigentlich Rippen, die sich frei gemacht haben, die nicht mehr angewachsen sind, von diesem A kommt man über das I, das die Schwere überwindend sich in der Aufrechten erlebt, zu dem O. Da entsteht in zarter und doch so überzeugender Weise das Gefühl, daß die empfindende Seele entlassen aus der Leibgebundenheit sich draußen in dem andern, dem sie sich zuneigt in dieser leisen Geste, erleben kann.

Das dritte Glied der menschlichen Organisation, das Instrument für die Eurythmie, wurde durch diese Übung angesprochen, und ein erstes leises Bewußtsein davon ermöglicht, wie die empfindende Seele in dreifach verschiedener Weise sich verbinden kann mit ihrem eigenen Leib und mit der Außenwelt. Immer wieder von den verschiedensten Gesichtspunkten aus werden diese drei Laute von Rudolf Steiner genannt und ihre grundlegende Bedeutung hervorgehoben. So im Heileurythmiekurs, wenn er sogleich im ersten Vortrag davon spricht, daß ein großer Teil der Anomalien des Lebens eigentlich darauf beruhe, daß die drei Glieder des Organismus nicht ordentlich ineinander einschnappen, und daß man schon viel damit erreichen kann, wenn man diese drei Laute I, A, O machen läßt. — Weiter im Ton-Eurythmiekurs, auch im ersten Vortrag, heißt es: „Und Sie kommen am leichtesten zu dem, was Sie gerade in der eurythmischen Geste erleben sollen als den Unterschied zwischen dem Dur- und Moll-Erlebnis, wenn Sie das Dur-Erlebnis sich herausholen, aber lebendig, empfindungsgemäß, aus dem O- und U-

Erlebnis, nicht aus den Lauten, sondern aus dem Erlebnis." Und etwas später: „Nun versuchen Sie einmal den Übergang zu erleben, z. B. vom Verwundern. Da kommen Sie von draußen ins Innere hinein. Da kommen Sie von dem Heraustreten mit dem astralischen Leibe zum Untertauchen des astralischen Leibes hinein. Da kommen Sie von der Krankheit in die Gesundheit, von der Gesundheit in die Krankheit hinein. Das ist das I. Und das I ist immer dasjenige, was das neutrale Sich-Fühlen ist zwischen dem Heraußenerleben und Drinnenerleben im Verhältnis zum Leibe. Das I ist also zwischen A und E auf der einen Seite und O und U auf der anderen Seite."

Den bedeutungsvollsten Hinweis auf diese drei Laute gibt Rudolf Steiner am Schluß des 14. Vortrages des letzten Eurythmie-Kurses:

„Auch beim Eurythmisten kann es sich nur darum handeln, daß er durch immer wieder bewußtes Erwecken einer gewissen Seelenstimmung sich empfänglich macht für das Fühlen und Empfinden der ausdrucksvollen Gebärden. Und da kann es sich darum handeln, daß durch eine auf die Geheimnisse der menschlichen Organisation gehende Meditation der Eurythmist gerade in dieses feine Empfinden hineinkommt. Das kann erreicht werden dadurch, daß Sie mit voller Innigkeit, mit starkem Erfühlen dessen, was in den Worten steht, meditieren, so daß das, was Sie meditieren, nicht bloß Worte oder abstrakte Begriffe sind, sondern daß das sich wirklich in Ihnen vollzieht, was in den Worten steht; dann werden Sie dasjenige erreichen, was ich eben bezeichnet habe.

    Ich suche im Innern
    der schaffenden Kräfte Wirken,
    der schaffenden Mächte Leben.
    Es sagt mir
    der Erde Schweremacht
    durch meiner Füße Wort,   (A)
    es sagt mir
    der Lüfte Formgewalt
    durch meiner Hände Singen,   (O)
    es sagt mir
    des Himmels Lichteskraft
    durch meines Hauptes Sinnen,   (I)
    wie die Welt im Menschen
    spricht, singt, sinnt.

Haben Sie solch eine Meditation gemacht, dann werden Sie sehen, daß Sie das von sich sagen können: Sie sind wie aus dem Weltenschlaf ins Himmlische der Eurythmie aufgewacht. Sie werden immer, wenn Sie von der Nacht in den Tag hinein aufwachen, hineinkommen ins Eurythmische, wenn Sie diese Stimmung in sich erwecken."

Die Münchner Festspielwochen des Jahres 1912 endeten am 31. August mit dem Schlußvortrag des Zyklus „Von der Initiation. Von Ewigkeit und Augenblick. Von Geisteslicht und Lebensdunkel". Am 15. September war der erste Vortrag über das „Markus-Evangelium" in Basel angesagt. Und für diese Basler Zeit hatte Rudolf Steiner uns, meiner Mutter und mir, in Aussicht gestellt, die grundlegenden Hinweise für die neue Bewegungskunst, wie er es damals bezeichnete, zu geben. Wir verlebten die Zwischenzeit zum Teil als Gäste einer Freundin meiner Mutter, Frau Baronin v. Gumppenberg, in einem Bauernhäuschen im Gebirge in ziemlicher Höhe. Von dort aus fuhren wir langsam mit mehreren Aufenthalten, z. B. am Bodensee und in Schaffhausen, nach Basel. Es waren schöne, teilweise große und größte Natureindrücke, die ich in diesen zwei Wochen erleben konnte. Erleben in Staunen, Bewunderung, Ehrfurcht und Überwältigtsein. Und so kamen wir am 14. September in Basel an.

Schon am ersten Abend nach dem Vortrag kam Rudolf Steiner zu meiner Mutter und bestellte uns für den nächsten Nachmittag, ich glaube um 4 Uhr, zu sich nach Bodmingen, einem südlich gelegenen ländlichen Vorort von Basel. Unser Weg dorthin führte uns nun täglich unter bunten Herbstbäumen, durch raschelndes Laub, an einem Flüßchen entlang zu jenem kleinen Haus, das wohl ein Basler Mitglied Rudolf Steiner für die Zeit seines dortigen Aufenthaltes zur Verfügung gestellt hatte.

Man traf sich in einem winzig kleinen Zimmerchen, zur ebenen Erde. Es waren außer einem Tisch, ein paar Stühlen und einem kleinen bankartigen Sofa, auf dem Rudolf Steiner immer saß, nicht viel andere Gegenstände darin und auch sehr wenig freier Raum. — Die ersten zwei bis drei Stunden waren wir mit Rudolf Steiner allein, aber dann brachte er eines Tages Fräulein v. Sivers mit und sagte beim Eintreten lächelnd: „Ja, Fräulein v. Sivers interessiert sich jetzt auch für unsere Sache. Sie hat mich nämlich gefragt, wie ich denn in dem kleinen Zimmer alle die ‚pas' vormachen könnte!" Und von da an versäumte auch Fräulein v. Sivers keine der nachmittäglichen Stunden mehr.

An jenem ersten Montag-Nachmittag (es war also der 16. Sept. 1912) ging Rudolf Steiner nach kurzer liebevoller Begrüßung, ohne irgendwie anzuknüpfen an meine Vorarbeiten, die ich ja auch „alle wieder vergessen sollte", gleich mitten hinein in das ureigenste Gebiet der Eurythmie: zu den Vokalen. „Sie müssen lernen, sich ein feines, differenziertes Empfinden für die einzelnen Laute anzueignen. Und dazu müssen Sie lernen, das Herz in den Kopf heraufsteigen zu lassen." Er sagte nicht: Dieser Laut ist Abwehr, oder jener ist Staunen, oder der dritte Bewunderung, sondern: „Lernen Sie empfinden A als Abwehr — nach oben umgebogene Hände, E als Kreuzung (wenn auch nur angedeutete) der Glieder, I als Strecken, O als jede zusammenfügende Rundung der Glieder, U als jedes Nachobenwenden, seriös durch eine große Armbewegung, menschlich durch einen Sprung ausgedrückt. Ei — als jede Bewegung des ganzen Leibes" und so fort.

Auch hat er damals im Anfang nicht gesagt, A ist ein Winkel, U ist eine Parallele, E ist ein Kreuz, I ist eine Streckung in einer Richtung oder Linie. Ich glaube dabei wäre etwas schrecklich Äußerliches und Mechanisches herausgekommen. So aber mußte man sich wirklich immer wieder und wieder bemühen, das Geschehen, das so ganz andersartige Geschehen beim Strecken, beim Runden, beim Kreuzen, beim nach oben Wenden usw., usw. empfindend mitzuerleben. Und man mußte sich auch immer wieder dazu aufrufen, das, was man im Anfang oft nur tastend, ahnend mit der Empfindung erhaschen zu können glaubte, immer mehr zu verstärken; es dann vom Herzen herauf steigen zu lassen in den Kopf, um es in Klarheit und Wachheit zu ergreifen.

Alle Vokale, aber auch schon Umlaute und Diphtonge gab Rudolf Steiner in dieser ersten Stunde, und dann einen kleinen Hinweis, wie man nun arbeiten sollte. Erst sollte man ein einzelnes Lauterlebnis für sich üben, dann zwei Laute zusammenschließen, z. B. IO, dann drei Laute IOU, und diese Lautfolgen, einen Laut in den anderen übergehen lassend, „fast gleichzeitig" bilden. „Sie werden sehen, wie schön das dann wird, ein wie differenziertes Erlebnis sich darin ausspricht."

Vielleicht um schon ein Empfinden für den Gegensatz zwischen Vokalen und Konsonanten in mir anzuregen, sprach er an diesem Nachmittag noch von drei Konsonanten. Und zwar von V, B und S. Er nahm dazu einen großen Bleistift in die Hand und hielt ihn zuerst lässig, wie zufällig in der Hand. „Das lernen Sie empfinden als V — etwas in der Hand haben, oder auch nur etwas berühren". Dann ergriff er den Bleistift wieder, und nun führte er seine Hand so, daß die Spitze des Bleistiftes auf seine Brust deutete und sagte: „So lernen Sie das B empfinden, B — als etwas in der Hand haben, das wieder rückwirkt auf den Leib!"

Und als dritte Bewegung deutete er mit dem Bleistift mit einer energischen Streckung, den Bleistift wie eine Verlängerung seines Fingers benutzend, nach vorne. „So lernen Sie ein S empfinden. S bedeutet immer das gemeinsame Bewegen oder Formgeben mit einem Gegenstand. Das Urbild des S ist der Mensch, der sich an einen Thyrsus-Stab lehnt." Er zeichnete mit zwei Linien dieses Urbild hin.

Man kann wirklich nicht das Wesen des Konsonantischen gegenüber dem des Vokalischen stärker kontrastieren als durch diese drei Konsonanten, besonders in der Art, wie Rudolf Steiner sie mir damals nahebrachte.

Kehren wir noch einmal zurück zu den Vokalen. Versuchen wir, ausgehend von der Gleichgewichtsstellung zwischen innen und außen, wie sie Rudolf Steiner in jener kurzen Münchner Unterhaltung für das I angab, nun mit einem Arm dieses „Strecken" vielleicht nach vorne oben zu gestalten. Leicht, ohne Anstrengung, wie ein freudiges Ausstrahlen aus einem glücklichen Herzen, den ganzen Umkreis erhellend. — Und dann biege man die Hand nach oben und forme so ein A. — Kann man nicht deutlich fühlen, wie das im I erlebte Gleichgewicht verloren geht, die „Säule", das Rückgrat ergreifend sich leise nach hinten neigt und das „Ausstrahlen" zu einem „Einstrahlen" wird? Zu einem Einstrahlen, das fast schmerzhaft bis ins tiefste Herz dringt? Der in erschauerndem Erstaunen sich erlebende Mensch steht da. Schwer von göttlichem Segen. Aber auch schwer sich fühlend als leibgewordenes und in seinem Leib sich erlebendes Gefäß für alle die in ihn hereindringenden Kräfte.

Oder nehmen wir das O, „jede zusammen sich fügende Rundung der Glieder". Nicht auf den am Schluß der Bewegung entstandenen Kreis kommt es an, sondern auf das Bilden des Kreises, auf das Biegen, Runden, Umfassen, auf das sorgfältige Formen des Kreises. — Und ebenso wie „die umgebogene Hand" des A die Seele tiefer hereinführt in unsere physisch-leibliche Organisation, ebenso tragen wir jetzt die Seele heraus, über den Gleichgewichtspunkt des I, auf dem Strom des Biegens und Rundens, des verständnisvoll Umfassens und Umformens eines anderen Dinges oder Wesens.

Und so müssen wir jeden Vokal empfindend durchleben in seiner Bewegungstendenz. Streckend, greifend, biegend, kreuzend, strebend; und in all diesem Tun lebt die Seele und spricht sich in immer anderer Weise aus. „Das ganze Seelische stellt sich seinem Gefühlsleben nach dar in den Vokalen."

Diesem im rein Seelischen webenden und lebenden Geschehen werden nun gegenübergestellt die drei Konsonanten V, B, S.

Empfinden lernen sollen wir

„V — als etwas in der Hand haben oder berühren.

B — als etwas in der Hand haben, das wieder rückwirkt auf den Leib.

S — bedeutet immer das gemeinsame Bewegen oder Formgeben mit einem Gegenstand".

Hier handelt es sich jetzt nicht mehr um das Erleben beim Strecken oder Greifen oder Runden usw., usw., sondern unsere ganze Aufmerksamkeit, unser ganzes Erleben wird hingelenkt auf dieses „Etwas", das wir in der Hand haben oder berühren, auf den „Gegenstand", mit dem gemeinsam wir uns bewegen oder Form geben. Ganz draußen in dem Etwas, in dem Gegenstand, in diesem speziellen Teil der Außenwelt leben wir, ihm passen wir uns an. Anders werde ich dieses Stück Außenwelt berühren, halten, auf mich beziehen oder gar mich mit ihm gemeinsam bewegen oder Form geben, wenn es ein Schleier, ein Stab, ein Schild oder eine Blume ist. „Denken Sie sich, wie geistvoll es sein kann, wenn der Knabe im ‚Heideröslein' einen Stab in der Hand hält und mit dem Stab alle seine S-Bewegungen ausführt", sagte Dr. Steiner, als er uns etwa ein halbes Jahr später zu der einzigen Stabübung, die er während dieser ersten Unterweisungen angab, noch einige weitere zeigte, die zum Teil deutlich einen solchen S-Charakter hatten.

In diesen ersten Stunden brachte Rudolf Steiner häufig Bücher oder Bilder mit, um etwas daran zu erläutern. — So zeigte er einige Tage später, als er mir bestimmte Kopfhaltungen zeigen wollte, auch eine Abbildung zweier griechischer Krieger, die mit Schild und Schwert sich gegenüber standen. „Sehen Sie, durch die Art, wie sie den Schild wie in einer B-Geste halten, zeigen sie, daß jeder die Angriffslust des anderen auf sich bezieht. Sie brauchten sich ja nicht zu decken oder zu schützen, wenn sie sich nicht angegriffen fühlten. Dann würden sie den Schild eben nur in einer V-Geste halten, eben nur ‚in der Hand haben'."

Das also war der Inhalt dieser ersten Nachmittagsstunde. Rudolf Steiner stellte dar das ganze Gebiet des Vokalischen, zeigte, wie die Seele sich ausspricht in diesen Vokalen: die staunend abwehrende, die sich aufrecht erhaltende, die in reinstem Selbstbewußtsein sich erlebende, die in liebevoller Bewunderung sich hinneigende, die aus Kälte und Verlassenheit sich zu einem Höheren, Größeren hinwendende Seele. Es spricht die Seele ihr eigenstes Wesen aus, lebend und webend in ihrem ureigensten seelischen Gebiet. — Und dem stellt er entgegen diese drei Konsonanten. Deutlicher und eindringlicher könnte der Unterschied wirklich nicht sein! Er gibt uns einfach ein Stück „Außenwelt" in die Hand, und wie ausgelöscht ist all das Vorige, unsere ganze Aufmerksamkeit, unser ganzes Erleben richtet sich auf diese Außenwelt. Ihrer Art, ihrem Charakter müssen wir uns anpassen, einem gänzlich anderen Geschehen müssen wir uns hingeben, nachahmend, nachbildend, nachgestaltend dasjenige, was da draußen in der Außenwelt ist. — Gefühlswärme und Wahrhaftigkeit müssen wir entwickeln, wenn wir vokalisieren. Geschickt, geistvoll, einfallsreich müssen wir werden, wenn wir konsonantieren.

Schon am nächsten Nachmittag durften wir wieder nach Bodmingen herauskommen. An diesem Tage sprach Rudolf Steiner ausschließlich über Konsonanten. Er sagte etwa so: „Stellen Sie sich ganz lebendig eine schöne, ganz ruhige, ganz friedliche Abendstimmung vor. Ein Tal in einer sanft hügeligen Landschaft. Im Westen, zwischen zwei Hügeln, geht die Sonne unter. Einzelne, harmonisch geformte Wolken stehen ruhig am Himmel, kein Wind treibt sie oder verändert ihre Form. Ein Bach fließt still und ruhig durch die Wiesen, einzelne Bäume und Sträucher neigen sich über ihn, Blumen blühen an seinen Rändern. In der Ferne, an einem Abhang arbeitet vielleicht noch ein einzelner Mensch, ruhig und stetig, ganz seiner Tätigkeit hingegeben. Alles atmet Ruhe, Gleichmaß und Frieden. Jedes einzelne Ding ruht ganz in sich, ohne Fragen oder irgend ein Begehren an seine Umwelt. Und durch diese Landschaft gehen Sie nun, eingehüllt in den gleichen Frieden, jede Einzelheit beachtend, auf jede reagierend mit einer, die gleiche Ruhe und Geschlossenheit atmenden Gebärde: Dies durch dich, du Sonne, — dies durch dich, du Hügel, du Wolke, du Blume, du Mensch. Ihr seid dort draußen in euch beruhend ohne Warum, und so antworte ich euch und lebe mich in euch ein, den gleichen Frieden, die gleiche wunschlose Ruhe atmend."

„D — Reaktion auf ruhenden äußeren Einfluß."
„Dies durch dich."

Dazu bewegte Rudolf Steiner seine Hände in einer unendlich zarten Weise mehrmals von oben nach unten. Wie herbstliche Blätter sanken sie, ohne Schwere, wie getragen von der Luft, leise sich herniedersenkend und wie hindeutend auf das einzelne Ding: „Dies durch dich".

Aber dann erhebt sich plötzlich ein starker Wind, und alles wird anders. Die Wolken stehen nicht mehr als harmonische Gebilde am Himmel; eilig ziehen sie dahin, immerfort Form und Farbe verändernd. Statt der Ruhe und des Friedens herrscht lebhafteste Bewegung und ein immer neues Geschehen. Der still dahinziehende Bach schlägt plötzlich Wellen und ruft mir eifrig murmelnd auffordernde Grüße zu. Die Bäume schütteln sich im Wind und werfen mir ihre Früchte entgegen, oder sie neigen sich über den Bach und tauchen ihre Zweige in seine Wellen; Gras und Blumen, selbst Sträucher werden zu Boden gedrückt und stehen zitternd wieder auf. Ein heftiger Windstoß reißt mir den Hut vom Kopf, der Mensch dort drüben erblickt mich plötzlich und ruft und winkt mir zu. Alles ist aus seiner Ruhe und Insichversunkenheit aufgescheucht. Ich selbst muß mich entscheiden, will ich unter jenen Bäumen Zuflucht suchen? Soll ich der Aufforderung des Mannes dort folgen, der mich in ein nahes Haus ruft? Oder will ich weiter durch diesen Sturm gehen, meine eigene Kraft ihm entgegenstellen, ihm lachend Trotz bieten? Eine Menge Fragen, Anregungen, Anforderungen dringen aus der veränderten Außenwelt auf mich ein, und anders muß ich auf sie reagieren.

„F — Reaktion auf auffordernden Einfluß."
„Für frohe Feste."

Auch diese Bewegung machte Rudolf Steiner mehrmals vor. Nicht sanft schwebend senkten sich die Hände von oben nach unten, sondern mit einer energischen elastischen Bewegung schnellten sie herunter, und auch die Füße stampften kurz und fest den Boden.

Dann ging es weiter zu G: „Da müssen Sie nun versuchen, sich selbst ein ganz lebendiges Bild einer auch ruhenden, aber unschönen, Ekel, Ablehnung oder Abscheu erregenden Außenwelt auszumalen." — Versuchen wir es einmal. Vielleicht ein altes verfallenes Kellergewölbe oder eine höhlenartige Schlucht. Wasser tropft eintönig irgendwo in die Tiefe, Eulen und Fledermäuse schwirren herum, ekles Gewürm bedeckt den schlüpfrigen Boden, hinter jeder Biegung scheint es zu lauern — und wir müssen hindurch! Leise, vorsichtig, nur nicht die Aufmerksamkeit all dieses Getiers auf uns lenken! Nur zögernd, gehemmt, nicht voll ausschreitend setzt der Fuß sich nieder. Noch sind wir unbemerkt, unangegriffen. Trotzdem wollen wir versuchen, durch eine wie wegschiebende Geste etwas wie eine Wand aufzurichten zwischen uns und dieser Außenwelt, wenigstens einen kleinen Umkreis von Sauberkeit und Klarheit um uns schaffen.

„G — Abwehrende Reaktion."
„Genug gierig genießen, ganz gerne gehen."

Aber dann sind wir doch bemerkt worden! Dort glotzt eine Kröte und setzt zum Sprunge an, dort züngelt eine Schlange uns entgegen, da oben sitzt eine Eule und fixiert uns mit glühenden Augen. — Stärker, kräftiger auf ein bestimmtes Ziel hingerichtet wird unsere Abwehr.

„K — Abwehrende Reaktion."
„Kaum kräftig können."
(Das K steht zu dem G, wie das F zu dem D.)

Und nun wird es ganz gefährlich. Alles dringt auf uns ein und bedrängt uns von allen Seiten. Jetzt müssen wir uns wirklich unserer Haut wehren:

„H — Abstoßende Reaktion."
„Hier heulen heute Hyänen."

„Und wenn einmal etwas ganz Luziferisches auf Sie loskommt, dann dürfen Sie auch einmal mit dem Fuß ein energisches H machen", und vergnügt lächelnd machte Rudolf Steiner es sehr kräftig vor.

Diese erste Gruppe D — F — G — H — K — bringt eine ganz bestimmte Beziehung zur Außenwelt zum Ausdruck. Wir stehen ihr gegenüber, reagieren auf sie, aber bleiben in unserem Wesen unverändert. Wir gehen auf sie ein, soweit es uns gefällt und angenehm ist. Was uns irgendwie beunruhigen könnte, das wehren wir ab, stoßen es zurück. Diese

Gruppe wirkt „beruhigend", kann also therapeutisch angewendet werden; erregte, nervöse Menschen dazu anzuhalten, alles sie von außen her Beunruhigende abzuwehren mit G — H — K —; aber mitzuschwingen und aufmerksam zu sein auf alles Schöne und Lebendige in D — oder F —.

Eine zweite Gruppe L — M — N — P — Q — faßte Rudolf Steiner mit dem Ausdruck „excitierend" zusammen. Er charakterisierte diese Laute wie folgt:

„L — Gewahrwerden der freien Entfaltbarkeit.
M — Sich fühlen in etwas.
N — Vorübergehendes Verbundensein, flüchtig berühren.
P — Einhüllung, beim Hineingehen.
Q — Schmerzvolle Reaktion."

„Gewahrwerden der freien Entfaltbarkeit" — das heißt gewahrwerdend und nachbildend, nachformend sich verbinden mit allem Werdenden, Schaffenden und Formenden draußen in der Natur. Es heißt: in der Pflanzenwelt miterleben alles Keimen, Wachsen, Blühen, Fruchten, aber auch Welken und Vergehen. Es heißt aber auch: nachfühlen ragende, türmende, wellende, schlängelnde Formen in Gebirge und Tal, es heißt sich einfühlen in Luft und Licht, in versprühendes und verdunstendes Wasser. Wie beweglich, bildsam und nuanciert kann unsere Seele werden durch das L!

„M — sich fühlen in etwas, durch den Wind gehen", durch Wasser gehen, durch Wärme, Kühle, Kälte gehen, und jedes Mal anders gehen, anders fühlen, anderes verstehen. — Im Gegensatz dazu „N — nur vorübergehend verbunden sein", flüchtig berühren und sich wieder zurückziehen dem Nächsten zu. Nippen, naschen, necken, aber auch „nicht", nein niemals, braucht das N. Es gibt wohl kaum eine Sprache, die nicht mit einem N verneint. — Und so führt uns diese zweite Gruppe ganz herein in die Außenwelt in der verschiedensten Art bis zur „schmerzvollen Reaktion"!

Als letzten Laut besprach Rudolf Steiner an diesem Tag noch das R, welches er in diesem Zusammenhang („beruhigend" und „excitierend") als „neutral, aber bekräftigend" bezeichnete und als Abschluß für jede der beiden Gruppen ansetzte. „Das R befestigt die gewollte Wirkung mit dem, was schon da ist. R — mitgerissen sein, wenn der Wind davonträgt, wo übergeht der Schritt in den Lauf."

„Darauf müssen Sie achten lernen, auf diesen einen, feinen Moment, wo aus dem ‚Schritt' der ‚Lauf' wird, nicht von Ihnen gewollt, sondern der Wind tut es." Und weiter sagte er: „Es wird sehr gut sein, gerade diese Konsonanten, die ich Ihnen heute gesagt habe, nun wirklich draußen in der Natur in den verschiedenen Stimmungen, die ich Ihnen geschildert habe, aufzusuchen, zu erleben und nachahmend zu gestalten. Erleben und üben Sie draußen ein M, indem Sie wirklich durch den Wind gehen oder im Nebel. Lassen Sie sich wirklich davontragen von dem Wind. Schlüpfen Sie empfindend hinein in die Zweige eines vom Wind hin- und hergewehten Baumes."

Diesen Rat Dr. Steiners möchte ich eindringlich weitergeben. Lernen Sie Ihre Konsonanten wirklich da draußen in der Natur, wenden Sie sich hin zu Stein und Pflanze, zu Sonne und Sternen, Wind und Woge. Eine größere Mannigfaltigkeit, eine feinere Nuancierung, bessere, geistvollere Einfälle finden Sie nirgendwo.

Ich habe mich bemüht, möglichst getreu diese zwei ersten, so grundlegenden Stunden zu schildern. In ihnen schlug Rudolf Steiner klar und deutlich, wenn auch einem ganz jugendlichen Empfinden und Verständnis Rechnung tragend, die beiden Grundtöne an, die das ganze Wunderwerk der Eurythmie durchziehen:

> Vokale und Konsonanten
> Schau in dich — schau um dich
> Wir suchen die Seele — Uns strahlet der Geist
> Planeten und Tierkreis.

ERNA VAN DEVENTER-WOLFRAM

Ein Leben und Schicksal im Schatten Rudolf Steiners

Aus der Entstehungszeit der Eurythmie

Wenn ein Mensch im Alter daran geht, sein Leben und sein Schicksal zu beschreiben, so wird ihm im Nachdenken manches deutlich werden, was er in der Zeit des Erlebens selbst nicht wahrgenommen hat, nicht hat wahrnehmen können, eben weil er sein Leben lebte und nicht anschaute, so wie man ein Bild anschaut. Und eine der merkwürdigsten Erfahrunden hierbei ist, daß man — vor allem in der Jugend — es nicht selbst war, der sein Schicksal leitete, sondern daß man geführt wurde durch Zufall, Begegnung, Führung, Situationen.

Und komme ich von dieser scheinbar abstrakten Einleitung zu meinem persönlichen Leben, so ist es die Gestalt Rudolf Steiners, die von meinem 9. Lebensjahr an die Wesenheit war, in deren Schatten wir lebten. Das Wort Schatten ist hier nicht gemeint als ein Dunkelsein, sondern ein unseren Horizont Überschattendes, das den Wechsel von Licht und Dunkel in sich birgt, unser Leben durchscheinend vom Wesenszentrum bis an den weitesten Horizont.

Die heutige Generation sucht Weltanschauung und findet Rudolf Steiner. Sie sucht Wege des Berufes, um der heutigen Kulturkrisis ein Positives gegenüber zu stellen, und findet die Pädagogik Rudolf Steiners. Auf allen wissenschaftlichen und praktischen Gebieten sucht die heutige Menschheit. Und auf jedem Gebiete findet sie den, der der Welt die „Weisheit vom Menschen" „Anthropos-Sophie" schenken wollte, wiedergeboren aus alter Mysterienweisheit und dem Wesen unserer Zeit entsprechend ins Bewußtsein der Seele heraufgehoben, so daß jeder Mensch die Weisheit über seines Wesens Ursprung in sich selbst finden kann und vor allem verwirklichen kann als selbständig-freies, sich selbst erkennendes Wesen.

Und wir, die vor 40 bis 50 Jahren „im Schatten" Rudolf Steiners unsere Jugend und Bewußtwerdung unseres Wesens erlebten? Wir haben nicht gesucht! Die heutige Generation *kann* sich mit Rudolf Steiner verbinden, unsere Generation *war* mit ihm verbunden, ehe wir es selbst wußten. Und damit kommen wir an das tiefe Lebensgeheimnis derer, die in diesem Leben von Kindheit an Rudolf Steiner begegnet sind, ohne in der Jugend zu ahnen, in wessen Schatten sie heranwuchsen, und jener, die dem Lehrer auf Erden nicht mehr begegnet sind, jedoch Weisheit gesucht haben und nun sein Wesen durch seine Werke erleben können.

Man kann sich vorstellen, daß ein Leben, wie wir es haben durften, nicht ohne eine gewisse Scheu und ein großes Verantwortungsbewußtsein beschrieben werden kann, gehen doch darin Persönlichstes und Tatsachen der Wirksamkeit von Rudolf Steiner immer wieder durcheinander. Es ist wie ein Gewebe, in dem Längs- und Querfäden einander immer wieder kreuzen und so das Muster, das Lebensbild vor uns als Bild erstehen lassen. Und weil dies so ist, will ich für dieses Mal nur eine bestimmte Zeit herausnehmen, die für jede Generation wichtig ist, weil in ihr das Erdenleben sich formt: ich meine die Zeit, die uns zu unserem Beruf führte.

Rudolf Steiner wies oft darauf hin, daß man viel mehr auf die Wahrheiten, die im Worte selbst liegen, achten müsse, und die Sprache, auch die Umgangssprache nicht nur als Konversationsmedium betrachten dürfe. „Beruf": was ist Beruf? Jemand wird „gerufen". Von wem? Wozu wird er gerufen? Sinnt man hierüber nach, so bemerkt man den Unterschied zwischen Beruf und Anstellung.

Und wenn ich nun zu meinem Beruf komme, der Eurythmie und Heileurythmie — habe ich den selbst gesucht und durch Rudolf Steiner gefunden? Ach nein, ich wußte ja nicht einmal, daß so etwas wie Eurythmie besteht! Lory Maier-Smits, die ja die Erste gewesen ist, die von Rudolf Steiner zur Eurythmie „gerufen" wurde, beschreibt das Schicksalsmäßige, das durch die Eurythmie in ihr Leben trat, sehr deutlich. Das geschah 1912, während ich zur Ausbildung für Gesang in Leipzig war. Ich liebte meinen Beruf sehr und hatte nicht das geringste Bedürfnis, einen anderen zu suchen. Wohl lebten meine Mutter und wir Kinder schon viele Jahre „im Schatten" Rudolf Steiners, der von meinem neunten Jahre an als eine Art „Getreuer Eckhart" durch mein Kinderleben ging. Und schon oft war in meiner Jugend etwas verändert oder anders geschehen, weil „Onkel Dr. Steiner" einen Rat gegeben hatte. Glücklicherweise hatte meine Mutter nie versucht, uns die Größe von Rudolf Steiners Wesen begreiflich zu machen. Die Gründe, daß ich mit 9 Jahren fest glaubte, „Onkel Doktor" kann alles, lagen viel tiefer und waren den mich umgebenden Erwachsenen unbekannt!

Was weiß ein Kind denn, welche Persönlichkeit vor ihm steht, wenn es einem großen Herrn die Tür öffnet, der einen langen Pelzmantel trägt, einen sehr schönen (meiner Erinnerung nach) weißen Shawl um den Hals hat, große schwarze Reiterstiefel an den Füßen, und Augen, von denen das Kind denkt: wie Honig so goldgelb sehen sie aus, aber plötzlich scheinen sie schwarz! Und da das Kind im Hinblick auf diesen Besuch eine neue weiße Schürze bekam, und dem neuen Gast auf sein Klingeln die

Türe öffnen darf, was geschieht da? Der große Herr steht da in der Haustüre und sagt als Gruß: „Bist du die Erna Wolfram?" Äußerlich geschah wenig, aber im Kind selbst tauchte herauf das Wort: „*Der* Onkel kann alles", begleitet von einem ungestümen Herzklopfen, welches sich das sehr gesunde Kind nicht erklären konnte. Und heute, nach so langer Zeit weiß ich noch ganz genau, wie das unausgesprochene, aber im Innern erlebte Wort: „*der* Onkel kann alles" und das Herzklopfen Ausdruck desselben Erlebens waren.

Sentimental? Ach nein, denn am selben Nachmittag spielte der neue Onkel mit uns auf der Straße vor dem Haus unser sehr geliebtes Spiel Diabolo! Die Kunst war: wer kann den Kreisel am höchsten schleudern? Rudolf Steiner und wir Kinder versuchten es abwechselnd — und mein Kreisel flog höher als der seine! Ein Indianergeheul von uns Kindern ging auf und Rudolf Steiner lachte sehr vergnügt mit uns. Viel, viel könnte man aus diesen Jugendjahren erzählen, Dinge, die gerade beweisen, daß wir Geschwister nicht wußten, wer als geistige Persönlichkeit vor uns stand, aber wir wußten etwas anderes: Dr. Steiner weiß auf alle unsere Fragen Antwort, die wir begreifen, während wir Antworten von Mutter und Lehrern oftmals nicht begriffen, oder, was schlimmer war, wir dachten: „die großen Leute verstehen *uns* nicht".

Mit diesen Beispielen, die sehen lassen, wie es ein Verstehen mit dem Verstand gibt und dahinter ein Verstehen mit dem Herzen, das Kinder oft viel sicherer haben als Erwachsene, komme ich wieder zur Frage meiner Generation: Wie haben wir die Verbindung mit Rudolf Steiner gefunden? Nicht durch Suchen, nicht durch Finden, wie es bei späteren Generationen war und sein wird, sondern die Verbindung *war da*, und Rudolf Steiner knüpfte die Schicksalsfäden selbst an; wir wurden in ein Schicksal verwoben, dessen Hintergrund und Ziel wir damals nicht kannten. Uns — den nun Altgewordenen — kann dies wirklich ein Schlüssel werden, Wege des Schicksals, das Karma zu begreifen.

Und weil ich heute nur beschreiben will, wie ich zur Eurythmie gerufen wurde, gehe ich nicht darauf ein, wie unsere Entwicklung vom 8. bis 18. Jahre auch eine Metamorphose unserer Verbindung zu Rudolf Steiner brachte, die sich veränderte, aber stets bewußter und intensiver wurde, so daß man begreifen lernte, wie tief in unser Schicksal die Begegnung mit ihm wirkte, so daß man als erwachsener Mensch wirklich erleben konnte, was es heißt: auf Tod und Leben mit etwas verbunden sein!

Im gleichen Jahre, in dem Lory Smits zur Eurythmie gerufen wurde, erkrankte ich durch schweres Schicksal in unserer Familie. Nach einigen Monaten war ich soweit hergestellt, daß ich wieder an mein Musikstudium denken konnte und es fortsetzen wollte. Und wieder greift das Schicksal von außen ein, ohne daß ich im geringsten ahne, was es mit mir vorhat. Meine Mutter ist zu einem Gespräch bei Dr. Steiner; sie war Leiterin eines Zweiges der Theosophischen und dann der Anthroposophischen Gesellschaft in Leipzig. Als sie danach aus Dresden zurückkommt, berichtet sie, daß das Gespräch zwischen Dr. Steiner und ihr auf meine überstandene Krankheit kam und auf meinen Wunsch, mein Musikstudium auf der Opernschule fortzusetzen. Plötzlich sagte Dr. Steiner: „Schicken Sie mir Ihre Tochter hierher nach Dresden, ich habe einen viel schöneren Beruf für sie!"

Was tat man, wenn man „im Schatten von Rudolf Steiner" seine Jugend erlebt hat und stets erfahren hatte: Dr. Steiner hat recht — und unser Inneres uns sagte: Tue in vollem Vertrauen, was er anrät? Am folgenden Tag saß ich im Zug nach Dresden, um ihm dort zu begegnen und zu hören, welch „viel schöneren Beruf" er für mich hatte. Was gab es denn für mich, welchen Beruf, der schöner war als meine geliebte Musik?

Daß ich mit Spannung und auch ein wenig Angst zu dem Gespräch ging, wird der begreifen, der selbst erlebt hat, was Musik für einen jungen Menschen bedeuten kann. Ich hatte keinen neuen Beruf nötig, und darum hatte ich mir, bei aller Ehrfurcht, mit meinen 18 Jahren doch vorgenommen, Dr. Steiner zu sagen, daß ich keinen andern Beruf suchte, wissend, daß man auch als junger Mensch so offen mit ihm über die wichtigsten Fragen sprechen konnte.

Rudolf Steiner empfing mich sehr freundlich in seinem Hotel — es war eines der altmodisch-vornehm eingerichteten Zimmer, die bei einem Frühjahrs-Regentag nun nicht gerade mutgebend wirkten. Nach der Begrüßung beginnt er, als ob es um das alleralltäglichste, selbstverständlichste Gespräch ginge: „Ihre Mutter hat Ihnen erzählt? Ich dachte, es gibt für Sie einen viel schöneren Beruf als das Singen, ich meine, Sie müßten sich der neuen *Tanzkunst* widmen, die ich vor einigen Monaten mit Lory Smits begonnen habe."

Nun war das Wort gefallen: Tanzkunst! Und wer mich kannte, hätte gewußt, daß dies das Schlimmste war, was man mir anraten konnte! Als gesundes Kind, das sein Leben lang Interesse gehabt hatte für sehr vieles, aber gewiß nicht für Tanzen und alle anderen Jungmädchen-Ideale — war das Wort Tanzkunst schon wie ein rotes Tuch, das Widerstand erweckt. Und so nahm ich in diesem bedeutsamen Augenblick — wie *mir* schien — mit meinen 18 Jahren mein Schicksal in *meine* Hand und sagte: „Herr Doktor, ich tue alles für Sie, aber tanzen tue ich nicht" — und erschrak dabei vor meinem eigenen Mut.

Und Dr. Steiner? Er sah mich sehr ruhig und lange an, dann sagte er: „Aber *diese* Tanzkunst wird Ihnen schon gefallen, denn — sie kommt aus den alten griechischen Mysterien!" Dann eine lange Pause, in der ich

Gelegenheit gehabt hätte, zu widersprechen, aber ich tat es nicht. Warum? In diesem Momente wachte etwas auf in mir: der Klang der Worte „griechische Mysterien", der fand irgendwo in meinem Wesen eine Resonanz. Griechische Mysterien? Ja, davon wußte ich etwas aus der Schule, aus den vielen Vorträgen, die ich von meinem 16. Jahre an von Dr. Steiner hatte hören dürfen (ich hatte ja mit etwas über 15 Jahren Mitglied werden dürfen), *die* Welt, aus der das Wort „griechische Mysterien" stammte, da war ich zu Hause — die kannte ich.

Und während ich schwieg — erstaunt über mich selber, daß ich nicht widersprach —, sagte Dr. Steiner: „Nicht wahr, dann gehen Sie nach Haus Meer bei Düsseldorf, da wohnt Lory Smits, da lassen Sie sich von ihr alles zeigen, was ich ihr gezeigt habe, und in vierzehn Tagen komme ich selber nach Haus Meer, dann arbeiten wir weiter zusammen an der Eurythmie — —!"

Und dies war in jenem Augenblick für mich das Selbstverständlichste; so wie man in der Bibel so oft gelesen hatte: *„Und es geschah"*. Weg waren Zweifel, Widerstand, Angst, nicht weil Herr Doktor etwas verlangte, sondern weil in mir etwas antwortete, auf das, was er mir sagte. Ich, die ich mein Leben lang eine Aversion gehabt hatte gegen alles, was gekünstelt ist, was nicht echt ist, ich war vollkommen bereit, den „Ruf" zu hören und zu antworten: Ja, ich tue das, was aus den griechischen Mysterien kommt. Wie das aussehen würde, was dieser „viel schönere Beruf" von mir verlangen würde? Nichts wußte ich; nur hörte ich noch, daß Dr. Steiner sagte: „Und diese Tanzkunst heißt Eurythmie".

Ich nahm Abschied von ihm und hatte das Gefühl: ja, Dr. Steiner ist zufrieden — und ich auch! Und so saß ich eine Woche später im Zug nach Düsseldorf. Was meine ersten unvergeßlichen Eindrücke waren, als ich **griechische Rythmen** — ⏑ ⏑   ⏑ ⏑ — und andere hörte und mit meinem eigenen Körper lernte auszudrücken, davon vielleicht ein anderes Mal. Sicher war für mich nur: hierzu gehöre ich lebenslang.

Was ich damals noch nicht wußte, daß mein Arbeiten in der Eurythmie mich das „Wort" erkennen lehrte, daß es eine Wirklichkeit ist, daß „im Anfange das Wort war", und man — wie in den alten Mysterien — mit Worten, mit Laut- und Klangbewegungen würde heilen können — auch dazu konnte ich nur kommen, weil mein Leben auch weiter „im Schatten Rudolf Steiners" stand. Was Rudolf Steiner scherzend eine „so glückliche Kombination" fand, daß eine Eurythmistin und ein Mediziner, mein Lebensgefährte und ich, einander in und durch die Anthroposophie fanden — es war ja auch nur möglich, weil auch er von Kindheit an „im Schatten" Rudolf Steiners und seines Werkes in Dornach gelebt hatte und erlebte, daß Eurythmie eine Ergänzung medizinischer Therapie ist. Dies gemeinsame Wissen führte uns zur Frage nach einer therapeutischen Eurythmie. Und Dr. Steiners Antwort war auch eine Frage: „Ja, Herr van Deventer, haben Sie denn Menschen, die sich für so etwas einsetzen würden?" Er antwortete: „Ja, meine Braut, Frau Baumann und ich." Und so wurden wir mit Elisabeth Baumann-Dollfuß zusammengeführt. Denn als wir drei, die wir uns einsetzen wollten für eine Heil-Eurythmie, unsere Namen genannt hatten, da war Dr. Steiners Antwort: „Ja, dann können wir beginnen!"

Nur kurz und aphoristisch habe ich unseren Weg und unser Schicksal „im Schatten" Rudolf Steiners beschreiben können. Vieles müßte ausführlicher beantwortet werden, um darzulegen, daß es nicht geht um ein unfreiwilliges Tun dessen, was der Lehrer wünscht. Im Gegenteil, die Freiheit ist vollständig gewährt, man tut es nicht, weil man es muß, sondern unser eigenes Wesen erkennt „das Gute", das man ja in sich selbst trägt. Und eine Gnade des Schicksals ist es, das tun zu dürfen, was man als „das Gute" erkannte, nachdem man es als Kind schon unbewußt gefühlt hat.

Aus der Zeit des Brandes des ersten Goetheanum

Wenn wir die Sonne als Zentrum unserer Lebensmöglichkeit sehen und den Versuch machen, schauend, wahrnehmend (für-wahr-nehmend nannte Rudolf Steiner diese Art der Betrachtung der uns umgebenden Welt), ihr Wesen auf uns wirken zu lassen, so können wir eine merkwürdige Erfahrung machen.

Zu jeder Tageszeit, von jedem Orte aus, erscheint uns die Sonne anders — und doch — es ist dieselbe Sonne. So ist es auch mit anderen bedeutsamen Erscheinungen, Tatsachen und Erlebnissen. Rudolf Steiner gebrauchte einmal das Bild: alle großen Ereignisse müsse man eigentlich von 12 Seiten aus betrachten, dann habe man erst das richtige Bild. An diesen Gedanken erinnerte ich mich beim Nachsinnen über dasjenige, was viele von uns als Erinnerung tragen in ihrer Seele an den Brand des Goetheanums.

Vieles ist schon über den Brand geschrieben und in kleinerem Kreise erzählt worden: Wie geschah es, wie war der Beginn? Was geschah um die Mitternachtsstunde, als die leuchtenden Kupferflammen der verglühenden Instrumente, der Orgel, am Himmel sichtbar wurden? Was geschah nach der mitternächtlichen Stunde, als die Säulen umsanken, und die unter ihnen, welche aus dem härtesten Holz geformt waren, am längsten standhielten?

So kann man jene ganze Nacht an seinem inneren Auge vorbeigleiten lassen, bis man zu dem grauen Morgen kommt, wo im nassen Schnee ohne Sonnenschein oder Sturm alles still wurde — zur Ruine wurde...

Und während ich nun überlege, wie man am besten der heutigen Generation ein lebendes, lebendiges Bild jener Silvesternacht geben könne, kam mir der Gedanke an die Rückschau, einen Begriff, dessen Wort jedem bekannt sein wird, der jemals auf dem inneren Weg versuchte, jeden Abend das Geschehen des vergangenen Tages bildhaft, aber wie ein *lebendiges* Bild an sich vorüberziehen zu lassen. Möge erlaubt sein, daß ich hier eine Zwischenbemerkung einfüge, da ja auch diese Zeilen mein „Leben und Schicksal im Schatten Rudolf Steiners" beschreiben. Mit beinah 16 Jahren gab Dr. Steiner mir neben der ersten Meditation die „Rückschau" als Aufgabe. Auf einem Zettel liegt dies neben mir von seiner Hand geschrieben. Er hat hinzugefügt: Die Rückschau nicht länger als 5—6 Minuten. Kann sich die heutige Generation das vorstellen? Daß man — als noch nicht einmal „Backfisch" — so mit dem Ernst des inneren Lebens konfrontiert wird, daß man den Mut hat, Rudolf Steiner um eine esoterische Übung zu fragen, die er auch sehr wohlwollend gibt, aber dabei verlangt, daß man jeden Abend die Zeit findet, um 5—6 Minuten diese Rückschau zu üben? Haben wir, vor allem die jungen Menschen, eigentlich die Möglichkeit, an jedem Abend so zu verwirklichen, was der Lehrer fragte? Findet man die 5 Minuten? Wenn das Telephon klingelt, wenn man Abendverabredungen hat, oder „noch eben" in die Zeitung einschauen muß, um die wichtigsten Tageserscheinungen en passant zu lesen? Von Radio und Television noch nicht zu sprechen!

Aber wir lebten damals ja wirklich im Schatten Rudolf Steiners. Nur war das nicht, als ob er das Licht verhüllte, vielmehr so, daß er uns fortwährend Licht und Schatten im Erdenleben wahrnehmen lehrte und dadurch unser Verantwortungsgefühl für uns selbst und unser Zeit-Erkennen aktivierte. Geschieht das, dann *hat* man eben Zeit, um das Wesentliche nicht vom Unwesentlichen überwuchern zu lassen.

Lassen wir nun die Erinnerungsbilder der Brandnacht an uns vorbeiziehen, anfangend mit dem *letzten* Bild, das am Neujahrsmorgen meine Seele tief erschütterte:

Im Gelände bei dem Atelier, in dem Dr. Steiner all die Jahre an der Statue des Menschheits-Repräsentanten gearbeitet hatte, in diesem Gelände, mit nassem Schnee bedeckt, umgeben von dem Brandrauch, der noch viele Tage die Trümmer des Goetheanums umgab, da lag die Statue auf der nassen, schlüpfrigen Erde und von den Zweigen tropfte von Zeit zu Zeit geschmolzener Schnee herunter...

Rückschauend kam mir die Frage: Wie wurde es möglich, daß dies geschehen konnte? Und in sehr scharfer, fast unbarmherziger Erinnerung sehe ich vor mir, wie 8 bis 10 Menschen diese Statue aus dem Atelier heraustragen, herausschleppen und todernst und vorsichtig dies Holzkunstwerk, in das Rudolf Steiner sein innerstes Wesen hineingegeben hatte, niederlegten in den nassen Schnee. Meine nächsten Lebensfreunde waren die Träger — also kannte und erlebte ich dies Geschehen aus nächster Nähe.

Und in der Erinnerung kommt wieder die Frage: Was war geschehen, daß dies möglich wurde? Was war versäumt worden, daß dies geschehen mußte? In einem der Mysterienspiele hörten wir in den Proben so oft das Wort: „Es wird geschehen, was geschehen muß", und daran schloß sich für mich die zweite schwere Frage: „Was sollte denn geschehen?" Gehen wir nun rückwärtsschauend von jenem erstarrten Morgen des 1. Januar 1923 zurück, dann zeigt diese Rückschau: weil das Atelier und die Schreinerei in Gefahr waren, von der Hitze des Brandes auch noch zerstört zu werden, darum mußte die Christusstatue herausgetragen werden. Und zu diesem Erinnerungsbild gehört, daß Rudolf Steiner vor der Schreinerei stand und zu fünf Menschen sagte: Muß das auch noch geschehen, muß auch das Atelier zerstört werden?

Und lassen wir uns weiter in dieser Erkenntnis-Nacht im Geiste um das brennende Goetheanum herum wandern. Und darf ich dem Leser berichten, daß Rudolf Steiner und fünf Menschen stundenlang von nach Mitternacht an um den Bau herumgingen? Es ist wirklich geschehen! Rudolf Steiner im langen Mantel und eine dunkle Ledertasche an langem Riemen umgehängt, die er von keinem von uns wollte tragen lassen. Einen immer weiteren Kreis mußten wir machen, weil die Hitze zu groß wurde. Vielleicht versteht man aus diesem Bericht, warum Miss Maryon einer Krankheit erlegen ist, deren Keim sie in der Brandnacht befiel, so wie Rudolf Steiner selbst berichtet in dem Buch: „Rudolf Steiner und unsere Toten" (Ausgabe von 1963). Edith Maryon war einer der fünf Menschen (ich rechne: fünf Menschen und Dr. Steiner! Jene fünf waren: Miss Maryon, Henk van Deventer, Erna van Deventer, Günther Wachsmuth und Dr. Carl Unger), die in der Brandnacht stundenlang mit um den Bau wanderten. Gesprochen wurde nicht viel. Weder wir noch Rudolf Steiner suchten die Zuschauer auf, wir wußten nicht einmal, daß in jenen Stunden doch nach ihm gefragt worden war. Aber es war ja Nacht, nur erleuchtet durch die Flammen; zwar erleuchtet, aber zwischen den Büschen von dem, was nun beinahe Hochwald geworden ist, waren ja die Rauchschwaden. Einmal sagte Rudolf Steiner beim Stehenbleiben: wenn das Morgenlicht käme, müsse er herunter in die Villa Hansi, wo Frau Dr. Steiner warte. Sie konnte ja nur wenig gehen und wurde in einem Wagen gefahren.

Und weiter zurück geht der Blick. Ehe Dr. Steiner selbst aussprach: „Da ist nichts mehr zu retten von unserer Arbeit von zehn ganzen Jahren" — vor diesem Moment glaubten wir ja wirklich beinahe an ein Wunder, bis eben um Mitternacht die Kuppeln einstürzten.

Nun lassen Sie mich vom Anfang an bis zur Mitternacht unser Erleben beschreiben. Am Nachmittag traf ich vor dem Abendessen einen der Wächter, einen Russen — eines unserer treuesten Mitglieder. Er sprach nicht sehr gut deutsch, ich aber lernte russisch bei ihm; so verstanden wir einander gut. Der Wächter sagte, daß er etwas fühle in seinem Herzen von Unruhe, von Sorge. Aber wir gingen wieder auseinander, er weiter um den Bau am Nordportal, ich zu unserem Zimmer im Sonnenhof (ich glaube, damals hieß er noch Suryhof). Später hat Herr Pozzo mir noch oft über diese Unruhe gesprochen. Nach dem Vortrag gingen wir herunter und wollten den Jahresschluß mit Frau Dr. Wegman erleben in der Klinik.

Nichts war in unserem Bewußtsein den ganzen Abend, obschon wir alle den „Zufall" miterlebten, daß während Rudolf Steiners letzter Rede im Bau die Mephisto-Burg zu früh auf die Bühne heraufkam und wirklich wie eine Spukerscheinung uns alle erschrecken ließ. Aber in unserem Bewußtsein lebte auch nichts von den Warnungen vor dem Hasse in unserer Umgebung, auf den Dr. Steiner vor dem Brande mehrmals hingewiesen hatte. Waren wir alle nicht wach genug, um das Kommende verhüten zu können? Mancher wird sagen: Wir haben es nicht gewußt — „Ich wußt' es wohl und wußt' es nicht — wie kann ich doch mein Wissen mir bewahren?" Auch dies sind Worte aus den Mysterienspielen ... Längst vor dem Brand hatte Dr. Steiner ja hingewiesen auf Drohungen in Jugendkreisen und auf das Wort von den „Feuerfunken, die vom Winde geweht, zum Goetheanum herüberfliegen könnten —".

Dieses „Wissen-können" war nicht in uns bewußt geblieben: so konnten selbst die wirklich ernsten Mitarbeiter „sorglos" beieinander sein, bis das Telephon uns bis ins innerste Gemüt erschrecken, erschauern ließ: „Das Goetheanum brennt!"

Und so fern von der Realität waren wir, daß unsere Freunde, die bei uns waren, mit Eimern, kleinen Minimaxapparaten in der Hand den Berg hinaufstürmten — als ob man damit noch einen solchen Brand löschen könnte. Wohl waren wir ganz mit unserem Herzen dabei und versuchten noch, aus dem Bau Musikinstrumente und viele kleine Gegenstände herauszuholen, bis der Rauch so stark wurde, daß Rudolf Steiner es verbot. Und zur Passivität verurteilt, beim Hineinschauen in dieses Feuermeer wurde in vielen von uns noch viel stärker das Empfinden wach, als ob wir weiter mit unserem Körper Hilfe hätten leisten können. Und diese aus schmerzlichen Empfindungen heraus bewußtwerdende Seele fragte erst: Wie konnte dies Schreckliche möglich werden, das Rudolf Steiners Werk vernichtete, und woran wir — mit allem guten Willen — keine Schuld hatten? Aber als Gegenfrage kam darauf: Haben wir alles getan, um dieses Geschehen zu verhüten? Waren wir für die Goetheanum-Arbeit nicht nur begeistert, sondern auch *wach* genug gewesen? Im Jahre 1921, am 23. Januar, hatte Dr. Steiner ja schon im Vortrag hingewiesen auf die Publikation, in welcher öffentlich zu lesen war: „Es wird der Klugheit Steiners bedürfen — damit nicht eines Tages ein richtiger Feuerfunke der Dornacher Herrlichkeit ein unwürdiges Ende bereitet etc.". Man bedenke: zwei Jahre vor dem Brand wurden diese Worte geprägt, und man hörte es und vergaß es — *durften* wir dies, vom Karma der Anthroposophie aus gesehen, vergessen? Schuld entsteht, wenn man etwas Falsches tut — noch mehr Schuld entsteht aber durch ein Nicht-Tun, ein Vergessen von Dingen, die man nicht vergessen *darf*.

Wir sprechen so oft von der Mysteriensphäre, in der unsere Anthroposophie beheimatet ist — in alten Mysterien wurden Tempeldiener, die einen Auftrag unvollständig oder falsch ausführten, getötet!

Vielleicht findet der Leser diese Gedankenfolge, die uns Anthroposophen eine solche Verantwortlichkeit auferlegt, zu streng? Damals waren *wir* ja die junge Generation, während die allermeisten der Anwesenden damals viel, viel älter waren als wir! Konnte man denn von uns, die wir zwischen 20—30 Jahre alt waren, die oben beschriebene Wachsamkeit verlangen?

Und hier glaube ich selbst, „ja" sagen zu müssen. Warum? Eben weil wir im „Schatten von Rudolf Steiner" unsere Jugend erlebten. Nicht so, daß wir ihn gesucht hatten, aber er hatte uns gefunden, und seine Antwort auf unsere Fragen nach dem Beruf hatte unserem Leben Berufung und Richtung gegeben! Und war in dieser Tatsache, daß er unser Leiter und Helfer von Kindheit an war, nicht auch das andere begründet, daß Rudolf Steiner von uns erwarten konnte, daß wir die Anthroposophie stützen und sie beschützen müßten?

Im Jahre darauf hat er bei der Weihnachtstagung so oft darüber gesprochen, wie tief wir in der Anthroposophischen Gesellschaft verbunden sind mit dem Wesen Anthroposophie. Und unsere Generation ist die, in welcher der Brand des Goetheanums möglich wurde, in unserer und derjenigen Generation, die im Jahre 1922 dem Endziel ihres damaligen Erdenlebens zuging.

So kehre ich zum Anfang zurück. Jeder von uns, der dabei war, könnte den Brand und seine Auswirkung anders beschreiben. Für mich ist's das Bild einer ernsten Rückschau geworden: daß es geschehen konnte, daß die Christusstatue, ein Bild von Rudolf Steiners Lebensstreben, draußen im Schnee unbehütet, unbeschützt auf der kalten Winter-Erde lag, daß unsere und die uns vorausgehende Generation die Warnungen Rudolf Steiners nicht im Bewußtsein getragen haben, so daß geschehen konnte, was geschah: daß Feinde des Geistigen das Goetheanum vernichten konnten.

„Es wird geschehen, was geschehen muß." — Was sollte denn geschehen?

Diese Frage wird uns gestellt in den Mysterien-Spielen von Rudolf Steiner an und durch seine esoterischen Schüler. Doch, gilt sie nicht für jedes Menschenleben? Wenn man nach einem langen Leben zurückschaut, formt sich aus den vielen Wegen und Begegnungen wie ein roter Faden das Wesentliche, das unserm Leben Sinn und Inhalt gegeben hat und noch gibt. Und wie ein wunderbares Netz kann uns unser Leben erscheinen: Wie entstand denn dieses Gewebe?

Rudolf Steiner beschrieb einmal, wie Schicksal entsteht: Wie das Weberschiffchen hin und her geht, so weben wir an unserm Schicksal durch unsere *bewußten* Gedanken, Gefühle und Willensimpulse hin und her: Dann — plötzlich greift ein anderes aus anderer Richtung hinein, in der Zeichnung von oben nach unten: Zufall nennt's der eine, „Gott greift ins Menschenleben ein", sagt der andere. Und der Anthroposoph kann sagen: Das Schicksal, der uns unbekannte Wille, webt *seine* Fäden in unser Leben.

Die ersten sieben Jahre sahen gar nicht so aus, daß wir jemals in diesem Leben Rudolf Steiner begegnen sollten. Wir lebten im Fichtelgebirge, die Eltern und wir Geschwister. Durch meinen Vater hatte unser Leben ein ganz bestimmtes Gepräge, da er Richter war, und meine Gedanken bildeten sich nach dem, was um uns herum geschah. Die evangelische Weltanschauung war das, was meine erste Kindheit formte, zugleich mit einer großen Bewunderung für den Vater, den ich an Tagen der Sitzungen — je nach der Art derselben — im schwarzen, lila oder roten Talar sah. Es war im Anfang dieses Jahrhunderts; wir wohnten selbst in riesigen Zimmern im II. Stock des Amtsgerichtes, und weit hinten am Ende des Gartens waren die Werkstätten der Gefangenen! Dort begann, gerade durch diese ungewöhnliche Situation, in mir zum erstenmal der Gedanke aufzublitzen: „Warum sind *die* Menschen ‚gefangen', während sie doch zu uns Kindern ‚so lieb' sind?" Einer von ihnen hatte für mich nämlich ein Schwert geschnitzt aus den abfallenden großen Latten, wenn sie Holz spalteten. Dann hatte er es braun gestrichen und mir zu Weihnachten geschenkt. Und ich lebte stets in der Illusion, daß ich vielleicht ein Knabe wäre, und der mußte doch ein Schwert besitzen!

Diese sehr harmonische Zeit ging für uns Kinder ganz unerwartet zu Ende durch den plötzlichen Tod des Vaters nach einer ganz kurzen Krankheit. Aber dieser Aufbruch im Schicksal formte den Weg, der zu

Rudolf Steiner hinführte. Wir verließen unser Kinderland im vogtländischen Gebirge, und meine Mutter ging mit uns nach Leipzig, um uns so die Gelegenheit zu einer großstädtischen Schulbildung zu geben.

Der Tod des Vaters war das erste Hereinschlagen eines Fadens in das im Anfang beschriebene Schicksalsnetz unseres bis dahin so ruhig-harmonischen Kindererlebens. Daß meine Mutter für uns nach Leipzig übersiedelte und nicht in der Heimat blieb, war eine bewußte und liebevolle Überlegung unserer Mutter für uns. Daß aber in Leipzig eine theosophische Loge war und Rudolf Steiner 1904 eben das Buch „Theosophie" herausgegeben hatte, wußte sie nicht.

Und nun kommt der Moment, in dem meine Mutter den Weg zu Rudolf Steiner gezeigt bekam, indem sie und wir ganz unerwartet in den Schattenkreis von Rudolf Steiner gebracht wurden. Durch wen? Zufall? Schicksal? „Es wird geschehen, was geschehen muß." Und was sollte denn geschehen?

Meine Mutter las das Buch *Theosophie* in einer Nacht, durch Zufall ihr in die Hand gespielt, aus. Es ergriff sie so, daß sie in derselben Nacht an Rudolf Steiner schrieb und sich seiner Arbeit zur Verfügung stellte. Zwei Tage später kam Rudolf Steiner nach Leipzig, meine Mutter wurde Mitarbeiterin des Leipziger Zweiges der Theosophischen Gesellschaft, danach Vorsitzende. Rudolf Steiner kam viele Male im Jahre zu uns, um mit meiner Mutter zu arbeiten. Und so geschah es, daß wir Kinder ihn bei jedem Besuch sahen, nicht als Lehrer, sondern als Mensch, der für uns ein „Onkel" wurde.

Welchen Eindruck er auf mich machte, habe ich im ersten Teil dieser Erinnerungen beschrieben. Dieses Mal handelt es sich vielleicht mehr darum, den roten Faden zu finden, der mich dann zur Eurythmie führte und zur Heil-Eurythmie. Und weil für uns Kinder diese Entwicklung im Unbewußten verlief — bewußt war uns doch nur, daß ein neuer, lieber Onkel oft bei uns zu Tische war, danach mit der Mutter den ganzen Nachmittag „in der Loge" arbeitete, — gab es oft Szenen, die nie entstanden sein würden, wenn wir Kinder geahnt hätten, welche Persönlichkeit dieser „Onkel" war.

Aber der Humor und die Menschlichkeit, die wir dadurch an Rudolf Steiner erlebten, gehört ja eben auch zu dieser Persönlichkeit, die wir später als geistigen Lehrer erkannten. Damals merkten wir Kinder nur, daß er uns so gut verstand, auch wenn wir Streiche ausführten, die der Mutter und dem Kinderfräulein die Haare zu Berge stehen ließen. So geschah folgendes: In Leipzig hielt Dr. Steiner im Jahre 1906 einen Vortragszyklus, zu dem viele Theosophen kamen. Nebenher gingen interne Vorträge, die sich in unserm Salon abspielten. Während dieser Stunden wurden wir und einige andere Kinder von Mitgliedern in die Küche gebracht, um nicht zu stören. Diese Gefangenschaft war für uns kein Genuß, so daß wir nach einiger Zeit nach Möglichkeiten suchten, um uns die Zeit zu kürzen. Da erfanden wir etwas herrliches: Im Korridor hingen 30 bis 40 Hüte und Mäntel der Zuhörer. Ganz leise schlichen wir hinaus, verhängten alle Hüte, Mäntel und Regenschirme, so daß keines der Mitglieder seinen Mantel und Hut auf dem Platz fand, wo es ihn aufgehangen hatte! Der Vortrag war vorbei: mit tief feierlichen Gesichtern kamen die Menschen aus dem Salon — und keiner fand seinen Mantel oder Hut am rechten Platz. Hinter der Küchentür standen wir, sahen durch einen ganz kleinen Spalt und hatten eine Riesenfreude an dem enstandenen Chaos. Für uns Kinder war es, als ob diese Menschen wie aus einem Trancezustand „entgeistert" waren und nun *auf der Erde* ihre Mäntel suchen mußten. Schließlich kam auch Dr. Steiner mit Fräulein v. Sivers heraus, aber deren Mäntel und Dr. Steiners hohen Hut sowie seinen schönen weißseidenen Schal hatten wir nicht verhängt! Ein großes Hallo! Jedes klagte Dr. Steiner sein Leid, und dieser ging den Damen helfen, ihre „Hüllen" zu finden. Er sah gar nicht böse aus, und an der Küchentür vorbeikommend schaute er einen Moment zu uns herüber und sagte kein Wort. Wir schlossen sehr sanftmütig die Küchentür und haben niemals von ihm danach einen Tadel gehört. Aber wir wußten: *der* Onkel begreift uns!

Um in rechter Weise deutlich zu machen, daß wir in Rudolf Steiner nicht nur den Onkel sahen, den Kinderfreund, aber auch den Lehrer, den „Lebenshelfer", dazu will ich noch ein anderes Erlebnis beschreiben, das das Schicksal für uns bereit hielt.

In jener Zeit wohnte in Abtnaundorf bei Leipzig Baronin E. von Hoffmann auf einem schönen waldreichen Rittergut. Dr. Steiner hatte meine Mutter und Herrn und Frau von Hoffmann miteinander bekannt gemacht, und bei Vorträgen in unserer Loge waren Herr und Frau von Hoffmann und ihre Tochter, Frau von Limburger, oft zugegen. Diese Frau von Hoffmann war für uns eine sehr geliebte Persönlichkeit, geliebt und verehrungsvoll bewundert, denn sie konnte heilen! „Heilen" hieß für uns Kinder, daß man bei ihr saß und sie nur sagte: „Nun werden wir still und schließen die Augen." Man denke sich die Situation: „Unser" Onkel Doktor nahm uns und meine Mutter mit zu dieser lieben, weißhaarigen, alten Frau, damit wir miterlebten, wie sie heilte, in unser Kinderbewußtsein übersetzt: wie sie Menschen gesund machte, nur dadurch, daß sie mit ihnen und bei ihnen war! Kann man sich vorstellen, daß dies für uns Kinder eine Schule der Ehrfurcht wurde? — Und noch mehr: Zwei Kinder in unserer Umgebung hatten Sprachfehler. Dr. Steiner lehrte die Kinder Sprachübungen, und meine Schwester und ich durften dabei sein. In unsere Loge durften auch die Nachbarskinder kommen und zuhören, wie „unser" Onkel Doktor im Logenraum hin- und herschritt und das sprach, was wir 12—15 Jahre später wiederfanden, als wir in der Waldorfschule die Sprachübungen lernten: „Abraham a Santa Clara", „Genesen werden stets edle Seelenwesen" und die vielen Vokalübungen, die wir heute aus der Sprachgestaltung kennen.

Nie werde ich den Eindruck vergessen: Rudolf Steiner in unserer Loge, schreitend, skandierend und sehr rhythmisch in seinen hohen Stiefeln gehend: „Wirre Würfel werfen wir würdig weg", die W und R's so stark sprechend, als ob man einen Sturm hörte, und danach mußten die Kinder versuchen es nachzutun.

Eurythmie, Heil-Eurythmie, Sprachgestaltung, alles dies gab es noch nicht, aber in mir wurde die Frage wach: Wenn Dr. Steiner das kann, können wir damit später, wenn wir groß sind, *auch* Menschen gesund machen? Wenn ich heute dies niederschreibe, begreife ich etwas davon, was alles geschehen mußte, um uns brauchbar zu machen, daß wir seinen Ruf einmal hören und begreifen können würden, wenn es an der Zeit wäre: 1913 der Ruf zur Eurythmie, 1921 der Ruf zur Heil-Eurythmie. Und 1906 ahnten wir nichts, gingen aber ganz von selbst auf alles ein, was der „Onkel Doktor" wollte...

In dieselbe Zeit fällt noch ein anderes Ereignis, das ich damals mit Abwehr erlebte, aber doch eben erlebte, weil es in unserem Hause mit uns Kindern geschah und von uns Ehrfurcht verlangte, die irgendwo in uns lebte, aber im Tagesbewußtsein uns unbegreiflich war. Einige Kinder und wir bekamen durch die theosophische Loge ein kleines hellblaues Büchlein in der Form, das man heute ein Notizbuch nennen würde. Schön war es, himmelblau — und wenn man es aufmachte, stand drinnen mit schöner, in meiner Erinnerung goldener Schrift geschrieben, nur ein Satz: „Ich bin eine strahlende Seele, und mein Körper ist mein Kleid!"

Dies war unsere Sonntags-„Meditation". Dr. Steiner hatte uns dies Büchlein nicht selbst gegeben, es ging wohl von der theosophischen Sonntagsschule aus, und unsere Mütter waren doch alle Mitglieder der Loge. Aber es machte tiefen Eindruck auf uns, wegen des sonntäglichen Rhythmus, wegen des Geheimnisvollen und — dem schönen hellblauen Einband! Persönlich kam ich mit meinen 11 Jahren bestimmt nicht sehr unter den esoterischen Eindruck, den das Sprüchlein auf uns machen sollte. Ich begriff nur, daß ich den Spruch nicht begriff! Aber die Stimmung wirkte: ich mußte stillsitzen mit den anderen und ungefähr 15 Minuten über die Meditation nachdenken... War die Zeit um, dann sprang ich möglichst schnell auf und rannte in den Garten, sehr erleichtert, ohne jede Heiligkeit, aber: am nächsten Sonntag saß ich doch wieder mit meinem blauen Büchlein brav da und begann zu wiederholen: Ich bin eine strahlende Seele usw.... Wenn es damals keine theosophische Loge gewesen wäre, sondern eine Sonntags-Handlung, wie unsere Kinder sie heute kennen, wären wir Rudolf Steiner sicher dabei begegnet.

Daß Dr. Steiner gegenüber dieser Feierlichkeit für uns eine Befreiung war, erlebte ich z. B. daran: War er zum Wochenende bei uns gewesen, am Samstag, und kam abends mit der Mutter zum Abendessen herauf von der Arbeit in der Loge, dann war die Stimmung für uns Kinder nach dem Nachtessen sehr froh und „heimelig"! Denn dann legte er mit mir meine Puppen schlafen! Und ich besaß 12 Puppen, die im Wohnzimmer auf alle mögliche und unmögliche Manieren untergebracht waren: im Puppenwagen, in der Wiege, in der großen Obstschale auf dem Buffet. Vom Schrank schaute eine Büste von Homer auf einige Babys herunter, und die Badepuppe schlief auf dem Silberkasten. Und diese Welt schien Rudolf Steiner zu interessieren, denn er fragte stets teilnehmend, ob die Puppe ein warmes Bett hätte, wie „meine Kinder" hießen, ob sie krank wären und vieles andere, was eben einer Puppenmutter wichtig ist. Und damit bekam Rudolf Steiner einen großen Ehrenplatz in meinem Herzen. —

Ja — ob denn das alles wichtig ist, heute noch aufzuschreiben? Ich wurde ja gebeten, diese Jugenderinnerungen an „Ein Leben und Schicksal im Schatten von Rudolf Steiner" zu erzählen, vielleicht würde ich von mir selbst aus es nie getan haben. Aber nun ich es aufschreibe, scheint es mir doch ein Bild zu geben vom Schicksal eines Kindes, das ganz im Unbewußten erlebte etwas von der großen Menschlichkeit desjenigen, den es viel später erst erkennen konnte als einen Lehrer dieses, unseres Zeitalters, der heilend, helfend und Erkenntnis schenkend ein „Bringer des Guten" war, schöpfend aus der Welt, von der er so oft erzählte, der Welt des Maitreya Buddha, der ja auch „ein Bringer des Guten" genannt wurde.

GERHARD KLEIN

Pfarrer Paul Klein und Rudolf Steiner

Es war wohl im Jahre 1906, als Paul und Emma Klein, (ein Pfarrerehepaar in Mannheim [1]), ein Inserat aufgaben im *Daheim* oder in der *Gartenlaube,* in dem sie für die Beaufsichtigung ihrer beiden Kinder ein gebildetes junges Fräulein suchten, dem voller Familienanschluß zugesagt wurde. Aus manchen Bewerbungen wurde eine ausgewählt, und Fräulein Auguste kam ins Haus. Sie gewann bald Vertrauen und Zuneigung zu der Mutter der Kinder und zeigte manchmal einen Brief, den sie von zu Hause erhielt. Die Briefe waren irgendwie etwas Besonderes, und ihr wurde gesagt, man würde sich freuen, wenn der Vater einmal nach ihr schauen würde. Er kam dann auch zu Besuch, und es entstand sofort ein lebendiger Kontakt mit dem Elternpaar, der sich bald zu einer Freundschaft entfaltete. Der betreffende Vater war Michael Bauer. Und es dauerte nicht lange, daß er zu dem Ehepaar sagte: „Ihr müßt den Dr. Steiner kennenlernen!" Die Tochter wurde bald darauf krank und ist jung gestorben. Aber sie hatte eine bedeutsame Schicksalsaufgabe erfüllt.

Wer war nun dieser Pfarrer Paul Klein, und wie war sein und seiner Frau Lebensweg bis dahin verlaufen? Er war am 9. Oktober 1871 geboren in Fröschweiler im Elsaß, als Sohn eines deutschstämmigen Landpfarrers französischer Nationalität, der erleben mußte, wie sein kleines Dorf in den Kämpfen um Weißenburg und Wörth weitgehend zerstört war. Er hat diese Erlebnisse festgehalten in dem Buche *Fröschweiler Chronik,* dem literarisch besten Buche aus jenen Tagen.

Der Vater folgte einem Ruf als Dekan und Stadtpfarrer nach Nördlingen. Der Knabe kam ins Internat des St.-Anna-Gymnasiums in Augsburg. Das bedeutete für ihn schwere Zeit und eine gründliche humanistische Bildung. Der Vater erkrankte bald an schwerer Depression und lebte die letzten Jahre in der Anstalt. Zuerst war Paul Klein nach München zum Studium der Philosophie gegangen. Dann nach Straßburg und Erlangen. Nach Ablegung des theologischen Examens kam eine schwere

---

[1] Paul Klein, geb. 9. 10. 1871, gest. 6. 3. 1957 — Emma Klein, geb. 2. 11. 1874, gest. 13. 2. 1956.

gegen das Deutschtum nahm. Bald wurde spürbar, daß seine religiöse Stoßkraft und seine große Beredsamkeit die Menschen ergriff. Kaum ein Krankheit über ihn. Neun Monate lag er in kataleptischer Starre, während der er künstlich ernährt werden mußte. Vier bedeutende Psychiater nahmen sich seines Falles an. Ausgebrochen war es, als er in schweren Seelennöten zu Christoph Blumhardt dem Jüngeren nach Bad Boll gefahren war. Der tat den charakteristischen Ausspruch: „Du willst den Herren Christus vom Kreuz herunternehmen."

Rudolf Steiner bezeichnete später diese Krankheit als schweren karmischen Einbruch, der ihn am Hüter der Schwelle vorbeigeführt habe. Nach kurzer Tätigkeit als Vikar und Pfarrverweser trieb es Paul Klein aus der bayrischen Landeskirche nach Österreich in eine kleine, neu entstehende evangelische Gemeinde. Der Ruf erging von der „Los-von-Rom-Bewegung", die in den österreichischen Erbländern die Deutschen ergriff, da die römische Kirche einseitig überall die Partei der anderen Nationen Jahr dort, konnte er seiner Braut den tausendsten Übertritt melden. Als Redner zog er durch ganz Deutschland, um Geld zu sammeln für einen Kirchenbau. Es wurde eine Christuskirche. Von höchster Stelle wurde 1904 das Kultusministerium angewiesen, dem Ev. Oberkirchenrat zu verbieten, daß er die Wahl Paul Kleins zum Pfarrer bestätigt, und es wurde ihm sofort jede seelsorgerliche Tätigkeit untersagt. So war er praktisch mit zwei Kindern — er hatte inzwischen geheiratet — ausgewiesen. Das war ein schwerer Schlag. Die Familie wurde von Freunden aufgenommen; er suchte Stellung und wandte sich nach Baden, da ihn die dogmatische Enge der bayrischen Landeskirche nicht lockte. Nach Zwischenstationen kam er nach Mannheim, zuerst in eine reine Arbeitervorstadt, dann an die neuerbaute größte Kirche der Stadt, wieder eine Christuskirche. In beiden Pfarreien strömten bald die Menschen zu seiner Kanzel. Und zwar alle Arten von Menschen. Arbeiter sowohl als auch Kaufleute und Industrielle, Künstler und Gewerbetreibende. Dr. Steiner sagte dann später zu ihm, daß ihn in Mannheim ein Kumulativ-Karma überrascht habe.

Früh schon hatte er sich angewöhnt, zur Vorbereitung und zum Halten einer Predigt von Samstag morgen bis Sonntag mittag zu fasten. Er gab sich oft bis zur körperlichen und geistigen Erschöpfung in seinen Predigten aus. Und nun begegnete dieser Pfarrer Klein durch Vermittlung Michael Bauers Dr. Steiner. Mit ihm seine Frau, die ihm Zeit ihres Lebens zur Seite stand, auf dem neuen Wege sogar ein wenig vorangig. Die Begegnung war von Anfang an, wie alles bei Pfarrer Paul Klein, mit ungeheurer Intensität ergriffen und durchlebt. 1908 studiert er schon eifrig theosophische Bücher, und bald nahmen die beiden an Vortragszyklen teil. 1910 waren sie in München zu den Spielen. Bald wurde Pfarrer Klein Leiter der Loge der Theosophischen Gesellschaft. Es konnte nicht ausbleiben, daß manches von der neugewonnenen Christus-Erkenntnis in seine Predigten einfloß. Im Rückblick auf die vielen Jahre kann man sagen, daß Hunderte von Menschen durch ihn den Weg zur Geisteswissenschaft gefunden haben. Als er im Jahre 1910 Rudolf Steiner bat, ihn als esoterischen Schüler anzunehmen, erbat sich dieser vierundzwanzig Stunden Bedenkzeit. Am nächsten Tag nahm er ihn an, betonte aber, es werde manche Diskrepanzen zwischen ihnen geben; denn: „Wir waren noch nie zusammen verkörpert in einer Inkarnation."

Nun, manches dieser Art ist eingetreten, aber Rudolf Steiner hat in einer einzigartigen Weise ihn immer getragen und geführt, auch wenn aus dem leidenschaftlichen Wesen des Schülers oft Widerstände und Ausbrüche folgten. Schon auf der Generalversammlung im Dezember des Jahres 1911 konnte Pfarrer Paul Klein wesentlich zur Klärung der Situation in der Gesellschaft beitragen. Zuerst hielt er im Laufe der Tage eine Rede über Theosophie bei Paulus. Dann trat er in der Diskussion auf gegen die Machenschaften des Hauptquartiers der Theosophischen Gesellschaft in Adyar, das eine bestimmte Persönlichkeit gegen Dr. Steiner unterstützte. Er griff Mrs. Besant, die damalige Präsidentin wegen ihrer zweideutigen Haltung heftig an und stellte den Antrag, die Sektion möge sie wegen Unterstützung jener Persönlichkeit rügen. Andere widersprachen dem, und Herr Moll stellte Antrag auf Schluß der Debatte. Da trat Dr. Steiner auf, betonte, daß er ja sonst nicht eingreife, aber er müsse darauf hinweisen, daß Pfarrer Klein so wichtige neue Gesichtspunkte angerührt habe, daß sie besprochen werden müßten. Also ging die Aussprache weiter, während der Pfarrer Klein immer weiter darauf drang, man müsse sich von Adyar distanzieren. Dr. Steiner griff dies auf und sagte: „Es ist mir schmerzlich, daß ich die Präsidentin nicht verteidigen kann. Wir treten nicht aus, aber wir wollen deutlich sprechen mit Adyar." Er bittet nochmals, zum Antrag Klein Stellung zu nehmen. Diese Generalversammlung wurde dann ausschlaggebend für den Ausschluß der deutschen Sektion aus der Theosophischen Gesellschaft.

Pfarrer Klein war durch sein tiefes Verwurzeltsein im Christentum besonders geeignet, die Besonderheit der abendländischen, rosenkreuzerischen Strömung, wie sie Rudolf Steiner vertrat, gegenüber den östlichen Bestrebungen zu empfinden und die Trennung zu befördern.

Auch in der folgenden Generalversammlung machte sich Pfarrer Klein zum Sprecher für eine klare, reinliche Scheidung. Es handelte sich um die Krishnamurti-Angelegenheit, den das Adyar-Zentrum als wiedergeborenen Christus präsentierte. Pfarrer Klein sprach davon, es handle sich um einen Kampf mit Dämonen und forderte zur Abwehr von Ungerechtigkeit und Heuchelei auf. Mit auf ihn geht dann der Brief an Frau

Besant zurück, der ein Bekenntnis zu Christus als einmaliger Erscheinung auf dem Erdenplan enthielt.

Als er die neue Kirche als Wirkungsstätte erhielt, bezog er mit seiner Familie dort ein Pfarrhaus. Ein Zimmer im oberen Stock wurde von vorneherein als Logenraum bestimmt und eingerichtet. Von 1911 bis 1930 wurde dieser Raum zu nichts anderem verwendet. Hielt Dr. Steiner einen Vortrag, wurde die davorliegende Diele mit in Anspruch genommen.

Von 1915 ab zog sich der Pfarrer von der Zweigleitung zurück, und seine Frau übernahm das Amt. Natürlich gab es bald Schwierigkeiten, Pfarrer Klein wurde denunziert und vor den Kirchenpräsidenten zitiert. Der betonte zuerst, was die Kirche habe an seiner umfassenden Wirksamkeit, aber das mit der Theosophie ginge doch nicht. Pfarrer Klein fragte: „Herr Präsident, glauben Sie alles, was in der Bibel steht?" Der wand sich ein wenig und meinte, vieles wäre doch zeitbedingt. Er bekam zur Antwort: „Ich kann alles glauben, was in der Bibel steht, und das verdanke ich Dr. Steiner." Damit war das Gespräch beendet.

Nachdem die Heidelberger theologische Fakultät zweimal wegen der Anthroposophie die beantragte Verleihung der Ehrendoktorwürde abgelehnt hatte, konnte sie im Jahre 1920 nicht anders, als um seiner Verdienste als Prediger, Seelsorger und Mitglied der Kirchenregierung willen, sie ihm zu verleihen. Der Verfasser der laudatio, Professor Niebergall, leistete sich dann den Scherz, bei der Aufzählung der Verdienste auch einzufügen „sapientiae Dei cultorem", „Pfleger der Gottesweisheit". Das war unanfechtbar, denn der Begriff ist ja paulinisch. Als Doktor Steiner die Urkunde durchlas, sagte er: „Das müssen Sie sich gut aufheben, lieber Pfarrer!" Paul Klein schrieb damals bei der Mitteilung der Verleihung an Dr. Steiner, Ende 1919: „Nur durch die durch Sie und Ihr Geisteswort gewirkten spirituellen Kräfte wurde es mir möglich, mich durchzusetzen. Gott segne Sie, Ihre liebe Frau und Ihr gewaltiges Werk im neuen Jahr!"

Kurz vorher, im Juli 1919, hatte Pfarrer Klein sich intensiv bei der Vorbereitung zweier öffentlicher Vorträge Dr. Steiners in Mannheim eingesetzt. Er schrieb an 2000 Menschen einen persönlichen Brief, um, wie er an Dr. Steiner schrieb, „nur ein Quäntchen der großen Dankesschuld abzutragen". Dieser Brief ist in gewissem Sinne ein Dokument und möge hier eingefügt werden:

„Am nächsten Samstag, den 26. Juli, abends 8 Uhr, wird Herr Dr. Rudolf Steiner einen Vortrag halten über ... und am Montag, den 28. Juli, im Nibelungensaal über ... Da ich selbst Herrn Dr. Rudolf Steiner das Beste in Lehre und Leben verdanke, liegt mir persönlich sehr viel daran, daß möglichst viele Menschen auch in Mannheim ihn hören und kennen lernen und auf diese außergewöhnliche Persönlichkeit und ihr ungemein bedeutsames Wirken aufmerksam werden. Insbesondere deshalb, weil meiner innersten Überzeugung nach seine Geisteswissenschaft eine großartige, Kopf und Herz in gleicher Weise befriedigende Wissenschaftslehre und Weltanschauung bietet und weil seine sozialen Ideen den einzigen Weg zeigen, wie wir aus dem furchtbaren Elend unseres Volkes herauskommen und vor einer schrecklichen Katastrophe bewahrt werden können. Darum lade ich Sie persönlich und besonders dringlich ein, wenn irgend möglich seinen beiden Vorträgen beizuwohnen. Ich selbst werde beide Male anwesend sein und das Wort ergreifen. Mit herzlichem Gruß — Pfarrer Klein."

In dem Schreiben, in dem er Dr. Steiner diese Aktion mitteilte, schrieb er:

„... auf frohes, fruchtbares Wiedersehen auf dem heißen Boden der ahrimanischen Hochburg Mannheim! Ihr dankschuldiger Paul Klein."

Bezugnehmend auf einen Vortrag in Darmstadt schrieb er an Dr. Steiner:

„... Ich begrüße es, daß das durch den Rabindranath Tagore-Rummel weihrauchgeschwängerte Darmstadt anthroposophisch ausgeräuchert und hoffentlich gründlich desinfiziert wird."

Immer wieder mußte sich der Schüler in schweren inneren Kämpfen an den Lehrer wenden. Immer wieder erhielt er im Gespräch oder brieflich Trost und Rat. Einmal sandte Dr. Steiner sogar (1913) ein Telegramm: „Im Geiste bei Ihnen, bitte innere Ruhe suchen, Prüfung wie damals und darum vorübergehend — herzlich Steiner."

Einmal reiste er in großer Not nach Dornach, es war im Kriege. Er hatte sich nicht anmelden können. Er kam in der Nacht an. Dr. Steiner kam ihm auf halbem Weg entgegen und nahm ihn erstmal schweigend in seine Arme. Paul Klein dankt ihm einmal für sein „heilsames und heilendes Wirken an ihm als eines Leibes- und Seelenarztes". Als er dann mit seinem persönlichen Schicksal nicht fertig werden konnte und er Dr. Steiners Haltung in dieser Sache nicht mehr verstehen konnte, schrieb er einen leidenschaftlichen Absagebrief. Kurz darauf war die Verdunkelung wieder gewichen, und er bat um Verzeihung. Nach strenger Selbstkritik schreibt er:

„... Sie luden die Last auf sich, mich unbändigen Mann auf Ihre vieltragende Seele zu nehmen, trugen viel Geduld mit mir, litten an mir und durch mich gewiß viel mehr, als ich verblendeter, blinder Tor weiß ... in schuldiger Dankbarkeit — Ihr schwer kämpfender, aber ehrlich ringender P. K."

Wohnte Dr. Steiner bei seiner Anwesenheit im Pfarrhaus, wurden ihm Studier- und Wartezimmer des Pfarrers eingeräumt. Eines Morgens kam er zum Frühstück und sagte zur Frau Pfarrer lächelnd: „Er gibt einem schon fürchterliche Prügel in der Nacht, der Pfarrer." Ein besonderes, anders geartetes Verhältnis hatte Dr. Steiner zu Frau Emma Klein. Von ihr hatte er nie gesagt, daß ihre Begegnung erstmalig sei. Es war so etwas wie ein unausgesprochenes Einverständnis, wie eine stete Bereitschaft, ihr bei ihrer nicht leichten Schicksalsaufgabe beizustehen. Einmal sagte er zu ihr: „Nun liebe Pfarrerin, wir meditieren doch fleißig." Sie gab zur Antwort: „Sie wohl schon, Herr Doktor, aber ich, Sie wissen ja..." Einmal bat Paul Klein um Hilfe, da Frau Emma schwer an einer Nervenentzündung erkrankt war. Der Sohn solle sich Rat holen bei einem Vortrag in Stuttgart. Dr. Steiner besann sich ein wenig und sagte dann: „Nehmen Sie Rosmarinblätter, pressen Sie sie in heißem Wasser fest aus und machen Sie Umschläge!" Auf einen etwas hilflosen Blick hin fügte er hinzu: „Ach so, woher nehmen! Gehen Sie unten in die Schloßgärtnerei, dort muß es Rosmarinstöcke geben!" Wirklich, da gab es welche. Denn damals gab es ja noch keine Heilmittel der Weleda. Es verging ein Vierteljahr. Bei einem Vortrag in Darmstadt, der tumultuarisch verlief, war der Sohn anwesend. Er stand abseits, als Dr. Steiner sich einen Weg zu ihm bahnte — er, der doch so viel anderes im Kopf haben mußte! — und ihn fragte: „Wie geht es Ihrer Frau Mutter, hat der Rosmarin geholfen?" Welche Frage bejaht werden konnte.

Als Paul Klein wieder einmal verzweifelt war und den Lehrer frug, warum er oft so unharmonisch sei, antwortete ihm dieser, das wäre verständlich, wenn man bedenke, daß in verschiedene Wesensglieder ganz verschiedene geistige Individualitäten hereinwirkten, z.B. in den Ätherleib — nur als Beispiel gedacht — Goethe und in den Astralleib Tauler. Das vertrage sich manchmal nicht gut.

Auf die Klage, daß man ihn für zu sehr selbstbezogen, für egoistisch halte, antwortete Dr. Steiner: „Sie, lieber Pfarrer, haben gerade so viel Egoismus, daß Sie sich bei Ihrer zur Unzeit erfolgten Inkarnation auf dem physischen Plan einigermaßen halten können."

In einem Brief an Dr. Steiner zitiert Paul Klein dessen Worte aus einem Gespräch: „... Da halte ich mich an Ihre Worte, daß ich lernen müsse, der Menschenhilfe zu entsagen, und daß aus meinem Leiden anderen Menschen Kräfte quellen."

Einmal bat Pfarrer Klein Dr. Steiner um eine Meditation für seine Konfirmanden, damit er sich mit ihnen verbinden könne. Dr. Steiner meinte, die solle er versuchen, selbst zu finden, er wolle sie dann gerne prüfen. Es entstand ein Gebet, das beginnt: „Laß leuchten in mich deines ewigen Lichtes Gottesstrahl..." Dr. Steiner sagte dann, das wäre richtig so, das wäre gerade das, was der junge Mensch in diesem Alter brauchen könnte. Dies ist ein wichtiges Beispiel für den Umgang des Lehrers mit seinen Schülern. — Einmal besuchte Dr. Steiner eine Predigt seines Schülers. Er berichtete ihm dann, was er dabei erlebt habe. Der Pfarrer war unglücklich und meinte, zwar gingen die Hörer auf seine Worte ein, aber nachher bleibe doch bei ihnen alles beim alten. „Sagen Sie das nicht, lieber Pfarrer", erwiderte Dr. Steiner; „Wer eine solche Predigt hört, trägt ein Akasha-Bild des auferstandenen Christus mit durch die Pforte des Todes." Und ein andermal sagte Dr. Steiner auf den Einwurf, man müsse doch eigentlich Priester sein: „Nun, wenn *Sie* kein priesterlicher Mensch sind, lieber Pfarrer!"

Und doch trat Dr. Steiner — es war wohl Herbst 1921 — einmal aus seiner Zurückhaltung heraus und fragte direkt: „Sagen Sie mal, lieber Pfarrer, was wollen Sie eigentlich noch in der badischen Landeskirche?" Die Antwort lautete: „Solange ich drin bin, ist der Christus drin." Dr. Steiner gab aber zu bedenken: „Da haben Sie völlig recht. Aber es gibt ein okkultes Gesetz, daß, wenn jemand auf dem geistigen Plan eine Institution beherrscht, muß man ihm auf dem physischen Plan eine entsprechende, führende Stellung einräumen. Sonst ergeben sich für den Betreffenden Schwierigkeiten." Nun, sieben Jahre später schon brach Pfarrer Paul Klein mitten in einer Karfreitagspredigt auf der Kanzel zusammen. Er erholte sich wieder, aber gab dann im Jahre 1930 plötzlich sein Amt auf. Manchen Menschen konnte er noch Helfer und Wegweiser sein.

Bis zu seinem Tode lebte er studierend und meditierend in den spirituellen Inhalten, die ihm sein Lehrer vermittelt hatte. Der hatte ihm einmal gesagt: „Ihr Karma läuft mit der Schärfe eines Rasiermessers ab."

Dr. Steiner hat ihm einmal in einem Brief einen Spruch gegeben. Wichtig dabei, um das Verhältnis der beiden zu begreifen, ist der Nachsatz.

„... In Ihrer spirituellen Lebenslage — das sage ich Ihnen freundschaftlichst — hat man nötig, das Verhältnis des eigenen Selbst zur geistigen Welt als den *ersten,* den *höchsten* Lebensinhalt für sich selber anzusetzen. Ich meine damit nicht etwa nur ein Seherverhältnis, sondern auch das mystisch-religiöse, durch den lebendigen Christus vermittelte Verhältnis. Dieses Verhältnis muß so fest gefühlt werden, daß es wie die *Sonne* des Lebens ist, der gegenüber alles andere — wenn auch wohl berechtigt — doch ein planetarisches Wesen hat.

> Im Geiste leben
> Im Seelenwesen
> Sich findend weben:
> Es wirkt das Selbst,
> Und trägt in Sonnenhöh'n

> Zur Weltenschöpferkraft
> Den Menschen wahrhaft hin.

In solcher Gesinnung findet sich, wem vorbestimmt, dem Geiste auf Erden eine Stätte zu bereiten. . . .

In immer gleicher Herzlichkeit —
Ihr Dr. Rudolf Steiner."

N. GROSHEINTZ-LAVAL

Die Feier der Grundsteinlegung zum ersten Goetheanum am 20. September 1913

Erzählen möchte ich in schlichten Worten den Hergang der Grundsteinlegung auf dem physischen Plan. Sogar etwas zurückgreifen möchte ich, um im Wesentlichen zu schildern, wie dieser Bau, der für München geplant war, doch jetzt auf diesem damals unberührten Hügel — jahrhundertelang „Bluthügel"[1] genannt — errichtet werden sollte.

Dort besaßen wir zwei Hektar Land und hatten im einsamsten Haus Brodbeck — heute als Rudolf-Steiner-Halde ausgebaut — unsere Sommerwohnung. Nach der Abhaltung des Basler Zyklus über das Markus-Evangelium im Herbst 1912 sollte Fräulein von Sivers mit ihrer Schwester und Fräulein Waller dort etwas ausruhen, während Dr. Steiner in Barr (Elsaß) Edouard Schuré und in Graubünden Christian Morgenstern besuchen wollte. Dann sollte nach Italien weitergereist werden.

Zum Erstaunen aller blieb Dr. Steiner in Dornach, durchwanderte kreuz und quer die ganze Gegend und stieg sogar in alle Arlesheimer Höhlen.

Dann besuchte er uns in Basel, und es entspann sich folgendes Gespräch:

Dr. Steiner: „Was haben Sie eigentlich vor, mit diesem Land zu machen?" Dr. Grosheintz: „Als ich es kaufte, sagte ich meiner Frau, es wird mir die Zukunft zeigen, warum ich so viel Land kaufen mußte." Ich: „Ich möchte, daß wir dort ein Landerziehungsheim bauen, wo Kinder in richtiger Art aufwachsen können." Wir wußten um die Münchener Hemmnisse, und so anwortete mein Mann: „Dornach hat keine Baugesetze —". „Und Basel hat ein günstiges theosophisches Karma", fügte Dr. Steiner dazu.

Er erzählte uns dann von den Schritten in München, wodurch man nur Zeit verliere, und sagte damals schon, was er so oft wiederholen sollte: „Zeit haben wir nicht".

„Nun", sagte mein Mann, „wenn Sie das Land brauchen, ist es ja da."

---

[1] Erinnerung an die Dornacherschlacht 1499.

Erst Ende Februar 1913 kam die erneute Ablehnung des Bauprojektes durch die Münchener Baukommission, und kurz darauf der Entschluß des Johannesbau-Vereins, den Bau auf unserem Hügel zu errichten. Da wir nur den vorderen Teil besaßen — wo der Bau jetzt steht —, sahen wir ein, daß man noch den hinteren Teil erwerben müßte.

Unsere Züricher und Berner Freunde, Prof. Gisi, Frau Hirter-Weber und Frau Schieb, ermöglichten, daß das jetzige Gelände eine Schweizer Stiftung wurde.

Daß alles auf Anregung Dr. Steiners geschah, ist mir wichtig zu erwähnen. Von uns aus die Initiative zu diesem Wechsel zu ergreifen, hätten wir als einen Verrat gegenüber den lieben, hingebungsvollen Münchener Mitgliedern empfunden. Wir fühlten, wie es für sie schmerzlich sein mußte, den Bau, dessen Boden schon erworben war, zu verlieren.

Dankbar war ich Frau Dr. Wegman, als sie damals folgende Worte zu mir sprach: „Sollte Ihnen jemand sagen, daß es Unrecht ist, daß hier gebaut wird, dürfen Sie folgendes erzählen: Ich (Frau Dr. Wegman) war 1905 von Holland kommend, auf dem Weg nach Zürich, um dort medizinische Studien aufzunehmen. Unterwegs hielt ich mich in Berlin auf, wo ich auch Dr. Steiner hören konnte, und frug Fräulein von Sivers um Rat, ob ich nicht lieber in Berlin Medizin studieren solle, wo ich dann alle Vorträge Dr. Steiners würde besuchen können. Und Fräulein von Sivers antwortete mir: ‚Gehen Sie nach Zürich. Unsere ganze Bewegung kommt doch in die Schweiz'." (1905!)

Schicksalsworte!

Dank diesem Rat von Fräulein von Sivers war — unter den Mitgliedern — Dr. Wegman der einzige Arzt mit Schweizer Diplom und konnte dadurch in der Schweiz Dr. Steiner die Möglichkeit bieten, nach dem Krieg das Gebiet der Medizin praktisch zu befruchten.

Schicksalsworte auch für die anthroposophische Arbeit, zeigt es doch, daß das Karma in sich barg, was den Bau, der eine Heimat für die Seelen werden sollte, gegen die heranbrausenden Kriegsgewitter schützen sollte.

Durch diesen Ausspruch von Fräulein von Sivers kann man auch eine Gefahr ermessen, welche eine Zeitlang über der Bewegung Rudolf Steiners schwebte.

Im Jahre 1911 wurde von Genf aus den Schweizer-deutschen theosophischen Logen mitgeteilt, die vier dortigen Logen — an Paris angeschlossen — hätten sich in sieben Logen umgestaltet, um dadurch einen Landes-Charter zu erlangen. Dieser war von Mrs. Besant prompt gewährt worden. Und es hatte sich in Genf ein Landesvorstand gebildet, dem die Verwaltung aller theosophischen Logen in der Schweiz oblag. Dieser Vorstand sollte immer aus den sieben Vorsitzenden der sieben Gründerlogen bestehen. Den damaligen Statuten der Theosophischen

Gesellschaft entsprechend, konnte der Generalsekretär einer Sektion nicht ohne Einladung im Gebiet einer anderen Sektion sprechen. Über die Genfer Logen sollte also erreicht werden, daß Dr. Steiner keine Vorträge mehr in der Schweiz würde halten dürfen. Es bedurfte eines zähen Kampfes, den Dr. Emil Grosheintz führte, bis erreicht wurde, daß Mrs. Besant diesen Schweizer Charter zurückzog und das Recht der Schweizerdeutschen Logen anerkannte, sich als zu Dr. Rudolf Steiners Strömung gehörig zu betrachten.

Es ist nicht überflüssig, daran zu erinnern. Das Bewußtsein der geistigen Hindernisse, Widerstände, Kämpfe hatte die Seelen der Menschen, welche die Verantwortung der Mitarbeit zu tragen hatten, erweitert und gestärkt.

Und ernst waren sie gestimmt, als der Augenblick kam, wo die Grundsteinlegung stattfinden konnte. Fast hätte ich gesagt: ernst und sorgenvoll, wenn man nicht durch Rudolf Steiners Wesen über die Sorgen emporgehoben worden wäre. Man wußte, man würde die Kraft bekommen, die Sorgen zu tragen.

Nun kam der denkwürdige Tag. Nur drei Tage vorher hatte Dr. Steiner den Zeitpunkt angegeben, und wenige Menschen nur erfuhren davon. Am Tag der Ankündigung — abends — machte Dr. Steiner die ersten Spatenstiche, und die anwesenden Mitglieder schaufelten dann weiter. Zwei Tage hindurch wurde fieberhaft daran gearbeitet, tagsüber durch die Arbeiter, abends durch Mitglieder.

Am 20. September lag die Grube fertig da. Neun Stufen führten in die Tiefe. Eine betonierte kleine Grube erwartete den Grundstein.

Die Feier war auf 6.30 Uhr angesetzt, konnte aber erst nach 7 Uhr beginnen. Der Tag verlief in erwartungsvoller Stimmung. Der Grundstein, zwei zusammengelötete kupferne Dodekaeder, ein größerer und ein kleinerer, nicht ganz einen Meter lang, war gebracht worden. Die Maße hatte Rudolf Steiner selbst angegeben. Später erzählte mir Ingenieur Englert, daß, als er nach der Grundsteinlegung den Bau errechnete, die Rechnung nicht ganz aufgegangen sei; es blieb immer ein Rest. Und da habe er bemerkt, daß das Maß des Grundsteines diesen Rest aufgehen ließ.

Das Pergament für die Urkunde — aus der Haut eines männlichen Kalbes hergestellt — hatte Graf Lerchenfeld besorgt. Und Dr. Steiner war nachmittags beschäftigt, die Inschrift der Urkunde einzutragen. Er las sie uns dann vor. — Er schaute sich auch die Stelle an, auf welcher das Feuer, das das Geschehen erleuchten sollte, angelegt werden sollte. — Aus unseren alten, ausgetrockneten, eichenen Rebstangen wurde eine mächtige Säule errichtet. Herr Wilhelm Selling aus Berlin schichtete sie auf und beruhigte uns, daß er als früherer Kolonialbeamter wisse, wie es zu machen sei, damit die Umgebung nicht gefährdet werde. Auch die Pechfackeln waren gebracht worden, die, am Rande der Grube von Mitgliedern hoch getragen, einen feurigen Kranz bildeten.

Tagsüber hatte sich der Himmel bewölkt, und als wir versammelt waren, erhob sich ein mächtiger Wind. In der Ferne dröhnte der Donner; Blitze zerrissen immer wieder die Dunkelheit, und die Landschaft erschien gespensterhaft.

Als Dr. Steiner die Urkunde verlas, begann ein ganz feiner Regen zu rieseln. Doch entlud sich das richtige Gewitter mit strömendem Regen erst, als die Feier vorbei war. Für die Teilnehmer verschmolz die nachträgliche Entfesselung der Elemente mit den mächtigen, erschütternden Eindrücken der Feier und bildete ein Ganzes, was sich in manchen Schilderungen der Feier widerspiegelt. Doch konnten alle Teilnehmer mit trockenen Kleidern heimkommen. Allerdings hatte der durch die Bauarbeiten aufgeweichte, weglose Lehmboden der Wiese das Schuhwerk ergriffen und behielt mehr als einen Überschuh; Fräulein von Sivers mußte sogar einen Schuh einbüßen.

In der Urkunde des Grundsteines waren wesentliche Mitteilungen festgehalten. Sie wurde dem kupfernen doppelten Dodekaeder einverleibt und dieser dann verlötet. Der Grundstein wurde, von Dr. Peipers auf ausgestreckten Armen getragen, von zwei Mitgliedern an langen Gurten gehalten, die neun Stufen hinunter an den Ort verbracht, wo er ruhen sollte. Er wurde so gelegt, daß der größere Dodekaeder nach Osten, der kleinere nach Westen liegt. — Das ist im umgekehrten Verhältnis wie die Proportionen des Baues.

Architekt Schmidt und Ingenieur Englert bedeckten den Stein, auf den Fräulein von Sivers einen Rosenstrauß gelegt hatte — zwölf rote und eine weiße Rose — mit Erde.

Darauf reichte Dr. Steiner den am Grundstein Anwesenden: Fräulein von Sivers, Fräulein Stinde, Herrn Dr. Grosheintz, Herrn Dr. Peipers, Architekt Schmidt, Ingenieur Englert die Hände übers Kreuz. Dann verließen alle, zuletzt Dr. Steiner, die Vertiefung.

Dann hielt Dr. Steiner diejenige Ansprache [2], die kündet von jener Antwort, die gegeben werden kann dem hörbaren Schrei nach dem Geiste, da, wo Geisteswissenschaft walten kann mit ihrem Evangelium, der Kunde von dem Geiste. Daß das fünfte Evangelium würde verkündet werden können, wenn die Menschenseelen zum Verständnis sich finden würden. — Und als Erstes aus diesem fünften Evangelium kam zur Verlesung das makrokosmische Gebet „Es walten die Übel..." als Gegenbild des mikrokosmischen Vaterunsers.

---

[2] In Heft 2 „Aus den Inhalten der Esoterischen Schule".

„So gehen wir auseinander — in unserer Seele das Bewußtsein der Bedeutung mitnehmend von dem Ernst und der Würde der Handlung, die wir verrichtet haben — das Bewußtsein, das von diesem Abend bleiben soll ... in uns entzündend das Streben nach Erkenntnis einer der Menschheit gegebenen Neuoffenbarung, nach der da dürstet die Menschenseele, von der sie trinken wird. Aber erst dann, wenn sie gewinnen wird furchtlos den Glauben und das Vertrauen zu dem, was da verkünden kann die Wissenschaft vom Geiste, die wiederum vereinen soll, was eine Weile getrennt durch die Menschheitsevolutionen gehen mußte: Religion, Kunst und Wissenschaft. Nehmen wir dies, meine Schwestern und Brüder, mit als etwas, was wir als ein Gedenken an diese gemeinsam gefeierte Stunde nicht wieder vergessen möchten."

Es folgte dann das Eindecken und Betonieren des Grundsteins in Anwesenheit von Dr. Steiner. Gegen 8.30 Uhr war diese denkwürdige Feier zu Ende.

MAX BENZINGER

Von einem Augenzeugen der Grundsteinlegung

Herr Dr. Steiner sagte mir, ich solle mich vorbereiten, den Grundstein zu fertigen für den Dornacher Bau, er soll aus zwei Dodekaedern bestehen, und zwar der größere 63 cm im Umfang, der kleinere 54 cm, und aus Kupfer soll er geschaffen werden. Das Weitere überließ er mir, denn ich war ja sein Hexenmeister, wie er sagte. Das kam daher: da war er einmal auf 3 bis 4 Stunden in München, und um 6 Uhr gab er Dr. P. die Aufgabe, bis 8 Uhr ein Modell zu machen über den Rundgang, daß er nicht zu steil empfunden werde. Um 8 Uhr konnte ich P. dies Modell für Herrn Doktor zeigen.

Nun ging ich ans Werk, die Flächen des Grundsteins zu berechnen, damit der Durchmesser rauskam, und zu dem Zweck machte ich erst ein kleines Modell. Als es so weit war, suchte ich einen Kupferschmied in München auf, in dessen Werkstatt ich den Grundstein fertigte. Er war so weit fertig, daß nur noch die fertig zusammengesetzten Flächen hart zu löten waren. Als der große Dodekaeder fertig war, setzte ich den kleinen noch an, mußte aber dann mich fertig machen, da ich nach der Schweiz sollte, die Möbelwagen zu packen und mußte auch noch eine Schreinereieinrichtung nach Dornach mitnehmen, und kam so am 10. September 1913 in Dornach an. Herr Dr. P. brachte am 17. September den Grundstein nach Dornach.

Am gleichen Tage, als wir oben auf dem Dornacher Hügel waren und die verschiedenen Punkte festlegten, wurde auch der Punkt festgelegt, wo der Grundstein zu liegen kommen sollte. In der sogenannten Villa Hansi, ganz nahe am Bauplatz, wurde unser Baubüro eingerichtet und dahin kam auch vorerst der Grundstein. Wir waren noch um 7.30 Uhr oben an der Baustelle, da trat Dr. Steiner hinzu und nahm einen Spaten und machte die drei ersten Spatenstiche an der Stelle, wo der Grundstein zu liegen kam. Dann gab Dr. Steiner den Spaten den Architekten Sch., Ai., von M., Dr. P., K., L., Br. und als letztem mir. Ein jeder machte drei Spatenstiche, welche in eine Sandkarre geworfen wurden. Mich ergriff ein großer Schauer, als ich die Handlung vollbringen sah und ich selber hineingezogen wurde, und ich tat meine Spatenstiche in voller

Andacht mit dem R-Spruch¹ in Gedanken. Dann war es schon ziemlich finster, und ich zündete eine Laterne an und führte Herrn Doktor den Berg herab, herunter in die Villa Brodbeck, in welcher er wohnte. Am 15. September ist Herr Doktor in Dornach angekommen, und ich holte ihn vom Bahnhof ab zur Villa Brodbeck.

Nun ging ich wieder zurück zum Bauplatz. Da wurde von den Herren beratschlagt, daß man die Grube selber ausgraben solle, und man glaubte, daß das so in einem halben Tage und in einer Nacht geschehen könnte. Nun ja, die Herren glaubten fest und fuhren die gefüllten Karren bergab, aber schon nach einer Viertelstunde sah man das Resultat der ungewohnten Arbeit und eine halbe Stunde nachher war man schon müde, und man lernte die Zeit einer Arbeit mehr einschätzen als man es sich vorgestellt hatte, denn eine Grube von 6 m im Umkreis und 1,75 m Tiefe braucht schon seine Zeit, um ausgehoben zu werden. Am anderen Tage arbeiteten dann ca. 15 bis 20 Mann, am 18., 19. und 20. September ebenfalls, und sie wurde gerade noch fertig, bevor die Grundsteinlegung erfolgte.

Während die Grundaushebung vor sich ging, ging ich nach Arlesheim mit Br. zu einem Schreiner und wir fertigten die Holzhülle, damit man das Einfassungsgehäuse machen konnte, also es war eine sogenannte Verschalung für außen und innen, denn der Grundstein kam in einen Zementsockel zu liegen. Dieser Grundstein liegt genau in der Achse von Ost nach West, und Dr. Steiner selber bestimmte zur Mittagszeit diese Linie mittels einer Kristallkugel, die ich von Basel herholte. Am 19. September 1913 kam Dr. Steiner zu mir im Hause Villa Hansi in den Keller, wo ich an dem Grundstein die Verschlußplatte anpaßte und alles so richtete, daß die Grundsteinlegung jederzeit geschehen konnte.

Herr Doktor brachte mir zwei Pyrite, einen großen, Länge 30 mm, Höhe 20 mm und einen kleinen, Länge 25 mm, Höhe 15 mm und sagte mir, ich solle diese beiden Pyrite so im Inneren des Grundsteins befestigen, daß der kleine Pyrit im großen Dodekaeder und der große Pyrit im kleinen Dodekaeder in der Mitte schwebe. Nun ja, das war auch solch eine Aufgabe, die sich erst nach längerem Nachdenken lösen ließ.

Nun hatte ich Bedenken wegen dem Befestigen der Verschlußkapsel und sagte zu Herrn Doktor: „Ja, ich bekomme keinen Schweißapparat, um diese Kapsel hart zu löten, und was soll ich da machen?" Er sagte: „Ja, warum kann man es nicht anders machen?" Ich sagte: „Ja, man kann ihn nicht mit Zinn löten." Er sagte: „Ja, warum haben Sie da ein Bedenken?" Ich sagte: „Ja, wenn ein Gegenstand mit Zinn gelötet in den Boden kommt, dann wird das Zinn nach Jahren weich, und es käme

---

¹ Gemeint sind wohl die Rosenkreuzer-Sprüche.

dann Feuchtigkeit in den Grundstein hinein." Dr. Steiner besann sich kurz, dann sagte er: „Nun, wie lange glauben Sie, daß das Zinn braucht, um weich zu werden?" Ich sagte: „So 80 bis 100 Jahre." Dann kam ein Lächeln in seine Züge und er sagte: „Ja, in 80 bis 100 Jahren sieht es hier oben ganz anders aus." Ich empfand etwas von der Größe dieses Ausspruches und dadurch vergaß ich ganz auf das Wie noch zu fragen.

Als ich das Problem des Schwebens der beiden Pyrite gelöst hatte, zeigte ich es Herrn Doktor und als er sagte: „Ja, so geht es schon", erst dann befestigte ich diese beiden Pyrite je in der Mitte der Dodekaeder. Am 19. September war der Grundstein fertig, die Lötlampen mit Benzin gefüllt, das Zinn bereitgelegt mit dem Lötwasser, so daß nichts fehlte. Ich trug Zinn und Lötwasser immer in meiner Tasche, damit ich es ja nicht vergesse im entscheidenden Moment.

Das Herausbetonieren des Grundsteinsockels, der 1 m hoch, 1,20 m lang und 70 cm breit war, war am 20. September beendet. Um $^1/_2$9 Uhr war Herr Dr. Steiner und Fräulein v. S. im Baubüro und besahen sich den Grundstein. Ich war mit meiner Arbeit gerade fertig und da spielte sich das Gespräch ab, wie oben geschrieben. Man wartete jetzt nur noch auf die Stierhaut, die ankommen sollte, damit dieselbe Herr Dr. Steiner bezeichnen und beschreiben kann. Um $^1/_2$3 Uhr nachmittags traf dieselbe ein und Herr Dr. Steiner fing gleich an, dieselbe zu beschreiben. Diese war schneeweiß, zirka $^1/_2$ mm dick, 1,30 m lang und 90 cm breit. Auf diese Urkunde zeichnete er erst eine große Eiform mit Linien durchzogen, und die Endpunkte bezeichnete er mit den Anfangsbuchstaben der vier Himmelsrichtungen O W S N, dann zeichnete er das Bild des Grundsteins hinein in die Fläche und die R-Buchstaben.[2]

Der größere Dodekaeder in der Zeichnung stand gegen Norden. Links und rechts standen Worte, die hier nicht gegeben werden können, unten waren drei bewegte Linien und darunter standen die Unterschriften des Vorstandes des Bauvereins. Der Tag und die Stunde der Grundsteinlegung sollte geheim gehalten werden, und keiner wußte, wann das Ereignis eintreten soll, aber alle waren gespannt auf diesen Moment. Da, nach 6 Uhr gab Dr. Steiner bekannt, daß um 7 Uhr die Feier vor sich gehen solle. Wie es nun mal immer so war, war es auch hier so, was man nicht hätte tun dürfen, da wurden gleich die Telephonapparate in Bewegung gesetzt und andere Mitglieder benachrichtigt, obwohl eigentlich nur die anwesenden Mitglieder in Betracht gekommen wären.

Es war eine sonderbare Stimmung in der Natur. Es hatte den ganzen Tag geregnet, der Lehmboden war aufgeweicht, so daß man oft bis an die Knöchel im Lehm stand und manche Damen mit Halbschuhen ihre

---

[2] Siehe Anmerkung 1 — also wohl: E. D. N. — I. C. M. — P. S. S. R.

Schuhe verloren. Es war so ein rechter Septembertag. Über der Grube war ein großes Zelttuch gespannt, damit man etwas Schutz hatte vor dem Regen, es waren keine kleinen Regentropfen, sondern schon richtiges beinahe Kübelgießen. Aber abends zu gab es kleinere Tropfen. Wir hatten neben der Grube einen Holzstoß aufgeschichtet, zirka 1 m lang und 1 m hoch, der Abend war so dunkel, was mir besonders sonderbar um diese Zeit auffiel, daß man keine 10 Schritte weit sehen konnte. Es war gut so, denn so konnte die Handlung ohne Neugierige vor sich gehen und nicht gestört werden. Um 7 Uhr kam Herr Doktor mit Architekt Schm., beide mit einer blauen Schürze umgebunden. Ich hatte den Grundstein schon daneben aufgestellt, zwei Kellen und einen Traggurt bereitgestellt und die Lötwerkzeuge. Es kamen so zirka 70 Mitglieder aus allernächster Nähe zusammen.

Nun wurden Fackeln angezündet und der Holzstoß, um den Platz ein wenig zu erleuchten. Herr Doktor machte dann auf den hohen Augenblick aufmerksam und verlas die Urkunde mit sämtlichen Namen der Unterzeichneten und sagte dabei, daß dieser Grundstein ein Abbild der menschlichen Seele ist. Dann rollte er die Urkunde zusammen und steckte sie in den Behälter. Dann trat ich in Funktion und lötete den Deckel drauf. Es regnete immer noch, das Feuer des Holzstoßes brannte aber lustig weiter. Als ich den Grundstein geschlossen hatte, da wendete sich Dr. Steiner und sprach leise Worte, dann wurde der Stein mit dem Gurt umschlungen und man trug ihn — fünf Personen, Herr L., Br. links, Herr Architekt Sch. und Herr Gr. rechts und Herr Dr. P. hinten am großen Teil fassend — hinunter in die betonierte Grube und man legte ihn so hinein, daß der große Teil nach Osten zu liegen kam und der kleine Teil nach Westen, also dem Kuppelbau entgegengesetzt. Dann ging Herr Dr. Steiner auch hinab. Dann folgte eine Ansprache von einer halben Stunde. Ich war in meinem Innersten so ergriffen und so lebendig mit all dem verbunden, daß ich gar nicht aufsah zum Himmel; aber jetzt sah ich auf, und da war der schönste und klarste Sternenhimmel, die Sterne schienen so, als ob sie viel näher wären. Venus, Jupiter standen ganz nahe beisammen im Südwesten und funkelten mit herab, so daß es eine der schönsten Sternennächte war, die ich nur einmal noch erlebte, und zwar am Neujahrstage 1922/23 morgens, als der Bau abgebrannt war. Dann warf man die Grube ganz zu mit Erde und man deckte vorerst mit einem Holzdeckel ab, und es ging aus der Vertiefung wieder nach oben. Das Feuer brannte noch fest und so auch die Pechfackeln.

Dann sprach Dr. Steiner nochmals und machte auf den Ernst dieses Augenblicks aufmerksam und erörterte vieles, so auch, daß die vier Evangelien von Osten nach Westen kommen und warteten auf eine Spiegelung, welche jetzt vor sich gehe, indem das uralte aus der Sonnen- und

Mondenzeit zurückstrahlt. Er verlas dasselbe zweimal, dann war die Feier zu Ende, es war 8.20 Uhr.

Ich begleitete Herrn Dr. Steiner mit der Laterne dann in die Behausung von Villa Brodbeck und ging wieder zurück, die Mehrzahl hatte sich verlaufen und nur wir zirka zwölf Personen waren noch da. Wir nahmen den Holzdeckel ab und verankerten Eisenstäbe mit der Grube, machten Zement und Sand an und betonierten das Ganze zu, damit war alles in Ordnung.

LEOPOLD VAN DER PALS

Erinnerungen eines Musikers aus den Anfängen der Weihnachtsspiele

Eines Tages im Herbst — es mag wohl 1909 oder 1910 gewesen sein — teilte mir Dr. Steiner mit, er wolle ein altes Weihnachtsspiel durch die Mitglieder des Berliner Zweiges aufführen lassen und fragte mich, ob ich die dazu nötige Musik schreiben wolle. Ich sagte natürlich mit Freuden zu. Das war die Geburtsstunde meiner Musiken zu den verschiedenen Weihnachtsspielen. Gewählt war zunächst ein kleines oberpfälzisches Spiel. Dr. Steiner wollte wohl erst die Kräfte ausprobieren, bevor er sich an die großen Oberuferer Spiele wagte.

Ich ging sogleich an die Arbeit und suchte zunächst nach alten Originalmelodien, die früher für diese Art Spiele gebraucht wurden, konnte aber nichts finden, außer zwei kleinen Liedern, die ich für den Schlußgesang verwendete. Also komponierte ich selbst die nötigen Lieder.

An die Proben und die Aufführung dieses kleinen Spieles erinnere ich mich nicht mehr. Ich weiß nur, daß Herr Selling einen Hirten, Frau von Görschen die Maria und Herr Korth den Joseph spielten. Jedenfalls muß es zu Dr. Steiners Befriedigung ausgefallen sein, denn ein Jahr später beabsichtigte er, das Oberuferer Christgeburtspiel aufzuführen, was schon eine viel anspruchsvollere Aufgabe war. Auch zu diesem Spiel sollte ich die Musik schreiben. Ich entschloß mich, ohne wieder, wahrscheinlich vergebens, nach Originalmelodien zu suchen, alle Lieder neu zu komponieren. Eines stand für mich fest: Trotz aller Volkstümlichkeit, in der die Lieder gehalten werden mußten, war alle Banalität und Süßlichkeit zu vermeiden und doch mußten die Lieder eingänglich und leicht singbar sein. Ein oder zwei Jahre später wurde mir von Dr. Steiner die Aufgabe gestellt, die Lieder zum Oberuferer Dreikönigsspiel zu schreiben. Diese Arbeit war schon schwieriger als die früheren. Denn dieses Spiel ist von solch unsagbarer Dramatik, daß es mit einfacher Volkstümlichkeit nicht getan war. Ich versuchte, mich dem Stil des Stückes anzupassen und komponierte auch diese Lieder. Die Aufführungen fanden im Berliner Zweigraum statt, ohne Vorhänge, mit ganz primitiven Papierkostümen, und lösten dennoch eine andächtige Stimmung aus.

Inzwischen hatte man mit der Errichtung des Dornacher Baues begonnen. Ich ging im Jahre 1915 nach Dornach, um dort am Bau mitzuarbeiten. Hier entstand die Musik zu dem letzten Spiel, dem Paradeisspiel. An diese Zeit habe ich eine lebhaftere Erinnerung als an die Berliner Aufführungen. Es hatte mit dieser Musik große Eile, denn es war bereits spät im Jahr. Ich komponierte den ganzen Tag und erinnere mich, sogar in der Elektrischen nach Basel komponiert zu haben.

Dr. Steiner pflegte, bevor man an die Proben ging, die Spiele denjenigen vorzulesen, die mitspielen durften. Er wiederholte das jedes Jahr. An eine solche Vorlesung erinnere ich mich ganz besonders. Wir, die wir beim Spiele irgendwie mitzuwirken hatten, versammelten uns in der Villa Hansi (Dr. Steiners Wohnhaus in Dornach). Dann kam Rudolf Steiner und fing an zu lesen. Er las so vollendet, daß wir das Stück, das wir doch so gut kannten, kaum erkannten und etwas ganz Neues zu hören glaubten. Er verwandelte sich buchstäblich in eine jede Person, deren Rolle er las, er war Maria, er wurde zum lustigen Hirten, zum groben Wirt, zum frommen Joseph.

Bald begannen dann die Proben. Ich mußte mit meinen Sängern oft stundenlang üben, bis sie sich die Melodien gemerkt hatten. Jeder gab sich die größte Mühe, und bei der Aufführung „klappte" es. Die gemeinschaftlichen Proben fanden immer abends statt, da tagsüber in der Schreinerei gearbeitet wurde, und dauerten oft bis in die Nacht hinein. Frau Dr. Steiner war immer zugegen, korrigierte und zeigte, „wie man es machen muß". Oft war auch Dr. Steiner selber anwesend und griff dann persönlich in die Proben ein, indem er nicht nur vorsprach, sondern oft mit einem Satz auf die Bühne sprang und die Rollen selbst wie ein vollendeter Schauspieler spielte. — Zu Weihnachten fanden dann die Aufführungen statt. Vor denselben pflegte Dr. Steiner einen einleitenden Vortrag zu halten, in dem er über die Entstehung der Spiele, über Schröer und sein Verhältnis zu ihm und über Schröers Arbeit beim Auffinden der Spiele sprach. An *einem* Spieltage war alljährlich das Dorf bei uns zu Besuch. Dann wurden alle Honoratioren des Dorfes eingeladen, das Publikum bestand hauptsächlich aus Dorfbewohnern und einer Menge von Kindern. Ihr Hauptvergnügen war, den Teufel am Schwanz zu zupfen. Meine Melodien kannten sie auswendig, und ich habe oft gehört, wie die Gassenbuben in Dornach und Arlesheim sie auf der Straße sangen.

Die „Schauspieler" waren alles Mitglieder der Gesellschaft, die sonst nie an Theaterspiel gedacht hatten. Dank der Mühe, die Herr und Frau Dr. Steiner sich nahmen, lernten sie bald, sich auf der Bühne zu bewegen und den österreichischen Dialekt zu sprechen. Alle waren mit ganzem Herzen dabei, und so kamen Aufführungen zustande, die mit ihrer Innigkeit alles hinter sich ließen, was man bei gewöhnlichen Theateraufführungen zu sehen bekommt.

KARL SCHUBERT

Die Weihnachtsspiele

Es war im Jahre 1910 in Wien, daß wir durch Freunde, die in Berlin die Aufführung der Weihnachtsspiele erlebt hatten, darauf aufmerksam wurden. Die Begeisterung, die aus den Erzählungen der Freunde auf die Zuhörer übergriff, war so groß, daß daraus der Impuls entstand, das Weihnachtsspiel in der Art, wie es von den Freunden in Berlin erlebt worden war, auch in Wien aufzuführen. Wir verschafften uns den Text in der Ausgabe von Karl Julius Schröer *Weihnachtsspiel aus Ober-Ungarn* und gingen an die Arbeit. So ist es also dazu gekommen, daß wir es gewagt haben, im Jahre 1911 das Oberuferer Christgeburtspiel aufzuführen. Ein Mitspieler, der selbst die Spiele in Berlin miterlebt hatte, hat uns dabei geholfen. Jahr um Jahr haben wir dann im Wiener Freundeskreis die Spiele aufgeführt so gut wir es konnten, und wir glaubten, es gut zu können.

Zu Weihnachten 1920 durften wir nun in der Schreinerei in Dornach die Aufführungen des Paradeisspiels, des Christgeburtspiels und des Dreikönigspiels erleben. Da hätte man gerne ausrufen wollen: „da ist Notwendigkeit, da ist Gott". — Unvergeßlich schön war der Herrgott, ergreifend herb das Weinen der Eva, markerschütternd die Verwandlung des Adam, unerbittlich groß die Sprache des Engels und überzeugend wirksam die Sprache des Teufels. Alles war so natürlich im Stil und so lebendig abgemessen, daß kein Wort und keine Geste zu viel war. Ähnlich stark waren die Eindrücke, die wir vom Christgeburtspiel und Königsspiel in Dornach empfangen haben.

So viel innerliche Bereicherung ist den Zuschauern zuteil geworden, daß man es nicht in Worten beschreiben könnte. Die verstärkte Herzensbeziehung zu dem geistigen Inhalte der Spiele verdanken wir den Aufführungen in Dornach.

In der Weihnachtszeit von 1921 durften wir in der Waldorfschule das Christgeburtspiel und das Königsspiel aufführen. Frau Marie Steiner hat damals bei den Proben zugeschaut und uns sehr ausgiebig geholfen, daß die Spiele möglich wurden. Zu Weihnachten 1922 durften wir selbst in Dornach mitspielen und zuschauen, wie Dr. Steiner die Spiele einstudierte und leitete. Dr. Steiner hatte gerade den Prolog für den „Baumsinger" des Paradeisspiels gedichtet. Im Atelier der Schreinerei saß Dr. Steiner und kolorierte und bemalte die Eurythmiefiguren; der Text des Baumsingers wurde vorgelesen und dann kam der Auftrag, den Text bis 3 Uhr nachmittags auswendig zu lernen und in der Schreinerei sich einzufinden. Dr. Steiner kam zur angesetzten Zeit in die Schreinerei und zeigte, wie man den Baumsinger und Sternsinger sprechen und darstellen soll. Er lieh sich von Fräulein Mitscher den Hut und den Mantel aus und stellte die beiden Prologsprecher in unnachahmlicher und unübertrefflicher Weise dar. Die ganze Art und der Ton, in dem man Dr. Steiner in diesen Gestalten des Baumsingers und Sternsingers sehen konnte, bleibt ein fast unbeschreibliches Erlebnis. Jede Zeile sprach er im vollendeten Dialekt und machte mit seiner ganzen Gestalt, mit seinen Knien, mit seinen Armen, mit seinen Lippen und mit seinen Augen solche charakteristische Bewegungen, daß der echte, bäurischfromme, total hingegebene Spieler vor uns stand. Alles war durchsprüht von einem unendlich sonnigen Humor, der durch das Spiel der herrlichen Gesten und Gebärden zum Ausdruck kam. Er grüßte die drei göttlichen Personen mit dem Schwung seines sich verneigenden Leibes und seiner verehrungsvoll bäurisch blickenden Augen. Jede Grußzeile hatte ihre eigene Färbung des Tones in Sprache und Bewegung. Wie sich ausatmend war der Gruß und der Gesichtsausdruck, wenn er die geistlichen Herrn grüßte, „ohne dö ma ka Gspül derf lern". Wie bezwingend und aufrüttelnd war das Lächeln seines Mundes, wenn er „den Mastersinger sein Huat" oder „Adam und Eva im Goarten drein" grüßte, „in den ma a gern mechten alle rein". Eine unglaublich starke Dynamik lebte und wirkte in seinen Gesichtszügen, wenn er mit Sonn- und Mondenschein und mit Lab (Laub) und Gras „Ochs und Esalein" bei dem „Krippalein" begrüßte. Bei der gemeinsamen Probe hatte er öfters eingegriffen und den sprachlichen Ausdruck da und dort verbessert. Seine plastisch bildende Hand machte aus der „Kumpanei" ein lebendiges Ganzes. Es war nicht starr und dogmatisch, es lebte und veränderte sich von Jahr zu Jahr, von Probe zu Probe. Die vielen kleinen Einzelheiten klangen zusammen, um eine Wirkung zu erreichen, die im Künstlerischen eine so starke, innerlich befreiende religiöse Note hatte.

Wenn die Kumpanei durch den Saal der Schreinerei schreitend sang, ging von jedem Schritt und von jedem Ton ein Schwung und ein Antrieb aus, der sich durch die Herzen der Zuschauer und Zuhörer in die Geisteswelt bewegen und dort weiterklingen konnte.

Wenn Dr. Steiner etwas sagte, etwas anordnete oder zeigte, wurde es von allen im Spiele Tätigen mit dankbarster Befriedigung angenommend und, soweit die Fähigkeiten reichten, ausgeführt. „Wissen Sie", äußerte er sich einmal, „man sagt etwas, man sagt etwas, und wenn man sieht, daß es nichts hilft, sagt man nichts mehr." In diesem Falle und in vielen andern Fällen, wieviel hätte der große Lehrer noch sagen können, wenn er gesehen hätte, daß es helfen wird?

Erfrischend und belebend war jede Farbennuancierung, die er während der Proben für die Beleuchtung angab, überzeugend und fördernd war jede Darstellung, die er zeigte. Im Königsspiel z. B. wurde beim Zusammensprechen der „Hohen Priester" eine starke Wirkung erzielt durch die Angabe, die er machte: „Sie müssen das üben, Sie müssen das unisono sprechen, das muß klingen wie ein Chor." — Er sprang bei der Probe auf die Bühne hinauf und zeigte, wie der Teufel mit seinen Kindern kommt und wie er die Kinder zu Boden schlägt, „eh leg i's nieder und schlags maus-tot". Mit entschlossener Gewalt schlug er die Puppen auf den Boden. Man empfand das als notwendig, um die Verwandlung des Herodes darstellen zu können. Mit der Darstellung des Herodes durch Jan Stuten war er — so machte es auf uns den Eindruck — sehr einverstanden. Eindeutig bildhaft war der Teufel, unheimlich gruselig war das Sprechen der Juden. Es lief einem kalt über den Rücken. — Sehr beglückt zeigte er sich über den inneren Schwung der Maria, mit dem sie die Könige ansang.

Im Hirtenspiel war die urwüchsig frische Art, mit der die drei Hirten sprachen und sprangen, ein Naturereignis. Überaus danken muß man Rudolf Steiner für die so starke Wesensbereicherung, die er dem Hirtenspiel zukommen ließ durch die Vesperszene, mit der das Auftreten und Sprechen des „Witok" den richtigen Hintergrund bekommt.

Es wird uns der Eindruck unvergeßlich bleiben, den man vom Leben hinter der Bühne bekommen konnte. Das Leben und Sein Dr. Steiners strahlte und wärmte in alle Räume hinein, in welchen man sich auf das Spielen vorbereitet hat. Er nahm den Schminkstift in seine kräftige, schöne, bildende Hand und machte die nötigen wenigen Striche in das Gesicht des Baumsingers und Sternsingers, daß er als „olter Freind" das richtige Aussehen bekam. Gern hätte der betreffende Spieler den Wunsch geäußert, diese bildenden Striche für sein ganzes Leben zu bekommen.

Wunderbar war es, wie Dr. Steiner den Spielern Mut zum Spielen und zum Leben einflößen konnte. — Kurz vor dem Auftreten sagte der Baumsinger zu Dr. Steiner: „Herr Doktor, mir ist ganz schwarz vor den Augen, der Boden schwankt unter meinen Füßen". Da legte Dr. Steiner die Hand fest auf seinen Rücken: „Ach was, Sie sind gesund!" sagte er, gab ihm einen Stoß und der Baumsinger mußte auftreten.

Wer immer so einen Stoß braucht, der möge sich wenden an Dr. Steiner, er wird ihn bekommen.

Wer immer beim Erleben der Weihnachtsspiele Freude und inneren

Reichtum gewinnt, der möge daran denken, daß diese Spiele nur eine literarische Tatsache der wissenschaftlichen Welt geblieben wären, wenn sie nicht durch Rudolf Steiner, der in seinem Lehrer Karl Julius Schröer den literarischen, wissenschaftlichen, liebevollen Behüter der Spiele kennengelernt hatte, zu neuem Leben erweckt worden wären.

Wenn man sie spielt, so sollte man sie im Dialekt und ohne jede Pathetik schlicht, einfach und würdig spielen.

Etwas leid tat es Dr. Steiner, daß die Spiele an so vielen Orten vielleicht nicht nach dem richtigen Text, nicht in der richtigen Art gespielt wurden.

Man bedenke, was es heißt und was es bedeutet, daß solch ein Mensch wie Dr. Steiner trotz der vielen Arbeit sich die Zeit nahm, die Spiele selbst einzustudieren. Daher gehe man als Spieler und als Zuschauer so an die Spiele heran, daß man in Dankbarkeit an Dr. Steiner denkt, der etwas von seinem Wesen den Weihnachtsspielen gegeben hat.

HERMANN RANZENBERGER

Weihnachtsspiele in Dornach zur Zeit Rudolf Steiners

Zu einer ganz bestimmten Zeit im Jahreslauf verwandelte sich in der Dornacher Atmosphäre alles. Die Tage wurden rasch kürzer, die Nächte dunkler und länger, das Schwarz der Natur geheimnisvoller, tiefer, unergründlicher, geistig verheißungsvoller. Die Sterne gewannen an Glanz und Leuchtkraft. Die inneren Fähigkeiten erstarkten, man konnte nicht nur kräftiger, sondern auch inniger denken.

Man verfolgte, wie der Orion am östlichen Himmel immer mehr heraufkam, um schließlich in seiner reingezeichneten Form am südlichen Himmel während der ganzen Nacht zu verweilen. Der böse Skorpion war verschwunden und Ahnungen eines sich nahenden Wunderbaren ergriffen die Seele und hielten leise aber sicher ihren Einzug in die Herzen.

Die Schreinereibühne und der zugehörige Saal waren oft der Schauplatz von Mittelpunktsereignissen der Anthroposophischen Gesellschaft. Auf dieser Bühne war auch Rudolf Steiner aufgebahrt. Bühne und Saal sind durch ein solches Ereignis wie auch durch die Aufführungen der Mysterienspiele Rudolf Steiners, von Dramen Albert Steffens, von Schiller und Goethe, durch die vielen Eurythmieveranstaltungen, wohl Hunderte an Zahl, und durch die Vorträge Rudolf Steiners geweiht und geadelt und werden es noch täglich aufs neue durch die Übungsarbeit von Eurythmisten, Schauspielern und Musikern.

Auf dieser Bühne und in diesem Saal versammelten sich die Weihnachtsspieler. Zuerst wurde Rudolf Steiner gebeten, die Weihnachtsspiele vorzulesen.

Es handelte sich da um ein kleineres Weihnachtsspiel, in welchem Joseph besonders hervortritt. Joseph wurde im Mittelalter immer als ein ganz alter, gebrechlicher und zerbrechlicher Mann empfunden und dargestellt. Man sah in ihm die überalterten, zu Ende gehenden, die absterbenden Kräfte der Menschheit repräsentiert. In Maria und ihrem Kinde hingegen erblickte man die neuen, jungfräulichen, zukunftverheißenden geistigen Kräfte. Demgemäß wurde Joseph von Rudolf Steiner gespielt.

Mit dem Buch in der Hand spielte er den Joseph. Maria saß links auf der Bühne, Joseph kommt von rechts herein und geht auf Maria zu, das heißt, er versucht zu gehen, er will gehen und kann es nicht. Seine schwachen, alten, gebrechlichen, mürben Glieder sind der überschwenglichen Freude, von der sein Herz erfüllt ist, nicht gewachsen. Er stolpert über sich selbst. Sein Herz eilt seinem Körper weit, weit voran. Er ist schon bei Maria, als sein Körper noch am anderen Ende der Bühne ist. Dieser Widerspruch zwischen Herz und Körper wurde von Rudolf Steiner in einer schauspielerisch großartigen Weise dargelebt.

Er begann auf das Kindlein zuzueilen, seine Gebärden sind einem uralten Manne entsprechend linkisch, unbeholfen, doch voll dienenden Willens. Er spricht dazu Worte innigster Freude und herzlicher Begrüßung, aus einer reinen, inneren Kindlichkeit heraus, wie sie nur alten, weisen und guten Menschen eigen sein kann. Wegen seines zahnlosen Mundes ist sein Sprechen gehemmt. Er stottert, spricht unbeholfen, abgerissen und sich überschlagend.

So bewegt er sich auf Maria zu. Er wankt und droht stolpernd zu fallen, er fällt auch, zunächst auf ein Knie, er erhebt sich wieder, macht ein, zwei Schritte und fällt nochmals, in einer unbeschreiblich knittrigen Art, diesmal auf das andere Knie, er geht noch etwas weiter und droht ganz zu stürzen — doch noch nicht — er spricht weiter und sucht mit seinen Armen und Händen das herrliche Gotteskind zu erlangen, er kann es nicht, denn er fällt ganz, im Fallen noch halblaut Worte der Liebe sagend. Das Kindlein hat er nicht erreicht. So konnte Rudolf Steiner spielen!

Er hätte jede Rolle in wahrster Art spielen können. Wie überzeugend mimte er zum Beispiel das Knittrige, Hölzern-Stockige der Glieder des uralten Josephs.

Von den erstmalig von Karl Julius Schröer gesammelten und herausgegebenen Oberuferer Weihnachtsspielen wurden in Dornach zumeist das sogenannte große Hirtenspiel und das Dreikönigsspiel und diesen immer vorangehend, dem Adam- und Eva-Tage vor Weihnachten entsprechend, das Paradeisspiel gespielt. Das sogenannte kleine Hirtenspiel wurde auch wenige Male aufgeführt, hingegen nie dasjenige, von welchem ich vorstehend eine Szene schilderte.

In Dornach wurden die Spiele in herzhaft derber, ursprünglicher, volkstümlicher und in möglichst historisch und sprachlich getreuer Weise gegeben, ohne jegliche Sentimentalität, welcher auch die ursprünglichen Bauernspieler abhold waren. Das braucht keinen Mangel an Innigkeit zu bedeuten. Wahre Innigkeit, wie sie in deutschsprachigen Gegenden zu Hause ist, hat jedoch mit Sentimentalität nichts zu tun.

Eine ganz erstaunliche Tatsache war für mich die unentwegte Anwesenheit Rudolf Steiners nicht nur bei den Aufführungen, sondern bei allen Proben. Er hat kaum jemals bei den Proben und Aufführungen, die sich im Laufe der Jahre wohl zu Hunderten summierten, gefehlt. Er war immer von Anfang bis zu Ende da, dauerte die Probe nun eine Stunde oder zwei oder zweieinhalb Stunden. Er kam nie zu spät. Seine Anwesenheit ließ einen jedoch frei, so daß man dieselbe vergessen konnte. Aber er war da.

Man konnte gewiß den Eindruck haben, daß er sich während seiner Anwesenheit geistig mit noch etwas anderem und vielem anderen beschäftigte, doch war er bei Fragestellungen bezüglich der Spiele immer bereit und gab unverzüglich Antwort. Es wurde Wert darauf gelegt, daß die Spieler immer vollzählig anwesend waren, selbst wenn sie bei den Proben gerade nichts zu tun hatten. Das dauernde allgemeine Miterleben der Vorgänge bei jeder Probe war wichtig.

Rudolf Steiner gab Anweisungen für die richtige Aussprache und den Sinn der in österreichischem Dialekt verfaßten Spiele. Diesen Dialekt kannte er als gebürtiger Österreicher natürlich ganz genau, so daß er besonders berechtigt war, etwas Fehlendes hinzuzudichten. So verfaßte er auch einen Prolog zu dem „Paradeis"-Spiel.

Er gab genau die Umgänge für die Kumpaneien auf der Bühne und im Saal an, sowie für Maria und Joseph, den Engel, die drei Könige, die Hirten, ferner für die Gewandungen und Beleuchtungen. Er malte selbst ein Bildchen von Maria mit dem Kinde über der Mondsichel, welches an einer Stange vom Engel vorangetragen wurde. Er schminkte die Spieler auf Wunsch, auch mich, in einer für den Hirt Stichel charakteristischen Art, nicht jedoch für den Mohrenkönig, welchen ich auch spielte, der hatte einfach dunkelschwarz zu sein.

Ich kann nicht verschweigen, daß die Formen der geschminkten Augenbrauen, so einfach sie waren, denselben künstlerischen Duktus aufwiesen, wie er sich in den plastisch-architektonischen Meisterwerken Rudolf Steiners, auch in der Gruppe und besonders in dieser, alles verlebendigend zeigte. Das war seine Hand, mußte ich mir nachher in den Spiegel schauend immer wieder sagen, und ich hätte monatelang mit diesen geschwungenen Augenbrauen herumlaufen mögen, um das Lebenselement, welches aus Rudolf Steiners Händen beim Kleinsten durch den Duktus in die Dinge floß, nicht zu zerstören.

Zu den derbsten spaßhaften Ereignissen in dem Christgeburt- oder Hirtenspiel, welche von manchen als unpassend empfunden wurden, welche von Rudolf Steiner jedoch voll gutgeheißen waren und als stilistisch berechtigt angesehen wurden, gehörte der Glatteissturz des Hirten Stichel.

Bevor die drei Hirten den Weg zu Maria, dem Kindlein und Joseph antreten, unmittelbar nach den Traumerlebnissen, in welchen ihnen der Engel Gottes erscheint, um die Geburt Jesu anzuzeigen und sie aufzufordern, zu der Stätte derselben zu pilgern, stürzt Stichel.

Dieser Sturz soll meines Wissens, auch nach den Regieangaben des Volksbuches, nicht auf einmal erfolgen, sondern hat eine Einleitung, im Dornacher Sprachgebrauch besser gesagt, einen „Auftakt", welcher die Angelegenheit weitaus spannender macht als ein Direktsturz. Nach anfänglichem verheißungsvollem Stolpern erfolgt derselbe dann.

Im Mittelpunkt dieses Hirtenspieles stand die Geburt des Jesuskindleins. Es hieß ja auch Christgeburtspiel. Nachdem die Hirten ihre Gaben, jeder eine andere, ein Lämmlein, ein Büschel Heu, eine Flaschl mit Mülli, dem Kindlein in der Krippe dargebracht haben, knien sie singend nieder und wiegen das Kindlein in der Krippe.

Auf ihr etwas lärmendes Auftreten folgt diese schlicht eindringliche, vom Frieden umwobene Szene.

Ein göttliches Kind wurde im Stall geboren!

Nebenan in den gleichen Holzhallen, in denen das historische Spiel vor sich geht, in nur 22 Meter Entfernung, wird an der Christus-Statue gearbeitet. Es ist nicht mehr das Kindlein, es ist der Auferstandene, welcher als Kunstwerk sichtbar in die Erscheinung tritt. Der „Stall von Bethlehem" jedoch ist geblieben, denn wie anders könnte man die primitiven Atelierräume Rudolf Steiners nennen. Sein Atelier war zuvor ein allereinfachster Schuppen, ohne Wände, welcher nur dazu diente, die aufgestapelten Bohlen, Bretter und Stämme gegen Regen zu schützen. Nicht einmal der Boden war ausgeebnet, was sich noch heute im Atelier zeigt. Dieser Holzschopf wurde durch das Einziehen einfachster Bretterwände zu einem Atelier gemacht, welches selbstverständlich für den Aufenthalt Rudolf Steiners eingerichtet und auch mit Heizung versehen wurde. Doch ist alles das Einfachste vom Einfachen. Die heutige violette Stoffbespannung der Wände wurde später angebracht.

In diesem modernen „Stall von Bethlehem" entstand die Christus-Statue. Dort war als Kunstwerk die Gestalt zu sehen, in welcher als Ergebnis des Schauens Rudolf Steiners dargestellt ist, wie Christus über die Erde schritt.

Schweigend, anspruchslos, still sitzt der Künstler, welcher dieses außerordentliche Kunstwerk der „Gruppe", Christus mitten darin, schuf und hört sich unentwegt die schlichten Bauernspiele an durch viele, viele Stunden im Laufe der Jahre.

Er hörte sich die „einfachsten Dinge" mit der gleichen Aufmerksamkeit an wie die „größten". Das konnte mir aus folgendem Anlaß einmal zum eindringlichen Erlebnis werden.

Über die Ursache und die Nebenumstände eines kleinen Brandfalls in der Schreinerei, welcher schon im Entstehen gestoppt wurde, hatte ich vorzutragen und über verhütende Maßnahmen zu instruieren. Hierbei war auch Rudolf Steiner anwesend. Meine Ausführungen dauerten etwa eine halbe Stunde, und er machte auch eine sachliche Bemerkung über die Zusammenhänge.

Während meiner Ausführungen und besonders stark nach denselben, in der Erinnerung, hatte ich den Eindruck, daß etwas geschieht, respektive geschah außer der Tatsache, daß ich spreche. Ja, was geschieht denn? Zweifellos etwas, das ich noch nie erlebte, das mir ganz neu ist, etwas, das mich ergreift, still, ruhig, das wie samten in mich dringt, mich dennoch frei läßt, ja im Gegenteil unterstützt und mitwirkt und in dem man sogerne lange verweilen möchte, um zu ruhen und doch tätig zu sein. Oh! möchte das doch ewig geschehen, sagt man sich und daß es immer dauern möge, in das Unendliche hinein.

Auf was mag dies still-sichere Geschehen beruhen? Zweifellos auf einem ruhigen, unvoreingenommenen intensiven Hören, dessen wird man ganz gewiß. Es hatte jemand wirklich gehört, voll und ganz gehört, ein Zuhörer war „ganz Ohr".

Es war die reine Tätigkeit des „Hörens", welche ich erlebte; es war das ungetrübte Urphänomen „Hören".

Dies ist keinesfalls eine alltägliche Angelegenheit und Fähigkeit, sondern eine ganz besondere, wenn sie wirklich vorhanden und ausgebildet ist.

Aus diesem schon kann man ermessen, welche rein menschliche Bedeutung es hatte, wenn Rudolf Steiner bei den Proben und Aufführungen anwesend war. Das galt jedoch auch in erweitertem Maße für die ganze damalige geistige Atmosphäre in Dornach. Solange Rudolf Steiner in Dornach weilte, wußte man, daß die positiven Taten und Gedanken teilnehmend gesehen und gehört wurden, auch wenn nicht darüber gesprochen wurde. Das schuf eine Atmosphäre der Lebenssicherheit und der tätigen Lebensruhe.

Das Christgeburtspiel wurde anfänglich unter den brennenden Kerzen des Weihnachtsbaums und auf der ganz mit frischen Tannenreisern geschmückten Bühne und im Saal gespielt. Beim Dreikönigsspiel hingegen war kein Grün mehr auf der Bühne und kein Baum, dagegen war sie ganz mit weißen Vorhängen ausgeschlagen. Von hinten links traten die Spieler auf, zuerst der Engel, dann Joseph mit Maria, ferner die drei Könige, der Page, Herodes, die drei Juden und zuletzt der Teufel.

Die szenische Grundstimmung beim Christgeburtspiel war ganz anders als beim Dreikönigsspiel, nicht nur durch die naturhaft gesunde Wirkung des Tannengrüns, sondern auch durch den leuchtenden Weihnachtsbaum mit seinen 33 dunkelroten Rosen. Die Spieler saßen auch nicht auf der Bühne, sondern vor der Bühne und tiefer als diese, im Dunkel des Zuschauerraumes, von wo sie jeweilen hervortraten, um ihre Szenen zu spielen, und wohin sie wiederum zurückkehrten. Die Szenen des Christgeburtspieles waren so eingetaucht und umwoben von einer romantischen mystischen Stimmung. Im milden glimmend-leuchtenden Glanze der Christbaumlichter vollzog sich die Geburt des Kindleins. Joseph daneben war schon im Halbdunkel und der Bühnenraum verschwand ganz im Dunkel. Es lag ein Bestimmtes-Unbestimmtes über dem Geschehen, welches dem freien Weben der Phantasie und dem Bilden der Imaginationen durch zu scharfe Konturen keine Hindernisse in den Weg legte. Aus den dunklen Ecken der Bühne traten die Wirte auf und verschwanden wieder dahinein und die Hirten kamen von dort vor ihrer Opferung, nachdem sie im Dunkeln verzweifelt den Weg zum Kinde suchten. Schon bei ihrem ersten Auftreten kamen sie wie aus den Weiten, erhöht im Hintergrund auftretend.

Die drei Könige als die Weisen aus dem Morgenland sind von uralter Spiritualität erfüllt, in den Hirten walten schlichte Herzenskräfte. Die Könige werden durch weisheitsvolle Sternenkräfte, die Hirten durch das Herzenshimmellicht zum Kindlein geleitet. Das Herz trägt die Zukunft in sich, die Häupter bewahren die Weisheit der Vergangenheit.

Dies in den Spielen erkennend, begreift man, warum Rudolf Steiner einen so großen Wert auf die immer wiederholte Aufführung der Spiele legte und ihnen so viel Zeit widmete. Sie ergänzen sich, Vergangenheit begegnet der Zukunft, Werdendes folgt Gewordenem. In der Blüte ahnt man schon die Wunderkraft des werdenden Samens.

Die volle Bedeutung dieser geistigen Dualität im Menschenwesen kommt in den Schlußworten der „Weihnachts-Meditation", welche Rudolf Steiner aus Anlaß der Weihnachtstagung am Goetheanum im Jahre 1923 geprägt hat, zum Ausdruck:

      In der Zeiten Wende
      Trat das Welten-Geistes-Licht
      In den irdischen Wesensstrom;
      Nacht-Dunkel

      Hatte ausgewaltet;
      Taghelles Licht
      Erstrahlte in Menschenseelen;
      Licht,
      Das erwärmet
      Die armen Hirtenherzen;
      Licht,
      Das erleuchtet
      Die weisen Königshäupter.

Göttliches Licht,
Christus-Sonne
Erwärme
Unsere Herzen;
Erleuchte
Unsere Häupter;
Daß gut werde,
Was wir
Aus Herzen gründen,
Was wir
Aus Häuptern
Zielvoll führen wollen.

ERNA VAN DEVENTER-WOLFRAM

Eine Begegnung Christian Morgensterns mit der Eurythmie

Im Jahr der Erinnerung an Christian Morgenstern (1971) werden vielen, die ihm in diesem Leben begegnet sind, Momente von Freude und Dankbarkeit in der Seele aufgetaucht sein, gleichermaßen bei denen, welche ihn nicht persönlich gekannt, sondern ihn nur durch seine Werke erlebt haben. Es war in der Weihnachtszeit 1913, daß Rudolf Steiner in Leipzig den Vortragszyklus *Christus und die geistige Welt* hielt. Die Vorträge waren im Hotel de Pologne, einem altmodischen Hotel, in dem Rudolf Steiner und auch Christian Morgenstern wohnten.

Täglich begegneten wir dem Dichter, wenn er zu den Vorträgen im Fahrstuhl herunterkam, um an den Veranstaltungen teilzunehmen. Ich selbst hatte im März 1913, durch Rudolf Steiner dazu aufgefordert, meine Eurythmiestudien begonnen und gab mit meinen ersten Schülern in jenen Tagen eine Eurythmie-Aufführung, der auch Christian Morgenstern beiwohnte. Es war ein kühnes Unternehmen, diese Aufführung, aber wir hatten sie gewagt, weil Dr. Steiner diese neue Kunst den Mitgliedern vorführen wollte.

Nach der Eurythmie begrüßten wir Christian Morgenstern, und zu meiner Freude schien ihm unsere primitive Darbietung doch etwas gesagt zu haben. Aber in diesem Momente der Begegnung erlebte ich noch etwas anderes vom Wesen des Dichters: den Blick seiner Augen. Nie davor oder danach habe ich in die Augen eines Menschen geschaut, die so Ausdruck seelen-durchstrahlenden Wesens waren.

Die Augen waren blau, aber von seltsamer Durchlässigkeit dieser Farbe, wie man es manchmal bei einem Gebirgssee erleben kann, der in seinen Wellen die Berge und den Schnee spiegelt.

Sentimental? Nein, das war es nicht, ich selbst hatte nicht die mindeste Anlage für Schwärmerei, und meine Schüler und ich waren nur erstaunt, daß Rudolf Steiner und Christian Morgenstern unsere noch so primitive Eurythmie so dankbar-liebevoll aufnahmen.

Am nächsten Morgen rief Rudolf Steiner mich und sagte mir, daß Christian Morgenstern fragen ließ, ob ich ihm die Eurythmie, ihre Grundelemente, zeigen und einige Gedichte eurythmisch darstellen wollte; aber es müsse auf des Dichters Zimmer geschehen, da er nicht die Kraft habe, zweimal am Tag herunterzukommen. So geschah es, daß Frau Dr. Steiner, Dr. Steiner und ich hinaufgingen ins Zimmerchen zu Christian Morgenstern.

Aber man denke nicht an ein „Zimmer"; es war ein Stübchen, wo gerade ein Feldbett stehen konnte, auf dem Christian Morgenstern lag. Frau Dr. Steiner saß am Fußende, Herr Doktor stand am Fenster und dazwischen ich, so daß ich gerade Raum für zwei bis drei Schritte hatte. Christian Morgenstern begrüßte mich auf dem schmalen Feldbett liegend. Sprechen konnte er beinahe nicht, aber durch die Augen begriff man seinen Wunsch, die Eurythmie kennenzulernen in der Praxis.

So begann ich mit dem ganzen Alphabet und Dr. Steiner erklärte, daß dasselbe so — strömend von einem Laut in den andern — das Leben und Weben des menschlichen Ätherleibes sichtbar mache. Dann fragte er, flüsternd, ob ich eine seiner eigenen Gedichte eurythmisieren könnte, und ich wählte „In deine langen Wellen, tiefe Glocke, leg' ich die Stimme meiner Traurigkeit". Das Gedicht endet mit „verschwistert dem Gesang der Schicksalsglocke, die zu unsern Häupten läutet, läutet, läutet".

Und nun konnte man erleben, wie intensiv der Dichter in Christian Morgenstern mit dem Wesen der Sprache mitlebte. Er hatte ja eben die für ihn so neuen Bewegungen gesehen; und nun eurythmisierte ich vor ihm die viermalige Wiederholung des Doppelvokales[1] „Ä-u" = Äu. Dieser Klang mußte erlebt werden als „Einstemmen der Glieder" oder auch als „Wiederberühren der Erde nach einem Sprung". Und er fragte: „Kann man denn diese merkwürdige Bewegung des Einstemmens der Arme und Hände in einem solchen lyrischen Gedicht anwenden?" Damit sprach er aus, was uns Eurythmisten (die Eurythmie bestand ja erst *ein* Jahr) schon oft Kopfzerbrechen gemacht hatte. Aber Dr. Steiner fragte mich, ob ich das Gedicht auf meine Weise eurythmisieren wolle. Er wollte dann eingreifen, wenn ich nicht weiterkönnte. So geschah es. Ich eurythmisierte bis „Schicksalsglocke, die zu unsern Häupten läutet, läutet, läutet".

Plötzlich rief Dr. Steiner: „Halt!" Und er sagte: „Herr Morgenstern, nun schauen Sie sich einmal an, wie Fräulein Wolfram die Ä-Bewegung metamorphosieren kann!" Zu mir sagte er: „Jetzt machen Sie das erste Äu mit den Schultern, beim zweiten mit Schultern und Ellbogen, beim dritten mit den Schultern, Ellbogen und Handgelenk. Und das vierte ‚Äu', das lassen Sie langsam ausklingen, indem Sie die Arme passiv langsam nach unten gleiten lassen, während das Äu selbst von Ihnen

---

[1] Vergl. „Die Grundelemente der Eurythmie" (von A. Dubach, Dornach). Dornach 1928.

nur durch ein langsames Einstemmen der Augenlider geschieht, so daß die Augen zum Schluß sich langsam schließen. So erleben Sie in dieser letzten Bewegung das Ausklingen der Schicksalsglocke." — Dann fragte er: „Herr Morgenstern, ist das nicht sinnvoll?"

Wir, Frau Dr. Steiner, Morgenstern und ich, waren verwundert, erstaunt. Wir hatten ein Beispiel, wie stark man in der Kunst-Eurythmie modifizieren, metamorphosieren kann, wenn man die Gesetzmäßigkeit des Lautes nicht verletzt.

Hiernach fragte Christian Morgenstern, ob ich das Wort „Halleluja" eurythmisieren wolle, das er am Tag zuvor gesehen hatte. Ich tat es, und er war so tief betroffen davon, daß er sagte: „Und nun mache ich für Sie ein Gedicht, in dem am Ende jeder Strophe ‚Halleluja' vorkommt. Ich schicke es Ihnen im Frühjahr, wenn ich wieder ein wenig besser bin, und bei der ersten Gelegenheit machen Sie es mir vor."

Dankbar gingen Dr. Steiner, Frau Dr. Steiner und ich weg, nachdem sich Christian Morgenstern so herzlich bedankt hatte für diese Begegnung mit der Eurythmie.

Der Frühling kam, Morgensterns Krankheit verschlimmerte sich, so daß er das Gedicht nicht mehr aufschreiben konnte. Am 31. März war mein Geburtstag, am gleichen Tag starb Christian Morgenstern. Als ich von seinem Erdenabschied hörte, kam mir an diesem Tage tröstlich der Gedanke: Christian Morgenstern ist doch noch der Eurythmie auf Erden begegnet, und wir selber durften dabei dem Dichter noch im Leben begegnen.

WALTER CONRADT

Kleine Erinnerung

Das Schicksal hatte mir das große Glück zugemessen, um die Wende der Jahre 1913/14 in Leipzig den Zyklus *Christus und die geistige Welt* mitanzuhören. Einigen der sechs Vorträge ging jeweils eine Darstellung des Christgeburtsspieles voraus, bei dem ich als Souffleur mitzuwirken hatte.

Über den Inhalt der Vorträge, die im Saale eines Leipziger Hotels stattfanden, brauche ich hier nichts zu sagen.

Das Vortragspult war mit einem blauen Tuch bedeckt, auf dem zur Rechten und Linken je eine Vase mit Rosen stand.

Ich will nun eine Szene berichten, die sich mir unauslöschlich ins Gedächtnis eingeschrieben hat. Als ich am Silvesterabend des Jahres 1913 zum vierten Vortrage des Zyklus eilte, hatte das Schicksal für mich etwas Besonderes aufgespart. Ich saß bei den Vorträgen immer ganz hinten an der Rückwand des großen Saales. Aber an diesem Abend stand dort, mit der Nummer meiner Einlaßkarte, ein prächtiger Lehnstuhl. Ich setzte mich mit Wonne auf den unverdienten Thronsessel. Doch kaum hatte ich es mir bequem gemacht, als eine Dame auf mich zukam und mich bat, meinen Stuhl einem leidenden Herrn zur Verfügung zu stellen. Natürlich sagte ich zu, denn erstens war ich ja ein junger Fant und zweitens ein halbwegs neugebackener Anthroposoph, der sich auch danach benehmen wollte. Es nahm nun jener Herr, der in Begleitung der Dame in gebeugter Haltung auf mich zukam, auf meinem Sessel Platz, und ich verfügte mich auf den mir überlassenen Stuhl in nächster Nähe.

Vor dem Vortrag ereignete sich nun das, was in Michael Bauers Biographie *Christian Morgensterns Leben und Werk* wie folgt geschildert ist:

Am Silvestertage 1913 fand in Leipzig durch Marie von Sivers nochmals eine eindrucksvolle Vorlesung von Gedichten statt. Diesmal aus Christian Morgensterns letzter Sammlung *Wir fanden einen Pfad*, aus der er ihr einige Abschriften zuvor überreicht hatte. In seiner einleitenden Ansprache führte Rudolf Steiner hierzu aus: „Zu den allerhöchsten Beweisen des inneren Wahrheits-Kernes und Wahrheitswertes desjenigen, was wir suchen mit unserer Seele, gehört es, daß wir aus dem geistigen Boden, auf den wir uns zu begeben versuchen, heraussprossen sehen Dichtungen von einer solchen Herzenstiefe und Geisteshöhe, wie sie gerade diejenigen Christian Morgensterns sind ... Diese Dichtungen haben Aura. Sie werden durchflossen von einem sie durchdringenden und durchwebenden Geiste, der aus ihnen strahlt, der ihnen innerste Kraft gibt und der von ihm in unsere eigene Seele hineinstrahlen kann."

Nachdem Dr. Steiner geendigt hatte, nahm er einige Rosen aus den Vasen, ging vom Podium herunter, schritt mit seinem elastischen Gang und mit suchendem Blick durch die Reihen auf den leidenden Mann, dem ich Platz gemacht hatte, zu. Es war Christian Morgenstern, dem Rudolf Steiner mit herzlichen Worten die Rosen überreichte. In diesem Moment wurde man berührt von dem, was man als Schicksalsverbundenheit zwischen dem Menschheitsführer und dem befreundeten großen Dichter ahnen kann.

MARTIN MÜNCH

Der Lehrer

Carl Unger sagte einmal: „Wenn einer von seinen persönlichen Erlebnissen mit Dr. Steiner erzählt, so gehört dies in die Biographie des Erzählenden und nicht in die Dr. Steiners." Das war radikal gesprochen, aber es deutet auf eine wichtige Frage hin: Wird durch das „Persönliche" die überpersönliche Größe des Lehrers unserer Epoche offenbart oder wird sie verschleiert? Gerade das Loslösen von dem persönlichen Guru ist Kennzeichen der neuen Geistesoffenbarung. Im Grunde genommen haben die mitlebenden Schüler dieselbe Wirklichkeitserfahrung am Werke Rudolf Steiners zu machen wie die Nachlebenden.

Ich las, siebenundzwanzigjährig, die Doktordissertation Rudolf Steiners *Wahrheit und Wissenschaft*. Das erkenntnistheoretische Rätsel war gelöst. Der dies geleistet hat, kann auch mit gerechtfertigtem Vertrauen gefragt werden nach den Wegen zu geistigen Welten. „Hier ist die Aussicht frei, der Geist erhoben." Dies war meine erste und schicksalentscheidende Begegnung mit *dem* Rudolf Steiner, der immer von jedem zu finden ist.

Rudolf Steiner wurde dann auch mein Pate in der damaligen Theosophischen Gesellschaft, weil ich ja vom einsamen Studium herkam und kein Mitglied kannte, das — wie es damals Usus war — für mich hätte bürgen können. „Ich werde Ihren Antrag unterschreiben, das wird genügen", sagte er mit einem leisen Humor, „und einen Einführungskurs brauchen Sie nicht. Kommen Sie morgen zum Mitgliederabend." — Ich habe erst später eingesehen, welches Vertrauen, das ich zu verdienen hätte, in diesen Worten lag und welche Nachsicht mit meinem Selbständigkeits-Behaupten.

Wer die unermeßlich große Arbeitslast sah, die auf den Schultern Rudolf Steiners lag, der hielt mit privaten Fragen an ihn zurück. Es haben aber viele erlebt, daß sie mitten im öffentlichen Vortrag vom Lehrer auf eine solche unausgesprochene Frage die lösende Antwort bekamen.

Wenn Rudolf Steiner den Vortragsraum betrat, oder wenn er hinausging, standen wir Mitglieder wartend da, und wenn er die Hand zum Gruße bot und sein „Nun, wie geht's?" fragte, mit einer Stimme, in welcher die Wärme einer alles verstehenden Liebe lebte, dann waren dies Begegnungen bedeutsamer Art. Diese einfache Frage weckte Verantwortung im Schüler. Man hatte zu „üben" begonnen und mußte sich eingestehen: Es geht gar nicht, ich bin nachlässig, verschlafen, unernst. Man sagte das nicht laut, aber man wußte sich gehört, und Blick und Händedruck gaben Mut zum „Weitermachen".

Im Fortgang der Bewegung ergaben sich dann auch intimere Audienzen und Gelegenheiten zu Aussprachen. Bei einer solchen Besprechung fragte ich Rudolf Steiner, wie die sieben Rosen am Kreuz anzuordnen seien. Sofort zeichnete er auf einem Blatt Papier ein Kreuz aus zwei sich rechtwinklig schneidenden Linien, setzte oberhalb des Querstrichs ein Dreieck hin, dessen Spitze auf der senkrechten Linie lag, und unterhalb des Querbalkens ein Trapez. Die sieben Ecken beider Figuren waren die Stellen, wo die Rosen entspringen. „Die niedere Vierheit und die obere Dreiheit", sagte er, und ich wurde erinnert an das Schema im Vaterunser-Vortrag.

Ein andermal fragte ich nach dem Verhältnis des Bewußtseins zur dichterischen Produktivität. Wieder erschien der kurze, dicke Bleistift aus der Westentasche, und es wurde eine hufeisenförmige Glasröhre gezeichnet. „Denken Sie an das Phänomen der kommunizierenden Röhren", sagte Rudolf Steiner, und er deutete durch Schraffierung eine Flüssigkeit an, die in beiden Teilen der Röhre gleich hoch stand. „Wenn hier rechts durch Anthroposophie die Erkenntnis vermehrt wird", und er ließ die rechte Schraffierung ansteigen, „so wächst entsprechend hier links die künstlerische Schöpferkraft." Aber dann deckte er mit seiner Hand — dieser wunderbaren Hand, welche Kraft und Fühlsamkeit zugleich offenbarte — den unteren Bogen zu und sagte nachdrücklich: „Der Zusammenhang wird nicht bewußt, aber die dichterische Produktion geschieht. Sehen Sie, Herr Münch", fügte er hinzu, „ich schreibe jetzt das dritte Mysteriendrama. Wenn ich eine Seite schreibe, so weiß ich nicht, was auf der nächsten Seite stehen wird." Dieses Wort weist auf den willenhaft Handelnden hin, der sich ganz im geistgegenwärtigen Schaffensaugenblick betätigt und nicht „weiß" im Sinne des Betrachtenden. Ich dankte und ging herzentlastet heim. Vertrauen zum Erkenntnisstreben und Unbefangenheit zum formenden Schaffen waren beide gestärkt.

Es ist, wie wir wissen, ein wichtiges Erziehungsmittel für den Geistesschüler, das Unterscheiden von tatsächlichem Wesen und subjektiver Meinung zu lernen. Gegenüber den Sinneserfahrungen ist das verhältnismäßig leicht, aber bei geistigen Wirkungen wird es schwer, die eigne Deutung von der Tatsache zu unterscheiden. Hierzu gab mir Rudolf Steiner einmal eine Lektion, deren Wucht segensreich fortwirkte. Ich muß hier etwas Persönliches berühren, um diese „Lektion" deutlich zu machen.

Rudolf Steiner hatte im Berliner Zweig von der Art und Weise gesprochen, in der eine bedeutende spirituelle Persönlichkeit ihre Schüler beruft. Wir hörten, daß eine todesnahe Situation durch inneren Anruf im letzten Augenblick noch zum Heil gewendet wird und so das weitere Leben gleichsam ein neu geschenktes ist. Rudolf Steiner wies darauf hin, daß viele Menschen einen solchen Ruf erlebt haben und daß es wichtig sei, dieses Erlebnis zu beachten. Nun war mir in jungen Jahren etwas zugestoßen, das dieser Schilderung entsprach und das ich als eine rätselhaft erschütternde Erinnerung mit mir trug. Jetzt fragte ich nach Schluß des Vortrages Rudolf Steiner, und mir wurde von ihm eine Besprechung gewährt. Bei dieser lernte ich viel, aber ich will nur das erzählen, was ich vorhin eine Lektion genannt habe und was für jeden lehrreich sein kann. Ich sagte als Einleitung meiner Frage bezüglich jenes Erlebnisses: „Herr Doktor, ich weiß nicht, ob es nicht vielleicht Eitelkeit ist, die mich glauben läßt, daß ich zu diesen berufenen Schülern zähle." Kurz, ernst und sachlich kam Rudolf Steiners Antwort: „Die Dinge lassen sich scheiden."

Da hatte ich meine Lehre. Wie ein sichtbarer chemischer Vorgang erlebt, fielen auseinander: Tatsache und Ausdeutung. Die Tatsache hatte inneren Bestand, aber der Wahn, dadurch besonders ausgezeichnet zu sein, war eben ein Wahn. Was eine Aufgabe bedeutet, das wollte die Einbildung als Auszeichnung nehmen, und in meiner Frage lag doch der ganze Hochmut der Seele.

Oft habe ich seither Gelegenheit gehabt, die chymische Wirkung dieser Antwort des großen Lehrers zu erproben: Wesentliches und Unwesentliches ... „die Dinge lassen sich scheiden".

ANNEMARIE DUBACH-DONATH

Aus der eurythmischen Arbeit mit Rudolf Steiner

Das in der Erinnerung auftauchende Bild Rudolf Steiners in den Eurythmie-Proben steht eng im Zusammenhang mit seinem täglichen Schaffen im Atelier an der Statue des Menschheitsrepräsentanten. Von dort kam er in seinem weißen Arbeitsmantel oft in den Vor- oder Nachmittagsstunden herüber in den Bühnenraum der Schreinerei, brachte neugezeichnete Eurythmieformen mit, sah sich das Einstudierte an und gab Korrekturen.

Besonders zu Beginn des Jahres 1920, als er die eurythmischen Zeichnungen für das Märchen vom Quellenwunder aus dem Drama *Die Prüfung der Seele* gegeben hatte, widmete er sich sehr eingehend dem Einstudieren dieser Formen. Er stand damals eine Zeitlang Tag für Tag an der Rampe der Bühne und gab uns, wie ein Dirigent, genau an, wie wir diese Formen auffassen sollten, wie wir sie im Raum recht klein gestalten, aber mit der ganzen Bewegung des Körpers in sie hineingehen sollten. Auch über die Laute sprach er. „Hier haben Sie nun doch einmal eine Dichtung, die aus der Eurythmie selber stammt, hier können Sie doch wirklich *alle* Laute machen", sagte er. — Wir fühlten, daß dies eine bedeutende Zeit war. Eine Kollegin erzählte mir damals, daß er geäußert habe: „Die Eurythmistinnen müssen sich jetzt bewußt werden, welch große Aufgabe sie haben."

Ungefähr ein Jahr später, im Februar 1921, hatten wir die erste öffentliche Aufführung in Holland, in Den Haag. Von da an begann für uns eine Zeit intensiver eurythmischer Reisetätigkeit nach Deutschland, Österreich, Holland, England, Norwegen usw. In den Zwischenzeiten wurden hier in Dornach die neuen Programme vorbereitet. Und ehe wir abreisten, sprach Rudolf Steiner, meistens im letzten Abendvortrag in der Schreinerei, über die bevorstehende Reise und gab uns ermutigende Worte mit auf den Weg. Öfters sagte er: „Es werden in der Welt so viele Anstrengungen für das Böse gemacht, nehmen wir uns doch vor, auch einige Anstrengungen für das Gute zu machen." Auch über die „Weitherzigkeit" sprach er, und wie notwendig es sei, diese Herzenseigenschaft zu entwickeln.

Und mit welcher Weitherzigkeit umfing *er* die Menschen in allen Ländern, in allen Städten! Bilder tauchen vor dem rückschauenden Blick auf: Rudolf Steiner in irgend einer Stadt, sei es in England, in Deutschland, in Österreich, in der Tschechoslowakei — wo auch immer — bei der Begrüßung der auf dem Bahnhof sich einfindenden Zweigvorstände und Mitglieder. Mit welcher Herzlichkeit und Wärme drückte er jedem einzelnen die Hand, wie erkundigte er sich sogleich eingehend nach persönlichen Einzelheiten, welche Frische und unerschöpfliche Energie strahlte er aus noch nach den längsten, anstrengendsten Bahnfahrten. — Der Zauberhauch, der sein Wesen im alltäglichen Leben und im persönlichen Verkehr umgab, rührte von seiner schlichten, warmen Menschlichkeit her. Es ist schwer, einen vollen Begriff von dieser Menschlichkeit zu geben. Aber wenn man einmal bedenkt, wieviel Unverständnis und Mißverständnis gewöhnlich unter Menschen — auch unter sich Nahestehenden — herrscht, und dann sich klar macht, daß eigentlich *alle* Menschen, die mit Rudolf Steiner in Verbindung traten, jedenfalls von allen den vielen Mitgliedern jeder einzelne, sich voll und ganz von ihm verstanden und erkannt fühlten: dann kann man den Grad dieser Menschenliebe wenigstens ahnend ermessen.

Auch seinen Humor durften wir oft erleben. Als er kurz nach dem Ende des Ersten Weltkrieges von Dornach nach Deutschland fuhr, sagte er uns Mitgliedern zum Abschied, am Schluß des Vortrags in der Schreinerei, daß er hoffe, bald wieder zurückzukommen, trotz der chaotischen Zustände, die draußen herrschten: denn Dornach sei für ihn ein so wichtiger Ort der Arbeit, daß er im Notfall auch auf einem Pferd reitend zurückkehren werde.

Eine andere humorvolle Bemerkung, an die ich mich erinnere, hörte ich allerdings nur durch einen Zufall. Es war ebenfalls in der Schreinerei. Ein pädagogischer Kurs für Basler Lehrer, die noch nicht Mitglieder waren, sich aber für die anthroposophische Pädagogik interessierten, sollte beginnen. Der Kreis dieser Lehrer und Lehrerinnen schien sehr viel Wert auf Exklusivität zu legen, und die Dornacher hatten eigentlich keinen Zugang zu diesen Vorträgen. Ich befand mich zufällig in der Nähe, als Dr. Steiner noch hinter dem blauen Vorhang stand und ab und zu einen Blick in den sich langsam füllenden Saal tat. Da trat Fräulein Mitscher, die alles Organisatorische besorgte, von hinten an ihn heran und sagte leise: „Herr Doktor, draußen stehen Herr und Frau X (das waren Dornacher Mitglieder) und fragen, ob sie nicht auch hereinkommen dürften." Dr. Steiner drehte sich gar nicht um, sondern bemerkte nur ebenso leise rückwärts über die Schulter: „Sagen Sie ihnen, ich will froh sein, wenn ich selber herein komme."

Wie sehr er alle Dinge von verschiedenen Seiten und je nach der Situation ansah, das erlebte ich einmal sehr eindrücklich. Es ist ja bekannt, wie er im allgemeinen über den Sport dachte, daß er ihn sogar als „untermenschlich" bezeichnete. Aber einmal, während einer Autofahrt, erzählte ich ihm aus meiner Münchner Zeit und daß damals alle meine Freundinnen am Wochenende immer in die Berge fuhren, um Ski zu laufen, nur ich blieb zu Hause. Da fragte er ganz erstaunt: „Aber warum denn? Hatten Sie keine Courage?"

Auch eine kleine Begebenheit, die eine Kollegin mir erzählte, zeigte seinen liebenswürdigen Humor im Alltag. Es war damals eine Zeit, wo er streng darauf achtete, daß wir pünktlich zu den Proben erschienen. Frau Dr. Steiner war in dieser Beziehung sehr unzufrieden mit uns, und da sie keine Besserung erzielen konnte, nahm Rudolf Steiner sich der Sache an. Wir mußten jetzt darauf gefaßt sein, daß er immer am Anfang der Proben da war, und das hatte schon seine Wirkung. Diese Eurythmistin war indessen doch einmal wieder etwas zu spät, und so wollte sie sich möglichst unbemerkt zur Tür hinter der Bühne hereinschleichen. Als sie aber zaghaft einen Spalt öffnete, merkte sie, daß gerade in diesem Augenblick Dr. Steiner im Gang stand. Da schloß sie, wie sie glaubte unbemerkt, noch einmal die Tür und wartete ein paar Minuten. Sie dachte, er würde inzwischen in den Saal gehen. Als sie nach einer kleinen Weile dann die Tür wieder öffnete und vorsichtig hineinspähte — da sah ihr Dr. Steiners lachendes Gesicht entgegen. Er hatte sie das erste Mal wohl bemerkt und *auch* hinter der Tür gewartet!

Wenn er im Vortrag eine humorvolle Bemerkung machte oder eine lustige Anekdote erzählte, dann pflegte er selber kaum eine Miene zu verziehen, aber die Augen waren es, die groß und strahlend lachten und so ausdrucksvoll, daß man es bis in die hintersten Reihen sehen konnte.

Oft wenn wir übten, Wochensprüche und anderes, und Rudolf Steiner in den Saal kam, rief er uns ermutigende und ermahnende Worte zu: „Mehr Feuer! Mehr Schwung! Mehr Bewegung!" Das haben wir oft von ihm, gerade beim Einstudieren der Wochensprüche, gehört. Selbstverständlich durfte die Bewegung bei der Darstellung dieser geistigen Inhalte nicht in demselben Stil gehalten sein, wie z. B. beim „Romantischen Auftakt". Aber ebensowenig wünschte er feierliche Mienen und steife Haltung. Die Bewegung sollte locker, frei und gelöst in den Umkreis gehen, so wie er es schon im Jahr 1915, damals für die apollinischen Formen angegeben hatte.

Überhaupt wollte er immer Leben und Bewegung haben. Als ihm die herrliche Komposition von Leopold van der Pals für den Merkur-Auftakt zum ersten Mal vorgespielt wurde, sagte er: „Jetzt müssen sich aber die Eurythmistinnen von dieser Musik auch *elektrisieren* lassen!" Kurz darauf verreiste er für einige Zeit, und wir übten mit großer Begeisterung nach dieser Musik, die Leopold van der Pals selber auf dem Klavier spielte, denn Orchesterbegleitung gab es damals noch nicht für uns. Als dann Herr und Frau Doktor Steiner zurückkamen, wurde sofort eine Abendprobe in der Schreinerei angesetzt, und wir durften das Geübte nach den befeuernden Klängen und lebhaft wechselnden Rhythmen zeigen. Dr. Steiner war an diesem Abend besonders heiter, ich glaube, er war zufrieden, nicht nur mit der Musik, sondern auch mit unseren Bemühungen.

Die eurythmischen Formen für Dichtungen zeichnete Dr. Steiner, wie schon gesagt, meistens im Atelier und schickte die Blätter dann durch Miss Edith Maryon oder durch eine andere Mitarbeiterin, Fräulein Kuçerowa, hinüber in die Probe, oder er brachte sie auch selber und übergab sie Marie Steiner, die sie dann uns für kurze Zeit zum Abzeichnen überließ. Wir waren sehr bemüht, den zarten, feurigen Schwung der Formen beim Durchpausen der Blätter nicht zu verderben. Ich kann wohl sagen, daß wir das Abzeichnen der Formen als eine mit zur Eurythmie gehörende Kunst pflegten und uns dabei einen Blick für zeichnerische Sicherheit und Prägnanz aneigneten. — Die Toneurythmieformen zeichnete Rudolf Steiner direkt vor unseren Augen. Er ließ sich das betreffende Musikstück in der Schreinerei vorspielen, und während er — im großen Korbsessel sitzend, von uns allen umringt — zuhörte, glitt der Bleistift mit einer ans Wunderbare grenzenden Sicherheit und Ruhe über das Blatt, das er auf den Knien hielt. So entstanden vor unseren Augen diese blumenhaften, musikalisch-eurythmischen Gebilde, das Zarteste und zugleich Großartigste, was es an zeichnerischer Kunst geben kann: schwebend, tönend, schon die Bewegung im Raum, den musikalischen Fluß, die Dynamik des An- und Abschwellens für den eurythmischen Blick offenbarend. — Aber es war eben doch mehr oder weniger eine *geheime* Offenbarung.

Einige Male, ganz selten allerdings, hat Rudolf Steiner ein paar Zeilen oder Strophen selber zur Eurythmie gesprochen. Das waren unvergeßliche Eindrücke. Seine Stimme tönte dann gewaltig, wie aus dem Kosmos kommend — und wieder im Kosmos verhallend. Er dehnte die unbetonten Silben fast ebenso wie die betonten. Es war noch eine ganz andere Art zu sprechen, als z. B. bei Proben für den *Faust*, oder wenn er die Weihnachtsspiele vorlas. Welch eine herrliche Zeit war das jedes Jahr: die Adventswochen, wenn die Schreinerei schon ein ganz weihnachtliches Gepräge hatte, die Bühne und die Wände mit Tannen verkleidet waren, so daß man glaubte, in einem Tannenwald zu sein; so dufteten das Holz und die Zweige. Und wenn dann vor- und nachmittags die altvertrauten Lieder der „Kumpanei" erklangen und Rudolf Steiner immer wieder selbst in die Proben eingriff, vorspielte, vorsprach. Ich war einmal dabei, wie er in der ersten Leseprobe das ganze Paradeisspiel, von Anfang bis zu Ende, ohne Unterbrechung vorlas — mit einer ergreifenden Schlichtheit, Innigkeit und Größe in der Stimme. Die Rollen wurden damals noch von Laien gespielt, was den Aufführungen einen besonders intimen und zu Herzen gehenden Charakter verlieh. Es gab damals noch keine Schauspieler in Dornach.

Marie Steiner las uns in den Eurythmieproben vor- und nachmittags alles selber. Wenn sie einmal nicht kommen konnte, las an ihrer Stelle Käthe Mitscher. Da sie ein sehr hingebungsvoller Mensch war, der gut zuhören konnte, und da Marie Steiner ihr auch schon Korrekturen gab, so war es für uns durchaus möglich, nach ihrer Rezitation zu eurythmisieren. Aber wie fühlte man sich getragen, wenn Marie Steiner selber den herrlichen Sprachstrom wie Flügel der Bewegung unterbreitete! Dabei nahm sie die größte Rücksicht in bezug auf die Tempi usw. Sie zwang uns nie zu einer Änderung wegen der Rezitation, im Gegenteil; oft wenn ich ein neues Solo hatte, las sie es mir einige Male, auch wenn ich es noch nicht viel geübt hatte, und dann rief sie mich zu sich und sagte mit großer Freundlichkeit: „Nun müssen Sie mir Ihre Wünsche sagen, wo Sie Pausen haben wollen, oder wo es Ihnen zu schnell ist." So durfte man sich ganz mit ihr verständigen, und Bewegung und Rezitation wurden dadurch zu einer Einheit. Man fühlte, wie sie voller Interesse jede Bewegung verfolgte und uns Schwung und Atem gab durch ihre Rezitation, die selber Eurythmie war. Ich habe natürlich in den Proben sehr viele Korrekturen, die Marie Steiner den Sprachgestaltern gab, mitangehört. Es ist mir hauptsächlich in Erinnerung, wie großen Wert sie darauf legte, daß die Laute und Satzgefüge *plastisch* gestaltet wurden. Und eine andere Forderung war die „Durchsichtigkeit" der Sprache. Die Laute sollten den Geist durchlassen, so wie es bei ihr im höchsten Grade der Fall war. Ganz besonders schön erschien mir immer ihre Rezitation der Gedichte von Conrad Ferdinand Meyer (sie nannte ihn oft scherzhaft abkürzend „Cordinand"). Ich entsinne mich, daß sie einmal, als die Rede auf einen Aufsatz über Spitteler kam, sagte: „Da haben die Schweizer nun ihren Conrad Ferdinand Meyer und Albert Steffen, und dabei reden sie immer nur von Gottfried Keller und von Spitteler."

Bemerkenswert und zum Nachdenken stimmend ist übrigens die Tatsache, daß Rudolf Steiner meines Wissens niemals eine eurythmische Form für Dichtungen der damals „Modernen" gegeben hat: Rilke, Stefan George, Werfel, Mombert (der kosmische Dichtungen hatte), Däubler usw. Ich könnte mir denken, daß er auch heute dafür wäre, daß die Eurythmie sich nicht mit allerlei anderen Strömungen, sondern lieber mit den modernen, lebenden anthroposophischen Dichtern befassen sollte. Im Herbst 1920 hatten wir die ersten Eurythmie-Aufführungen auf der Bühne im kleinen Kuppelraum des Goetheanums. Es waren dort keine Vorhänge gespannt. Wir traten zwischen den Säulen und den „Thronen" auf. Alles spielte sich in der Umgebung der herrlichen Holzarchitektur ab. Welch ein Erlebnis war es, während man eurythmisierte, aufschauen zu dürfen zu den hochgeschwungenen Formen der Architrave! Wir bewegten uns in einer Welt schweigender Eurythmieformen. Das wirkte ungeheuer beschwingend auf die Bewegung. Trotzdem aber legten Herr und Frau Dr. Steiner großen Wert darauf, daß wir die Formen auf dem Boden möglichst klein gestalteten. Ein Jahr vorher, bei der Einstudierung des „Quellenwunders", hatte Rudolf Steiner ja gesagt: „Je kleiner Sie die Formen machen, desto schöner wird es sein." Das galt auch für die große Baubühne. Die Formen wirken auch auf weite Entfernung hin, wenn sie nicht nur mit den Füßen, sondern von den Schultern und den Armen aus in den Raum hineingestaltet werden.

In einer der allerersten Proben, die dort im Goetheanum stattfanden, hatte ich mich einmal in einem unbeschäftigten Augenblick ganz nach oben, in die hinterste Reihe gesetzt. Nach kurzer Zeit kamen Herr und Frau Doktor auch dorthin, um sich die Eurythmie aus größerer Entfernung anzusehen. Sie standen in meiner unmittelbaren Nähe, und ich hörte, wie Dr. Steiner sagte: „Ja, diesen Eindruck habe ich gewollt. Von hier aus wirkt es ganz unpersönlich, so sollte es sein!"

Die letzte Zeit seines Lebens war von Tragik erfüllt. Wenn Rudolf Steiner in diesen beiden Jahren nach dem Brand des ersten Goetheanums in die Proben kam, saß er oft schweigsam, den Kopf in die Hand gestützt. Aber in einem Schweigen, das mehr als Worte sprach. Er schien wie von ungeheuren Weiten umgeben, geistiges Licht ausstrahlend in das Dunkel dieses Schweigens. So oft hatte er in den Vorträgen der letzten Jahre das Wort ausgesprochen: „Zum Helfen gehören zwei — einer, der helfen will, und einer, der sich helfen lassen will." Die Menschheit wollte sich nicht helfen lassen; diese Tragik spürte man seit dem Brand des Goetheanums. Und trotzdem begann er immer wieder von neuem, mit einem Mut, mit einer Freudigkeit; sie besagten, daß der Menschheitshelfer nie die Zuversicht verliert, immer wieder von neuem beginnt, immer wieder den Glauben hat, daß das Wahre, das Gute, das Schöne doch siegen werde.

W. LOTHAR GÄRTNER

Herren-Eurythmie

Es war zu Beginn meines langjährigen Aufenthaltes in Dornach in den Jahren 1923/24. Eine kleine Gruppe von Wächterfreunden hatte sich zum eifrigen Studium der Eurythmie um die Lehrerin Ella Dziubanjuk geschart. Als junger, in den verschiedenen Künsten sich Versuchender, ergriff ich mit Freude die Möglichkeit, mich in dieser Kunst weiterzubilden, von der ich erlebt hatte, daß sie die Wurzel alles künstlerischen Schaffens sein kann.

Ich hatte das Glück gehabt, schon beim ersten Zusammentreffen mit Anthroposophie den zwei so neuen, von Rudolf Steiner inaugurierten Künsten, der Eurythmie und den neuen Bauimpulsen des ersten Goetheanums zu begegnen. Damals (1919) hielt die nach Hellerau und Dresden kommende Eurythmistin Kläre Winterberg (jetzt Frau Börner) die ersten Kurse. Intensiv nahm damals die Gesellschaft auf, was die Lehrerin aus Dornach brachte. Alle Jahrgänge anthroposophisch Strebender fanden sich in diesen Kursen zusammen. Als jüngstem Teilnehmer aller dieser Kurse fiel mir das patriarchalische Alter der anderen so recht ins Auge. Aber was verband uns allesamt — von 17 bis 80 Jahren? Ein jeder mühte sich, sich jene Beweglichkeit anzueignen, in der allein das Wesen Anthroposophie leben kann. Man hatte es deutlich erlebt, daß es nicht mehr genügte, sich Anthroposophie nur rein verstandesmäßig anzueignen, der ganze Mensch mußte ergriffen werden und beweglicher und durchlässiger gemacht werden. Dazu aber ist die Eurythmie das geeignete Bildungsmittel.

Eines schönen Tages sah ich mich auf die Bühne gestellt, um mit einigen Wächterfreunden eurythmisch Christian Morgensterns Humoresken darzustellen! Unser Studium der Eurythmie war nicht ohne Probleme geblieben; meinten wir doch finden zu müssen, wie anders die Eurythmie der Männer — im Gegensatz zu der der Frauen — zu sein hätte. Hatten wir nicht bei Dr. Steiner gehört, daß die Männer einen weiblichen Ätherleib und die Frauen einen männlichen hätten? So folgerten wir daraus, müßte auch unsere eurythmische Gebärden-Sprache eine andere sein. Wir fragten nicht nur uns, sondern eines schönen Tages trug unser Sprecher diese Frage Dr. Steiner vor. Er hörte sie gütig und sichtbar erfreut an. „Ich will darüber nachdenken", bekamen wir zur Antwort. Nach einiger Zeit, in der er uns mit dem freundlichen Zuruf: „Ich denke daran, meine Herren!" getröstet hatte, hörten wir vor dem Abendvortrag die humorvolle Ankündigung, daß in der kommenden sonntäglichen Eurythmieaufführung im dritten Teil des Programmes die Herren auftreten würden und sich mit dem Erlös der Aufführung das Geld für die Gewänder für die Herren-Eurythmie verdienen würden. Bisher waren wir in unserem „Künstler-Zivil" — weißer Rollkragen-Pullover oder leichte Jacke mit schwarzer Kniehose — aufgetreten. Wie erstaunt waren wir, statt der erwarteten Angaben über das *Wie* der männlichen Eurythmiegebärde — Kostüme zu bekommen!

Nach mit großer Spannung überstandener Wartezeit wurden wir eines Tages in die Eurythmie-Garderorbe gebeten, und im Beisein von Herrn und Frau Dr. Steiner und den ganzen Damen, die die Eurythmie-Garderobe versorgten, wurden uns Gewänder aus Seidenrupfen grober Webart angemessen. Dr. Steiner hatte ihn aus Zürich kommen lassen.

Wir hatten gerade die „Tafeln" von Chr. Morgenstern angelegt; dazu bekamen wir nun Gewänder, die bis kurz unter das Knie reichten, mit langen Ärmeln, alles verhältnismäßig eng und leicht auf Taille gearbeitet, aber doch so, daß sich bequem darin Eurythmie machen ließ. Darauf ein sehr breiter Gürtel. Durch die lebhafte Einsprache von Frau Dr. Steiner und den umstehenden Damen wurde dann doch noch gegen den humorvollen Widerspruch Dr. Steiners Zentimeter um Zentimeter abgenommen. Speziell zu den „Tafeln" wurden uns noch zum Ellenbogen gehende Mantillen umgehangen. Die Bäume bekamen grüne zum braunen Unterkleid, die Tafeln schwarze zu weißem Unterkleid. Gelegentlich anderer Aufführungen und ernster Gedichte traten wir mit weißen Unterkleidern und roten Stolen und Gürteln auf. Fred Poeppig bekam bei einer späteren Aufführung für „Das Licht" in Morgensterns „Parallelen" seidene Pumphosen. Auch Ralph Kux erzählt in seinen Erinnerungen, daß auch ihm in einem etwas späteren Zeitpunkte ein rotes Kostüm mit blauer Stola gegeben wurde.

Daß Dr. Steiner an unseren Bemühungen um die Herren-Eurythmie Freude hatte, war ganz offensichtlich; er sah darin einen Anfang, den er wert hielt zu pflegen. Seine Ermunterung an unsere Lehrerin, fleißig mit uns weiter zu arbeiten, belegt das. Aber auch den Waldorflehrern gegenüber hat er sich sehr positiv über diese Versuche geäußert. Sein gütiger Humor half uns über so manche Unzulänglichkeiten hinweg. Den Lauteurythmiekurs mitzuerleben, brachte neues Überraschen; staunend durfte man gegenwärtig sein, wie Dr. Steiner aus der geistigen Welt heraus jene Gebärden und Bewegungen holte, die uns die Verschiedenartigkeit der im Tierkreis wirkenden Kräfte vermitteln sollten. Oft sahen wir ihn mit Schwung die Stufen zur Bühne hinaufspringen, um dort eine Armstellung, hier eine Fußstellung zu korrigieren, bis endlich der Tierkreis, wie wir ihn heute so vollendet dargestellt sehen, auf der Bühne stand.

Bei der Ankündigung des Toneurythmiekurses hatte Rudolf Steiner darum gebeten, den Teilnehmerkreis recht klein zu halten, und so hatte ich davon Abstand genommen, mich anzumelden; denn ich hatte gerade die ersten Toneurythmie-Stunden hinter mir. Trotzdem wollte Dr. Steiner, daß ich ihn mitmache; selbst als Frau Kisseleff ihm nochmals meine Gründe vortrug, blieb es bei seiner Aufforderung. So hatte ich denn das große Glück, auch den Toneurythmiekurs mitzumachen, der für meine spätere Tätigkeit eine so große Bedeutung haben sollte.

Wenn wir auch den großen Heiterkeitserfolg unseres Auftretens in den Humoresken mehr unseren gegensätzlichen Proportionen zuschrieben, so war doch viel Ernst in unserem Bemühen, der Männer-Eurythmie Gestalt zu geben. Leider ist durch den Tod Rudolf Steiners die weitere Behandlung unserer Frage unterblieben.

Unvergeßlich wird wohl einem jeden, der es in unmittelbarer Nähe erlebte, sein, wie Dr. Steiner in einer Programmprobe mit fliegenden Rockschößen auf die Bühne kam — wir hatten den „Lattenzaun" von Christian Morgenstern angelegt — : wir Latten waren ihm zu wenig hölzern. Er nahm mich beiseite und stellte sich statt meiner in die Reihe. Man konnte zutiefst erschrecken, *wie* er ganz Holz war. Würde man an *diese* Latte klopfen — so erlebte man staunend — müsse es hölzern klingen!

Wie oft wurde es uns jungen Studierenden am Goetheanum in der unmittelbaren Umgebung Rudolf Steiners zum erschütternden Erlebnis, wie Dr. Steiner sich in eine Person oder Sache vollkommen versetzen konnte, sich selbst völlig selbstlos auslöschend.

Von ihm selbst finden wir diese Haltung, wenn auch auf eine höhere Ebene bezüglich, ausgesprochen im 12. Vortrag des Zyklus über das „Johannes-Evangelium" (Hamburg, 31. Mai 1908):

„Und der, der also erleuchtet ist, der mit anderen Worten im Sinne der christlichen Esoterik den ‚Heiligen Geist' in sich aufgenommen hat, redet fortan dann in einem anderen Sinne. — Wie redet er? — Er redet so, daß es nicht seine Meinung ist, wenn er über Saturn, Sonne, Mond redet, über die verschiedenen Glieder der menschlichen Wesenheit, über die Vorgänge der Weltentwickelung. *Seine* Ansichten kommen dabei ganz und gar nicht in Betracht. Wenn ein solcher über Saturn redet, redet Saturn aus ihm. Wenn er über die Sonne redet, redet die geistige Wesenheit der Sonne aus ihm. Er ist das Instrument; sein Ich ist untergegangen, d. h. für solche Augenblicke unpersönlich geworden, und das kosmische Welten-Ich ist es, das sich seiner als Werkzeug bedient, um durch ihn zu sprechen."

Gerade diese unendliche Selbstlosigkeit und Güte, im täglichen Umgange erlebt, wirkte so wohltuend und im wahrhaften Sinne menschenbildend.

Ein weiteres Erlebnis möchte ich noch aus dieser Zeit anführen, weil es so aufschlußreich ist, wie Dr. Steiner jeden einzelnen von uns im Bewußtsein trug, und wie er bis ins kleinste für uns sorgte. Er hatte gesehen, wie dem vor der Schreinerei stehenden Wächter ein Medikament verabreicht wurde. Als der Wächter nach beendeter Wachzeit abgelöst wurde, um im dritten Teil des Eurythmie-Programms aufzutreten, fand er hinter der Bühne einen Korbstuhl mit Wärmflaschen und Decken vor. „Ja, Herr Doktor hat gesagt: Herr G. müsse trockene Wärme haben und dürfe bis zu seinem Auftritt die wärmende Umhüllung nicht verlassen." Als ich dann vorn an der Rampe in Hockstellung meine Finger-Eurythmie in Chr. Morgensterns „Vice Versa" zu machen hatte, war mir, als ob mich die Augen des in der ersten Reihe sitzenden Dr. Steiner aufrecht hielten. Kräftiger als es ein paar physische Arme vermocht hätten.

So standen wir „im zartesten Kindesalter" — wie er das Alter zwischen 21 und 28 einmal nannte —, mit all unseren Unzulänglichkeiten vor ihm. Galt es nicht, sich neue Fähigkeiten zu erüben, neue Organe sich heranzubilden? Im Scheine seiner unendlichen Güte durfte sich dieses, wenn auch noch so primitive und sehr unbeholfene Bemühen vollziehen.

ADELHEID PETERSEN

Dornach in den Jahren 1914/1915

In den letzten Tagen des Juli 1914 kam ich zum ersten Male zu kurzem Besuch nach Dornach. Von Arlesheim herüber den Weg nehmend, erblickte ich den Bau auf dem Hügel. Über dem hellen Massiv des Unterbaues trug sich das noch im Rohen stehende, durchsichtige Holzwerk des zweigegliederten Rundbaues unter dem Lattenwerk und Gestäbe seiner Doppelkuppel in sich selbst. Was war das? Es überfiel mich, hielt mich an der Stelle fest, erfüllte mich mit — es ist schwer auszudrücken — mit Fassungs- und Ratlosigkeit, mit Verwirrung, fast mit Erschrecken. Dies Gebilde dort oben inmitten des üppigen Sonnenlandes unter dem wolkenlosen Himmel kam dem Heraufschreitenden entgegen: ein lebendiges Wesen, das ihn, noch entfernt, gleichsam ansprach, ihn umschloß, ihn hereinzog in das Strömen, Kreisen, Steigen eines ungeheuren schöpferisch tätigen Willens! Dieser erste, tiefgehende, ja verwandelnde Eindruck wiederholte sich immer wieder; er vertiefte sich. Der Bau atmete und lebte in eigener, innerer Gesetzlichkeit. Er schickte dies Leben hinaus in die Umwelt, hinauf in den Himmelsraum, hinein in die Menschen, die an ihm arbeiteten. Er stand in Wechselbeziehung mit ihnen, mit allem: mit den menschlichen Seelen, mit den Weltseelen, mit Licht und Dunkel, mit dem Elementarischen, mit allem Wesen und Geschehen der Natur. Er gab und nahm.

Hier wuchs eine Architektur und Plastik, die niemals sich in sich abschließen würde als eine — im Sinne des Goethewortes „erstarrte Musik". Dieser Bau war unablässig in sich bewegt, durch die sich immer erneuernde, immer verwandelt aus sich selbst hervorgehende, verwandelt zu sich selbst zurückkehrende Melodie seiner Formen: der erste Bau, welcher die Grundkraft der Welt-Gestaltung, der Welt-Formung in die Sichtbarkeit stellte: die Verwandlung, die Metamorphose in ihrer Systole und Diastole. Der erste Bau, welcher in seiner Raumhaftigkeit das Zeitenwesen enthielt. Der Bau des verloren gegangenen Himmelsmenschen, des „lebendigen Wesens Anthroposophie" — das ja nichts anderes ist als der dem mikrokosmischen Menschen wiedergeschenkte makrokosmische, der Himmelsmensch.

„Haus der Sprache" nannte Rudolf Steiner diesen Bau, denn er enthielt das „offenbare Geheimnis" des Zusammenklanges seiner Architektur und Plastik mit dem „Wort der Götter", durch das alles Welt- und Menschenwesen wurde und weiter wird. Deshalb konnte dieser Bau in neuem Sinn das Wort der Götter durch das menschliche Wort erklingen lassen. Deshalb war dieser Bau in seiner Lebendigkeit untrennbar vom Leben seines Schöpfers, der das Weltenwort als Menschenwort neu zu den Menschen brachte. Deshalb war dieser Bau auch nach seiner Vollendung nie ein „Gewordenes", sondern ein immer Werdendes durch das Wirken seines Schöpfers darin. Das schuf die einzigartige, nie vorher, niemals wieder nachher zu erlebende „Atmosphäre" dieses Werkplatzes. Sie durchdrang, sie durchkraftete, trug und speiste alle, die hier arbeiteten. Damals im Juli 1914 lag noch etwas wie Morgenröte, wie Glanz einer Sonnenfrühe über der Gemeinschaft der Arbeitenden. Alle warmen Herzenskräfte waren aufgerufen. Wer sich im Umkreis des Baues begegnete, grüßte sich in beglücktem Einverständnis.

Im großen Schuppen der Schreinerei, wo die Säulen vorbereitet wurden, fanden die abendlichen Vorträge statt. Man saß auf den Bretterstößen, Holzklötzen, Hobelbänken umher. Das zerschnittene Holz duftete.

Ich hörte damals, am 26. Juli, den Vortrag, der mit dem Titel *Die schöpferische Welt der Farbe* im Druck erschien. Überwältigt von allem, was in den wenigen Tagen sich zusammendrängte, war ich nicht fähig, dem Gang des Vortrages wirklich aufnehmend zu folgen. Aber der Anfang schlug bleibend und wachsend in mich ein. Rudolf Steiner nahm zum Ausgangspunkt Herman Grimms Äußerung, daß die Menschheit das Allerwichtigste bei Goethe erst im Jahre 2000 richtig einsehen werde und daß dies Allerwichtigste darin bestehe, daß Goethe „das, was er geschaffen hat, aus dem *ganzen vollen Menschentum* heraus geschaffen hat; daß allen Impulsen seines Schaffens die Impulse des vollen Menschentums zugrunde lagen". Dem stellte Rudolf Steiner das heutige „Spezialistentum unseres Lebens" gegenüber, das er scharf vom wissenschaftlichen Spezialistentum unterschied. Weit entfernt vom Begreifen des vollen Menschentums führte das „Spezialistentum unseres Lebens" dahin, daß immer weniger die einzelne Seele, „die in diesen oder jenen speziellen Vorstellungs- oder Empfindungskreis eingerammt ist", die andere Seele verstehen könne.

Eindringlich, sorgenschwer, schmerzlich war der Klang seiner Stimme — nicht nur bei diesen Sätzen, sondern während des ganzen Vortrages. Dieser Klang der Stimme drang unmittelbar in mich ein, während der sachliche Inhalt der Ausführungen schattenhaft blieb. Es erneuerte sich jener grundlegende Eindruck, den ich beim überhaupt erstmaligen

Hören eines Vortrages von Rudolf Steiner empfing an einem öffentlichen Abend in den Münchener Prinzensälen. Er war mir von meinem Platz aus während des Redens nicht sichtbar. Nur die Stimme drang zu mir, und plötzlich — während der Inhalt der Worte an mir vorbeiging — sprang mich unwiderleglich das Bewußtsein an: diese Stimme ist Wahrheit. Zum erstenmal im Leben wurde ich wirklich und unmittelbar erfaßt von *Wahrheit*. Ob ich verstand oder nicht verstand, was da gesprochen, gelehrt wurde: in dieser Stimme *lebte Wahrheit:* frei von Willkür, von Persönlichkeitsdrang, von Überzeugenwollen! Diese Stimme sprach aus der Wahrheit! — Beim Lesen des Vortrages nach seiner Drucklegung wurde die Erinnerung neu entzündet. Von „Wehmut" spricht Rudolf Steiner im Verlauf seiner Darlegungen — Wehmut über die Ablehnung und die wachsende Gegnerschaft, welcher sein Wirken begegnet. Wie von Wehmut durchbebt, wies er auf Schmerzliches hin, das der europäischen Menschheit bevorstehe und mahnte zur Kraft, zum Mut; mahnte, daß Geisteswissenschaft immer „leuchtender" werden müsse, „eine Friedenssonne, eine Sonne der Liebe und Harmonie über die Menschen hin." — Beglückt, froh, sorglos schienen die Hörer beim Aufbruch. Es war wieder „so wundervoll" gewesen!

Im Oktober kam ich für eine Woche wieder. Die Schieferdeckung der Kuppeln muß, meiner Erinnerung nach, fast beendet gewesen sein. Die Außenwände, die Seitenflügel zeigten das Balkenwerk ausgefüllt. Das Schnitzen im Innenraum hatte begonnen.

Es war Krieg. Die Sonne war im Grau verhüllt. Menschliche Spannungen, das „Spezialistentum des Lebens", der Seelen wurde spürbar. Es hieße die Wahrheit der Dinge fälschen, wenn man dies nicht sagte! Um so stärker spricht die Tatsache, daß trotz vieler Spannungen und Reibereien die Arbeitsgemeinschaft sich nicht lockerte. In der Liebe zum Werk fand sich alles Getrennte immer wieder zusammen. In jene Oktobertage fiel der Tod des siebenjährigen Theo Faiß, den ein umfallender Möbelwagen erdrückte. Tief in der Nacht kam Rudolf Steiner zu der verängstigten Mutter. Er nahm ihre Hände und sagte: „Wir haben ihn gefunden, aber er ist nicht mehr bei uns." Es sei, so berichtete sie, eine solche Welle von Wärme, Liebe, Mitleid über sie hingegangen, daß sie sich ganz geborgen und ruhig gefühlt habe. In den Tagen zwischen dem Tod und Begräbnis des Kindes kam Rudolf Steiner täglich sogar zweimal in das Haus der Mutter. Das jüngste, noch nicht einjährige Kindchen litt an einer eitrigen Hautentzündung und war sehr gequält. Hatte man das unruhige, fiebernde, vor sich hinwimmernde Kind auf dem Arm, so konnte man erleben, daß es plötzlich ruhig wurde, sich aufhellte und das Köpfchen nach der Türe drehte. Immer erschien dann wenige Minuten später Rudolf Steiner, durch den Garten rasch herankommend. Man muß die Bewegung gesehen haben, mit der er das Bübchen in seinen Arm nahm, seinen Händen gefolgt sein, wie sie die wunden, entzündeten Stellen mit feuchter Watte betupften und reinigten (es mußte immer frischer Kammillenaufguß zur Behandlung bereitet werden, dessen Herstellung und Temperierung er genau vorschrieb). Das Kind sah ihn stets unverwandt mit großen Augen an; das Gesichtchen war in stillem Lächeln gelöst. Regelmäßig schlief es sofort ein, wenn sein Heiler sich entfernte, zu langem, ruhigem Schlaf.

Rudolf Steiners Hände bei verschiedensten Verrichtungen waren ein Erlebnis für sich. Ob er zeigte, wie das Werkzeug beim Schnitzen, wie Bürstchen und Holzplättchen beim Einwachsen der Schindeln zu halten seien, ob er den Holzspatel führte beim Rühren des Malgrundes oder die langstieligen großen Bürsten, mit welchen der Malgrund in die großen Korkplatten eingebürstet werden mußte (in langen, gleichmäßigen Strichen, bis eine glatte Fläche von bestimmter Konsistenz entstand); ob er den alten grauen Wächterhund streichelte, der ihn tagtäglich unentwegt oben am Weg erwartete; ob er ein kleines Kätzchen aufgriff, das hilflos klagend in einem großen Schneehaufen saß, um es im Trockenen niederzusetzen: er griff und tat alles anders als wir übrigen Menschen. Seine Hände sprachen zu allem, was sie ergriffen. Sie waren Sicherheit, Behutsamkeit, Zärtlichkeit. Sie schonten, sie ehrten jegliches, ob es lebendiges Wesen oder toter Gegenstand war. Man dachte an die alte heilige Anschauung, daß etwas von der Schechena, der Gottesglorie, in jegliches Ding hineinverzaubert sei, und daß daher der Mensch die Dinge ehren soll!

Gleiches Erlebnis war sein Stehen und Schreiten. Nie wieder habe ich einen Menschen so stehen sehen und gehen sehen, wie Rudolf Steiner. Wo er stand: nichts hätte ihn von dort wegreißen können, so schlank gefestigt und unerschütterbar erschien er. Zugleich aber drückten seine Füße die gleiche Zartheit und Behutsamkeit wie seine Hände aus. Sie schienen den Boden unter ihnen schonen zu wollen. Es war, als hielte die ganze Gestalt das Lasten in sich selbst zurück, um „wesendes Leben" des Grundes nicht zu versehren! Sein Gehen: der Boden schien elastisch zu federn, wenn er den Fuß hob und niedersetzte. Nie habe ich einen Fehltritt oder einen schwankenden, unsicheren Schritt bei ihm gesehen: weder auf dem äußeren Werkplatz, den Regen und Schnee — ausgetreten wie er war — höchst unerfreulich und schwierig zu überschreiten machten. Auf den Gerüsten, Leitern, primitiven Holztreppen im Inneren: überall bewegte er sich im Auf und Ab mit immer gleicher Leichtigkeit und Sicherheit.

Es ist oft schon berichtet worden und kann nur immer wieder bestätigt werden: wenn Rudolf Steiner den Bau zu seinem täglichen Rundgang betrat, so war es überall unmittelbar spürbar! Man möchte sagen: die

Gegenwart ihres Schöpfers wurde vom Raum, von allen Gebilden und Formen, an deren Herausarbeitung man werkte, empfangen, weitergeleitet, hingestrahlt!

Als ich in den letzten Dezembertagen des Jahres 1914 zu einem Aufenthalt von zwei Monaten wiederkam, sprach an einem Abend Rudolf Steiner über das neue künstlerische Prinzip des Baues, wo „die Seele erlebt, indem sie den Formen entlang erlebt", wo das plastische *Element* in ein musikalisches *Erleben* hinübergeführt werde. „Das sind Dinge, die ... zusammenhängen mit den innersten Impulsen, die wir durchzumachen haben ... im ersten Drittel der fünften nachatlantischen Kulturepoche ... Das wird uns gleichsam vorgeschrieben von den geistigen Wesenheiten, die diese Entwicklung leiten." So erhielt erstes Erleben des Baues seine Bestätigung.

Rudolf Steiner sprach damals an einer Reihe von Abenden über das innere Wesen der Künste in seinem Zusammenhang mit der Gliederung des menschlichen Wesens, mit dem ganzen Kosmos, mit der Erdenevolution vom Saturn bis zum Vulkan: eine Perspektive „so groß, so gewaltig, daß wir gar nicht genug erfühlen und empfinden können, um sie uns intensiver klar zu machen", jedoch auch Worte in schmerzlichstem Tone, nicht frei von schwerem Vorwurf: „Aber es ist ... das, was zu den *bittersten Enttäuschungen* gehört, wenn dasjenige, was im Verlaufe der geisteswissenschaftlichen Bestrebungen rein geistig gewollt wird, wiederum hereinrückt in das *persönlich-menschliche* Wollen und in die *persönlich-menschlichen* Absichten. Wenn das Persönliche anfängt eine Rolle zu spielen innerhalb jener Gesellschaft, *welche uns im Streben nach der Geisteswissenschaft umschließen soll.*"

Mahnung und Vorwurf waren nur allzu berechtigt. Es „menschelte" trüb, um diese Wendung Nietzsches zu gebrauchen: menschlich — allzumenschlich! Rudolf Steiner war in den Weihnachtstagen mit Marie von Sivers getraut worden. Was für Wellenschläge dies im Kreise der Mitglieder (vornehmlich der weiblichen Mitglieder, aber nicht nur dieser!) hervorrief, war erschreckend. Von hysterischer Verzückung, hysterischer Verzweiflung bis zur Konstatierung eines „Abgleitens des Eingeweihten" waren die vielfältigsten Abwandlungen zu erleben! Wo war das Vertrauen zum großen Lehrer?

Zur gleichen Zeit stellten sich Unregelmäßigkeiten im Baubetrieb heraus. Die Versammlung, welche Rudolf Steiner einberief, gehört zur schmerzlichsten Erinnerung meines Lebens. Seine Augen flammten. Seine Stimme dröhnte. Marie Steiner saß, weiß bis in die Lippen, den ganzen Abend reglos erstarrt. Nachdem er in der schärfsten Weise alles zurückgewiesen hatte, was durch seine Trauung entfesselt worden war, „es ist meine Privatsache, die niemanden etwas angeht", kam er auf die Mißstände am Bau. „Draußen wird von der blinden Autoritätsgläubigkeit der Anthroposophen gefaselt! In Wirklichkeit ist es so, daß ich nur etwas zu sagen brauche, und es geschieht das Gegenteil davon." Es war wie Blitz und Donner im Raum. Er sprach von Vergiftung der Arbeit, von Gewissenlosigkeit vor der geistigen Welt. Dann, nach einer Totenstille (er hatte sich neben Marie Steiner niedergesetzt) stand jemand auf (ich erinnere mich nicht, wer es war) und suchte stammelnd nach Worten der Entschuldigung, der Reue und sagte endlich, Herr Doktor werde doch von allen so hoch verehrt. Da schoß schon Rudolf Steiner hoch und rief mit einer Stimme, die von Zorn, ja von Verzweiflung schwang: „Ich will nicht verehrt werden! *Ich will verstanden werden!*" Ein Abgrund schien aufgerissen! Keiner erhob mehr den Blick. Keiner sprach ein Wort. Rudolf Steiner verließ mit Marie Steiner den Raum ohne Gruß. Lautlos schlich alles auseinander.

Es ist nötig, daß diese Dinge dem Gedächtnis aufbewahrt werden. Die Nachkommenden müssen das ganze Märtyrertum Rudolf Steiners wissen. Es kann das *Verantwortlichkeitsgefühl* schärfen, die *Selbstbesinnung* klären.

Nicht von außen, so sagte Rudolf Steiner damals schon, drohe seinem Werke Gefahr. „Die Feinde kommen von innen, aus der Mitgliederschaft selbst."

In jenen Wochen wurde ich von einem Mitglied mit einem Brief zu Rudolf Steiner geschickt. Es war ein Traumerlebnis, das der Schreiberin und ihrem damals noch nicht zweijährigen Töchterchen schweres Schicksal verkündigte. Abzuwenden sei es, wenn es ihr gelinge, „unter den Regenbogen zu kommen". Sie bat um Erklärung dieses ihr unverständlichen Wortes. Rudolf Steiner las den Brief langsam, mit eindringlichster Aufmerksamkeit. „Ja", sagte er endlich, „dieser Traum hat Realität. Sie können sich auch nicht denken, was das heißt, „unter den Regenbogen kommen?" wendet er sich zu mir. Als ich verneinte: „Nun, das heißt nichts anderes, als wirklich mit Leib und Seele Anthroposoph werden! Ich meine das buchstäblich. Ernst machen mit der Anthroposophie! Das Leben üben im Sinne aller der Anweisungen, wie sie in meinem Buche *Wie erlangt man Erkenntnisse der höheren Welten?* gegeben sind! Lebensübung muß Anthroposophie werden! Reinigung des ganzen Wesens, Entwickelung des vollen Menschentums."

Sprechend machte er seine Notizen am Rande und auf leerem Raum des Briefblattes. „Sehen Sie, mit dem *ganzen* Menschen wirklich Anthroposophie *leben*, das heißt, okkult ganz richtig: unter den Regenbogen kommen. Fühlen Sie, wie die Läuterung, die Harmonisierung des inneren Wesens darin lebt?" „Aber", fuhr er fort, „sie wird das nicht tun! Wie es weitaus die meisten nicht tun! Es ist so unbequem, und, nicht wahr, man kann so gar nicht glänzen mit dieser stillen jahre-, jahrzehntelangen Arbeit an sich selbst!"

Ein trauriger, fast bitterer Ausdruck trat in seinen Zügen hervor: „Ich will Ihnen etwas sagen: wenn ich mir einen Magiermantel umhinge und als Übungen die verrücktesten Sachen von den Leuten verlangte —, etwa um Mitternacht irgendwo auf einen Berg laufen, um irgend einen Blödsinn vorzunehmen: glauben Sie mir, das würden sie alle tun! Da liefe mir alles nach! Aber in jahrelangem Bemühen vielleicht *eine* einzige Charakterschwäche, eine einzige schlechte Gewohnheit endlich überwinden, ablegen — nicht wahr, das ist so uninteressant! Die Menschen glauben es einem nicht, daß solch eine einzige Änderung im eigenen Wesen — wenn z. B. ein eitler Mensch sich lediglich seine Eitelkeit eingesteht und sich ihrer schämt —, daß so etwas geistig viel weiterbringt, als das Anhören von hundert Vorträgen und meinetwillen Auswendigkönnen von allen Zyklen; daß das sehr viel mehr bedeutet, als das Halten von eigenen Vorträgen! In diesem Fall" — er wies auf den Brief — „und in unzähligen anderen Fällen liegt ein intellektuelles und auch ästhetisches Bedürfnis nach der Geisterkenntnis vor. Wenn das aber nicht vertieft wird zum *Leben*, wenn nicht aus dieser Geisterkenntnis, die zunächst im Kopf sitzt, Lebenspraxis wird, dann kann das bedenklich werden." Rudolf Steiner hatte richtig vorausgesehen in dem Fall dieses Traumerlebnisses. In Anknüpfung daran und im Zusammenhang mit manchen Erscheinungen, die in den Kreisen der Mitglieder hervortraten, kam es zu wiederholten Fragen und Gesprächen, wo Rudolf Steiner Grundlegendes über das „Anthroposoph-sein-wollen" ausführte. „Wenn man mit zu starkem Selbstsinn", sagte er einmal, „mit zu starkem Selbstgefühl zur Anthroposophie kommt, werden dem Betreffenden sehr schnell die Schleier luziferischer Illusionen um den Kopf gehangen. Man wird ja für die luziferischen und ahrimanischen Mächte erst interessant, wenn man sich zur Anthroposophie wendet."

Mit schwerem Nachdruck: „*Anthroposophie ist eine gefährliche Sache! Eine sehr gefährliche Sache!* Denn sie wirkt unmittelbar im Menschen, schon dann, wenn sie nur mit dem Kopf aufgenommen wird! Dann aber kommen die Illusionen — wenn nicht das Selbstgefühl selbstlos gemacht wird! Dann kommt die Unwahrhaftigkeit, die Eitelkeit, dann kommt zum Luziferischen die ahrimanische Verstrickung. Denken Sie darüber nach! Wach sein! Wach sein!"

An einem trüben Februarmorgen traf ich mit Rudolf Steiner beim Anstieg zum Bau zusammen. Vom Elsaß herüber war der Geschützdonner als dumpfes Rollen vernehmbar. Manchmal, nach einem Einschlag, schütterte der Boden. Oben blieb Rudolf Steiner stehen und schaute lang nach Westen hinüber, den feuchtes Gedünst verhüllte. Dann sah er mich an mit jenem unbeschreiblichen Blick, der in letzte Tiefen drang, ohne anzutasten, ohne Schärfe; der nicht ergreifen wollte, sondern der in sich aufnahm. „Ja", sagte er endlich, „wenn das dort", er wies nach Westen, „wenn das dort einmal zu Ende sein wird, dann wird alles so völlig anders werden, als es bisher war, daß Sie mich nicht verstehen würden, wenn ich Ihnen sagen wollte, wie alles wird. Aber Sie werden es erleben! Wenn das vorüber sein wird, was man Krieg nennt — ja, dann wird es so sein, daß alles Konventionelle versagt; daß alle Tünche von den Lebensverhältnissen abfällt! Die Menschheit ist in ein Stadium ihrer Entwicklung eingetreten, wo das Böse und die Lüge sichtbar werden müssen! Es ist alles schon da: das Böse, Grauenhafte, das Verlogene, der Verfall — es ist alles da, aber es ist noch übertüncht! Und es *muß* offenbar werden! Das wird sich in den Lebensverhältnissen des einzelnen zeigen — in den Ehen, den Familien, den Freundschaften und vor allem in den Feindschaften — wie im Gesamtleben der Völker, der Staaten! Es wird für gewisse Dinge keine Hemmungen mehr geben. Durchstehen, ohne seelisch zugrunde zu gehen, ohne seelisch Schaden zu nehmen, werden alles das, was kommt, nur die Menschen, welche draußen und vor allem *im eigenen Inneren* das Wesentliche vom Unwesentlichen unterscheiden können! Das ist sehr schwer! Sehr schwer!" wiederholte er, „das erfordert unablässige, mühevolle Übung. Denn hier liegt die furchtbarste Verführung! Die Menschheit wird den Kampf gegen die Lüge zu führen haben — das Urböse!"

Er wendete sich, um zum Bau zu gehen. Der Schlag der Klöppel auf die Holzgriffe der Schnitzeisen drang vieltönig, hell und dunkel, hoch und tief, klingend oder gedämpfter, fast wie ein Geläute heraus. Rudolf Steiner lächelte: das Glück und die ganze Liebe eines großen Schöpfers vor seinem Werk überleuchtete ihn.

„Wir müssen den Bau schnell vollenden! Es ist notwendig, ihn schnell zu vollenden!" Die Vollendung ließ noch lange auf sich warten! Inzwischen hatte dies „Anders-werden" aller Verhältnisse schon furchtbar eingesetzt.

In unerschöpflicher Mannigfaltigkeit sprach Rudolf Steiner damals über das Künstlerische, das Dichterische, und in steigendem Maße verwob er damit das Leben und Wirken der „sogenannten Toten", welche „viel lebendiger sind als wir", und wies auf „die Notwendigkeit des Lebens mit den sogenannten Toten". Der Ton schwerer Sorge, schmerzlich mahnender Eindringlichkeit aber klang durch alles durch. Es war, als wolle er alles innerlich Lebendige aufrufen in den Hörern — jenes Lebendige, das als Kunstschaffen, als Kunst-Erleben, Kunst-Verstehen dem Intellektuell-Abstrakten entgegensteht und dessen Herz-Ertötendes auslöscht.

Er sprach schon damals bedrückt von den beiden Gefahren: Verintellektualisierung der Anthroposophie einerseits, gefühlhafte verschwommene Übersteigerung, seelische Wirrnis andererseits. Zunächst trat das Letztere mehr in Erscheinung. Die Verintellektualisierung begann erst anfangs der zwanziger Jahre. Auf sie wies er als „Gefahr der Stagnation" für Zeiten nach seinem Tode hin.

„Selbstverständlich muß Anthroposophie die Wissenschaften, namentlich die Naturwissenschaften ergreifen und durchdringen", sagte er einmal in einem Gespräch. „Aber als Lebensimpuls wirklich unter die Menschen getragen werden kann sie nur durch den künstlerischen Impuls! Das soll nicht etwa heißen, mit schlechter, womöglich programmatischer Kunst unter die Menschen zu gehen. Sondern ein künstlerischer, also ein *gestaltender* Impuls wirkt überall da, wo bei klarer Bewußtheit aus unmittelbarem innerem Leben heraus gewirkt wird."

In dem Vortrag vom 3. Januar 1915 *Das künftige Jupiterdasein* sprach er die Worte: „Welches ist der Weg, um diese Dinge" — die Geisteswissenschaft und ihre Impulse — „in das Leben einzuführen? Da muß die Antwort wieder gegeben werden: *Wirklich mitleben,* da wo die Geisteswissenschaft gesucht wird, mitleben so viel als man kann."

Ergreifend war es, mit welcher inneren Bewegtheit — es war oft, als sei es bis zu Tränen — er über die Bedeutung des Baues für die geistige Welt sprach, von der Teilnahme der Toten an dem Bau, den er „ein Wahrzeichen in unserer Zeit des Wirkens innerhalb unserer spirituellen Bewegung" nannte: dieses Wirkens, „für welches die Grenzen zwischen dem, was man gewöhnlich ‚Leben und Tod' nennt, gar nicht in Betracht kommen." Er mahnte auch im persönlichen Begegnen immer wieder, „den ganzen über Leben und Tod hinausgehenden Ernst unsrer Bewegung ins Auge zu fassen."

Immer wieder sprach er von der Verantwortung gegenüber der Anthroposophie. Immer wieder klagte er über das Versagen — gerade in bezug auf diese Verantwortlichkeit.

Es gab einmal einen eigentlich furchtbaren Augenblick. Menschliche Entgleisungen peinlicher Art waren vorgekommen, und es wurde geäußert, daß schließlich die Nachsicht solchen Dingen gegenüber an ihre Grenze komme. „Nein", antwortete Rudolf Steiner, „der menschlichen Unzulänglichkeit gegenüber ist die Nachsicht unbegrenzt. Nur da", und seine Stimme hob sich, „wo die geisteswissenschaftliche Substanz verfälscht und zerstört wird, da gibt es keine Nachsicht."

Chauvinismen brachen damals unter den Angehörigen verschiedener Nationen aus, und es kam so weit, daß Dinge aus Vorträgen Rudolf Steiners sozusagen als Waffe gegeneinander benutzt wurden. Rudolf Steiner war zutiefst davon verwundet; er äußerte, das seien Dinge, „die mir zu meinen okkulten Erfahrungen, die ohnehin schon schmerzlich genug sind, einen weiteren Schmerz hinzufügen".

Immer wieder mußte er in Konflikte eingreifen. Einmal begegnete ich vor einem Hause Marie Steiner, welche blaß und ganz verzweifelt herauskam. „Sie bringen Dr. Steiner fast um", sagte sie, und sie wies zurück auf das Haus. „Seit zwei Stunden kämpft er geradezu gegen eine Raserei von Deutschenhaß, die nicht einmal vor ihm Halt macht."

Etwas später lief ich ihm vor dem Bau, als ich Ingredienzien zum Malgrund holte, in den Weg. Er kam, in mildem Sonnenschein, ganz in sich gezogen, den Regenschirm (von dem er sich auch bei klarem Himmel selten trennte) unter den Arm geklemmt, daher und sagte: „Es ist kalt!" — Das erschöpfte Gesicht belebte sich unmittelbar, als er fragte: „Rührt sich der Malgrund jetzt besser? Ich komme gleich, um nachzusehen."

Alle diese Züge gehören in das Gesamtbild von Rudolf Steiners Wesen und Wirken hinein.

Immer wieder seine bittere Klage, daß man wohl geistige Erkenntnis „raffe und auch aus den Köpfen wieder produziere", daß man aber das Wichtigere, „die Arbeit an sich selbst", versäume. Schärfen Sie täglich Ihr Bewußtsein dafür, daß nicht das, was Sie sagen und tun, das *Wesentliche* ist, sondern das, *wie Sie innerlich sind!* Was Sie denken und empfinden, und ob Sie vor sich selbst wahrhaftig oder verlogen sind! Die Menschheit geht einer steigenden seelischen Verkümmerung entgegen. Dem kann nur durch innere Pflege, inneren seelischen Aufbau entgegengewirkt werden. „Aber", so wiederholte er häufig, „es geschieht ja nicht!"

Damals hielt sich eine junge Frau in Dornach auf, welche in schwerem Zerwürfnis mit ihrem Mann stand und sich von ihm scheiden wollte. Rudolf Steiner nahm sich ihrer in unendlicher Güte und Geduld an. Allmählich klärte sie sich innerlich und schrieb ihrem Mann, daß sie zu ihm zurückkehren wolle. Nun aber lehnte dieser ab in einem kühlen, unzugänglichen Tone. Verzweifelt kam sie mit dem Brief zu Rudolf Steiner. „Ja", sagte dieser, „sehen Sie, das ist eben nun die Antwort auf alle Ihre anklagenden, bösen, unguten Briefe, die Sie an ihn geschrieben haben." „Aber Herr Doktor", rief sie, „ich habe ja keinen davon abgeschickt! Ich habe sie ja immer vernichtet. Ich habe mir ja im Schreiben nur Luft machen wollen!" „Ja", antwortete Rudolf Steiner, *„aber seine Seele hat sie alle empfangen."* Dies hat mir die Betreffende selbst erzählt.

In einem anderen Fall, wo Verbohrtheit und Trotz auf der einen Seite vorlagen, riet er, abends in Gedanken diesem Anderen gut zuzusprechen, seine verbogenen Ansichten zurechtzuschieben, ihn zu beruhigen. Es werde helfen. Und nach einigen Monaten half es. Aber es kam auch vor, daß er erklärte, hier sei nichts zu machen während dieses Erdenlebens. Einmal äußerte er: „Da ist gar nichts zu wollen. Lassen Sie diesen Menschen laufen." Und da der Angeredete ihn ob dieses hart klingenden Wortes erstaunt ansah, sagte er: „Ja, ja, das ist wirklich gemeint! Der läuft den Weg, den er nun einmal eingeschlagen hat, und erst nach dem Tode wird er merken, was er sich zugefügt hat. Dann können Sie ihm helfen."

Im August 1915 kam ich gerade zu dem Vortrag über *Fausts Himmelfahrt,* dem am Tage darauf eine eurythmische Darstellung des Faust-Schlusses folgte. Weitere Faust-Vorträge schlossen sich an. Es ist eigentlich unmöglich, dieses Erleben zu schildern. Als seien über einem dunkeldämmernden Raum, in dem man magisch gebannt, aber hilflos herumtastete, plötzlich weiteste Fenster nach allen Erden- und Himmelsrichtungen aufgerissen: So erleuchtete sich plötzlich der „Faust" mit einem Licht, das ihn nicht als „dunkel, unverständlich, greisenhaft geheimnistuerisch" erwies, sondern im Einklang mit letztem Weistum der Welt. Durch Rudolf Steiners Faust-Deutung, die eben nicht interpretierte, kommentierte, kritisierte, sondern *deutete,* ist rückwirkend ein ganzes Jahrhundert sozusagen von einem geistigen Alp erlöst worden. Man erlebte „Epoche", um Goethes Wendung zu gebrauchen! Unendliche Weiten taten sich auf! Tiefste Zusammenhänge, wirkende göttliche Ordnung, wo „Spintisiererei, mythologische Träume" gesehen worden waren.

Die Welt zerfleischte sich. Haß wurde auf allen Seiten gepredigt, das Elend unserer jetzigen Jahrzehnte vorbereitet. In Dornach selbst spielten sich schlimmste Verirrungen und Angriffe gegen Rudolf Steiner ab, die zu qualvollsten Sitzungen und Auseinandersetzungen führten — und über all diesen Höllenschwaden erhob sich seine Goethe-Kündung, letzte Weltmysterien umgreifend! Im Sprechen strahlte er. Unvergeßlich diese eurythmische Darstellung, zu der Marie Steiner rezitierte! Noch war alles Äußere primitiv. Fausts Unsterbliches war durch ein gemaltes Haupt symbolisiert. Der Pater Seraphicus, der Pater ecstaticus hatten ihre Standorte auf einer Art von Leitern. Die Anachoreten- und Engelschöre, die seligen Knaben in einfachster Gewandung und vielfach im Anfängerstadium der Eurythmie. Über dem Ganzen eine Erstmaligkeit, eine Reinheit, eine Hingabe, eine Andacht und — eine *Beglückung,* daß man vor Ergriffensein weinte. — Vor Rudolf Steiner, auf niederen Bänkchen zu seinen Füßen, eine Schar kleiner Kinder, deren Unruhgeister er ab und zu mit einem leisen Streicheln des Köpfchens oder einem Schulterklopfen dämpfte. Worte sind sehr armselig und versagen vor der Schilderung dessen, *wie* das war und *was* damals geschehen ist.

Am 29. August wurden die *Zwölf Stimmungen* eurythmisch dargestellt — diese zwölf siebenzeiligen Strophen: „ein genaues Abbild des in unserem Universum Vorhandenen". Die Darstellung wirkt in der

Feierlichkeit, der Andacht ihrer Entfaltung kultisch. Der makrokosmische Mensch in seiner allmählichen Erschaffung im Gang des Weltenwerdens war anwesend.

An einem der nächsten Tage, wenn mich die Erinnerung nicht täuscht (Aufzeichnungen gingen durch das Kriegsgeschehen verloren), wurden aus dem großen Kuppelraum die Gerüste entfernt, damit Rudolf Steiner ungehinderten Blick über den Stand und — sozusagen — die Gesamtqualität der von vielen verschiedenen Menschen geschnitzten Formen habe. Der Eindruck war unbeschreiblich; das eigene Wesen wurde weit über sich selbst hinausgehoben. Rudolf Steiner sprach, korrigierte, gab Weisungen und — dankte! An ihm ist mir das Geheimnis der Dankbarkeit überhaupt erst aufgegangen. Es ist richtig, was Goethe feststellt: daß der Mensch von Natur undankbar sei, und daß er — Goethe — sich bewußt zur Dankbarkeit erzogen hatte. In Rudolf Steiner stand Dankbarkeit unmittelbar wesenhaft da: dies sich innerlich Hinschenken an den, von welchem man empfing! Dankbarkeit wird als die sechste, letzte der Grundbedingungen für die Geistesschülerschaft genannt — in der siebenten faßt sich die Übung der sechs zusammen. Rudolf Steiner stand in Dankbarkeit vor jedem Menschen, der die Anthroposophie annahm.

Damals wurde auch das untere Vestibül mit der großen Treppe frei. Weil Bretter, Balken, Gerüstböcke herausgeschafft worden waren, hatte man den Lattenverschlag an einer der Toröffnungen entfernt. So ging ich in einer Mittagsstunde — weit und breit kein Mensch — hinein und fand mich plötzlich — ja, wo und wie fand ich mich? Tränen drängten sich hervor. Zu sagen: Dieser Raum, diese Treppe waren unbeschreiblich schön in vollendeter Gestaltung, ist nichts gegenüber der Realität. Ein unergründlich gütevolles, umfangendes Wesen wartete auf den Eintretenden, nahm ihn auf, leitete ihn über die Stufen hinauf in ein Innerstes, zugleich Befreiendes, das im großen Raum sich entfaltete, auftat, um „die Sprache, in der die Götter zu den Menschen sprechen", zu empfangen. — Diese Treppe im ersten Goetheanum war eine Offenbarung für sich. Sie sprach unmittelbar. Sprach jenen Stufenweg aus, welcher auf jeden wartet und jeden sicher trägt und führt, der — um das Evangelienwort zu gebrauchen — in Wahrheit „reinen Herzens" ist.

„Einige hundert Jahre" hätte dies erste Goetheanum stehen sollen. So antwortete Rudolf Steiner einmal auf eine Frage.

Michaeli 1913 war der Grundstein gelegt worden. In der Nacht vom 31. Dezember 1922 zum 1. Januar 1923 brannte es bis auf den Grund zu Asche. — Oft hatte sich während der Jahre seit dem Kriegsausbruch 1914 der Gedanke aufgedrängt, daß Deutschlands ganzes Schicksal ein anderes geworden wäre, wenn der Bau, wie ursprünglich gewollt, in München hätte erstehen können. Dann wäre der geistige Mittelpunkt, von dem die erneuernden Kräfte in den Zivilisationsniedergang ausströmten, in Deutschland gewesen. München wäre, etwas grob ausgedrückt, die geistige Hauptstadt der anthroposophischen Bewegung geworden, der Bewegung, welche die wahre Mission Deutschlands im Menschheitsganzen trägt. Das wurde hintertrieben.

Nach dem Brande des Goetheanums stützte sich zum ersten Male in seinem Leben Rudolf Steiner beim Gehen auf einen Stock. Der Schlag, welcher sein Wirken im Erdendasein treffen sollte, war wohl gezielt gewesen. Keine Anklage ist jemals über seine Lippen gekommen. Geistig wurde der Brand zum Triumph, zur Glorie: Am 22. April 1924, zur letzten Osterzeit, welche er auf Erden durchlebte, sagte er: „Daß wir dürfen einen neuen geistigen Impuls ausgehen lassen vom Goetheanum ... weil wir fühlen dürfen: *Was mehr oder weniger Erdensache vorher war, erarbeitet, gegründet wurde als Erdensache, das ist mit den Flammen hinausgetragen in die Weltenweiten. Wir dürfen, gerade weil uns dieses Unglück getroffen hat, in dem Erkennen der Folgen dieses Unglücks sagen: Nunmehr verstehen wir, daß wir nicht bloß eine Erdensache vertreten dürfen, sondern eine Sache der weiten ätherischen Welt, in der der Geist lebt. Denn es ist die Sache vom Goetheanum eine Sache des weiten Äthers, in dem geisterfüllte Weisheit der Welt lebt. Es ist hinausgetragen worden, und wir dürfen uns von den Goetheanum-Impulsen aus dem Kosmos hereinkommend durchdringen.*"

Der „esoterische Zug", welcher seit dem Weihnachtsimpuls 1923 das anthroposophische Wirken durchdringen soll, kann deshalb da sein, weil das aus dem Brande in das „Astrallicht, welches ausstrahlt in den Weltenraum", Übergegangene „wiederum zurückwirkt, hinein in die Impulse der anthroposophischen Bewegung, *wenn wir nur in der Lage sind, diese Impulse aufzunehmen.*"

VIKTOR STRACKE

Wie es zu den „Arbeitervorträgen" am Goetheanum kam

Im Sommer 1920 und dann noch bis in die Zeit des ersten Hochschulkurses hinein hatte Dr. Roman *Boos* manchmal morgens um 7 Uhr mit Arbeitsbeginn uns Arbeitern erläuternde Führungen durchs Goetheanum gegeben, die als bezahlte Arbeitszeit galten. Dann hörten sie allmählich auf. Vielleicht war Dr. Boos mit Arbeit überlastet, vielleicht auch war seine Sprechweise für die z. T. einfachen Landbewohner nicht verständlich genug, so daß dem Sprecher der seelische Widerhall der Hörer fehlte.

Wir waren damals 30 bis 40 Arbeiter, die ihrer Tätigkeit und Ausbildung nach in drei Gruppen geschaut werden konnten:

1. Die eigentlichen Bauarbeiter unter dem Baupolier Herrn *Schleutermann;* ein typischer Vertreter dieser Gruppe war Herr *Gränicher* von Gempen, der mir noch vor wenigen Jahren als Heizer in der Schreinerei, als letzter noch am zweiten Goetheanum tätiger Arbeiter des ersten Baues begegnete.
2. Die Holz-Facharbeiter (Schreiner) unter dem Schreinermeister *Lidvogel* (unter uns den Spitznamen „Limvogel" = Leimvogel tragend. Er war ein Schwager von Herrn Schleutermann); besonders in Erinnerung sind mir aus dieser Gruppe der Schreiner Herr *Erbsmehl* mit dem schönen Bart (später auch dessen Sohn), der in Grellingen sein Häuschen schon damals mit Goetheanumformen belebte, sowie auch Herr *Sonderegger.*
3. Die Gruppe der sonstigen Fach-Arbeiter: Der Maler Herr *Seefeld,* der Schlosser und Heizer Herr *Günther* (die beiden fand ich, als ich 1920 kam, als die eigentlichen „Kesselhäusler" vor, zu uns gesellte sich als Schleiferin der Schnitzmesser Frau Dr. *Kostitscheff,* dann kurze Zeit mir zur Hilfe der als Kunstmaler ausgebildete Herr Gustl *Hagmann,* von etwa 1921 an der Elektriker aus Basel Herr *Bollinger*). Diesen „Kesselhäuslern" stand wegen seines Berufes nahe der Spengler Herr *Dollinger* aus Reinach und, weil er wegen seiner zementzerfressenen Hände oft bei uns Isolierband holte und wir für unsere Dübel wieder Zement brauchten, der Maurer Herr *Gienger.*

Herr Dollinger hatte seine Spenglerwerkstatt im nordöstlichen Teil des Erdgeschosses des Goetheanum (unter dem Kulissenraum); daneben hatte Herr Seefeld sein Farbenlager.

Als Kunsthandwerker mit eigenem Auftrag arbeitete viel im Kesselhaus in der Zeit, als er die Nummernschilder für die Bestuhlung des großen Saales des Goetheanum stanzen wollte und sie dann doch einzeln schnitt und die Zahlen trieb, Herr von *Heydebrandt*. Nach Feierabend wurde dann im Kesselhaus auch manches Schmuckstück von ihm getrieben, und es spann sich ein schönes freundschaftliches Verhältnis an, das bis zur Gegenwart, wenn wir uns sehen, nachklingt. Aber zu den „Arbeitern" zählte Herr von Heydebrandt wohl nicht. — Nahe stand uns Kesselhäuslern, vor allem Herrn Seefeld und Herrn Günther, auch Herr Jan *Stuten*, der ein Blasorchester pflegen wollte. So hallte täglich abends das Kesselhaus von Klängen der Zugposaune (Herr Günther) und eines Hornes (Herr Seefeld) wider. Meine Versuche, der Baß-Tuba harmonische Tonreihen zu entlocken, blieben vergeblich.

In den Frühstücks- und Mittagspausen stand in der kleinen Kammer von Günther und Seefeld meist ein Schachbrett bereit. Heftigere Kämpfe tönten mir aber von den beiden alten Mitgliedern um anthroposophische Probleme um die Ohren; wie oft hatte ich da die Empfindung: „Beide meinen doch dasselbe!" Stets gab's jedoch wieder eine Versöhnung. Jetzt leben beide nicht mehr auf dem physischen Plan.

Die bauliche Leitung hatte Herr Architekt *Aisenpreis*, im Architekturbüro zeichnete Herr Architekt *Ranzenberger*, das Lohnbüro bzw. die Leitung der Kasse hatte Herr *Binder*, das war alles im „Glashaus" stationiert. Dort war auch das Bad, von Fräulein *Stolle* nebenbei betreut. Vorher hatte Fräulein Stolle (sie war eine Schwester meiner Mutter) und andere im Glashaus die farbigen Scheiben geschliffen. — Später waren im Glashaus auch die Wächterhunde des Nachtwächters Herrn *Umber* (der vorher Zuckerbäcker war und zur Weihnachtszeit, wenn durch Fräulein Stolle Bestellungen auf sieben Stück Stollen zustandekamen, nach seinem guten Spezialrezept solche sächsische Kostbarkeiten buk; weniger als sieben wollte er nicht machen). — Frau *Binder* hatte damals die Leitung der Kantine, ihr Sohn, Herr Ehrenfried *Pfeiffer* (er studierte damals Chemie in Basel) hatte die Ausführung der Bühnenbeleuchtung übernommen und war mein direkter Vorgesetzter.

Das war also das menschliche „Milieu" damals, natürlich nur, wie es mir subjektiv erschien. — Im August und September 1920, vor dem Hochschulkurs, herrschte in der Hütte hinter dem Haus „Friedwart" Hochbetrieb: Unter Dr. Boos hatte Herr Willy *Storrer* die organisatorische Vorbereitung des Kurses in die Hand genommen, auch meine Mutter, ich nach Feierabend, halfen Drucksachen vervielfältigen. Herr Storrer organisierte für morgens vor Arbeitsbeginn in der Fortbildungsschulbaracke einen täglichen Stenographie-Kurs (ich erinnere mich, wie das gute Fräulein *Leetius* sagte: „Ja, schreiben kann ich's schon, aber lesen nicht"). Auf der Goetheanum-Bühne wurden Papierstreifen geschnitten zum Füllen der „Strohsäcke" für die Gäste des „Valuta-Spitals" (Studenten aus valutaschwachen Ländern).

Dann wurde auf der Bühne der große Vorhang genäht mit einer elektrischen Nähmaschine.

Ja, und nach dem Hochschulkurs schliefen also die Arbeitervorträge von Dr. Boos ein. Wir Arbeiter waren eine ganz andere soziale Schicht als die „Künstler", die eifrig schnitzten oder meißelten, und als die „Mitglieder", die in wallenden violetten Gewändern schritten, sich zum „Meditieren" die 12 000 Kerzen starke Beleuchtung der Kuppel einschalten ließen usw. Manche Arbeiter sahen nach allen Seiten, ob „die Luft rein" war, ehe sie eine Verschnaufpause machten; klappte etwas nicht, dann brüllten die Meister... Ist es verständlich, daß in den Arbeitern, die Mitglieder waren oder die vom Zeitgeist etwas angesteckt wurden, sich da etwas auflehnte?

Ich — aber ich glaube, alle „Kesselhäusler" ebenso — behielt meine „Hundemarke" in der Tasche. Ich fühlte mich für meine Arbeit *selbst* verantwortlich; sowohl der Leistung als der Zeit nach. Wenn ich grad im Anschluß an die Frühstücks- oder Mittagspause noch in der Sonne unter einem Apfelbaum lag und ein „Meister" kam vorbei, blieb ich trotzdem ruhig liegen; meine Arbeit tat ich ja nachher doch... Es bildete sich eine leise Spannung: Sollten die sozialen Impulse, von denen damals viel gesprochen worden war in der „Dreigliederungszeit", grad am Goetheanum nicht gelten? Für was sollte der „Tämpel" (Tempel), wie der Bau im Volksmund damals noch hieß, eigentlich dienen? Die ungewohnten Formen, die Bilder der Menschheitsgeschichte in den Kuppelmalereien, die eigenartigen Zeichnungen (Sterne, Engel, Dämonen) in den Glasfenstern: wir sollten helfen, so etwas zu errichten. Wäre es nicht richtig, daß wir selbst möglichst auch verstünden, was da dargestellt wird?

Solche Fragen wurden bei Gelegenheit nun im Kesselhaus diskutiert. Allmählich waren wir sieben „revolutionär" Gesinnte (Günther, Seefeld, Bollinger, ich, Frau Dr. Kostitscheff, Dollinger, Erbsmehl), die sich sagten: „da muß was geschehen". Eines Tages ging ich herum und lud die Arbeiter ein, nach Feierabend zu einer Besprechung in die „Limbude" zu kommen; „Meister" sollten keine dabei sein.

Diese Besprechung verlief etwas stürmischer als ursprünglich gemeint war, aber unsere Wünsche gewannen Gestalt: Wieder Vorträge einrichten bzw. eine Gelegenheit zu Fragen über Sinn und Bedeutung des

Neuen; Abschaffung der „Hundemarken"; Aufhören des Brüllens und Schlagens durch die „Meister" (ein Lehrjunge hatte eine Ohrfeige bekommen).

Am anderen Morgen war große Aufregung bei den „Meistern". Wie es so geht, das Gerücht hatte alles vergrößert: wir hätten gefordert, daß die Meister abgesetzt würden!

Die Sache kam vor Dr. Steiner. Er lud alle in den Saal der Schreinerei ein, ließ sich erzählen, stellte ruhig Fragen, bis nach und nach alles gegenseitig geklärt war und die Gerüchte wieder auf die oben dargestellten drei Wünsche zurückgeführt waren. Da sagte er, daß wir gerne Fragestunden haben könnten, er selbst sei bereit, uns zu antworten, auch selbstverständlich während der Arbeitszeit; obwohl die Gelder für den Goetheanumbau aus Spenden stammen, könne er das verantworten.

Dann sagte er, die Nummern-Kontrollmarken brauchen nicht mehr gehängt werden, Ohrfeigen seien selbstverständlich auch zu unterlassen. Aber wegen des „Brüllens" sollten wir nur einmal hören, daß auch er, z. B. mit Eurythmistinnen, ganz schön brüllen könne, das dürften wir nicht zu schwer nehmen (Dr. Steiner hatte ihnen, als er erfuhr, daß sie wiederholt bei den Fenstern der zu ebener Erde gelegenen Übungsräume im südöstlichen Teil des Baues aus- und einstiegen, statt beim Südportal bei Herrn Kellermüller durchzugehen, energisch die Fenster vergittern lassen, damit nicht nochmal ein Fenster nachts offen bliebe. Es war allerdings später doch zur Brandstiftung gekommen).

Dann beriet er mit uns, welche Tageszeit für unsere Fragen bzw. Vorträge am günstigsten sei: Zu Arbeitsbeginn um 7 Uhr früh sei der Mensch noch nicht wach genug, vor Feierabend zu müde, vor dem Mittagessen zu hungrig, nach dem Mittagessen sei der Mensch nicht so aufnahmefähig. Als günstigste Zeit — da es doch mit einer Arbeitsunterbrechung zu verbinden sei —, blieb die Stunde vormittags im Anschluß an die Frühstückspause.

So kam es denn auch: Jede Woche, wenn Dr. Steiner in Dornach weilte, gab's einen oder gelegentlich zwei „Arbeitervorträge", die alle auf Fragen aufbauten, welche einer von uns gestellt hatte. Und stammten schon die Fragen aus den verschiedensten Bereichen (soziale Fragen, aktuelle Tagesfragen, Relativitätstheorie, Verjüngungskuren, Kunst, Religion, Geschichte, Erdentwicklung, Bienenzucht, Warnung vor Unfällen durch den Schutzengel, Alkoholfrage, Ernährung, Spiritismus, in bunter Folge, wie sich eben einzelne mit Problemen herauswagten), so führte dann die Art der Beantwortung durch alle Zeiten und Räume der Welt. Von Dingen, die damals, zumindest in meiner Umgebung in Dornach, in Mitgliederkreisen höchst geheimnisvoll, gewissermaßen nur „tuschelnd" besprochen wurden, etwa von den beiden Jesusknaben, sprach Dr. Steiner zu uns, die wir zum kleinsten Teile damals Mitglieder waren (Günther, Seefeld, Erbsmehl wohl, ich war's inzwischen geworden, Bollinger, wahrscheinlich Dollinger, andere wurden's nachher) ganz frank und frei, und so einleuchtend!

Und so dankbar wir Herrn Doktor waren für die Liebe, die er uns zeigte, für die Weisheit, die er vor unseren Blicken öffnete, so froh war Dr. Steiner selbst, daß wir Fragen hatten und daß er zu uns sprechen durfte. Und oft habe ich es erlebt, daß er ein Thema, das vormittags bei uns angeschlagen worden war, dann abends in den Mitgliedervorträgen auch behandelte, weil die Frage „in der Luft lag". Aber *wie* er zu uns sprach, das hatte noch einen ganz besonderen Duktus: Klar, deutlich, einfach, mit fast derb-drastischen Beispielen, aber doch immer die tiefsten Inhalte voll aussprechend, nicht „populär"-belehrend. Beschreiben kann man's eigentlich nicht. Bescheiden wie ein Kamerad sprach er, so könnte man es vielleicht nennen. Und doch hatten wir so ungeheuren Respekt, die meisten von uns hatten Herzklopfen; oft wurde tagelang besprochen, wer eine Frage stellen solle und welche.

Wie es dazu kam, daß dann später diese Fragen und Antworten mitgeschrieben wurden, so daß gelegentlich eine Veröffentlichung möglich wäre, daran sind einige Damen schuld, die vormittags hinter der Bühne zu tun hatten, etwa um die Eurythmie-Schleier herzurichten und dergleichen, z. B. Frau *Finkh*, Fräulein *Stolle*, Frau *Mitscher*. Wer die Bitte an Herrn Doktor richtete, weiß ich nicht. Aber dieser erzählte uns eines Tages, daß an ihn die Bitte herangetragen worden sei aus diesem Kreis, ob nicht auch diese Vorträge (wie seit vielen Jahren sonst auch die Vorträge Dr. Steiners) mitgeschrieben werden könnten, weil doch so viele, oft ganz neue Gesichtspunkte da aufschienen.

Und jetzt kam das Grandiose: Nicht Dr. Steiner wollte entscheiden, sondern *er* fragte *uns*, ob *wir* einverstanden wären! So sehr betrachtete er die Fragen und unsere Herzenssehnsucht als unsere, der Arbeiter, Angelegenheit, so sehr bot er uns seine Antworten als ganzes Geschenk, daß *er* nicht mehr darüber entscheiden wollte als ob es sein Eigentum wäre. Und wenn ein einziger von uns gesagt hätte, er würde sich dann genieren, Fragen auszusprechen, dann hätte Dr. Steiner das Mitschreibenlassen bestimmt abgelehnt. So wies er dann, als wir uns einverstanden erklärten, noch darauf hin, daß die Schreiberin ja hinter dem Vorhang säße und wir uns in keiner Weise behindert fühlen sollten.

Nun noch eine Anekdote, wie sie mir, wenn ich mich recht erinnere, von Herrn Dr. *Lehrs* erzählt wurde:

Als es sich bei einer Tagung darum handelte, in das voll ausgefüllte Arbeitspensum Dr. Steiners *noch* eine Besprechung einzuschieben, soll jemand eine Zeit vorgeschlagen haben, in der ein Arbeitervortrag vorgesehen war und dabei die Worte gebraucht haben: „... das ist ja nur ein Arbeitervortrag!" — Worauf Herr Doktor empört gesagt haben soll: „Nur? Nur? ... Die Arbeitervorträge sind *sehr wichtig!*"

Eine Ergänzung: Dornach 1920—1923

Soll ich erzählen vom ersten Goetheanum, wie auf dem harmonisch gestalteten Betonsockel jenes einmalige Kunstwerk stand, in edlen Harthölzern — viele Eisenbahnwaggons voll, ja Züge voll — verkleidet, geschnitzt, so daß jede Form zu der ihr gehörigen Stelle paßte? Von den Lichtern der farbigen Scheiben im Saal, wenn die Sonne schien? Von den farbigen Schatten der glatten Säulenflächen? Den leuchtenden Farben der Kuppelmalerei, wenn das elektrische Licht durch die zartrosa Seide der Beleuchtungskörper schien? Von dem echolosen, raumerfüllenden Klang der Orgel, als Faust den Sonnenaufgang erlebt? Von Jan Stuten als Faust und seiner Musik, von van der Pals dirigiert, leise erst, dann voller, mächtiger, zuletzt durchbebend den großen Geigenkörper des zweifachen Doppelkuppelbaues, daß ein Schwingen den Bau und die Menschen erfaßt (zwei Helfer stellten sich auf ein Brett, das über alle Pedale der Orgel gelegt war) — plötzlich verstummend im Momente des Aufganges...?

Das haben Hunderte, Tausende erlebt; sie können es besser schildern als ich. Kleine Steinchen jedoch zum Mosaik, kleine Erlebnisse hinter den Kulissen, sie sind vielleicht auch zur Ergänzung des Bildes von Wert.

Wo *Kinder* Rudolf Steiner begegneten, da war es, als ob alles heller würde: Die Augen der Kinder leuchteten, die Lippen Dr. Steiners umspielte ein Lächeln, stets fanden sich freundliche Worte ein...

Wie manchem Kind von Anthroposophenfamilien hatte er den Namen gefunden!

An den Sonntag-Nachmittagen, in der großen Pause der Eurythmie-Aufführungen — nachher setzte meist ein heiterer Teil ein — drängte sich im Maschinensaal der Schreinerei, der den großen Vorraum bildete zu Saal und Bühne, meist eine ganze Schar von Sechs- bis Zehnjährigen im Bereiche der Bühnentüre. Trat dann „der Doktor" heraus, wurde er von allen Seiten umjubelt ... Prompt ging er mit der ganzen Traube von Kindern zum Tisch von Frau Faiss, die dort belegte Brote und Schokolädchen feilhielt, zog seine Börse und versorgte seine Leckermäulchen.

Ernste Sorgen machte sich Dr. Steiner, wenn er von einem kranken Kinde hörte. Mit welch tiefem Ernst konnte er in den Arbeitervorträgen von dem Elend der vielen unterernährten Kinder berichten, die es zur Zeit der Inflation damals in Deutschland gab, so weit schon entkräftet, daß sie kaum mehr Nahrung vertrugen.

Und wieder, wie herzerfrischend wirkte es, wenn einmal ausnahmsweise auch Kinder auf der Bühne in der Schreinerei ihre Kinder-Eurythmie vor ihm zeigen durften! Ich erinnere mich da an das Liedchen: „Hinter dem Müllersteg stet'n klein's Häusle, drinnen, rund um und um, hupfen die Mäusle..." So ein inniges Wechselspiel zwischen der Freude der tätigen Kinder und der Aufgeschlossenheit der Zuhörer bleibt ein Erlebnis!

Vielleicht darf ich nun einen kleinen Repräsentanten der *Tierwelt* erwähnen:

Es war dies ein Fox-Terrier, schwarz mit weißen Pfoten und weißer Schwanzspitze, der im Hause de Jaager seine Heimstatt hatte.

Unter dem Namen „Bschulek" trug dieser schwarze Foxl seine Hundeseele durch die Landschaft; die Gärtnerin von Frau de Jaager, Fräulein Vitinghoff, mag die Namengeberin gewesen sein. — Nun, dieser Bschulek besuchte mich oft im Kesselhaus, wartete den Feierabend ab und begleitete mich dann heim: den Hügel hinunter, durch Dornach-Brugg, über die Birsbrücke und dann am Wald vorbei nach Reinach. Manchmal war er zwei-, ja dreimal in der Woche über Nacht bei mir (im Haus Dr. Usteri), um am anderen Morgen wieder zum Bau mitzukommen. Ebenso oft schien er aber bei Dr. Steiner in der „Villa Hansi" über Nacht zu sein, denn Fräulein Vittinghoff klagte einmal: „O Bschulek, *ein-* oder zweimal in der Woche könntest du doch zu Hause bleiben!"

Als ich einmal, vom Kesselhaus heraufkommend, beim Südportal in den Bau wollte, kam gerade Dr. Steiner von der Schreinerei die Freitreppe herunter und zugleich kam Bschulek vom de-Jaager-Haus herauf. Da rief Dr. Steiner Bschulek freundlich an, der machte auch ein paar Sprünge auf ihn zu, lief aber dann (ohne meine Aufforderung) wedelnd auf mich zu. Da meinte Dr. Steiner zu mir: „Na, er scheint Sie ja sehr gern zu haben!" So war da eine geheime Brücke zwischen dem jüngsten Arbeiter und dem Bauherrn durch die kleine Kreatur, durch unsere dreifach gegenseitige Liebe...

Ja, daß zwischen den Arbeitern und Dr. Steiner eine aufrichtige Liebe herrschte, konnte man immer wieder spüren. Spontan kam sie zum Ausdruck, als bei dem ersten Arbeitervortrag nach dem Brand alle still aufstanden, als Dr. Steiner vor uns trat: Eine wortlose Verbundenheit in dem großen Leid.

Den Brand — mit welcher Seelengröße trug er ihn! Der Wille, weiterzuarbeiten, der ihm entströmte, half auch uns allen. So wurde gleich am 1. Januar 1923 noch der Fortgang der Arbeit verwirklicht: Es war für Nachmittag eine Aufführung eines der Oberuferer Weihnachtsspiele vorgesehen. Von dem Bedienen der großen 70pferdigen Wasserpumpe, die in diesen Tagen und Nächten meine Hauptsorge war, machte ich mich frei und half, in der Schreinerei-Bühne die blauen Hintergrund- und Seitenvorhänge aufzuziehen und was sonst nötig war; jeder half eben bei allem. Es war eine stille, tiefe Einigkeit zwischen allen, seien es Mitglieder, Künstler, Arbeiter, damals zu spüren. Mit nur einer Stunde Verspätung, so wenig hatte das einschneidende Ereignis stören können, begann die Aufführung, der Saal war voll, die Feuerwehr übersprühte das Teerpappendach der Schreinereibaracken... nebenan brannte der Bau. Der Engel begann. Erst erstickten Tränen die Stimme, dann nahm das Spiel ernst und ruhig seinen Fortgang.

ASSJA TURGENIEFF

Arbeiter und Künstler am Goetheanum

Über 300 Arbeiter füllten die „Schreinerei" in den ersten Zeiten der Arbeit am Bau. Es galt, ungeheure Massen edlen, wohlriechenden Holzes zu schichten, zu leimen, zusammenzufügen und an Ort und Stelle für unsere Schnitzerarbeit aufzurichten. Dazu kamen und gingen neue Schichten junger Hamburger Zimmerleute, die in ihrer malerischen Tracht in den Gerüsten kletterten, umbauend und zäunend. Schon das Neuartige dieses Gebäudes, aber auch unser freudiger Arbeitsdrang, befeuerte die Kräfte. Rasch ging es vorwärts. Deutlich trat bei Rudolf Steiner die Verbundenheit den Arbeitern gegenüber in Erscheinung. Soziale Trennungen existierten nicht für ihn; es galt nur der Mensch. Und mit gleicher, wenn nicht größerer Herzlichkeit gab er die Hand dem Autochauffeur wie dem Autobesitzer. Trotz seiner zeitlichen Überlastung führte er einfache, vor Alltagssorgen gebückte Gestalten stundenlang durch den Bau, vielleicht mit noch mehr Entgegenkommen als den in der „Rangordnung" noch so hoch stehenden Besucher. Morgens konnte man ihn sehen, wie er mit raschem Schritt durch die Schreinereitür zum Atelier eilte, wobei die Türen nur so hinter ihm flogen und er es doch nicht vergas, die mit Besen und Eimer in der Ecke stehende Putzfrau zu grüßen. Und auch hier neigte er sich vielleicht etwas tiefer zum Händedruck, mit der Achtung vor den mühseligen Pflichten, die das Schicksal ihr auferlegt. — „Wer denkt an das Leiden einer alten Frau, wie sie das im Walde gesammelte Holz nach Hause schleppt?" sagte er. Beide Hände mußte ich einmal hinhalten für die aus seinem Portemonnaie hineinfallenden Münzen als Trinkgeld für eine kleine Schlosserarbeit; er leerte seinen Beutel mit sichtlichem Vergnügen.

Bei Unfällen war er immer mit der Ersten Hilfe dabei, erwartete, forderte aber auch von der Umgebung Herzensteilnahme: „Diese Quetschung ist sehr schmerzhaft — er hat fürchterlich gelitten", wiederholte er uns.

Die soziale Auswirkung im Großen dieser so spontan im Alltag in Erscheinung tretenden Menschlichkeit erlebten wir gegen Kriegsende — in dem Dreigliederungsimpuls.

In dieser Zeit führte Rudolf Steiner selber — wie immer, wenn er es konnte — einen aus dem zaristischen Rußland emigrierten Sozialisten durch den Goetheanumbau. — „Wie würden Sie Ihre politische Einstellung charakterisieren?" — interessierte sich dieser, „was für eine politische ‚Plattform' haben Sie?" — „Ja, wenn ich es bezeichnen sollte", war die Antwort, „würde ich mich am liebsten Anarchist nennen, doch mit diesem Namen ist zu viel verbunden, was ich nicht bejahe. So würde ich mich besser als *Nearchist* bezeichnen." Und er fügte hinzu: „das heißt, ich bin für möglichst wenig Regierung, möglichst viel persönliche Initiative, Freiheit".

Der Dreigliederungsgedanke erläuterte uns bald diesen Aphorismus. Unvergeßlich bleiben die kleinen, stürmischen Volksversammlungen der Nachkriegszeit in den umgebenden Dörfern, unvergeßlich die Hoffnungsfreudigkeit Rudolf Steiners, sein jugendliches Feuer, mit dem er die Idee der Dreigliederung in sie hineintrug. Dann kam es zu den großen Arbeitervorträgen, zum Beispiel in der Basler Burgvogtei: Gegen zweitausend Mann, Hut auf dem Kopf, Stumpen im Mund, saßen sie da, mißtrauisch gespannt: was will uns dieser Mann mit seinem absonderlichen Goetheanum? Wie vor einem Gericht stand Rudolf Steiner, kaum zu sehen in dem weiten, qualmerfüllten Raum, doch seine Stimme drang durch bis in die letzte Reihe, sie klang warm und zuversichtlich. Einfache Bilder, aus dem Leben genommen, wählte er für seine schwer zu verfolgenden, in diesen Räumen so fremdartigen Gedankengänge. Nichts von bekannten Schlagworten. Nur eine, aber die wichtigste Forderung klang aus der Rede: Menschenwürde — solange die Arbeitskraft als Ware behandelt wird, gibt es für den Arbeiter kein menschenwürdiges Dasein; es ist keine ökonomische Frage. Und jedes gesprochene Wort wurde schwer geprüft durch das Wahrheitsgefühl dieser Menschen. Ein dumpfer Ton stieg ab und zu aus den Reihen. War es Ablehnung? Düster schauten die Leute. Doch deutlich formte sich der Ton — richtig, sehr richtig grollte es immer stärker. Dieser Mensch steht für sie ein, für ihr innerstes, bis jetzt kaum formuliertes Verlangen; dem ihnen entgegengebrachten Vertrauen antworteten sie mit Vertrauen.

Solche Vorträge waren Taten und andere Taten „müßten" ihnen folgen. Doch dies war nicht gegönnt. Bitter klang der diese Tätigkeit abschließende Vortrag — jetzt an die Bürgerlichen gerichtet: zu spät wird es bereut werden, daß diese neue Bewegung — nicht etwa aus der Arbeiterschaft — unterbunden worden ist.

Doch ließ es sich Rudolf Steiner nicht nehmen, zweimal wöchentlich zu unseren Arbeitern am Goetheanum zu sprechen. Die kleine Arbeitergruppe, die mit uns die Kriegsjahre überdauert hatte, war inzwischen ergänzt, meist durch Altbekannte aus den ersten Arbeitsjahren. Während dieser Vorträge war die Schreinereibühne für die Künstler geschlossen, und keiner von uns durfte im Saal sitzen. Doch hinter dem blauen Vorhang lauschte Marie Steiner und mancher von uns staunend über den Inhalt — er ist jetzt in Buchform erschienen und spricht für sich selbst — staunend aber auch über die so ganz andere Art des Vortragens, so einfach und unmittelbar die tiefsten Erkenntnisse vermittelnd. Erschütternd war es, den Nachklang dieser Vorträge zu beobachten, den stillen gesammelten Ernst, mit dem diese Menschen an ihre Aufgaben zurückgingen. Man sah ihnen an: jetzt war ihre physische Kraft, die Lebenskraft ihrer Leiber für sie keine Ware mehr. Sie diente einem Ziele, in das ihr Menschtum mit aufgenommen war.

Das war die Gesamtstimmung. Gewiß gab es auch Ausnahmen, doch wenige, und auch Reibungen mit Vorgesetzten blieben nicht aus. Aber ein schlichtendes Wort brachte alles in Ordnung. „Ich würde als Arbeiter lieber einen Hitzkopf als Vorgesetzten haben, der aber ein Kerl ist, als einen, der nichts Rechtes kann", beruhigte Rudolf Steiner den einen. „Ich habe auch eine laute Stimme", tröstete er den „Hitzkopf". So fühlten sich alle verstanden. — Künstler können nicht zu bestimmten Arbeitsstunden gezwungen werden, verteidigte er uns, sie arbeiten innerlich, auch wenn sie nichts tun. — Doch dankbar waren wir auch dem Schicksal, in schwerer physischer Arbeit unseren künstlerischen Aufgaben nachzugehen. Daran lernten wir die physische Kraft als eine mit dem ganzen Menschen verbundene Geisteskraft kennen und lernten die auf diese Kraft angewiesenen Menschen zu achten. An zwei dieser Menschen sei besonders gedacht: an Edith Maryon, die treue Helferin Rudolf Steiners bei der Arbeit an der Holzgruppe, die es verstanden hat, ihr Können dem neuen künstlerischen Impuls in restloser Hingabe unterzuordnen; das konnte nicht jeder, darin liegt ihr unermeßliches Verdienst, und an Max Schleutermann. Als junger Mann folgte er seinem Verwandten zur Leitung der Schreinerarbeit nach Dornach. Als aktiver, strebsamer Mensch sah er immer nach Ordnung und hielt nicht zurück, wenn es galt, sich durchzusetzen. In der Silvesternacht (1922/23) lag er ohnmächtig am Eingang zum Bau — bei der Suche nach dem Brandherd hatte er sich zu weit in den erstickenden Rauch gewagt. Seiner Tüchtigkeit verdankte er später eine günstige Stellung, doch immer wieder zog es den Freund an die Arbeitsstätte seiner Jugend zurück, die ihm Heimat war.

Auch Herr Sonderegger, der ebenfalls als junger Mann nach Dornach kam und durch seine ausgeglichene Bergsteigerkraft und Sorgfalt Vertrauen erweckte, wurde von Anfang an mit verantwortlichsten Aufgaben betreut. In den mehr als 30 Jahren seiner unermüdlichen Tätigkeit am Goetheanum steigerten sich seine Fähigkeiten zu einem eigenartigen Künstlertum in der Beherrschung der Schwere, der Masse — in seinem Gefühl für Gleichgewicht —, im Rhythmus des Anspannens und Ausspannens der Kräfte! Viel konnte man lernen an seinen Bewegungen, wie er die schwersten, aber auch lebensgefährlichsten Aufgaben mit nie versagender Ruhe beherrschte. Nie verließ den schlichten, tatkräftigen Menschen auch in schweren Prüfungsjahren die Ehrfurcht, die andächtige Sorge für das Werk, dem sein Leben gewidmet war. Kurz nach dem Einsetzen der letzten roten Fenster legte er sich auf sein Sterbebett.

Schicksalsverbunden mit dem Werke Rudolf Steiners haben solche Menschen diesem Werke nicht nur physische Kraft geopfert, sie haben ihm Lebenssubstanz einverleibt.

JOHANNES NEUMEISTER

Zur Situation des Jahres 1919

Zurückblickend auf die Ereignisse vom Spätherbst 1918 bis zum Frühjahr 1919 steht vor mir jener Abend in lebendigster Erinnerung, da ich Rudolf Steiner zum ersten Mal sehen und sprechen hören durfte.

Es war am 22. April 1919. Da es sich bei diesen Zeilen um einen Situationsbericht handelt, darf an Persönliches angeknüpft werden.

Nachdem ich seit meinem 14. Lebensjahr in den Gedankengängen und Ideen des Sozialismus gelebt und seine verschiedenen Erscheinungsformen von den gemäßigten bis zu den radikalen durchlaufen hatte, ohne mich durch Parteidogmen binden zu lassen, erlebte ich die umwälzenden Ereignisse vom November 1918 an mit größter innerer Intensität, erlebte, wie die in den letzten Kriegsjahren gefesselten Willenspotenzen sich gleich einer Sturmflut über die menschlichen Gemüter ergossen. Die Menschen standen in dem Gefühlserlebnis: jetzt geschieht etwas Großes, Gewaltiges, Weltgeschichtliches, bei dem man dabei war und dabei sein wollte. Was jahrzehntelang in den Parteiversammlungen, den Reichstagsreden, Broschüren, den verschiedensten sozialistischen Zeitungen und Zeitschriften den Menschen in die Gemüter gehämmert worden war: die kapitalistische Wirtschaftsordnung wird sich selbst vernichten und die Macht wird dem Proletariat wie eine reife Frucht in die Hände fallen, schien über Nacht eingetreten zu sein. Die führenden sozialistischen Kreise sahen plötzlich die seit Jahrzehnten ersehnte Macht in ihren Händen. Aber dem nicht ganz besinnungslos den Ereignissen Gegenüberstehenden wurde bald klar: was eigentlich zu geschehen hat, das geschieht nicht. Es geht etwas Einmaliges im Weltgeschehen vorüber. Und es muß doch etwas geschehen! Aber was?

Kaum von dem Druck der Kriegsereignisse befreit, drohte sich ein neuer Alp auf die Seele zu legen. Man sah die langersehnte Macht den Händen entgleiten, ja man hatte den Eindruck, sie war gar nicht ergriffen worden von denen, in deren Hände sie gefallen war. Die führenden Persönlichkeiten, ob gemäßigte, unabhängige oder radikale, saßen auf ihren Minister- und anderen Stühlen. Aber die das aufgebrochene Chaos ordnenden Hände und Köpfe waren nicht da. So ertönte von den radikalen Elementen immer stärker der Ruf nach der „Diktatur des Proletariats". Doch der Einsichtige mußte sich fragen: „Was hilft eine Diktatur, wenn nicht Köpfe da sind, die zu diktieren fähig sind. Dieser Ruf nach der Diktatur entsprang ja letzten Endes der im Unterbewußtsein auftauchenden Angst, daß ein weltgeschichtlicher Augenblick vorübergeht und das Alte aus der verebbenden Flut wieder auftauchen wird.

In diesen Monaten — vom November 1918 bis Februar 1919 —, die Zeit dünkt mir in der Erinnerung Jahre, war ich bis zum Anarchismus vorgedrungen. Ich kannte viele der führenden Persönlichkeiten, und weil ich sie kannte, fühlte ich auch, daß sie keine diktaturfähigen Persönlichkeiten waren. Unter dem Eindruck der Ereignisse glaubte ich zu erkennen, daß die sozialistischen Theorien nicht in der Lage waren und auch nicht die Kraft in sich trugen, ordnend und gestaltend in die Ereignisse einzugreifen.

Da erschien Anfang März 1919 der Aufruf „An das Deutsche Volk und die Kulturwelt" in den Zeitungen.

Das war eine neue, ungewohnte Sprache, aber es waren auch neue Gedanken. Und wenn ich auch damals nicht alles verstand, so unterschrieb ich diesen Aufruf dennoch.

Mitte April 1919 kam eine Einladung zu einem Vortrag Rudolf Steiners für die „Unterzeichner des Aufrufes" am 22. April im Stadtgartensaal in Stuttgart. Ich hatte für diesen Abend ein Referat in der „Führerschule" von Albrecht Merz übernommen, in welcher Führer „geschaffen" werden sollten, welche den Ereignissen besser gewachsen wären als die derzeit Tonangebenden. Ich sollte über das Thema „Bildung" sprechen. Bei diesem Thema fühlte ich mich, offen gestanden, nicht ganz wohl. Mir schwebte irgendwie etwas dunkel von Bildungskräften vor, doch wußte ich nicht dafür die rechten Worte zu finden. Trotz der Angst, über etwas zu sprechen, was mir nicht klar war, war es für mich als jungen Menschen doch wichtiger, etwas selber zu sagen, als Dr. Steiner anzuhören. Und so ging ich in die „Führerschule" zu meinem Referat. Als ich dort ankam, wurde mir gesagt, daß der Abend heute ausfalle und man geschlossen in den Vortrag Dr. Steiners gehen werde, der etwas Neues über die sozialen Probleme zu sagen habe. Mir fiel ein Stein vom Herzen. — In dem vollen Saale setzte ich mich ziemlich hinten an die Seite. Im ganzen Raume war eine erwartungsvolle Stimmung. Nach der Eröffnung des Abends trat die hohe schlanke Gestalt Rudolf Steiners an das Rednerpult. Ruhig drangen seine mit einer ungewohnten Souveränität gesprochenen Worte an mein Ohr.

Gefesselt von seiner Erscheinung rauschten sie zunächst an mir vorüber; aber schon nach wenigen einleitenden Worten fühlte ich sie voll in mein Bewußtsein dringen.

Ich folgte den vorgetragenen Gedanken mit der größten Aufmerksamkeit. Aber währenddem ich mich bemühte, sie zu erfassen, fühlte ich mich — ich kann es nicht anders ausdrücken — wie vom Erdboden weggehoben. Zu gleicher Zeit kam ich mir vor wie eine Blume, die ihren Blütenkelch plötzlich voll öffnet, und ich fühlte aus diesen Worten ein Licht zu mir strömen. Mein ganzes Wesen sagte „Ja" zu dem, was da an mein Ohr heranschlug. Weniger in klaren Gedanken als im Gefühl erlebte ich: hier spricht ein Mensch, keine Partei. Durch Sätze wie: „Das Geistesleben der bürgerlichen Gesellschaftsklasse wurde übernommen als ein leeres Gewebe von Gedanken, empfunden wie Rauch, der aufsteigt aus den wirtschaftlichen Verhältnissen ... Die Seele mußte veröden ... Was bin ich als Mensch eigentlich wert?" fühlte ich mich auch als Proletarier verstanden.

Die Worte: „Geistesleben, Rechtsleben, Wirtschaftsleben" klangen an mein Ohr, und dennoch war mir nicht klar, was sich mir mit ihnen entwirrte. Aber ein Gefühl hatte ich, daß mir hier etwas klar zu werden beginnt. Und dann erklangen gegen den Schluß des Vortrages von Rudolf Steiner machtvoll die Worte: „Seit dem 18. Jahrhundert tönt herein in das soziale Leben die dreifache Devise: Freiheit, Gleichheit, Brüderlichkeit. Wem tönten diese drei Worte nicht so in das menschliche Herz hinein, daß er weiß, mit ihnen ist Großes gesagt. — Aber sie widersprechen sich. Freiheit ist der Grundimpuls des geistigen Lebens, Gleichheit der Grundimpuls des Staats- und Rechtslebens. — Brüderlichkeit ist das, was auf wirtschaftlichem Gebiete herrschen muß im großen Stile."

Die dramatischste Handlung auf einer Bühne hätte mich nicht mehr ergreifen können als diese wenigen Worte über die Ideen der Freiheit, Gleichheit, Brüderlichkeit. Das war das Ei des Kolumbus. Das ist etwas, so sagte ich mir, wozu jeder ja sagen kann, ja sagen muß, weil es so ist. Und als nun Rudolf Steiners letzte Worte erklangen: „Ich bin der Überzeugung, dieser Aufruf wird aus dem Grunde nicht verstanden, weil ihn die Leute nicht einfach genug nehmen", da stand vor mir das ganze Labyrinth und all der Wust von Gedanken, von Zweifeln und Theorien, wie sie im Sozialismus der vergangenen Jahrzehnte und auch in mir lebten. Aber zugleich stand vor mir die Frage: werden die Menschen das verstehen? Wie war es möglich, den Ruf nach Freiheit, Gleichheit und Brüderlichkeit durch Jahrzehnte im Proletariat ertönen zu lassen, ohne ihren sich gegenseitig widersprechenden Charakter zu deuten, ohne den Menschen klare Gedanken darüber zu geben? Ich sah hier mein Gefühl bestätigt, daß die damals an die Macht Gekommenen nicht in der Lage sein würden, dem weltgeschichtlichen Moment gerecht zu werden. Wer kann einer Situation wie der damaligen gerecht werden, wenn er nicht einmal in der Lage ist, solche tragenden Ideen wie die der Freiheit, Gleichheit und Brüderlichkeit in ihrem Widerspruch zu erfassen, um dann diesen Widerspruch aufzulösen?

Aber die Flamme der Einsicht verdunkelte sich mir. Ich fühlte mich wie von einer finsteren Wolke umgeben und sagte mir: die Menschen werden das nicht verstehen, was mir selbst während des Vortrages so klar geworden ist. Aber es muß etwas geschehen, damit geschieht, was sie nicht verstehen werden. In dieser zwiespältigen Stimmung von Begeisterung und Verdüsterung meldete ich mich zum Wort.

Da Rudolf Steiner vorher noch eine Frage beantwortete, mußte ich lange warten. Dann sagte ich u. a. folgendes: Wenn an Stelle der hier im Saal anwesenden Bourgeois Proletarier säßen, dann würden diese den Ausführungen Rudolf Steiners mit vollem Herzen begeistert zustimmen. Sie würden sich verstanden fühlen bei den Worten: „Wir brauchen heute nicht nur eine Änderung der Einrichtungen. So paradox es klingt, wir brauchen andere Köpfe auf unseren Schultern, Köpfe, in denen neue Ideen sind!" Sie würden diese Gedanken als den wahren Sozialismus erkennen. Aber statt dessen, so führte ich weiter aus, sitzen die Menschen hier, wie wenn nichts geschehen wäre. Meine Ausdrucksweise war aufreizender, als ich es hier berichte, was zur Folge hatte, daß ein in der vordersten Reihe sitzender, älterer Herr aufsprang und in seiner Empörung Anstalten machte, mich vom Podium herunterzuziehen. Bei dieser Attacke spürte ich in mir eine eiserne Ruhe und sagte zu dem Herrn nur: „Melden Sie sich doch auch zum Wort." — Ich hatte nicht bemerkt, daß plötzlich Rudolf Steiner, ohne ein Wort zu sprechen, wie schützend hinter mir stand, die Hände leicht erhoben. — Ich sprach dann ruhig weiter und wandte mich, nachdem Rudolf Steiner seinen Platz wieder eingenommen hatte, zu ihm: „Glauben Sie, Herr Dr. Steiner, daß, wenn viereinhalb Jahre Krieg nicht in der Lage waren, den Menschen andere Köpfe aufzusetzen, dies dann die, wenn auch noch so schönen und richtigen Gedanken der Dreigliederung fertigbringen würden?" Und deshalb müsse, so sagte ich weiter, weil die Menschen für diese Gedanken nicht reif seien, erst durch eine Diktatur des Proletariats die Vorbereitung zur Verwirklichung dieser Gedanken geschaffen werden.

Ich muß gestehen, als ich dies gesagt hatte, kam ich mir wie in einem größten Widerspruch stehend vor. Denn war es mir nicht in den Revolutionsmonaten klar geworden, daß keine diktaturfähigen Menschen da waren? Ich ging auf meinen Stuhl zurück mit der Empfindung: hättest du geschwiegen. — Ich darf hier vielleicht darauf hinweisen, daß Rudolf Steiner in einem Mitgliedervortrage in Stuttgart diesen Gedanken, die Dreigliederung durch eine Diktatur des Proletariats vorzubereiten, als eine ahrimanische Inspiration bezeichnet hat. —

Und nun erlebte ich die so gütige, aber tiefernste Antwort Rudolf Steiners, die mir bis an die Nieren ging. Er sagte, daß er den Pessimismus des Vorredners nicht teile. Dem Umweg, durch den Kommunismus zur Dreigliederung zu kommen, würde er zustimmen, wenn dadurch etwas erreicht werden könnte. Aber in Wahrheit setzte der Kommunismus nur an die Stelle von Thron und Altar — Fabrik und Kontor. Ich fühlte mich wie zerschmettert. Jedoch statt der Einsicht kam in mir die Opposition hoch. Und als mich am Schluß des Vortrages zwei Heidenheimer Arbeiter ansprachen (unser Freund Meebold hatte sie beauftragt, sich meiner anzunehmen, und ihnen gesagt: „Den brauchen wir"), da sagte ich der Einladung zu einer Besprechung mit ihnen zu, war aber innerlich entschlossen, mich von ihnen nicht einfangen zu lassen. Mein Herz sagte „ja", die alten Vorstellungen in mir spukten und sagten „nein"!

In dieser Zwiespältigkeit besuchte ich in den folgenden Monaten fast alle öffentlichen Vorträge Rudolf Steiners. Ich erlebte ihn in den Diskussionen mit den Gewerkschafts- und Parteivertretern der verschiedensten Größen, erlebte die Souveränität seiner Gedankenführung und die Armseligkeit der Erwiderungen aus den sozialistischen Dogmen. Ich sah, daß Rudolf Steiners Gedanken, die man als bürgerliche Ideologien erklärte, nichts Entscheidendes entgegengesetzt werden konnte. Wenn Rudolf Steiner vor größeren Kreisen von Arbeitern sprach, so konnte ich beobachten, wie sie Ähnliches erlebten, wie ich im ersten Vortrag erlebt hatte. Wenn aber dann die Autoritäten der verschiedenen sozialistischen Größen mit ihren Argumenten auftraten, so sah ich das in den Arbeitern aufglimmende Licht des Verständnisses und den guten Willen zum Verstehen dieses Neuen sich verdunkeln. Die nicht zu einem selbständigen Denken und eigener Urteilsbildung erzogenen Menschen erlagen so immer wieder der autoritären Dogmatik.

So vergingen das Frühjahr und der Sommer 1919. Die alten, retardierenden Mächte gewannen nach und nach immer mehr an Boden und Macht. Nach dem Vortrage vom 22. April 1919 wurde ich von den verschiedensten Menschen immer wieder angesprochen und erfuhr so von der Anthroposophie.

Die Merzsche „Führerschule", die ich immer noch besuchte, empfand ich mehr und mehr als ein zwerghaftes und sinnloses Beginnen. Auch von den Parteien nahm ich immer mehr Abstand und fühlte mich wie von allen verlassen. An Rudolf Steiners Wirksamkeit erlebte ich, wie er jeden Fußbreit Boden an Verständnis zu erringen suchte, wie aber auch alles, was er durch sein persönliches Wirken an Vertrauen gewann, ihm wieder abgegraben wurde durch eine unsachliche Gegnerschaft.

Da bekam ich im August 1919 das Buch *Wie erlangt man Erkenntnisse der höheren Welten?* in die Hände. Ich las es mit größter Aufmerksamkeit, und nachdem ich etwa zwei Drittel gelesen, wußte ich: ich muß mit Dr. Steiner sprechen.

Nach dreimaligem vergeblichem Bemühen empfing mich Rudolf Steiner in der Landhausstraße. Über den Empfang war ich insofern erstaunt, als er mich wie einen alten Bekannten begrüßte. Ich war doch, wenn auch nur einmal, eigentlich gegen ihn aufgetreten. Im Bibliothekszimmer setzte er sich mir gegenüber; das Licht im Rücken, den Kopf in die Hand gestützt, sah er mich mit seinen ernst-gütigen Augen fragend an. Ich sagte ihm, daß ich das Buch *Wie erlangt man Erkenntnisse der höheren Welten?* gelesen und glaubte, manches gefunden zu haben, wozu ich ja sagen könne. Er sah mich daraufhin durchdringend an und sagte nur: „So, glauben Sie?" Es ergab sich, daß ich von meinem Entwicklungsgange sprechen konnte und wie ich, nachdem ich das Versagen der führenden Sozialistenkreise erlebt hatte, jetzt bei der Weltanschauung des Anarchismus angelangt und bei der Lektüre von Mackays „Anarchisten" zu der Einsicht gekommen sei, durch die ich mich ganz auf mich selbst gestellt fühle, im Gegensatz zu der sozialistischen Auffassung von der Führung und Beeinflussung der Massen. Nun sprach Rudolf Steiner zu mir mit einer unendlichen Wärme von John Henry Mackay, dem Verfasser des Buches *Die Anarchisten*. Er sprach davon, wie er ihn persönlich gekannt, des öfteren mit ihm in Berlin zu Mittag gegessen habe, wie er Makays Entwicklungsgang mit großem Interesse verfolgt habe und wie Mackay mit ihm über sein Buch *Die Philosophie der Freiheit* gesprochen habe. Und dann wurde er sehr, sehr ernst, schaute mich wiederum durchdringend an und sagte: „Ja mein lieber Herr Neumeister, die Zeit ist jetzt vorbei, wo man am Schreibtisch sitzend über die soziale Frage Bücher schreiben kann. Heute muß etwas geschehen, wodurch grundlegend umgestaltend in das gegenwärtige Chaos eingegriffen werden kann." Ich kann es nicht anders ausdrücken als: ich fühlte mich bis in die Knochen hinein angesprochen.

Es folgte in dem Gespräch noch manches Persönliche, und zum Schluß bat ich Dr. Steiner, in die Anthroposophische Gesellschaft aufgenommen zu werden. Er schaute mich wiederum recht ernst an und sagte unendlich gütig: „Nun, das sollten Sie sich doch noch einmal überlegen..." Ich sagte darauf: „Ich will mir's nicht überlegen, ich will Mitglied werden." Er sagte daraufhin: „Lassen Sie sich doch Zeit dazu." Doch ich meinte dennoch Mitglied werden zu wollen.

Es war mir dabei unbegreiflich, daß er gar kein Interesse daran zu haben schien, für seine Gesellschaft ein neues Mitglied zu bekommen.

Wenn ich in ein Wort zusammenfassen soll, was ich damals, in die Gesellschaft kommend, empfand, so ist es dies: ich fühlte mich nach Hause gekommen. Es folgte nun eine Zeit intensivsten Aufnehmens der Anthroposophie für mich.

HANS KÜHN

Wie es zur Dreigliederungsbewegung kam

Man wird vielleicht fragen, wie kam Rudolf Steiner dazu, seine rein geisteswissenschaftliche Lehrtätigkeit, die zunächst bis zur Errichtung des wunderbaren Dornacher Baues führte, der zuerst Johannesbau hieß und dann den Namen Goetheanum erhielt, plötzlich auszudehnen auf eine öffentliche Aktion größten Stils, um womöglich in den Gang der Geschichte Mitteleuropas, in das soziale, politische und wirtschaftliche Leben einzugreifen? Manche Freunde schüttelten damals den Kopf, weil sie nicht an einen Erfolg glauben konnten, andere, weil ihnen der Sinn und die Weisheit der neuen Forderungen, die sogar den Bestand des kapitalistischen Systems in Frage stellen könnten, nicht einleuchten wollte; so sehr waren sie befangen in herkömmlichen Denkgewohnheiten.

Umwälzende Sozialideen schlummerten schon lange in Rudolf Steiners Lebensgang; sie kamen in erleuchtender Klarheit zum Vorschein in seiner kleinen Schrift aus dem Jahre 1905 *Theosophie und soziale Frage* (heute *Geisteswissenschaft und soziale Frage);* aber nur wenige beachteten dieses Geistesgut, das bald vergessen war, trotzdem es von grundlegender Bedeutung ist. Bevor er die Idee einer Dreigliederung des sozialen Organismus in voller Klarheit formulieren konnte, gewann er die Einsicht in die dreifachen Funktionszentren des menschlichen Organismus, wie sie in seinem Buche *Von Seelenrätseln* 1917 dargestellt wurde.

Als Rudolf Steiner im Jahre 1917 in seinen „Memoranden" erstmalig die Idee der Dreigliederung skizzierte, walteten geheimnisvolle Kräfte rhythmischer Natur. Seit dem Sieg Michaels über die Widersachermächte im Herbst 1879 waren ebensoviele Jahre vergangen, wie dieser Kampf selbst gedauert hatte.

Rudolf Steiner erkannte längst, daß die Beendigung des Krieges nur erreicht werden könnte, wenn von deutscher Seite der Wille zu einem vollkommenen Wandel der Struktur des bisherigen Staatsgefüges sichtbar werden würde. Darauf weisen seine im Juli 1917 verfaßten beiden Memoranden hin, welche durch eine besorgte Frage des Grafen Otto von Lerchenfeld angeregt wurden.

Mit der Ablehnung bzw. Nichtbeachtung der Memoranden nahm das

Schicksal der Mittelmächte den tragischen Verlauf, der ein Jahr später zur völligen Niederwerfung des deutschen Volkes und zur Revolution führte.

Eine kleine Gruppe von Freunden unter Führung von Dr. Carl Unger beriet schon damals die jeweilige militärische und politische Lage. Als gegen Ende Dezember 1917 einmal eine Besprechung mit Rudolf Steiner stattfand, äußerte er sich tief besorgt über die Situation der Mittelmächte und wies schon auf die Gefahr einer Revolution hin. Er sagte dabei, jetzt könne höchstens noch eine Persönlichkeit wie der liberal denkende Prinz Max von Baden Rettung bringen, nachdem die führenden Politiker alle auf dem Nullpunkt angekommen seien; denn dieser habe Chance, in der Not zum Reichskanzler berufen zu werden. Der Prinz stand nicht gut mit dem Kaiser. Er war am 14. Dezember mit einer großzügigen außenpolitischen Rede in der badischen Ersten Kammer hervorgetreten, aus der sein Verständigungswille zu erkennen war.

Warum sagte Rudolf Steiner uns dies? War es nicht eine Aufforderung, sich um eine Verbindung mit der genannten Persönlichkeit zu bemühen? Ich erinnere mich nicht, Dr. Steiner gefragt zu haben, ob er an einer Aussprache mit dem Prinzen Interesse habe. Jedenfalls entzündete das Gespräch meinen Gedanken, eine solche Verbindung herzustellen, weil ich allein dazu in der Lage sein konnte. Ohne es irgend jemand zu verraten und ohne Angabe von Gründen ließ ich den Prinzen durch Vermittlung seines Privatsekretärs fragen, ob er mich empfangen wolle. Der Prinz ließ mich sein Einverständnis wissen. So fuhr ich am 7. Januar 1918 nach Karlsruhe und begab mich ohne Scheu, aber in formvollendeter Ordonnanzuniform in das Palais. Ich war damals noch nicht 29 Jahre alt. Was ich mitzuteilen hatte, beflügelte meinen Mut. Schließlich ging es um die Rettung Deutschlands und um die Schilderung des Menschen, der den einzigen Ausweg aus der Gefahr aufzeigen konnte. Zwar war mein Unterfangen etwas riskant, weil Offiziere sich damals nicht mit Politik befassen durften. Ich war daher erfreut und ermutigt, als der Prinz volles Verständnis zeigte und sich als ein hoch gebildeter, liberal empfindender Mann von Format erwies.

Es wurde der Wunsch geäußert, Rudolf Steiner kennenzulernen. Meine Mission war erfüllt. Herr und Frau Dr. Steiner suchten den Prinzen Ende Januar 1918 auf dem Rückwege von Berlin in Karlsruhe auf. Dieser erhielt das „Memorandum" und nachträglich den Zyklus über die *Mission einzelner Volksseelen*, den Rudolf Steiner eigenhändig durchkorrigiert und überall die Anrede „Meine lieben Freunde" durchgestrichen hatte. Leider existieren keine genaueren Nachrichten über den Inhalt des Gesprächs. Es muß aber einen Eindruck hinterlassen haben, denn der Prinz suchte vor dem Antritt seiner Kanzlerschaft Rudolf Steiner in der Motzstraße 17 in Berlin auf. Als er die Wohnung verließ, gab er Fräulein Samweber die Hand und gratulierte ihr, daß sie einem so bedeutenden Manne dienstbar sein dürfe.

Als der Prinz dann am 3. Oktober sein Kanzleramt antrat, lag bereits die Forderung der Obersten Heeresleitung (vom 29. September) an die Regierung nach einem Waffenstillstand vor, weil die Front kaum mehr zu halten war. Liest man heute über die turbulenten Vorgänge in diesem Oktober 1918, so bietet sich ein wirres Hin und Her zwischen der Generalität, der Regierung und dem Kaiser. Um den Unruhen in der Heimat zuvorzukommen, sollte die Forderung Wilsons auf dessen Abdankung vollzogen und der Thronverzicht des Kronprinzen erreicht werden; doch weigerte sich der Kaiser und bekundete seine Absicht, sich an die Spitze seines Heeres an der Westfront zu stellen. Ludendorff seinerseits leistete sich solche Quertreibereien, daß der Kanzler ihn entlassen mußte.

Der amerikanische Präsident Wilson verlangte als Preis für den Waffenstillstand die Anerkennung seines 14-Punkte-Programms, welches das Selbstbestimmungsrecht der Völker vorsah. Er hatte seine Angriffe stets gegen das in Deutschland jetzt herrschende autokratische System und seine militärischen Beherrscher gerichtet. Eine zukünftige parlamentarische Volksregierung sollte den Beweis erbringen, daß das alte System endgültig überwunden sei. Eine so vollkommene Schwenkung hätte nur die Dreigliederung des sozialen Organismus mit sich gebracht, deren Rechtsglied auf demokratischer Grundlage beruht, während das kulturelle und wirtschaftliche Leben sich vollkommen unpolitisch entfalten sollte. Es kam nach Äußerungen Rudolf Steiners nun darauf an, daß der neue Reichskanzler vor dem Beginn der sich ankündigenden Revolution schon bei der Antrittsrede das richtige Wort fände, das heißt, den Mut habe, die Idee der Dreigliederung als Beweis eines tiefgreifenden Umschwunges und Friedenswillens des deutschen Volkes sofort zu proklamieren.

Rudolf Steiner war sehr gespannt auf den Inhalt der Antrittsrede, als er die Zeitung in die Hand bekam. Nichts war darin zu finden, was auch nur nach einer solchen Richtung hätte deuten können! So tief erschüttert sah ich Rudolf Steiner niemals wieder, wie bei dieser Enttäuschung, die den Niedergang und Leidensweg des deutschen Volkes bedeutete.

Wieder war die Hilfe Rudolf Steiners abgelehnt worden, nicht aus bösem Willen, sondern durch Verkennung der wahren Situation. Es zeigte sich später, daß der Kanzler eine andere — allerdings auch nicht umwälzende — Rede vorbereitet hatte, die ihm von einem Vertreter der Obersten Heeresleitung verweigert und durch eine andere ersetzt worden war. Der Prinz hatte sich noch zu sehr an die parlamentarischen Gebräuche gehalten und nicht erkannt, daß es auf die Tat des Augenblicks angekommen wäre, den er jetzt verpaßt hatte. Nun nahm das Schicksal seinen Lauf. Die Revolution brach in voller Stärke aus. Prinz Max übergab sein Kanzleramt dem Sozialistenführer Friedrich Ebert, aber Scheidemann verkündete aus eigener Machtvollkommenheit die Republik vom Balkon des Berliner Schlosses herab. Das war am 9. November 1918.

An diesem Tage, als die Volksmassen durch Stuttgarts Straßen wogten, zog ich, wie viele, die Uniform aus und mischte mich unter das Volk, suchend und forschend, ob irgend etwas zu helfen sei. Rudolf Steiner hatte uns dies geraten. Wie immer, war die Revolution von radikalen Elementen ausgelöst worden, die sich nach russischem Muster als Soldaten- und Arbeiterräte bezeichneten. Sie riefen auf dem Schloßplatz die Republik aus und zwangen den König zur Abdankung. Die gemäßigten Sozialdemokraten hatten sich an diesen Vorgängen kaum beteiligt, doch fiel ihnen wenige Tage danach die Bildung einer provisorischen Regierung zu, weil sie zur Besonnenheit rieten und eine Vorstellung eines demokratischen Staatswesens hatten. In dieser Regierung saßen zunächst keine Bürgerlichen, aber zwei Vertreter der Unabhängigen, die sich später sehr radikal benahmen. Es ging nicht lang, bis Emil Molt mit seinem Privatsekretär Otto Wagner sich dem Wirtschaftsminister Lindemann zur Verfügung gestellt und ein Büro im Landtagsgebäude bezogen hatte. Mich forderte ein Vizefeldwebel, Ulrich Fischer, auf, ihm im württ. Kriegsministerium behilflich zu sein. Als der erste Kriegsminister Schreiner nach 8 Tagen ersetzt werden mußte, fiel dieser Titel an Fischer. So installierte ich mich also im Kriegsministerium, wo ich manche Wogen glätten und gegenüber den dort beschäftigten hohen Offizieren gut vermitteln konnte. Fischer war nicht viel im Amt. Trotzdem ich wieder die blaue Friedensuniform hervorgeholt hatte, wurde ich nie durch Abreißen der Achselstücke belästigt, weil ich reichlich mit Ausweisen versehen war und stets die Parolen kannte. Auf diese Weise wurde ich einige Male zu Ministerratssitzungen mitgenommen, denn ich hatte mich für die baldige Heimschaffung der vielen französischen Kriegsgefangenen eingesetzt, die jetzt frei in der Stadt herumliefen, nicht zum Vorteil der Bevölkerung.

Emil Molt, mit seinen wirtschaftlichen Erfahrungen, seiner jovialen Art und mit Hilfe reichlich verteilter Zigaretten, hat damals manches erreicht. Wir beide, Molt und ich, hatten uns nie politisch betätigt und blieben auch jetzt in politischer Hinsicht Outsiders. Die Mitarbeit wurde sowieso immer schwieriger, weil die beiden unabhängigen Minister (USPD) die von ihnen mit unterschriebenen Maßnahmen fortwährend zu durchkreuzen trachteten. Als sie die gemäßigten Minister am 9. Januar 1919 mit Hilfe der Spartakisten schließlich zu überrumpeln versuchten, mußte der Rest der Regierung mitten in der Nacht in den Turm des neuerbauten Stuttgarter Bahnhofs flüchten, wo sie sich mit Hilfe eines Freikorps unter Führung eines Kunstmalers, des Leutnants Hahn, gut verteidigen konnten. Vorher hatte die Regierung keinerlei Machtmittel hinter sich. Als die radikalen Elemente eine Zeitungsredaktion besetzten, wurde sie auf einmal energisch und ließ den Aufstand blutig niederschlagen. Mir schien diese Wendung höchst verwerflich. Ich ging in den Turm, der von Maschinengewehren strotzte, und bot dem Ministerpräsidenten Wilhelm Blos meine Vermittlung an. Es war zu spät. Es hatte bereits Tote und Verwundete gegeben. Die beiden unabhängigen Minister wurden abgesetzt. Durch den Putsch war versucht worden, die ausgeschriebenen Wahlen zur Nationalversammlung und zur Bildung einer neuen Verfassung zu verhindern, denn die Arbeiter fühlten sich um die Früchte der Revolution betrogen. Die Regierung hatte sich mit bürgerlichen Ministern liiert und wollte in die sozialen Verhältnisse vorläufig nicht eingreifen. Ihr erstes Anliegen war es, das wirtschaftliche Leben in Gang zu halten, für die Ernährung des Volkes und für die Unterbringung der aus dem Krieg zurückgefluteten Soldaten zu sorgen. Dabei wurde sie von den längst ordnungsgemäß gewählten Arbeiter- und Soldatenräten, die mehr eine praktische als eine politische Funktion ausübten, verantwortungsvoll unterstützt. Aber diese Räte mußten aus der Staatskasse bezahlt werden und verschlangen große Summen. Es war das Mittel für die Regierung, sich diese Räte gefügig zu machen. Sie hatten die Verwaltungen des Landes und der Gemeinden zu überwachen, denn diese waren beim Ausbruch der Revolution unverändert übernommen worden. Das war es gerade, was den Aufstand verursacht hatte. Im Grunde hatte sich nichts geändert, und das gut-bürgerliche Leben schien weiterzugehen, obwohl die Sozialdemokraten in der Regierung die Mehrheit besaßen. Es hieß, die Arbeiter- und Soldatenräte sind Ordnungs-Organe der Provisorischen Regierung; sie wurden jetzt gesetzlich verankert und waren nichts als ausführende Funktionäre. Ob aus den Arbeiterräten je eine Initiative zur Neugestaltung des Wirtschaftslebens entstanden wäre, muß füglich bezweifelt werden. Zwar hatte die Regierung im Sinne, sich mit der Frage einer Sozialisierung von Großbetrieben zu befassen, doch hatte sie vorläufig genug andere Sorgen. Nachdem sich die Regierung für einen harten Kurs entschieden hatte, war dort nichts mehr zu helfen.

Rudolf Steiner, der seit Februar 1918 nicht mehr nach Stuttgart gekommen war, hielt im Oktober in Dornach und Zürich die bekannten Vorträge über geschichtliche Symptomatologie unter Hinweis auf die französische und russische Revolution. Am 9. November, dem Tage des Revolutionsausbruchs in Deutschland, begann er mit einer fortlaufenden Reihe von Vorträgen, die unter dem Titel *Entwicklungsgeschichtliche Unterlagen zur Bildung eines sozialen Urteils* veröffentlicht sind, worin er, von den Zeitereignissen ausgehend, die Grundlagen der sozialen Verhältnisse behandelte, bis er dann am 24. November die Idee der Dreigliederung des sozialen Organismus umfassend zur Darstellung brachte. Dabei betonte er, daß sie von jenseits der Schwelle empfangen worden sei. Zuvor, nämlich am 16. November, hatte er auch das Thema der von den Ententemächten behaupteten Alleinschuld Deutschlands am Kriege berührt; denn er hatte von Generaloberst von Moltke während dessen Krankheit erfahren, wie tragisch sich die Ereignisse des Kriegsausbruchs in Berlin abgespielt hatten. Es war Rudolf Steiner in der Folge sehr viel daran gelegen, die deutsche Alleinschuld zu widerlegen, weil er das deutsche Volk vor einer so ungeheuerlichen Beschuldigung bewahren wollte.

Diese November-Vorträge schlugen bei den Freunden in Stuttgart, die sehr bald Kenntnis davon erhalten hatten, wie ein Blitz ein. Sie entzündeten in einem kleinen Kreise, zu dem auch Roman Boos[1] gehörte, den Entschluß, sich Rudolf Steiner für eine weitere Verbreitung der Idee zur Verfügung zu stellen. Was für einen Sinn sollte es haben, in üblichen Berufen weiterzuwirken, solange solche Vorschläge vorhanden waren, die von den jetzt aufgelockerten und durch die Revolution aufgeschreckten Menschen verstanden und als ein Rettungsanker aufgegriffen werden könnten! Damit gab auch ich eine hoffnungsvolle Position auf, wodurch ein höchst interessantes, aber auch schweres Leben seinen Anfang nahm.

Dr.-Ing. Carl Unger, der Inhaber einer Präzisions-Werkzeugmaschinenfabrik und zugleich Vorstandsmitglied des Stuttgarter anthroposophischen Zweiges, griff eine praktische Seite der Idee heraus, die sich als eine Lösung der aus der industriellen Situation unmittelbar nach dem Kriege sich ergebenden Probleme erweisen könnte. Das Wirtschaftsleben war ins Stocken geraten, nachdem die Heeresaufträge sinnlos geworden waren. Aufträge für eine Friedensproduktion fehlten noch. Nahrungsmittel und Finanzen waren knapp geworden; dabei war mit dem Zurückströmen der Soldaten an Arbeits- und Verdienstmöglichkeiten zu denken, denn die Entlöhnungen für den Kriegsdienst fielen aus, und Arbeitslosenversicherungen gab es damals nicht. So entwickelte Dr. Unger die Idee einer Treuhand-Organisation im Sinne einer auf assoziativer Basis sich gegenseitig tragenden Industrie unter Beteiligung von Konsumenten, die ihren voraussichtlichen Bedarf festzustellen hätten. Es handelte sich einfach darum, die Industrie sofort auf Friedensproduktion umzustellen und die Mittel dazu sich teils gegenseitig, teils durch Vermittlung von Banken zu garantieren. Das Vorgehen Dr. Ungers fand

---

[1] Boos war seit kurzem in Stuttgart, wo er für Emil Molt die erste Nummer der Werkszeitschrift *Waldorf-Nachrichten* vorbereitete.

Beachtung, aber die Banken hatten kein Interesse an einer treuhänderischen Zusammenarbeit der Industrie, sondern nur an ihren eigenen lukrativen Kreditgeschäften. Zu der Gründung einer Treuhand-Organisation kam es nicht. Man konnte bald bemerken, daß nichts zu erreichen sei, wenn nicht auch die geistige Seite der Idee von den Teilnehmern verstanden würde. Aus einem von Carl Unger, ein Jahr vor seiner Ermordung im Januar 1929, niedergelegten Aufsatz seien folgende Abschnitte herausgegriffen, um die damalige Situation zu beleuchten:

„Im September 1918 wurden mir Tatsachen bekannt, die nicht nur auf den unvermeidlichen Zusammenbruch der deutschen Westfront, sondern auch der sozialen Innenfront hinwiesen. Die maßgebenden Stellen waren bis herunter zu den zivilen Behörden ratlos und gegenüber den revolutionären Bewegungen lethargisch. Da hörte ich Ende Oktober bis zum 6. November 1918 die Vorträge Rudolf Steiners am Goetheanum in Dornach, in denen er schonungslos die Hüllen von dem blutenden sozialen Körper herunterriß und alle Versäumnisse der bürgerlichen Welt im geistigen, politischen und wirtschaftlichen Feld in voller Schärfe brandmarkte.

Da mußte insbesondere der aktive Wirtschafter sich klar sein, daß die Zeit der Erörterungen endgültig vorbei sei und nur unmittelbares Handeln das Gebot der Stunde war. Das Ziel war klar, die Ideen reif zur Verwirklichung; der Punkt zum Angreifen war jede sich bietende Gelegenheit. Das unmittelbar Zunächstliegende mußte unter der Impulskraft der Ideen mit moralischer Phantasie angepackt werden.

Nun erinnere ich mich sehr lebhaft eines Gesprächs unter vier Augen mit einem bekannten Industriellen, dem die Forderungen Rudolf Steiners durchaus vertraut waren. Das Gespräch fand am 7. November in der Nacht in Zürich statt; es war veranlaßt durch die oben erwähnten Vorträge Rudolf Steiners am Goetheanum. Die Frage war, wie Industrielle im freien Entschluß ihre Betriebe sogleich in einer solchen Weise zwischen Kapital und Arbeit stellen könnten, daß dadurch ein Übergang zur Dreigliederung des sozialen Ogranismus von der Seite der Wirtschaft her angebahnt werden könnte." [2]

Der erwähnte Industrielle war Emil Molt. Mit diesem und Roman Boos zusammen reiste ich nach Dornach, um Rudolf Steiner den von Carl Unger verfaßten Entwurf einer Treuhandstelle vorzulegen. Das geschah erstmals am 25. Januar 1919 im Atelier, in welchem schon an der Statue des Menschheitsrepräsentanten gearbeitet wurde. Bei dem Gespräch, das am 27. Januar fortgesetzt wurde, entwickelte Rudolf Stei-

---

[2] Aus Roman Boos: *In memoriam Carl Unger*, 1929.

ner noch einmal die ganze Dreigliederung, und ging auf konkrete Einzelheiten ein, die durch Fragen hervorgerufen wurden. Dem volkswirtschaftlich gebildeten Roman Boos fällt das Verdienst zu, daß vieles geklärt werden konnte, was vorher fremd erschien. Da er zudem ein gutes Gedächtnis und eine lebendige Auffassungsgabe besaß, schrieb er den Inhalt der Gespräche jeweils nachträglich sofort auf; auch machte er sich schon während der Sitzungen stenographische Notizen. Diese als zuverlässig geltenden wichtigen Niederschriften der Gespräche sind von Roman Boos später veröffentlicht worden.[3]

Roman Boos war eigentlich Jurist seines Zeichens, aber intensiv ergriffen von den Problemen des deutschen Idealismus. Er befaßte sich jahrelang auch mit betriebswirtschaftlichen Fragen, und solchen der Arbeitstarifverträge. Insbesondere rang er mit einer Klärung der rechtlichen Stellung der Arbeiterschaft gegenüber den Unternehmern. Nach intensivem aufreibendem Bemühen und nach wiederholten Rücksprachen mit Rudolf Steiner, den er im Herbst 1912 kennenlernen durfte, konnte er seine Gedanken in dem weit vorausblickenden Werke über den Gesamtarbeitsvertrag niederlegen.

In Dornach erklärte uns Rudolf Steiner, daß in sozialer Hinsicht nichts Ersprießliches entstehen könne, wenn es nur dem reinen Intellekt entspringe, also eine aus der Notlage des Volkes entstandene Konstruktion sei, die nicht bis an die Grundgsetze sozialen Lebens reiche. Als man überlegte, was man statt dessen tun könne, tauchte die Idee eines Aufrufs auf, der aber so formuliert werden müsse, daß man nicht doziere, sondern die Tatsachen selbst sprechen lasse. Nun wurden mit uns die Zusammenhänge der Kriegskatastrophe mit den Aufgaben des mitteleuropäischen Geisteslebens besprochen und alle Gebiete einer zukünftigen Gesellschaftsordnung durchgegangen: So die Arbeiterfrage und die Entschädigung zur Bestreitung des Lebensunterhaltes, die nicht aus der geleisteten Einzel-Arbeit herstammen dürfe, sondern sich aus den gesamten volkswirtschaftlichen Zusammenhängen ergeben müsse. Die Entstehung von Wert und Preis, die Nutzung von Grund und Boden und die Bildung von Assoziationen als Grundlage eines einheitlichen Wirtschaftskörpers, alle solchen Probleme wurden uns immer klarer. Als das freie Geistesleben und seine Finanzierung behandelt wurde, hörten wir von Ausgabensteuern und von der Vergütung für die geistige Produktion durch diejenigen, die sie empfangen oder in Anspruch nehmen. Eine Schule oder Hochschule zum Beispiel dürfe weder durch den Staat noch

---

[3] Siehe *Michael gegen Michael*, 1926, und *Sozialwissenschaftliche Texte als Studienmaterial*, 1961.

durch die Industrie oder eine Treuhand-Organisation finanziert werden, sondern stets von unten, so daß auch die Lehrer sich selbst erhalten würden. Wo die Mittel fehlen, müßten andere Institutionen einspringen, um die nötigen Stipendien zu geben; buchmäßig müsse der einzelne bezahlen. Bei dieser Gelegenheit fielen auch die Worte, man müsse freie Schulen gründen, solange man noch über die nötigen Mittel verfüge. Das waren Hinweise auf die bevorstehenden Inflationen, bei denen die meisten Menschen in Mitteleuropa ihre Vermögen dahinschwinden sahen. Das wichtigste sei, daß innerhalb der Betriebe sozialer Friede gefördert würde durch die ideelle Teilnahme der Arbeiterschaft an den Produktionsbedingungen, am Werdegang eines Produktes vom Rohstoff über die Verteilung bis zum Verbrauch. Auf die Hebung des geistigen Niveaus der Arbeiterschaft sei der größte Wert zu legen, damit eine ersprießliche Zusammenarbeit resultiere und ein wirtschaftlicher Gesamt-Organismus entstehen könne.

Das waren Gedanken, die insbesondere bei Emil Molt, der sich schon immer als der Vater seines Betriebes fühlte, tiefe Wurzeln schlugen. An die Berufung von Dr. Herbert Hahn zur Abhaltung allgemeiner Bildungskurse oder gar an die Gründung einer Schule konnte noch nicht gedacht werden, doch wirkten solche Worte nach und führten überraschend schnell zur Inaugurierung der heute über viele Länder der Welt verbreiteten Schulbewegung, nachdem Rudolf Steiner die Voraussetzung durch seine neue Pädagogik auf Grund echter Menschenkenntnis geschaffen hatte.

Ein Gedanke sei hier noch erwähnt, der uns großen Eindruck machte: die Dreigliederung des sozialen Organismus sei nicht aus der Dreigliederung des Menschen entwickelt, aber zu ihr in Beziehung gebracht worden, weil ein Gemeinschaftskörper den menschlichen Veranlagungen nicht widersprechen dürfe, soll er sich gesund entfalten können.

Bei der Behandlung gewisser Einzelfragen, über die einige Bedenken geäußert wurden, wies Rudolf Steiner beruhigend auf das Vertrauen hin, das man einer solchen Entwicklung entgegenbringen könne, denn er sehe den ganzen dreigegliederten Sozialkörper konkret vor sich. Er dachte durchaus positiv über die Möglichkeit, daß die Dreigliederung verstanden werden könne, wenn er auch nur den Strom des Augenblicks ergreife, um einen Versuch zu wagen. Wir kleinen Werkzeuge waren uns unserer Verantwortung in keiner Weise bewußt. Unser Vertrauen in die Weisheit des Lehrers war so groß, daß wir glaubten, ihm dienen zu sollen. Wir waren uns gar nicht klar darüber, daß er nur der Lehrer war, und daß diejenigen die Verantwortung zu tragen hatten, die all das entgegennahmen.

Am 2. Februar⁴ übergab uns Rudolf Steiner den Wortlaut des inzwischen aufgesetzten *Aufrufes an das Deutsche Volk und an die Kulturwelt*. Er sagte, es käme jetzt alles darauf an, Mitteleuropa vor einer Bolschewisierung zu bewahren. Sie wäre das schlimmste, was den deutschen Geist treffen könnte. Bei der Beratung wurde betont, daß ein solcher Aufruf gestützt werden müsse von einer Anzahl Unterschriften namhafter Persönlichkeiten. Es war nun höchst interessant, wie Rudolf Steiner uns die Angaben darüber machte, welche Unterschriften er sich vorstelle, und wie er die Menschen verteilte, die sich darum bemühen sollten. Einige zuverlässige Freunde sollten in die wichtigeren Städte entsandt werden, um bestimmte Mitglieder aufzusuchen. So berichtet zum Beispiel Emil Leinhas in seinem Buche *Aus der Arbeit mit Rudolf Steiner*, wie eines Tages Herr Offermann nach einem telegraphischen Avis in Berlin ankam und den Wortlaut des Aufrufs samt seinem Auftrag mitbrachte. Dr. Boos wurde eine Reihe von Universitätsstädten in Deutschland zugewiesen, beginnend mit Heidelberg, wo er zweifellos Max Weber aufsuchte, bis hinauf nach Danzig und Königsberg. Er hatte menschliche und briefliche Beziehungen zu einigen Professoren, die teils seine Lehrer waren. Emil Molt wirkte von Stuttgart aus, und mir wurden erstaunlicherweise einige Menschen in der Schweiz vorgeschlagen, von denen man teilweise weder den Namen noch die Adresse wußte. Rudolf Steiner sagte zum Beispiel: da war einmal ein Direktor bei Krupp in Essen, der es nicht länger verantworten wollte, Kriegsmaterial herzustellen. Er verließ das Werk, um im Ausland zu wohnen. Oder: ein Offizier hatte das Mißfallen des Kaisers erregt und mußte seinen Dienst quittieren; den müssen Sie suchen. Mit einiger Mühe fand ich schließlich alle mir zugewiesenen Persönlichkeiten und Adressen. Der erste war Dr. Mühlon, der im Schlößchen Gümligen bei Bern und später in der Burg von Gottlieben wohnte, in welcher einst Johannes Hus vor seinem Flammentod im Kerker saß. Der zweite war ein Hauptmann a. D. Hartwig Schubart, der in Salenstein (Kanton Thurgau) wohnte. Dann sollte ich Professor Eugen Huber, den Verfasser des schweizerischen Zivilgesetzbuches, aufsuchen, ferner den Schriftsteller Rudolf von Tavel und den Maler Ernst Kreidolf, der später Mitglied wurde, sowie einige andere Persönlichkeiten. Alle haben den Aufruf unterschrieben mit Ausnahme von Eugen Huber, der zwar sehr interessiert war, aber meinte, er könne sich das doch nicht erlauben. Rudolf von Tavel bereute später seine Unterschrift und äußerte sich unfreundlich gegen Dr. Steiner. Seine Schwester hingegen ist Mitglied der Anthroposophischen Gesellschaft geworden.

---

[4] Auf dieses Datum bezieht sich die Erwähnung unserer Delegation im Vortrag vom 15. Februar 1919 in *Die geistigen Hintergründe der sozialen Frage*.

In kürzester Frist waren über 250 Unterschriften mit guten Namen aus Deutschland, Österreich und der Schweiz beisammen, so daß der Aufruf in einer Anzahl großer Tageszeitungen veröffentlicht werden konnte. Man war nicht gerade in einem Begeisterungstaumel; aber man erwartete doch einen stärkeren Widerhall, als er sich dann ergab. Mit den führenden Kreisen hatte man natürlich nicht gerechnet, aber im Bürgertum steckten noch genügend gute Kräfte alter demokratischer Tradition aus den 48er Jahren.

Damals drohte von seiten der Unabhängigen Sozialdemokraten die Tendenz einer Verstaatlichung wichtiger Betriebe, die keineswegs willkommen war, nachdem man gerade erst die Kriegswirtschaft mit ihren Zwangsvorschriften hinter sich hatte. Die Planwirtschaft möglichst bald abzubauen, war das allgemeine Bestreben. Der Weg der Selbsthilfe, wie er in dem Aufruf angedeutet war, konnte deshalb interessieren.

Wir waren jedoch zu schwach und zu unsicher, um konkrete Vorschläge machen zu können, und Rudolf Steiner kam und kam nicht! Er hatte zwischen dem 4. und 28. Februar in Zürich, Winterthur, Bern und Basel die bedeutenden Vorträge gehalten, die danach die Grundlage für das soziale Hauptwerk *Die Kernpunkte der sozialen Frage in den Lebensnotwendigkeiten der Gegenwart und Zukunft* bildeten. Den am 12. Februar gehaltenen vierten Vortrag in der überfüllten Aula des Zürcher Hirschgraben-Schulhauses beendete er mit der Verlesung des „Aufrufs". Alle diese großartigen Vorträge wurden, besonders von der reichlich vertretenen Jugend, begeistert aufgenommen. Der Moment war richtig gewählt, diese großen Ideen vor die Welt hinzustellen, denn die Menschen waren aufgeschlossen und die Verhältnisse lagen so, daß niemand diese konkreten Ausführungen über eine neue Gesellschaftsordnung als eine politische Agitation auffassen konnte.

In Zürich war der Boden damals gut vorbereitet durch die unermüdliche Tätigkeit von Roman Boos, der damals in einer romantischen Wohnung der Zürcher Altstadt direkt an der Limmat wohnte. Auch hatte Rudolf Steiner schon im November 1917 die von Boos erbetenen Vorträge *Anthroposophie und akademische Wissenschaften* gehalten. Aber in dem Maße, wie sich die Verhältnisse in der Schweiz wieder konsolidierten, erlahmte auch das Interesse für eine Neuordnung des gesellschaftlichen Lebens auf dem Wege einer natürlichen Evolution.

Doch ich habe vorgegriffen. Inzwischen hatten sich Dinge ereignet, die festgehalten zu werden verdienen. Ich sagte schon, daß ich wegen der Sammlung von Unterschriften für den Aufruf im Februar durch die Schweiz reiste, nachdem ich in Stuttgart keine Aufgabe mehr für mich erblicken konnte, seit sich die provisorische Regierung für einen harten Kurs entschieden hatte. Vorher hatte man sie den „Klub der Harmlosen" genannt. Seit dem Januar-Putsch hatten nun die ordnungsgemäßen Wahlen stattgefunden, die am 23. Januar zur ersten Landesversammlung der Republik Württemberg führten. An den Wahlen waren neun Parteien beteiligt. Die Sozialdemokraten siegten gegenüber den Bürgerlichen mit rund 60 %. Die Unabhängigen waren eine verschwindend kleine Gruppe von etwa 3 %, während die Spartakisten bei den Wahlen nicht vertreten waren. Trotzdem wich die Unzufriedenheit nicht, zumal im übrigen Reich nach der Erschießung von Karl Liebknecht und Rosa Luxemburg noch große Unruhen mit Generalstreiks herrschten.

In Bayern waren die Unabhängigen unter der Führung von Kurt Eisner zur Macht gekommen und hatten Mühe, sich gegen den radikalen Einfluß der Spartakisten zu behaupten. Eisner, der früher Redakteur des Berliner *Vorwärts* und ein anerkannter Theaterkritiker war, hatte sich durch seine große Rednergabe zum Ministerpräsidenten emporgeschwungen, obwohl er kein doktrinäres, sondern ein eigenwilliges Programm ausgearbeitet hatte und zwischen den Arbeiter- und Soldatenräten oder einer parlamentarischen Regierung hin und her schwankte. Er kam dann zu dem Entschluß, mit beiden zu regieren, was vielleicht zu einer interessanten Entwicklung geführt hätte. Dr. Hans Büchenbacher verdanke ich eine interessante Beurteilung Eisners. Als er sich 1918 einmal Dr. Steiner gegenüber kritisch über Eisners Außenpolitik äußerte, erhielt er zur Antwort: „Aber er ist aus *einem* Guß!"

Als ich nun zwischen den Zürcher Vorträgen Rudolf Steiners auch die beiden Berner Vorträge am 5. und 7. Februar hören konnte, war Eisner als Delegierter Bayerns beim internationalen Sozialistenkongreß gerade auch in Bern. Er hatte sich durch Veröffentlichung eines staatlichen Aktenmaterials hervorgetan, denn er hoffte, bei den Ententemächten bessere Waffenstillstandsbedingungen zu erreichen, wenn er von Bayern aus die deutsche Kriegsschuld ehrlich zugestehe. Damit setzte er sich in krassen Gegensatz zu der Einstellung Rudolf Steiners. Als ich diesen nun fragte, ob er Interesse an einem Gespräch mit Eisner habe, und dies bestätigt bekam, gelang es mir, ein solches Gespräch herbeizuführen. Es fand im Frühstückssaal des Berner Diplomatenhotels Bellevue statt. Eine andere Zeit war Eisner nicht möglich gewesen. Wir setzten uns zu ihm, Rudolf Steiner links, ich rechts, während Eisner interessiert zuhörte, aber dabei gemütlich seine Brötchen aß. Er wurde von Rudolf Steiner gefragt, ob es ihm nicht möglich sei, andere Akten zu veröffentlichen, die nun Deutschlands Alleinschuld am Kriege klar widerlegen könnten, weil das für die deutsche Zukunft von größerer Wichtigkeit sei. Von der Dreigliederung ist, soviel ich mich erinnere, dabei nicht die Rede gewesen. Obwohl nicht viel Zeit vorhanden war, dürfte diese Begegnung Eisners doch von Bedeutung sein; denn Eisner wurde 14 Tage später, am 21. Februar 1919, auf der Straße in München erschossen, als er gerade in den Landtag gehen wollte, um seinen Rücktritt zu erklären.

Vermutlich meinten Münchner Freunde, in dieser ungeklärten Situation etwas retten oder wenigstens helfen zu können. Wie dem auch sei: An einem Nachmittag saß ich plötzlich mit dem Dichter Albert Steffen, Dr. Felix Peipers und anderen in einem Café, und wir unterhielten uns mit Gustav Landauer. Ernst Toller war nicht dabei, aber Erich Mühsam, der einen schlechten Eindruck auf mich machte. Es muß dort beschlossen worden sein, daß Dr. Peipers ein Gespräch im Landtag führen solle. Jedenfalls begleiteten wir ihn dorthin, und ich wartete mit Albert Steffen an der Schranke der Pfandhausstraße. Peipers war für solche Missionen nicht der geeignete Mann. Als er eine Stunde lang nicht zurückkehrte, begannen wir um ihn besorgt zu werden, denn kurz vorher waren dort zwei Abgeordnete erschossen worden. Mit meinen Ausweisen gelang es mir, im Landtag nach ihm zu suchen und ihn wieder zurückzubringen. Er war tatsächlich festgehalten worden. Kurz darauf wurde in München die Räteregierung ausgerufen. Als die Stadt nach zwei Monaten von dem württembergischen Freikorps „im Interesse des Reiches" mit schweren Verlusten zurückerobert und die Räteregierung gestürzt wurde, waren sämtliche führenden Persönlichkeiten ohne Gerichtsurteil grausam hingemordet.

Nach dieser hier notwendig eingeflochtenen Episode muß ich nochmals auf die Schweiz zurückkommen, wo ich auch ein Gespräch zwischen Rudolf Steiner und Prof. Wilhelm Förster vermittelt habe, der damals deutscher Gesandter in Bern war. Förster war als glühender Pazifist bekannt, und man konnte wohl annehmen, daß er für die Argumente Rudolf Steiners in der Kriegsschuldfrage einiges Interesse zeigen würde, zumal es ihm ein Leichtes gewesen wäre, gewisse Beweismittel zugunsten des Deutschen Reichs zu beschaffen, die von Dr. Steiner mehrfach erwähnt worden sind, wie die Kürzung des Rüstungsbudgets und die Abbestellung von Munitionslieferungen kurz vor dem Ausbruch des Krieges. Förster hatte eigentlich keine Zeit für Dr. Steiner. „Wenn er mich aber von meiner Wohnung zum Amt begleiten will, so werde ich ihn anhören." Darauf ging Rudolf Steiner ein, obwohl es bitterkalt war und tiefer Schnee lag. Förster war sehr groß und ging mit Riesenschritten neben Rudolf Steiner einher, der kaum mitkommen konnte und dabei ein Gespräch zu führen versuchte. Daß dieses ohne Resultat endete, ist nicht verwunderlich. Ich war entsetzt über die Arroganz eines angesehenen Diplomaten. Mir tat Rudolf Steiner leid, denn er sah sehr erschöpft aus und blickte mich unter der Pelzmütze mit seinen großen dunklen Augen traurig an.

Die folgenden Wochen benutzte Rudolf Steiner — neben einigen wenigen öffentlichen Vorträgen in der Schweiz und Mitgliedervorträgen in Dornach, welche vornehmlich der Vertiefung der sozialen Frage nach spirituellen Gesichtspunkten dienten — zur Fertigstellung seines Buches *Die Kernpunkte der sozialen Frage.* Vielleicht waren für ihn auch andere Gründe maßgebend, noch nicht nach Stuttgart zu kommen, obwohl der „Aufruf" schon Anfang März veröffentlicht worden war. In der Tat hatten sich in Württemberg wieder schwere Wolken am politischen Himmel zusammengezogen, und es schien, als wollten sich die Vorgänge, die in Bayern zur Bildung der Räte-Republik geführt hatten, hier wiederholen. Spartakisten und Unabhängige drohten mit dem Generalstreik, der dann trotz aller eingeleiteten Gegenmaßnahmen, wie Versammlungsverbot, Telephon- und Telegraphensperre usw. am 1. April wirklich eintrat, nachdem die Forderung des „geeinigten Proletariats" auf Aufhebung des Belagerungszustandes nicht erfüllt wurde. Jetzt kam es allerdings zu schweren Schießereien. Die Freischärler und Sicherheitsgruppen hatten ihr Hauptquartier im Stuttgarter Alten Schloß aufgeschlagen, die Spartakisten in Ostheim. Auf vielen Plätzen der Stadt standen Maschinengewehre, auch wurden Kanonen und Panzerwagen eingesetzt. Es ging hart auf hart; Quartier um Quartier wurde gesäubert. Da Munitionsdepots ausgeraubt worden waren, zeigten sich die Radikalen, denen sich viele Fabrikarbeiter angeschlossen hatten, gut bewaffnet. Aber rasch zogen sich die Gefechte nach den Außenquartieren, Gaisburg, Wangen, Hedelfingen, wo Dr. Ungers Fabrik lag, dann nach Untertürkheim, und schließlich fand die letzte, aber blutigste Entscheidung in Esslingen statt. Leutnant Hahn bekam den Titel eines „Bluthundes". Mitte April war der Generalstreik zusammengebrochen und der Belagerungszustand aufgehoben. Die Aufregung war ungeheuer.

Diese Situation traf Rudolf Steiner an, als er am Ostersonntag, dem 20. April, in Stuttgart eintraf und von uns empfangen wurde. Am Abend des 21. hielt er zuerst einen Mitglieder-Vortrag über soziale und pädagogische Fragen, den man heute als das „Präludium zur Dreigliederungsbewegung" bezeichnet. Er hatte in Dornach am 19. April noch einen Abschiedsvortrag gehalten, worin er sich über das Nichtverstehenwollen seines Aufrufs beklagte und die Mitglieder sehr ernst aufforderte, sich um die Dreigliederungsidee an Hand seines neuen „Büchelchens" zu kümmern. Die Dreigliederung sei nicht etwas neben der Anthroposophie, sondern gehöre vollkommen zu ihr. Auch erwarte er, daß man in der Schweiz dafür Interesse habe, wo ruhige Verhältnisse herrschten, so daß man seine Vorschläge mit offenen Sinnen prüfen könne. Da der Vortrag fast unbekannt ist, seien seine letzten Sätze hier angeführt, weil sie zeigen, mit welchem Ernst Rudolf Steiner den Gang zu dieser neuen Etappe seines Lebens angetreten hat, wie wenn er die Kämpfe vorausahnte, die nach drei Jahren bis zu einem Attentat auf ihn führten:

„Es bleibt wahr, das Hegelsche Wort: Der Mensch ist nicht nur ewig nach seinem Tode, der Mensch muß ewig sein — hier in diesem physischen Leib. — Das heißt, er muß dasjenige, was in ihm ewig ist, wirklich gefunden haben. Diese Dinge liegen schon alle in der Anthroposophie; diese Dinge liegen auch zugrunde den gesunden sozialen Ideen, die jetzt wiederum in der Schrift zum Ausdruck kommen, und die ich Ihnen ans Herz lege. Und mit diesem Ansherzlegen möchte ich Ihnen nun, nachdem abgereist sein muß, empfehlen: bleiben wir in Gedanken gut zusammen. Das sollen wir ja gelernt haben. Deshalb, bis zu dem so oder so gearteten Wiedersehen bleiben wir in Gedanken gut zusammen, meine lieben Freunde!"

Am Morgen des 22. April fand eine Sitzung mit den Komitees zur Verbreitung des Aufrufs statt, in welcher die große Abendversammlung mit den Unterzeichnern des Aufrufs vorbereitet wurde. Sie war schon etwas früher geplant gewesen, konnte aber wegen des Generalstreiks nicht stattfinden. Zu dem früher genannten Stuttgarter Komitee war inzwischen eine wichtige Persönlichkeit gestoßen: Prof. Dr. W. von Blume, Staatsrechtslehrer an der Universität Tübingen, deren Rektorat er 1917 innehatte. Er war der Schöpfer der württembergischen Landesverfassung und war vermutlich durch Emil Molt gewonnen worden. Von Blume hatte den Aufruf unterzeichnet, ohne Näheres von Rudolf Steiner gewußt, noch ihn je gesehen zu haben. Er war ein breitschultriger, untersetzter Mann mit einer wundervollen, mit feinsten Fältchen durchsetzten Stirn, intelligent und hoch gebildet, dabei von höflichen Umgangsformen. Wenn ich mich recht erinnere, war er der Sohn eines Generals und damals 52 Jahre alt.[5] Der Auruf hatte ihn so fasziniert, daß er sogar unserem Komitee beitrat. Ferner war nun Emil Leinhas aus Berlin eingetroffen, dem in der Folge, veranlaßt durch einen Wink Dr. Steiners, ein Direktionsposten in der Waldorf-Astoria Zigarettenfabrik von Emil Molt angeboten wurde, um ihn ganz nach Stuttgart zu ziehen. Dem Komitee von Österreich gehörten an: Dr. Walter Johannes Stein, Graf Ludwig Polzer-Hoditz und Dr. Thomastik; demjenigen der Schweiz: Albert Steffen und Dr. Roman Boos, der dann die weitere Arbeit in der Schweiz in die Hand nahm. Boos hatte uns schon im März das Manuskript der „Kernpunkte" gebracht, das sofort in die Druckerei wanderte. Zunächst wurden zehntausend Exemplare riskiert, die bald auf vierzig-

---

[5] Wilhelm von Blume gehörte von 1922 an als Demokrat dem württembergischen Landtag an und starb am 2. Oktober 1927.

und später auf achtzigtausend erhöht wurden. Als Rudolf Steiner kam, konnten wir ihm das fertige Buch überreichen.

Die Einleitung der großen Abendversammlung im Saal des Stadtgartens, sowie die Begrüßung Dr. Steiners und aller Gäste war mir zugefallen. Prof. v. Blume leitete dann den Abend und die Diskussion nach dem Vortrage Rudolf Steiners. Von der Schlußansprache seien die Sätze festgehalten:

„Nun darf ich schließen mit dem Ausdruck derselben Hoffnungs-, ich will nicht sagen -Freudigkeit, aber Hoffnungsbereitschaft, die die Ausführungen des Herrn Dr. Steiner getragen hat. Wir dürfen uns keinem Pessimismus hingeben, sonst sind wir verloren. Aber wir wollen es auch nicht. Und heute kommt alles an auf diesen Willen. Wir haben verlernt, richtig zu denken. Wir haben noch mehr verlernt, richtig zu wollen. Ja, wir haben überhaupt das Wollen verlernt gehabt, wir müssen es wieder lernen! Und es wird gehen. Wir heißen Euch hoffen!"

Das war also die Stimmung, die von Rudolf Steiner impulsiert war. Es wurde dann noch ein Arbeitsausschuß gewählt, dem außer den genannten Komiteemitgliedern angehörten: Max Benzinger als Vertreter der Arbeiter (es ist derselbe, der 1913 den Grundstein zum ersten Goetheanum hergestellt und dann am Bau mitgearbeitet hatte) und Theodor Binder als Vertreter der Angestellten, welcher später mit Dr. Ehrenfried Pfeiffer zusammenarbeitete. Auf Antrag war ein loser „Bund für Dreigliederung des sozialen Organismus" gegründet worden, der weder Satzungen noch Mitgliedsbeiträge verlangte. Der Zusammenhalt war durch das Interesse an der Sache gewährleistet.

In der Folge zeigte es sich vorteilhafter, einen kleinen Vorstand zu nominieren, bestehend aus Molt, Unger und Leinhas. Mir wurde die Führung der Geschäftsstelle übertragen, für die ein mehrstöckiges Haus in der Champignystraße 17 gemietet werden konnte.

Schon einen Tag nach der Gründungsversammlung des Bundes hielt Rudolf Steiner seinen ersten Vortrag vor den Arbeitern der Waldorf-Astoria, und bereits am 24. April folgte ein solcher im Saal der Brauerei Dinkelacker vor den Arbeitern der Bosch-Werke, darauf der gewaltige Vortrag bei den Daimler-Werken in Untertürkheim am 25. April mit nachfolgender Diskussion, an der sich Direktor Dr. Riebesam interessiert beteiligte. Alles war intensiv vorbereitet worden, und die Zuhörer sorgten ihrerseits dafür, daß Rudolf Steiner überall willkommen war. Die Menschen waren begeistert. Rudolf Steiner zeigte sich als beschwingter Volksredner, wie wir ihn zuvor nicht gekannt hatten. Zunächst wirkte er auf manche etwas radikal, doch wurde er dabei niemals leidenschaftlich. Der Vorwurf politischer Demagogie wurde zu Unrecht gegen ihn erhoben; denn er stand in tiefstem Ernst himmelhoch über der Situation.

Das Geheimnis seiner Redekunst lag darin, daß er sich, wie kein anderer, auf das jeweilige Niveau seiner Zuhörer einstellen konnte und sich ihrer Sprache zu bedienen wußte. Da zwischendurch jeweils die internen Sitzungen mit den Initianten und noch öffentliche Vorträge und solche vor den anthroposophischen Mitgliedern stattfanden, staunte man über die Leistungsfähigkeit dieses bedeutenden Mannes. Wer war dieser Redner, der sich so menschlich nah und mit den Nöten der Bevölkerung zutiefst vertraut zeigte, und doch immer wieder von den geistigen Welten sprechen konnte, die seinem Blicke offenzustehen schienen?

ADELHEID PETERSEN

Rudolf Steiner über Vortragstätigkeit und Zweigarbeit

Am 28. August 1919 fuhr ich von München nach Stuttgart (wozu man damals einen Paß des Münchner Polizeipräsidiums brauchte), um Rudolf Steiner, bei dem ich angemeldet war, den Plan einer in München neu zu beginnenden Arbeit darzulegen.

Seit Sophie Stindes Tod stagnierte es dort. Innerhalb der beiden Zweige und zwischen ihnen zankte man sich. Man fuhr nach Stuttgart, um sich vor Rudolf Steiner, der damals außer mit seinen Bemühungen um die soziale und politische Rettung Deutschlands mit den Vorbereitungen für die Eröffnung der Waldorfschule beschäftigt war, wechselseitig anzuklagen.

Er empfing mich im Gegensatz zu früheren Begrüßungen kühl mit verschlossenem Ausdruck und fragte sofort in trockenem strengen Tone:

„Was haben Sie mir zu sagen?"

Auf meine Antwort: ich wolle, da Friedrich Lauer (der 1935 verstorbene Maler) sein Haus mit dem großen Saale der Bewegung ganz zur Verfügung stelle, die Initiative zu einer neuen Arbeit ergreifen, folgte im gleichen Ton die zweite Frage:

„Und wie denken Sie sich diese Arbeit?"

Nun lebte mir der ganze Plan schon ganz konkret in der Vorstellung. So ließ er sich rasch und klar auseinandersetzen: Einführungskurse, Fortführungskurse, Jugendarbeit, Vorträge der verschiedensten anthroposophischen Redner und Kindernachmittage für die Proletarierkinder der umliegenden Stadtgegenden, über deren durch die Zeitverhältnisse bedingte Verwahrlosung an den schulfreien Nachmittagen die Lehrer klagten.

Als ich meinen Spruch zu Ende gebracht hatte, war Rudolf Steiners Miene und Ton verwandelt.

„Das ist mir eine große Freude", sagte er warm, „und ich werde Ihnen immer und bei allem helfen."

Er knüpfte aber eine Warnung an vor der großen Last und Mühe, die solch ein Unternehmen innerlich und äußerlich bedeute, vor den Anfeindungen und „Durchsteckereien" gerade aus den Reihen „unserer lieben

Mitglieder" heraus. Nachdem er über manches, was sich hierauf bezog, noch gesprochen hatte, schickte er mich fort, damit ich „alles noch einmal eine Nacht überschlafen solle", und bestellte mich auf den nächsten Morgen früh, wo ich ihm dann meinen Entschluß sagen sollte, über den er so wenig im Zweifel war wie ich selber.

So lächelte er, als ich andern Tages wieder kam. Und nun ward mir das Einzigartige, innerlich Verwandelnde zuteil, daß er mir in diesen und noch anderen von ihm festgesetzten Stunden eine tiefgehende Unterweisung in Vortragstätigkeit und Zweigarbeit gab.

Unter Ausschaltung alles unmittelbar Persönlichen fasse ich das Allgemein-Wichtige, Grundlegende hier zusammen.

Er ging aus von dem, was er in dem Vortrag in Düsseldorf vom 15. Juni 1915 auseinandergesetzt hat.

„Anthroposophische Arbeit ist eine Realität in den geistigen Welten. Sie greift ein in die geistigen Welten, in das Leben der Wesen der höheren Hierarchien. Durch richtige anthroposophische Arbeit kann viel Übles, was in der Welt geschieht, für die geistigen Welten — die ja dauernd in alles hereinwirken — ausgeglichen werden."

Dann auf den vorliegenden Fall kommend, begann er:

„Sie werden zu Beginn der Arbeit dort den ersten Vortrag halten. Aber das sage ich Ihnen" — er beugte sich etwas vor und wurde sehr nachdrücklich —, „wenn nur drei Leute da sind, wenn nur einer da ist, Ihren Vortrag werden Sie halten, als wenn fünfhundert da säßen. Der eine kann es sein, auf den es ankommt.

Ebenso mit den Kindern. Wenn sich nur zwei melden nach Ihrer Bekanntgabe, mit den zweien fangen Sie an."

Es ging damals eine etwas propagandistische Welle durch die Gesellschaft, man wollte „ins Breite" wirken, den Strömungen der Zeit entgegen. Manche Zweigleiter setzten Ehrgeiz hinein, die Mitgliederzahl möglichst zu steigern. Rudolf Steiner war unzufrieden damit.

„Selbstverständlich muß die Bewegung wachsen. Aber das muß auf richtige, gesunde Weise geschehen. Wie man das jetzt macht, zieht man die Mitgliederschaft ins Oberflächliche. Das ist ein Verderb für die Gesellschaft."

Wie so oft, erwähnte er den Mangel an Unterscheidungsvermögen, an Takt, an letzter Gewissenhaftigkeit.

Dann fuhr er fort:

„Das Grundlegende, für jede wirklich richtige anthroposophische Arbeit ist: Sie dürfen nur über das sprechen, das durchnehmen, was Ihnen von den Inhalten der Anthroposophie wirkliches inneres Leben geworden ist. Was Ihnen Lebenslust, Lebensbedingung geworden ist, was Sie mit sich vereinigt haben. Nur das dringt in den Andern ein. Nur das vermittelt wirklich die Anthroposophie.

Was die Leute nur aus ihrem Kopfwissen heraus vortragen, ist abstrakt und wirkt auf den Zuhörer nicht anders als sonstige Abstraktionen auch. Es wird keine lebendige Substanz gebildet, keine Überzeugung geweckt.

Wir wären schon viel weiter mit der Anthroposophie in der Welt, wenn unsere Vortragenden nicht so viel nur aus dem Kopf heraus sprächen. Man kann nicht sich heute etwas Geisteswissenschaftliches aneignen, kopfmäßig, und es morgen oder übermorgen oder auch in ein paar Wochen oder Monaten aus dem Kopf heraus weitergeben. Das kann ja völlig richtig sein dem Inhalt nach. Es kann auch schön sein in der Wiedergabe. Aber es lebt nicht. Zunächst muß ja alles begrifflich abstrakt erarbeitet werden. Aber dann muß es sich verwandeln. Es muß Leben werden, Gestalt werden. Und dies muß hinter dem Begrifflichen eines Vortrages stehen. Aus dem ganzen Menschen heraus, aus den willenserfüllten Herzkräften heraus muß gesprochen werden. Dann wird das tiefere Wesen des Hörers ergriffen, auch wenn er unmittelbar die Dinge noch ablehnt oder sogar sich gegnerisch empfindet.

Das eine müssen Sie sich in die Seele schreiben: Nicht, was Sie sagen, ist das Entscheidende (es muß natürlich richtig sein), sondern das, wie Sie es sagen! Wie das Gesagte in Ihnen lebt, wie Sie in innerem Ernst und Wahrhaftigkeit dahinter stehen; wie Ihre innerste Haltung, Gesinnung, Gewissenhaftigkeit ist. Darauf ruhen die Blicke der geistigen Welt."

Er wurde von eindringlichem Ernst:

„Und das müssen Sie noch wissen und dürfen es niemals wieder verlieren: Wenn Sie Vorträge halten oder wenn Menschen mit Fragen zu Ihnen kommen — einerlei welcher Art die Fragen sind — und wenn Sie dann dastehen oder dasitzen und geschwellt sind von einem Gefühl der Befriedigung darüber, daß Sie nun da reden oder antworten können, belehren können und so weiter aus dem heraus, was Sie in sich tragen, was Sie erreicht haben —, wenn Sie also in einem Gefühl von innerem Reichtum, geistiger Überlegenheit vor dem Andern stehen; dann lassen Sie am besten alles bleiben! Denn Sie schaden dann nur sich selbst und nützen dem Andern nichts. Denn was Sie sagen, bleibt nur außen hängen.

Niemals dürfen Sie aus innerem Geschwellt-sein, innerer Fülle heraus reden oder antworten, wenn Sie wirklich im anthroposophischen Sinne den geistigen Welten dienen wollen. Sondern Sie müssen ein Gefühl der Unzulänglichkeit haben, der Unfähigkeit, der Armut gegenüber dem, was Sie leisten sollen, was von Ihnen erwartet wird — ein Gefühl des Versagens vor den Menschen und vor den Wesen der geistigen Welt. Sie müssen eigentlich um Hilfe bitten. Dann sind Sie in der richtigen Seelenstimmung. Dann finden Sie das Richtige in Ihren Antworten. Dann finden Ihre Worte den Weg in das Innere des Hörers. Dann sprechen Sie aus der Wahrheit heraus.

Man sollte jeden Vortrag, man sollte die anthroposophische Arbeit immer als eine schwere Verantwortlichkeit empfinden, man sollte diese Schwere empfinden.

„Aber das ist nicht so angenehm, als wenn man sich selbst dabei genießt."

Er kam dann auf Zweigarbeit und Zweigleiterschaft zu sprechen. „Hier liegen die Aufgaben ganz anders als bei dem Arbeiten nach außen. Hier ist die Gemeinschaft das Wesentliche. Nicht wahr: eine Gemeinschaft der verschiedenartigsten Menschen, sogenannte Gebildete und sogenannte Ungebildete, aus allen Ständen und Berufen kommend, Ältere, Jüngere — sowohl den Jahren, als der Mitgliedschaft, als der Seelenart nach. Das will und soll eine lebendige, bewußte Gemeinschaft sein durch die anthroposophische Substanz, die an den Zweigabenden erarbeitet wird. Das ist ein Bewußtseinsprozeß, der sich im Gang der Arbeit immer weiter entwickelt. Für diese Entwicklung durch die Arbeit ist der Zweigleiter verantwortlich. Um die Persönlichkeit des Zweigleiters müßte sich dieses Gemeinschaftsgefüge herumgliedern. Das müßte so sein. Aber auch hier werden die Dinge viel zu leicht genommen. Wie ein Zweig beschaffen ist, wie da gearbeitet wird, das hängt am Zweigleiter.

Der Sinn und damit die Aufgabe der Zweigarbeit ist: in die Tiefe zu arbeiten, in das Esoterische hinein. In der gemeinsamen Arbeit des Zweiges lebt Vorbereitung für die Impulse in der sechsten Kulturepoche; eine bestimmte Arbeit zur Vorbereitung des Geisteslebens in der sechsten Kulturepoche kann eigentlich nur in der Zweigarbeit geleistet werden, in der Erarbeitung des Esoterischen, in der Entwicklung anthroposophischer Substanz, wie sie in den Zyklen, in den internen Vorträgen da ist.

Und auch hier gilt natürlich, was ich Ihnen vorhin sagte: Sie können auch als Zweigleiter nur richtig arbeiten und wirken, wenn Ihnen das Durchzunehmende innerstes Leben ist — gleichgültig, ob Sie einen Vortrag lesen und dazu sprechen oder ob Sie Dinge zusammen gearbeitet haben und frei darüber sprechen. Sogar gilt in erhöhtem Maße für die Zweigarbeit das Wie! Auf die innere Gesinnung, auf die innere Wahrhaftigkeit, auf die Ehrfurcht vor der Anthroposophie kommt es an.

Wenn Sie einen Vortrag vorlesen: Sie müssen ihn innerlich völlig beherrschen, Sie müssen ihn im Vorlesen eigentlich neu hervorbringen. Und nur kein ‚Zyklen-Dreschen'. Es ist fürchterlich, wenn einem die Leute erzählen, wie viele Zyklen in möglichst kurzer Zeit durchgenommen worden sind! Überstopfen Sie niemals die Köpfe! Wenn es Ihnen gelingt, eine einzige anthroposophische Idee in den Menschen lebendig zu machen, dann ist etwas erreicht!

Sie müssen es lernen, aus Ihren Leuten heraus zu arbeiten. Sie müssen erhorchen, was Ihnen aus den Mitgliedern entgegenkommt, was da nötig ist! Wenn Sie das können, wenn Sie dann wirklich aus dem innerlich lebendig Esoterischen heraus sprechen oder lesen, dann werden Sie zu allen sprechen, dann wird jeder zu dem Seinigen kommen, einerlei ob alt oder jung, gebildet oder nicht gebildet, jeder wird mitnehmen, was er braucht und womit er leben und arbeiten kann."

Diskussionen wünschte er nicht.

„Sie gehören nicht in den Zweigabend. In Diskussionen wird die Substanz — oder die Aura —, die sich beim Vortrag oder Vorlesen bilden kann, zerschwätzt."

Auch von Fragenbeantwortungen nach Vorträgen vor dem Plenum riet er ab. Er hatte sie in den ersten Jahren seines Wirkens gepflegt, dann aber eingestellt. Es steht oft gar kein eigentlicher Ernst hinter solchen Fragen, die noch dazu meistens falsch gestellt werden, oft sogar wirke keine gute Absicht dabei. Es sei besser, sich zu privater Fragenbeantwortung nach dem Vortrag bereit zu erklären.

Erkenntnistheorie gehöre nicht in den Zweigabend, auch eigentlich nicht die für die Öffentlichkeit geschriebenen Bücher (*Theosophie, Geheimwissenschaft*), die ja den einführenden Kursen zugrunde gelegt wurden. Bei den Zweigabenden solle ja intern vertieft werden, das dort Gegebene konkretisiert, erweitert, ausgefüllt werden.

Ausführlich verweilte er bei der Formung der Vorträge, sowohl der Zweigvorträge wie solcher vor öffentlichem Zuhörerkreis. Inhalt und Form seien nicht zu trennen. Ein ungeformter, schlecht gebauter Vortrag sei schlecht, wenn auch der Inhalt im einzelnen richtig sein könne. „Er prägt sich nicht ein."

„Sie werden gut daran tun, für den Anfang Ihre Vorträge genau auszuarbeiten. Dann aber müssen Sie frei sprechen. Ein abgelesener Vortrag ist ein Unding.

Leider bleibt in bezug auf die Formung oft viel zu wünschen übrig bei unseren Vortragenden. Man hat einen Inhalt im Sinn, den man beherrscht, und man kümmert sich nicht um die Form. Ein Vortrag muß wie ein Kunstwerk behandelt werden im ganzen Gefüge. Die inneren Proportionen müssen stimmen; Anfang und Schluß müssen sich entsprechen, gewissermaßen übereinanderstehen. Ein Vortrag muß eine feste Achse haben, die man umkreist, von der man sich aber nur innerhalb der richtigen Proportionen entfernen darf."

Damit deutete Rudolf Steiner auf den ihm eigenen Aufbau seiner Vorträge im einzelnen wie seiner Zyklen als Ganzes. Er zieht eine Achse, welche spiralartig aufsteigend umkreist wird.

„Mit fortschreitender Übung werden Sie dann nur noch nötig haben, sich Anfang und Schluß zu fixieren. Dazwischen werden Sie sich dann innerhalb der gegebenen Form frei bewegen. Es ist qualvoll, wenn ein Vortragender sich auf Seitenwegen verliert, wenn er verworren wird, wiederholt zum Schluß ansetzt, und dadurch alles vorher Gebrachte verblaßt."

Als er zum Abschluß kam, gewann sein Blick jenen Ernst und jene so unergründlich strömende Güte, in deren Licht man persönlich zu einem Nichts zusammenschrumpfte, während man zugleich alle Kräfte und Möglichkeiten des eigenen Wesens vor sich sah.

„Seien Sie sich immer des heiligen Ernstes der Aufgabe bewußt, die Sie sich gestellt haben", sagte er. „Anthroposophie ist eine gefährliche Sache, wenn man ohne diesen Ernst in sie hineingeht. Denken Sie immer daran! Es geht um die Menschheits-Zukunft. Es geht um die Menschen, die da vor Ihnen sitzen. Auf die Menschen müssen Sie schauen. Den Menschen im Menschen, der da vor Ihnen sitzt, müssen Sie lieben, diesen verborgenen Menschen müssen Sie lieben, wie Sie die Anthroposophie lieben."

Und noch einmal wiederholte er die Worte von dem Gefühl innerer Armut vor dem zu Leistenden.

„Dann werden Sie die Hilfe der geistigen Welt fühlen."

Noch zwei Worte Rudolf Steiners, die er bei anderer Gelegenheit (und in jener Zeit mehrfach) äußerte:

„Es könnte möglich sein, daß sich einmal die Anthroposophie von der Anthroposophischen Gesellschaft lösen müßte. Es dürfte nicht sein, aber die Möglichkeit dazu wird bestehen.

Wenn ich einmal nicht mehr da bin, wird eine Verintellektualisierung der anthroposophischen Geisteswissenschaft kommen. Das ist eine große Gefahr. Denn das bedeutet die Stagnation der ganzen Bewegung. Deshalb ist die richtige Pflege der internen esoterischen Arbeit so wichtig.

Die Leute wissen es nicht und wollen es im Grunde auch gar nicht gern hören, aber es ist so: Wenn ein Mensch still in seinem Kämmerlein sitzt und mit dem wirklichen innerem Ernst, mit ganzer Hingabe seines Herzens zum Beispiel das Johannesevangelium oder etwas Anthroposophisches liest und es ganz durchlebt, so tut er damit mehr für das Heil der Welt und der Menschen als manche, die sich mit anthroposophischer Gschaftelhuberei vor sich und anderen wichtig machen."

Und er fügte hinzu:

„Aber dazu muß man um die Realität der höheren Wesen wissen."

Um es kurz zu erwähnen: Die Arbeit, um die es sich hier handelte, gelang. Über die Kindernachmittage mit Malen, Eurythmie, Singen, Märchenerzählen wäre im besonderen zu berichten. Es waren zuletzt über siebzig Kinder aller Gesellschaftschichten. Unsere Einführungs- und Fortführungskurse waren stets gut besucht, und es waren immer Arbeiter und Handwerker unter den Hörern. Um Wilhelm Petersen schloß sich eine Studentengruppe, aus der dann der anthroposophischen Bewegung bester damaliger „Nachwuchs" zukam. Im „Neuen Haus", wie wir das Haus Lauer benannt hatten, haben außer anderen Albert Steffen, Michael Bauer, Carl Unger, Ernst Uehli, Hermann Beckh wiederholt vor dicht gefülltem Saale gesprochen. Es gab öffentliche Eurythmie-Aufführungen der Kinder und erwachsenen Schülerinnen, Konzerte und die Aufführung des oberpfälzischen Weihnachtsspieles durch die Kinder.

Im Jahre 1922 durchkreuzten klerikale Treibereien die Kinderarbeit. Bald darauf mußte durch die hereinbrechende Inflation das Haus seine Türen schließen.

WILHELM RATH

Studentensorgen in den zwanziger Jahren

Im Jahre 1920 — also unmittelbar nach der Ersten Weltkriegskatastrophe, gab es die heutige Sorge der Studenten noch nicht: daß man durch ein autoritäres Hochschulwesen seiner menschlichen Selbstbestimmung beraubt und zum „Fachidioten" im Dienste eines Establishment abgerichtet werden soll. Das „Revolutionieren" erstreckte sich noch nicht in die Universität hinein, und was *vor* dem Krieg sich als Protest der Jugend gegen die materialistische und philiströse Gesellschaft als Jugendbewegung gezeigt hatte, wurde *nach* dem Krieg zum größten Teil von den politischen Parteien absorbiert. Die allgemeine Sorge der Studenten galt der Bewältigung des auf den Spezialgebieten der Wissenschaft immer mehr anschwellenden Wissensstoffes, und die Frage, ob und wie man seine Examina werde bestehen können, wurde immer bedrückender. Aber die „Autorität" der Rektoren und Professoren war ebenso unbestritten wie die der „objektiven" Wissenschaft.

Mit *einer* Ausnahme. Im Herbst des Jahres 1920 trat erstmalig eine Bewegung in Erscheinung, von der man in den Kreisen der wohlbestallten, staatlich angestellten Hochschullehrerschaft glaubte befürchten zu müssen, daß sie das bisherige Hochschulwesen in seinen Grundfesten würde erschüttern können: die anthroposophisch orientierte Geisteswissenschaft, an den Universitäten und Hochschulen vertreten durch einen „Bund für anthroposophische Hochschularbeit". Was diese Studenten-Vereinigung als so gefährlich erscheinen ließ, war der Umstand, daß dieser Hochschulbund sich nicht damit begnügte, die von Rudolf Steiner begründete Geistes-Wissenschaft in „Hochschulkursen" zur Darstellung zu bringen, deren erster im Oktober 1920 am Goetheanum als einer „*Freien* Hochschule für Geisteswissenschaft" stattfand, sondern sich darüber hinaus die Aufgabe stellte, diese dem Materialismus den Kampf ansagende „Wissenschaft vom Geiste" *in die Hörsäle* der Universitäten und Hochschulen hineinzutragen.

Es war ein kühnes Unterfangen, das von einem Kreis von Akademikern, Professoren und Doktoren, die den Weg zur Anthroposophie gefunden hatten und als Schüler Rudolf Steiners zu „Dozenten" der Geisteswissenschaft geworden waren, mit Enthusiasmus und begeisterndem Schwung in Angriff genommen wurde.

Doch bildeten wir Studenten, die wir uns in diesem anthroposophischen Hochschulbund zusammengeschlossen hatten, im Grunde nur ein kleines Häuflein: unter den vielen tausend Studenten z. B. der Berliner Universität waren wir wohl nicht einmal zehn! Wir betrachteten es u. a. als unsere Aufgabe, Hörsäle zu mieten, in denen dann die Geisteswissenschaft von den zumeist aus Stuttgart kommenden „Dozenten" vertreten wurde, für die Verbreitung der Propagandaschriften und Einladungen unter der Studentenschaft zu sorgen usw. Den Höhepunkt dieser Aktionen bildete dann im März des Jahres 1922 ein anthroposophischer Hochschulkurs in Berlin, für den die „Singakademie" gemietet worden war, in deren großem Saal einst Fichte seine „Reden an die deutsche Nation" gehalten hatte. Aus den Fenstern dieses Saales blickte man auf das Gebäude der Berliner Universität. Eine Woche hindurch war jeder Tag einer anderen Wissenschaft gewidmet: Anthroposophie und die Naturwissenschaft, Anthroposophie und die Philosophie, Anthroposophie und die Pädagogik, Anthroposophie und die Sozialwissenschaft usw. Rudolf Steiner gab an jedem Vormittag mit einem Vortrag den Auftakt, und das weitere Programm wurde dann durch die etwa 20 anthroposophischen Dozenten bestritten.

Es war schon eine ungeheure Herausforderung der „offiziellen" Wissenschaft, und es war klar, daß die Reaktion von dieser Seite nicht ausbleiben konnte. Wir wenigen, die wir als anthroposophische Studenten das Ganze mit voller Hingabe mitgetragen und uns dabei auch nicht wenig exponiert hatten, bekamen dann, wenn unsere Dozenten wieder abgereist waren, die Folgen zu spüren. Wir hatten den Eindruck, einzig und allein Dr. Steiner weiß wirklich, wie es uns nicht nur in unserem Studium selbst geht, sondern auch in welcher Lage wir uns dadurch befinden, daß eine Gegnerschaft gegen die Geisteswissenschaft, zu der wir uns mit unserem ganzen Herzen bekannten, heraufbeschworen worden war. Wir fühlten, es war ihm ein Bedürfnis, sich zu uns zu setzen und zu hören, wie es uns an der Universität ergeht, unsere Sorgen mit uns zu teilen, unsere Fragen zu beantworten und uns Ratschläge zu geben für unser Studium, uns auch zu trösten und das Vertrauen zum Geist in uns zu stärken.

Ich erinnere mich, daß bei einer solchen Gelegenheit die Frage an Dr. Steiner gerichtet wurde, ob er es für möglich halte, daß neben den Anforderungen, die das Einprägen des großen Wissensstoffes heute an den Studierenden stellt, das Studium der Anthroposophie aufrecht erhalten werden könne; ob es nicht notwendig sei, dieses wenigstens bis zum Examen zurückzustellen? Rudolf Steiner ließ das nicht gelten. Er sagte: „Wenn

Sie Ihr Kollegheft so einrichten, daß Sie immer auf die linke Seite das schreiben, was der Professor sagt, und auf die rechte Seite das, was die Anthroposophie dazu sagt, dann werden Sie sich das, was der Professor gesagt hat, sehr viel besser merken und Sie können sicher sein, daß Sie Ihr Examen ausgezeichnet bestehen werden."

Wir empfanden unser Hineingestelltsein in den großen Geisteskampf unserer Zeit, in dem es darum geht, Gedanke für Gedanke zu spiritualisieren, und daß wir nicht verlassen sind, weil Anthroposophie uns in diesem Kampf helfend zur Seite steht.

Ich selber stellte die folgende Frage: „Wie soll man es machen, wenn der Professor eine Seminararbeit aufgibt, die in sechs Wochen abgeliefert werden soll, und verlangt, daß alles, was die Wissenschaft zu dem Thema bisher erarbeitet hat, dabei berücksichtigt ist? Man sieht sich dann vor einer ganzen Bibliothek, deren sorgfältige Durcharbeit allein Monate benötigen würde, und soll außerdem noch die Arbeit in sechs Wochen geschrieben haben?" Darauf sagte Dr. Steiner: „Da müssen Sie es so machen, daß, wenn Sie in der Frühe auf die Universitätsbibliothek kommen, Sie sich *gleich* das richtige Buch bestellen, und wenn Sie es dann bekommen, Sie es *gleich* an der richtigen Stelle aufschlagen." — Ich verstand, daß, wenn man sich mit einem Problem so intensiv verbindet, daß man davon ganz durchdrungen ist, man eine geistige Führung erhält. Doch konnte ich die weitere Frage nicht unterdrücken: „Was aber ist dann mit all den anderen Büchern?" — Darauf sagte Dr. Steiner: „Nun, es schreibt doch immer einer vom anderen ab, Sie werden schon darauf kommen!" — Es war schon ein großer Trost. Die „Hochburgen Ahrimans", so nannte Rudolf Steiner einmal die heutigen Bibliotheken, verloren etwas von ihrem Schrecken, besonders wenn man nun wußte, daß ein „Ariadne-Faden" einen durch diese Labyrinthe geleiten kann.

Eine weitere Frage betraf die zunehmende Gegnerschaft von seiten der Professoren: „Hat es einen Sinn, einem Professor, der die Anthroposophie in seinem Kolleg oder in seinem Seminar angreift, sie entstellt oder lächerlich macht, zu antworten? Und wenn es notwendig erscheint, wie soll man sich da verhalten?" — Darauf sagte Dr. Steiner: „Wenn die Möglichkeit dazu gegeben ist, so sollte man es unbedingt tun. Falsches muß man richtig stellen. Dabei sollte man aber bedenken, daß es nicht möglich ist, den betreffenden Professor zu überzeugen, oder zu einer anderen Anschauung zu bringen. Und das müssen Sie menschlich verstehen. So ein Professor hat sein Lehramt aufgrund seiner wissenschaftlichen Arbeiten, die dann auch publiziert worden sind, erhalten. Darin hat er sich festgelegt. Er müßte sich selbst widersprechen, wenn er nun eine andere Auffassung gelten ließe. Aber etwas anderes sollten Sie in Ihrer Erwiderung anstreben. Sie könnten in Ihre Worte etwas einfließen lassen, was dem einen oder anderen der anwesenden Studenten zum Herzen spricht."

Nun kam eine Frage, die unser Schicksal, das Schicksal der anthroposophischen Studenten an der Berliner Universität betraf. Der Senat dieser Universität hatte eine Entscheidung getroffen, die, wenn ich es heute bedenke, zugleich eine Schicksalsentscheidung für die Universität selber war, eine Entscheidung, die zusammen mit all den anderen Entscheidungen, die damals an maßgebenden Stellen gegen die Anthroposophie getroffen wurden, das weitere Schicksal Mitteleuropas bestimmte. — Unsere Frage an Rudolf Steiner lautete: "Wie sollen wir uns verhalten, wenn wir von seiten der Professoren *gewarnt* werden, daß wir, nur weil wir Anthroposophen sind, Schwierigkeiten in unseren Examen haben würden?"

Mir selber war diese Haltung des Berliner Professoren-Kollegiums begegnet, als mich der Anthropologe Geheimrat von Luschan, ein schon fast 70 Jahre alter Herr, eines Tages in sein Arbeitszimmer rief, um mir mit warnender Stimme zu sagen: "Herr Rath, ich gebe Ihnen einen guten Rat: Lassen Sie die Hände davon weg!" Und als ich ihn fragte, *wovon* ich die Hände weglassen soll, sagte er: "Nun, von dieser Anthroposophie! — Imagination: Einbildung! — Ich bilde mir nichts mehr ein!" Er betonte jedes dieser Worte — ironisch — mit einem ihm eigentümlichen Pathos. Und als ich ihn, der sich nicht lange vorher noch wohlwollend gezeigt hatte, fragte, wie er zu dieser veränderten Haltung gegenüber der Anthroposophie gekommen sei, sagte er: "Ich habe mich informiert! *Wir*" — er war Mitglied des Senates — "haben uns informiert. Wir haben einen Spezialisten für Okkultismus an unserer Universität, Herrn Professor Max Dessoir! Und wir haben auf seine Information hin beschlossen, daß wir, wenn uns bekannt wird, daß einer unserer Studenten mit *dieser* Sache zu tun hat, wir ihn *warnen*, daß er, wenn er an dieser Anthroposophie festhält, er sich Schwierigkeiten in seinem Examen bereitet!" Als ich ihn, aufs tiefste betroffen — mir fehlten die Worte — mit großen Augen anblickte, lenkte er ein: "*Ich* werde Ihnen keine Schwierigkeiten machen, aber ich flehe Sie an, väterlich: Lassen Sie die Hände davon weg!" — Ich weiß nicht, ob ich damals, als ich sein Arbeitszimmer verließ, die Tür ganz sanft zugemacht habe. Von da an wollte ich jedenfalls nur noch der anthroposophischen Bewegung gehören. Auch anderen von uns mag es ähnlich ergangen sein.

Auf die Frage an Dr. Steiner, wie wir uns solchen Androhungen gegenüber verhalten sollten, sagte er zu unserem größten Erstaunen: "Sie sollten sehen, daß Sie eine *Macht* werden!" — Das schien uns unbegreiflich: Wir, das kleine Häuflein — eine Macht? Und als wir ihn fragend anblickten, fuhr er fort: "Nun, ich möchte einmal eine Illusion aussprechen: An sich wäre es doch denkbar, daß in unserer Gesellschaft ein solches Interesse unserer Mitglieder an ihren Studenten da wäre, daß, wenn man in der Gesellschaft erfährt, daß ein Professor einen Studenten — nicht etwa, weil er seine Sache nicht beherrscht — sondern aus keinem anderen Grunde als weil er Anthroposoph ist, im Examen durchfallen ließ, dieser betreffende Professor keine ruhige Stunde mehr hat, so rennen ihm die Mitglieder die Bude ein und wird er täglich mit Briefen überschüttet."

Nun, es war wirklich eine Illusion. Aber darf ein solcher Zusammenhalt, wie ihn sich Dr. Steiner für unsere Gesellschaft erhofft hat, für immer eine Illusion bleiben?

Als Rudolf Steiner dann zu Weihnachten 1923 eine Freie Hochschule für Geisteswissenschaft mit der Vielfalt ihrer Sektionen ins Leben rief, da erlebten wir, die wir an den Universitäten heimatlos geworden waren, diese Neuschöpfung im Geistesleben der Menschheit als die neue, wahre Universität, von der ein neues geistiges Europa seinen Ausgang nehmen könne.

HERBERT HAHN

Begegnungen mit Rudolf Steiner als Auftakt der Waldorf-Pädagogik

Diese Betrachtung kann nur ein kleiner Beitrag zu einem großen Thema sein. Sie beschränkt sich hauptsächlich auf persönliche Eindrücke und Erinnerungen. Vielleicht wird aber auch durch diese anspruchslose Form die eine oder die andere Note angeschlagen, die im Herzen unserer Mitglieder weiterklingen und die Liebe für eines der wichtigsten Lebenswerke Rudolf Steiners noch vertiefen kann.

Als einen starken Auftakt für unsere anthroposophische Erziehungsarbeit muß ich immer wieder einen Vortrag erleben, den Rudolf Steiner im Februar 1916, also während des Ersten Weltkrieges in Kassel hielt. Ich wohnte diesem Vortrag als Soldat während eines kurzen Urlaubes bei. In einem kleinen Kreise von Mitgliedern, unter denen auch der damalige Major und nachmalige Oberstleutnant Seebohm war, — für viele ein durch seine Menschlichkeit unvergeßlicher Freund —, führte Rudolf Steiner etwa das Folgende aus. Er sagte, die moderne Psychologie werde immer dekadenter. Es sei vorauszusehen, daß sie ganz in die Brüche gehen werde. Es müsse aber Aufgabe der anthroposophischen Geisteswissenschaft sein, eine ganz neue Seelenkunde aufzubauen. Wenn wir uns in Liebe und mit geistiger Wachheit in die Seele des kleinen Kindes versenken — so sagte Rudolf Steiner — und wenn wir seine intimen Lebensregungen beobachten: dann wird eine geistgegründete Seelenlehre entstehen, die dem guten Geist unserer Zeit dienen kann.

Er sprach diese Worte so zart aus, daß man spürte, wie sie mit aller Liebe sich dem Wesen des kleinen Kindes zuwandten. Im gleichen Vortrag kam er dann auch auf eine andere Seite der zeitpädagogischen Aufgaben zu sprechen, auf etwas, das sich mehr dem Heilpädagogischen zuwandte. Jetzt sprach er mit tiefem, ja ergreifendem Ernst von den verhängnisvollen Auswirkungen eines blinden Glaubens an die Vererbungslehre. Er führte aus, wie sie zur Knechtung unter ein blindes Geschick führe, zur sozialen und moralischen Hoffnungslosigkeit. Zum Beispiel, wenn man glaube, daß Kinder, die mit einem zu kurzen Hinterhauptlappen geboren wurden, in unerbittlicher Zwangsläufigkeit zum Verbrechertum geführt werden. Rudolf Steiner sagte etwa: Den physisch zu kurzen Hinterhauptlappen werden wir nicht reparieren können. Aber durch entsprechende eurythmische Übungen, durch andere von der Geisteswissenschaft anzugebende Heilmaßnahmen, werden wir doch etwas tun können. Es wird möglich sein, den physisch zu kurzen Hinterhauptlappen im Ätherleibe zu kompensieren. Und wenn das geschieht, wird der Mensch trotz ungünstiger physischer Anlagen seinen Weg in moralischer Gesundheit gehen. Er wird dem Verbrechertum entrissen werden.

Rudolf Steiner sprach diese Worte mit einer Art von verkündender Gewißheit. Ich weiß, daß sie damals wie Glockenschläge einer neuen erzieherischen Epoche in die Seelen der zuhörenden Freunde klangen.

Am Tage nach diesem Vortrag konnte ich in der Wohnung unseres verehrten Freundes Dr. Noll ein persönliches Gespräch mit Dr. Steiner haben. In diesem Gespräch schlug er u. a. eine dritte für die Erziehungskunst wichtige Note an. Er sprach von der großen Bedeutung des Erlernens der lebenden Fremdsprachen. Durch die Worte und Laute der fremden Sprachen sollten die Kinder schon ganz früh mit dem Wesen anderer Volksseelen verbunden werden. Sie sollten sie schätzen und lieben lernen. Es käme darauf an, daß sie „sprachliche Valeurs", sprachliche Werte in Mannigfaltigkeit und Lebendigkeit aufnehmen. Dann wird, so deutete Rudolf Steiner an, das Zusammenleben der Völker vertieft und bereichert werden. Es wird eine neue Grundlage erhalten.

Diese Dinge sagte Rudolf Steiner mit einer Gebärde anmutvoller Entdeckerfreude. Als wollte er sagen: Lernet doch immer mehr staunen über das, was in den Sprachen ist!

Der Gründungsimpuls der Waldorfschulen ist schon oft dargestellt worden. Seine im sozialen Sinne quellhafte und schöpferische Bedeutung lebt im Bewußtsein unserer Freunde. Ich glaube, daß es wichtig ist, in der Tat von Emil Molt auch noch in einem anderen Sinn etwas Aufrufendes zu sehen. Rudolf Steiner wies in späteren Jahren öfter darauf hin, wie in dem, was geisteswissenschaftlich gesagt wird, überall Fragen enthalten sind, Appelle an den Willen, an die Initiative der Mitglieder. Nur *wenn* diese Fragen, diese Appelle verstanden werden, könne sich die Wirksamkeit der Anthroposophie erst voll entfalten. Schon vor dem Ersten Weltkrieg war das Büchlein *Die Erziehung des Kindes — vom Gesichtspunkte der Geisteswissenschaft* erschienen. Es enthält im Keim die ganze Erziehungslehre Rudolf Steiners. In ihm stehen zwei Sätze, die man nachträglich ganz klar als Fragen und Appelle in dem oben genannten Sinne erkennt. „... die Geisteswissenschaft wird künftig berufen sein, im einzelnen das Nötige anzugeben, und das vermag sie." Und: „Es konnten hier nur einige Gesichtspunkte entwickelt werden für die Erziehung im geisteswissenschaftlichen Sinne. Es sollte aber auch nur der Hinweis gegeben werden, welche Kulturaufgabe diese Geistesrichtung in dieser Beziehung zu erfüllen hat. Daß sie solches vermag, wird davon abhängen, daß sich in immer weiteren Kreisen der Sinn verbreitet für diese Vorstellungsart."

Wieviele Freunde der Anthroposophie, wieviele für die großen Zeitfragen interessierten Menschen haben wohl diese Sätze gelesen — und haben sie sogar mit Genugtuung, mit Freude, mit Erwartung aufgenommen. Aber in wievielen regte sich der Drang, nach diesen weiteren „im einzelnen" zu machenden Angaben zu fragen? Oder wieviele waren bereit, Initiativen zu entwickeln, damit deren Verwirklichung einen Boden fände?

Emil Molt hat durch seine mutvolle Initiative, durch sein aus einer ganz konkreten Situation geborenes Fragen, die Keime entfalten helfen, die jahrelang schlummern mußten. So war der Entschluß zur Gründung einer freien Schule auch eine in der Geschichte der Anthroposophie vorbildliche und bedeutende Tat.

War aber — dies ist eine Frage, die uns tief beschäftigen sollte — die mit der Gründung der Waldorfschule erstehende Initiative schon ein volles, ein vor dem Angesicht der Anthroposophie *genügendes* Erfassen der erzieherischen Zeitforderungen? Waren damit schon genügend Kräfte den sozialen und moralischen Nöten zugewendet? Ich muß heute oft denken, daß Rudolf Steiner, so sehr ihn auch die 1919 aufkommenden pädagogischen Aktivitäten mit Befriedigung erfüllten, doch mit aller Deutlichkeit sah, wie unzureichend sie blieben. Und daß ihn das mit den allergrößten Sorgen, ja mit Schmerz erfüllte. Vor seinem Blick lagen die erzieherischen Nöte der Zeit in erschreckender Deutlichkeit da — angefangen von den Gefahren, die heute schon das kleinere Kind bedrohen, bis zu den Sackgassen, in welche die Bildung der Erwachsenen eingemündet ist. Diese Nöte und Gefahren waren mit dem Ausbau einer Schulpädagogik — so unerläßlich und so entscheidend dies sein mochte — noch nicht beschworen. Soll die Waldorfschulpädagogik voll wirksam werden, dann bedarf sie als Grundlage einer umfassenden Kindergartenbewegung, einer Jungmütter-Schulung. Sie bedarf außer der Unterstützung durch die Heilpädagogik auch des Ausbaues einer umfassenden sozialen Volkspädagogik. Ja, es müßte, um sie voll zur Entfaltung zu bringen, zu einer die verschiedenen Völker verbindenden großen Bewegung zur Erneuerung der Erziehung kommen. Gedanken und Hinweise dieser Art wurden durch Rudolf Steiner nicht nur in den 1919, vor der Gründung der Waldorfschule, in Stuttgart gehaltenen volkspädagogischen Vorträge gegeben. Sie tauchten in vielen Gesprächen, in den verschiedensten Nuancen auf. Und immer, wenn er sie aussprach, wollte

Rudolf Steiner uns wachmachen für einen geistigen Ruf, der durch unsere ganze Zeit geht.

Von dem Schmerz, aber auch von der Menschenliebe, die ihn angesichts dieser Nöte bewegten, gaben für mich am beredtesten Worte und Gebärden Ausdruck, mit denen er während eines der Stuttgarter Sommervorträge von 1919 ein Bild vor uns hinstellte. Inmitten von Ausführungen, die auf nahende Menschheitskatastrophen wiesen, erhob er plötzlich die Arme. Und mit erschütterndem Nachdruck und tief ergreifendem, innigem Ernst rief er aus: „Kinder der Zukunft! Derjenige, der sehen kann, welch furchtbaren Zeiten ihr entgegengeht, der möchte eine Welt in Bewegung setzen, um euch zu bewahren, euch zu schützen!" —

Wenn ich heute zurückdenke an die verheißungsvolle Frühlingszeit unserer pädagogischen Bewegung im Jahre 1919, so mahnt mich die Erinnerung auch immer an das durch jene Worte Rudolf Steiners gegebene Sturmzeichen. Sollten wir es nicht als einen ganz aktuellen Appell an eine anthroposophische Kulturpädagogik erleben, die ebenso sehr an Tiefe wie an Weite gewinnen muß? Denn vielleicht ist mit dem, was wir von 1933—1945 erfahren mußten, noch lange nicht alles enthüllt, was sich in den Sommertagen 1919 vor dem Seherblick Rudolf Steiners auftat.

Er hat im Jugendkursus 1922 die Waldorfschulpädagogik als den Wagen bezeichnet, mit dem Michael in unsere Zeit einfahren will. Angesichts solcher Worte kann uns gewiß eine große Dankbarkeit und Freude erfüllen, wenn wir heute auf die stattliche Anzahl von Waldorf- und Rudolf-Steiner-Schulen blicken, die seit 1945 wieder erstanden sind. Aber noch größer als unsere Freude und Dankbarkeit sollte das verpflichtende Erinnern an das sein, was schon 1919 unerfüllt blieb. Es sollten die geistigen Energien unserer anthroposophischen Arbeit in Mitteleuropa sich zusammenraffen und verdichten, um die erzieherischen Aufgaben in ihrer vollen Größe und in ihrem vollen, von der Zeit gewollten Umfange lebendig zu machen. Es ist ja noch immer erst einem *Teil* der Quellen das Strombett gegraben, die wirklich strömen wollen und müssen. Von der Kleinkinder-Erziehung bis zur Berufsschulung und Hochschulbewegung liegen Aufgaben der Urbarmachung vor. Daß wir von den wahren Kräften der Anthroposophie berührt werden, sollte überall seinen Ausdruck finden in junger erzieherischer Phantasie, die noch ungeahnte pädagogische Möglichkeiten entdecken kann.

Erst eine so große und so starke Bewegung könnte Hoffnungen rechtfertigen, Erwartungen erfüllen, wie sie schon 1916 aufgerufen wurden in jenen Begegnungen mit Rudolf Steiner, von denen ich eingangs sprach. In ihr wäre auch die zentrale Aufgabe des mitteleuropäischen Volksgeistes ergriffen, die von Rudolf Steiner einerseits als eine heilerische, andererseits als eine pädagogische bezeichnet wurde. Und wie könnte die anthroposophische Arbeit mehr Leben, mehr innere Rechtfertigung finden, als indem sie sich überall aktiv in das Geistesgespräch stellt, das die Seelen und Geister der Völker mit dem Geist der Zeit führen!

EMIL MOLT

Von der Gründung der Waldorfschule

Ehe ich über die Gründung der Waldorfschule berichte, muß ich den kulturellen Bestrebungen innerhalb der Waldorf-Astoria-Fabrik ein kurzes Kapitel widmen, weil diese, als vorwiegend erzieherische Maßnahme an Erwachsenen, Vorläufer der Schule waren. Bald nach dem Umsturz setzten diese Bemühungen für meine Waldorfleute ein, moralisch gefordert durch die aus dem Krieg zurückflutenden Arbeitskräfte und durch die infolge Rohstoffmangels verminderte Arbeitszeit. Ich sagte mir, daß auf viele dieser Menschen es allmählich demoralisierend wirken und sie mit der Zeit arbeitsscheu machen müßte, wenn sie arbeitslos auf der Straße liegen würden. Durch die Gelegenheit zu geistiger Arbeit, zum Lernen auf bisher fremden Gebieten, sollte das kompensiert werden. Da gab es jeden Nachmittag Unterrichtsstunden in fremden Sprachen, im Malen, in Geschichte und Geographie usw. Für die Mädchen wurden außerdem Kurse für Nähen und Flicken eingerichtet. Dazu kam die Einführung in Lebens- und Erkenntnisfragen. Davon unabhängig waren die Vorträge in den Arbeitssälen, die — einmal in der Woche — Betriebs- und Zeitfragen behandelten. Um die allgemeine Teilnahme zu ermöglichen, wurden diese Stunden als Arbeitszeit gewertet und bezahlt. Später, als die Kalkulation diese Sonderausgabe nicht mehr erlaubte, bezahlte das Geschäft die eine Hälfte, der Arbeiter sollte die andere tragen. Aber schon flaute die Teilnahme ab.

Viele unserer Fabrikbesucher nahmen an diesen Stunden teil, besonders auch Ausländer. Die Bestrebungen der Waldorf-Astoria gewannen ein gewisses Ansehen. Oft behandelte ich selbst die Betriebs- und Wirtschaftsfragen, auch bat ich Freunde für einschlägige Gebiete um ihre Mitarbeit.

Zur Bestreitung des wissenschaftlichen Teils hatte ich Herbert Hahn engagiert, dem gleichsam als meinem „Kultminister" das gesamte Vortrags- und Bildungswesen der Waldorf-Astoria unterstand. Hahn, ein Deutsch-Balte, ursprünglich Pädagoge, war während des Krieges Dolmetscher an einem russischen Gefangenenlager in Meschede gewesen. Er war mit Offermann, dem Geschäftsführer der Treuhandgesellschaft, befreundet, hatte sich nach Abschluß seiner Tätigkeit in Meschede für eine Lehrstelle nach Württemberg gemeldet, aber eine Absage erhalten. Das erfuhr ich und machte ihm durch Offermann ein Angebot just in dem Augenblick, als er ein Bewerbungsschreiben nach auswärts in den Briefschalter werfen wollte. Er nahm meinen Vorschlag an, und sein gutes Schicksal wollte, daß er hernach bei der Gründung der Waldorfschule als erster zum Waldorflehrer berufen wurde. Später machte er noch den Dr. phil. und war einer unserer besten Redner und Lehrer. — Zufällig stellte sich einmal heraus, daß Hahn als Student in Heidelberg im Jahr 1909 in einem Vortrag Dr. Steiners gewesen war, den auch ich besucht hatte, ohne daß wir uns damals begegneten. — Meine Frau und ich waren mit Hahn durch viele Jahre hindurch eng verbunden, bis er nach Den Haag übersiedelte.

Neben der oben genannten Vortragstätigkeit in der Waldorf-Astoria fanden noch gegenseitige Fabrikführungen der einzelnen Betriebsabteilungen unter sich statt, wobei die Abteilungsleiter über ihre Tätigkeit vorzutragen hatten. Auf diese Weise sollte jeder Mitarbeiter das Ganze des Betriebes kennenlernen, so daß z. B. die einfachsten „Tabakweible" — Frauen, denen das Verlesen des Tabakes oblag — einen Begriff von den Vorgängen im Maschinensaal erhielten. Über Rohtabak und dessen Einkauf, die verschiedenen Provenienzen usw., ferner über Verkauf und Propaganda trug ich selbst vor. Unsere Leute sollten dadurch über die Einseitigkeit einer Spezialtätigkeit hinausgeführt werden. Der Erfolg blieb nicht aus. Der allgemeine Gesichtskreis wurde erweitert und die Hingabe des einzelnen an seine Teilarbeit gesteigert. Das Interesse, das Denken wurde rege, und mancher Frage, mancher Äußerung spürte man den Ernst tiefergehender Überlegung an. So sagte einmal eine Handarbeiterin zu mir: „Sie haben zwar guten Tabak, Herr Molt, aber damit die Zigarette wirklich schmeckt, gehört noch etwas anderes dazu; sie muß mit Liebe gearbeitet werden." „Richtig", sagte ich, „folglich schmeckt aber dann eine mit Unachtsamkeit hergestellte Zigarette schlecht, und ein dadurch reduzierter Umsatz verringert die Arbeitsmöglichkeit." Das leuchtete den Mädels ein.

Oft fielen den Fabrikbesuchern der helle und klare Blick unserer Leute und ihre zufriedenen, aufgeweckten Gesichter auf, im Gegensatz zu den Angestellten anderer Unternehmungen. Wenn ich aber dann von unseren Bestrebungen erzählte, von dem Vertrauensverhältnis, das dadurch geschaffen worden war, so begriffen die Besucher das sich ihnen darbietende Phänomen. In anerkennenden Worten sprach z. B. Professor Wilbrand, damals in Tübingen, öfter hierüber zu seinen Studenten. Auch in einigen seiner Bücher findet man es erwähnt.

Mit unserer Fortbildungsschule kamen wir, nach hoffnungsvollen Anfängen, schwer vorwärts. Es zeigte sich, daß das Lernen von den Erwachsenen wieder „gelernt" sein wollte, was viele entmutigte. Es fiel den meisten schwer, sich nach der Tagesarbeit noch einmal ernstlich beschäftigen zu sollen. Nach und nach wurden unsere Kurse immer leerer. Zuletzt mußten wir sie, aus Mangel an genügender Teilnahme, ganz aufgeben. Ich kam zu der Einsicht, daß man mit dem erfolgreichen Schulen der Kräfte und dem Wecken allgemeinen Interesses schon bei den Kindern der Arbeiter anfangen müßte, um auf diese Weise der Jugend zu ermöglichen, was dem Alter durch die Lebenslage erschwert oder versagt war. Mein Ideal wurde, den Kindern den Aufstieg zu einer Allgemeinbildung zu ermöglichen, unabhängig vom Vermögen der Eltern. Durch all die von meinen Arbeitern am eigenen Leib gemachten Erfahrungen schlug ja dann auch der soziale Gedanke der eigenen Schule so elementar bei ihnen ein. Ihre Freude darüber war groß und allgemein.

Der eigentliche Geburtstag der Schule ist der 23. April 1919. Anschließend an den ersten Arbeitervortrag Rudolf Steiners in der Waldorf-Astoria hatten wir eine Betriebsratssitzung zusammen mit Dr. Steiner, in welcher ich die Absicht der Gründung und die Bitte aussprach, er möge die Einrichtung und Leitung der Schule übernehmen. Als finanzielle Grundlage hatte ich vom Reingewinn aus dem Jahre 1918 den Betrag von 100 000.— Mark zurückgestellt. Ich war stolz auf diese „große" Summe und blickte etwas belämmert, als Dr. Steiner in aller Seelenruhe meinte: „Das ist ja ein ganz netter Betrag." Als dann im August das Engagement der Lehrer erfolgte, schwirrte mir nur so der Kopf bei der Größe des Lehrerkollegiums, das er für notwendig fand. Mein Aufsichtsrat erfuhr von der Schulgründung erst, als er die Einladung zur Stiftungsfeier im September erhielt. So groß waren damals die Freiheiten des Betriebsrates gegenüber dem Aufsichtsrat!

Nach jener ersten Besprechung wurde die praktische Realisierung mit Feuereifer betrieben. Außer der Idee und dem geistigen Leiter war ja zunächst nichts Greifbares da, mit Ausnahme des Anfangsbetrags und der zu unterrichtenden zweihundert Kinder. Nun mußte verhandelt werden mit den Schulbehörden, Lehrer mußten gesucht und ausgebildet werden, nach einem Schulgebäude und einer entsprechenden Einrichtung war Umschau zu halten — kurz, man stand ja in gar allem vor einem Ur-Beginn! Mit dem sozialdemokratischen Kultminister Heymann hatte ich schon einige Zeit zuvor eine Unterredung wegen der Gründung einer Schule gehabt. Er zeigte sich ehrlich erfreut, daß ein „Kapitalist" den Plan einer ersten Einheitsschule verwirklichen wolle und sagte seine Mithilfe zu. Als die Schule nun beschlossene Sache war, hatten wir am 13. Mai eine Besprechung auf dem Kultministerium mit Kultminister Heymann und seinem Referenten, Präsident Reinöhl. Auf unserer Seite waren bei der Unterredung Rudolf Steiner, ich und Stockmeyer anwesend. Letzterer war Lehrer und mir von Malsch aus bekannt gewesen. Er wurde auf meinen Vorschlag hin beauftragt, sich nach Lehrkräften in Deutschland umzuschauen. Heymann sagte uns alles Entgegenkommen zu, besonders was Lehrfreiheit betraf. Nur in den „hygienischen Einrichtungen" wolle sich der Staat ein Einspracherecht vorbehalten! Von dieser Unterredung liegt eine Niederschrift vor, aus welcher hervorgeht, mit welcher Treffsicherheit Dr. Steiner alle Einwände zerstreute. Eine drollige Äußerung Heymanns sei hier noch registriert. Er meinte: „Sie glauben gar nicht, wie schnell sich meine Beamten in das neue Regime eingelebt haben." Ich war versucht zu sagen: „Es ist erstaunlich, wie rasch Sie sich daran gewöhnt haben, Ihre Beamten gewähren zu lassen."

Das nächste Ereignis war eine Besprechung Rudolf Steiners mit Hahn, Stockmeyer und mir. Es war das sozusagen die erste Lehrerkonferenz; sie fand anschließend an den Vortrag vor den Arbeitern der Daimlerwerke statt. Dr. Steiner entwickelte da zum erstenmal Richtlinien über die Gestaltung und Führung einer solchen Schule usw. Auch hiervon liegt eine Niederschrift vor. Hierauf bekam Stockmeyer den Auftrag, in Deutschland nach Lehrkräften Umschau zu halten, wobei er selbst einige Menschen in Vorschlag brachte. Andere kannte Dr. Steiner selbst, und Stockmeyer reiste da und dort hin, um persönliche Rücksprache zu nehmen. Auf diese Weise wurde im Laufe der Monate ein vorläufiges Kollegium zusammengebracht, mit welchem Dr. Steiner im August 1919 den Lehrerkurs abhielt, und aus dem er dann endgültig die zu engagierenden Persönlichkeiten auswählte.

Die Schulgebäudefrage machte, wie sich denken läßt, größte Schwierigkeiten. Anfangs hofften wir auf die Überlassung irgendeines Staatsgebäudes! Umsonst! Ich war also ganz auf Eigenhilfe angewiesen. Die Frage wurde brennend, denn die Schule mußte mit dem neuen Schuljahr im September begonnen werden, wenn die Sache nicht scheitern sollte. Ich war mir klar, daß ich persönlich als Käufer des Schulhauses auftreten mußte, weil der Firma ein Hauserwerb nicht zugemutet werden durfte. Durch einen Gütermakler waren mir zwei Objekte angeboten, beides ehemalige Cafés: Der „Sünder" um 300 000.— Mark, die „Uhlandshöhe" um 450 000.— Mark. Zuerst hielt ich es für verrückt, für ausgeschlossen, mich mit einem so teuren Anwesen zu belasten. Der „Sünder" kam nicht in Frage, weil er im Verhältnis zur „Uhlandshöhe" zu teuer war. Am 30. Mai fand die Besichtigung des heutigen Schulgrundstückes mit Dr. Steiner statt. Er fand es geeignet. Das scheinbar Unmögliche geschah — ich schloß wenige Tage darauf den Kaufvertrag mit dem Besitzer, Jos. Müller, ab. Welches Glück für die Entwicklung der Schule, daß die Mehrausgabe von 150 000.— Mark gegenüber dem „Sünder" nicht gescheut worden war! Zwei Jahre später schon hätten wir auf dem „Sünder" Platzmangel gehabt, während oben am Kanonenweg alle Vorbedingungen zu einer großen Entfaltung gegeben waren. Außer dem Restaurationsgebäude standen hier noch etwa 12 000 qm Gelände zur Verfügung. Rückwärts gegen die rote Wand zu lagen 6 Tennisplätze, die im Winter als Schlittschuhbahn benützt worden waren. Früher hatte hier oben das alte Schützenhaus gestanden, und die rote Wand hatte als Kugelfang gedient. Gegen Ende des Jahrhunderts war an seiner Stelle das Uhlandshöhe-Restaurant erbaut worden, leider in dem unschönen Stil von damals. — Als in der Stadt bekannt wurde, welchen Zwecken künftig dieses so wunderbar gelegene Areal dienen sollte, entrüstete man sich in Bürgerkreisen sehr über den Wegfall des gewohnten Ausflugs- und Restaurationslokals. Ein alter Oberstudienrat kam sogar zu mir, um mir den Rücktritt vom Kauf nahezulegen, weil sonst seiner politischen Partei die Versammlungsstätte entzogen würde. Ich brachte darauf im Tagblatt einen Artikel mit der Begründung und Rechtfertigung des Erwerbs dieses für Schulzwecke so idealen Geländes.

Um das Haus unseren Bedürfnissen anzupassen, mußte es von Grund aus umgebaut werden. Dies führte Architekt Weippert nach den Angaben Dr. Steiners aus. Er hielt nicht nur die Zeit, sondern auch den Kostenvoranschlag pünktlich ein. Der Umbau kostete 50 000.— Mark. Fürs erste Jahr konnten alle acht Klassen im alten Gebäude untergebracht werden. Als sich für das zweite Schuljahr bereits eine Schulbaracke notwendig erwies, drang ich darauf, daß der ganze östlich gelegene Platz durch die Aktien-Gesellschaft *Der Kommende Tag* erworben würde, ehe bekannt wurde, daß wir ihn für die Schule brauchten. Dieses Gelände reichte bis zum „Weg zur Uhlandshöhe" und bis hinauf zum Reservoir Uhlandshöhe und kostete damals 500 000.— RM. Eigentlich war es ein alter Steinbruch, der zum großen Teil erst aufgefüllt werden mußte.

Im Südwesten grenzte unsere Schule an das Schallersche Grundstück. Als dort ein Teil des Gartens verkäuflich wurde, erwarb ich dieses Stück Land wieder aus eigenen Mitteln, was die Möglichkeit schuf, hier eine zweite Baracke zu errichten, und dieselbe bald darauf zu ihrer heutigen Größe zu erweitern. Im Jahre 1922 ging das von mir erworbene Gelände an die Schule über.

Nach dem Umbau handelte es sich um die Inneneinrichtung — alles Notwendigkeiten, die nicht einfach zu lösen waren. Später, als die Schule schon im Betrieb war, erließ die Lehrerschaft ein Rundschreiben an die Freunde der Schule mit der Bitte um Stiftung von Büchern und physikalischen Lehrmitteln. Dadurch wurde der Grund gelegt zu der heutigen stattlichen Bibliothek und zur physikalischen Lehrmittelsammlung.

Gewisse Kreise der Bevölkerung schauten scheel auf unsere aus der

Anthroposophie entsprungene Pädagogik und hätten es gerne gesehen, wenn unser Vorhaben mißlungen wäre. Den Vogel in dieser Beziehung hat aber die katholische Kirche abgeschossen. Sie ließ durch den Stadtpfarrer der Nikolauskirche unseren katholischen Arbeitern erklären, ihre Kinder würden nicht zur Kommunion zugelassen, wenn sie die Waldorfschule besuchten. Darauf ersuchten zwei meiner Leute, die gute Katholiken waren, mit mir zusammen den Stadtpfarrer um eine Unterredung, um seine Gründe für ein solches Vorgehen zu erfahren. Erst wollte derselbe die Schule zur Anthroposophen-Schule stempeln. Dem widersprach ich ganz energisch unter dem Hinweis, daß an der Waldorfschule jede Konfession den Religionsunterricht durch ihre eigenen Priester erteilen dürfe. Nach vielen Einwänden, die wir alle entkräften konnten, sagte Frau O. sehr bestimmt: „Aber wir schicken unsere Kinder doch auf die Waldorfschule, auch wenn der Bischof ihnen die Kommunion verweigert; das kann der Herr Stadtpfarrer melden!" Was geschah? — Es kam umgehend von Rottenburg die Erlaubnis für unsere katholischen Kinder zum Besuch der Waldorfschule.

Vom Sommer 1919 ab standen die Vorarbeiten für die Schule im Vordergrund meiner Tätigkeit. Am 7. August brachte ich Herrn und Frau Dr. Steiner im Auto nach Dornach. Meine beiden Jungen begleiteten uns, meine Frau fuhr mit der Bahn. Am 19. August wurde die Rückreise nach Stuttgart nötig, mit Rücksicht auf den vorbereitenden Lehrerkurs, den Dr. Steiner für die in die engere Wahl gezogenen Persönlichkeiten und einige Freunde halten wollte. In Freiburg fand am Abend noch ein öffentlicher Vortrag Rudolf Steiners statt, und andern Tages fuhren wir im Auto zum erstenmal die schöne Strecke durchs Elztal, über Haslach ins Kinzigtal, und dann über Zwieselberg nach Freudenstadt. Wie oft hatte ich später im Lauf der Jahre durch die Zusammenarbeit mit Rudolf Steiner das Glück, mit ihm im Auto diese Route zu fahren! Aber so heiter und froh, wie damals auf dieser ersten Reise, habe ich Dr. Steiner nie mehr erlebt. Man spürte geradezu die Vorfreude über das von ihm zu Schaffende.

Noch am Abend unserer Ankunft fand die Begrüßung der zum Lehrerkurs eingeladenen Persönlichkeiten statt. Als Beweis, wie weitherzig Dr. Steiner bei der Wahl der Lehrer war, diene folgendes: Die Schwester eines mir lieben Bekannten hatte sich an die Waldorfschule gemeldet. Sie war von Beruf Lehrerin, hatte aber keine Ahnung, weder von Anthroposophie noch von der Persönlichkeit Rudolf Steiners. Dr. Steiner sprach mit ihr vor Beginn des Kurses und forderte sie sogleich auf, teilzunehmen. Sie wurde am Ende des Kurses in das Lehrer-Kollegium aufgenommen, gehörte demselben mehrere Jahre, bis zu ihrer Verheiratung, an und war eine sehr tüchtige Lehrkraft.

Am Donnerstag, dem 21. August 1919, vormittags 9 Uhr, begann der Lehrerkurs mit einer ungemein feierlichen Ansprache Dr. Steiners, worin er aussprach, diese Schul-Eröffnung sei „ein Festesakt der Weltenordnung". Ein Teil dieser Ansprache ist in der inzwischen in Buchform erschienen *Allgemeinen Menschenkunde* enthalten. Der Kurs hatte drei Teile: 9—11 Uhr: Allgemeine Menschenkunde. 11—12.30 Uhr: Methodisch-didaktischer Teil. Nachmittags: Seminar.

Meine Frau und ich durften alles vom Anfang bis Ende miterleben. Es war eine hohe, gesegnete Zeit des Lernens und Aufnehmens umfassender Wahrheiten. Wir beide erstaunten immer wieder aufs neue über die universalen Kenntnisse, das tiefgründige Wissen Rudolf Steiners auf jedem Gebiet, sei es auf philosophischem, naturwissenschaftlichem, mathematischem oder geisteswissenschaftlichem Felde. Dabei hatten wir doch immer schon Gelegenheit gehabt, seine überragende Meisterschaft auf philosophisch-anthroposophischem Gebiet zu erleben. Bei diesen Kursen aber hatte er es ja mit versierten Lehrern aus den einzelnen Fachwissenschaften zu tun. — Jedoch Dr. Steiner war in jedem einzelnen Fall der weit überragende Lehrer der Lehrer.

Für alle Beteiligten war es eine sehr anstrengende Periode, durch das völlig Neue des Stoffes, mit dem man sich immer wieder auseinandersetzen mußte. Die Lehrer hatten ja außerdem auch Seminar-Aufgaben auszuarbeiten.

Am Samstag, dem 6. September, war der letzte Kurstag. Schon zu Beginn des Vortrages fiel uns auf, daß Herr Baumann und Fräulein Dollfuß besonders festlich gestimmt waren. Gegen 11 Uhr verschwanden beide, um nach einer Stunde als frisch getrautes Ehepaar zu erscheinen. Die Freude aller Freunde war groß, die Glückwünsche besonders herzlich. Am Nachmittag dieses Tages nahm Dr. Steiner die Auswahl der in Betracht kommenden Lehrer vor und zugleich die Zuteilung der verschiedenen Klassen an ihre Klassenlehrer.

Mir machte der finanzielle Teil das größte Kopfzerbrechen, als ich sah, mit welch großer Zahl von Lehrkräften Dr. Steiner rechnete. Darauf war ich nicht vorbereitet gewesen, und ich überlegte mit Schrecken, wie schnell die von mir zurückgelegten 100 000.— Mark verbraucht sein würden. Schließlich ging es aber doch, und ich sah später, wie gut es ist für einen Menschen, der irgendeinen Impuls durchzusetzen hat, wenn er dabei von Etappe zu Etappe geführt wird. Er könnte sonst oftmals vor der eigenen Courage erschrecken. Das ist ja das Typische beim Wollen, daß man dabei das Wenigste vorausberechnen kann. Erst das Getane kann man nach allen Seiten prüfen.

Da das eigentliche Engagieren der Lehrkräfte meine Sache war, so überließ Dr. Steiner mir die Gehaltsverhandlungen mit den einzelnen, die ja in diesem ersten Jahr noch Angestellte der Waldorf-Astoria waren und aus deren Fonds bezahlt werden mußten. Wir hatten keinen Tarif, sondern gingen von den Bedürfnissen des einzelnen aus.

Der darauffolgende Sonntag, der 7. September, ein strahlend schöner Tag, war für mich und alle Beteiligten ein wahrer Festtag. Es fand da im großen Saal des Stadtgartens die feierliche Eröffnung der Waldorfschule statt. Dr. Steiner hätte eigentlich gerne gesehen, daß Lehrer, Eltern und Kinder in langem Zug durch die Stadt zum Stadtgartensaal gezogen wären, um die Einwohnerschaft Stuttgarts auf die Bedeutung dieses Tages aufmerksam zu machen. Es ging aber leider nicht an. Im Stadtgarten war der ganze Saal gesteckt voll mit Menschen — über tausend Teilnehmer wurden gezählt. Ich begrüßte die Versammelten, Rudolf Steiner hielt die Festrede. Er nannte drei Kernpunkte als Ziel der neuen Pädagogik: Lebendig werdende Wissenschaft — Lebendig werdende Religion — Lebendig werdende Kunst.

Hernach sprach noch E. A. K. Stockmeyer für die Schule und von der Waldorf-Astoria-Fabrik der Betriebsrat Saria. Dann folgte ein künstlerisches Programm.

In den *Waldorf-Nachrichten* ist ein genauer Bericht über die Feier und die einzelnen Ansprachen enthalten. Dieser Tag mit seinen vielerlei Erlebnissen war wohl der innerliche Höhepunkt meines Lebens. In unserer Wohnung fand dann für Herrn und Frau Dr. Steiner und die Lehrerschaft ein „Festessen" statt. Einige Freunde, Fräulein Waller, Frau Geheimrat Röchling und Dr. Noll nahmen daran teil. Ich fragte unseren Freund Dr. Noll, der mit den Gepflogenheiten Dr. Steiners vertraut war, ob ich wohl eine Tischrede schwingen müßte, was er verneinte mit dem Hinweis: so philiströs wollen wir doch nicht sein! Kaum hatte man aber die Suppe gegessen, da wurde Dr. Steiner nachdenklich, klopfte dann ans Glas und hielt eine wunderbare Tischrede. Da hatten wir's! Er sprach von meiner Frau und mir, „daß hier zum Lichte die Wärme komme", und erhob zum Schluß sein Glas auf unser Wohl und auf dasjenige des jungen Ehepaars Baumann. Dann erwiderte ich, unvorbereitet, recht und schlecht.

Auf den Nachmittag hatte ich sämtliche Schuleltern und Kinder mit den Lehrern in den Schulgarten zum Kaffee eingeladen. Es gab ein fröhliches Treiben. Die einzelnen Lehrer holten sich ihre Kinder zusammen und machten mit ihnen Spiele. Ein neuer Geist war damit auf der „Uhlandshöhe" eingezogen: ein Geist des Vertrauens und der Liebe; und die beteiligten Eltern und Kinder bekamen schon an diesem ersten Tag einen Vorgeschmack davon.

Den Abschluß dieses Festtages bildete eine Aufführung der *Zauberflöte* im Staatstheater, zu der ich Herrn und Frau Dr. Steiner mit den

Lehrern gebeten hatte. Die Darbietung war neu inszeniert und gut gegeben. Dr. Steiner schien auch ganz befriedigt davon zu sein. So schloß denn dieser ereignisvolle Tag würdig und weihevoll, wie er begonnen. Anderen Tages konnte die Schule noch nicht anfangen, da nicht alles rechtzeitig fertig geworden war; erst acht Tage später hielten die Kinder ihren Einzug zum ersten Unterricht. Von da ab bevölkerte sich der sonst so geruhsame Kanonenweg immer mehr mit der fröhlichen Kinderschar — wohl nicht gerade immer zur restlosen Freude der Anlieger.

Die Waldorfschule wuchs nun von Jahr zu Jahr, dank der geistigen Leitung Rudolf Steiners und der Opferbereitschaft der Lehrerschaft. Oft fand ich Goethes Wort bestätigt: „Was fruchtbar ist, allein ist wahr", denn die Wahrheit in der Pädagogik Rudolf Steiners bestätigte sich ständig durch ihre Fruchtbarkeit. Nach jedem Schuljahr konnte eine weitere Klasse nach oben angesetzt werden, von der 9. bis zur 12. Klasse, bis dann auch noch die Vorbereitung auf das Maturum von der Schule übernommen wurde.

Außer in Stuttgart waren nach und nach in Berlin, Wandsbek, Altona, Hannover, Kassel, Breslau, Dresden, ferner in Basel, Zürich, Den Haag, London, New York, Oslo solche Schulen entstanden. Besucher aus aller Welt kamen und kommen zur Waldorfschule, um die Pädagogik Rudolf Steiners kennenzulernen. — Aus aller Herren Länder kamen uns die Kinder zu. Das französische Kultministerium z. B. schickte uns eine Schülerin zur Probe auf Staatskosten, und als sich das bewährte, noch andere mehr. Besondere Anziehungskraft hatten immer unsere Erziehungstagungen und die Lehrer-Kurse. Die Bedeutung der Waldorfschule, ihre Leistungen für unser heutiges Kulturleben, wurden allmählich in der ganzen Welt anerkannt.

In dem Augenblick, da ich dieses schreibe (Februar 1936), sind die Sorgen um die Erhaltung der Schule in der seitherigen Form größer denn je; aber ich kann mir nicht denken, daß verantwortliche Menschen so blind sein könnten, diesen weithin über die Welt verstandenen Kulturfaktor, der so Wesentliches für das deutsche Geistesleben enthält, auszulöschen. Die Geschichte würde das wohl einst als eine Herostraten-Tat bezeichnen.

RUDOLF TREICHLER d. Ä.

Wege und Umwege zu Rudolf Steiner

Unter den Freunden meiner Frau trat mir einer besonders nahe: Oskar Grosheintz, Theologe und Philologe, ein paar Jahre älter als ich, bereits Pfarrer der „Eglise libre" und — Theosoph und Schüler Rudolf Steiners. Er leitete die theosophische Loge in Bern und erzählte mir viel von der Theosophie und dem Wirken Rudolf Steiners; auch daß im Herbst ein Zyklus von Vorträgen Rudolf Steiners über das *Lukas-Evangelium* in Basel stattfinden sollte. Ob ich nicht mit dorthin wollte? — Und ob ich wollte! So reiste ich zu meiner ersten Begegnung mit Rudolf Steiner, der ich mit Spannung entgegensah.

Am Abend nach einem öffentlichen Vortrag wurde ich von Oskar Grosheintz dem „Doktor" vorgestellt: Eine schlanke, mittelgroße Gestalt, ganz in Schwarz gekleidet, mit blassen, geistvollen Zügen und gütigen braunen Augen, sah mich lächelnd an und sagte: „Das ist schön, daß Sie zu uns kommen." Dann wurde für den nächsten Nachmittag eine Zeit bestimmt. Ich war pünktlich dort (in einem befreundeten Hause in einem Vorort gelegen) und wurde nach kurzem Warten in sein Zimmer gebeten. Mit Herzklopfen trat ich ein, denn ich fühlte, daß ich vor einer ernsten inneren Entscheidung stand — ob ich ihr gewachsen war? Blitzschnell zog mein bisheriges, plan- und zielloses, unstetes Leben innerlich an mir vorüber ... Was brachte ich mit an irgendwelcher Leistung, die vor diesem Manne, dessen Größe ich ahnte, bestehen konnte? Denn man mußte bestehen vor ihm, der nun seine ersten Worte sprach: „Womit kann ich Ihnen dienen?"

Der Eindruck auf mich war fast übermächtig; ein Mensch solcher Art war mir noch nicht begegnet, und ich fand für mich nur den völlig unzulänglichen Vergleich mit — Goethe, den ich mir bisher so vorgestellt hatte in seiner selbstverständlichen Würde und Größe. Sie wurde aber von diesem Manne weit überleuchtet: Durch seine reine Güte und Teilnahme aus einer hohen Weisheit und Erkenntnis heraus, mit der er mich — wie ich wohl fühlte — durchschaute bis in den Grund meiner Seele. So konnte ich zunächst wenig sagen, stammelte etwas von meinem Studium und seinem unbefriedigenden Abschluß mit dem Doktorat — worauf er mich sofort mit „Herr Doktor" anredete. Er meinte, als ich erzählte, ich sei schließlich von Wien „geflohen": „Ja, in Wien muß man ein Gigerl (Geck) sein, um was zu gelten."

Ein anderes Mal sagte er übrigens — zugleich wie eine Warnung an mich: „In Wien kann man nicht passiv leben."

Er kannte Professor Minor als Scherer-Schüler, den damals berühmten Philologen, der auf der neuen Milieu-Lehre fußte und die geistigen Hintergründe der Dichtwerke aus älteren Quellen, Parallelen und Umwelteinflüssen erklären wollte. Ich sprach von meiner Dissertation mit dem Thema des Schicksalsdramas und erwähnte vor allem meine Liebe und Verehrung für Goethe — der ja bis dahin so etwas wie ein Führer für mich gewesen war — und meine zahlreichen „Wallfahrten" nach Weimar, und daß ich dort so viel Großes erlebt hätte, was er, der ja selbst jahrelang in Weimar gearbeitet hatte, mit Überzeugung bestätigte: „Ja, das will ich meinen, dort kann man was erleben!" In diesem Sinne riet er mir ein andermal, ich solle mich mit dem Faust beschäftigen und die geistigen Hintergründe für dieses Werk bei Goethe aufsuchen. Eine Aufgabe, der ich damals noch keineswegs gewachsen war und erst viel später in kleinen Lesezirkeln in sehr bescheidener Weise nahezukommen suchte.

Wir sprachen dann von der neuen Tendenz zur Heimatkunst und damit im Zusammenhang von dem Volksdichter Rosegger, den ich liebte. Er ließ ihn wohl gelten, setzte mir aber — wie ich erst nachher bemerkte — einen höheren Maßstab, indem er wie nebenbei sagte: „Na, ein wenig Schneider ist er doch wohl auch geblieben", worüber ich beinahe etwas erschrak.

Auch nach dem Zustand meines Herzens fragte ich, das mir öfters Beschwerden bereitete und das von einem halben Dutzend Ärzte schon völlig gegenteilig begutachtet worden war, Herzfehler oder nicht? Da sah er konzentriert auf die Herzgegend hin und sagte beruhigend: „Ich glaube nicht, daß Sie einen Herzfehler haben" — was sich in weiterer Zukunft auch bewahrheitete. Dabei sprach er von einem gedrungenen Körperbau (vom Vater her), der mich oft bedrängte und behinderte, und fügte den Rat hinzu, oft zu liegen und liegend zu denken, „weil man bei gelockertem Ich selbstloser und hingebender denken kann".

Nach etwa einer Viertelstunde erhob ich mich. Ich wollte ihn nicht länger beanspruchen, obwohl ich noch hundert Dinge zu fragen gehabt hätte: Von meiner Jugend, dem Problem der Vererbung und Abstammung, über Völkerpsychologie u. a. Aber ich habe damals und später immer wieder erlebt, daß einem auch ungefragt doch Antworten und Lösungen gegeben wurden, sei es durch Rudolf Steiner persönlich oder in seinen Vorträgen. So erhob ich mich, wurde freundlich verabschiedet und verließ — etwas benommen und nicht ganz zufrieden mit mir selbst —

das Haus. Ich setzte mich bald auf eine nahe Bank und resümierte für mich den Verlauf dieser ersten Begegnung mit Rudolf Steiner. Mitten in meinem Sinnen und Grübeln überkam mich ein leiser warmer Strom, wie mir nachgesandt von der Stätte, die ich eben verlassen hatte. Ich empfand stärker und klarer denn je jenen Frieden, wie ich ihn so noch kaum erlebt hatte, und fühlte mich wie „angenommen".

Ich darf das Wort wagen: Rudolf Steiner erschien mir da und später immer wieder wie ein viel größerer, viel älterer und weiser „Bruder": Ein Menschenbruder im höchsten, reinsten Sinne, der sich um einen unreifen, aber suchenden und strebenden jüngeren bemühte. Es sei noch hinzugefügt, daß mich bald darauf Rudolf Steiner zur Esoterischen Stunde einlud.

Den weiteren Verlauf des Zyklus *Das Lukas-Evangelium* erlebte ich ein wenig wie im Traum, aber in einer tiefen Hingabe und mit unsagbarem Staunen, dem ich — in meiner Naivität und Unwissenheit — auch Ausdruck verlieh mit der Frage an Rudolf Steiner: „Woher kann man das von den zwei Jesusknaben eigentlich wissen?" Seine Antwort war kurz und sachlich: „Lesen Sie die verschiedenen Generationsregister im Lukas- und im Matthäus-Evangelium."

Freilich stehen da die zwei Register, das wissen ja auch die Theologen, aber wer von ihnen wäre jemals auf die Existenz zweier Jesusknaben, wie zweier gleichnamiger Elternpaare gekommen, mit all den daran geknüpften Offenbarungen? Bei den Zuhörern herrschte eine ungeheure Aufregung, von der man sich heute kaum einen Begriff machen kann — man schrieb ja das Jahr 1909 —, als für viele von uns dieses tiefe Geheimnis erstmals enthüllt wurde. Nicht alle wurden sogleich fertig damit, ja, es gab Ungläubige und Zweifler damals, die sich erst allmählich damit abfanden. Auch ich war noch keineswegs völlig frei und unbeschwert von materialistisch-akademischen Erwägungen und Widersprüchen, die durch die ganze Methodik der Schul- und Studienzeit dem jungen Menschen eingepflanzt worden waren. Noch jahrelang mußte ich mich um ihre Überwindung bemühen, um mich ganz „ins Freie" zu kämpfen, d. h. in die immer stärkere Klarheit und Reinheit des Denkens. Immer wieder studierte ich die *Philosophie der Freiheit*, um mich zu ihrer Praxis durchzuringen und in ihrem Lichte zu leben.

Auch für die Sorgen der jungen Eltern und die Gesundheit unseres kleinen Sohnes, der sehr unruhig schlief und oft mit Schreckensschreien aus dem Schlaf erwachte, wußte Rudolf Steiner Trost und Rat, wenn er meinte, das sei bei begabten Kindern öfters so; man solle nur alles „Menschliche" tun, um ihn zu beruhigen. Später, als unser Sohn etwa neun Jahre alt geworden war und viel an Mandelentzündung litt, gab uns Rudolf Steiner den unerwarteten Rat, die Mandeln operativ entfernen zu lassen, „obwohl der Dr. R. in München", wie er hinzusetzte, „gegen das Operieren sein würde". So unkonventionell konnte er sein.

Überhaupt gab er bei diesen und anderen Gelegenheiten, die ich nicht mehr alle auseinanderhalten kann und darum zusammenfasse, manche praktischen Ratschläge, sowohl mir wie meiner Frau. So, wenn er als selbstverständlich die völlige Enthaltung vom Alkohol voraussetzte, vom Rauchen jedoch sagte, es störe die okkulte Entwicklung nicht und halte im Gegenteil gewisse Dämonen fern, worüber ich lange nachdachte.

Die vegetarische Ernährung spielte eine große Rolle bei den Theosophen, und sie eiferten alle dem „Meister" nach, der offenbar streng vegetarisch lebte. Er empfahl zu jener Zeit meiner Frau die vegetarische Ernährung, wobei er hoffte, ich würde ihr das Opfer bringen, dieselbe mit ihr zu teilen. „Die vegetarische Kost erleichtert eben die Entwicklung, das Fleisch regeneriert dagegen schneller."

Im Sommer 1910 kam die Vortragsreihe über das Matthäus-Evangelium, die in schönster Weise mit der Darstellung der Generationenreihe bis zum salomonischen Jesusknaben diejenige des Lukas-Evangeliums ergänzt und die ungeheuren geistigen Vorbereitungen für das Mysterium von Golgatha schildert. Die Vorträge fanden im schönen und würdigen Festsaal des alten Rathauses statt — in seinem burgundischen Renaissance-Stil ein Schmuckstück der Stadt — und waren jeden Abend überfüllt von Theosophen, nicht nur aus der Schweiz, sondern auch aus Deutschland und Österreich. Ein derartiger Schauplatz für solche Vorträge war damals wohl nur in der Schweiz möglich.

Ein paar charakteristische Augenblicksbilder dazu:

Als Rudolf Steiner beim Betreten des Saales an der Kasse vorbeikam, wo meine Frau die Eintrittskarten verkaufte, bemerkte er freundlich: „Da haben Sie aber viel zu tun, Frau Doktor." Als ich — als Mit-Organisator der Vorträge — Rudolf Steiner fragte, ob er eine Diskussion wünsche, erwiderte er: „Nein! Da will ja jeder nur sich selber hören! Diskussion nicht, aber Fragenbeantwortung." Davon wurde, wenn auch nicht immer glücklich, viel Gebrauch gemacht.

Wie realistisch Rudolf Steiner auch in den alltäglichen Angelegenheiten dachte, konnte man bei einer Einladung der Loge an ihn in der „Enge", einem großen Restaurant über der Aare vor der Stadt, beobachten, wo das „junge Ehepaar", wir also, die Ehrenplätze links und rechts von ihm innehatten. Es herrschte in dem kleinen Kreis von etwa zwanzig Personen, die beharrlich schwiegen oder nur miteinander flüsterten, eine festlich gedämpfte, ja etwas schwere und **gehemmte Stimmung**, den schwerblütigen Bernern entsprechend. Nur Rudolf Steiner war gesprächig, munter und aufgeräumt, pries die wunderbare Natur des Landes und seine Kultur. Dann wandte er sich plötzlich zur Seite meiner Frau und fragte sie: „Sie kommen doch von Wien, können Sie schon wienerisch sprechen?" Verlegen verneinte sie, da meinte er: „Ja, dann sollten Sie schon Sprachübungen in Wienerisch machen: wie ‚A Mülli-Madl hat a Mülli-Ladl und a Mülli-Radl a'." (Ein Milchmädchen hat ein Milch-Lädchen und ein Milch-Rädchen auch.) Ich lachte — aber als einziger —, sonst blieb alles still. Da fing Rudolf Steiner etwas ungeduldig an, eine Anekdote vom alten Kaiser Franz Josef zu erzählen, die bei der Einweihung des Schillerdenkmals in Wien passiert war, wo es auch langweilig und stimmungslos zugegangen sein mochte. Ein eisig-verlegenes Schweigen auch hierauf, nur ein mißglückter Versuch zu lächeln und allseitige Verlegenheit. Ich war wohl der einzige, der — als geborener Wiener — den österreichischen Humor verstehen konnte.

„Ziehen Sie schon wieder um?" bemerkte Rudolf Steiner erstaunt auf meine Erwähnung, nach München ziehen zu wollen. Doch als ich vom „Johannesbau" und dem Plan eines theosophischen Zentrums dort sprach, nickte er und meinte: „Ja, wenn *das* der Grund ist . . ."

In München erlebten wir eine Fülle neuer Eindrücke und neuer Bekanntschaften.

Da waren zunächst die zwei Leiterinnen der „Loge", Sophie Stinde, die energische, ältere, umsichtige und treue Verwalterin des geistigen Lebens in der einige Dutzend zählenden Mitgliedergruppe; und die mehr repräsentative Gräfin L. Kalckreuth, eine große, hagere, ja fast knochige, aber vornehme Erscheinung. Sie war als frühere Hofdame am Kaiserhof noch in den alten strengen Konventionen in Ton und Gestik aufgewachsen, hatte sich aber innerlich darüber hinaus entwickelt und ihr eigenes persönliches Wesen und Urteil, besonders auch in künstlerischen Ansichten, gebildet und stets lebhaft vertreten. Beide Damen waren begabte Malerinnen, deren Bilder die Wände der Logenräume schmückten. Selbst gegenüber dem Kaiser bestand die Gräfin auf ihrer Meinung, wenn sie ihn von Zeit zu Zeit bei seinen Münchner Aufenthalten durch die Kunstausstellungen begleitete und mit ihm über die neuen Kunstrichtungen diskutierte, wobei es — wie die Gräfin mir selbst mitteilte — scharf herging zwischen dem konservativen Monarchen („Die ganze Richtung paßt mir nicht!") und der den neuen Problemen aufgeschlossenen, modernen Künstlerin, die sich nicht scheute, dem hohen Herrn kräftig zu widersprechen und die Partei der „Neuen" zu vertreten.

Bei aller Fortschrittlichkeit jedoch blieb die Gräfin bei ihrer konservativen sozialpolitischen Einstellung; als ich in den Tagen der Revolution, im Herbst 1918, von einer politischen Versammlung im Schwabinger Bräu kommend, wo man „Verbrüderungsreden" gehalten hatte, die Gräfin scherzhaft mit „Grüß Gott, Genossin Kalckreuth" begrüßte, wehrte sie entrüstet ab: „Nein, so weit sind wir denn doch noch nicht."

Die Jahre 1912—13 waren gekennzeichnet durch die Trennung der Theosophischen Gesellschaft von der alten „Muttergesellschaft".

Wer, wie ich, damals in München lebte, hat viele erschütternde Eindrücke von dem Ringen Rudolf Steiners um „die Wahrheit", wie er oft betonte, haben können; ich erinnere mich z. B. an seinen schmerzlichen Ausruf in einem Vortrag, wo er seufzend sagte, wie schwer ihm diese Stellung falle, die ihm das Karma auferlege; aber er müsse nun einmal der Wahrheit dienen und sie immer wieder aussprechen. Es war wie eine „Abrechnung" zwischen der alten englisch-indischen theosophischen Weltauffassung und dem jungen Geistesstreben: Ein beinahe welthistorisches Geschehen, das nicht zufällig am Vorabend des Ersten Weltkrieges stand wie eine Einleitung zu den schweren kriegerischen Auseinandersetzungen zwischen West—Ost einerseits und der „Mitte" anderseits.

Jedes Jahr, von 1910 an, wurde ein Mysteriendrama im Sommer aufgeführt. 1910 *Die Pforte der Einweihung*, 1911 *Die Prüfung der Seele*, 1912 *Der Hüter der Schwelle* und 1913 *Der Seelen Erwachen*.

Es ist mir unmöglich, diese Eindrücke hier im einzelnen zu schildern. Gerade mir, dem Theaterfreund und zeitweise tätigen Darsteller, der ja vom Wiener Burgtheater u. a. die vorzüglichsten künstlerischen Eindrücke seit seinen Jugendjahren bekommen hatte, dem Goethes Faust I und II zum bleibenden Erlebnis geworden war, mußten diese Aufführungen das Höchste und Einzigartigste an dramatischer Kunst bedeuten, das auf einer Bühne möglich war. Auch die Aufführungen der Dramen von Edouard Schuré *Persephone von Eleusis* und *Die Kinder des Luzifer* durften wir in dieser Zeit miterleben. Die Darsteller waren neben wenigen Schauspielern meist Dilettanten, die aber mit größter Hingabe ihre oft schweren Rollen spielten.

Marie Steiner, die auch die Maria spielte, führte Regie, von Rudolf Steiners Rat tatkräftig unterstützt. Er selbst, so wurde berichtet, schrieb ja an jedem Stück oft noch die Nacht hindurch und kam mit dem frischen Exemplar am nächsten Morgen zur ersten Leseprobe. Es muß auch damals Spannungen, Mißverständnisse und Eifersüchteleien untereinander gegeben haben, denn es wurde berichtet, wie eines Morgens Rudolf Steiner in den Kreis der Darsteller trat mit den Worten: „Nun, alle frisch und munter, niemand beleidigt? Dann können wir anfangen!"

Noch im Jahre 1913 (im August) hielt Rudolf Steiner in München den Vortragszyklus (es sollte für mich der letzte dort sein), dem er den Titel gab: *Die Geheimnisse der Schwelle*. Er war im Anschluß an die vier bis dahin vollendeten Mysteriendramen gehalten, die er auch immer wieder in die Vorträge einbezog, als markante Beispiele für die eingehenden Schilderungen, Erkenntnisse und Erlebnisse der menschlichen Seele auf ihrem Gang vom physischen Plan durch die elementarische, astralische bis hin in die eigentliche geistige Welt. Immer wieder wurde auf den Ernst hingewiesen, mit dem diese Entwicklung zu machen sei, und auf die damit verknüpften Gefahren, die dem Schüler von den zwei gewaltigen geistigen Gegenspielern, Luzifer und Ahriman, drohen, und den ihm sich bietenden Hilfen dagegen. Eine Fülle von Anweisungen, Ratschlägen und Lehren drang in unsere aufnahmebereiten, aber nicht immer aufnahmereifen Seelen, die eigentlich die ganze folgende Lebenszeit daran zu zehren und sich mit den geheimnisvollen Erscheinungen wie dem „Doppelgänger", dem „Hüter der Schwelle" und anderen Geistwesen auseinanderzusetzen hatten.

Es ist unmöglich, alle die bei uns auftauchenden Probleme und Rätselfragen des eigenen Menschenwesens und der anderen auch nur anzudeuten.

Im Jahre 1919 kam E. A. K. Stockmeyer auf seiner Suche nach Lehrern für eine neu zu gründende Schule auf geisteswissenschaftlicher Grundlage nach München. Das war der richtige Ruf für mich, zur richtigen Zeit! Es war — um mit dem Ruf aus dem „Märchen" zu sprechen, „an der Zeit". Ich meldete mich, wurde angenommen und für den ersten Seminarkurs im Sommer 1919 eingeladen, zusammen mit etwa einem Dutzend werdender Pädagogen, die neue Pädagogik der „Waldorfschule" zu erarbeiten.

Zunächst ging ich allein nach Stuttgart und lebte als „möblierter Herr" in der Landhausstraße. Die „Lehr- und Wanderjahre" waren abgelaufen, die Zeit der Bewährung begann, in der ich durch Taten zu beweisen hatte, was ich durch die Jahre her gelernt.

Es folgte eine unermeßlich reiche und anstrengende Zeit für das Häuflein der Teilnehmer am Seminar. Welche Fülle von Arbeit mußte in wenigen Wochen bewältigt werden: Vormittags die völlig neue anthroposophische Menschenkunde, die uns erst als Menschen in Kosmos und Erde hineinstellt, in großen und gewaltigen Bildern dargestellt, die manchmal an die Tafel skizziert wurden. Die Nachmittage waren den methodisch-didaktischen Übungen vorbehalten, in denen allgemein pädagogische Probleme und fach-spezifische Fragen behandelt und besonders bedeutsame Aspekte des Vormittags noch vertieft wurden.

Einige Beispiele der u. a. gestellten pädagogischen Aufgaben: Was machen Sie, wenn ein Junge den „Sport" betreibt, an die Decke des Schulzimmers zu spucken? (Eine knifflige Frage, die von uns, je nach Temperament und Phantasie, sehr verschieden beantwortet wurde.) Einführung des Christentums in seiner historischen Bedeutung im Geschichtsunterricht. Erzählen eines Märchens in verschiedenen Fassungen, abgestimmt auf die vier Temperamente.

Bei der Lösung solcher Aufgaben ließ uns Rudolf Steiner zunächst freie Hand, hörte still zu und löste dann auf seine Weise die Aufgabe, indem er unsere Darstellung freundlich gelten ließ, sie noch erweiterte und fundierte.

Selbst bei dieser ernsten Arbeit fehlte Rudolf Steiner nie der Humor, wie eine witzige Bemerkung von ihm zu einem Referat von mir über „Temperamente" von Pflanzen zeigte, indem er heiter bemerkte, als ich dem Salat ein sanguinisches Temperament zuschrieb: „Meinen Sie da etwa den Heringssalat?" Kleinere Unzulänglichkeiten wurden heiter glossiert; aber er konnte auch ernste Rügen erteilen, so beispielsweise wenn er es einen Unfug nannte, eine Physikstunde über den Schall mit einem Lied beginnen zu wollen.

Die Inhalte der Seminare sind heute gedruckt und bekannt, während sie für uns damals neue und fast bestürzende Offenbarungen und Forderungen waren, denen wir mit Mühe nachzukommen suchten.

In dieser Zeit der Erarbeitung menschenkundlicher und pädagogischer Grundlagen fehlten in dem werdenden Kollegium auch schwere Schicksalseingriffe nicht: Eine Teilnehmerin erkrankte und mußte nach kurzer Zeit ausscheiden; ein Teilnehmer erlitt eine vorübergehende geistige Erschütterung, die ihn zum Berufswechsel zwang; andere gaben vorzeitig auf.

Als endlich das Ende der Vorbereitungen gekommen war, wurde jeder einzelne Kandidat mit einer tiefernsten Anrufung der waltenden geistigen Mächte und einem feierlichen Handschlag zu seinem hohen Werk verpflichtet.

Ich begann mit einer Geschichts-Epoche in einer 7. und 8. Klasse und erzählte den Schülern von der hohen Kultur, Macht und Größe Babylons. Gegen Ende einer Stunde kam Rudolf Steiner in die Klasse und hörte eine Weile zu, dann wandte er sich zu den Kindern und sagte: „Vergeßt es nicht, ihr habt ja einen lieben Lehrer, der euch viel Schönes erzählen kann, da werdet ihr auch gerne gut zuhören und fleißig sein!"

Eine solch kühne Erneuerung des gesamten Schulwesens, wie es diese Waldorfschule war, in welche nun Kinder von allen möglichen Knaben- und Mädchenschulen, jeden Alters von 6 bis 14 Jahren, strömten, mußte ja viele Probleme aufwerfen, erstrebte sie doch den Gedanken der „Gesamtschule", wie er heute nach 50 Jahren zu lösen versucht wird, und ebenso das Problem der Koedukation.

Von beiden Seiten, von rechts und links, kamen die Gegenstimmen, und es gehörte der starke Mut, die helle Erkenntnis und das reine Handeln eines Rudolf Steiner dazu, dies alles durchzutragen durch eine so wirre und schwankende, ängstliche oder feindliche Umwelt. Schon die Verwirklichung der Ko-Edukation erweckte manche Skepsis und brachte in der Praxis auch Probleme, die aus der Neuheit und Ungewohntheit stammten. Doch bald entstand eine erfrischende Bereicherung, eine gesunde Konkurrenz in den Leistungen, und harmonisierte und formte jede Klasse in neuer Weise. Rudolf Steiner sprach darüber öfters und meinte, daß die einzelnen kleinen Freundschaften in diesem Alter eine selbstverständliche Erscheinung seien, die ihre Entwicklung in der reinen und natürlichen Scheu des Kindes (von 14—16 Jahren) nehme und finde. Er meinte einmal: „So ein erstes zartes Schwärmen füreinander kann etwas sehr Schönes und Reines sein unter heranwachsenden Jugendlichen."

Das Ergebnis von Jahrzehnten hat inzwischen dieser Einsicht und Zuversicht und dem Wagnis recht gegeben und unendlich segensvoll und positiv gewirkt in dem ganzen Komplex der sexuellen Frage, der sich heute so stark in den Vordergrund des jungen Seelenlebens drängt. „Je weniger man darüber redet und reden muß, desto besser ist es!" äußerte sich gelegentlich Rudolf Steiner zu dieser Frage.

Schwierig und kompliziert waren die erzieherischen Fragen immer wieder durch die sehr unterschiedliche Vorbildung der Schüler. Sie alle „unter einen Hut" zu bringen, erforderte viele Überlegungen und provisorische Lösungen durch Gruppenbildungen. Auch die Frage der schwachen, unterbegabten „Hilfsklassen-Schüler" spielte jahrelang eine belastende Rolle für alle Klassenlehrer; bis unser lieber Kollege Dr. Karl Schubert kam und eine eigene „Hilfsklasse" einrichtete, die sich später segensvoll in einer ganzen Schule, der heutigen „Karl-Schubert-Schule", auswirkte. — Ich war damals, und auch später, besonders mit schwachen Schülern „gesegnet"; doch Rudolf Steiner sprach mir zu und tröstete mich mit den Worten: „Sie sind ja ein starker Mann, Sie werden das schon schaffen!" Und es ging, weil es gehen mußte — wenigstens eine Zeitlang.

Einen etwas ängstlichen Redner, der fürchtete, sich zu blamieren, tröstete Rudolf Steiner mit den lapidaren Worten: „Wenn Sie sich erst achtzigmal blamiert haben, wird es schon gehen!"

Bewundernswert waren die Beobachtungsgabe und das Gedächtnis Rudolf Steiners, das besonders bei den Wochen-Konferenzen zutage trat, an denen er, so oft er konnte, teilnahm, und nach einem Besuch in der Klasse sich sofort eines besonderen „Sorgenkindes" des Lehrers erinnerte („Ah, das ist wohl das Kind in der zweiten Reihe am Fenster...."). Unter anderem wurden da auch die ersten Anfänge der Heileurythmie gegeben und immer wieder Gespräche mit den Eltern empfohlen, die ja selbst erst mit der neuen Erziehung vertraut gemacht werden mußten. Da wurden manche Ratschläge erteilt, bis in die Ernährung bei schwierigen Kindern, oder auch neue heileurythmische Übungen für besonders unruhige, linkshändige oder kleptomanische Kinder gegeben. Bis in die

Nacht hinein dauerten manchmal die „schwerbelasteten" Konferenzen. Nach einer solchen Konferenz hatte ich einmal die schwierige Ehre, mit Rudolf Steiner den mit Glatteis überzogenen Heimweg anzutreten, den wir Arm in Arm, uns gegenseitig stützend und rutschend, glücklich zu Ende brachten.

Eines Besuches von Rudolf Steiner in meiner Klasse muß ich besonders gedenken, er ist mir tief ins Herz geschrieben. Es war in einer Englisch-Stunde, und ich hatte — wie später immer wieder — das Vaterunser auf englisch durchgenommen und mit den Kindern zu lernen begonnen. Rudolf Steiner kam gerade herein, als wir die Schlußworte sprachen: „For thine is the kingdom, the power and the glory — for ever and ever." Als wir fertig waren, stand Rudolf Steiner auf, trat zur Tafel, nahm eine Kreide in die Hand und sagte zu den Kindern: „Ihr habt jetzt die schönen Schlußworte des Vaterunser auf englisch gesprochen und wißt natürlich auch die deutschen Worte dazu. Nun, jedes Königreich hat einen gewissen Umfang, eine bestimmte Größe" — dabei zeichnete er einen Kreis — „und die Kraft dieses Reiches, die sitzt wohl wo?" — In der Mitte, war die Antwort. „Ja, in der Mitte" — er setzte den Mittelpunkt in den Kreis —, „und die Herrlichkeit, der Glanz, den dieses Reich ausstrahlt, der leuchtet weit hinaus!" Dabei zeichnete er etwas wie Glanz- und Lichtstrahlen darum herum. Und nun fuhr er fort: „Wie sieht denn das nun aus, das Ganze?" Nach kurzem Zögern kam von allen Seiten der Ruf: „Wie die Sonne!" — „Ja, das ist die Sonne!" sagte sichtlich befriedigt Rudolf Steiner und ging hinaus. Seine Zeichnung ließen wir noch lange an der Tafel stehen, wie einen lebendigen Gedenkgruß von ihm an die Klasse.

Bei den ersten Monatsfeiern mit allerlei rezitatorischen, musikalischen und eurythmischen Darbietungen der Kinder war Rudolf Steiner öfters anwesend; jedesmal fragte er die Kinder: „Habt ihr auch eure Lehrer lieb?", was laut mit herzlichem „Ja" erwidert wurde.

Die erste Weihnacht (1919) wurde mit einem Spiel *Der faule König* des Musik- und Gesanglehrers Paul Baumann in dem festlichen Kuppelbau vom „Goldenen Hirsch" am Schloßplatz gefeiert. Es war ein Spiel mit vielen bunten Bildern und Gestalten und starker pädagogischer Tendenz. Rudolf Steiner selbst ließ es sich nicht nehmen, die einzelnen Darsteller ausgiebig zu schminken.

In den nächsten Jahren kam zunächst das kleine „Oberpfälzische Hirtenspiel" mit nur sieben Personen zur Aufführung. Ernst Uehli und Elisabeth Baumann spielten Josef und Maria, Paul Baumann und ich die Hirten. Es wurde im alten unteren Säulensaal aufgeführt unter Teilnahme von Rudolf Steiner und Marie Steiner, die in der ersten Reihe saßen. Eine gewisse begreifliche Aufregung herrschte und führte fast zu einer kleinen Katastrophe durch einen Lachanfall, der sich dann aus Nervosität allmählich auf alle Spieler übertrug, aber endlich doch mit Erfolg unterdrückt wurde, wobei uns allen vor Anspannung der Angstschweiß ausbrach. Ich eilte nach Schluß sofort zu Rudolf Steiner, um uns zu entschuldigen, doch dieser sagte nur voll ruhiger Güte: „So? Ich habe nichts bemerkt", während Marie Steiner betont schwieg.

Danach folgten Jahr für Jahr die bekannten „Oberuferer Weihnachtsspiele", von den Lehrern bis heute als Weihnachtsgeschenk für die Kinder gespielt — mit der einzigen Ausnahme, wo sie von Rudolf Steiner vorher abgesetzt wurden, weil er mit den pädagogischen Leistungen der Lehrer nicht zufrieden war. Auch das konnte passieren und machte einen tief-beschämenden Eindruck auf uns.

Die ersten Tagungen der neuen Erziehungskunst kamen nun und wurden bereits eifrig von idealistischen Erziehern von fern und nah besucht. Sogar aus der Tschechoslowakei kam ein Vertreter, ein lernbegeisterter jüngerer Mann, der den merkwürdigen Namen Jan-Eliasch trug (Johannes-Elias), und der öfter mein Gast war. Er war so begeistert von Rudolf Steiner, daß er ihm ein Buch schenken wollte, und zwar *Das grüne Gesicht* von Gustav Meyrink; das werde Rudolf Steiner sicher interessieren, meinte er. Er habe auch eine Widmung hineingeschrieben, die er mir vertrauensvoll zeigte. Sie lautete: „Zur freundlichen Erinnerung auf Ihre Menschenwürde" (wörtlich). Ich verstand sein gut gemeintes Deutsch nicht ganz, aber die gute Absicht — und so brachte ich ihn wenigstens dazu, das „auf" in „an" zu ändern, und stellte ihn Rudolf Steiner vor, ein wenig neugierig, was dieser dazu sagen würde. Dabei konnte ich mich nicht enthalten, auf die Widmung hinzuweisen. Rudolf Steiner las sie mit mühsam unterdrückter Heiterkeit und bedankte sich mit herzlichem Händedruck bei dem glücklichen Spender.

Nach dem Brand des ersten Goetheanums verdreifachte, verzehnfachte Rudolf Steiner seine künstlerisch-geistigen Anstrengungen, hielt bis zu fünf Vorträge und Kurse am Tag und nahm auch noch an wichtigen Konferenzen der Schule teil, die ihm, wie er öfter versicherte, als größtes Sorgenkind auf der Seele lag. „Wir brauchen hundert Waldorfschulen auf der Welt, damit der Waldorf-Gedanke sich verwirklichen kann", sagte er immer wieder und regte den Gedanken eines „Weltvereins" der Waldorfschulen an.

1924 kam die schwere Krankheit über den erschöpften Organismus Rudolf Steiners, die alle mit Kummer und Sorge erfüllte. Hunderte von teilnehmenden Briefen und Sendungen aller Art, nicht zuletzt Bilder der Kinder unserer Schulen, gingen nach Dornach an das Krankenlager. Rudolf Steiner rang dem schwachen Körper immer wieder neue Artikel und Fortsetzungen seines „Lebensgangs" ab sowie Briefe an die Schule und die Lehrer, aus denen seine tiefe schmerzvolle Sehnsucht sprach.

Sie klang in die erschütternden Worte aus:

> „Gedankenwirksamkeit eine uns,
> Da wir im Raum getrennt sein müssen —
> Was wir schon gemeinsam vollbracht,
> Es krafte jetzt durch die Lehrerschaft,
> Es ziehe seine Kreise durch ihren Eigenrat,
> Da jener Rat, der so gerne käme,
> Die Schwingen frei nicht hat." —

Genau am 30. März schloß damals unser Schuljahr. Wir waren, wie üblich, vor acht Uhr im Konferenzzimmer versammelt, wo der Wochenspruch von Julie Lämmert verlesen werden sollte. Da trat atemlos und totenblaß Dr. W. J. Stein herein und stieß keuchend die Worte hervor: „Heute nacht ist Dr. Steiner in Dornach gestorben!" — Totenstille folgte. Wir waren alle wie gelähmt, denn dieses nahe Ende hatte wohl kaum einer zu denken gewagt. Niemand sprach ein Wort. Graf Bothmer lehnte den Kopf in stummer Verzweiflung an die Wand; man stand, wo man gerade war, regungslos und erstarrt. Nach endlosen Minuten setzte man sich in Bewegung, die nächste schwere Pflicht zu erfüllen: der eigenen Klasse die Nachricht zu überbringen. Ich betrat in einer Stimmung der Unwirklichkeit den Klassenraum. Die Einzelheiten verschwimmen in der Erinnerung. Etwas von dem Ernst der ganzen Situation lag über der Klasse (es war gerade die achte), als ich vor sie hintrat und die Worte sprach:

„Herr Dr. Steiner ist heute nacht in Dornach gestorben!" Die Worte wollten mir versagen und Tränen erstickten meine Stimme. Die Kinder standen still und regungslos, manche hatten tränennasse Augen. Es war wohl für die meisten das erste nahe Tod-Erleben.

Von der einzigartigen Weise dieses Hingangs wurde uns berichtet.

In Gruppen fuhren wir, meist nachts, nach Dornach, um Abschied zu nehmen von dem geliebten Lehrer. In stummer Ergriffenheit standen wir vor der aufgebahrten Hülle, die eine wunderbare, durchgeistigte Reinheit und Hoheit ausstrahlte, vor der sich unsere Seelen tief neigten — mit lautlosen Worten der Hingabe und Verpflichtung. —

In der Nacht mußten wir wiederum zurück nach Stuttgart und konnten nicht einmal der Bestattung in den nächsten Tagen beiwohnen, da wir zu gleicher Zeit unsere lange vorbereitete Ostertagung abzuhalten hatten, bei der mancher von uns beteiligt war.

MAX WOLFFHÜGEL

Aus meinem Leben

In einem Münchener Vortrag des Jahres 1908, zu dessen Besuch ich durch meine Lebensgefährtin angeregt wurde, fand die erste Begegnung mit Rudolf Steiner statt.

Es machten auf den Verfasser dieser Niederschrift die Erscheinung und die Ausführungen des Vortragenden einen außerordentlich starken, jedoch mehr erregenden als befriedend aufmunternden Eindruck; der Impuls, der von der Persönlichkeit des Redners ausströmte, war, bei aller Freiheit und Achtung vor der Person des einzelnen, so zur eigenen Besinnung aufrufend, daß eine geradezu schöpferische Unruhe in den Zuhörenden einzog.

Auf das jahrelange ernste eigene Bemühen, zu einer malerisch-bildnerischen Ausdrucksweise zu gelangen, wirkten im Augenblicke der Entgegennahme diese außerordentlichen Darlegungen in ihrer Geistes-Spannweite fast verwirrend. So mußte es kommen, daß Jahre in innerer Auseinandersetzung vergingen bis zu dem Zeitpunkte, wo während eines Studien-Aufenthaltes im Sommer 1911 zu Gaienhofen am Untersee durch die Begegnung und eintretende Freundschaft mit einem Berliner Anthroposophen, zugleich in Kenntnisnahme des Hamburger Johannes-Evangelien-Zyklus von Rudolf Steiner, der Durchbruch eindeutig erfolgte.

Im Herbst desselben Jahres traten meine Frau und ich in die Anthroposophische Gesellschaft ein, aufgenommen in den Münchener Zweig von Sofie Stinde und Gräfin Kalckreuth.

Bald darauf erfolgte auf unsere Bitte hin die erste persönliche Begegnung mit Rudolf Steiner. Von dem Augenblicke an wußten wir beide genau, wohin wir gehörten, welche innere Anforderung in eigener Selbsterkenntnis und freier Selbstbestimmung uns daraus erwuchs. Der hoffnungs- und aussichtsvoll anhebende künstlerische Aufstieg in der Öffentlichkeit erhielt damit seine erste Erschütterung. Denn bald mußte ich einsehen, daß mit meinem bis dahin erworbenen Können in der Beherrschung der Ölmalerei eine weitere entscheidende Entwicklung bei Anerkennung der neuen geisteswissenschaftlichen Orientierung nicht zu erwarten sei.

So beschloß ich kurzerhand, meine liebgewohnten Ausdrucksmittel aufzugeben und mit großer Selbstüberwindung der, von Rudolf Steiner angeregten, neuen Wasserfarben-Anwendung und deren sinnvollen Behandlung mich zuzuwenden. Es gab durch Jahre hindurch einen schweren, trüben Anfang, bis man entgegen der stofflich so viel dichteren Ölmalerei mit den flüssigen, dünnen Aquarellfarben, mit deren rechtem Erfassen und Beherrschen, einer eindringlichen Darbietung näher kam.

Keine Frage, daß mit den von Rudolf Steiner gegebenen Hinweisen eine neue Ausdrucksmöglichkeit erobert werden konnte. Wie immer, ging er mit der schöpferischen Tat voran. Seine Ausmalung in der Hälfte der kleinen Kuppel des ersten Goetheanums bewies zur Genüge den nicht abzuschätzenden Wert seiner künstlerischen Anregung. Vollends wäre diese Darstellungserweiterung zum Austrag gekommen, wenn die von Rudolf Steiner angegebenen Pflanzenfarben ihre weitere Entwicklung und zuverlässige Herstellung erfahren hätten. Leider erbrachte die Folgezeit nicht diese bedeutsame Tatsache.

Wer mit den Pflanzenfarben gearbeitet hat, weiß, welche kosmische Übereinstimmung im Walten der Pflanzenstoffe auf den Papieren und Kartons sich geltend macht. Es lebt eine durch die Jahreszeiten intim schaffende Bewegung auf den gemalten Tafeln. Eine wunderbare Transparenz ergibt die rechte Anwendung dieser Farb-Essenzialität. In besonderem technischen Verfahren wurden die Untergründe präpariert und die bemalte Tafel mit einer Wachsemulsion durchdrungen, die schützend die Malerei gegen jegliche äußere Einflüsse abdeckte.

Der Herbst 1911 brachte die ersten Mysterien-Aufführungen im Münchener Gärtnerplatz-Theater. Es war eine einmalig große Zeit. Über diese ist so viel von Freundesseite berichtet worden, daß hier kein Eingehen darauf angebracht ist. München erlebte damals einen neuen schöpferischen Einschlag in seine kunsterfahrene und gesicherte Atmosphäre; demzufolge wurde der „Johannesbau" als höchst fragliches anthroposophisches Bauprojekt mit allerlei Gegenargumenten abgelehnt.

Die folgenden Jahre waren durchweg erfüllt von Rudolf Steiners großer künstlerischer Arbeit am Goetheanum, seiner regen Vortragstätigkeit im In- und Ausland. Oft kam er nach München. In den Prinzensälen des „Café Luitpold" fanden zumeist die öffentlichen Abende statt; in der Privatwohnung von Sofie Stinde und der Gräfin Kalckreuth die Zweigveranstaltungen und internen Besprechungen. Als eindrucksvoller „Schwellenhüter" bewachte Hanns Strauss den Ein- und Ausgang der Besucher. Fast regelmäßig sah man in den Prinzensälen einen Offizier des bayrischen Leibregiments; Fritz Graf von Bothmer war es, mein späterer Kriegskamerad und Freund.

Ich hatte die große Freude, daß später — mit durch meine Anregungen — Rudolf Steiner sein Augenmerk auf beide Persönlichkeiten richtete und sie zur Mitarbeit an der Freien Waldorfschule aufforderte.

Im Frühjahr 1914 erging von Rudolf Steiner ein Aufruf an alle künstlerisch Befähigten innerhalb der Gesellschaft zur Mitarbeit am Aufbau des ersten Goetheanums. Freund Strauss mit seiner Lebensgefährtin kam aus Rom, wir kamen von Stuttgart nach Dornach. Eine großartige Werkzeit begann. Vertreter aus 17 Nationen schalteten sich mit Enthusiasmus, unter Führung und Anleitung von Rudolf Steiner, in den Arbeitsprozeß ein. Von früh bis spät wurde an den Sockeln, Säulen, Kapitälen und Architraven geschnitzt. Es war eine köstliche Zeit. Als der August nahte und schwerste Gewitterwolken am politischen Himmel aufzogen, war eines Tages die Kriegserklärung da. Unter herzlicher Anteilnahme des Dornacher Vorstandes, Rudolf Steiner an der Spitze, und der gesamten Mitgliedschaft zogen Freund Strauss und ich ins Feld. Als freiwillige Krankenpfleger wurden wir dem ersten bayrischen Armeekorps zugeteilt. Durch unsere nahe Verbundenheit erhielten wir stets gemeinsam unsere Kommandos. So taten wir in unserem Kriegslazarett zwei Jahre Dienst auf der internen Station, zwei Jahre im Operationssaal.

Von Rudolf Steiner wurden uns wichtige Meditationen für unsere Tätigkeit an Verwundeten und Kranken übermittelt.

Im November 1918 kam ich aus dem Kriege heim. Die Freiburger Zweigleitung war unbesetzt; man veranlaßte mich zur Arbeitsübernahme. Schweren Herzens entschloß ich mich, die verwaiste Aufgabe anzupacken.

Erst als ich meinen persönlich und sachlich gegebenen Einsatz erkannte, indem ich mich für die Eurythmie einsetzte, gelang der Durchbruch. Frau Fels wurde für die Arbeit in Freiburg berufen, und als der Erfolg sichtbar zunahm, entschloß sich meine Frau, Dr. Steiner in Dornach um seine Mitwirkung an der Freiburger Aufbauarbeit zu bitten. Er sagte bereitwillig zu, kam mit Marie Steiner privat zu uns für zwei Tage zu Besuch und hielt zwei öffentliche Vorträge. Das war in vieler Hinsicht ein großes Ereignis; fand doch damals auch die erste Begegnung der zwölfjährigen Else Klink, unseres zu Ostern aufgenommenen Südsee-Pflegekindes, mit Herrn und Frau Dr. Steiner statt. Man darf wohl annehmen, daß durch das Interesse, das Rudolf Steiner und Marie Steiner an dieser eigenartigen Schicksalskonstellation bekundeten, der Anstoß zu der bedeutsamen Entwicklung mit ausgelöst wurde. Else Klink wurde nach dem Besuch der Freien Waldorfschule bis zur 11. Klasse incl. und nach zweijähriger Ausbildung am damaligen Eurythmeum in Stuttgart von Marie Steiner zur weiteren Schulung und Mitarbeit nach Dornach aufgefordert. Später übernahm Else Klink auf ihre Bitte hin mit Otto Wiemer die eurythmische Aufbau-Arbeit in Holland.

Im Sommer 1920 traf mich, wie ein Blitz aus heiterem Himmel, die Anfrage von Rudolf Steiner und dem Kollegium, ob ich den praktisch-künstlerischen Unterrichtsaufbau an der — ein Jahr zuvor, am 7. September 1919 gegründeten — Freien Waldorfschule übernehmen wollte. Das war für mich abermals eine große Entscheidung, da ich aus eigener schlimmer Schulerfahrung nie im entferntesten daran gedacht hatte, je wieder mit dieser Atmosphäre in Berührung zu kommen. Acht Tage besann ich mich. Es mußte schon der gute Kommerzienrat Emil Molt bei seinem Nacht-Aufenthalt in Freiburg auf der Fahrt von Dornach nach Stuttgart mich aus dem Bett telefonieren zu einem Gespräch im „Zähringer Hof", um seinerseits mir in aller Freiheit die Annahme dieses seltenen Angebots noch einmal mündlich vorzuschlagen. Auf mein „Ja" hatte vom ersten Augenblick an meine gute wackere Lebensgefährtin gewartet. Sie wußte mit Rudolf Steiner und Emil Molt besser um mich und meine Lebensmöglichkeiten Bescheid. So wurde ich nach reiflichem Bedenken am 7. September 1920 Werklehrer an der Stuttgarter Mutterschule.

Die ersten neun Monate waren wie ein Leerlauf. Dann erfolgte endlich, nach entschlossener Aufgabe meiner privatkünstlerischen Tätigkeit, der Durchbruch zum pädagogisch-schöpferischen Wirken. Jetzt wurde ich Waldorflehrer.

Mit großem, warmem Interesse verfolgte Rudolf Steiner nun meine Arbeit mit den Kindern von der sechsten Klasse an und den Schülern der Oberstufe. Das Plastizieren wurde „erfunden", das bewegliche Spielzeug — eine Anregung von Rudolf Steiner — nahm neben der sonstigen schreinerischen und kunstgewerblichen Holzbearbeitungsschulung einen immer breiteren Platz im Handfertigkeitsunterricht ein, bis eines Tages, mit den Originalen und deren getreuer Wiedergabe, die Waldorf-Spielzeug-Fabrik von Freunden gegründet wurde. Ein Kultur-Element wurde mit der Arbeit der Kinder in die Welt hinausgetragen. Rudolf Steiner nahm mit herzlicher Freude aus der Schülerwerkstatt das erste bewegliche Spielzeug — die Entenmutter mit Küken — nach England auf eine Vortragsreise mit. Auch ging von ihm die Anregung aus zu öffentlichen pädagogischen Vorträgen und Ausstellungen. So fuhr ich mit zwei Spielzeug-Musterkoffern und einer Kollektion von Diapositiven nach plastischen Schülerarbeiten für Lichtbilder-Vorführungen in ganz Deutschland herum, nach Dornach und Zürich, vom „Pestalozzianum" eingeladen, sowie nach Holland und England. Viel freudiges Interesse wurde den Darbietungen überall entgegengebracht, und damit für die Waldorfschulsache geworben. Mit dem Aufbau in dem Handfertigkeitsunterricht war der Auftrag für die Pflege des Malens und Hell-Dunkelzeichnens (Schraffiertechnik) in den Klassen neun bis zwölf gegeben. Es wurde im Einverständnis mit Rudolf Steiner für diese oberen Klassen der Epochen-Unterricht eingeführt.

Auch wurde der Gartenbau-Unterricht dem neuen Waldorflehrer übertragen. Mit der von Rudolf Steiner erbetenen Beistandshilfe durch meine Frau konnte auch dieses praktische Unterrichtsgebiet in seinen Anfängen aufgebaut werden. Bald danach wurden gelernte und biologisch-dynamisch geschulte Fachkollegen dafür eingesetzt.

Als Eurythmistin wurde Irma Wolffhügel später von Rudolf Steiner an die Schule gerufen. Sieben Jahre gab sie mit Begeisterung ihren Unterricht.

In die ersten Jahre der Waldorfschule fällt auch Rudolf Steiners herrliche Anregung zur Aufführung der Oberuferer Weihnachtsspiele, als Weihnachtsgabe der Lehrerschaft für die Schüler.

Ich entsinne mich noch deutlich der ersten Proben zur Rollenbestimmung vor Rudolf Steiner und Marie Steiner im blauen Saal des Zweighauses in der Landhausstraße. Für meinen Versager als Sternsinger wurde alsbald Karl Schubert, als bestdenkbare Figur, von Rudolf Steiner anerkannt. Ich avancierte zum roten König Melchior, mit Herbert Hahn als Balthasar und Wilhelm Ruhtenberg als Walthauser. Meine Darstellung durfte ich durch all die vielen Jahre der weihnachtlichen Aufführungen mit wahrer Begeisterung und größter Dankbarkeit durchtragen.

Als Letztbeauftragter aus dem Kollegium für den freien Religionsunterricht ab Ostern 1923 wurde mir von Rudolf Steiner damit zugleich auch die Ausübung des Kultus in den Sonntagshandlungen an der Schule übertragen.

Eine unermeßliche, fast überwältigende Gabenfülle wurde von Rudolf Steiner ausgeteilt. Sich ihrer würdig zu erweisen, erforderte allseits größte, innerste Anstrengungen. Er war stets mit Rat und Tat Vorbild in allen von ihm befürworteten Unternehmungen. Wichtig aber und Voraussetzung für seine geniale Hilfe war immer die volle, restlose Einsatzbereitschaft der Mitglieder für ihre Vorhaben.

So konnte man in der Dreigliederungszeit in staunender Bewunderung miterleben, welchen fast übermenschlich-persönlichen Einsatz Rudolf Steiner gab. Kein noch so geringes Lokal der Stuttgarter Vorstadt konnte ihn davon abhalten, über seine Idee von der Dreigliederung des sozialen Organismus vor den Arbeitern zu sprechen. Bis tief in die Nacht hinein erstreckten sich die Vorträge, Auseinandersetzungen, Fragen und Antworten. Todmüde kam man oft nach Mitternacht heim. Unendlich viele, oft anstrengendste Arbeit — auch Enttäuschungen für Rudolf Steiner — erbrachten die Stuttgarter Jahre. Aber auch Zeiten schönen Erfolges und sichtbaren Fortschritts stellten sich ein. Dankbaren Herzens anerkannte

Rudolf Steiner stets jedes selbständig initiativ-froh sich durchringende Bemühen.

Als der Tod unseren verehrten großen Freund und Meister aus unserer Mitte am 30. März 1925 abberief, glaubten wir, im Augenblick aus unserer gesegneten Arbeit mitherausgerissen zu werden. Aber die Größe des Erlebens durchschmerzte uns zu neuem schöpferischen Tun. Mit vereinter und verstärkter Kraft wurde weitergearbeitet.

Als in der obigen Reinschrift meine Erinnerungen an Rudolf Steiner abgeschlossen vorlagen,[1] fiel mir nachträglich noch eine Begegnung ein, die doch wohl nicht unerwähnt bleiben sollte. Sie erfolgte auf künstlerisch-bildnerischer Ebene: In dem Versuche, eine Porträtdarstellung Rudolf Steiners zu gewinnen. Daß er von Anfang an um dieses Bemühen wußte, stärkte meine Bereitschaft zu dem außerordentlichen Unternehmen. Der erste Versuch geschah im Herbst 1920 mit der Farbstiftzeichnung vor der Goetheanum-Kuppel; auf meine Anfrage wurde davon durch Rudolf Steiner und Marie Steiner anstandslos eine Vierfarben-Reproduktion genehmigt.

Es folgten im Laufe der Jahre in gewissen Zeitabständen neue, fortschreitende Versuche. Einer von diesen war eine Kohlezeichnung in dreiviertel Lebensgröße, ein anderer ein Profilbild sowie ein Schwarz-Weiß-Bildnis. Dieses zeigte ich im Korridor der großen Schulbaracke Rudolf Steiner. Er hatte mich wohl in meiner Ausdrucksweise bei vorheriger Anmeldung nicht ganz verstanden und so war er sehr überrascht, einer Darstellung seiner Person zu begegnen. Sogleich sprach Rudolf Steiner davon, daß er grundsätzlich keine Stellung und Aussage gebe zu jeglicher Bilddarstellung von ihm.

Als ich mich ob dieser Ungelegenheit herzlich entschuldigte, lenkte Rudolf Steiner gütigerweise doch ein und fragte: „Wann sehe ich so aus?", worauf ich prompt erwiderte: „Wenn Sie, Herr Doktor, unter den Kindern sind." Diese Antwort erfreute ihn sichtlich — ja, er fing dann sogar an, mit einem persönlichen Hinweis auf eine gewisse Kennzeichnung einer Gesichtspartie einzugehen, die erst im 40. Lebensjahr sich gebildet habe.

Dieses Erlebnis prägte sich tief und verpflichtend in meine weitere Arbeit ein.

---

[1] Geschrieben im Januar/Februar 1957.

NORA VON BADITZ-STEIN

Aus der eurythmischen Arbeit in Dornach und in der Waldorfschule in Stuttgart

Mögen diese Erinnerungen impulsierend wirken und kraftgebend, wie der Blick Rudolf Steiners damals wirkte, als ein junges strebendes Menschenkind den Dornacher Hügel hinaufklomm und vor sich sah den frisch-kräftigen Gang Dr. Steiners, erklingen hörte sein freundliches „Guten Morgen!" und auf sich ruhen fühlte einen Blick, der sonnenwarm-liebend Kräfte spendete für die Arbeit. Wer in diese Augen schauen durfte, den trug eine schwingende Heiterkeit durch den Tag!

Und diese übende, schaffende Seelenfrische wurde immer wieder erneuert. Rudolf Steiner sorgte dafür, daß die Ermüdung wich, daß die Betrübtheit über das eigene Unvermögen einem begeisterten Neuprobieren Platz machte. Er kam oft am Tage zu den Übenden in die Schreinerei, nahm teil an den Proben, sprang jugendfrisch auf die Bühne und zeigte neue, überraschende Bewegungen für die Eurythmie.

Streng wurde sein Blick, wenn Lässigkeit deren Ausdruck lähmte, da forderte er Arbeit, Wiederholung, bis wirklich in der Gebärde der Inhalt des Gedichtes sichtbar wurde. „Geübt muß werden!" rief er uns zu, aufmunternd, energisierend. Seiner Freude über das arbeitsame Streben gab er des öfteren auch dadurch Ausdruck, daß er die Letzten, die noch spät abends auf der Bühne übten, beglückte durch das Vorlesen von humoristischen Gedichten. Unvergeßlich sind diese Stunden! Er las mit einer solch natürlichen Einfachheit vor, erfüllt mit der goldenen Heiterkeit seines Wesens, daß wir nicht aus dem Lachen kamen, und sein Lachen klang mit. Er war dabei menschlich einfach, verstehend und helfend.

Wenn jemand betrübt war, konnte er kommen und mit einigen Worten das Schwere von der Seele wegnehmen. So erinnere ich mich, daß Dr. Steiner plötzlich vor mir stand, als ich etwas traurig hinter der Bühne saß. „Haben Sie den Hasen in dem Mond gesehen?" frug er mit einer ungemeinen Frische. Meine Seele war in Staunen verwandelt. Er lachte, ich auch. „Ja haben Sie den Hasen in dem Mond noch nicht gesehen?" wiederholte er schelmisch. Ich guckte etwas ratlos, nicht wissend, was ich sagen sollte. Da lachte er herzlich, durchstrahlte mein ganzes Wesen mit so viel Liebe-Wärme und Mut, daß alle Traurigkeit weg war. „Ja, Sie müssen gut schauen, dann werden Sie schon den Hasen im Monde sehen", sagte er, nickte freundlich und ging. In der Seele blieb unauslöschlich der Sonnenkeim dieser Begegnung. (Viel später fand ich den Hinweis in einem Vortrage von ihm, daß der sich zur Speise hinreichende Buddha als sich opfernder Hase im Monde erblickt wurde.)

In dem Jahre 1918 standen noch die Gerüste im Goetheanum; wir konnten jede freie Zeit benützen und die Formen der Architrave, die Säulen-Motive bewundern, ihre lebendigen Metamorphosen verfolgen mit beweglich gewordener Seele. Die Eurythmie erwuchs unter den Einwirkungen dieser Formen.

Eines Morgens, es war bald nachdem ich in Dornach angekommen war, wartete Rudolf Steiner auf die Probe. Er saß allein in der ersten Reihe der Schreinerei, ich saß in der Nähe, da sprang er plötzlich auf und sagte: „Sie sollen dafür sorgen, daß alle Damen pünktlich zu den Proben kommen, Sie können das!" Er ging, und ich war etwas verlegen über diese Aufgabe. Ich sprach dann mit einer jeden, und Rudolf Steiner brauchte nicht mehr zu warten. Es war eine vielseitige Ausbildung, die er uns gab, vor allem auch im Moralischen.

Als die ersten öffentlichen Aufführungen erwogen wurden, sagte Rudolf Steiner, man könne mit den Proben dafür erst beginnen, wenn die Eurythmiedamen sich der Tatsache bewußt wären, daß die Bühne demoralisiert. Wir waren tief betroffen, als man uns immer wieder sagte: er gibt keine neuen Formen, denn — die Damen haben noch nicht genügend überlegt, daß die Bühne demoralisiert. Als wir dann endlich in Demut uns klein fühlten und für die Gefahren des Ehrgeizes mehr gewappnet waren, gab er die Formen für die großen Aufführungen in den Theatern von Zürich, Bern und Winterthur. Bei diesen ersten Aufführungen kam er in der Pause zu uns hinter die Bühne, sprach uns mit unendlicher Liebe zu, tröstete uns, wenn das Publikum nicht genügend klatschte (in Bern) und wandelte unsere Bangigkeit in Heiterkeit um, damit von dem zweiten Teil des Programms eine strahlende Fröhlichkeit ausgehen konnte. Mit ganz besonderer Sorgfalt arbeitete Dr. Steiner an der Ausgestaltung der humoristischen Gedichte; er äußerte lächelnd, und sagte, ernst betonend, die humoristische Eurythmie „*entphilistere*".

Rudolf Steiner sprach für uns die *Zwölf Stimmungen*, die zwölf Strophen des Tierkreises. Wir machten die Fixsterne und die Planeten. Er sprach ganz einfach, ohne jegliches Pathos, mit einer gewaltigen Stimme, schnell und immer schneller; wir waren in der äußersten Anstrengung, um die Bewegungen in des Weltalls schöpferischem Walten blitzschnell zu gestalten. Nie haben wir etwas ähnliches erlebt.

Im Dezember 1919 stellte mich Rudolf Steiner in der Freien Waldorfschule in Stuttgart an. Auf meine Frage, was ich tun sollte, da ich noch nie Kinder unterrichtet habe, antwortete er: „Nehmen Sie bei den Kindern nichts moralisch, denken Sie immer daran: Ist es Krankheit? Ist es Gesundheit? Dann wird Ihnen die Liebe erwachsen, die Sie brauchen."

Mit diesen Worten ist auf die Grundlage der pädagogischen Eurythmie gewiesen: die *heilende Liebe*. Und Dr. Steiner riet mir, in die Hilfsklasse von Dr. Schubert zu gehen: „Dort werden Sie erleben, wie diese kranken Kinder ganz aus dem Leibe heraus sind. Nun aber macht Dr. Schubert einen großen Krach: die Kinder sind hereingekommen in ihre Körper. Er unterrichtet sie in allen möglichen Fächern. Sie werden hören, wie er die Anfangsworte des Johannes-Evangeliums mit einigen spricht, einem andern zeigt er, wie man die Buchstaben schreibt, mit einer rechnet er, die Zeit benützend, wo das Wesen der Kinder da ist." Lächelnd fuhr er fort: „Aber nach einer Weile müssen Sie aufpassen, denn wenn Dr. Schubert merkt, daß die Kinder abwesend sind, dann macht er einen noch viel größeren Lärm — denn er ist am richtigen Platz. Dr. Schubert ist wirklich am richtigen Platz, er macht es sehr, sehr gut. Gehen Sie nur immer wieder hin, da bekommen Sie die Anregungen, die Sie brauchen."

Helfer zu sein allen Kindern, zu achten auf ihre Störungen und diese mit den Kräften der Eurythmie zu überwinden: so versuchten Frau Baumann und ich in der wachsenden Schule zu arbeiten. Bei der zunehmenden Schülerzahl wurde bald auch Edith Röhrle angestellt. Unter den Augen Dr. Steiners erwuchs die pädagogische Eurythmie. Er ging in die Stunden, schaute die Leistungen der Schüler in den Monatsfeiern an und gab Rat und Weisung.

Eines Tages kam er in meine Stunde. Es war eine große Klasse, und ich war im ersten Moment bang und noch unsicher — so ganz im Anfang meiner Arbeit —, ob ich es auch richtig mache. Er saß aber so liebevoll ruhig da, und es gingen von ihm wunderbare helfende Kräfte aus, so daß alle Unsicherheit wich. Die Kinder bewegten sich freudig, harmonisch. Bald hatte ich das Gefühl von Leichtigkeit und Reichtum, eine Atmosphäre des Sprießens und Sprossens waltete, und mir kam es vor, daß wir alle umfangen waren von einem Gedeihen und Erblühen. Erst später wurde mir bewußt, daß Dr. Steiner mich damit einführte in die blühende Welt der pädagogischen Eurythmie, aus der die vielfältigen Fähigkeiten der Kinderseelen und die Gesundheit der Kinderkörper erspießen.

Als ich nach der Stunde fragte: „Was war schlecht, Herr Doktor?" sagte er mit unendlicher Liebe: „Schlecht? Es war nichts schlecht. Alles war ausgezeichnet. Aber wissen Sie auch, was Sie dadurch bei den Kindern bewirkten, daß Sie eine Form mit geraden Linien machten mit dem Rhythmus lang-kurz-kurz und *ohne* Pause daran anschlossen eine runde Form mit einem anderen Rhythmus, wissen Sie, was Sie dadurch bewirkt haben?" „Nein, Herr Doktor", antwortete ich verdutzt. „Dadurch, daß

Sie erleben ließen die Gerade mit einem Rhythmus, *unmittelbar* darnach die runde Form mit einem anderen Rhythmus, haben Sie den Kindern neue Ätherkräfte zugefügt." Unvergeßlich bleibt der strahlende Abschied, der diesen Worten folgte. Das gab das nötige Selbstvertrauen für den weiteren Ausbau der Arbeit.

Rudolf Steiner zeigte selber die heileurythmischen Übungen, die ich ungefähr ein Jahr lang noch außer den Stunden unter der Leitung des Schularztes Dr. Kolisko ausführte. Auch da rief er zur selbständigen Aktivität auf. So sagte er zum Beispiel einmal zu mir, als ich mit einem stotternden Mädchen arbeitete und er das Kind gesehen hatte: „Lauschen Sie genau, bei welchen Buchstaben das Stottern einsetzt, gestalten Sie aus diesen Buchstaben eine Alliteration; das wird dem Kinde helfen, diese Buchstaben auszustoßen."

Besondere Freude hatte Rudolf Steiner an den Nummern in der Monatsfeier, wo man schwierige Erziehungs-Klippen mit Eurythmie bemeisterte. So hatte er zu unserem Erstaunen einmal vor der ganzen Schule betont, wie er sich über eine Darstellung des alten Sigurdliedes gefreut hatte. In kurzen Alliterationen hatte ich ein paar cholerischen Knaben Gelegenheit gegeben, den Überschuß ihrer Kräfte in den vielen Proben fruchtbar anzuwenden.

Auch gegen die mangelnde Aktivität in der Aufnahme des Hauptunterrichtes bot einmal die Eurythmie entscheidende Hilfe und wurde zum „Erwecker" der Klasse, nachdem Dr. Steiner mich beriet, wie die energisierenden Formen für die „Nornen-Szene" von Richard Wagner zu gestalten sind, die dann gründlich ausgearbeitet wurde.

Mit der physiologisch begründeten Angabe, die Eurythmie-Stunden mit ernstem Inhalte zu beginnen und heiter zu beenden, schuf Rudolf Steiner die gesunde Grundstruktur der Stunden. Zu der Anweisung, daß die Schüler eine kurze Zeit still stehen sollten als Abschluß der Arbeit, wurde uns klargemacht, daß in dieser Zeit Halt für das Leben und Gesundheit sich ausformen als Frucht der vorausgegangenen Bewegungen.

So darf ich mit den Worten des Schöpfers der Eurythmie schließen: „Das Eurythmische, das bewirkt, daß der Mensch wirklich mehr die Fähigkeit bekommt, in sich zu erkennen, in sich selber sich zu beherrschen."

MARTHA HAEBLER

Meine Erinnerungen an Rudolf Steiner

Was sich hier aus meinen Erlebnissen als ein Bild Rudolf Steiners ergibt, wird nur *meine* Vorstellung von ihm sein, die ich durch meine persönlichen Eindrücke von ihm gewinnen konnte. Ich sehe in meiner Schilderung ab von den vorhandenen umfangreichen Darstellungen über ihn, bin aber genötigt, auch einiges von meiner eigenen damaligen Lebenssituation mit einzuflechten.

Bevor ich Rudolf Steiner zum ersten Mal sah, hatte ich keinerlei Vorstellung von seinem Äußeren, da ich noch keine Photographie von ihm in die Hand bekommen hatte. Es war zu Beginn der pädagogischen Ostertagung 1923 in Stuttgart, der Tagung, von der Rudolf Steiner hinterher sagte, daß sie brillant gewesen sei. Ich ging einige Schritte auf dem unteren Korridor des großen Hauses der Schule, beobachtete die Ankömmlinge, die wohl wie ich in freudiger Spannung erschienen waren. Plötzlich: das ist Rudolf Steiner, und kein anderer! Er kam über den Schulhof, im Gespräch mit einem Waldorflehrer, ich schaute ihm ins Antlitz, stand wie angewurzelt und sah nur noch seine Augen. So etwas hatte ich noch nie gesehen, das war mir bis dahin auch unvorstellbar.

Der Saal war nun überfüllt, und in all den Tagen hatte ich das paradoxe Erlebnis: der übervolle Saal war leer, bis Rudolf Steiner eintrat. Rudolf Steiner hörte alle Vorträge an; seine eigenen öffentlichen Vorträge fanden im Gustav-Siegle-Haus statt. Für mich, die ich soeben mein Referendarjahr in Erlangen absolvierte und in einem Vierteljahr das zweite Staatsexamen abzulegen hatte, stand schon während dieser begeisternden Tagung fest, daß es nur *einen* Ort gab, der meinen jugendlichen Wünschen und Sehnsüchten nicht nur entsprach, sondern, weit darüber hinaus, mir neue Ziele und Möglichkeiten in unerhörter Fülle wies. Und dieser innere Aufbruch geschah mir in dem Augenblick, da das Erlanger Humanistische Gymnasium alles versuchte, um meinen pädagogischen Idealismus zugrundezurichten. Überdies wußte ich, daß Rudolf Steiner selbst seine Lehrer anstellt. Das war ebenso erregend wie beruhigend. Ich erkannte genau, daß ich in diesem Augenblick den Aufgaben dieser Schule gegenüber eine völlige Null war. So mag es vielleicht auch anderen Kandidaten im letzten Stadium des Unversitätsstudiums ergangen sein. Aber *eine* Frage an Rudolf Steiner wäre wohl möglich: ob er meint, daß ich jemals imstande sein könnte, eine solche Aufgabe zu übernehmen, und was ich inzwischen am besten tun sollte, um dahin zu gelangen.

Mit dieser Frage stand ich vor ihm, als ich nach abgelegtem Examen im September 1923 während einer internen anthroposophischen Tagung im Gustav-Siegle-Haus wiederum in Stuttgart weilte. Ich wurde ihm vorgestellt, und er blickte mich ernst, aber sehr freundlich an und schlug vor, ich möchte nach der Abendveranstaltung auf ihn warten. Der Saal hatte sich geleert, und wir saßen nun nebeneinander. Das Merkwürdige war, daß ich mir gar nicht mehr so völlig nichtig vorkam, als er mich ansah und Fragen an mich stellte: wie ich zur Anthroposophie gekommen sei, wie ich die Waldorfschule kennengelernt hätte. Plötzlich fragte er: „Sind Sie Deutsche?" Ich bejahte. „Sie sind *Deutsche*?" Nach nochmaliger Bejahung fragte er ein drittes Mal wie verwundert, so daß ich nun erzählte, woher meine Eltern stammen. Dann kam die Sprache auf die Art meines beendeten Studiums, und einige andere Dinge, dann sagte er: „Nun hoffe ich, daß Sie mir eine gute Waldorflehrerin werden." Ich stand auf, auch er erhob sich, blickte mir warm ins Auge, faßte meine beiden Hände, hielt sie eine Weile in den seinen und sagte dann: „In drei Wochen also, und bis dahin gute Gedanken." In der Konferenz — wie ich hinterher hörte — erzählte er, daß er mich angestellt habe, obgleich er doch eine männliche Lehrkraft gesucht hatte, und er fügte hinzu: „Sie wird ihren Mann schon stellen."

Am 1. Oktober fand ich mich wiederum ein, erlebte sogleich eine Monatsfeier, hospitierte ca. drei Tage, vertrat kranke Lehrer in der ersten und sechsten Klasse, dann erfuhren wir: morgen kommt Dr. Steiner.

Dr. Hahn hatte aus der Klasse 5a und Fräulein Naegelin hatte aus der Klasse 5b all die seit Ostern und später hinzugekommenen Schüler auf Listen geschrieben, so daß ich eine Klasse von zunächst ungefähr 35 Kindern zu erwarten hatte. Was sonst nicht geschah, hielt hier Rudolf Steiner für nötig: mich mit meinen Kindern zusammenzuführen. Hier war ja auch die Situation insofern eine besondere, als wir mitten im Schuljahr standen, und die Kinder, die mit großer Liebe an ihren Lehrern hingen, wurden ihnen entrissen. Diesen Schmerz ihnen zuzufügen, unternahm er selbst, und wir konnten auch einige Tränen fließen sehen, als wir zusammen die Kinder aus 5a und 5b holten, und dann die Klasse in Zweier-Reihe hinter uns herzog über den Hof; ich öffnete die Tür ins Verwaltungsgebäude, wollte ihn vorangehen lassen, was er aber keinesfalls duldete, und nun saßen die zum Teil betrübten, zum Teil durchaus auch für etwas Neues interessierten Kinder in den Bänken.

Rudolf Steiner ging nun von Bank zu Bank und gab jedem Kinde die

Hand, und einem feinen Mädchen, unserer Feodora, strich er über das blonde Pagenköpfchen (wie ich später erfuhr, hatte das Kinde ein schwieriges Zuhause, und es ist bald nach dem Verlassen der Schule gestorben). Dann trat Rudolf Steiner vor die Kinder hin, alle waren beruhigt, und er erklärte ihnen, weshalb sie ihre Klassen verlassen mußten, sie seien doch viel zu viel in einer Klasse geworden, und nun wendete er diesen Zustand ins Humorvolle: „Ihr seid doch keine Heringe, die man so in eine Tonne schichten kann, immer mehr noch darauf (wobei er diese Worte mit einer lustigen Geste des Aufschichtens unterstrich), da habe ich lange gesucht, bis ich für euch eine sehr liebe Lehrerin gefunden habe, Fräulein Dr. Haebler, die jetzt mit euch arbeiten will." Er redete lange und eindringlich, mir ist aber nur in Erinnerung, daß er vielleicht zehnmal mit Betonung von der „sehr lieben Lehrerin" sprach. Ich hätte ja in den Boden versinken müssen, wenn ich nicht sofort verstanden hätte, weshalb er das tat. Nach dem zugefügten Schmerz sollten die Kinder so schnell wie möglich Vertrauen zu mir fassen.

Dann trat Rudolf Steiner zur Fensterseite und sagte mit einer Handbewegung zu mir: „Nun fangen Sie an." Den angebotenen Stuhl lehnte er ab. Ich begann mit dem Morgenspruch, nach dessen Beendigung er mich aufforderte, auch das Vaterunser zu sprechen. So verlief meine erste Stunde in meiner Klasse 5c unter der Anwesenheit von Rudolf Steiner, aber ich war keinen Augenblick gehemmt, sondern wie beflügelt (womit nichts über die Qualität dieser ersten Unterrichtsstunde ausgesagt sein soll). Ich hatte mit Deutschunterricht begonnen, das heißt ich griff auf, was in der Parallelklasse soeben angefangen worden war: Besprechung der Satzzeichen, zunächst Entwicklung aus der Satzmelodie etc. Das Wort „Akzent" fiel, da trat Rudolf Steiner vor die Klasse: „Wißt ihr, woher das Wort Akzent kommt?" Keine Antwort natürlich. Er erklärte nun, wie die Römer Handel getrieben haben, kauften und verkauften und deshalb immer Geld zählen mußten, manchmal lange zählen mußten. Das machte er sehr anschaulich vor, indem er leicht bei jeder Zahl auf die Bank klopfte, und als er dann an die Hundert kam, klopfte er sehr kräftig und sagte, daß sie sich weiterhin die Hunderter auf diese Weise einprägten: ad centum = Akzent. — Nach ungefähr einer Stunde verließ er uns.

In diesen Tagen hielt er die Oktobervorträge 1923 vor den Kollegen. Nach dem ersten Vortrag, als alles aufgestanden war, kam er nach hinten, wo ich stand, faßte mich bei der Hand und führte mich mit seiner erhobenen Hand vor zu Marie Steiner (was ausgesehen haben soll, als wollte er mit mir zur Polonaise antreten, wie mir später ein Kollege versicherte). Er stellte mich vor und schloß an meinen Namen lächelnd die Worte an: „Gesegnet mit 5c."

Der zweite Vortrag behandelte menschenkundlich die heilenden oder kränkenden Prozesse, die ein Erzieher im Kinde durch seine Art des Unterrichts hervorruft. Was da entwickelt wurde, war zunächst für mich schwierig genug, denn es setzte die Lebendigkeit des geschulten goetheanistischen Denkens voraus. Nach diesem Vortrag ging er sogleich wieder auf mich zu: „Haben Sie das verstanden?" Er hat gewiß kein Ja erwartet. „Das werden Sie bald viel besser verstehen." So hat er mir auch hier wieder Mut zugesprochen.

Nach einigen Wochen kam er wieder nach Stuttgart, ich sah ihn im Vorbeigehen oben auf dem Korridor im Gespräch mit einem Kollegen, und ich begann im Lehrerzimmer in einer Zwischenstunde Hefte zu korrigieren. Ich war allein im Raum. Plötzlich hörte ich sehr rasche Schritte, und Rudolf Steiner öffnete die Tür, kam auf mich zu, begrüßte mich sehr herzlich mit der Frage: „Wie geht es Ihnen?" Ich war überrascht, und meine Worte waren sicher etwas zusammenhanglos; ich hatte von dem, das ich hätte sagen wollen, nur einen Teil herausgebracht. Was aber Rudolf Steiner mir darauf antwortete, das war ein Eingehen auch auf das Nichtgesagte.

Ich hatte einen Buben in der Klasse, einen rothaarigen verwegenen Burschen, dem nichts heilig war. Er konnte einem die ernstesten und schönsten Dinge im Unterricht zunichte machen. Davon sprach ich einmal zu Rudolf Steiner. Nicht etwa, daß er verärgert über den Jungen war, er sah natürlich, daß das Ungenügen bei mir lag. Er sagte: „Sie müssen, bevor Sie in die Klasse treten, sich innerlich ermutigen, schon bei der Vorbereitung müssen Sie sich so richtig innerlich ermutigen, dann werden Sie spüren, daß der Junge mitgeht." Und diese Worte begleitete er mit eindringlich-anschaulichen Gesten. Dieser Rat hat mir und dem Jungen allmählich gutgetan.

So nahte Weihnachten, und ich glaubte, daß meine Kinder inzwischen zu einer Klasse zusammengewachsen waren. Sie hatte sich vorgenommen, mich am letzten Schultag mit einem weihnachtlichen Spiel zu überraschen. Für diesen Tag hatte sich Rudolf Steiner in der Schule angesagt. Er war dann am Abend auch beim Weihnachtsspiel, das die Lehrer für die Schüler spielten, anwesend. Ich stand früh um acht Uhr, wie das üblich war in solchen Fällen, vor verschlossener Tür, und als sie geöffnet wurde, brannte der Lichterbaum, die großen Dreierbänke am Fenster waren aufgerichtet, so daß ein Bühnenraum entstanden war, und oben auf den Bänken saßen einige Buben mit beträchtlichen Säcken, deren papierener Inhalt erst später festzustellen war. Die Handlung in dieser Aufführung ist mir leider entfallen. Jedenfalls wurde mit aller Hingebung und allem Ernste gespielt, aber die Hauptsache war den Kindern wohl, daß es schneien mußte, und nun wirbelte der weiße Schnee aus den Säcken, und ich versichere, daß mengenweise geschneit wurde, vom Fußboden war nichts mehr zu sehen. Das Spiel war zu Ende. Wir sangen noch Weihnachtslieder, dann schenkte ich jedem Kind einen Kunstdruck und eine Pappschale mit Nüssen und Plätzchen.

Jetzt hätte ich die Kinder entlassen können, aber unmöglich, ich wäre gar nicht auf den Gedanken gekommen, denn es war eine wahre Weihnachtsseligkeit im Raum. So wurden jetzt Plätzchen gegessen, Nüsse geknackt, die Schalen fielen in den Schnee — da öffnet sich die Tür, Rudolf Steiner blickte lächelnd durch den Raum; er schien keineswegs schockiert zu sein über den im bürgerlichen Sinne indiskutablen Zustand unseres Klassenzimmers. Ich ging ihm entgegen, und nach seiner sehr freundlichen Begrüßung erklärte ich ihm, wieso hier geschneit werden mußte. Nun wandte er sich sehr herzlich auch den Kindern zu, und die Hände flogen ihm entgegen. Auch Feodora begrüßte ihn und reichte ihm ein geflochtenes Binsenkörbchen, gefüllt mit Konfekt. Mit welcher Anmut nahm Rudolf Steiner dieses Geschenk entgegen, wie warm hat er dem Kind gedankt! Von dem, was er nun zu den Kindern sprach, ist mir nur der Schluß im Gedächtnis geblieben. Er erinnerte sie noch einmal an den Tag, da er ihnen eine „sehr liebe Lehrerin" gebracht hatte, und dann fragte er: „Habt ihr eure Lehrerin auch lieb?" Von dem Fortissimo-„Ja!" schien er befriedigt. Herzliche Verabschiedung von mir und den Kindern. Er hat uns tatsächlich nicht übelgenommen, daß er bei uns im Schnee waten mußte. („Erziehungskunst", Jahrgang XVI Heft 12 „Rudolf Steiner in einer Waldorfschulklasse".)

So war mein erstes Vierteljahr in der Waldorfschule vergangen. Ich weiß, daß ich, eine Anfängerin in der Lehrtätigkeit, keineswegs hätte wagen dürfen, in jener Zeit diese verantwortungsvolle, schwere Aufgabe zu übernehmen, aber ich fühlte mich wie getragen von dem Vertrauen Rudolf Steiners in meine Kräfte. Eigentlich hat *er* für mich den Mut aufgebracht. Die Kollegen allein hätten es damals auch nicht wagen dürfen, mich als Lehrkraft aufzunehmen. Das neue Jahr 1924 begann für mich nun mit einer wachsenden inneren Zuversicht.

Da ich von Rudolf Steiner auch Vorträge in Dornach gehört habe und im Sommer 1924 beim Arnheimer Kurs anwesend war, so mögen es rund 70 Vorträge gewesen sein und alle seit Herbst 1923 stattfindenden Lehrerkonferenzen, dazu die persönlichen Gespräche, die mir genug Gelegenheit gaben, immer wieder staunend etwas von dem Wesen dieser unvergleichlichen Persönlichkeit wahrzunehmen. Wir Alten werden oft gefragt von den Jüngeren: „Wie war eigentlich Rudolf Steiner?" Aber es ist gar nicht so einfach, Rudolf Steiner zu charakterisieren. Da hat es ein Schriftsteller leichter, wenn er seine Romanfiguren ausstatten kann mit all ihren Absonderlichkeiten, Disharmonien und dem nicht Angepaßten an die menschliche Gesellschaft. Von all dem war eben bei Rudolf Steiner nichts zu bemerken. Man muß ihn anderswo suchen. Heute könnte ich es so ausdrücken: er war ein Mensch, der „Wie erlangt man Erkenntnisse der höheren Welten?" nicht nur geschrieben, sondern vor allem gelebt hat, durchlitten hat in kaum vorstellbaren Erschütterungen. Und was wir nun an ihm wahrnehmen, das muß man sich in einer Größenordnung denken, die wir sonst an Menschen nicht kennen. Ein mächtiges Zentrum seines Ichwesens strahlte aus und beschenkte aus der Fülle seiner Weisheit, Schönheit, Güte in jeder Weise jeden, der nur offene Hände hatte zu nehmen, soviel er konnte.

Ich will nun versuchen, in einzelnen Zügen ein Bild von Rudolf Steiner zu zeichnen, wie ich es damals aufgenommen habe und wie ich ihn in bestimmten Situationen erlebte. Ich habe mich bald nach meiner ersten Begegnung mit ihm gefragt: „Wofür hätte ich diesen Menschen gehalten, wenn ich ihn irgendwo als einen Fremden beobachtet hätte?" Und ich sagte mir: er könnte ein *Künstler* sein, ein Musiker oder ein großer Menschendarsteller auf der Bühne; auf alle Fälle ist er ein bedeutender *Denker;* er könnte aber ebensogut der Träger einer höheren *priesterlichen* Würde sein, wobei ich später bemerken mußte, daß ich in ihm ausgedrückt fand die drei Strömungen der Kultur: Kunst, Wissenschaft und Religion, von denen ich Rudolf Steiner sagen hörte, daß sie nicht getrennt bleiben dürften, sondern der einheitliche Ausdruck einer spirituellen Kultur werden müßten.

Seine Gestalt war kaum über mittelgroß, aber wie das bei so völlig wohlproportionierten Menschen auch sonst der Fall sein mag: er wirkte auf dem Podium viel größer. Sein Antlitz war blaß und von ruhigem, tiefernstem oder sogar unergründlich schmerzlichem Ausdruck, der sich rasch verändern konnte, wenn er sprach oder lachte. Das Ergreifendste waren seine Augen, die man immer anschauen mußte. Sie entsprachen in der Farbe dem dunklen Haar, sie waren wie durchleuchtend, als wären dahinter schimmernde Goldstäubchen (diese Metapher habe ich damals schon ausgesprochen, ich fand in jüngsten Veröffentlichungen über Rudolf Steiner ganz entsprechende Vergleiche). Der Blick konnte sehr ruhig auf etwas oder auf jemandem verweilen, er konnte aber auch im Reden sehr lebhaft werden. Stefan Zweig *(Die Welt von Gestern),* der mit Rudolf Steiner in Berlin viele Gespräche gehabt hat, nannte diese Augen „suggestiv"; dem wird jeder auf das entschiedenste widersprechen, der Rudolf Steiner kannte. Nichts lag seinem Wesen ferner.

Wie war seine Sprache, seine Stimme? Wohltuend, zugleich plastisch formend und musikalisch, immer schwangen Tiefen mit, ein sonor strömender Wohlklang, dunkler, wärmer im persönlichen Gespräch, höher in der Tonlage und etwas härter bei einer Rede im großen Saal. Diese Stimme konnte aber auch hämmern, da war sie schärfer und unerbittlich, wenn er sich zum Beispiel mit böswilligen Urteilen seiner Gegner auseinanderzusetzen hatte. Seine Sprache war ein reines Hochdeutsch, doch in der Färbung der Vokale klang da und dort der echte kraftvolle Dialekt seiner österreichischen ländlichen Heimat durch, aber nichts von der dekadent-verweichlichten Wiener Aussprache. Ich höre noch heute das A und das weit hinten gesprochene L in der ersten Silbe des Wortes „Waldorfschule". Daß jedes Wort aus seinem Munde ausdrucksvoll und gewichtig und bedeutsam wurde, das mag hinzugefügt werden, obgleich es sich von selbst versteht. Aber eines ist sicher: er hätte alle Möglichkeiten eines guten Schauspielers gehabt, sich im Worte zu jeder Art von Wirksamkeit zu bringen. In Wahrheit hat er nur seinem Inneren Ausdruck verliehen, fast hätte ich gesagt: ganz schlicht, ganz rein, ganz bescheiden, ganz natürlich — wenn man auch diese Adjektiva in der richtigen Größenordnung aufnehmen will.

Wie oft habe ich Rudolf Steiners Schritt beobachtet, wenn er durch den Korridor ging oder den Schulhof überquerte oder einen Saal in der Richtung des Podiums. Sein Schritt war rhythmisch, zielstrebig, ohne Härte und Schwere, ich hätte ihn federnd-lebendig genannt. Erich Schwebsch hat einmal gesagt: Rudolf Steiners Schritt war klingend — und dieses Wort scheint mir am treffendsten.

Was mir in seinem Verhalten sehr bald als etwas ganz Besonderes auffiel, das war, was ich bei einem so im Übermaß beanspruchten Menschen niemals hätte erwarten können: er war völlig unnervös, ungehetzt, niemals innerlich atemlos — und man wußte doch, wie Sitzung auf Sitzung und Gespräch auf Gespräch folgten bei seinen Stuttgarter Aufenthalten bis in die Nächte hinein oder die Nächte hindurch. Und soviel ich weiß, hat er bei jeder Reise nach Stuttgart die Waldorfschule besucht und eine Konferenz einberufen. Einmal warteten wir lang auf ihn bis nach 10 Uhr abends, und die Konferenz dauerte dann bis weit nach Mitternacht. Es ergab sich zufällig, daß ich ihm in den Mantel helfen konnte, und dem Dank fügte er hinzu: „Jetzt habe ich Sie aber lange aufgehalten." Ich fand jedoch, daß wir *ihn* lange in Anspruch genommen hatten. Das Unnervöse seines Sich-Gebens erfuhr man vor allem in seinen Gesten. Keine Handbewegung, die nicht sinnvoll war, die nicht für eine Sache einen genauen Ausdruck bot. Und niemals eine Geste zuviel. Man muß beobachtet haben, wie er gelegentlich in der Konferenz oder vor einem Vortrag den Kopf sehr ruhig und hoheitsvoll von einer Seite zur andern wandte, um alles zu überblicken und einzuschließen, ohne daß man hätte in seinen Augen lesen können, was dabei in ihm vorging — vielleicht ein Aufnehmen alles dessen, was ihm entgegengebracht wurde. Von außen geschaut, müßte ich seine Gesten anmutig nennen, aber das war es eben nicht allein. Man konnte gerade bei ihm ahnen, wie sehr seine Gesten ein unmittelbarer Ausdruck seiner inneren Bewegtheit waren. So wird es mir unvergeßlich bleiben, wie er eines Nachmittags in der Landhausstraße in einem der Oktobervorträge 1923 für die Lehrer über die Seidenraupe sprach: Er trat einen Schritt zur Seite, und die Spätherbstsonne fiel auf seine Hände, die nun in lebendiger Weise das Spinnen der Raupe durch rasche, kleine lemniskatische Bewegungen nachahmten, während er sprach: „Die Raupe opfert sich in die Sonnenstrahlen hinein, sie will aufgehen, sie will sich vernichten, aber alle Vernichtung ist Geburt. Sie spinnt bei Tag in der Richtung der Sonnenstrahlen an ihrer Hülle, an ihrer Puppenhülle, und wenn sie bei Nacht ruht, da verfestigt sich das wieder, so daß rhythmisch aus Tag und Nacht diese Fäden gesponnen sind. Materialisiertes, gesponnenes Licht sind diese Fäden." Dies als Beispiel, wie eindringlich er seine Worte anschaulich zu machen wußte.

Ein anderes noch war mir im Gespräch mit ihm so erstaunlich: seine intensive Gegenwärtigkeit. Während ich sprach, war er ganz Ohr, ganz bei mir, als wenn es sonst in der Welt nichts gäbe als dieses Gespräch. Geduldig nahm er auf, ohne irgendwelchen Blick zur Seite oder eine Bewegung, die mich aufgefordert hätte, aufzuhören oder Gescheiteres zu reden. Und wenn er dann zu sprechen anhob, geschah es so behutsam eingehend auf meine Worte; gelegentlich wiederholte er etwas, wenn er meinte, sich deutlicher erklären zu müssen. Dabei ruhte sein warm leuchtender Blick forschend auf mir. So fühlte man sich absolut frei und ohne Scheu vor ihm. Ja, man meinte in seiner Gegenwart sogar, besser und tüchtiger und edler und bedeutender zu sein, als man tatsächlich war; man wuchs innerlich neben ihm. Ich habe nie bemerkt, daß er mich überreden wollte; aber er überzeugte, und er gab keinen Befehl, sondern einen guten Rat, wobei er dann mit den Worten schloß, die sicher viele von ihm gehört haben: „... wenn Sie das so machen wollen." In seiner Art war nichts Herablassendes, wenn man auch in aller Unzulänglichkeit vor ihm stand. Er hat den andern Menschen wahrgenommen und ernstgenommen, dies habe ich mit Beglückung erleben dürfen.

Wie wenig Rudolf Steiner zu irritieren war, zeigte er einmal während einer Konferenz im Bühnensaal der Waldorfschule. Es ließen sich plötzlich Schritte vernehmen von der Bühnenseite her, was sonst nie vorkam. Das schien uns unheimlich nach dem feindseligen Angriff, der in München auf Rudolf Steiner verübt worden war. Karl Stockmeyer sprang auf, lief hinaus, und unsere Sorge erwies sich als unbegründet. Aber Rudolf Steiner hatte kaum einen Blick zur Tür gewandt, wartete ruhig ab, und die Konferenz wurde fortgesetzt.

Ich wünschte jedem Waldorflehrer, daß er erlebt hätte, wie Rudolf

Steiner die Schwierigkeiten beurteilte, die bei Kindern auftraten. Die Lehrer mußten immer einsehen, daß sie in irgendeiner Weise pädagogisch versagt hatten. So wurde einmal von einem Jungen des achten Schuljahrs erzählt, was er sich alles hatte zuschuldenkommen lassen. Und als immer noch mehr derartiges berichtet wurde, warf Rudolf Steiner mehrmals ein mit deutlicher Traurigkeit: „Aber er ist doch so gescheit." Das hieß wohl, daß dieser Bub nicht genug Nahrung bekommen hat für seinen gescheiten Kopf.

Ein Konferenzausschnitt wird mir unvergeßlich bleiben. Dr. v. Baravalle, der immer um die Tischecke Rudolf Steiner am nächsten saß (an der anderen Seite war Marie Steiners Platz), hatte eine Frage aus der höheren Mathematik an ihn gestellt, indem er ihm das Problem zuerst darlegte. Nun entspann sich eine Gelehrtendiskussion, deren Materie jeden Nichtfachmann ausschaltete, aber ihm um so mehr Gelegenheit gab, von außen beobachtend teilzunehmen. Die beiden Gesprächspartner waren völlig versunken in die Probleme, Rudolf Steiner stützte seinen rechten Arm auf den Tisch und wandte sich nur nach links zu Baravalle. Er wurde immer wärmer und strahlender, als Baravalle diesem Niveau standhielt. Da konnte man erleben, wie beglückt und dankbar er war, wenn ihm positive Leistung und Können und guter Wille entgegenkamen. Es war auch sonst manchmal fast beschämend, wie er Ansätze und kleine Fortschritte schon so günstig beurteilte; es mußte eben vorangehen.

Wenn ich mir Rudolf Steiner in die Erinnerung rufe, so sehe ich sein leiddurchfurchtes Antlitz vor mir, in dem sich sein ganzer Schmerz um die dekadente Menschheit und sein Wissen um drohende Katastrophen ausprägte. Dieses habe ich so stark wie nie erlebt während der internen anthroposophischen Tagung in Stuttgart im September 1923. Dr. Walter Johannes Stein hatte von dem anthroposophischen Impuls als von einer Weltangelegenheit geredet. Da erhob sich Rudolf Steiner von der ersten Zuhörerreihe, trat ans Podium, breitete weit seine Arme aus, lehnte sie an die Brüstung und verharrte in dieser Stellung, solange er redete. Und mit welchem Ernst er nun, selbst aufs tiefste bewegt, die folgenden Worte sprach, das mußte einen bis ins Mark erschüttern:

„... Sehen Sie, meine lieben Freunde, zu den schmerzlichsten Dingen in einem tieferen Sinne gehört, trotzdem vieles darinnen außerordentlich schmerzlich ist, gehört doch dasjenige noch nicht, was uns heute in einer so bedrückenden, furchtbar schrecklichen Weise umgibt, und was durchaus noch schrecklicher werden wird. Zu dem Allerschmerzlichsten gehört das noch nicht. Zu dem Allerschmerzlichsten gehört schon etwas, was dazumal, wenn auch nur in einer andeutenden Weise, schon in dem *Aufruf an das deutsche Volk* darinnen stand, gehört das, daß in einem starken Sinn gerade in Mitteleuropa in der Gegenwart die mitteleuropäische Vergangenheit in geistiger Beziehung vielfach verleugnet wird, vergessen worden ist. Aber heute ist die Sache so, daß jenes Wollen, was mitteleuropäisches Wollen ist, trotz des physischen Elends in einer gewissen Art der Auferstehung harrt. Es erregt dasjenige, was da im Hintergrund steht, wirklich ganz bedeutsame Empfindungen. Es harrt manches von dem, was sogar an Geistesleben Mitteleuropas wie begraben scheint, es harrt einer gewissen Zukunft. Man wird in weitesten Kreisen der Welt in verhältnismäßig gar nicht langer Zeit dasjenige, was sogar hier vielfach heute verleugnet wird von älterer mitteleuropäisch-geistiger Gesinnung, mit Sehnsucht ergreifen. Man wird in der Welt mitteleuropäische Geistigkeit mit Sehnsucht ergreifen wollen.

Und da komme ich auf dasjenige, meine lieben Freunde, was ich gerade an dieser Stelle doch noch mit diesen wenigen Worten andeuten möchte. Sehen Sie, es mag mancherlei Schlimmes dadurch bewirkt werden, daß im Geistigen heute einiges übersehen wird, vieles übersehen wird. Aber eines dürfte dennoch nicht kommen, denn das wäre das Furchtbarste, daß, wenn die Welt schreien wird — und das wird sie in verhältnismäßig nicht langer Zeit tun — zu ihrer eigenen Rettung nach der Auferstehung des mitteleuropäischen Geisteslebens, daß dann in Mitteleuropa die Menschen nicht vorhanden wären, die nun selber die sein könnten, die dann an wichtiger geistiger Stelle stehen: wenn sie diesen Ruf nicht verstehen könnten.

Wenn man sagen muß, daß die Welt außerhalb Mitteleuropas heute auf eine Geistigkeit wartet, dann wäre es sehr schlimm, wenn man es erleben müßte, daß die mitteleuropäische Menschheit nicht auf diese Geistigkeit wartet. Denn das wäre ein allergrößter Verlust der Welt. Das wäre eine der furchtbarsten Katastrophen, die die Erde erleben könnte, wenn einmal gegen Mitteleuropa herein der Ruf ergeht — mag dann das Äußere so oder so aussehen —, wenn der Ruf herein ergeht: Dieses Geistesleben brauchen wir, und in Europa würde man achtlos an diesem Ruf vorübergehen, weil man es selber nicht schätzen könnte, dieses mitteleuropäische Geistesleben. Gedenken wir heute des Umstandes, daß es vielleicht die Mission gerade des mitteleuropäischen Menschen sein könnte, in der allernächsten Zeit aus dem Wesen der mitteleuropäischen Geistigkeit heraus zu verstehen, was die Welt von Mitteleuropa wird empfangen wollen, denn es wäre furchtbar, wenn man dann in Mitteleuropa niemand hätte, der ein Verständnis für das Geben haben würde."

Nun soll man nicht denken, daß Rudolf Steiner immer diese tiefernste Stimmung um sich verbreitet hätte. Ich muß am Schluß noch eines wichtigen Wesenszuges gedenken: das war die Fülle seines Humors, und wenn mir das abgegriffene Epitheton erlaubt sein mag — aber es ist hier zutreffend —, das war sein goldener Humor, der nie bissig oder sarkastisch war, der aber gelegentlich jemanden tüchtig beim Ohr nehmen konnte, ohne ihn jedoch damit herabzusetzen und zu verletzen. Er wußte ja genau, bei wem in der Konferenz er diese Schwäche oder jene Handlungsweise aufs Korn nehmen konnte. Und wenn wir Kollegen, vom Gelächter geschüttelt, anfingen wieder zu uns zu kommen, erfolgte der nächste Angriff, und das war noch nicht der letzte. Er hat sich auch dazu Zeit genommen. Der Betroffene lachte schließlich mit, und vor allem lachte Rudolf Steiner gerne auch selbst. Sein Lachen war heiter, beseelt und ohne jeden Harm, fast hätte ich gesagt: kindhaft. Das kann eben ein Weiser. Es war eine wahre Freude zu beobachten, wie der Ernst dieses Antlitzes sich wandelte in die Leichtigkeit seines offenen, herzhaften Lachens. Ich empfand es immer so: auch sein Humor hatte etwas Heilendes.

Er erzählte uns einmal von Dornach, wo sich kurz vorher junge Menschen zu einer Tagung versammelt hatten: „... auch Gritli und Bärbeli waren anwesend, und da haben die jungen Leute viel geredet und haben so gescheit geredet, sooo gescheit — ich kam mir ganz kindlich vor." Da hatten sie es, diese jungen Leute mit ihrem unfruchtbaren Intellektualismus, und wir durften verstehen und — lachen, die wir doch auch zumeist junge Leute waren.

Einmal hat uns Rudolf Steiner den Urgrund dieses Humors in indirekter Weise selbst enthüllt. Es handelte sich in der Konferenz um einen ungefähr 17jährigen Jungen, für den er sich ganz besonders interessierte, denn der Junge hatte außerordentlich viel in sich, konnte sich aber nach außen hin reichlich ungebärdig zeigen. Er sollte nun angehalten werden, sich mit bestimmten mathematischen Problemen zu beschäftigen, die von einem Wiener Professor namens Oskar Simony erarbeitet waren. Nun erzählte uns Rudolf Steiner von diesem Professor, wie er ihm einmal als Student begegnet sei — ausführlich wurde hier den Wiener Kollegen erklärt, wo das stattgefunden hat —, da sei der Professor, der den Studenten nicht gekannt hat, plötzlich auf ihn zugekommen und habe ihm gesagt: „Kommen Sie mit zu mir, ich will Ihnen mein neuestes Buch zeigen." Rudolf Steiner folgte ihm, und so entspann sich in der Wohnung des Professors eine lange Unterhaltung über okkulte Fragen und auch über tiefere, die geistige Welt betreffende Erlebnisse. Und dann habe Oskar Simony zu ihm gesagt: „... Nicht wahr, das ist doch gar nichts: das Phänomen der Elevation, oder bei einem entfernten Freund die Bücher in den Regalen durcheinanderzuwerfen (Telekinese), aber das andere (und hier waren eben die wahren geistigen Erlebnisse gemeint), nicht wahr, da muß man schon sehr viel Humor haben, um das zu ertragen." Und hier setzte Rudolf Steiner dazu, diese Bemerkung sei so „tiefwahr", daß man daraus ersehen könne, wieweit Oskar Simony in die Welt des Geistes eingedrungen war.

Hier möchte ich die kurze Aufzeichnung meiner Erinnerungen an Rudolf Steiner schließen... Wer sie in die Hand bekommt, der möge bedenken, daß ich als 26jährige Rudolf Steiner kennengelernt habe und nur aus seinen letzten Lebensjahren berichten kann. Und doch mag sie ihren Sinn haben. Denn ich glaube, es sollten noch viele eigenständige, ausschnittartige Skizzen entstehen durch alle die, welche Rudolf Steiner in irgendwelche Zusammenhänge und vielleicht auch nur in einer kurzen Zeitspanne erleben durften. Das Bild dieser einzigartigen weltweiten Persönlichkeit kann dadurch nur an Fülle und Farbigkeit gewinnen.

HANS THEBERATH

Aufzeichnungen für einen Vortrag

Ich möchte Ihnen von meiner Begegnung mit der Individualität sprechen, die wir hier auf Erden als Rudolf Steiner kannten. Ich möchte davon sprechen, wie ich diese Persönlichkeit erlebte. Wenn man sich jahrzehntelang um die Anthroposophie bemüht, so wird die Persönlichkeit ihres Schöpfers immer größer. Man blickt dann zurück auf Rudolf Steiner, wie er auf Erden wandelte, mit immer größerer Ehrfurcht. Und man weiß, im Grunde reichen die Kräfte nicht aus, um von diesem einzigartigen Menschen zu sprechen.

Ich muß nun zunächst kurz schildern, wie ich zur Anthroposophie kam. Ich wurde am 26. Februar 1891 geboren und machte 1910 das Abitur. Ich verlebte meine Jugend in der gutbürgerlichen Atmosphäre des Kaiserreichs in dem Haus eines rheinischen Industriellen. Nie tönte also irgendeine Andeutung von Okkultismus an mein Ohr. Ich neigte zu allerlei geistig gerichteten Berufen: Kunstgeschichte, Arzt, Oberlehrer. Aber mein Vater machte mir klar, daß man mit einem Gehalt von weniger als zweitausend Mark im Monat nicht auskommt. Ich solle daher Chemie studieren und zu ihm in die Fabrik kommen. Da ich unentschieden war, so stimmte ich zu, dachte aber nicht an die Fabrik, sondern: Dann werde ich hinter die Dinge schauen können. — Das war das erste Bewußtwerden rein geistigen Strebens.

Auf der Hochschule lernte ich natürlich nicht, hinter die Dinge zu schauen. Ich kam zweimal ins Feld und dann nach Berlin. Da erwachte das Suchen wieder in der Not des Krieges. Musik, Konzerte, Theater. Dann geriet ich in die Gärung der Jugendbewegung, die ja nicht einmal klare Fragen hatte, geschweige denn Antworten. Nach dem Krieg in Leipzig, in einem Kreis hochgebildeter Menschen, die wie üblich über Geistiges ohne innere Verpflichtung sprachen, hörte ich zum ersten Male den Namen „Rudolf Steiner", ohne Kommentar. Ich hatte also keine Ahnung, was er bedeutete. Aber ich nahm mir vor, mich darum zu kümmern. Dann trat eine Dame an mich heran und sagte: „Wenn Sie jetzt nach München gehen, so besuchen Sie meinen Schwager, der ist noch länger und noch verrückter als Sie." Dies war Max Gümbel-Seiling, den ich in seinem Landhaus oberhalb des Starnberger Sees aufsuchte. Die Atmosphäre dort war Bohème. Da lernte ich zuerst die Anthroposophie in einer etwas mystisch-schöngeistigen Art kennen. Dann aber bald durch den Zoologen Professor Wohlbold in München in der mich mehr ansprechenden besonnenen, denkerischen Form.

Nun ging alles sehr schnell. Die durchdachten Darstellungen in Rudolf Steiners Büchern sagten mir: das ist es, was ich suchte und was die Menschheit braucht. Besonders angetan hatte es mir die Einheit von Wissenschaft, Kunst und Religion. So wurde ich noch 1919 Mitglied. Dies Zaudern, Ängstlichsein, nicht in der Freiheit beschränkt zu werden, das man heute so oft findet, kannten wir damals nicht. Im Herbst 1920 ging ich zur Eröffnung des Goetheanums nach Dornach. Da sah ich zum ersten Male das erste Goetheanum. Ich hatte vor dem Krieg mich mit den Meisterwerken mittelalterlicher Baukunst beschäftigt. Ich hatte aber keine Schwierigkeit, mich in die so andersartigen Formen des Goetheanums einzuleben. Es erscheint mir noch immer als das größte architektonische Meisterwerk.

Das Bedeutsame, was mir der Bau und dann auch die darin stattfindende Eurythmie für meine Auffassung der Anthroposophie vermittelte, war folgendes: Als Akademiker ist man allzu leicht geneigt, sich die geistige Welt grau, schattenhaft unbestimmt vorzustellen. Die lebendigen, akzentuierten Formen des Baues, die Formen der Eurythmie, die Farbigkeit der Deckenausmalungen, der farbige Glanz der Fenster auf den verschiedenen Hölzern der Säulen, die Farbigkeit der Eurythmie halfen mir verstehen, daß die geistige Welt bunt, vielfarbig, leuchtend und in sich im einzelnen bestimmt ist. Die Formmetamorphosen gaben die Verbindung zur Natur. Man schaute durch die Wände des Baues in den Kosmos. Beim Betreten konnte einen das Gefühl überkommen: Domine non sum dignus.

Dann sollte der erste Vortrag, den ich hörte, stattfinden. Da stand inmitten seiner Getreuen in dem Raum vor der Bühne der Mann, der all dies aus dem Nichts erschaffen hatte. Der erste Vortrag fand statt über das Thema: Einheit von Wissenschaft, Kunst und Religion. Also gerade über das, was mich so angezogen hatte. Man kann sagen, das war Zufall. Man kann es auch als Schicksal werten. Später habe ich erkennen gelernt, daß überhaupt um das, was mit Rudolf Steiner zusammenhing, eigene Gesetze walteten. Oft habe ich später von manchem Menschen nach einem Vortrag gehört: „Rudolf Steiner hat gerade auf das geantwortet, was als Frage in mir lebte." Er sprach gewiß nicht aus einer Liebhaberei heraus, sondern aus den Herzensbedürfnissen der Menschen.

Dann hörte ich den Zyklus *Grenzen der Naturerkenntnis*. Dabei trat mir zum ersten Male ein Charakteristikum der Steinerschen Vorträge entgegen. Er sprach aus den sozialen Nöten der Menschheit heraus, versuchte Wege zu deren Behebung zu weisen in herzbewegenden Tönen, und doch sprach er in klarem, wissenschaftlichem Denken. Dann wurde ich durch Alexander Strakosch Dr. Steiner vorgestellt als zukünftiger Mitarbeiter des Forschungsinstituts. Wenn ich nun meinen Eindruck der Persönlichkeit Rudolf Steiners beschreiben soll, so stößt das auf bedeutende Schwierigkeiten. Wenn ich Ihnen die erste Schwierigkeit angeben soll, so bitte ich Sie, dies einfach als das nüchterne Aussprechen einer Tatsache hinzunehmen, nicht als etwas Exaltiertes: Für Rudolf Steiner gab es keine Vergleichsmöglichkeiten unter den Menschen. Je älter ich geworden bin, um so mehr erscheint mir dies als eine erste Schwierigkeit, einen Eindruck von dem lebenden Rudolf Steiner zu vermitteln.

Als ich ihm vorgestellt wurde und er mir die Hand reichte, sah ich ihn zum ersten Male in der Nähe. Er schaute mich liebevoll-vertrauend an. Die braune Iris seines Auges ist die größte, die ich je sah. Er schaute einen mit größerer Liebeskraft an, als sonst einem Menschen möglich wäre. Aber es war keine zudringliche Liebe. Das Auge schien sich zurückzuziehen. Die Augen lagen ja auch tief in den Höhlen. Der Blick war wach, aber nicht von der für Sinnendinge wachen, zudringlichen Art. Er schien wie aus Weltenfernen zu kommen. Weltenfernen, die hinter seinem Haupte lagen, dort, wo der Schauende höhere Wesen wahrnimmt. Zurückerinnernd in urferne Vergangenheit... Es würde den Eindruck dieses Blickes nicht treffen, wenn man sagte, daß in ihm die geistige Welt einem entgegenleuchtete. Eher konnte man empfinden: die geistige Welt dunkelte einem entgegen... Die starke, die ganze Welt umschließende Liebe schien der Hauptzug seines Wirkens zu sein. Sie entsprang vollkommener Selbstüberwindung. Aus Liebeskraft kam ein starkes, die Wirklichkeit erfassendes Denken. Der Anblick Rudolf Steiners erinnerte an die Worte aus dem Mysteriendrama:

> Es muß sein Sondersein und Leben opfern,
> Wer Geistesziele schauen will durch Sinnesoffenbarung,
> Wer sich erkühnen will, den Geisteswillen
> In seinen Eigenwillen zu ergießen.

Die zweite Schwierigkeit, welche einer Schilderung der Persönlichkeit Rudolf Steiners im Wege steht, ist, daß er so vollkommen im Gleichgewicht war. Seine Stimme war Mittellage, weder Baß noch Tenor, sondern ein wohltönender Bariton. Er sprach deutlich, ja prononciert, aber nicht hart und aufdringlich. Zu Anfang seines Vortrags sprach er besonnen tastend, so daß der Stenograph gut folgen konnte. Zum Schluß wurde das Sprechen schneller, aber immer besonnen im Gleichgewicht, selbst wenn er die Stimme zu ernster Mahnung erhob. — Als er damals von allerlei Gegnern angegriffen wurde, kündigte er eine Verteidigungsrede an. Etwa zweitausend Menschen versammelten sich im großen Saal der Liederhalle in Stuttgart. Nachdem er kurz auf ein paar Angriffe eingegangen war, begann er zur Verteidigung der Anthroposophie den Erkenntnisweg zu entwickeln. Da ertönte aus dem Publikum der Ruf „lauter". Darauf entwickelte er in eineinhalbstündiger Rede mit sehr starker Stimme den Erkenntnisweg. Wenn man die Stimme als „donnernd" bezeichnen würde, so würde man übertreiben. Aber es war schon rein physisch eine gewaltige Leistung des über sechzigjährigen Menschen. Er zeigte mit ungeheurer Eindringlichkeit, daß der Erkenntnisweg für ihn das Herzstück der Anthroposophie war. — Dann hörten wir Rudolf Steiner zu Ostern einmal in wunderbar zarter, künstlerischer Innigkeit den ersten Teil des Märchens *Hyacinth und Rosenblüte* von Novalis frei erzählen. Der zweite Teil wurde dann von Marie Steiner rezitiert. Wir wünschten alle, Rudolf Steiner hätte das ganze Märchen erzählt.

Rudolf Steiners Gesten waren spärlich, immer im Gleichgewicht vor der Mitte des Körpers, der Brust, weder überbetont noch kraftlos. So erschien dieser Mensch immer im dynamisch-kraftvollen Gleichgewicht, errungen durch Verzicht. Er sprach nicht, die geistige Welt sprach durch ihn.

Wer dies erleben will, darf nicht in die Weltenkräfte verstrickt sein, er muß durch den Tod gegangen sein, im Gleichgewicht sein. Deshalb heißt es in der Strophe: In dem Christus wird Leben der Tod.

Rudolf Steiner erschien als durchgeistigter, durchchristeter Mensch. Deshalb konnte er die Statue des Menschheitsrepräsentanten im Gleichgewicht zwischen Luzifer und Ahriman formen. Mit Willen war er auf diese Erde herabgestiegen in die Dunkelheit und Schwere, um sie zu durchlichten. Er trat auf mit dem festen Schritt des Cholerikers, aber nicht des Stoffwechselcholerikers, sondern des vom Ich durchpulsten Menschen. Albert Steffen sagte einmal, daß, wenn man Rudolf Steiner von rückwärts sah, man den Eindruck gewann, daß das Skelett durchscheine. Rudolf Steiner wies darauf hin, daß man das eigene Skelett erlebt, befreit vom Fleische, wenn man *Die Philosophie der Freiheit* erlebt. Man sah Rudolf Steiner an, daß das Buch seine Schöpfung war.

So wandelte dieser große Mensch unter seinen Mitmenschen. Und er wurde nicht kleiner, wenn man ihn als diesen Menschen sah. So ist mir immer ein Bild in der Erinnerung, ein eigentlich triviales Vorkommen. Er ging durch die Wandelhalle unter uns in einer Pause, herzhaft in ein Eierbrötchen beißend. — Zu dem ganzen Bilde paßt auch sein Humor. Schilderung der Seelenhaltung der Völker: Italiener mit den Händen gestikulierend, Engländer mit den Händen in den Hosentaschen. Lachend: „Seitdem ich dies gesehen, molestiere ich meinen Schneider, mir keine Hosentaschen zu machen. Aber wohin er sie macht, das sage ich nicht."

(Ergänzt durch Manfred Leist:) Rudolf Steiner stand im Kreis einiger Mitarbeiter, darunter auch Hans Theberath. Frau Theberath kam herein mit dem zweijährigen Sohn. Dr. Steiner trat auf die Hereinkommenden zu: „Das ist ja der kleine Dr. Theberath!" In Hockstellung erwartete er das Kind mit ausgebreiteten Armen. Das scheue Kind läuft hinein. — Anschließend wurde Rudolf Steiner von den Eltern nach einer passenden Farbe für das Zimmer gefragt, in dem das Kind sich hauptsächlich aufhält (es war bekannt, daß Rudolf Steiner solche Ratschläge gern erteilte). Die Antwort: So wie die Farbe seines Kittels (er war rosa-lila).

Bald nach der Geburt der zweiten Tochter (1923) bat Frau Theberath Rudolf Steiner nach einem Vortrag in Stuttgart um einen Namen für das Kind. Er sah die Mutter eindringlich, liebevoll an und suchte offensichtlich nach einem Namen; dann sagte er nach einer (subjektiv als endlos empfundenen) kürzeren Pause dem Sinne nach: „Ich kann ihn jetzt nicht sagen, ich schreibe Ihnen." Bei der bekannten übergroßen Arbeitsbelastung Rudolf Steiners nahm Frau Theberath an, daß er wohl nicht die Zeit finden könne, noch besonders zu schreiben. Nach wenigen Tagen kam jedoch aus Dornach ein Brief von der Hand Dr. Steiners mit folgendem Wortlaut: „Mit den allerherzlichsten Gedanken sende ich den Namen *Gunhild Maria*. In Herzlichkeit Rudolf Steiner."

Hans Theberath bat Rudolf Steiner (im Gebäude der Waldorfschule) um einen Rat hinsichtlich einer für ihn und seine chemischen Studien förderlichen Meditation. Dr. Steiner sah Theberath eine Weile sehr ernst an, und fast wortlos hieß er den Fragenden in eine Klassenstube mitgehen. Dort setzte er sich an den für den Lehrer bestimmten Tisch und bedeutete Theberath mit einer freundlichen Geste, auf einer Schülerbank Platz zu nehmen. Es trat eine längere Pause des Schweigens ein, in der Theberath die Situation des Lehrer-Schüler-Verhältnisses mit einer ihn geradezu bestürzenden Eindringlichkeit empfand. Dr. Steiner blieb ganz in Gedanken und schrieb schließlich etwas nieder. Er gab Theberath dann eine für ihn bestimmte persönliche Meditation und forderte ihn auf, die Arbeit sehr ernst zu nehmen: „Dann werden Sie die Kräfte bekommen, die Sie brauchen." — Bei späteren Berichten Theberaths über seine geistigen Bemühungen äußerte sich Rudolf Steiner erfreut: „Halten Sie das ja fest."

GOTTFRIED HUSEMANN

Die Begründung der Christengemeinschaft

In höchster Erwartung fuhren wir im Juni 1921 nach Stuttgart. Daß Dr. Steiner auch Nein sagen konnte, wenn er nicht wollte, hatte sich gerade kurz vorher ergeben und war für uns eine Warnung zur Wachsamkeit geworden. Damals hatte eine daran interessierte Persönlichkeit eine Theologenkonferenz vorbereitet. Das Programm lag fertig vor, eine Anzahl Theologen und Pfarrer sollten Referate und Vorträge halten. Dr. Steiner war eingeladen, hatte aber die Einladung freundlich ignoriert. Die Veranstaltung kam nicht zustande. Statt dessen kam nun etwas ganz anderes.

In der Waldorfschule hatte man uns freundlicherweise ein Klassenzimmer zur Verfügung gestellt. Die in Berlin, Marburg und Tübingen vorgebildeten Kreise fanden sich zum ersten Mal zusammen. Hier sahen wir Emil Bock. Niemand konnte in dem hageren blondgelockten Jüngling den genialen Pädagogen, den bedeutenden Religionsforscher und Bibelübersetzer, den Seelsorger und Tröster ungezählter Menschen, den gründlichen Kenner des Lebenswerkes Rudolf Steiners, den erfolgreichen Redner und Autor vorausahnen. Bock hatte unermeßlich viele Fragen. Aber seine Fragen gerieten ihm immer zu Entwürfen. Ganze Wissenschaftsgebiete wurden neu projektiert; Bock entwarf die Zukunft. Ein dogmatisches Verhältnis zur Anthroposophie lehnte er ab.

Da war Friedrich Doldinger. Er fühlte sich ganz als Dichter und Künstler. Eine innige Liebe zu Christian Morgenstern war ihm eigen, die er überall verbreitete. Viele liebten und verehrten ihn. Er war eine Persönlichkeit, die nur aus dem Innersten des eigenen Wesens heraus zu wirken vermochte. Kompromisse sind solcher Wesensart unvereinbar.

Rudolf Meyer trat in diesem Kreise auf, der unermüdliche Gesprächspartner; tief verbunden schien er mit fast allen Menschen in der Anthroposophischen Gesellschaft und mit der Anthroposophie selber. In seinen zu zweien oder in Gruppen geführten Gesprächen wirkte Anthroposophie wie ein persönliches Wesen. So trat immer der Augenblick ein, wo „Sokrates nur noch allein sprach und seine Schüler ergriffen lauschten". Und wir lauschten so gern. Übrigens trat dieser Augenblick meist ziemlich früh ein, — noch längst vor Mitternacht. Das heißt nicht, daß er auch vor Mitternacht endete. Meist jedoch, bevor der Morgen graute. Aber nicht immer. — Sein profundes Wissen nicht nur in der Anthroposophie, sondern auch in den Gebieten der Religionswissenschaft, Mythologie, Märchenforschung, Philosophie und Literatur hatte etwas Unwahrscheinliches für uns Jüngere.

Da waren Heidenreich und Kelber, einst Führer in der Jugendbewegung. Otto Becher, der feinsinnige Kenner der Scholastik, Erwin Lang und Claus v. d. Decken, die Künstler und grundsätzlichen Nichtakademiker. Manche andere „jugendlichen Genies" waren noch gänzlich im Puppenstand.

Noch einige, die uns schon verlassen haben, sollen erwähnt werden. Vor allem Joachim Sydow, den man einen humoristischen Heiligen nennen könnte, wenn er zum Heiligen Veranlagung gehabt hätte. Überall brachte er den philisterhaften Ablauf des Geschehens ins Wanken. Er konnte auf einem alten Holzstuhl Mandoline spielen und sah dabei so ernsthaft drein, als wenn er 5 Pfennige dafür bekommen müßte. Durch die mecklenburgischen Dörfer zog er, die Querpfeife in den Händen. Die Kinderschar hinter ihm war schon beängstigend groß. Das Kasperle-Theater war vorbereitet. Nun sammelte er sein Publikum. — Eduard Lenz hatte immer einen Überschuß an Sympathie und Liebeskraft zur Verfügung. Er konnte keine Feinde haben. Alle liebten ihn. Mit unermüdlicher Energie lernte er die tschechische Sprache, um in ihr predigen und zelebrieren zu können. Er war der erste in unserem Kreise, der auf den Bolschewismus hinwies. In Sibiriens Bergwerken mußte er seine Lebenskraft hingeben. Johannes Perthel, ihm verbunden; beide Herzensmenschen, beide im Osten tätig; Perthel wurde auf der Reise bei einem Bombenangriff getötet.

Rittelmeyer war fest entschlossen, mit dieser Jugend zu gehen. Sein Befremden verwandelte sich in väterlichen Stolz und eine im Grunde nie unterbrochene Liebe zu dieser neuen Art von Jugend. Er gab alles dafür hin, auch die reichen Beziehungen, die ihn mit seiner eigenen Generation verbanden. Aber er belehrte nicht, er half. Er war ein echter Kamerad. — Sie alle fanden sich um Dr. Steiner und empfanden diese Begegnung wie ein Wiedersehen, wie einen Schicksalsaugenblick weit über das Persönliche hinaus.

Die Anfänge

Jetzt sollten wir Dr. Steiner hören und wußten, daß wir unsere Fragen stellen dürfen. 18 Studenten fanden sich im nach der Landhausstraße zu gelegenen Saal des früheren Stuttgarter Zweighauses Landhausstraße 70 zusammen. Wir saßen alle um einen langen Tisch, am Kopfende Dr. Steiner im schwarzen Rock, rechts neben ihm Frau Dr. Steiner ganz in Weiß. Sie wohnte allen Vorträgen Dr. Steiners bei, wenn sie es irgend ermöglichen konnte. Das Zusammensein wurde für alle Teilnehmer zu einem unvergeßlichen Erlebnis. Zuerst die theologische Orientierung. Der Theologe Karl Heim, der damals eine große Rolle spielte, wurde behandelt, Overbeck, der Freund Nietzsches, der schon in den achtziger Jahren das Büchlein schrieb *Ist unsere Theologie noch christlich?* und damit seine Theologenlaufbahn verdarb, als Symptom geschildert. (Overbeck war ein bedeutender Kopf; seine übrigen Schriften konnten erst aus dem Nachlaß erscheinen.) Am zweiten Tag hielt Dr. Steiner wie aus einer großen allgemein-menschlichen Verantwortung heraus einen umfassenden Vortrag über die Frage der Gemeinschaftsbildung, schilderte das Scheitern der Jugendbewegung und ihr Ende in der Cliquenbildung, kam sodann auf die Schwierigkeiten der Gemeinschaftsbildung innerhalb der anthroposophischen Bewegung zu sprechen und skizzierte uns die Aufgaben der künftigen Gemeinschaftsbildung auf religiösem Felde, eine Aufgabe, die nun uns zufallen würde. Schon damals erläuterte er uns, daß es unmöglich sein würde, die religiöse Bewegung aus den anthroposophischen Zweigen heraus aufzubauen, obwohl in diesen Zweigen viel Sehnsucht nach einer religiösen Gemeinschaftsbildung vorhanden sei. Der Zusammenschluß solle dann später erfolgen. (Natürlich war gemeint unter Einhaltung der anderen genannten Bedingungen.) Die anthroposophische Bewegung und Gesellschaft werde in den nächsten Zeiten in der unerhörtesten Weise bekämpft werden, sagte Dr. Steiner, und „selbst, wenn Ihre Kraft noch zehnmal so groß ist als jetzt, so würde sie doch bei weitem nicht ausreichen, in dem dann entstehenden Kampf durchzudringen". Die religiöse Bewegung müsse bis in die Beschaffung ihrer materiellen Mittel völlig selbständig entstehen und selbständig geleitet werden. „Mit bezug auf die anthroposophischen Zweige usw. soll unter allen Umständen angestrebt werden ein Sichzusammenschließen, daß *nicht* angestrebt wird ein Herausarbeiten aus der Anthroposophie selber; denn da würde Ihnen der Faden abreißen, bevor Sie zu irgendetwas kommen ... Sie müssen die religiöse Gemeindebildung für sich vornehmen und dann den Zusammenschluß mit der anthroposophischen Bewegung suchen. Die anthroposophische Bewegung — das kann ich ja durchaus sagen — wird niemals ermangeln, diesen Zusammenschluß zu fördern, selbstverständlich." Nach der Weihnachtstagung sprach er von der theologischen Sektion, die aber am Goetheanum in Dornach nicht eröffnet werden soll, „das müssen Sie selber machen, die Christengemeinschaft muß ganz autonom sein". Außer den vielen theologischen und weltanschaulichen Fragen, die in einer bunten Fülle und oft erfrischend unsystematisch aus dem Teilnehmerkreis hervorsprudelten, war es dann vor allen Dingen die Frage der praktischen Durchführbarkeit. Dr. Steiner setzte mehrmals an zu einer Schilderung, wie er sich diesen Anfang dachte, die aber aus dem Kreise der jugendlichen Teilnehmer mit recht gemischten Gefühlen angehört wurde. „Sie werden, denke ich, Ihre Examina machen und in den Kirchendienst eintreten; nach und nach müssen Sie die Kanzeln erobern. Sie müssen sich das freie Wort erobern. Überall wird man sehen, daß in anthroposophischer Orientierung gepredigt wird. Sie werden Ihre Anhänger schon finden. Rittelmeyer hat es auch vermocht; es war ihm durchaus möglich, in Berlin innerhalb der Kirche seine Gemeinde zu finden." Dr. Steiner, der in seinem Wirken immer an das Bestehende anknüpfte, stellte das als etwas Selbstverständliches hin. Unsere Gefühle kamen in einen merkwürdigen Zwiespalt.

„Das werde ich niemals mitmachen", erhob sich einer der jugendlichen Teilnehmer. Die Bombe war geplatzt und Dr. Steiner mochte wohl durchschaut haben, daß hier nur ausgesprochen war, was alle empfanden. Von diesem Augenblick an nahm Dr. Steiner ein anderes Verhältnis zu uns ein. Er sprach wie einer der Unseren, ja er behandelte uns auch so und ließ uns sowohl den Abstand des Alters wie auch den der unüberschaubaren Überlegenheit völlig vergessen. Dieses Zusammensein, das er uns gewährte, hatte besonders in den Abendstunden etwas Mitreißendes. Es war in gewisser Weise überhaupt der Höhepunkt des jugendlichen Erlebens, vielleicht der ganzen Jugendbewegung. Ein einzigartiges Zusammentreffen von Jugend und Alter. Seine augenblickliche Antwort: „Ja, dann bleibt nur ein Weg, aber dazu gehört erstens: Mut — zweitens: Mut — drittens: Mut! Dann müssen Sie freie Gemeinden begründen." Das Allerschönste wäre, wenn es so gemacht werden könnte — so ging es unausgesprochen durch die für einen Augenblick verstummende Schar der Achtzehn. Damit war aber auch der Beschluß gefaßt. Dabei ist es geblieben, und der Versuch ist gemacht worden.

Am anderen Morgen zeigte sich Dr. Steiner von einer anderen Seite. Wir waren alle oder doch fast alle durch den Intellektualismus akademischer Prägung hindurchgegangen. Nicht aufdringlich, aber ungeheuer tiefgreifend begann Dr. Steiner jetzt mit der religiösen Erziehung dieser Jugend, die einmal das Priesteramt tragen sollte. Wenn wir die Ansätze zu einem neuen religiösen Leben gefunden haben, dann haben wir dies damals zuerst an Dr. Steiner gesehen und haben es, insofern es gelungen ist, von ihm gelernt. Da mußte man auch vor allem ein neues Verhältnis zur Kritik kennenlernen. So wie Dr. Steiner die Haltlosigkeit der Theologismen durchschaubar machte, die Unwahrhaftigkeit ihrer Vertreter charakterisierte und die bösartige Entschlossenheit der Kirchenleitungen schilderte, verlor er dabei doch nie all die Menschen aus dem Auge, die von diesen Dingen heute abhängig sind. „Über den Diskussionen der Theologen ist das Seelenheil von Millionen verloren gegangen, und nun frage ich sie: *Haben* denn die Theologen das Evangelium?" In der schneidenden Ablehnung gegenüber allem, was sich heute zu unrecht christlich nennt, klang um so stärker mit ein unendliches Erbarmen, sogar noch denen gegenüber, die sich zu den Trägern solcher Halbheiten und Unwahrhaftigkeiten gemacht haben. Wenn wir schon lernen mußten die ursprüngliche Ehrfurcht vor den geistigen Mächten, dann im weiteren auch das andere noch, das rechte religiöse Verhalten den Mitmenschen und den Zeitmächten gegenüber. „Der Intellektualismus ist die letzte Phase des menschlichen Sündenfalls; nur so können wir die heutige Theologie betrachten, wenn wir ihr gegenüber noch christlich empfinden wollen." Unser Zusammensein nahm immer herzlichere und unmittelbarere Formen an. So frisch, jugendlich und beschwingt haben wir Dr. Steiner nie wieder erlebt. Wie er nun seine Darlegungen mit herzhaften Anekdoten würzte und wie sein Mienenspiel dann mit leisem Aufleuchten die Pointe begleitete, das wird man nie beschreiben können. Er ließ uns fühlen, daß er mit uns *wollte*. Wir haben ihn alle tief liebgewonnen in jenen Tagen.

Erst in den Zwischenpausen kam einem bedrückend zum Bewußtsein: Wie soll das eigentlich alles gehen? Nur wenige von uns hatten bisher Vorträge gehalten, die schwierigeren Aufgaben des Pfarrberufes waren uns sogar völlig unbekannt, und noch weniger ahnten wir, was an intensiver Schulung der Seelen- und Geisteskräfte nötig sein würde, um dem hohen Ideal nahe zu kommen, das er in den folgenden Tagen vor uns erstehen ließ. — Am anderen Tage konnte er dann wohl sagen: Sie müssen eben die ersten Jahre Ihres Priestertums als die eigentliche Vorbereitung ansehen. So nahm er den Druck, der sich lastend auf die Seelen legen wollte, wieder von uns.

Rudolf Steiner sprach über den neuen Kultus. Alles das faßte er zusammen in einem wunderbaren Bild der geistigen Sonne im Anschluß an das Vater-Unser-Gebet, das seither im Seelengrunde stehen blieb — dem Seelengrund des modernen heutigen Bildungsmenschen, der so verschlossen, unbewußt und unwirksam bleibt, den er in uns zu berühren begann, den er allmählich erwärmte. Das Resultat war dann, daß wir beschlossen, bis zum Herbst, wo Dr. Steiner einen Kurs für uns in Dornach zu halten versprach, zehnmal so viel Mitarbeiter als wir jetzt waren, zu sammeln. Es mußten, wenn begonnen werden sollte, sehr viel mehr Träger der neuen Bewegung sein. In allen Landschaften, in allen Städten müsse bemerkt werden, daß überall diese neue Bewegung auftaucht. Im weiteren war klar, daß der Ausgangspunkt des Wirkens nicht in den anthroposophischen Kreisen zu nehmen sei, daß die Bewegung von Anfang an so zu halten sei, wie sie allein sinnvoll war: man wollte vor die Öffentlichkeit hintreten. „Es kann keine Einschränkungen geben, die ganze Welt kommt in Betracht", war eine von Dr. Steiners Antworten. „Aber es soll nicht mit den anthroposophischen Zweigen der Anfang gemacht werden."

Der erste Anstoß

zu der neuen Bewegung war gegeben durch eine Persönlichkeit, die nach sieben Jahren abtrünnig geworden ist. Es war Johannes Werner Klein, ein geborener Rheinländer. Er war einer der enthusiastischsten Menschen, die man je erlebt hat. Im Dornacher Atelier fragte er Dr. Steiner, ob nicht aus der Anthroposophie heraus eine neue religiöse Bewegung entstehen könne. Schon damals wies Dr. Steiner auf die Notwendigkeit eines neuen Kultus hin. Klein zog daraus die Konsequenz, indem er seinen Lebensplan folgendermaßen einrichtete: Für die nächsten sieben Jahre Studium sämtlicher früheren Kulte der Menschheit, für die dann folgenden sieben Jahre Ausarbeitung des neuen gegenwartsgemäßen Kultus. Er hatte alles auf sich bezogen, und nichts geschah. Später mußten wir von Dr. Steiner hören, daß wir ein ganzes Jahr zu spät begonnen hätten. Erst als Gertrud Spörri, eine aus der Schweiz gebürtige Theologie-Studentin, einige Zeit nach Klein zu Dr. Steiner kam und ihm dasselbe Anliegen vortrug, wies er sie auf Klein hin. Die beiden fanden sich, obwohl Dr. Steiner Kleins Namen vergessen hatte. Nun zündete der Funke. Sie reisten nach Berlin und sammelten mit Emil Bock zusammen den Berliner Kreis; in Marburg bildeten Klein und Borchart einen ebensolchen; in Tübingen waren Ludwig Köhler, Thomas Kändler, Husemann und andere. Zu Pfingsten 1921 — Dr. Rittelmeyer war damals infolge eines Absturzes im Gebirge krank und verfolgte aus der Ferne die Anfänge der neuen Bewegung — fanden sich die ersten Begründer zusammen und ratschlagten. Es scheint wichtig, den ersten Schritt, der alles ins Rollen brachte, genau ins Auge zu fassen. Damit kann auch eine Torheit widerlegt werden, die uns auf diesem Felde öfter entgegentrat. Dr. Steiner, so wurde kolportiert, habe sich auf das Drängen der Theologen den Kultus abringen lassen, er habe das selber nie gewollt, er habe das von sich aus nie getan. Nur der letzte Satz ist richtig, das andere ist eine Absurdität. Die Theologen haben gar nicht um den neuen Kultus gebeten. Sie haben überhaupt nichts gewollt. Vielmehr haben wir zu Pfingsten beschlossen, folgende Frage an Dr. Steiner zu richten. Der Wortlaut dieser Frage ist noch vorhanden.

Frage an Dr. Steiner

„Sagen Sie uns bitte, ob für die Zukunft der Menschheit eine neue religiöse Bewegung, Priestertum und Kirche möglich ist oder ob nicht vielmehr Pflege und Ausgestaltung echter anthroposophischer Lebenspraxis, wie sie aus der Pflege der Anthroposophie selber hervorgeht, an dessen Stelle treten müsse?" — Unterzeichnet hatten vier Theologiestudenten mit dem Hinweis darauf, daß eine Anzahl weiterer junger Leute sich in ähnlichem Sinne geäußert habe. Erst aus der Beantwortung dieser Frage, so schloß unsere streng formulierte Eingabe, werde sich ergeben können, ob die Unterzeichneten in dieser Beziehung eine Lebensaufgabe zu übernehmen hätten. Dr. Steiners Antwort war ein volles und bedingungsloses Ja. Unsere Abgesandten waren Klein und Spörri; die beiden anderen warteten in Spannung vor der Tür des Hauses Landhausstraße, wo Dr. Steiner wohnte. Die beiden nahmen in vier Punkten die Antwort Dr. Steiners entgegen. Es würde sich, sagte er bereits damals, darum handeln, freie Gemeinden zu gründen; es müsse ein neuer Kultus gegeben werden und er könne auch gegeben werden; es müsse in dieser Bewegung eine ganz neue Art der Predigt-Praxis ausgebildet werden. Dann machte er eine lange und atembeklemmende Pause. — Er schien seinen Blick in eine weite Zukunft zu richten. „Sind Sie", an Gertrud Spörri gewendet, „die einzige Frau, die sich zu dieser Bestrebung gefunden hat?" Es war noch eine zweite da. Und dann, als wenn er uralte Vergangenheit an die fernste Zukunft knüpfen würde: „Es ist in der Menschheitsentwicklung jetzt so weit gekommen, daß Frauen wieder als Priester wirken sollen. Es muß in dieser Ihrer neuen Bewegung von allem Anfang an ganz klar sein, daß Frauen in völliger Gleichberechtigung neben den männlichen Mitarbeitern in der Arbeit stehen werden." Nun kamen die beiden zurück. Unsere Freude war grenzenlos, besonders auch deshalb, weil Dr. Steiner sogleich versprochen hatte, in wenigen Wochen in Stuttgart für die Begründer der neuen Bewegung einen Kursus zu halten, dessen Verlauf im vorangehenden bereits geschildert wurde.

Herbst 1921

Jetzt kam der große religiös-theologische Lehrkurs, den Dr. Steiner lieber in Dornach hat halten wollen. In der Zwischenzeit wurde mit allen nur möglichen Mitteln und teilweise auch auf recht abenteuerlichen Wegen versucht, die Zahl der Mitarbeiter zu vergrößern. Durch ganz Deutschland sind wir kreuz und quer gereist. Man könnte einen Roman darüber schreiben. Als wir uns dann in Dornach wiedersahen, waren es etwa 130 bis 140 Teilnehmer. Aber welch ein buntes Völkchen. Nach wenigen Tagen schien es aussichtslos, mit diesem Kreise durchzudringen. Namentlich stand eine Gruppe von älteren evangelischen, altkatholischen und einem katholischen Pfarrer einer anderen aus der Jugendbewegung hervorgegangenen Gruppe gegenüber. Die geistigen und Lebensinteressen dieser beiden Gruppen waren völlig inkommensurabel. Die Schwarzröcke standen zwar freundlich, aber doch unversöhnlich den bunt gefiederten, teilweise recht jugendlichen Frauen und Männern gegenüber. Die Alten trugen als Ergebnis ihrer Lebenserfahrung religiöse Resignation und starke Bindungen an ihre Kirche in sich — die Jungen hatten weder Kenntnis noch Lebenserfahrung, waren aber entschlossen, die Welt zu erobern. Die Initiatoren waren verzweifelt. Bis nach einigen Tagen sich herausstellte, daß Dr. Steiner eine Methode einschlug, das Schifflein durchzusteuern. In diesen Tagen hat er uns jugendlichen Begründern — Dr. Rittelmeyer war immer noch verhindert — mit seiner unermeßlichen Geduld, aber auch mit seiner profunden theologischen Kenntnis und schließlich am meisten noch durch seine anthroposophisch-geisteswissenschaftlichen Darstellungen den entscheidenden Dienst geleistet, aber auch das große, bis heute entscheidende Vorbild gegeben. In 28 Vorträgen trat er als der große Lehrer vor uns hin. Unendlich viele Fragen wurden gestellt und immer wieder, einmal lang und ausführlich, einmal in wenigen Sätzen, aber stets überraschend, beantwortet. Ganz besonders interessant war seine Antwort auf die Frage nach dem Frauen-Priestertum. Die Frau, sagte er, werde sogar ganz besonders geeignet sein, in dieser Bewegung mitzuwirken. Die Frau hat eine besondere Veranlagung, sowohl feinere theologische Begriffe — „weibliche Begriffe" — auszubilden, als auch gewisse Kultus-Verrichtungen besser zu vollziehen. Manchmal kam es auch zu recht drastischen Antworten. So erklärte zum Beispiel ein sich als Vollmensch fühlender Jugendlicher, er habe doch das Bedürfnis, mehr den Vater zu verehren als den Christus. „Ja", sagte Dr. Steiner in großer Ruhe und Freundlichkeit, „wenn Sie das Bedürfnis haben — christlich ist es nicht." Ein andermal wurde die Frage gestellt nach der Zukunft der bestehenden Kirche. Dr. Steiner verstand nicht. Es war ja oft für ihn eine Qual, den immer wieder abreißenden unkonturierten Gedankengängen seiner Mitmenschen sogleich folgen zu müssen. In solchen Fällen legte er wohl die Hand ans Ohr und bat, die Frage zu wiederholen; verstand wieder nicht, ging schließlich zu dem Fragesteller hin und fragte noch einmal. Dann kam es wie aus einem tiefen Erstaunen zurück: „Ach so" — das o war ganz lang ausgehalten — „die Zukunft der bestehenden Kirche meinen Sie. Da muß ich Ihnen sagen, daß es meine Überzeugung ist, daß, wenn Sie jetzt nicht etwas Neues begründen, dann wird es in hundert Jahren überhaupt keine christliche Kirche mehr geben." In solchen Augenblicken konnte die Verantwortung vor dem zu tuenden großen Werk ins Unermeßliche wachsen.

Dr. Steiner fügte in ruhigem Weiterschreiten einen Baustein zu dem andern. Die Sakramente wurden besprochen, die Ritualien, die er als einen ersten Versuch bezeichnete, vor den ergriffenen Hörern vorgelesen. Er hatte sie alle mit eigener Hand auf große Blätter geschrieben. Bei der Menschenweihehandlung, der zentralen Kultushandlung der Christengemeinschaft, die eine kultische Ausgestaltung der Abendmahlsfeier nach dem Willen Christi darstellt, geschah noch etwas Besonderes. Wir sollten, sagte er, auch das Traditionelle zuerst kennenlernen. Er habe schon vor Jahren eine deutsche Übersetzung des Messe-Rituals angefertigt. Nachdem er die neue Kultushandlung zur Verlesung gebracht hatte, las er nun die Übersetzung. Erst in dieser Übersetzung, die nicht wörtlich, sondern sinngemäß sei, könne man den uralttheiligen Sinn der Messe voll wahrnehmen. Und ein drittes Mal las er dann beide, aber so, daß er Schritt für Schritt die sich entsprechenden Teile des Alten und des Neuen vorbrachte.

Anwesend war ja auch Dr. Christian Geyer, Hauptprediger von Nürnberg, der liebenswürdige alte Herr mit dem jugendlich erfrischenden Wesen, der eine geradezu unermeßliche theologische Gelehrsamkeit hinter übersprudelnder Lebenslust verbarg. Er musizierte, erzählte Anekdoten und saß lieber bei den Jüngsten als bei seinen würdigen Amtsgenossen. Nun war dazumal das Bekenntnis in kirchlichen Kreisen seit langem ein gar wunder Punkt. Unvergeßlich ist der Augenblick nach der ersten Lesung des Bekenntnisses, von dem Dr. Steiner sagte, daß es aus der anthroposophischen Geisteswissenschaft hervorgegangen und nicht so zu betrachten sei wie die Wortlaute der Ritualien. Die letzteren seien alle aus der geistigen Welt gegeben, „es ist der für die heutige Zeit von Gott verordnete Kultus". An den Ritualien könne deshalb auch nichts geändert werden, über den Wortlaut des Bekenntnisses jedoch könne man durchaus verhandeln. Spontan erhob sich Dr. Geyer. Er hatte die säkulare Bedeutung des Augenblicks erfaßt. Er war tief ergriffen und bat Dr. Steiner, er möge doch so freundlich sein und die Worte gleich noch einmal lesen. Dem wurde bereitwillig entsprochen.

Anthroposophische Freunde haben oft den Wunsch gehabt, den Inhalt dieser Vorträge im einzelnen kennenzulernen. Nach langjährigem Studium derselben darf ich sagen, daß das in diesen Vorträgen von Dr. Steiner Gegebene dem Inhalte nach fast ausnahmslos in seinen übrigen anthroposophischen Vorträgen behandelt ist; dort aber eigentlich jedesmal ausführlicher und als in größeren Zusammenhängen stehend dargestellt. Wenn man die Fülle der Evangelien-Vorträge Dr. Steiners überdenkt — es gibt allein 7 Zyklen über das Johannes-Evangelium —, so ist von vornherein klar, daß Dr. Steiner über diese Dinge damals nur Andeutungen machen konnte. Außerdem finden sich in diesen Vorträgen seine Erläuterungen über Kultus, seine Anweisungen zur Seelsorge und Gemeindebildung und manches der Art, was nur für den Pfarrerberuf in Frage kommt und wovon Dr. Steiner mehrmals ausdrücklich sagte, daß es wichtig sei, diese Dinge auch in dem Kreise zu halten, für den sie gegeben sind und der damit arbeiten soll.

Die Begründung im Jahre 1922

Im Juni des vorangegangenen Jahres verlief das Zusammensein mit Dr. Steiner, als wenn es sich um eine Jugendbewegung handeln würde. Im Herbst jenes Jahres stand er vor uns wie der große, gütige Lehrer der heutigen Menschheitszeit. Im Jahre 1922 kam er wie der Abgesandte der Mysterien. — 1921 hatten wir noch mit ihm zusammen gelacht und waren in jugendlicher Freude seinen Worten gefolgt. Im Herbst konnte es sogar geschehen, daß ganze Gruppen zu seinem Vortrag zu spät kamen; sie polterten die Treppen hinauf, die innerhalb des Weißen Saales steil emporgingen; er sprach ruhig weiter, als wäre nichts geschehen. Im Jahr 1922 waren wir stets eine bis anderthalb Stunden vorher vollzählig versammelt.

Jetzt war auch die ältere Generation vertreten. Rudolf von Koschützki, „der Schimmel", der jugendliche Feuerkopf im Schmuck des Silberhaares, Erzähler und Humorist. Seine Schriften sind ein einziger seelischer Gesundbrunnen. August Pauli, feinsinnig, gerecht die Worte abwägend. Wenn er sprach, hatte man das Gefühl, so könne nur einer sprechen, der lange geschwiegen hat. Darum wirkte es auch wohl so nachhaltig. Und wenn man neben ihm ging, empfand man dankbar: jetzt darfst du Mensch sein.

Hermann Beckh, Wagner- und Bruckner-Enthusiast, der „zur Erholung" eine neue Sprache lernte zu den vielen, die er schon konnte, hinzu. Ihm verdanken wir die Übersetzung wichtigster Teile aus dem Sanskrit, vorab den berühmten Hymnus an die Erde. Er verteilte seine Gaben mit vollen Händen. Beckh trug den Orient auf geistgemäße Art in sich. Er war eine bedeutende Persönlichkeit. Und man empfand das auch, wenn er vortrug. Seine Schriften zeugen von seinen tiefgründigen Forschungen. Daß er auch die Allüren des zerstreuten Professors an sich trug, gab zu immer neuen Späßen Anlaß, an denen sich aber Beckh gern auf eigene Kosten beteiligte. Wir liebten ihn alle.

Hermann Heisler war ein warmherziges, echt süddeutsches Temperament. Seine Art zu reden war begeisternd, ja mitreißend. Überall, wohin er kam, trat er für die Geisteswissenschaft und für Rudolf Steiner ein. Ob im Salon der Vornehmen oder beim Volk in der Bierhalle, ihm konnte das gleich sein. Man erzählte, daß er drei Stunden und länger hintereinander vortragen könne. Unzählige hat er der anthroposophischen Bewegung gewonnen. Nun wirkte er, der sich als Pfarrer der Kirche nie wohlgefühlt hatte, für die Christengemeinschaft.

Und Heinrich Rittelmeyer, der Bruder von Dr. Friedrich Rittelmeyer. Viele schöne Eigenschaften des Herzens hatte er mit diesem gemeinsam, aber er hielt sich zurück. Dieser ganz aus dem Luthertum und Protestantismus hervorgewachsene Mann fand zur Geisteswissenschaft. Ein tiefes persönliches Vertrauensverhältnis empfand er zu Rudolf Steiner. Eine Herzenssache war es ihm, überall, wo er nur konnte, für Anthroposophie in Vorträgen einzutreten. Ein Mensch mit einem besonders feinen Gewissen in allen geistigen und ethischen Fragen. Eher, so fühlte man, hätte er sein Leben hingegeben, als gegen sein Gewissen gehandelt. Diese in einer gewissen Beziehung einzigartigen Fähigkeiten stellte er nun in den Dienst der Kultushandlung, in den unmittelbaren Dienst des Christus.

Und dann Rittelmeyer selber. Warmen Herzens, überaus fein, ja zart empfindend, von jeder Disharmonie schmerzlich bewegt. Er, der oft zögernd erschien, und der doch so eisern bei seinen Entschlüssen verharren konnte, bis der Erfolg eintrat — oder auch nicht. Rittelmeyer war ganz beseelt von der großen Sehnsucht nach dem Menschen. Aber er begab sich freiwillig in die Einsamkeit. Er war ein freier Mann. Eine Lynkeus-Natur. Aber er begab sich frei in Schicksale, die Abhängigkeiten bedeuteten. Er war ein Mann des Erfolges, zum Führer wie vorbestimmt. Aber er gab alles hin um eines Größeren willen. Menschen dieser Art müssen viel leiden. Rittelmeyer konnte sich — etwas paradox gesagt — erst gegen Ende seines Lebens damit aussöhnen, daß er seiner Zeit so weit voraus geeilt. Diese Alten waren jung geblieben. Wir gingen mit ihnen am Ufer des Ammersees. Wir mußten unsere Schritte mäßigen, dafür wurden die Gespräche inhaltsvoller. Von fern erglänzte uns das Gebirge. Da war es wohl, daß die Landschaft zuerst uns widerspiegelte, was unbewußt in der Seele erkeimte. Echte Jüngerstimmung breitete sich in ihr aus.

So waren wir denn alle bei Dr. Steiner angekommen und zur Tat entschlossen. Nun führte er uns unmittelbar in den Geist der Kultushandlung ein. „Die Gegenwart des Christus muß herbeigeführt werden, und sie kann herbeigeführt werden."

Im entscheidenden Augenblick erhob er sich von seinem Stuhl und trat, das Angesicht uns allen zugewendet, neben den Altar. — Wir wollen nicht Menschliches mit Göttlichem vergleichen. Aber wenn man seinen tief in des Geschehens Größe versenkten Blick, seine demütige Gestalt betrachtet, dann kann ich keinen anderen Namen finden als den: er stand da wie der *vielgetreue Zeuge* — ὁ μαρτυς ὁ πιστος. Welche Größe in der Demut lag, wer konnte das ermessen? Wir haben seine Größe niemals überschaut. Die Demut aber, die vor allem haben wir gesehen. — Rittelmeyer sprach die Worte, zum ersten Mal mit Vollmacht. Rudolf Steiner das Schlußwort: „Nehmt es hin", sagte er, „aus geistigen Welten herunter erbeten — nehmt es hin und vollbringt es kraft eurer eigenen Weihehandlung." Nur wenige Erläuterungen fügte er noch dem an, was er im Vorjahre bereits gegeben hatte, des öfteren bedeutend, daß er dies auf höhere Anregung hin tun müsse. Auf uraltes Mysterienwesen wurde zurückgegriffen. Die Gestalt des Melchisedek erstand unter seinen Worten, jenes uralten Priesterkönigs, vor dem Abraham geopfert hatte, bevor er sein Volk in eine spezielle Strömung hineinzuführen hatte, ihn damit als den Größeren anerkennend. Melchisedek, der im Hebräerbrief als eine Eingeweihten-Persönlichkeit überragenden Ausmaßes hingestellt wird — er, der das Geheimnis der wiederholten Erdenleben noch in vollem Sinne in sich trug, welches Abraham nicht mehr kannte. Albert Steffen hat in seinem Buche *Geisterkenntnis — Gottesliebe* den Augenblick festgehalten. — Damit war die Christengemeinschaft als Bewegung für religiöse Erneuerung inauguriert, unter Dr. Steiners Leitung und Anweisung. Er brachte die Substanz der Weihe. Und „weihen", sagte er, „heißt, ein Ding oder eine Substanz zu der Wirksamkeit ihres Ursprungs zurückführen, ihm zu geben seine ursprüngliche geistmaterielle Kraft." Die Menschenweihehandlung selbst hat Rudolf Steiner nicht zelebriert. „Die Anthroposophie bereitet alles vor, im entscheidenden Augenblick tritt sie völlig zurück. Die Anthroposophie wird völlig ausgeschaltet. Die neue Bewegung muß autonom sein. Die Triviallinge werden das nicht verstehen." In seinen Abschiedsworten sprach Dr. Steiner die Worte „von der Seele, der lehrenden Seele, welche ihr in eure Bewegung aufgenommen habt: die Anthroposophie". Diese Worte beseligten uns im Herzensgrunde. Dann die Ermahnung zu äußerster Wachsamkeit. — Dr. Steiner wurde auch nach dem Namen der Bewegung gefragt. Dr. Steiner: „Der Name muß einfach und schlagend sein. Nennen Sie sich „Die Christengemeinschaft". Der Name *soll* ja in gewisser Weise provozierend wirken. Er muß aus spirituellen Gründen anspruchsvoll und klar sein... Ein solcher Name sagt viel dadurch, daß er überhaupt auftritt."

Bevor wir nach Dornach fuhren, hatten wir gemeinsam ein einzigartiges Erlebnis als Gäste von Frau Margareta Morgenstern und Michael Bauer in Breitbrunn am Ammersee. Christian Morgenstern war durch die Liebe, die wir ihm alle entgegenbrachten und durch die liebenswürdigste aller Gastgeberinnen, Frau Margareta Morgenstern, als wenn er anwesend wäre. Für jeden, der das Glück hatte, Michael Bauer persönlich kennenzulernen, war dieses Kennenlernen ein biographisches Ereignis ersten Ranges. Margareta Morgenstern hat später sein Lebensbild gezeichnet. Michael Bauer war damals schon ein schwerkranker Mann und konnte nicht mehr reisen. Trotzdem ließ er es sich nicht nehmen, die kurze Strecke von seiner Wohnung zum Versammlungsraum im Bauernwägelchen zurückzulegen. Nun sprach er zu uns, als Geistesschüler, der zum Geistesboten geworden. Sein Auge: ganz schwach für die Sinnenwelt, ganz voller Menschenliebe. Sein Mund: unerbittliche Entschlossenheit, geistige Strenge. Seine ganze ehrwürdige Gestalt: wie unvergeßlich, einmalig. Ein wahrer Rater und Helfer war Michael Bauer und ist es bis zu seinem sechs Jahre darauf erfolgenden Tode geblieben. Friedrich Rittelmeyer war ihm freundschaftlich verbunden.

Da man keinen anderen Versammlungsort in dem kleinen Bauerndorf fand, hatte Frau Morgenstern einen leerstehenden Kuhstall gemietet. Die weißgekalkten Wände waren mit Birkengrün geschmückt. Rittelmeyer, an den wir Jungen uns jetzt erst so recht heranarbeiten mußten, ward nun in vollem Sinn als der geistige Führer dieses Kreises aufgenommen und mehr und mehr anerkannt, je mehr man seine Führerqualitäten kennenlernte. In Dornach kam zu diesen Paten der neuen Bewegung noch eine Persönlichkeit hinzu, die wir alle wenig kannten: Albert Steffen. Seine *Wegzehrung* war damals erschienen und begleitet seitdem mit vielen anderen Gaben seiner Kunst die Priesterschaft auf ihrem Wege. Dr. Steiner hatte ihn eingeladen. Er hat an allen Versammlungen und Zusammenkünften während der Begründung und Inaugurierung des Kultus teilgenommen, außer einer einzigen. Tiefstes eindringendes Verständnis für Sakramentalismus und Kultusvollzug lebt in dieser Persönlichkeit. Rittelmeyer erklärte, es sei ihm niemand bekannt, mit dem man sich so selbstverständlich über Fragen des kultischen Lebens verständigen könne, wie mit Albert Steffen.

Ausklang

Im Jahre 1923 war ein kurzes Zusammentreffen mit Dr. Steiner in Stuttgart. Die Priesterschaft war vollzählig versammelt. In diesen Tagen hatte Dr. Steiner viel zu trösten, zu ermutigen und zu ordnen. Das Bekanntwerden jenes Vortrages vom 30. Dezember 1922 hatte eine tiefe Erschütterung in der Priesterschaft ausgelöst. Es war eben doch das geschehen, daß Mitglieder der Gesellschaft besonders in einigen größeren Kultusgemeinden in der Mehrzahl waren. Viel schlimmer noch war, daß man grundsätzlich nicht verstanden hatte. Die kultische Bewegung wurde „als die Krone der Anthroposophie selber" umgedeutet; Auffassungsfehler wurden auf beiden Seiten gemacht. Auch auf finanziellem Gebiet hatte man die wiederholten Mahnungen Dr. Steiners nicht wirklich beachtet. Nun mußte Dr. Steiner eingreifen, um der sich anbahnenden Verwirrung zu steuern.

Schon 1922 hatte er gesagt: Beide Bewegungen sollen sich der jeweils anderen gegenüber selbständig halten. „Die Beziehungen können die innigsten sein, alles kann miteinander getragen und ausgetauscht werden, aber nach gewissen Linien muß eben doch diese Scheidung durchaus da sein."

Und nun (1923) aber auch das in vieler Beziehung lösende und klärende Wort: „Dasjenige, was ich damals gesprochen habe, ist eine Art kosmischer Kommunion. Wenn diese meditativ ausgeführt wird, so wird sie unter Umständen, wie die Dinge heute liegen der Zeit nach, dem Menschen eine gewisse Befriedigung geben können. Aber das schließt doch nicht aus, daß selbst derjenige, der auf diese Art eine Kommunion für seine Erkenntnis empfängt, daß der nun, wenn er sonst seiner ganzen Seelenverfassung nach dazu neigt, daß er die Kommunion auch auf andere Weise empfangen kann. Man sollte nicht die Unterschiede betonen, denn beide Dinge widersprechen einander ja nicht." — „Was in der Idee scharf auseinandergehalten werden muß — in einem Menschen kann es dann wieder eine Einheit sein." So konnte Dr. Steiner mit unendlicher Geduld und völliger Ruhe der Seele alle unsere oft sogar recht fordernden Fragen entgegennehmen und beantworten, solange, bis die Sicherheit im Herzensgrund wieder hergestellt war. „Sie müssen erst einmal lernen, nicht gleich bei jedem Windhauch umzufallen."

Die beiden letzten Tage zeigte sich Dr. Steiner von einer neuen Seite: in hinreißend schönen Geistgemälden vermittelte er eine neue Beziehung zur Heiligkeit des Wortes, die der Priester, der Kultus zelebrieren will, kennenlernen muß. Die meisten von uns haben damals erst gesehen, wieviel Dr. Steiner in sich verborgen hielt, was er 1922, „als die Anthroposophie ganz zurücktrat", nicht hat ahnen lassen. Seine Rede brachte nicht bloß die Inhalte der geistigen Welt zu uns — sie nahm selber den Charakter des Lebens und Wirkens aus der geistigen Welt an.

„Nun aber bricht aus jenen ewigen Gründen
Ein Flammenübermaß; wir stehn betroffen..."

Man war für Augenblicke über alles Erdendasein hinausgehoben, und Ewigkeitsgefühle erfüllten die Zuhörer. Nichts anderes kann man sagen als das, was Christian Morgenstern empfand: „Aus Schönheit kommt — zur Schönheit führt Dein Werk." „Bisher war die Menschenweihehandlung genommen als religiöses Kunstwerk. Jetzt aber soll sie Leben werden."

Nach der Weihnachtstagung

1924 sprach Dr. Steiner vor den Priestern über die Apokalypse. Alle Vorstandsmitglieder der zu Weihnachten neugegründeten Anthroposophischen Gesellschaft waren regelmäßig anwesend; in ihrer Begleitung betrat Dr. Steiner den Vortragssaal. Schweigend hatten die Zuhörer ihn erwartet. Bei seiner Ankunft erhoben wir uns. Von dem Inhalt dieser Vorträge gilt in erhöhtem Maße, was oben bereits von den anderen Priestervorträgen gesagt wurde. (Das Nähere darüber siehe Dr. Steiners Bericht im Mitteilungsblatt der Allgemeinen Anthroposophischen Gesellschaft vom Herbst 1924.) — Bis tief in die Mysterien der Vorzeit hinein wurde das Wirken der „heiligen Weihehandlung" vor uns dargestellt. Der Höhepunkt war dann die Schilderung der „neuen Mysterien, deren einen Teil die Priesterschaft zu verwirklichen haben wird". Kraft und Stärke und immer erneut aufsprießender Mut entstand in den Seelen der von tiefer Dankbarkeit erfüllten begeisterten Zuhörer. „Ich werde Sie alle in die erste Klasse der Hochschule für Geisteswissenschaft aufnehmen", sagte er gleich bei der Begrüßung. Das geschah dann in den nächsten Tagen, und so konnten die Priester außer an den Apokalypse-Vorträgen und den Abendstunden auch teilnehmen an dem ersten Kursus der Michaelsschule. „Sie werden auch", so fügte er hinzu, „die Briefe der Hochschule erhalten." Zu diesen Briefen ist es dann nicht mehr gekommen. „Die Beziehungen zur anthroposophischen Bewegung werden in Zukunft immer inniger werden." Er möchte überhaupt mehrmals im Jahre mit uns zusammensein, aber es werde wohl schwer durchführbar sein.

Dann kam die Krankheit. Eine tiefe Erschütterung bemächtigte sich der wenigen in Dornach zurückbleibenden Mitglieder. Der große Zustrom zu jener Herbsttagung, die Dr. Günther Wachsmuth in seiner Geschichte der anthroposophischen Bewegung so eindrucksvoll schildert, war verebbt. So kam es, daß nur vereinzelte Mitglieder dem letzten unvergeßlichen Vortrag Dr. Steiners am 28. September beiwohnen konnten, darunter der Schreiber dieser Zeilen. Alle Anwesenden erhoben sich, als Dr. Steiner, begleitet von seiner ärztlichen Helferin, Frau Dr. Ita Wegman, zum Vortragspult in der Schreinerei schritt. Er konnte den Vortrag nicht mehr vollenden, er mußte ihn abbrechen. Kurz vorher ein letzter Hinweis auf das Michaels-Fest, das der Menschheit für die Zukunft zugedacht ist, wenn sie in den von Michael gewiesenen Bahnen weiter streben wolle. Letzte, fast beschwörend aufrufende Worte an die „Schüler der Geisterkenntnis". Tief erschüttert ließ er die Menschen zurück. Sein Erdenwerk war nun fast getan. Aber sein Helferwille lebt wohl in allen weiter, die ihn gehört, und viele sind es seither, die sich dazu gefunden haben. Die Priester der Christengemeinschaft möchten zu denen gehören, welche die ihnen von Dr. Steiner vermittelten Aufgaben in seinem Sinne weiterführen. Sie hoffen dabei auf eine gute Zusammenarbeit mit den anderen anthroposophischen Freunden. „... erst bei den nachgeordneten dienenden Wesenheiten differenzieren sich die beiden Bewegungen. Vor Michael sind sie eine Einheit."

RUDOLF VON KOSCHÜTZKI

Erinnerungen eines Priesters

In einem Raume versammelte Menschen vereinen ihre Seelenwesen zu einer Atmosphäre, wie die Töne eines Orchesters zu einer Sinfonie zusammenklingen. Jeder neue Ton ändert das Klangbild; jeder hereintretende Mensch ändert die Atmosphäre des Raumes. Im Winter 1917 besuchte ich zum ersten Mal eine anthroposophische Versammlung in der Geisbergstraße zu Berlin. Etwa 200 Mitglieder füllten den Raum und gaben ihm seine Atmosphäre. Als Rudolf Steiner im Hintergrund den schmalen Gang zwischen den Stuhlreihen betrat, und ich die schlanke, dunkle Gestalt ebenfalls zum ersten Mal erblickte, schien die bisherige Atmosphäre zu erlöschen und ein anderer konzentrierter Seelen- und Geistesinhalt den Raum zu erfüllen. Das war mein erster Eindruck von Rudolf Steiner. Er, der jede magische Einwirkung streng ablehnte, konnte die starke Wirkung seines Wesens doch nicht verhindern.

Mein zweiter Eindruck war fast ein Erschrecken, das seltsamerweise von der ruhigen Gelassenheit herrührte, mit der er über Geschehnisse in der geistigen Welt sprach, als stünden sie greifbar vor seinen Augen. Ich wußte damals noch nichts von der ungeheuren Größe dieser Welt, die durch ihn bekannt zu werden anfing.

Im folgenden Sommer bat ich Rudolf Steiner um einen Rat. Er gab mir eine Meditation, ballte dann die Fäuste und sagte: *„Aber!"* Ein Jahr später gab er mir eine Erweiterung dieser Meditation. So gelassen und freundlich wie immer. Nur in seinem Auge stand zu lesen: Du hast mein „Aber" nicht befolgt, nicht stark genug meditiert. Kein Wort darüber, freundliche Verabschiedung. Nur der Ausdruck des Auges — nicht des Gesichtes — steht noch heute als Vorwurf vor meiner Seele. Ich war seit meinem Eisenbahnunfall gezwungen, meine Anstrengungen immer wieder zu mäßigen oder zu unterbrechen, wenn es überhaupt weitergehen sollte. Aber was hätte ich ihm sagen können, das er nicht ohnehin wußte! Auch hatte er schon vor Jahren bei einem Gesellschaftsspiele auf die Frage, welcher Beruf ihm der liebste sei, die Antwort geschrieben: „Jeder, bei dem man vor Energie kaputt gehen kann."

Was ein Auge ausdrücken kann, erlebte ich bei unserer Priesterweihe im September 1922. Da ging Rudolf Steiner vor unserer Aussendung noch einmal durch die Reihen, um jedem die Hand zu geben. Ich habe nur zweimal mit Bewußtsein erlebt, daß mich durch ein menschliches Auge die geistige Welt anblickte. Es ist nicht ein Blick von Ich zu Ich. Man glaubt in ein Meer zu blicken und bekommt eine Ahnung davon, daß die Wesen in der geistigen Welt nicht neben-, sondern ineinander sind, was die bekannte Grundstein-Meditation mit dem Worte: „Geistesmeereswesen" so wunderbar ausdrückt.

In dieses Geistesmeereswesen aber tauchen wir jede Nacht ein, und wenn wir Glück haben, bringen wir beim Erwachen eine Mitteilung in unsere Sinnesfinsternis mit, die für unser Leben oft wichtig ist: Mitteilungen von Menschen, die gleichzeitig mit uns im Schlafe liegen, oder von Toten, die immer in der geistigen Welt sind, oder von Eingeweihten, die sich willkürlich in die geistige Welt versetzen können. Ich habe zwei solche Mitteilungen von Rudolf Steiner in meiner *Fahrt ins Erdenland* und in meiner *Sonne auf Erden* aufgeschrieben.

Als ich bei unserm ersten Priesterkurs infolge der vielen disputierenden Theologen, die damals noch teilnahmen, zurücktreten wollte, erblickte ich im Traum auf einer Bühne einen Redner, der, zu einem Auditorium im Hintergrunde sprechend, fortwährend zurücktrat, bis er in den Orchesterraum stürzte. Ich lief über drei Treppen hinunter und sah ihn im Keller halbtot liegen und hörte aus einem dunklen Winkel eine laute Stimme: „Wer zurückweicht, fällt in den Abgrund." Darauf blieb ich bei unsern Freunden, denn ich war überzeugt, daß diese Mahnung von Rudolf Steiner kam. Ein zweites Mal, etwa zehn Jahre nach seinem Tode, gab er sich von Anfang zu erkennen. Er ging hinter mir über einen frisch gepflügten Acker und sprach mir Gedanken zu einem Buche zu: über die Erde, die Pflanzen, die Tiere, was ich im Erwachen als einen Auftrag empfand, woran ich sogleich meine „Sonne auf Erden" zu schreiben begann.

Ebenfalls im Traume erlebte ihn eine junge Frau unserer Gemeinde. Er stand so lebendig und freundlich vor ihr, daß sie den Mut faßte, die Frage an ihn zu stellen, ob ihr Mann noch zu unserer Bewegung finden würde. „Wenn Sie lange genug leben und immer fest bei der Sache bleiben", erwiderte er. Es vergingen zwanzig Jahre, da begann ihr Mann, die grundlegenden anthroposophischen Werke und danach Zyklen zu studieren, was er nun seit Jahren mit Interesse fortsetzt.

Es war noch während des Ersten Weltkrieges, als nach einem Vortrag in der Geisbergstraße die Mitglieder sich schon entfernt hatten; nur Rudolf Steiner, Rittelmeyer und ich standen noch zwischen den Stuhlreihen. Die Rede war vom Kriege. Ich äußerte einen Zweifel, daß die Menschheit die Kriege schon entbehren könne. „Wodurch sollen die Völker zur

Vernunft kommen, und wodurch die Überbevölkerung aufgehalten werden, da die fortschreitende Hygiene die Sterblichkeit immer mehr vermindert?" sagte ich. Rudolf Steiner schüttelte den Kopf. „Durch die Anthroposophie", erwiderte er.

Damals verstand ich es nicht. Aber heute ist es deutlich, daß der Krieg nicht mehr „der Vater aller Dinge" ist, wie in alter Zeit, sondern jeder weitere Krieg das Chaos heillos vermehren muß. Es gibt wirklich kein anderes Mittel als die Anthroposophie. Warum aber wirkt es nicht? In der Weinachtstagung 1923 hatte Rudolf Steiner den Vorsitz über die Gesellschaft übernommen. Immer dringender wurde seine Mahnung, die Anstrengungen zu verstärken. „Aber" — diesmal ballte er nicht die Fäuste, sondern sagte resigniert — „es geschieht ja nichts." Einmal hörte ich ihn sagen, das Versagen der Mitglieder habe die „schauderhaftesten Rückschläge aus der geistigen Welt" für ihn zur Folge.

Und dennoch liebte er die Menschen, die ihm so schwere Leiden verursachten.

Was wäre aus unserem so tief gesunkenen Geschlecht geworden, hätten sich nicht immer wieder hohe Wesenheiten seiner angenommen? Als alle Hierarchien sich von der Menschheit abwandten, war es Michael, der sich zu ihr bekannte. Und hat nicht der höchste Sonnengeist sich ihrer angenommen, selbst als sie ihm den schrecklichsten Tod bereitete? — Für den Menschen gibt es eine weder den Göttern noch den Tieren eigene Haltung, um das Zwiespältige des Erdenlebens erträglich zu machen — den Humor. Ihn hat Rudolf Steiner immer wieder zu Hilfe gerufen.

Einmal stand er auf dem Podium in der Schreinerei und sprach darüber, wie die Menschen ihre Lasten fortbewegen. Er illustrierte das an der Wandtafel mit einem beladenen Wagen, der nicht von der Stelle zu bringen war, bis ein Pferd zu Hilfe geholt wurde. Der Wagen stand schon bereit; nun zeichnete er mit ein paar schnellen Strichen das Pferd dazu. Als er zurücktrat, stand das Pferd mit dem Kopf in den Wagen blickend, den Schwanz vorn an der Deichsel. Und die Zuschauer mochten sich fragen, wann sie zum letzten Mal ihr Pferd so sinnvoll angespannt hatten.

Seltsame Erlebnisse waren jene Vorträge in einem großen Berliner Konzertsaal, die fast von Anfang bis zu Ende nicht gesprochen, sondern geschrien wurden. Er sagte gelegentlich zur Erklärung: „Dämonen muß man anschreien, sonst weichen sie nicht." So setzt sich der Kampf mit ihnen bis ins Physische fort. „Das Leibliche ist das Ende der Wege Gottes", sagte Ötinger. Man muß dazusetzen: auch des Teufels, nach welchem Luther sein Tintenfaß warf. Wollten unsere Zeitgenossen wenigstens das gelten lassen, so könnte ihnen die geistige Welt in ihrer ganzen Fülle zur Wirklichkeit werden.

Der Organismus Rudolf Steiners brauchte, wie der aller stark im Geistigen Lebenden, viel Wärme. Oft hatte er selbst im Sommer den Wintermantel umgehängt, wenn er in der vordersten Reihe irgendeiner Ankündigung zuhörte. In seinem letzten Lebensjahr hatte er seine physischen Kräfte schon so verbraucht, daß man für ihn fürchtete, wenn er seinen Vortrag begann, um dann mit Staunen zu erleben, wie er mit jedem Wort frischer und lebendiger wurde. Einmal — es war wieder in der Schreinerei — kam er nach seinem Vortrag ganz belebt die Stufen herunter, blieb einen Augenblick vor mir stehen und sagte: „Ist doch interessant, nicht?" So, als hätte er die wunderbaren Tatsachen soeben selbst erfahren.

Den Eindruck, daß ihm während des Sprechens die Eingebungen zuströmten, hatte ich während der Koberwitzer landwirtschaftlichen Vorträge täglich von neuem. Da ich ursprünglich Landwirt war, konnte ich, wie alle anwesenden Landwirte, feststellen, daß die von ihm ausgesprochenen Gedanken und Vorschläge von aller bisherigen landwirtschaftlichen Erfahrung weit entfernt waren. Was heute den jungen Menschen, die an einem Lehrkurs des Forschungsringes für biologisch-dynamische Wirtschaftsweise teilnehmen, selbstverständlich ist, da jahrzehntelange Erfahrung es bestätigt hat, klang damals in unseren Ohren fast wie ein Märchen, so daß wir uns immer wieder ins Bewußtsein rufen mußten, daß bisher *alles* von Rudolf Steiner Mitgeteilte sich bewährt hatte. Es ist ja eine neue, bisher unbekannte Welt, die mit den Worten dieses Einen in die Erscheinung tritt.

Wenn dann wir Zuhörer während der Frühstückspause vor das Schloß hinaustraten und, die kleinen Frühstücksteller in der Hand, uns bei dem herrlichen Pfingstwetter unter den Bäumen des Parkes ergingen, war Rudolf Steiner unter uns und für jeden zu sprechen, so einfach und anspruchslos, daß niemand daran dachte, daß der Mantel des Elias um seine Schultern hing. Mit der größten Freundlichkeit ging er auf die Interessen jedes einzelnen ein, ob sie auch noch so tief unter dem Niveau seiner Weltgedanken lagen. Nur wenn es sich um die Sache handelte, kannte er keine persönlichen Rücksichten. Da war ein Herr, der seit Jahren am Rande der Anthroposophie herumging, ohne sich hineinstellen zu können. Der wünschte, an den landwirtschaftlichen Vorträgen, an denen seine Frau teilnahm, sich ebenfalls zu beteiligen. Er mußte unverrichteter Sache heimkehren. Die Teilnahme wurde ihm nicht gestattet. Ein solches Interesse von außen her, wie man es für irgendeine „interessante Sache" hat, ließ Rudolf Steiner für die Anthroposophie nicht gelten. Er hielt eine Beschäftigung mit ihr für unfruchtbar, wenn die Gedanken an der Oberfläche des üblichen „wissenschaftlichen Denkens" blieben. Man kann auch den Most der Anthroposophie nicht in alte Schläuche füllen. Neue Schläuche aber bedeuteten für ihn den Willen, eine neue Welt aufzubauen.

An den Nachmittagen und Abenden jener Koberwitzer Pfingstzeit war Rudolf Steiner in Breslau zu Vorträgen, eurythmischen Proben und Klassenstunden. Er hatte verboten, nach Beginn einer solchen Klassenstunde Zuspätkommende noch hereinzulassen. Ein junger Türhüter konnte aber den Bitten hinter der verschlossenen Tür nicht widerstehen und ließ den Verspäteten herein. Nach der Stunde wurde er dafür von Rudolf Steiner aus der Klasse ausgeschlossen. Der Jüngling war ein so eifriges Mitglied, daß ihn dieser Ausschluß wie ein Todesurteil traf, so daß er in Tränen ausbrach. Er wurde auch wieder begnadigt, nachdem der Alp eine Nacht auf seiner Brust gesessen und ihn gehörig durchgewalkt hatte.

Diese Pfingsttagung schloß in Breslau mit einem geselligen Abend, bei dem der Vorsitzende des Breslauer Zweiges, unser guter Rektor Bartsch, in seiner Ansprache den Dank an Rudolf Steiner zum Ausdruck brachte. Dabei führte er aus: Da man ihn immer als Vater der Breslauer Gesellschaft bezeichne, er Rudolf Steiner aber als seinen geistigen Vater ansehen müsse, so sei der letztere ja der Großvater unseres Zweiges. — Oh, mein lieber Vater Bartsch, vielleicht klingen dir noch heut in der geistigen Welt die Ohren bei dieser Erinnerung! Wie oft hast du an jenem Abend diesen „Großvater" von Rudolf Steiner zu hören bekommen und für die allgemeine Heiterkeit herhalten müssen! Aber du wußtest auch, wie sehr er dich schätzte, was er auch damals deutlich zum Ausdruck brachte.

An diesem Abend, als es schon gegen elf Uhr war und in Koberwitz sozusagen das Mittagessen auf uns wartete, auch die Autos schon vor der Tür standen, wurde Rudolf Steiner von einem jungen Manne in ein Gespräch verwickelt. Er hatte den Ellbogen auf den Tisch gelehnt und hörte, die Hand am Ohr, dem jungen Menschen aufmerksam zu. Als der aber kein Ende finden konnte, trat ich hinter den Stuhl Rudolf Steiners, zeigte dem Jüngling die Uhr und suchte ihm begreiflich zu machen, daß er aufhören möge. Er ließ sich aber nicht stören, und Rudolf Steiners Geduld war groß, vielleicht auch sein Interesse, das er jedem Menschen entgegenbrachte; und so mußten wir die Uhr weiterlaufen lassen.

Endlich aber saßen wir doch in Koberwitz an dem langen Eßtisch, und Rudolf Steiner am oberen Ende der Tafel brachte die Gesellschaft nach dem ermüdenden Tage mit heiteren Schnurren zu einem erfrischenden Lachen. Nach Mitternacht ging er auf sein Zimmer, dessen Fenster wir, in einem vorspringenden Flügel wohnend, sehen und dadurch feststellen konnten, daß er, wie immer, die Nacht durch arbeitete. Er sagte aber, diese landwirtschaftliche Tagung sei ein Fest für ihn; und in der Tat wurde er täglich frischer, nachdem er von einer Reise sehr angegriffen angekommen war.

Dann wurden seine Tage immer anstrengender und die auf ihm ruhende Last immer schwerer. Im Herbst sahen wir ihn in Dornach wieder, wo er eine Reihe von Vortragskursen nebeneinander hielt. Es waren damals in 14 Tagen über 70 Vorträge, deren jeder voll neuer Offenbarungen war. Nach einem der Apokalypsevorträge, die er für die Priester hielt, blieb Frau Dr. Steiner im Hinausgehen einen Augenblick vor mir stehen und sagte: „Ist das überhaupt noch ein Mensch?" Es konnte ja längst kein Zweifel sein, daß solche Leistungen allein aus Menschenkraft nicht zu vollbringen waren. Weit schlimmer waren die persönlichen Ansprüche, die in diesen zwei Wochen von etwa hundert Menschen an ihn gestellt wurden.

Als ich eines Tages durch den Vorraum der Schreinerei ging, kam Rudolf Steiner aus seinem Atelier. Da trat ein junger Mann auf ihn zu und bat ihn um eine Unterredung. „Muß das sein?" sagte er, „ich bin augenblicklich sehr beschäftigt." Der Jüngling ließ sich aber nicht abweisen, sagte, er sei von weither gekommen, um seinen Rat zu hören usw. Da wankte Rudolf Steiner in sein Atelier zurück und sagte — vielleicht das einzige Mal in seinem Leben: „Ich kann nicht mehr." Nach einigen Minuten kam er heraus und gab dem jungen Manne die Zeit an, in der er ihm zur Verfügung stünde.

An einem folgenden Abend sprach er in der Schreinerei zum letzten Mal zu allen Mitgliedern gemeinsam; Sprachgestalter, Eurythmisten, Mediziner, Theologen und andere Mitglieder füllten den Raum. Er sprach so klar und sachlich wie immer; aber es herrschte eine Abschiedsstimmung. Jeder fühlte: Es kann so nicht weiter gehen. Es ist eine Anspannung der letzten Kräfte. Und in Rudolf Steiner lebte wohl dasselbe Gefühl. Als er im Sprechen einmal die Hände nach vorn ausstreckte — er trug keine Manschetten mehr — konnte ich an seinen Handgelenken und Unterarmen sehen, daß er das letzte Gramm Körpersubstanz verbraucht hatte. Links von mir saß eine Schauspielerin, und ich bemerkte, wie die Tränen in ihren Schoß fielen. Ebenso bei einer Dame vor mir. Keine wagte sich zu rühren und das Taschentuch zu brauchen.

Die Teilnehmer an den Kursen reisten ab, auch unsere Priester; nur zwei von uns waren noch da: Professor Beckh und ich. Es sollte noch ein Mitgliedervortrag stattfinden. Ich ging mit Professor Beckh von der Kantine den Weg hinauf. Es war finster und regnete. Da hielt ein entgegenkommendes Auto, und der Insasse sagte: „Der Vortrag fällt aus. Dr. Steiner ist erkrankt." Er sprach noch einiges mit Beckh, der darauf zu mir sagte: „Mein Gott, nun beginnt bei ihm dasselbe Leiden, an dem Buddha gestorben ist." Niemand konnte sich erinnern, daß einmal ein Vortrag von Rudolf Steiner ausgefallen war. Einige Tage danach wurde bekannt, daß er noch einmal zu seinen Anthroposophen sprechen wollte. Wir gingen hinauf. Rudolf Steiner betrat das Rednerpult und schien nach

Luft zu ringen. Beim Sprechen aber wurde er wieder lebhaft, bis er nach etwa 20 Minuten abbrach und hinausging. Frau Dr. Wegman und Frau Steiner eilten ihm nach.

Von da an sahen außer den engsten Vorstandsmitgliedern nur sehr wenige Rudolf Steiner noch zu Lebzeiten. Aber auf seinem Sterbelager arbeitete er bis zum letzten Tage. Das „Michaelmysterium" ist ganz in diesem Winter entstanden. Das letzte Kapitel erschien etwa gleichzeitig mit seiner Todesnachricht in der Zeitschrift.

GERHARD KLEIN

Berlin im Frühjahr 1922

Zur Vorbereitung der Begründung der Christengemeinschaft fand in den ersten Monaten des Jahres 1922 der sogenannte Nichttheologenkursus statt. Diejenigen unter uns, die aus anderen Zusammenhängen zu der kleinen Schar gestoßen waren — ich selbst studierte Geschichte und Deutsch —, wurden von den anderen, die ausgebildete Theologen waren, gründlich eingeführt in die wesentlichen Zusammenhänge der Theologie, damit wir wenigstens einigermaßen im Bilde waren. Bei dieser Gelegenheit lernten auch manche von uns zum ersten Male Dr. Friedrich Rittelmeyer kennen; er hatte an dem großen Herbstkurses 1921, in dem Dr. Steiner die Grundlegung einer neuen Theologie aus der Anthroposophie heraus vollzogen hatte, wegen Krankheit nicht teilnehmen können. In die Zeit unserer gemeinsamen Arbeit fiel die anthroposophische Hochschulwoche in Berlin. Dadurch war eine Zusammenkunft mit Dr. Steiner möglich, die im Konfirmandensaal von Rittelmeyers „Neuer Kirche" stattfand. Dabei gab Dr. Steiner den eindringlichen Rat, im Laufe des Jahres mit dem Begründen von Gemeinden zu beginnen; es könne sonst zu spät werden für den Impuls der religiösen Erneuerung in diesem Jahrhundert. Und so teilten wir denn in seiner Gegenwart Deutschland unter uns auf; jeder suchte sich eine Stadt, in der er wirken wollte.

Unvergeßlich werden jedem Teilnehmer die Tage jener Hochschulwoche sein in dem edlen, maßvollen Bau der Singakademie Unter den Linden, die Goethes Freund Zelter entworfen und gebaut hat. (War doch der vielseitige Musiker und Komponist ursprünglich Maurermeister und hat bis weit über die Lebensmitte hinaus das vom Vater ererbte Baugeschäft geführt.) Jeder Tag stand unter dem Zeichen eines Wissenschaftszweiges. Dr. Steiner hielt den grundlegenden Vortrag. Daran schlossen sich Referate einiger Fachleute — bei den Theologen durch Dr. Rittelmeyer, Dr. Geyer und Lic. Bock. Der Saal war gedrängt voll. Viel akademische Jugend war da. Es kam zu Aussprachen. Mir ist noch erinnerlich, wie am Theologie-Tag der in Amerika verstorbene Dr. Paul Tillich sich beteiligte. Abends hielt dann Dr. Steiner in einem noch größeren Saal in der Stadt jeweils einen öffentlichen Vortrag über Anthroposophie.

An einem der ersten Tage rief Emil Leinhas, damals im Vorstand der

Anthroposophischen Gesellschaft und in den Wirtschaftszusammenhängen *Der kommende Tag* tätig, meinen Namen mehrmals in den Saal mit der Frage, ob ich anwesend sei. Frau Dr. Steiner wünsche mich zu sprechen. Zu Frau Dr. Steiner befohlen zu werden, machte einen immer etwas bänglich. Bei aller Güte empfand man sie doch so wie eine Art „Hoheit", und man fragte sich unwillkürlich, ob man etwas angestellt habe. Aber sie war mir ja von Kindheit an vertraut, und so ging ich denn ins Künstlerzimmer zu ihr. Sie empfing mich freundlich und eröffnete mir, daß Dr. Steiner eine Bitte an mich habe. Für das Ende der Tage war eine große öffentliche Eurythmie-Aufführung geplant als Matinée im größten Theater der Reichshauptstadt, im Deutschen Theater Max Reinhardts. Im Programm waren zwei Szenen aus dem 4. Mysteriendrama *Der Seelen Erwachen* vorgesehen. Nun sei die Darstellerin des Johannes Thomasius, Fräulein Mieta Waller, plötzlich erkrankt. Sie werde auch zu den Proben und der Aufführung nicht wiederhergestellt sein. Man sei in Verlegenheit. Nun habe Dr. Steiner an mich gedacht, ob ich nicht aushelfen könne. Ich war zuerst etwas atemlos. Aber dann sagte ich mit der Unbefangenheit meiner 19$^{1}/_{2}$ Jahre, daß ich es gern versuchen wolle, wenn Dr. Steiner meine, daß es ginge. Ich verschwieg, daß ich die Mysteriendramen noch nicht einmal gelesen hatte. So sehr ich sonst von Jugend an durch meine beiden Eltern, die seit 1910 Schüler Dr. Steiners waren, mit dem anthroposophischen Gedankengut vertraut war. Frau Dr. Steiner ging sofort dazu über, mit mir einige grundlegende Sprachübungen vorzunehmen. Ich bekam das Buch und wurde für den nächsten Tag zur Probe bestellt. Nun ging es ans Auswendiglernen und Üben.

Im Zusammenhang mit dieser Angelegenheit hatte ich zwei Erlebnisse mit Rudolf Steiner, die mich stark bewegten und bestimmten. Es war eine Einzelprobe angesetzt im Laufe der Woche, an der auch er teilnehmen wollte. An demselben Nachmittag fand vorher eine Versammlung des anthroposophischen Hochschulbundes in Gegenwart Dr. Steiners statt. Es traten dabei starke Gegensätze auf, und es wurde hin und her diskutiert. Ich spürte, wie qualvoll dies alles für Dr. Steiner war und wie unangemessen er dies alles empfand angesichts der wichtigen Ziele, die sich der Bund ursprünglich gestellt hatte. Nur hier und da griff er selbst ein. Die Versammlung zog sich bis in die späten Nachmittagsstunden hin. Gleich im Anschluß daran war ich bei Frau Marie Steiner zum Üben. Da ging die Tür auf und Dr. Steiner trat ein in Mantel, Pelzmütze und den hohen Stiefeln, die er im Winter trug. Er sah sehr erschöpft aus. Frau Steiner sah auf und sagte: „Aber Sie wollten doch mit Herrn Klein...", da unterbrach er sie: „Das können Sie doch ebenso gut, ich gehe schon langsam voraus zum Vortrag." Er grüßte mit einer leichten Handbewegung und ging. Frau Dr. Steiner nahm seufzend das Buch auf und ließ mich sprechen. Da vernahmen wir plötzlich auf der Treppe schwere Schritte, wieder ging die Tür auf, Dr. Steiner kehrte zurück, setzte die Mütze ab, ergriff wortlos das Buch und sprach mir die beiden Szenen vor. Dann ließ er mich wiederholen, verbesserte einiges und sprach sie noch einmal mit der ganzen Kraft der Ausdrucksfähigkeit, die ihm eigen war, so daß unmittelbar auf mich der Strom der künstlerischen Gestaltung überging. Dann sagte er: „Nun, so ungefähr können Sie es machen, üben Sie nun weiter mit Frau Doktor", grüßte freundlich und verließ nun endgültig den Raum mit einem leisen Lächeln. Schon auf der Treppe hatte es ihn gereut, daß er Frau Marie Steiner im Stich gelassen hatte und war trotz seiner Erschöpfung wieder umgekehrt. Nach dem Vorsprechen schien er ein wenig wie erfrischt.

Als die Generalprobe beginnen sollte, war noch Probe im Theater. Berthold Viertel, einer der großen Regisseure jener Zeit, studierte *Judith* von Hebbel ein. Er tobte auf der Bühne herum, ging dann wieder wild gestikulierend zu seinem Regiepult im Parkett. Es war damals die Zeit der expressionistisch übersteigerten Bühnenkunst. Wir standen ganz hinten mit Dr. Steiner im Stehparkett und warteten den Schluß der letzten Szene ab. Angespannt und höchst interessiert verfolgte Dr. Steiner alles, was vorging. Viertel hatte eine Menge Statisten auf alle Ränge verteilt, die sich gegenseitig steigernd zuzurufen hatten „Judith ist wieder da, Judith ist wieder daaa!!!" Irgendwie war die Sache packend. Dr. Steiner wandte sich uns zu und sagte: „Sehen Sie, so kann man es auch machen" — aber mit einem anerkennenden Unterton über die geschlossene Regieleistung, die hier vorlag.

Nun, unsere Generalprobe verlief leidlich. Es kam die Aufführung. Ein begeistertes, volles Haus trug uns alle. Ich gab mir alle Mühe und kam, ohne steckenzubleiben, durch. Hatte ich doch zuvor nie, außer in einem Laienspiel, auf einer Bühne gestanden. Nur die Eurythmie war mir sehr vertraut. Nach Schluß der Vorstellung saß ich in Hemd und Hose in einer der vielen Garderoben des großen Hauses beim Abschminken, als ich plötzlich die Stimme von Fräulein Mitscher nach mir rufen hörte. Sie war so eine Art Inspizientin, für alle Kostüme und überhaupt für alles hinter der Bühne verantwortlich. „Herr Klein, der Doktor sucht Sie." Ich trat unter die Tür. Da kam Dr. Steiner in Mütze und Mantel den langen Gang entlang auf mich zu. Er sagte sehr freundliche und anerkennende Worte des Dankes. Dieser Mann, auf dem so viel Last ruhte an Arbeitsanforderungen und Verantwortung, hatte das Theater nicht verlassen, ohne nach mir zu suchen und sich persönlich bei mir dafür zu bedanken, daß ich mutig eingesprungen war, und sich bei mir zu verabschieden. Ich war tief beschämt und habe viel für mein Leben daraus gelernt.

HANS BÜCHENBACHER

München 1922

In der Münchener Innenstadt gab es das sehr bekannte Café Stephanie, wo bei reichlichem Alkoholgenuß Angehörige der verschiedenen politischen Richtungen ungeniert und leidenschaftlich miteinander diskutierten. Ende 1921 wurde es offenbar, daß sich dort üble Dinge vorbereiteten: Ein mir sehr nahe befreundeter anthroposophischer Künstler, Walter Blume, der dort als Kaffeetrinker verkehrte, teilte mir mit, daß in gewissen politischen Kreisen die Absicht bestand, prominente deutsche Persönlichkeiten zu ermorden; als erster war im August 1921 der frühere Reichsfinanzminister Erzberger bereits erschossen worden; auch die Ermordung Walter Rathenaus (wegen seiner prorussischen Einstellung, die im April 1922 zum Abschluß des Rapallovertrages führte) war schon beschlossen; das geschah dann am 24. Juni 1922; auf der Liste der zu erschießenden Persönlichkeiten war, als Nummer 8 oder 9, auch Rudolf Steiner. Ich informierte den Stuttgarter Vorstand über die Gefahr für Rudolf Steiner und schlug die Einrichtung eines Sicherheitswachdienstes vor. Aber der Vorstand lehnte das ab; sie genierten sich, mit Rudolf Steiner darüber zu reden und sagten, wenn ich es für nötig hielte, sollte ich selbst mit ihm reden. Nach einem Vortrag im Sieglehaus, Stuttgart, brachte ich die Angelegenheit, etwas verlegen allerdings, in der Garderobe zur Sprache. Rudolf Steiner, ganz freundlich: „Also Sie meinen, man will mich abmurksen?" Ich: „Jawohl, davon bin ich überzeugt." Rudolf Steiner ruhig, „Ja, das wird schon so sein."

Dabei verwandelten sich seine Augen in unbeschreiblicher Schnelle. Zwar sind ja bei jedem Menschen in Augenblicken der Freude oder der Furcht gewisse Veränderungen des Gesichtsausdrucks zu beobachten, aber die Veränderung, die jetzt mit Rudolf Steiners Augen vor sich ging, war ganz ungewöhnlich stark, ich möchte sagen, dramatisch bewegt. Mir fiel erst hinterher ein, daß er einmal in einem Mitgliedervortrag erwähnte: Wenn zwei Bürger im alten Athen darüber sprachen, ob dieser oder jener ein Mysterieneingeweihter sei, sagte der eine „Da muß man ihm eben einmal tief in die Augen schauen, dann wird man es sehen können." Ich habe seither dieses Erlebnis als eine sichtbarliche Bestätigung dafür betrachtet, daß Rudolf Steiner ein wirklicher Eingeweihter war.

Das große Konzertbüro Wolff und Sachs veranstaltete im Mai eine Reihe öffentlicher Vorträge Rudolf Steiners in größeren Städten. Dem Münchener Vortrag ging einer in Breslau voran, der nächstfolgende war in Mannheim. Rudolf Steiner war damals „berühmt und umstritten"; ihn als Redner zu bringen, versprach also „big business". Die völkische Gegnerschaft in München war mobilisiert und hatte sogar proklamiert: „Hoffentlich finden sich deutsche Männer, die verhindern, daß dieser Herr den Boden Münchens überhaupt betritt." Am 15. Mai 1922 holte ich Rudolf Steiner morgens um 8 Uhr am Hauptbahnhof München aus dem Schlafwagen Breslau—München ab. Er hatte etwas kalte Füße; ich schlug ihm daher vor, zu Fuß zum Hotel zu gehen. Ich orientierte ihn über die drohende Gefahr und er fragte, ob ich ihm raten könne, den Vortrag zu halten. Ich: „Das kann ich noch nicht sagen; ich muß erst im Laufe des Vormittags auf der Polizeidirektion feststellen, ob genügende Sicherheitsmaßnahmen getroffen werden können." Rudolf Steiner: „Es wird noch so kommen, daß ich nur noch in dem von Franzosen besetzten Rheinland werde sprechen können." Nach dem Frühstück im Hotel „Vier Jahreszeiten", in dem Rudolf Steiner untergebracht war und wo auch der Vortragssaal war, sagte ich: „Ich werde jetzt auf die Polizeidirektion gehen." Rudolf Steiner fragte, ob er mitkommen könnte; ich stimmte selbstverständlich zu.

Der von der Polizei als möglich angebotene Sicherheitsdienst war wegen Beamtenmangel völlig ungenügend. (Am Abend kamen zwar sechs bis sieben Polizisten, aber in Zivil, und sie haben nicht zur Sicherheit beigetragen.) Ich sagte dem Beamten: „Ich werde mit meinen eigenen Streitkräften den Sicherheitsdienst organisieren und als Frontoffizier kann ich Ihnen garantieren, daß wir die Saalschlacht gewinnen werden." Rudolf Steiner hörte schweigend, an der Rückwand sitzend, meinen Verhandlungen zu und fragte mich auf dem Gange: „Glauben Sie, daß er Beamte abstellt?" Ich: „Ich habe schon öfters mit ihm zu verhandeln gehabt und bin überzeugt, er wird es tun." Rudolf Steiner: „Wenn nicht, müßte er ein ganz abgefeimter Heuchler sein." Ich: „Das ist er nicht."

Als nächstes mußte ich ins Konzertbüro gehen, und wiederum wollte Rudolf Steiner mitgehen. Nun war es bei den damals ja sehr häufigen Saalschlachten meist üblich, zur Aufrechterhaltung der Ordnung arbeitslose Boxer und Ringer zu engagieren, was ich schon mit dem Chef des Konzertbüros vereinbart hatte; Uehli und die Stuttgarter Freunde hatten mir jedoch streng verboten, dies Rudolf Steiner mitzuteilen. Der Bürochef von Wolff & Sachs meldete mir, daß die Boxer und Ringer engagiert wären, und ich hätte nur noch anzugeben, wo sie Stellung beziehen sollten. Rudolf Steiner, rechts neben mir stehend, schmunzelte lächelnd, ohne sich zu äußern. Ich gab an, daß die Boxer und Ringer unsichtbar im

Hof stationiert werden sollten, daß die Angreifer zunächst von „meiner Leibgarde empfangen" würden, und dann die Boxer und Ringer von hinten zur Verstärkung kommen sollten.[1]

Wir gingen zum Hotel zurück, und in der immerhin doch beträchtlichen Aufregung, die ich innerlich durchmachte, begann ich furchtbar auf die Stuttgarter Freunde zu schimpfen, weil sie, meiner Ansicht nach, in ihrem Verhalten zur Gegnerschaft vollkommen versagt hatten. Rudolf Steiner ganz ruhig: „Ja, Sie haben schon recht; es werden furchtbare Dummheiten in Stuttgart gemacht." Nach einer Pause fragte ich: „Verzeihen Sie, Herr Doktor, lassen Sie das geschehen, weil Sie nicht in die Freiheit der Menschen eingreifen wollen oder dürfen?" Rudolf Steiner (sehr energisch): „Nein, man glaubt mir nicht was ich sage, und sie verstehen es vielleicht hinterher, wenn etwas Schlimmes passiert ist."

Über die Vorgänge beim Abendvortrag ist schon andernorts berichtet worden. Die Boxer und Ringer waren unsichtbar postiert; 10—12 Anthroposophen (unter ihnen Joseph Geith) standen als Leibgarde bereit. Der Vortrag war lang und verlief ohne Zwischenfall, so daß die Leibgarde bereits dachte: „Das war blinder Alarm." Nach der zweiten Verbeugung des Redners begann der Sturm aufs Podium mit Stinkbomben und Trillerpfeifen. Kolisko, in der ersten Reihe, stürzte; ich selber war rechts eingekeilt. Die Verfolger versuchten Rudolf Steiner zu erreichen, wurden aber von den links kommenden Freunden Dr. Noll und Prof. Beckh zurückgeworfen, so daß Rudolf Steiner das Künstlerzimmer erreichen konnte. Nachdem er in Sicherheit war, erschienen die Boxer und Ringer, und die Saalschlacht begann. Es gab einige Leichtverletzte; aber nach kurzer Zeit war das Podium wieder in unserer Hand. Die Polizei half uns nicht.

Ich hielt es für ratsam, daß Rudolf Steiner nicht in dem Zimmer übernachten sollte, das das Hotel für ihn reserviert hatte, sondern veranlaßte einen Zimmertausch mit Andreas von Grunelius. Auf dem Gang zum Zimmer fragte ich: „Wie finden Sie, daß alles gegangen ist?" Rudolf Steiner: „Ausgezeichnet."

Das Abendessen nach dem Vortrag ließen wir im Hotelzimmer servieren. Naheliegenderweise kam die Rede auch auf Ludendorff. Um seine Meinung über ihn zu illustrieren, sagte Rudolf Steiner: „Schauen Sie sich doch bloß seine Unterschrift an", und schrieb den mir wohlbekannten Namenszug des Generals mit täuschender Ähnlichkeit auf ein Stück Papier.

Für die Weiterfahrt nach Mannheim am nächsten Morgen gab es nur

---

[1] Eine ausführliche Schilderung findet sich in des Verfassers Schrift: „Rudolf Steiner in München".

einen D-Zug um 7 Uhr. Da wir neue Zwischenfälle befürchteten, schlug ich vor, daß Rudolf Steiner im Taxi bis Augsburg fahren und dort erst den D-Zug besteigen sollte. Alle schienen begeistert zu sein; nur Rudolf Steiner zeigte die seinen Mitarbeitern wohlbekannte, undurchdringliche „Marmormiene", die er immer dann zeigte, wenn er sich nicht äußern wollte. Daraufhin holte ich einen Fahrplan; entdeckte, daß es um 6 Uhr einen Personenzug München—Augsburg gäbe, und schlug diese Alternative vor. Die Marmormiene war weg!

Um 5.30 Uhr morgens war Rudolf Steiner reisefertig; die Abreise mit dem Personenzug verlief ohne Zwischenfall. Zur Abfahrt des D-Zuges um 7 Uhr erschienen, außer den anthroposophischen Freunden, auch die Angreifer!

WILHELM RATH

Erinnerungen an den West-Ost-Kongreß in Wien Pfingsten 1922

Es war eine ganze Schar junger Menschen, zumeist studentische Jugend aus verschiedenen Teilen Deutschlands, die am frühen Morgen des 31. Mai 1922 in Linz den großen Raddampfer bestieg, der diese Jugend auf dem Schicksalsstrom der Völker nach Wien bringen sollte. Sie folgte der Einladung der Anthroposophischen Gesellschaft zu dem II. internationalen Kongreß der anthroposophischen Bewegung, der vom 1. bis 12. Juni 1922 im Musikvereinsgebäude in Wien stattfinden sollte. Es war keine der üblichen Reisegesellschaften, die ein noch unbekanntes Land erleben will — obwohl die meisten zum ersten Mal nach Österreich kamen. Es war schon ein besonders geartetes Bewußtsein, das diese Jugend erfüllte. Man wollte mit seinem ganzen Herzen, mit seiner Begeisterung für die Sache der Anthroposophie diesen Kongreß mittragen, der sich das Ziel gesteckt hatte, beizutragen „zur Verständigung westlicher und östlicher Weltgegensätzlichkeit". In dieser Begeisterung lebte zugleich etwas von dem heiligen Ernst, die Bedeutung dieser Weltenstunde in Wachheit mitzuerleben. Manch einer dieser jungen Menschen hatte ja in der Hölle der Trommelfeuerschlachten des Ersten Weltkrieges die Frage nach dem Sinn des menschlichen Lebens auf Erden in aller Eindringlichkeit empfunden, hatte die Ohnmacht der verantwortlichen Kreise erlebt, etwas Wirksames für die Verständigung der Menschen und Völker zu tun. Man war für die Abstraktionen und Phrasen „hellfühlend" geworden. Dann aber war Anthroposophie in den Kreis ihres Lebens getreten. Man hatte Rudolf Steiners Wirken und Ringen in öffentlichen Vorträgen und auf Hochschulkursen erlebt. Manch einer hatte ihm auch schon persönlich begegnen dürfen, so daß ihm seine Größe und seine Güte, seine Weisheit und seine Menschlichkeit zu einem tiefen Erlebnis geworden waren. Für diese unter den jungen Menschen war es schon zu einer völligen Gewißheit geworden, was in dem Satz der Ankündigung zu diesem Kongreß ausgesprochen war: „Anthroposophie allein kann die Brücke bauen zwischen West und Ost, die der Ungeist abgebrochen hat." Denn nirgend sonst war diesen jungen Menschen der Geist, der die Kraft der Versöhnung in sich trägt, entgegengetreten als in der anthroposophischen Bewegung. So war es Pfingststimmung in wahrhaft christlichem Sinn, die uns erfüllte.

Etwas von einem erwachenden Verantwortungsgefühl gegenüber dem Geschehen in der Zeit keimte in uns während dieser Donaufahrt durch die österreichischen Lande auf. Man fühlte sich von den Wogen dieses Stromes gleichsam durch die Weltgeschichte, die einem von den Ufern in traumhaften Bildern entgegenwehte, hindurchgetragen. Pöchlarn — „Bechelaren" — die Nibelungen sah man reiten auf ihrem Weg nach Osten. Melk: Von hohem Granitfelsen schaut herrschend herab das mächtige Benediktinerstift, erinnernd an die christliche Kultivierung Europas durch die Söhne des Benediktus. Und dann webt sich hinein in all dieses ein musikalisches Element. Es ist nicht nur das Rauschen der Wellen, oder die etwas melancholischen Lieder der österreichischen Mädchen, die sich auf dem Schiff inzwischen eingefunden haben, oder die Walzerklänge einiger Geigen — es ist die ganze Landschaft, die ein musikalisch-künstlerisches Element trägt. Unsichtbar, aber innerlich vernehmbar, empfangen uns Haydn, Mozart, Bruckner — sie begleiten uns, und es erscheint in einem besonderen Sinn wie selbstverständlich, daß die Symphonie dieses die Seelen der Völker verbindenden Kongresses in Wien, und zwar in einem großen Konzertsaal dieses Wien stattfinden wird. Und als die Jugend dann am Abend dieses unvergeßlichen Maientages den Boden Wiens betritt, da findet sie sich in einer ehemaligen Kaiserstadt, die im Herzen Europas durch lange Zeit ein viele Völker vereinigendes Zentrum war, das der Ungeist des Nationalismus, folgend der abstrakten Devise vom „Selbstbestimmungsrecht der Völker" — aber auch als Folge eigenen Versagens — seiner menschheitsverbindenden Aufgabe beraubt hatte. Und in das Erlebnis der Schönheit, das für das norddeutsche Gemüt etwas völlig Neues und unendlich Beglückendes wurde, fällt der Schatten des Erlebens der Tragik, die über dieser Stadt liegt. Krieg und Geldentwertung hatten Hunger und Armut gebracht. Sie begegnen einem überall, und man vernimmt einen Klageton, der sich hineinmischt in den liebenswerten österreichischen Dialekt, in dem sich das Menschenherz so unmittelbar offenbart. Wir jungen Menschen aber glaubten zu wissen, daß, wenn man hier in Wien nur recht hinhören könnte auf das, was der große Sohn dieses Landes seinen Landsleuten in dieser Pfingstzeit zu verkündigen hat, diese in dem Erlebnis des Unterganges das aufbrechende Hoffnungslicht eines neuen Anfanges, eine neue Menschheitsaufgabe finden könnten.

Und so wurde Wien und Österreich für diese Jugend, die in Rudolf Steiner schon den großen Eingeweihten erkannt hatte, der neue Menschheitswege wies, zu einem ganz besonderen Erlebnis: Hier, in Wien, hatte Rudolf Steiner nicht nur studiert, hier hatte er schon in jungen Jahren eine geistige Wegweisung erhalten, die ihn auf den Beginn des Michaelzeitalters hinwies und auf den großen Drachenkampf, den es in unserer Zeit zu kämpfen gilt. Hier erkannte er in der Begegnung mit seinem verehrten Lehrer, Karl Julius Schröer, seine Aufgabe, in der Fortführung des Goetheanismus der Menschheit die Anthroposophie zu bringen. Hier war der Ort, wo er den Kantianismus überwand, der die Menschheit ihrer Erkenntniskraft berauben wollte. Hier war die *Philosophie der Freiheit* geboren worden — man könnte auch sagen: die Rechtfertigung des freien, aus Einsicht und Liebe handelnden Menschen. Und hier war ihm die Botschaft, die ihn sein eigenes Karma erkennen ließ, zuteil geworden: das menschliche Denken durch die Kraft des Christus wieder zu seinem göttlichen Ursprung zurückzuführen.

Das alles aber hatte sich unbemerkt für die sogenannte „große Welt" in den letzten Jahrzehnten des 19. Jahrhunderts in dieser Stadt abgespielt. Es war Geheimnis geblieben, bis vom Beginn des 20. Jahrhunderts an zuerst in Deutschland und dann in vielen Ländern Europas — auch in Österreich — sich diejenigen Menschen zu ihm fanden, denen er sich dann immer mehr offenbaren konnte. Aus diesen Menschen war ihm die Bereitschaft entgegengekommen, seinen geistigen Auftrag immer tiefer zu verstehen, so daß er zu ihnen unmittelbar von seinem Erleben der geistigen Welten und geistigen Wesenheiten sprechen konnte. So waren ihm auch die Mitarbeiter für die Ausbreitung und Verwirklichung der Anthroposophie erwachsen, Marie v. Sivers und alle die anderen tragenden Freunde, die nunmehr mit ihm gemeinsam die anthroposophische Bewegung mit allem, was diese für die Menschheit bis dahin geleistet hatte, vor die Weltöffentlichkeit hinzustellen bereit waren. Es hatte sich in der Anthroposophischen Gesellschaft mit der Zeit ein größerer Kreis akademisch gebildeter Persönlichkeiten eingefunden, die es sich zur Aufgabe gemacht hatten, den wissenschaftlichen Charakter der Anthroposophie in den Kreisen der Wissenschaft auf ihren Spezialgebieten zur Anerkennung zu bringen, die von dem Ideal erfüllt waren, diese „Geisteswissenschaft" in die Hörsäle der Universitäten und Hochschulen hineinzutragen. Der Bund für anthroposophische Hochschularbeit wurde begründet und anthroposophische Hochschulkurse abgehalten; der erste zu Michaeli 1920 in Dornach am Goetheanum.

Bedeutende Künstler hatten sich zu Rudolf Steiner bekannt, ihre Kunst in den Dienst der Anthroposophie gestellt. Bildhauer wie Edith Maryon, Architekten und Maler, die sich Rudolf Steiner zur Verfügung stellten beim Errichten des aus einer neuen Kunstrichtung hervorgehenden Zentralbaues der Bewegung in Dornach. Sprachgestaltung und Eurythmie entstanden als neue Künste. Namhafte, weithin bekannte Dichter, wie Christian Morgenstern und Albert Steffen, schufen, durch Anthroposophie angeregt, eine neue Form der Dichtkunst. Eine neue Pädagogik war mit der Waldorfschule vor die Welt getreten. Ärzte übten eine an der Anthroposophie orientierte Heilkunst aus in den Klinisch-therapeutischen Instituten in Arlesheim und Stuttgart. Anthroposophische Wirtschafter hatten sich zusammengeschlossen zu assoziativem Wirken. Und Theologen unter der Führung von Dr. Rittelmeyer bereiteten die später von weiten Kreisen der Welt so freudig begrüßte Bewegung zur Erneuerung des religiösen Lebens vor. So hatte Rudolf Steiner in noch nicht zwei Jahrzehnten eine Bewegung geschaffen, die auf allen Gebieten des wissenschaftlichen, künstlerischen und religiösen Wirkens eine Erneuerung der Kultur zu bringen in der Lage war. Auch auf dem Gebiete des sozialen Lebens waren von Rudolf Steiner neue Richtlinien gegeben worden. Der Bund für Dreigliederung des sozialen Organismus vertrat diese vor der Welt. In allen Ländern Europas (mit Ausnahme des bolschewistischen Rußlands) und in Amerika hatte die anthroposophische Bewegung Fuß gefaßt. Es war schon ein gewaltiges Tableau dieses staunenswerten Werkes eines Größten der Menschheit, das hier in dieser Pfingstzeit in Wien vor die Weltöffentlichkeit hingestellt wurde. Hochschulkurse, die letzten im März 1922 in Berlin und im April im Haag, ein erster internationaler Kongreß in Stuttgart (September 1921) und mehrere Vortragsreisen Rudolf Steiners, in denen er in den größten, überfüllten Sälen der Großstädte Deutschlands vor mehr als 20 000 Zuhörern über das Wesen der Anthroposophie gesprochen hatte, gingen diesem Wiener Kongreß voraus.

Graf Ludwig Polzer-Hoditz hielt die Eröffnungsansprache. Er hatte seinem Bruder, dem Kabinettschef des Kaisers Karl, im Jahre 1917 ein Memorandum Rudolf Steiners überreicht, in welchem zum ersten Male die Gedanken einer Neugestaltung der geistigen, politischen und wirtschaftlichen Verhältnisse Mitteleuropas angesprochen waren; lebensvolle, wirklichkeitsgemäße Gedanken, die als die Antwort auf die Abstraktionen Wilsons aus mitteleuropäischem Geiste hätten geltend gemacht werden können — die, wenn sie verstanden und aufgegriffen worden wären, für das Vielvölkerreich um die Donau wohl eine grundlegende Wandlung, aber zugleich die Rettung bedeutet hätten. Auch heute noch erscheinen dem Unbefangenen diese den Individualitäten der Völker voll gerecht werdenden Gedanken als der einzig wirklichkeitsgemäße Weg zu einem neuen Europa [1].

Die wissenschaftlichen, sozialen und pädagogischen Kurse dieses Kongresses waren eingerahmt und durchzogen von den Darstellungen des neuen künstlerischen Wollens. Darunter waren besonders eindrucksvoll

---

[1] Siehe „Rudolf Steiner während des Weltkrieges" von Dr. Roman Boos.

die zwei großen Eurythmie-Aufführungen in der vollbesetzten Volksoper, zu denen jedesmal Rudolf Steiner einleitende Worte sprach. Des großen österreichischen Dichters Fercher v. Steinwand kosmische Dichtungen erschienen hier in eurythmischer Gestaltung wie imaginative Erlebnisse hierarchischen Geschehens.

Das musikalische Element der österreichischen Volksseele gab seinen Beitrag durch das Thomastik-Quartett und am Pfingstmontag in einer Bruckner-Feier unter Mitwirkung der Wiener Philharmoniker und des Bruckner-Chores unter Leitung von Professor Weber. Das Verständnis für Bruckners musikalische Sendung war durch einen Vortrag unseres großen Bruckner-Kenners und Verehrers, Dr. Erich Schwebsch, geweckt worden. Ein tiefes Erlebnis des künstlerischen Impulses der Anthroposophie vermittelte die Rezitation Marie Steiners und Rudolf Steiners Vortrag über den Baugedanken von Dornach, sowie die das Wesen der Mitte in schöpferisch gestaltendem Worte gegebenen Darstellungen Albert Steffens über die Stellung des Künstlers zwischen West und Ost. Aber auch manch anderer Vortrag der Mitwirkenden dieses Kongresses steht durch das ihn durchströmende künstlerische Element in leuchtender Erinnerung. So erlebte man in dem Vortrag Herbert Hahns den seine Worte gleichsam inspirierenden Chor der Volksseelen Europas oder fühlte das die Herzen verbindende Geistesfeuer, das in den Worten Friedrich Rittelmeyers am Pfingstsonntag wahrhaft religiöse Stimmung den dankbar Hörenden vermittelte.

Das größte Ereignis dieses Kongresses aber waren die zehn Abendvorträge Rudolf Steiners. Fünf über das Generalthema: Anthroposophie und Wissenschaften und fünf über: Anthroposophie und Soziologie. Eine weite Öffentlichkeit nahm an diesen Vorträgen teil. Der große Konzertsaal war jeden Abend überfüllt — wohl gegen 2000 Zuhörer waren Abend für Abend anwesend. Beifall empfing den Redner und minutenlang anhaltender Beifall dankte ihm jedesmal. Diese Vorträge, mit starker, den ganzen Saal erfüllender Stimme gesprochen, muteten den Zuhörern stärkste Anspannung ihrer Gedankenkräfte zu. Denn es wurden die höchsten Gebiete des menschlichen Erkenntnisstrebens und einer neuen Sozialethik behandelt. Aber in dieser Klarheit verbreitenden Gedankenführung wirkte ein feuriger Wille, der an die in jedem Menschen schlummernden Kräfte appellierte, diese aufrufend zu der „Energisierung des Gedankenlebens", es hinaufzuführen zu höherer Erkenntnis, in der wir uns „darinnen lebend wissen als eine Krafteinheit". Diese höhere Erkenntnis aber führt allein zur Wiedervereinigung dessen, was sich im Laufe der Entwicklung getrennt hat: „In unserer Zeit erlebten wir, bis zum höchsten Triumph entwickelt, die Trennung von Religion, Kunst und Wissenschaft. Das aber, was gesucht werden muß und was erst eine Verständigung finden lassen kann zwischen Ost und West, das ist die Harmonisierung, die innere Einheit von Religion, Kunst und Wissenschaft. Und zu dieser inneren Einheit möchte führen die Weltauffassung und Lebensanschauung, von der hier gesprochen worden ist und weiter gesprochen werden wird." Wir alle tragen in uns sowohl den Osten, wie die Mitte, wie auch „unser eigenes Amerika". Die Mitte aber hat die Aufgabe, aus der Wissenschaft ein künstlerisches Anschauen zu gebären und so die Brücke zu bauen zu der Religiosität des Ostens. So ist es „die menschliche Individualität, auf die doch alles ankommt" — die, indem sie ihre eigene Entwicklung in die Hand nimmt, Ost, West und Mitte, sich selbst erkennend, im eigenen Wesen findet und diese dann wiederum miteinander verbindet. So wird es auch im sozialen Organismus der Zukunft, in welchem sich in relativer Selbständigkeit entfaltet das Geistige, das Rechtlich-Staatliche und das Wirtschaftliche, wiederum die menschliche Individualität sein, die diese getrennten Glieder, an denen sie teilhat, miteinander verbindet. Wird diese innere Entwicklung ergriffen, dann bildet sie den Weg zur Rettung aus dem von bedeutendsten Denkern prophezeiten Untergang. Bezugnehmend auf ein pessimistisches Wort Herman Grimms — man müsse den Tag eines allgemeinen Selbstmordes fixieren —, rief Dr. Steiner das zugleich an die Willenskräfte jedes einzelnen appellierende und zugleich hoffnungkündende Wort: „daß die Menschheit nun doch aus der Entwickelung dessen, was in der Seele rumort, heraus die Möglichkeit hat, *den Tag zu bestimmen,* an dem *Verständigung* eintritt, daß nicht der Tod dieser europäischen Zivilisation uns bevorstehen darf, sondern eine neue Geburt!" So wurde das Bild des lebendigen Menschen, des sich durch inneres geistiges Tun zu höherem Leben erweckenden Menschen, in diesen menschlichen Geistesreichtum spendenden Vorträgen vor die österreichischen und aus aller Welt gekommenen Hörer hingestellt. Selbst-Erkenntnis durch Bewußtwerdung des eigenen Inneren — war der Grundtenor dieses von dem Eingeweihten unserer Zeit an die Menschen der Mitte gerichteten Appells.

Diese zehn gewaltigen Vorträge waren mit der größten Hingabe des ganzen Menschen gesprochen worden. Die Hörer dankten mit jubelnden Ovationen — man fühlte im Herzen das große Opfer, das hier in übermenschlicher Anstrengung dem Menschheitsfortschritt gebracht wurde. War man aber auch bereit, das, was man mit dem fühlenden Herzen bejahte, nun mit dem Willen zu ergreifen und in die Tat umzusetzen — oder ließ man es in verborgene Seelenprovinzen hinabsinken und das äußere Leben weiterhin seinen Gang gehen?

Der Osten und Westen sind inzwischen über diesem Teil der Mitte zusammenschlagen; und man spricht von der „verlorenen Mitte". Und dennoch bleibt weiterhin bestehen, was Rudolf Steiner unmittelbar nach dem West-Ost-Kongreß in Dornach ausgesprochen hat, daß der Österreicher nicht nur durch seine geographische Lage, sondern gerade durch das in den Herzen Verborgene dazu prädestiniert ist, die Brücke zwischen Westen und Osten schlagen zu helfen.

Aber auch für die Anthroposophische Gesellschaft als solcher war mit diesem West-Ost-Kongreß etwas Besonderes verbunden. Ein Höhepunkt ihrer bisherigen Wirksamkeit war erreicht. Diese nach außen gerichtete Wirksamkeit war von der Welt gefordert worden. Es war besonders die Notwendigkeit aufgetreten, sich mit der Wissenschaft auseinanderzusetzen. Der damalige Vorstand der Anthroposophischen Gesellschaft, die Herren Uehli, Leinhas und Dr. Unger und mit ihnen Dr. Boos und viele andere aktive Persönlichkeiten der Gesellschaft hatten diese Hochschulkurse und Kongresse mit größter Hingabe vorbereitet und gestaltet. Man hatte eine gewaltige Last, nicht nur an Arbeit, auf sich genommen. Überall meldete sich Gegnerschaft, die vor keinem Mittel zurückscheute, um diesen gewaltigen Vorstoß des Geistes in unsere heutige Zivilisation wenn möglich zu vernichten. Diese Gegnerschaft richtete sich nicht nur gegen das Werk, sondern gegen Rudolf Steiner selbst. War die Anthroposophische Gesellschaft diesem Ansturm gewachsen? War sie in sich selbst so gefestigt, so einig, daß sie diese ihr durch die neue Situation erwachsenden Aufgaben bewältigen konnte?

Aber die Gesellschaft hatte nicht nur diese Verpflichtung gegenüber der Öffentlichkeit — ihre wesentliche Aufgabe bestand ja darin, ein Gefäß zu sein für den aus der geistigen Welt hereinfließenden Strom immer neuer Offenbarungen, die ihr durch den Mund des eingeweihten Lehrers verkündet und die ihr zur Pflege anvertraut wurden.

Besonders waren es zunächst die älteren Mitglieder, denen es fühlbar wurde, daß unter dem neuen Duktus, den die Bewegung schicksalsmäßig angenommen hatte, die Pflege des einstigen esoterischen Lebens in der Gesellschaft scheinbar zurückgestellt worden war. Und so kam es, daß Dr. Steiner in dem Vortrag, den er am vorletzten Tage des Kongresses (11. Juni) für die in Wien versammelten Mitglieder der Gesellschaft hielt, von einer Kluft sprach, die sich für die anthroposophische Bewegung selber ergeben hat, „die noch nicht überbrückt ist". Und es war ein Ruf nach Menschen und nach neuen Impulsen, wenn er die Worte aussprach: „Ich möchte sagen: die anthroposophische Bewegung ist uns ja in einer gewissen Weise über den Kopf gewachsen; aber ... es steht zu hoffen, daß aus den Kreisen unserer Freunde heraus immer mehr und mehr auch diejenigen kommen, welche die angedeutete Brücke bauen können." Und als er dann nach diesen einleitenden Worten den eigentlichen Vortrag, der unter dem Titel: *Anthroposophie als ein Streben nach Durchchristung der Welt* gedruckt worden ist, mit den Worten begann: „Nun meine lieben Freunde, wenn wir jetzt, ich möchte sagen aus dem Exoterischen in das Esoterische eintreten...", so war dies gewiß mit Bezug auf den nun folgenden, sehr esoterisch gehaltenen Vortrag gemeint — und dennoch konnte es einem erscheinen, wie wenn in diesem Augenblick gleichsam das Steuer herumgeworfen wurde, und die anthroposophische Bewegung in eine neue Phase ihres Wirkens eintreten wolle. Man fühlte unmittelbar: jetzt kommt es darauf an, eine neue Seelenhaltung, eine neue Bereitschaft in sich aufzurufen. Gerade die jüngeren Mitglieder hatten Rudolf Steiner noch *nie so* sprechen hören, wie er jetzt in dem Folgenden zu uns sprach, und so wurden seine Worte zu einem tief in die Seele eindringenden Erlebnis:

„Heute müssen wir begreifen, daß das Geistige nicht bloß aus den menschlichen Sehnsüchten heraus zur Welt sprechen will, sondern daß es etwas ist, was aus einer anderen Welt in unsere irdische Welt hereinfluten will. Begreifen müssen wir, daß überall gewissermaßen nicht von uns Menschen allein, sondern von einer sie umgebenden Welt die Fenster aufgemacht worden sind, durch welche diese andere Welt zu uns hereinfluten will. Das war noch anders im 19. Jahrhundert. Es hat eine Anzahl von geistigen Mächten, die im Außerirdischen sind, den übermenschlichen Entschluß gefaßt, eine Welle geistigen Lebens auf die Erde herein fließen zu lassen. Wir müssen unsere Zeitgeschichte auch so betrachten können, daß die Menschen, wenn sie nur empfangen wollen die geistige Welt, sie heute empfangen können. So daß die Aufgabe, Geistiges zu pflegen, heute überirdische Aufgabe ist, eine Aufgabe, die durchaus dem geistigen Leben selber angehört ... und so kommt dieser Menschheit ... wenn sie ein wirkliches Wollen äußert, eine Offenbarung aus geistigen Welten entgegen. Wenn wir dieses Gefühl bekommen können, dann haben wir die richtige Grundstimmung gegenüber dem anthroposophischen Leben."

Es wurde zur Gewißheit: Der hier in so heiligem Ernst zu uns sprechende Eingeweihte hätte noch vieles der Menschheit zu sagen, wenn ihm dieses „wirkliche Wollen" entgegengetragen würde, diese Bereitschaft, unmittelbar geistige Offenbarung durch ihn zu empfangen und zu pflegen. Und man fühlte, daß man noch manche Vorbedingung in sich zu schaffen habe. „Wir dürfen nicht jene Mutlosigkeit haben, die sich davon zurückhält, von konkreten geistigen Wesenheiten zu reden." Aber außer diesem Mut, der das Geistig-Wesenhafte unmittelbar ergreift, ist noch etwas anderes notwendig, und das betrifft nun das Verhältnis von Mensch zu Mensch in der Gesellschaft.

„Es muß seelische Harmonie sich entwickeln, die durch die Sache selbst gefordert wird. Wenn jeder Mensch für sich handelt, so entsteht Disharmonie. Wenn auf unserem Gebiet die einzelnen Menschen, die aus diesem oder jenem heraus wirken, nicht zusammengehen, sich nicht zusammenfinden, so entsteht gar nicht Anthroposophie innerhalb der Menschheit. Anthroposophie erfordert als Sache wirklich menschliche Brüderlichkeit bis in die tiefsten Tiefen der Seele hinein. Sonst kann man sagen: ein Gebot ist die Brüderlichkeit. Bei Anthroposophie muß man sagen: sie wächst nur auf dem Boden der Brüderlichkeit, sie kann gar nicht anders erwachsen als in der Brüderlichkeit, die aus der Sache kommt, wo der einzelne dem andern das gibt, was er hat und was er kann."

Dieser Vortrag nahm immer mehr den Charakter einer esoterischen Stunde an; er führte tief hinein in die geistigen Hintergründe des elementarischen Webens in der Natur, und er endete mit dem Hinweis auf Christus und die Aufgabe der Gegenwart im „wahren Christentum".

„So müssen wir auch alles Wissenschaftliche durchchristen, müssen das, was wir uns heranbilden können durch unsere Gemeinschaft mit dem Christus in alles Wissen, alle Erkenntnis, in all unser Leben hineintragen. Dadurch aber wird das Mysterium von Golgatha erst wirklich fruchtbar gemacht durch Menschenkraft und Menschenstreben und Menschliches unter den Menschen selber. Und in diesem Sinne können wir sagen: Anthroposophie ist in allen Einzelheiten ein Streben nach Durchchristung der Welt."

Mit den Sprüchen der Rosenkreuzer-Meditation wurde diese Stunde beendet.

Für viele junge Menschen, die zu diesem Kongreß gekommen waren, wurde dieses Erleben zu einem tiefgreifenden Impuls, sich mit allen Kräften des Herzens, mit dem ganzen Menschen, mit hineinzustellen in diese anthroposophische Bewegung — mitzubauen an der Brücke, von der Rudolf Steiner gesprochen hatte. Das führte zu den Impulsen, die dann in dem pädagogischen Jugendkurs im Herbst 1922 durch unseren Lehrer beantwortet wurden, in welchem uns und aller Jugend, auch der folgenden Generationen, die Richtschnur ihres geistigen Strebens gegeben worden ist. Von diesem Augenblick an war diese Jugend innigst mit Rudolf Steiner verbunden, dem sie als ihrem Lehrer und geistigen Führer folgen wollte, verbunden mit dem weiteren Schicksal der anthroposophischen Bewegung, mit dem tragischen Geschehen des Brandes, den sie vergeblich mit zu löschen versuchte, an dem wir alle, die ganze Gesellschaft, reifen sollten. Sie nahm mit Hingabe und in der Bereitschaft, jedes Opfer — auch das des völligen Verkanntwerdens — auf sich zu nehmen, mit ganzem Herzen teil an dem unsagbar schweren Ringen Rudolf Steiners um den Neubau der Anthroposophischen Gesellschaft, um diese Gesellschaft für „ihre überirdische Aufgabe", das Geistige zu pflegen, geeignet zu machen.

Das große Geschehen der Weihnachtstagung brachte dann mit der Errichtung einer esoterischen und doch zugleich in der Weltöffentlichkeit stehenden, freien Hochschule für Geisteswissenschaft die Erfüllung dessen, was in jenem esoterischen Vortrag während des Wiener Kongresses zuerst als Forderung vor die Mitgliedschaft hingestellt worden war. Die Brücke war gebaut worden. Die Menschen, die sie ihm bauen halfen, hatten sich gefunden. Dennoch sah er sich genötigt, das Opfer auf sich zu nehmen, sich selbst der Gesellschaft zu verbinden und ihren Vorsitz zu übernehmen. Damit verband sich aber nun zugleich die anthroposophische Bewegung mit dieser völlig neu gestalteten Gesellschaft. Jetzt konnte der in Wien verheißene Offenbarungsstrom hereinfluten, der uns die tiefsten Geheimnisse der Menschheitsentwicklung, die Geheimnisse des Karma, enthüllte.

Und doch konnte die große Diskrepanz, vor der Rudolf Steiner am Wiener Kongreß stand, nicht völlig — sondern nur für eine Zeit — überwunden werden. Auch sein Sterben vermochte die Kluft nicht zu überbrücken. Und so tönt es von diesem 11. Juni 1922 weiterhin in unsere Gegenwart herein: „Wenn auf unserem Gebiet die einzelnen Menschen, die aus diesem oder jenem herauswirken, nicht zusammengehen, sich nicht zusammenfinden, so entsteht gar nicht Anthroposophie innerhalb der Menschheit. Anthroposophie erfordert als Sache wirklich menschliche Brüderlichkeit bis in die tiefsten Tiefen der Seele hinein."

GLADYS MAYER

In Wien erlebt

Die nachfolgende Zeichnung der englischen Künstlerin Gladys Mayer entstand während eines Vortrages von Rudolf Steiner anläßlich des West-Ost-Kongresses 1924 in Wien. Den begleitenden Text schrieb die Künstlerin für eine Veröffentlichung des Bildes in den Nachrichten der *Mercury Arts Group,* London.

Die Eindrücke von Rudolf Steiner wurden bei diesem West-Ost-Kongreß aus sehr weitem Abstand in einem überfüllten Saal (Architektenhaus in Wien) gesammelt. Wobei ich erinnere, daß nicht nur der ganze Flur, sondern auch noch ein Balkon, der ihn auf drei Seiten umgab, mit Zuhörern besetzt war. Man mag in der Erinnerung vielleicht übertreiben, aber auch Dr. Wachsmuth berichtet, daß etwa zweitausend Personen bei jedem Vortrag anwesend waren. Und ich als Ausländerin war glücklich, durch Vermittlung von George Adams einen Sitzplatz bekommen zu haben, nämlich in einer Ecke im Hintergrund des Saales, von wo aus ich ein wenig die Gesichtszüge von Rudolf Steiner beobachten konnte. Da ich kaum deutsch verstand, konnte ich mich ausschließlich auf das Erscheinungsbild seiner Gesten beim Sprechen konzentrieren, die nicht nur diese große Versammlung im Saale zu umfassen schienen, sondern — wie ich meinte — noch darüber hinaus gingen in die ganze Welt. Ähnlich war auch die Wirkung auf die Zuhörer, die ihn jedesmal mit einem Beifallssturm begrüßten, aber sofort zur Ruhe kamen, wenn er sprach, so daß jedes Wort klar zu verstehen war; und die, wenn er aufhörte zu sprechen, wieder in begeisterten Beifall ausbrachen. Er wurde nicht nur einmal, sondern bis zu siebenmal zurückgerufen, um sich zu verbeugen: es schien, sie konnten ihn schwer gehen lassen.

Und ich, unter ihnen sitzend und doch durch die Sprachbarriere daran gehindert, irgend ein Wort seiner Ausführungen zu verstehen, konnte nur fühlen — als ich ihn von ferne gegen starke Beleuchtung beobachtete —, daß die Kraft seiner Gestik so mächtig war, als könne sie nur aus absoluter Aufrichtigkeit, aus voller Hingabe der eigenen Persönlichkeit an die ungeheure Bedeutung der ihm gestellten Aufgabe erwachsen sein.

Wien erschien mir 1922 wie eine Geisterstadt mit schattenhaften Gestalten von Männern und Frauen, die sich wie die Schemen normaler Menschen bewegten, verschwindend in düsteren Gassen, gekleidet — wie es schien — in die Überbleibsel früherer Größe, und gebeugt durch furchtbare Not. Geld war praktisch wertlos geworden. Schwindsucht breitete sich aus — man konnte sie vielen vom Gesicht ablesen. Hunger herrschte, und der sonst lebhafte, sprudelnde Geist der Wiener war kaum zu bemerken.

Die Lage Wiens als Angelpunkt und Drehscheibe der sich steigernden Leiden von Ost und West nach diesem Ersten Weltkrieg machte es erklärlich, daß Rudolf Steiners Worte der spirituellen Erneuerung mit Gefühlstiefe und außerordentlichem Ernst entgegengenommen wurden, so wie er sie in den zwei Vortragszyklen vom 1. bis 12. Juni 1922 allabendlich vortrug.

Als damalige Außenseiterin der anthroposophischen Bewegung konnte ich nur versuchen, meine Eindrücke von dem Sprechenden in raschen Skizzen festzuhalten. Ich machte neun davon, jedoch schien mir nur diese eine etwas von dem Feuer und der Kraft seiner Gesten einzufangen.

Jeden Vormittag wurden die Vorträge für die englischen Besucher durch George Adams übersetzt. Es war alles zu neu für mich, um es voll zu verstehen, aber die beiden Zyklen waren sorgfältig ausgerichtet: auf Erkenntnis — wissenschaftliche und geisteswissenschaftliche Erkenntnis — der erste, auf praktische Anwendung dieser Erkenntnis im sozialen Leben und im täglichen Tun der zweite.

Ich war nur zu einem kurzen Besuch in Österreich bei einem Bekannten, der in einem Heim für heimatlose Kinder, deren es damals so viele gab, arbeitete. Auf George Adams Empfehlung hatte ich den Besuchstermin so gewählt, daß er mit dem West-Ost-Kongreß übereinkam. Und von diesem einen Treffen, von dem ich nicht ahnte, daß es mein Leben ändern würde, gewann ich den nachhaltigen, seither immer mehr bestätigten Eindruck von Rudolf Steiner als einem Mann mit einer Weltmission, die erst in kommenden Jahrhunderten ganz zu enthüllen sein würde. War er unserer Zeit voraus, oder war es ein allgemeines Zaudern der Menschheit, das uns nur sehr langsam wach werden ließ für die wahre Bedeutung seiner Mission? Sind wir immer noch Zauderer, auch heute noch?

Es war 1922, vier Jahre nach dem Ende des Ersten Weltkrieges, zwei Jahre nach den Dreigliederungs-Vorträgen und ein Jahr vor dem Brandanschlag auf das erste Goetheanum.

Rudolf Steiner — so wurde mir gesagt — war damals auf dem Höhepunkt seiner Kraft als Vortragender, und man spürte, daß die Zukunft der Erde auf dem Spiele stand. Der ganze Vortragssaal schien angefüllt mit der Spannung dieses Zeitmomentes. Vieles hat sich daraus entwickelt. Viel mehr noch bleibt zu tun.

HEINZ MÜLLER

Lebenswege zu und mit Rudolf Steiner

Nach einer Reihe von Rückschauerlebnissen, die bis ins Geburtszimmer zurückreichten, suchte ich — damals noch nicht einmal 19 Jahre alt — in allen möglichen Schriften nach Erklärungen für das mir völlig unverständliche Phänomen. Ich sprach oft mit meiner Mutter, die während meiner schweren Krankheit am Ende des Ersten Weltkrieges großenteils die Pflege in der Klinik übernommen hatte, über die auch sie schockierende Tatsache einer durch Tage währenden Lebensrückschau. Da fügte es nach knapp zwei Jahren das Schicksal, daß meine Mutter als Hebamme zu Frau Haass-Berkow gerufen wurde. Sie erzählte ihr von den Erlebnissen ihres Sohnes, und Frau Haass-Berkow berichtete ihr, daß nur *ein* Mensch umfassende Auskunft über solche Erscheinungen geben könne: Rudolf Steiner. Schon wenige Tage später durfte ich Frau Haass-Berkow gegenübersitzen und von ihr die begeisterndsten und mitreißendsten Schilderungen über den großen Menschheitsführer hören. Am Ende des langen Gespräches zog ich mit einem Arm voll grundlegender Werke Rudolf Steiners nach Hause. In den nächsten Tagen habe ich manche Vorlesung geschwänzt und oft genug die Nacht zum Tage gemacht, denn was ich da las, berührte mich in tiefster Seele. Oft fragte ich mich, ob ich mich der einen oder anderen Tatsache, die dort geschildert wurde, tief unterbewußt erinnerte; so vertraut erschien mir vieles. In fast atemloser Spannung las ich staunend ein Buch nach dem anderen, und immer wieder tauchte die Frage auf: wie kann das alles dir so zu Herzen gehen?

Einmal als Kind hatten ähnliche Fragen das Gemüt des damals Zehnjährigen bewegt. Ich war vorzeitig mit der Aufnahmeprüfung für die Quinta des Gymnasiums fertig geworden und wurde, da sich keine andere Möglichkeit bot, in eine höhere Klasse gesetzt, in der ich einer Geschichtsstunde zuhören sollte. Niemals hatte ich bis dahin von den Ereignissen etwas gehört, die in dieser Stunde zur Sprache kamen. Es handelte sich um die Geburt Alexanders des Großen in jener Nacht, in der der Tempel von Ephesus ein Raub der Flammen wurde. Der Lehrer schilderte in lebhaftesten Worten das Ereignis, durch das eines der sieben Weltwunder der Antike zugrunde ging. Obgleich ich voll Spannung seinen Worten lauschte, sah ich doch im Geiste manches, was von seiner Schilderung abwich. Tagelang bewegte mich die Frage: „Wie kommst du nur auf diese Bilder, die deutlich wie Erinnerungen in der Seele standen?" Besonders klar war in dem dramatischen Geschehen, das vor des Knaben Seele auftauchte, der in einer Meeresbucht sich spiegelnde Brand des Tempels und die grell von den Flammen erleuchteten Marmorstufen, die vom Strande sich erhoben. (1910 wußte man noch nichts davon, daß tatsächlich der Tempel von Ephesus an einem später versandeten Meeresarm gelegen hatte.) Noch nach Jahren, als die Geschichte Alexanders im regulären Unterricht durchgenommen wurde, fragte ich mich: „Was waren das eigentlich für Rätsel, vor die du als Quintaner gestellt warst, bei der ersten Begegnung mit dieser Geschichtsepoche?" In diesem Lebensabschnitt fanden sich noch keine Antworten.

Die Lektüre der ersten anthroposophischen Bücher brachte mich zu der Meinung, daß ich alles begriffen habe, und allzu bald befand ich mich auf dem Wege zu Frau Haass-Berkow, um mir neue zu holen. Ich sehe noch die großen, staunend aufgerissenen, dunklen Augen der Frau Haass-Berkow. Da erst kam mir zum Bewußtsein, daß es wohl ein wenig vermessen war, zu glauben, daß man mit einem Mal Durchlesen Werke wie die *Theosophie* oder *Wie erlangt man Erkenntnisse der höheren Welten?* voll erfaßt haben könnte. Ja, beim zweiten Durcharbeiten bemerkte ich, wieviel bei dem ersten Durchfliegen gar nicht aufgenommen worden war. Nun erst begann ein systematisches Erarbeiten der anthroposophischen Grundtatsachen. Gar bald wurde es mir Bedürfnis, über das, was ich mir erlesen hatte, mich mit anderen Menschen zu unterhalten. Der geduldigste und immer wieder den Enthusiasmus befeuernde Gesprächspartner war für lange Zeit Frau Haass-Berkow. Durch sie hörte ich von der Existenz einer Anthroposophischen Gesellschaft in Deutschland und von einem in Jena arbeitenden Zweig dieser Gesellschaft. Eines Tages fühlte ich mich so gründlich vorbereitet, daß ich nach Jena-Zwätzen hinausfuhr, um bei dem Zweigleiter, Herrn Oberstleutnant Seebohm, den Antrag um Aufnahme in die Anthroposophische Gesellschaft zu stellen. Freundlich begrüßte mich der stattliche, grauhaarige Herr mit der kühnen Adlernase. Er meinte, das sei sehr gut, daß ich mich jetzt meldete, so könne ich an dem in den nächsten Tagen beginnenden Einführungskurs teilnehmen. Etwas enttäuscht versicherte ich, genügend eingeführt zu sein, woraufhin sich Oberstleutnant Seebohm mit mir in den ehrfurchtgebietenden fünfeckigen Saal begab, um ein reguläres Examen abzuhalten. Offenbar fiel dieses zu seiner Zufriedenheit aus, denn er ging danach an den Schreibtisch und holte ein Aufnahmeformular hervor, das ich ausfüllen mußte. Und noch in meiner Gegenwart setzte er seinen Namen als Garanten darunter und fertigte den Brief an den deutschen Landesvorstand in Stuttgart ab. Auch ohne Mitglied zu sein, durfte ich von nun ab an den Zweigvorträgen und -arbeiten teilnehmen.

Es gab einiges Staunen, als ich zum feierlichen Zweigabend in voller Wandervogelkluft erschien. Ich bunter Geselle paßte so gar nicht recht in den würdigen Kreis, gab mir aber die größte Mühe, tüchtig mitzuarbeiten, und errang zweifellos die Sympathien vieler. Denn nach wenigen Wochen sagte Oberstleutnant Seebohm zu mir: „Wir haben in unserem Zweig die Gewohnheit, in jedem Jahr zur Sommertagung nach Stuttgart einen bedürftigen jungen Menschen mitzunehmen als Gast unseres Zweiges. Unsere Wahl ist in diesem Jahr auf Sie gefallen. Vielleicht bekommen Sie ja bis dahin noch Ihre Mitgliedskarte."

So fuhr ich, der glückliche, junge Habenichts, der früh den Vater verloren hatte, Ende August 1921 zum öffentlichen Kongreß in Stuttgart, der vom 29. August bis 6. September im Gustav-Siegle-Haus stattfand. Kaum dort angekommen, begegnete mir Oberstleutnant Seebohm und konnte mir die soeben im Sekretariat der Anthroposophischen Gesellschaft erhaltene Mitgliedskarte überreichen. So konnte ich schon am Nachmittag den Beginn der Tagung mit einem Vortrag von Rudolf Steiner für Mitglieder erleben. Sehr rechtzeitig schon begab ich mich in den Saal des Gustav-Siegle-Hauses, setzte mich hinten in die Nähe der Eingangstür und beobachtete die Hereinkommenden. Mit Oberstleutnant Seebohm betraten zwei Ehrfurcht gebietende Damen den Saal. Wie sich später herausstellte, waren es die Frau von Moltke, die Witwe des Chefs des Generalstabes, und Frau Margaretha Morgenstern. Sie gingen ganz weit nach vorn, wo offenbar einige Reihen reservierter Plätze waren, und blieben dort im Gespräch mit mehreren anderen führenden Anthroposophen längere Zeit stehen. Kurz vor Beginn des Vortrags gesellte sich zu ihnen Frau Marie Steiner, und etwa zur gleichen Zeit wurde auf die Bühne rechts ein Zuhörer im Rollstuhl hereingefahren. Dies war wie ein Zeichen für alle Anwesenden, daß jetzt jeden Augenblick der Vortrag beginnen würde. Eine erwartungsvolle, ehrfürchtige Stille breitete sich über die fast 2000 Menschen aus. Pünktlich zur festgesetzten Zeit betrat dann auch Rudolf Steiner, von rechts kommend, die Bühne. Er wandte sich zunächst an den Herrn im Rollstuhl und verneigte sich ehrfürchtig vor ihm, indem er ihn mit Handschlag begrüßte. Herzlich applaudierend erhoben sich sämtliche Anwesenden, und Rudolf Steiner, lächelnd, winkte mit geöffneten Händen, während er auf das Pult auf der linken Seite der Bühne mit festen, elastischen Schritten zuging. Es war, als würde durch diese von Herzen kommende Geste nicht nur die Verbindung zu alten Freunden aufs neue geknüpft, sondern als ob auch jeder Neuhinzugekommene augenblicklich in durch *ihn* getragene Geistgemeinschaft hereingebeten würde. Um so überraschender war, daß nach der Anrede

„Meine lieben Freunde!" Rudolf Steiner ein großes Taschentuch herauszog, es ein wenig umständlich ausbreitete und sich Stirn und Schläfen abtupfte. Währenddessen hatte man Zeit, die gestraffte, durch den schwarzen Gehrock noch betonte Gestalt zu betrachten. Später einmal hörte ich ihn ausführen, daß solch ein „Taschentuchausbreiten" keine Zufälligkeit sei, sondern dazu verhilft, daß die Wogen der Begeisterung sich glätten und eine sachlichere Atmosphäre für einen Vortrag geschaffen wird. Und so begann nun der von mir mit so viel Spannung erwartete erste Vortrag des Stuttgarter Kongresses vom Ende August 1921 zu dem Thema: *Anthroposophie, ihre Erkenntniswurzeln und Lebensfrüchte mit einer Einleitung über den Agnostizismus als Verderber echten Menschentums.* Die warme, volltönende Stimme des Vortragenden, die Lebendigkeit jeder einzelnen Geste, die eingestreuten humorvollen Partien: alles das beeindruckte mich so sehr, daß ich nach dem Vortrage kaum in der Lage gewesen wäre, etwas vom Inhalt wiederzugeben. Keiner der Jenenser Professoren, keine noch so glänzende Vorlesung hatte auf mich je einen solchen Eindruck gemacht. Der Sturm der Begeisterung am Ende des Vortrags nahm auch mich voll mit. Immer wieder grüßte Rudolf Steiner dankend in den Saal. Dann verabschiedete er sich von Michael Bauer und ging. Langsam leerte sich der große Saal, aber noch immer standen vorn im Gespräch mit Oberstleutnant Seebohm die beiden Damen. Endlich geleitete er sie zur Tür, und da er mich hinten an einer Säule lehnend entdeckt hatte, kam er auf mich zu. Nun konnte ich ihm so recht von Herzen danken dafür, daß ich als Gast der Jenaer Gruppe dieses Erlebnis haben konnte. Wir waren allmählich die einzigen noch im Saal Verbliebenen.

Da öffnete sich vorn rechts die Saaltür, und herein kam Rudolf Steiner, frisch und mit energischen Schritten, ohne die geringste Spur von Ermüdung nach einem so großen Vortrag. Schon von weitem rief er: „Das ist ja schön, Herr Oberstleutnant Seebohm, daß Sie auch wieder hier sind." Schnell wollte ich bunter Wandervogel entfliegen, aber Oberstleutnant Seebohm hielt mich am weinroten Kittel fest und flüsterte: „Ich stelle Sie Herrn Dr. Steiner vor!" Sehr herzlich war die Begrüßung der beiden Männer, wenn auch die menschliche Wärme bei Rudolf Steiner viel deutlicher hervortrat. Noch anschaulicher wurde die steife Offiziersart des Oberstleutnants, als er den Studenten mit folgendem klassischem Satz bekanntmachte: „Herr Doktor, darf ich Ihnen vorstellen das jüngste Mitglied des Fichte-Schiller-Zweiges zu Jena-Zwätzen: Herrn Studiosus Heinz Müller." Der warme, kräftige Händedruck Rudolf Steiners, das gütig auf mich gerichtete lichtbraune Auge und die volles menschliches Interesse offenbarende Frage: „Wie kommt es, daß Sie als ein so junger Mensch schon Mitglied der Anthroposophischen Gesellschaft sind?" erfüllten und umhüllten den also Angeredeten in der wunderbarsten Weise.

Meine Antwort lautete etwa: „Mit 18²/₃ Jahren mußte ich fünfmal aufs schwerste operiert werden. Nach der letzten Operation stellten sich Rückschauerlebnisse ein, die bis in mein Geburtszimmer in deutlichen Bildern zurückreichten. Das veranlaßte mich, solange zu suchen, bis ich in Ihrem Werk die Erklärung für solche Erscheinungen fand." Mit äußerster Wachheit nahm Rudolf Steiner diese Worte auf und lud mich zum nächsten Nachmittag zu sich in sein Arbeitszimmer in der Landhausstr. 70 ein, um in aller Gründlichkeit, wie er sagte, diese Dinge besprechen zu können.

Wohl mindestens zehn Minuten vor der verabredeten Zeit patrouillierte ich auf der Landhausstraße auf und nieder. Dabei erfüllten mich allerlei schöne Bilder, so die Begegnung mit Ernst Haeckel vor einigen Jahren und das Zusammentreffen mit anderen verehrten Persönlichkeiten. Besonders aber ging mir durch den Sinn jene herrliche Stelle in *Wie erlangt man Erkenntnisse der höheren Welten?*, die mit den Worten beginnt: „Hast du einmal vor der Tür eines verehrten Mannes gestanden..." Mit diesem Gedanken ging ich endlich die zwei Treppen empor, um die Hand auf die Klinke der Tür zu legen, hinter der der in heiliger Scheu verehrte Lehrer mir begegnen würde. Dieser öffnete selbst, führte mich in sein Arbeitszimmer und schob mir einen Stuhl mit hoher Lehne an den Schreibtisch. In diesem Augenblicke waren alle meine großen Gedanken verschwunden, und die alberne Vorstellung beunruhigte mich: „Jetzt wird der Geistesforscher deine sämtlichen Wesensglieder betrachten können und gewiß manch schrecklichen Flecken darin entdecken." Es half dem Wartenden nichts, daß er sich ob solcher kuriosen Seelenqualen innere Vorwürfe machte. Ich fand zunächst keine Ruhe. Rudolf Steiner schien jedoch nichts weiter zu tun zu haben, als einiges auf dem Bücherbort hinter ihm und auf dem Schreibtisch zu ordnen. Er wendete sich in dem Augenblick seinem Gaste voll zu, als dieser seine innere Ruhe wiedergefunden hatte. Nun forderte er mich auf, so gründlich und ausführlich wie möglich zu berichten. Als von der Operation die Rede war, fragte er, ob ich währenddessen einen Traum gehabt habe. Der war nun allerdings grotesk genug. Vor der Erkrankung lag die Lektüre mehrerer Schriften von Albert Einstein. So träumte ich von einem in die Weltenweiten ausgespannten Koordinatensystem, aus dessen Nullpunkt jeweils in Richtung der verschiedenen Achsen nach der positiven und negativen Seite hin eine Art von Weltenkörpern hervorquollen. Sie erfüllten den Raum mit einem schnarrenden Geschnatter wie minderwertiges Blechspielzeug. Von Zeit zu Zeit trafen sich zwei solche Gebilde und zerplatzten in nichts wie große Seifenblasen. Da hörte ich links hinter mir, wie von unten herauf höhnend, eine widerlich krächzende Stimme: „Das ist deine Welt, mit der kann man sterben!" Hier unterbrach Rudolf Steiner die Schilderung und sagte „Hat das etwa so geklungen?" und nun sprach er diese Worte, indem er sie mit einem ä-Charakter wie seitlich in die Backe hineinblies. Auf die überraschte Zustimmung seines Gastes sagte er so wie nebenher: „Nun, diesen Herrn kennen wir. Aber wie antworteten Sie?" „Da muß ich eine finden, mit der man leben kann", war meine Erwiderung. Rudolf Steiners Antlitz spiegelte höchste Zufriedenheit und Spannung, und er forderte mit einem „Und" zum Weitererzählen auf.

Im weiteren Verlauf des Traumes ertönte in diesem Augenblick mit gewaltiger Stimme mein Vor- und Zuname. Das riß mich mitten aus der Narkose heraus. Ich befreite meine rechte Hand, an der der Assistent den Puls prüfte, ergriff ein eingelegtes Drainrohr, riß es heraus und schleuderte es mit den Worten in den Operationssaal: „Was, einen Schwanz soll ich haben, den will ich nicht!" Rudolf Steiner lachte schallend, aber im Operationssaal gab es einige Aufregung, bis der renitente Patient wieder in tiefem Ätherrausch lag. Ich versicherte Rudolf Steiner, daß ich bestimmt nicht von irgend jemandem im Operationssaal gerufen worden sei, was er lachend bestätigte. Dann aber fügte er ernst hinzu: „Über diesen Anruf werde ich Ihnen später etwas sagen."

Die folgenden Stationen der Krankheit und der notwendigen Operationen wurden nur kurz gestreift. — Es hatte sich um eine Blinddarmentzündung mit einer Perforation in die Bauchhöhle gehandelt, ausgelöst durch einen mißtrauischen Oberstabsarzt mit einem großen Glase Rizinusöl am Tage meiner Einberufung zum Wehrdienst. Er hatte mich für einen Drückeberger gehalten. — Als die letzte Operation notwendig wurde, ergab es sich, daß keine Narkotika mehr aufzutreiben waren, örtlich wirkende Injektionen wagte der Professor wegen einer drohenden Sepsis nicht anzuwenden. So entschloß er sich zu einem Eingriff bei vollem Bewußtsein, hoffend, daß ich ohnmächtig werden würde. Ich aber wollte es nicht verpassen, einen Blick in die geöffnete Bauchhöhle zu tun. So ließ ich mir Mund und Nase abdecken, den Kopf steil hochlegen und verfolgte das Geschehen voll Interesse. Nur war der Blickwinkel sehr unglücklich. Aber zu meinem größten Erstaunen kam es mir so vor, als ob ich mich während des Operationsverlaufs allmählich mit den Augen des Professors betrachtete. Diese Lockerung führte dann dazu, daß ich mich für Tage „von außen" sah, und die Rückschauerlebnisse setzten in voller Bildhaftigkeit ein. Sie begannen damit, daß ich sah, wie mich der Professor selbst (ein guter Freund meines verstorbenen Vaters, der auch Chirurg gewesen war) und die Oberschwester im Klinik-Vorgarten, wo ich zusammengebrochen war, aufhoben und ins Untersuchungszimmer hereintrugen. Deutlich hörte ich die Worte: „Den können wir nicht mehr baden. Wenn überhaupt noch etwas zu retten ist, muß er sofort auf den Operationstisch." Rücklaufend sah ich nacheinander mich auf dem Weg zur Klinik, mehrmals zusammenbrechend, mich ankleidend vor dem

Bette in meinem Zimmer, mich gegenüberstehend dem Oberarzt, der die Fehldiagnose gestellt hatte. Und dann rollten in immer kürzeren Abständen vor meinem inneren Auge in Bildern meine Jugend- und Schulzeit, mein Kindesalter ab.

Nach den an sich schon höchst überraschenden Rückblicken in mein junges Leben, brachte mich das folgende Bild nahezu aus der Fassung. Ich sah, wie wenn mein Auge hoch oben unter der Zimmerdecke wäre, in ein kleines Wäschekörbchen, in dem ein Säugling, höchstens einige Tage alt, lag. Das Zimmer war mir völlig bekannt. Ich konnte den Kachelofen, wie auch die anderen Einrichtungsgegenstände genauestens beschreiben, als ich in einem wachen Momente meine Mutter, die meine Pflege zum Teil übernommen hatte, darüber auszufragen begann. Völlig entsetzt — sie hielt das Ganze für schwerste Fieberphantasien — erzählte sie, daß ich das Zimmer ja nie gesehen haben könnte, da mein Geburtshaus im ersten Vierteljahr meines Lebens abgebrannt sei und Bilder von diesem Raum niemals existiert hätten. Rudolf Steiner hörte die Schilderung dieses Geschehens mit großer Anteilnahme an und unterbrach mich zunächst nicht. Nachdem ich schon eine ganze Weile über die Rückschaubilder gesprochen hatte, wollte er wissen, wie diese Bilder sich vor anderen Gegenständen im Raume ausgenommen hatten. Dem Vergleich mit dem Regenbogen in der Landschaft stimmte er voll zu. Als davon die Rede war, daß ich mich sowohl im gegenwärtigen Zustand wie auch als Baby im Wäschekorb von oben her betrachtet habe, so als sei das schauende Auge nur wenig unterhalb der Zimmerdecke anzunehmen, sagte Rudolf Steiner, das sei die durchaus übliche Art, wie das noch nicht völlig verkörperte „Ich" über dem Leibe schwebe, in den es einziehen will. In Räumen, in denen Neugeborene sich befänden, könne man etwas von der Spannung zwischen unten und oben durchaus fühlen.

Schon schien das Gespräch zu Ende zu sein, da kam von Rudolf Steiner die überraschende Frage, woher ich alles das wisse, was ich über die Rückschau erzählt hätte. Diese Frage wirkte zunächst wie ein Schock. Aber dann wurde mir klar, daß ich Rudolf Steiner nicht *einmal* direkt aus der Erinnerung geantwortet hatte, sondern Antworten immer erst dann auftauchten, wenn Situationen in die Erinnerung traten, in denen die mich pflegende Mutter von mir nach diesem oder jenem Bilde befragt worden war. Die überraschende Antwort Rudolf Steiners war: „Sehen Sie, das zeigt mir klar, daß alles, was Sie mir erzählt haben, rein geistige Erlebnisse sind. An die kann man sich nämlich nicht direkt erinnern. Man braucht eine Brücke, um zu ihnen zu gelangen. Auch ich", fügte er hinzu, „kann mich an das, was ich in der geistigen Welt erforsche, niemals direkt erinnern. Ich schaffe mir die Brücke, die Sie sich durch die Gespräche mit Ihrer Mutter gebaut haben, indem ich kurze Notizen oder

Zeichen und Zeichnungen in meine Notizbücher mache." Bei diesen Worten zeigte er ein solches Heft mit kurzen Sprüchen, Stichworten usw. vor. Hier endete das so bedeutsame erste Gespräch mit Rudolf Steiner.

An der Tür beim Verabschieden zögerte er noch einen Augenblick und fragte, ob es mir wohl recht sei, wenn er an einem der nächsten Tage die doch zweifellos sehr erheblichen Operationsnarben einmal untersuchen würde. Selbstverständlich willigte ich gern ein. Und so kam es, daß er vor allem die zwei großen Narben von der ersten und der letzten Operation sich gründlich vornahm. Bei der ersten sagte er, daß durch die starken Eiterungen der größte Teil des Netzes nicht mehr vorhanden wäre. Ich konnte ihm bestätigen, daß aus der sich nur sehr langsam schließenden Wunde große Stücke feiner Häute abgesondert worden waren. Beim Untersuchen der zweiten Narbe sagte er: „Da haben Sie zwei häßliche Verwachsungen zwischen der Bauchaorta und dem Darm." Und nach einer kleinen Pause fügte er hinzu: „Wenn Sie dadurch einmal Schwierigkeiten bekommen sollten, lassen Sie auf keinen Fall eine neue Operation zu, denn die dabei entstehenden Verwachsungen können nur noch unangenehmer werden." Er tastete immer wieder aufs genaueste diese Stelle ab, und ich konnte sehen, wie sich plötzlich sein Gesicht deutlich erhellte: „Wenn von hier einmal ohnmächtige Anfälle ausgehen sollten, müßten Sie sich sofort in die Behandlung eines tüchtigen Arztes begeben, der dann mit dem ‚großen Herz-E‘ hilfreich eingreifen kann." Am Schluß dieser großartigen Untersuchung erzählte ich Rudolf Steiner noch die nette Empfehlung meines Operateurs, der mich in aufoperndster Weise und völlig kostenlos wieder gesund gemacht hatte. Er hatte gesagt: „Bedanken müssen Sie sich an einer anderen Stelle" — indem er nach oben deutete. „Sollten Sie aber dem Oberstabsarzt einmal wiederbegegnen, so denken Sie in Abwandlung an den schönen Bauernspruch ..." Und da ich nicht ganz begriff, was er meinte, sagte er: „Du sollst dem Ochsen, der dich verbindet, das Maul nicht verdreschen!" Rudolf Steiner war darüber genauso verblüfft wie ich damals, und lachte aufs herzlichste über diesen Schnack. — Was das „große Herz-E" bedeutete, erlebte ich dann fünf Jahre später, als die von Rudolf Steiner vorausgesagten Komplikationen eingetreten waren und ich mich sofort in die Behandlung von Frau Dr. Ita Wegman begab, die mir dann auch entscheidend und für immer helfen konnte.

In den nächsten Tagen sprach Rudolf Steiner mich noch einige Male kurz an. Er erfuhr dabei, daß ich als Pädagoge gern in die Waldorfschulbewegung eintreten wollte. Er gab sogar die Erlaubnis, daß ich mir die ersten Vorträge zur *Allgemeinen Menschenkunde* geben lassen durfte. Außerdem hörte er mit Interesse, daß es an der Jenaer Universität eine Seminarschule gab, die der Pädagoge, Professor Weiß, selbst leitete.

Dieser war zugleich Klassenlehrer eines vierten Schuljahres, in dem ich mich im Wintersemester 1921/22 in mehreren Fächern betätigen sollte. Da die Herbartsche Methode damals in Jena sehr gepflegt wurde, warnte Rudolf Steiner davor, sich allzu sehr in die „Formalstufen" einspannen zu lassen. Er meinte, man müsse sie wohl im Bewußtsein haben und könne hinterher die Unterrichtsstunde durchaus den Formalstufen entsprechend erläutern. Er wünschte zu dem pädagogischen Start alles Gute.

In seinen großen Vorträgen über *Anthroposophie, ihre Erkenntniswurzeln und Lebensfrüchte* zeigte Rudolf Steiner, welche grundlegende Bedeutung für ein zukünftiges Wirken am Menschen dem Menschenbild der Anthroposophie zukommt. Für mich, als dem angehenden Lehrer, war es von größtem Interesse zu hören und zu sehen, wie die verschiedenen Klassen- und Fachlehrer schon in den wenigen Jahren ihres Wirkens (seit 1919) an der Waldorfschule in Stuttgart ihre Unterrichtsgebiete so hatten verlebendigen können, daß es für jeden unbefangenen Zuhörer eine Freude war. Verschiedene Ausstellungen von handarbeitlichen und handwerklichen Arbeiten der Waldorfschüler gaben aufschlußreiche Einblicke in die neue Pädagogik. Immer wieder fiel es auf, wie stark das Künstlerische, z. B. auch in der Mathematik, alle Elemente des Unterrichts durchzog. Durch alle diese Anregungen hell begeistert, hatte ich nur den einen Wunsch, mein Studium recht bald zu beenden und Waldorflehrer zu werden.

Für mich besonders bedeutungsvoll im Verlaufe des Kongresses war eine Zusammenkunft einer Gruppe Jugendlicher mit Rudolf Steiner, in der er einige Ausführungen zur Jugendbewegung gab, der ich angehörte. Es war in den Wochen von Johanni her in vielen Städten Thüringens eine Volkstanzgruppe umhergezogen, die immer deutlicher unter die Führung von Muck-Lamberti kam. Sie hatte sich auf der Leuchtenburg bei Kahla südlich von Jena einquartiert, und es standen Verhandlungen an, daß sie in Naumburg endgültig Quartier nehmen wollte. In Anlehnung an das Mittelalter sollte sich jedes Mitglied einer soliden handwerklichen Ausbildung unterziehen. Tatsächlich wurden schon Stoffe gewebt und Kleider geschneidert, auch Drechsler- und Tischlerarbeiten wurden aufs beste ausgeführt. In den bürgerlichen Kreisen der kleinen thüringischen Städte gingen jedoch Gerüchte um, daß in der „Schar" in bezug auf das Sexuelle keine vernünftigen Grenzen gezogen wären. Ich sah in den Bestrebungen der „Schar" ein großartiges Wiederaufleben mittelalterlichen Handwerksideals, während ich die aufgetretenen Probleme und das Zeitfremde solcher Bestrebungen nicht wahrhaben wollte. Als begeisterter Wandervogel beunruhigten mich diese Fragen, und ich warf sie in die Diskussion. Zu meiner Überraschung mußte ich erleben, daß Rudolf Steiner alles, was mit der „Schar" zusammenhing, verurteilte und gerade im

Hinblick auf den Aufenthalt auf der Leuchtenburg und das Übersiedeln nach Naumburg von den Flagellanten und anderen religiösen Schwärmern sprach, die sich schon im Mittelalter dort festgesetzt hatten. Ein Versuch meinerseits, sein Urteil zu mildern, führte eher zum Gegenteil. Mir wurde aber dabei klar, daß man Rudolf Steiner ganz anders fragen müsse, wenn er der Jugendbewegung Zukunftsziele weisen solle, wie es dann ein Jahr später im „Jugendkurs" geschehen durfte.

Den Abschluß der Tagung bildete ein Lichtbildervortrag Rudolf Steiners über *Der Baugedanke von Dornach*. Wie schon das Konzert mit den neuerbauten Thomastik-Geigen und die Darbietungen der Eurythmie bewiesen hatten, offenbarte sich noch einmal zum Schluß der hohe Rang, den alles künstlerische Schaffen innerhalb der Anthroposophischen Bewegung einnahm. So fern das Goetheanum auf schweizerischem Boden zunächst für mich war, so unüberwindlich die wirtschaftlichen Schwierigkeiten zu sein schienen, dort einmal hinzukommen, diesen herrlichen Bau mit eigenen Augen möglichst bald sehen zu dürfen, der Wunsch war unabweislich!

In den Semesterferien um die Osterzeit 1922 durfte ich, eben aus Jena angekommen, auf dem Schulhof der Waldorfschule in Stuttgart Rudolf Steiner aufs neue begegnen. Er kam gerade vom Hospitieren aus einer Klasse, begrüßte mich aufs herzlichste und fragte sofort, wie es mir beim Unterrichten ergangen sei. Die Antwort lautete, daß das Unterrichten gut gelaufen sei und große Freude bereite. Aber wahrscheinlich könne der Lehrerberuf nicht auf die Dauer ausgeübt werden, weil spätestens nach zwei Stunden meine Stimme völlig versage, so daß sogar eine Stundenplanänderung erfolgen und die dritte Stunde zur Erholung für die Stimme freibleiben mußte. Rudolf Steiner, der offensichtlich vorgehabt hatte, sofort in eine nächste Unterrichtsstunde zu gehen, lud mich ein, dieses Gespräch in seinem Arbeitszimmer im Hauptgebäude der Schule fortzusetzen.

So wagte ich es, wie ich es mir zu Hause vorgenommen hatte, etwa folgende Frage zu stellen: „Herr Doktor, Sie haben seit längerer Zeit schon eine Reihe von Sprachübungen für die Kollegen der Waldorfschule gegeben; könnten Sie wohl auch einmal Ratschläge geben darüber, was man tun sollte, um seine eigenen Fehler und Mängel beim Sprechen zu korrigieren, und wie man durch die Sprache heilend und erziehend wirken kann?" Den zweiten Teil der Frage trennte Rudolf Steiner sofort ab, indem er sagte, darüber müsse man öfter und ausführlicher sprechen.[1] Dann fragte er mich, was ich mir dächte, was zu geschehen hätte, wenn

---

[1] Siehe auch: Heinz Müller *Von der heilenden Kraft des Wortes und der Rhythmen*. Stuttgart 1967.

man Sprachmängel heilen wollte. Ehe diese Frage an mich gestellt wurde, meinte ich völlig ratlos zu sein. Jetzt wußte ich doch einiges zu antworten; es war, als falle einem in Gegenwart Rudolf Steiners manches ein. Vor allen Dingen aber eröffnete einem die Art, wie er zuhörte oder fragte, den Zugang zu Antworten, den man sich, allein gelassen, nicht so leicht gebahnt hätte. Unter seiner gütig lauschenden Hilfe fiel mir manches aus meiner Kindheit ein. So hatten wir Kinder in den Hallen und Gängen der Klosterruine Paulinzella und in dem noch stehenden Kellergewölbe unter dem großen Fachwerkbau, der sich daran anschloß, mit Flüstern und Rufen Echoerlebnisse erübt. Das konnte im Steinbruch und in einem felsenreichen engen Tal weiter ausprobiert werden. Dabei fiel auf, daß die Stimmen der Rufenden und vor allem die eigene ganz anders im Echo klangen. Noch überraschender war es, wenn man in eine Tonne hineinsprach, durch ein Rohr zu sprechen versuchte (hierbei gelingen einige Laute überhaupt nicht) oder sich bemühte, der eigenen Sprache zu lauschen, wenn man sich die Ohren zuhielt. Ganz andere Erlebnisse hatte man, wenn man mit hinaufsteigen durfte, wo die Glocken geläutet wurden, und wenn man da versuchte, sich in dem Klingen und Dröhnen zu verständigen. Blitzschnell waren alle solche Erinnerungen durch meine Seele gehuscht, aus denen sich nun Gedanken herauskristallisierten. Sich zuhören lernen, auf die Sprache lauschen, die man von außen bzw. von innen hören kann, die eigene Sprache wie experimentierend mit äußeren Klängen und Geräuschen vergleichen; all dieses fand klare Zustimmung bei Rudolf Steiner. Er forderte mich auf, nur weiter in meinen Gedanken fortzufahren. So fiel mir ein, daß wohl ein Hauptfehler in meiner Sprachführung darin bestände, daß ich von den Sprachwerkzeugen bisher fast ausschließlich nur die Stimmbänder gebraucht hatte. Und so meinte ich, ob man diese nicht dadurch entlasten könne, daß man Lippen, Zunge und Gaumen stärker aktiviere. Hier stimmte er ganz besonders lebhaft zu; aber noch immer wollte er weitere Auskünfte haben. Da kam ich auf den Atem und die umgebende Luft und stammelte noch einige Sätze, die beinhalten, daß man versuchen müsse, diese beiden Elemente mit zur Hilfe heranzuziehen.

Da kam mit einem strahlenden Aufleuchten seines Antlitzes die völlig überraschende Antwort Rudolf Steiners, er habe vor, darüber etwas auszuarbeiten und würde sich freuen, wenn ich daran teilnehmen könnte. „Kommen Sie doch im Juli für sechs Wochen nach Dornach. Da können wir uns dann täglich sehen und an diesen Problemen arbeiten", meinte er. Hocherfreut über die Wendung des Gesprächs, konnte ich mir, in meinen Erwartungen so großartig bestätigt, nichts Schöneres vorstellen als diese Einladung, und doch war es unmöglich, sie anzunehmen, denn als Werkstudent, der sich seinen gesamten Lebensunterhalt und die Ausgaben für das Studium, die trotz der Stipendien noch erheblich waren, selbst verdienen mußte, konnte ich mir während der Inflation einen sechswöchigen Aufenthalt in der Schweiz einfach nicht leisten. So mußte ich mit diesen Begründungen die verlockende Einladung Rudolf Steiners ablehnen. Dieser aber entgegnete: „Sie werden 4. Klasse als Wandervogel nach Basel fahren können. Dort fragen Sie nach der Rheinbrücke und dem Aeschenplatz und halten sich von da aus immer nach Süden. Mit Ihren langen Beinen werden Sie keine zwei Stunden brauchen, um nach Dornach zu kommen. Da gehen Sie in den ersten Stock des Hauses Friedwart und fragen an dem Schalter des Sekretariats der Anthroposophischen Gesellschaft nach einem Brief, der dort für Sie hinterlegt sein wird. Im übrigen brauchen Sie keinerlei Sorgen zu haben, denn Sie werden während der sechs Wochen Gast des Hauses Hansi sein." Jetzt reichte er dem beglückten Studenten die Hand mit den Worten: „Also, wir sehen uns im Juli in Dornach wieder." — Merkwürdigerweise konnte ich weder in Stuttgart noch in Jena Auskunft darüber erhalten, was es mit dem Haus Hansi für eine Bewandtnis habe.

Ehe es jedoch zu diesem Wiedersehen in Dornach kam, fand vom 1. bis 12. Juni 1922 der Wiener Ost-West-Kongreß statt. Was zunächst unmöglich schien, nämlich daran teilzunehmen, ließ sich dann plötzlich doch verwirklichen. Ich kam mit meinem Pädagogik-Professor Weiß ins Gespräch und erzählte ihm, daß ich schon für kürzere Zeit an der Waldorfschule in Stuttgart hospitiert hätte. Dabei „gestand" ich auch, daß ich auf Anraten Rudolf Steiners reichlich frei mit den „Formalstufen" umgegangen sei. Professor Weiß, an diesem Tag besonders gut gelaunt, sagte etwa, daß man die „Formalstufen" natürlich nicht brauche für einen begabten Pädagogen, daß sie aber eine gute Hilfe seien, wenn der Kandidat leicht ins „Schwimmen" käme. Im Verlauf des Gesprächs zeigte der Professor mehr und mehr Interesse daran, auch seinerseits die Waldorfschule in Stuttgart kennenzulernen. Da wir beiden fast ausschließlich den Unterricht in seiner 4. Klasse bestritten, machten wir gegenseitige Vertretungen aus, die mir eine Wandervogelfahrt nach Wien ermöglichten und dem Professor seine Hospitation in Stuttgart.

Selbstverständlich mußte meine Fahrt so billig wie möglich sein. Bis Passau ging es auf Schusters Rappen mit dem Kochtopf und dem Schlafsack auf dem Rucksack ganz leidlich. Wie aber kommt man auf billigste Weise nach Wien? Am kleinen Passauer Hafen machte gerade ein Raddampfer fest, und es wurden viele Fässer aus- und eingeladen. Als ob ich zur Schiffsmannschaft gehörte, packte ich aufs eifrigste zu und schließlich trat der „Käptn" an mich heran und sagte, wenn ich so fleißig weiterarbeiten wollte, würde er mich umsonst bis nach Wien mitnehmen. Die herrliche Fahrt entlang an den bewaldeten Höhen mit den sie krönenden barocken Schlössern und Kirchen begeisterte mich und einige Freunde, die sich auf gleiche Weise ihre Reise nach Wien ermöglichten.

Je größer die Abstände zwischen den einzelnen Ladestationen wurden, desto mehr konnten beim Sonnenbaden auf Deck Gespräche entstehen. So näherten wir uns langsam Wien. Leider waren unter den Mitreisenden nur sehr wenige, die auch den Ost-West-Kongreß besuchen wollten. Wir kleines Häuflein aber versuchten, uns Vorstellungen zu bilden, was aus dem entsetzlichen Zusammenbruch der einst so stolzen Ostmark kulturell zu retten sei. Während dieser Gespräche löste sich aus dem Dunst, der über der Stadt vor uns lag, die herrliche Silhouette des Stephansdoms. Zu einem kurzen Rundgang durch das Gewirr der Gäßchen rund um den Wunderbau reichte die Zeit am ersten Abend gerade noch. Dann hatte ich aber noch bis zum Beginn der Tagung gut eineinhalb Tage ganz frei. Ich tauchte also am nächsten Morgen, von Gepäck unbeschwert, ins Getriebe eines Art Marktes, wie man es damals allerorten erleben konnte. Einst reich gewesene Bürger versuchten, noch ein altes Schmuckstück oder ein paar silberne Löffel zu verkaufen. Hier wurde getauscht, dort regulär geschachert. Plötzlich stand ein altes Mütterchen mit glänzenden Augen vor mir. Sie versuchte, mir etwas zu sagen, das ihr offenbar sehr wichtig war, aber ihre Stimme versagte, und ihre Augen füllten sich mit Tränen. Nur stammelnd konnte sie mir klarmachen, ich möge ihr folgen, sie wohne hier im 3. Stock eines kleinen Häuschens. Während wir die knarrenden Stiegen hinaufkletterten, begriff ich, sie wolle mich als Gast für die zwölf Tage des Kongresses beherbergen. Oben angekommen, wies sie mir ein kleines Zimmerchen an. Zwei Dinge überraschten mich darin: Der herrliche Blick durchs offene Fenster auf den Dom und eine gerahmte Photographie eines jungen Mannes genau in meinem Alter und von solcher Ähnlichkeit mit mir, daß ich sie so fassungslos anstaunte wie die Alte mich unten auf dem Markt. Es stellte ihren Sohn dar, der in den ersten Tagen des Weltkrieges gefallen war. Es ergaben sich — vor allen Dingen bei den Mahlzeiten — intensive Gespräche einerseits über den gefallenen Sohn, andererseits über alles, was aus Anthroposophie heraus über das Leben nach dem Tode gesagt werden kann. Und so schien es, als könne sich eine Brücke bauen lassen zwischen der vereinsamten Mutter und ihrem gefallenen Sohn. Immer geistheller wurden die Gespräche und immer froher klangen manche Sätze der alten Frau, die übrigens gegen das Ende des Kongresses hin auch mehrere Veranstaltungen mit besuchte und die feste Absicht äußerte, den einmal erahnten Weg der Anthroposophie konsequent zu beschreiten. Diese Begegnung und die Gespräche schufen eine Atmosphäre der Schicksalsverbundenheit zwischen uns, die wir als etwas Wunderbares und Besonderes in unserem Leben empfanden.

Der West-Ost-Kongreß stand unter dem Zeichen besonders schwerer Schicksalszusammenhänge. Rudolf Steiner war mit einer großen Schar von jüngeren und älteren Mitarbeitern nach Wien gekommen, wo er selbst vor der Jahrhundertwende entscheidende Schritte in der Begründung der Anthroposophie getan hatte. Eine große Mission schwebte über dem Vielvölkerstaat Österreich-Ungarn, dessen Bereich ein Modell hätte werden können für eine Neuordnung Europas im ganzen, im besonderen aber für seinen Osten. Rudolf Steiner hat 1917 in einem Memorandum für Ludwig Graf Polzer-Hoditz, den Bruder des Kabinettschefs des Kaisers Karl, die in Betracht kommenden Grundstrukturen dargestellt. Es kam aber in Wien nicht zum Aufgreifen dieser Mission, sondern zum vollständigen politischen und wirtschaftlichen Zusammenbruch im Ersten Weltkrieg und zu den destruierenden „Friedens"-Verträgen. Mit diesem West-Ost-Kongreß hoffte man einen Beitrag zu einem den wahren Zeittendenzen gerechtwerdenden Wiederaufbau bringen zu können.

Als man zu Beginn der Tagung Rudolf Steiner zuerst sah, konnte man nur erschrecken. Es gibt auch ein Bild, auf dem er zwischen Albert Steffen und Ernst Uehli sitzt. So unendlich traurig und von tiefstem Schmerz gezeichnet, möchte ich glauben, gibt es kein zweites Bild von ihm. Mit übermenschlicher Anstrengung, so will es einem scheinen, wollte unser Lehrer dennoch das Steuer herumwerfen und mit äußerster Kraft sich dem allgemeinen Niedergang entgegenstemmen. Er hielt nicht nur die ganze Reihe der großen Vorträge zu den beiden Hauptthemen *Anthroposophie und Wissenschaften* und *Anthroposophie und Soziologie*, um „... aufzuzeigen, ... was aus einer Geisteswissenschaft unserer Zeit zur Überschau über die Weltsituation und zur Lösung ihrer Aufgaben bereits errungen und noch zu verwirklichen war",[2] sondern stellte sich Hunderten von Menschen im Gespräch, immer wieder Rat und Tröstung spendend. Auch für die Jugend, uns Studenten und Wandervögel, nahm sich Rudolf Steiner am 8. Juni 1922 Zeit zu gründlichen Besprechungen, und es gelang ihm, die Vorstellung bei vielen von uns zu verstärken: „Wir müssen in uns selbst die Kräfte finden, *die* Fragen zu stellen, auf die er dann aus dem Geiste heraus uns wirklich antworten kann!" Er hatte uns vor kurzem schon einen Jugendkurs zugesagt, wenn wir rund 100 Teilnehmer dafür fänden.

Während für einen Neuling in der Anthroposophie, wie ich es doch damals noch war, die oben genannten großartigen Vorträge Rudolf Steiners zur Zeitsituation kaum zu fassen waren, beeindruckten mich als jungen Menschen vor allen Dingen die vielen künstlerischen Veranstaltun-

[2] Wachsmuth: *Rudolf Steiners Erdenleben und Wirken*, Ausgabe 1951, Seite 475.

gen: Die Bruckner-Konzerte, eingeleitet durch die Vorträge von Dr. Erich Schwebsch, die Rezitationen aus den Werken der großen deutschen und österreichischen Dichter, die Eurythmie-Aufführungen und der Vortrag Rudolf Steiners über das Thema *Der Baugedanke von Dornach*, den er ans Ende des Kongresses stellte.

Dieser West-Ost-Kongreß, an dem trotz mancher gehässiger Kritik durch die Öffentlichkeit doch ständig gut 2000 begeisterte Menschen teilgenommen haben, hatte auch uns Jungen die stärksten Impulse mit auf den Weg gegeben. Selbst Rudolf Steiner hat diesen Kongreß für die großartigste öffentliche Veranstaltung aus anthroposophischem Geiste heraus bezeichnet.

Die letzten paar Schillinge gingen für die Bahnfahrt von Wien nach Passau und ein wenig Rucksackproviant drauf. Von da aus mußten 450 km bis Jena zu Fuß — z. T. barfuß, weil die Stiefel kaputtgegangen waren — zurückgelegt werden! Mir gelang es, noch gerade rechtzeitig zur nächsten Vorlesung und zu meinen pädagogischen Aufgaben dort einzutreffen, völlig abgerissen und ausgehungert, zum Entsetzen meiner Mutter.

Wenige Wochen später befand ich mich schon wieder auf Reisen. Etwa Mitte Juli brachte mich nun wirklich der Bummelzug, der Einladung Rudolf Steiners von Ostern folgend, bis nach Basel. Auf dem Rücken hatte ich einen riesigen Rucksack, in den Händen noch ein großes Paket; und als ich um halb vier Uhr auf dem Badischen Bahnhof ankam, umfing mich sofort eine drückende Hitze. Wenige Minuten später stand ich auf dem weiten Bahnhofsplatz und schaute mich nach jemandem um, der Auskunft geben könnte. Ein gemütlicher, untersetzter Schweizer beschrieb den Weg zur Rheinbrücke und zum Aeschenplatz und fragte dann, wohin denn von dort aus die Reise weitergehen sollte. Als er das Ziel vernahm, meinte er: „Ja, da fährt die Tram; aber steigen Sie bloß schon in Arlesheim aus. Von da geht es ziemlich eben zum Goetheanum hinüber. Von Dornach aus müßten Sie mit Ihrem schweren Gepäck ein ganzes Stück steil bergan gehen." Ich erwiderte, ich wolle nicht fahren, sondern gehen. — „Ja, um Gottes Willen, bei der Hitze, das ist ja ausgeschlossen!" entfuhr es ihm. Auf meinen Hinweis, daß ich kein Geld dafür hätte, lautete die ruhige Antwort: „Na, wenn's weiter nichts ist — hier haben Sie ein Fränkli, damit kommen Sie gut aus!" Nach der endlosen Bahnfahrt nahm ich mit Freuden dieses Geschenk an und war heilfroh, nicht auf Schusters Rappen noch einen so beschwerlichen Weg machen zu müssen.

Voll Spannung lugte ich links vorn in die Fahrtrichtung, wo zum ersten Mal der Blick auf das Goetheanum frei werden sollte. Ich hatte mich daheim viel mit den wunderbaren Formen dieses Baues beschäftigt, angeregt durch die Vorträge Rudolf Steiners, und meine Erwartungen waren hochgespannt. Aber als dann plötzlich zwischen dem Grün der

Bäume der herrlich schimmernde Doppelkuppelbau auftauchte, war der Eindruck völlig überwältigend. Von Arlesheim aus sah man nun den Bau vor sich, mit jedem Schritt größer und herrlicher werdend. Wie spiegelten schon von weitem die lichtblau-grauen Kuppeln den Himmel des strahlenden Nachmittags wieder! Wie innerlich wärmend standen die Wände und Pfeiler im Goldbraun des Holzes! Wie kündete das helle Grau des Unterbaues die Festigkeit desselben! Aber noch mehr fesselten den Blick die sich wandelnden Formen über den Fenstern und Portalen; und im Schmuck der großen Holzschnitzwerke an der Westfassade schien das Ganze sich noch zu überhöhen.

Inzwischen war ich ins „Haus Friedwart" gelangt. Das Fenster des Sekretariats wurde geöffnet, und man reichte mir auf meine Bitte einen dicken Brief, wie zu Ostern versprochen. In Rudolf Steiners eigener Handschrift stand darauf: Herrn Heinz Müller, Student aus Jena, Lutherstraße 2. Ich kam mir schon jetzt reichlich beschenkt vor. Aber als ich den Brief öffnete, wurde mein dankbares Staunen mit jedem Bogen, den ich herausnahm, nur immer größer. Das erste war eine Briefkarte mit einem herzlichen Willkommensgruß Rudolf Steiners und der Einladung, am nächsten Morgen um 9 Uhr in seinem Arbeitszimmer zu erscheinen. Es folgten ein Erlaubnisschein, das Goetheanum zu jeder Zeit selbständig betreten zu dürfen, desgleichen ein solcher, das Archiv zu benutzen und auch unveröffentlichte Vorträge dort zu lesen; dann lagen Eintrittskarten für alle Veranstaltungen im Goetheanum und im Saal der Schreinerei für die nächsten sechs Wochen dabei. Nun kam gar ein ganzes Heft zum Vorschein, in welchem Essens- und Getränkebons für vier Mahlzeiten täglich in der Kantine während der ganzen Zeit enthalten waren. Den Schluß bildete ein Zwanzigfrankenschein mit dem Vermerk „als Taschengeld", sowie eine Quartierkarte für ein Zimmer im Haus Friedwart. Dort konnte man also gleich sein Gepäck lassen. Wohl kaum je in meinem Leben hatten Geschenke zu Weihnachten oder zum Geburtstag einen so überwältigenden Eindruck gemacht, wie der Inhalt dieses Briefes von Rudolf Steiner. Zweifellos hatte er selbst an alles gedacht und die einzelnen Gaben selbst liebevoll in den Brief gesteckt. Nun erst ahnte ich, der so reich Beschenkte, was vor einigen Monaten mit dem Wort „Gast des Hauses Hansi" gemeint war.

Da war also der Garten mit seinem breiten geschwungenen Weg, und an der Tür des Hauses, über der die Worte „Villa Hansi" standen, war in Kupferblech gehämmert das Namensschild Rudolf Steiners. An diesem Spätnachmittag und Abend wanderte ich bald in der Nähe, bald in der Ferne um den Bau des Goetheanums herum. Als endlich die Sonne unterging, war ich aber doch noch auf die Betonterrasse gegangen und schaute lange dem farbigen Spiel lichter Wolken und Windstreifen drüben im

Westen zu. Gerade dieser Eindruck verstärkte noch die fast märchenhafte Stimmung, in der ich mich befand. Auf dem kurzen Heimweg schienen die Sterne so prächtig zu funkeln wie noch nie in meinem Leben. Als ich mein kleines Zimmerchen betrat, grüßte vom Hügel mit den winzigen Fichten darauf das Goetheanum herüber, und es dauerte lange, bis ich mich von diesem Anblick trennen konnte. Wohl selten bin ich als Kind an einem Weihnachtsabend so glücklich und dankbar eingeschlafen wie nach diesen ersten Stunden in Dornach.

Am nächsten Morgen, dem 18. Juli 1922, versammelte sich eine kleine Gruppe jüngerer und älterer Menschen vor dem „Hause Hansi" und wartete auf den Glockenschlag neun, um ganz pünktlich zu sein. Wir wurden von Frau Marie Steiner begrüßt und ins Arbeitszimmer Dr. Steiners geführt. Dort stand hinter dem Schreibtisch ein mächtiger Stuhl mit hoher Lehne und kräftigen Seitenlehnen. Vor dem Schreibtisch saßen die zunächst zwölf Anwesenden, zu ihrer Rechten flankiert von einem bequemen Sessel, auf dem Frau Marie Steiner Platz nahm.

Es blieb nicht allzu lange bei dieser begrenzten Zahl, immer mehr und mehr Dornacher und Zugereiste fanden sich mit der Zeit ein, und schließlich waren hinter der ersten Reihe mindestens noch drei bis vier weitere dicht gestellt und eng besetzt. Rudolf Steiner bemerkte mit Schmunzeln das Anwachsen dieses sogenannten Sprachkurses und ließ es gütigst zu.

An diesem ersten Morgen entschuldigte ihn Frau Marie Steiner, er habe dringende Arbeiten zu erledigen und würde etwas verspätet kommen; sie aber sei orientiert, was sie mit uns üben solle. Dann ging es in ihrer gründlichen Art mit den einfachsten bekannten Sprachübungen los. O Schreck, was konnte man bloß alles falsch machen! Manche Übung, die man schon oft gemacht hatte, ließ sie zehn- und fünfzehnmal wiederholen. Ich war ganz verzweifelt, als sie mir einige Laute als überhaupt nicht zur deutschen Sprache gehörig auszumerzen versuchte, vor allen Dingen das W, von dem sie sagte, es klänge wie ein englisches double-u. Bei solchen Gelegenheiten folgten schärfste Angriffe gegen den thüringischen und sächsischen Dialekt als Verderber jeglicher anständigen Sprache.

Nach knapp zwei Stunden betrat Rudolf Steiner seinen Arbeitsraum und begrüßte jeden der Anwesenden mit vollem Namen und Handschlag. Er nahm hinter dem mächtigen Schreibtisch Platz, ließ sich ganz kurz das vorher Geübte von allen Teilnehmern wiederholen, und dann ging er sofort ein auf einige Kardinalfehler, die er dabei gehört hatte. Vor allen Dingen griff er zwei Sprachschwierigkeiten heraus, die eine, die dadurch entstand, daß der Sprechende die Luft ängstlich in sich zurückhielt, die andere, weil der Sprachstrom völlig zur Seite geriet und sich in der linken Wangentasche fast zur Unkenntlichkeit verquetschte. Köstlich war es anzuhören, wie Rudolf Steiner mit viel Humor und ohne jede Schärfe diese Fehler korrigierte. An diesem ersten Tage gab er noch einige weitere Sprachübungen, die zuerst er, dann Frau Marie Steiner vormachten, und er wies die einzelnen Schüler an, wie und wo sie, zum Teil mit verhaltener, zum Teil mit kräftiger Stimme, ihre Übungen machen sollten. Im Walde, in Steinbrüchen, bei den Ruinen, überall konnte man in den nächsten Tagen Sprachbeflissene hören. Aber schon nach wenigen Tagen wurden wir alle von ihm in kleinere Räume des Goetheanums und der Schreinerei verscheucht. Er fügte schmunzelnd hinzu, es sei doch durchaus begreiflich, daß die Dornacher Bauern bei so schrecklichen Worten wie

„Abrakadabra,
Rabadakabra,
Bradakaraba,
Kadarabraba,"

nicht anders denken könnten, als daß nun die bösen Anthroposophen auch noch ihre Kühe auf der Weide behexen wollten. In unserem jugendlichen Übermut konnte wir es nicht lassen, gelegentlich noch einmal eine Probe unserer Sprachgewalt im Freien abzulegen. Manchmal hatte wir das Pech, daß Rudolf Steiner hinter der nächsten Wegbiegung plötzlich vor uns stand und eine wohlwollende und doch mahnende Geste machte, die uns wieder in die Schranken wies. Es war wirklich überraschend, daß er, wenn wir irgend so etwas anstellten — ja, man kann fast sagen regelmäßig — plötzlich auf der Bildfläche erschien.

Es war bewundernswert, auf wie vielen verschiedenen Wegen Rudolf Steiner unsere sprachlichen Fehler anging. Um z. B. das Ich-Bewußtsein stark in die Region der Zungenspitze und Zähne zu bringen, wurde folgendes empfohlen. Einer sollte einige Zuckerkrümchen auf die Zungenspitze streuen und damit seine Übungen sprechen. Jemand anderer sollte nach jeder Übung kräftig ausspucken, um dadurch den Rest des noch zurückbehaltenen Atems auszustoßen und dann vertieft einatmen zu können. In einem anderen Fall handelte es sich darum, die Lippenregion klar bewußt werden zu lassen. Mit gespitztem Mund wurde mehrere Male ein hohes, helles Ü gesprochen und plötzlich zu einem breiten Ä gewechselt. Mimik und Gesten Rudolf Steiners bei solchen Übungen zu beobachten und diese dann bei dem Schüler nachgeahmt zu sehen, gaben oft Veranlassung zu herzlichen Heiterkeitsausbrüchen, besonders da man sah, mit welchem Vergnügen Rudolf Steiner selbst solche kleinen Übungen aufbaute und durchführte.

Alle von ihm gegebenen Übungen wurden dann am nächsten Morgen intensiv und bis zu zwei Stunden lang durch Frau Marie Steiner mit jedem einzelnen durchgearbeitet. Bei den meisten der Schüler konnte man im Verlauf der sechs Wochen des Kurses außerordentlich deutliche Fortschritte bemerken; es gab allerdings auch einige unter uns, die trotz hingebungsvoller Mühe nur sehr wenig zustande brachten. Ich selbst erfuhr eine so großartige Förderung, daß ich nie wieder in meinem langen Lehrerleben durch Heiserkeit behindert gewesen bin.

Gegen Ende des Kurses konnten Rudolf Steiner und Frau Marie Steiner mit uns recht anspruchsvolle sprachliche Arbeiten wagen. So haben wir einzelne Chöre z. B. aus Schillers *Braut von Messina* geübt, aber auch Rollen aus den Mysteriendramen vorgenommen. Von Lessingschen Fabeln aus, über lyrische und epische Gedichte, kamen wir auch zu den Märchen aus den Mysteriendramen. Ich bekam die Aufgabe, am nächsten Tag das ganze *Märchen vom Quellenwunder* zu lesen. Bei der Verabschiedung von Herrn und Frau Dr. Steiner verabredete diese sofort eine Extra-Übstunde dafür. Aus der einen zunächst geplanten Stunde wurden zwei oder gar noch mehr, denn der Schüler hatte sich eine bestimmte Art, das Märchen zu lesen, bereits allein erübt, von der er so wenig abgehen wollte wie Frau Marie Steiner von der ihren. Endlich gab ich nach, und die Lehrerin war sogar halbwegs zufrieden. Am nächsten Morgen aber stieß mich doch der Bock; ich wollte gar zu gern wissen, was Dr. Steiner zu meiner Auffassung sagte. Und so fing ich in der Art an, wie es mir gestern mühsam ausgetrieben worden war. Ein zorniger Blick und eine unmißverständliche Geste von Frau Marie Steiner waren die Antwort. Sogleich wehrte Dr. Steiner die Empörung ab und machte zu mir eine ermutigende Handbewegung. Nach der Lesung wendete er sich zunächst zu Frau Doktor und meinte, nun so könne man es auch durchaus machen. Dann aber sagte er etwa: „Wie es Ihnen vorgeschwebt hat, möchte ich jetzt einmal Ihnen zeigen", worauf er das ganze Märchen absolut in dem von mir angestrebten Sinne vorsprach. Freundlich wendete er sich dann an mich etwa mit den Worten: „Nicht wahr, so ungefähr haben Sie es sich gedacht!", womit er uns wieder ein schönes Beispiel seiner großzügigen und freilassenden Art gab. Mit Frau Doktor allerdings hatte ich es ein wenig verdorben. Ihr schien sogar mein Name nicht mehr recht einfallen zu wollen, denn sie sprach von mir in den letzten Tagen des Kurses nur noch von dem „Langen aus Jena".

In jenen Tagen hatte ich ein merkwürdiges Erlebnis während eines Vortrages von Rudolf Steiner in der Schreinerei. Er hatte mir ja seinerzeit meinen Hinweis bestätigt, daß der Anruf mit vollem Namen, den ich während meiner ersten Operation 1918 gehört hatte, sicher nicht von irgendeiner Person im Operationssaal herrührte. Er hatte gesagt, er wolle mir später darüber etwas mitteilen. Nun vernahm ich mitten in einem Vortrag den Hinweis, daß jeder wahre Anthroposoph, ob er es nun wahrnehme oder nicht, irgendwann einmal in seinem Leben aus der geistigen

Welt bei Namen gerufen würde, und daß dieser Anruf herrühre von Christian Rosenkreutz. Nach dem Vortrag begegnete ich Rudolf Steiner noch in der Schreinerei, durch die er zu seinem Atelier ging. Bei der Begrüßung sagte ich, ich hätte in seinem Vortrag den Hinweis auf Christian Rosenkreutz und dessen Ruf aus der geistigen Welt verstanden. Sein Gesicht leuchtete auf, als er antwortete: „Es ist gut, daß Sie es gehört haben!" Dabei reichte er mir die Hand und wandte sich seinem Atelier zu. — Freunde, mit denen ich darüber sprechen wollte, behaupteten, in dem betreffenden Vortrag sei davon überhaupt nicht die Rede gewesen. Und auch meine Bemühungen, in den Nachschriften das Gehörte aufgezeichnet zu finden, führten zu keinem Ergebnis.

Kam man von den erfüllten und anregenden Sprachübungsstunden unter Rudolf Steiners Leitung aus dem Hause Hansi, so fiel nach wenigen Schritten der Blick auf das Goetheanum; aber auch das Glashaus mit seinen beiden Kuppeln und den großen Fenstern, sowie das Kesselhaus mit dem eigenartigen Schornstein zogen einen immer wieder mächtig an. Wenn es das Wetter irgend zuließ, ging ich stets über den Hügel am Bau vorbei, ehe ich mich zum Mittagessen in die „Kantine", ins heutige Speisehaus, begab. Wenn die Sonne um die Mittagszeit auf die geschnitzten Flächen des Baues herunterbrannte, duftete das Holz herrlich in der vor Wärme zitternden Luft. Nach dem Essen lockten dann oft die Hügel und Berge ringsumher zu neuen Entdeckungswanderungen.

Immer wieder gab es überraschende Ausblicke auf den herrlichen Bau. Manchmal begegnete man auf diesen Wegen Persönlichkeiten, die man schon öfter auf dem Baugelände im Gespräch mit Rudolf Steiner gesehen hatte. Zu den ehrfürchtig aus der Ferne Angeschauten gehörten Edouard Schuré, Friedrich Rittelmeyer mit seinen älteren Mitarbeitern und dem ganzen Kreis der sich damals bildenden ersten Priesterschaft einer religiösen Erneuerungsbewegung. Einmal setzte sich Dr. Rittelmeyer für ein Viertelstündchen neben mich, der ich mich an einem Rasenhang ausruhte, und sprach in dankbar verehrenden Worten über Rudolf Steiner als seinem persönlichen Lehrer, als unermüdlich Tätigen und besonders als Sendboten einer höheren Welt, als Menschheitsführer. Es war etwas Wunderbares, den verehrten Lehrer im Spiegel des Urteils eines so reifen Mannes schauen zu dürfen.

Erst langsam zog ich meine Kreise enger an den Bau heran, meistens mit einem Skizzenbuch in der Hand. Ich versuchte, die herrlichen Formen der beiden Kuppeln, die Einzelheiten der Fenstergestaltungen, der wunderbaren Überschneidungen der Linien in den südlichen und nördlichen Trakten und besonders der Westfassade festzuhalten. Dann folgte ich den Führungen, die verschiedene, an dem Bau als Architekten, Schnitzer oder Maler tätigen Künstler veranstalteten. Oder ich lauschte den

Erläuterungen, die die Schleiferin der großen farbigen Fenster, Assja Turgenjew, über die Technik ihrer Arbeit und über Sinn und Bedeutung der Bildmotive gab.

Namentlich trachtete ich danach, jede Führung mitzumachen, die Rudolf Steiner selbst leitete. Immer wieder kamen dabei neue Perspektiven zur Sprache. Manchmal konnte man bei solchen Gelegenheiten überraschende Dinge erleben. So trat Rudolf Steiner einmal zu einer Gruppe von Engländern, die am Ende einer Führung im großen Saal des Goetheanums noch einige Fragen stellten. Einer von ihnen konnte mit der Erklärung des Metamorphosenbegriffes offenbar nicht recht zu Rande kommen. Da griff Rudolf Steiner ein. Er hatte einen alten Filzhut einfach in die Jackentasche gesteckt, als er kurz zuvor in den Raum getreten war. Den zog er nun hervor und knüllte und beulte mit dem alten Stück herum und zeigte, lebhaft schildernd, Verwandlungen der Formen daran; ja, er drehte ihn auch so, daß man, was außen geschah, nun von innen betrachten konnte, bis der wißbegierige Engländer befriedigt versicherte, nun wisse er doch schon recht viel davon, was Metamorphosen seien. Dann zeigte Rudolf Steiner noch an einigen Beispielen an den Kapitälen und Architraven die fortschreitende Verwandlung der Formen.

Besonders interessant waren die in ganz kleinen Gruppen durchgeführten Besichtigungen, bei denen es bis in den Zwischenraum zwischen den schiefergedeckten Kuppeln und denen ging, auf denen zum großen Saal und dem Bühnenraum hin die Malereien waren. Hier konnte man so recht staunen über die genialen Konstruktionen des ganzen Baues und besonders der frei gegeneinander beweglichen Innenkuppeln am Bühnenausschnitt, zwischen denen die großen Bühnenvorhänge angebracht waren. Einmal erwähnte Rudolf Steiner mit sichtlichem Vergnügen, daß die Behörde, welche die Pläne des Baues zu prüfen hatte, offenbar kein rechtes Zutrauen zu seinen Berechnungen hätte fassen können. Deshalb hätte man verlangt, daß beim Entfernen der letzten stützenden Gerüste für die Kuppeln sich kein Mensch im Bau aufhalten durfte. Es sei dann ein großartiger Anblick und ein erhebender Augenblick gewesen, wie nach dem Fallen der letzten Stützen die beiden Kuppeln nach ein paar ruhigen Schwingungen in der vorherberechneten Lage zur Ruhe gekommen seien. Es wurde berichtet, daß Rudolf Steiner von der östlichsten der Fensterhöhlungen aus den Vorgang beobachtet hätte.

Einmal wurde während einer solchen kleinen Führung auf der Orgel gespielt; da spürte man, wie die Schwingungen der Töne sich frei dort oben fortpflanzen konnten. Wie ein riesiges Instrument trugen die Kuppeln die Klänge und Töne, und ein Blick auf das Rednerpult tief da unten mit seinen, dem menschlichen Kehlkopf so ähnlichen Formen ließ die Wahrheit des Ausdrucks vom „Haus des Wortes" erahnen.

Den größten Eindruck aber empfing ich von dem, was an Farbigkeit an und in dem ersten Goetheanum lebte. War es schon großartig, wie z. B. die beiden Kuppeln jeder Sonnen- und Wolkenstimmung, den feinen Morgentönungen und den kraftvollen abendlichen Gluten antworteten — ganz abgesehen von der Dramatik, die sich bei Gewittern auf dem blaugrauen Grunde der gewölbten Schieferdächer abspielte: das ganze Farbenwunder offenbarte sich erst im Bau selbst.

Es war ein klarer, strahlend sonniger Hochsommermittag, als ich zum ersten Male — und zwar allein — vom Südportal aus den Bau betrat. Zuerst mußte sich das Auge ein wenig an das gedämpfte Licht im kühlen Betonuntergeschoß gewöhnen. Dann gelangte man durch die Säulengänge über die breitausschwingende, doppelläufige Treppe nach oben in die aus Rotbuche gestaltete Vorhalle des großen Saales, von wo aus man weiter zur Orgel emporsteigen konnte. Schon nach wenigen Schritten strömte einem ein sattes Rot entgegen, das von einem mächtigen Fenster über dem Westportal stammte. Es erfüllte diesen Vorraum mit seinen aus dem warmen Holz geschnitzten großflächigen Formen und erzeugte eine andächtige Stimmung. Diese wurde noch vertieft, wenn man hinblickte auf das große, ernst schauende Antlitz, das aus dem Purpurglas hohlplastisch herausgeschliffen war.

Nun betrat man unter der Orgel den großen Saal. Wer es nie erlebt hat, wird sich das Farbenwunder schwerlich vorstellen können. Der ganze Raum mit allen seinen Gegenständen, den Säulen, dem Gestühl, ja, auch der Besucher wurden von dem farbigen Glanz und Schimmer des von Süden her durch die dreigeteilten Fenster hereinflutenden Mittagssonnenlichtes ergriffen. Ganz überwältigt blieb man zunächst in tiefer Verwunderung stehen, bis man sich im Innern Rechenschaft darüber gegeben hatte, welche Farben das Licht durch die geschliffenen Fenster — grün-blau-lila-rosa — annahm. Aber noch größer wurde das Staunen: Woher rührten z. B. das Orange, das Rot und das Gelb in *dieser* Intensität? Während der paar Schritte zur rechten Saturnsäule — der ersten vom Eingang aus — und gleich noch weiter zur zweiten, der Sonnensäule, huschten Erinnerungen durch den Sinn des Betrachters an die 14 Tage, in denen er — kurz vor dem Besuch des Goetheanums — in Weimar im Goethehaus besonders an dem Problem der farbigen Schatten, die Goethischen Experimente mit dessen Instrumenten nachvollziehend, gearbeitet hatte. Hier lebten und webten alle farbigen Lichter und Schatten zugleich und bezogen den Besucher sofort in ihr Walten mit ein. Fast unwillkürlich streckte ich die Hand aus, um an ihr durch Drehen und Bewegen die farbigen Phänomene zu studieren. Währenddessen hatte der in die farbigen Erscheinungen Vertiefte sich voll dem großen Saale zugewendet. Wie schimmerte der blaue Glanz vom zweiten, dem blauen

Fenster her auf meinem Handrücken, und wie leuchtete zugleich ein warmer Goldorangeton an der Schattenseite auf! Vom ersten Fenster her trafen zarte grüne Schleier die noch immer ausgestreckte Hand an der Innenseite und feine rosa Schatten spielten seitlich am Handrücken. Das veranlaßte mich, noch einmal die wenigen Stufen nach links hinaufzugehen und in der Nähe der Saturnsäule vollständig einzutauchen in das Spiel der Komplementärfarben zwischen Grün und Rot. Dann drängte es mich, systematisch die von dem zweiten, dritten und vierten Fenster ausgehenden Farben und ihre Schatten auf mich wirken zu lassen.

Das ging noch verhältnismäßig leicht beim blauen Fenster mit dem dazugehörenden orange Schattenspiel. Je weiter man sich aber — stufenweise hinabschreitend — dem lila und dem rosa Fenster zuwendete, desto mehr entfernte man sich von allen Fenstern. Dadurch überlagerten die Farben von den ersten Fenstern her die ursprünglichen Akkorde lila-gelb und rosa-lindgrün. Einerseits war das jetzt entstehende Farbenspiel reicher an Nuancen, andererseits aber schwächer an Intensität. Nachdem ich dieses Spiel der Farben an mir selbst lange beobachtet hatte, wendete ich mich der Sonnensäule aufs neue zu. Nun folgten beide Hände dem wie aus dem Licht gewobenen Spiel und ich erkannte, daß ich durch mein Hineintasten in den Raum das überall flutende, aber zunächst unsichtbare Licht gleichsam ins Wahrnehmbare greifen konnte. In meiner Seele keimten bei diesen überwältigenden Farbharmonien ahnend folgende Empfindungen auf: Hier kann die Seele, das Herz sich beschenkt fühlen. Und das Lernen des Hauptes wird vom Herzen her befeuert. „Die Liebe der Welt wirkt" — das Motto für den Mittelteil der grünen Fenstergruppe erahnte ich in diesem Augenblick; viel später erst lernte ich das oben zitierte Wort kennen.[3] Wie anders war doch hier im Goetheanum das Lernen, wenn das Herz der Lehrmeister des Kopfes zu werden begann, als in der Universität, wo gerade diese Art zu lernen verpönt ist und eine kühle und trockene Atmosphäre herrscht! Hier zog Wärme ins Haupt ein, die vom beglückten, von Begeisterung erfüllten Herzen ausströmte. Das war so recht die Stimmung, in der man sich dem Neuen, das von allen Seiten auf einen zukam, öffnen konnte. Zuerst galt es, sich den ganzen Raum des großen Saales und der Bühne mit den beiden Kuppeln als Einheit voll zum Bewußtsein zu bringen, ehe man sich erneut Einzelbeobachtungen zuwandte. Setzte man sich auf einen Platz in der südlichen Sitzreihe, so daß das Sonnenlicht einen traf, war die Wirkung ganz anders, als wenn man im Schatten einer Säule Platz genommen hatte. Besonders um die Mittagszeit wirkte der Saal von Süden aus gesehen so, daß die Weite Gefühle erweckte, die man am besten mit einer lei-

---

[3] Rudolf Steiner: *Wahrspruchworte*.

sen Sehnsucht vergleichen kann. Dieser Eindruck war stärker von einem Schattenplatz aus als von einem solchen im vollen Sonnenlicht. Dagegen kam, wenn man von Norden her schaute, der südliche Teil immer näher und schien die Seele mit Frieden zu erfüllen. Deutlich traten Gefühle der Hingabe und Demut auf, wenn man den Blick von Westen her durch den ganzen Saal hinein in den Bühnenraum richtete, und das ganz besonders, wenn man hinauf in die kleine Kuppel schaute, wo der Menschheitsrepräsentant sieghaft zwischen den beiden Widersachermächten schritt. Ging man aber in die Tiefe des Bühnenraumes und versenkte sich in den Anblick des großen Saales, wo im Westen die Orgel eingebaut war, so erfüllte dieser Aspekt den Betrachter mit einem den Willen fordernden und befeuernden Gefühl. Um diese Empfindungen zu prüfen und zur Klarheit zu bringen, mußte man sich immer wieder stundenlang im Goetheanum aufhalten. Immer reicher wurde während dieser Übungen auch das Erleben des Farbigen. Hatte man sich z. B. an einem Abend bei künstlicher Beleuchtung in die Tönungen der Holzsäulen vertieft, so fand man diese am Tage kaum wieder. Das Hellgrau der weißbuchenen Saturnsäule hatte so herrlich kontrastiert mit dem lichten Schimmer der Esche an der Sonnensäule. Das warme, rotbraune Kirschholz der Mondensäule, das strengere Graubraun der aus Eiche gefügten Marssäule und das von innerem Glanz durchwärmte Rüsterholz der Merkursäule ließen den lichtvollen Ahornschaft der Jupitersäule sich als Kontrast so herrlich offenbaren, während der fast überirdische Schimmer der Venussäule aus Birkenholz den Reigen der schlanken Schäfte wie in ferne Zukunft weisend abschloß. Bei Tageslicht aber dominierten wieder die durch die Fenster hervorgerufenen Farben.

Nun erst — so empfand man ganz deutlich — durfte man den Blick nach oben wenden und die Malereien der beiden Kuppeln betrachten. Da fiel als erstes auf, daß die blauen Tönungen wie aus einer entfernteren Sicht der Kuppel zu kommen schienen, während die roten gleichsam vor den übrigen Bildgrund hervortraten. So entstand eine Farbenperspektive, wie ich sie bis dahin noch nicht beobachtet hatte. Diesem eigenartigen Weben und Wirken der Farben wollte ich noch genauer auf den Grund gehen. Ich bedauerte, daß ich kaum je Gelegenheit bekam, das abendliche Verlöschen des Farbigen zu beobachten, weil dann entweder Vorträge stattfanden oder Eurythmie-Aufführungen und Konzerte veranstaltet wurden. An den veranstaltungsfreien Abenden aber wurden Proben abgehalten. So beschloß ich eines Tages, mich am nächsten Morgen vor Sonnenaufgang in den Saal zu setzen und darauf zu achten, welche der Farben beim Hellwerden wohl als erste erscheinen würde. Ich schlich mich also gegen vier Uhr aus meinem Quartier, ließ mich vom Nachtwächter in den Bau geleiten und setzte mich still in eine der mittleren Sitzreihen, den Kopf zurückgelehnt, so daß ich beide Kuppeln überblicken konnte. Langsam wurde es heller. Nun mußte doch bald aus dem Helldunkel der Bildwerke dort oben die erste Farbe sich lösen! — Zur großen Überraschung war es ein helles, lichtes Blau, das ganz unverkennbar zuerst erschien. Da klangen plötzlich in die Morgenstille etwa die folgenden Worte: „Es ist schon merkwürdig, daß dieses zarte Blau als erstes sichtbar wird." Der junge Beobachter drehte sich um; da saß zwei Reihen schräg hinter ihm Rudolf Steiner. Der sprach nun davon, wie mühevoll es gewesen sei, aus den Blüten der Wegwarte den immer wieder sich verflüchtigenden Farbstoff an das Malmittel zu binden und vor allem ihn vor dem Ausbleichen zu bewahren. Endlich sei es dann geglückt, und nun lohne diese zarte Farbe alle Mühe. Leider sei es noch nicht möglich, sich für alle Farbnuancen der Pflanzenblütensäfte zu bedienen. Um Imaginationen darzustellen, müßte man sich auf eine ganze Reihe weiterer solcher ätherischer Farbstoffe stützen können. Da sei es aber nötig, Verfahren auszuarbeiten, mit deren Hilfe man gerade die Blütensäfte konservieren könne; denn beim Verwenden von Wurzelsäften, wie z. B. beim Krapp, bekäme man eben zu leicht etwas Erdiges mit, wodurch das Rot ins Bräunliche tingiert würde und dadurch zu schwer wirke.

Zu meiner großen Freude wurde ich von Rudolf Steiner für einen der folgenden Nachmittage eingeladen, ihn im Atelier zu besuchen. Ehe es dazu kam, ereignete sich eine kleine merkwürdige Begebenheit. Wie an jedem Vormittag begrüßte Rudolf Steiner jeden einzelnen der am Sprachkurs Teilnehmenden mit Handschlag und verabschiedete sich gegen halb ein Uhr auf die gleiche intime Weise. Meiner Gewohnheit gemäß ging ich eines Tages zu Beginn der Mittagspause am Goetheanum vorbei in die Schreinerei, um nach Post zu sehen. Als ich wieder herauskam, begegnete ich Rudolf Steiner, der gerade zum Atelier ging. Mit einem Gruß wollte ich vorübereilen. „Der Doktor" aber — wie man ihn damals oft nannte — reichte mir sofort erneut die Hand zur Begrüßung. Ein gleiches geschah, als ich nach dem Mittagessen wieder heraufging zu einem kleinen Archiv, in dem ich damals noch unveröffentlichte Vorträge lesen durfte. Auf den letzten Schritten vor der Schreinerei begegnete mir Rudolf Steiner wieder und reichte mir erneut die Hand. Nach mehreren Stunden begab ich mich am Glashaus vorbei den Berg hinab; auf der anderen Seite des Weges kam Rudolf Steiner den Berg herauf. Ich wollte, selbstverständlich grüßend, an ihm vorbeigehen. Er aber kam die paar Schritte über den Weg herüber, um mir zum fünften Male die Hand zu reichen. Dabei bemerkte er lächelnd etwa: „Sie werden nicht glauben, daß ich nicht wüßte, daß wir uns jetzt zum fünften Male die Hand reichen. — Sie waren ja gestern bei der Führung im Goetheanum dabei und haben gehört, wie ein fremder Architekt sich darüber verwunderte, warum wir den Eingang so gebaut haben, daß die Hereinkommenden, wenn sie ihre Garderobe ablegen wollen, sich begegnen müssen mit denen, welche die ihre gerade abgelegt haben. Es sei doch sonst üblich, daß man solche Gegenbewegungen vermeide. Ja, sehen Sie, unter Anthroposophen muß so etwas anders sein. Ihnen muß man Gelegenheit geben, sich so oft wie möglich zu begegnen und freudig zu begrüßen. Deshalb führen wir auch die Treppen so, daß oben die Ankommenden von zwei Seiten aufeinander zugehen. Die eine Gruppe geht vielleicht schneller, die andere langsamer, und so haben wiederum andere Menschen die Gelegenheit, einander zu begrüßen." — Lächelnd fügte er dann hinzu: „Anthroposophen sollten sich eben viel begrüßen!" und reichte mir zum Abschied erneut die Hand.

Der Tag, an dem ich nachmittags um vier Uhr Rudolf Steiner im Atelier besuchen durfte, war gekommen. Wieder ging ich eine Viertelstunde vor der Schreinerei auf und ab, immer wieder meine Uhr kontrollierend, und versuchte, mir bewußt zu werden, ein wie großes Schicksalsgeschenk es sei, daß ich die in Kürze zu erlebende Begegnung würde haben dürfen. Ich spürte mein Herz immer heftiger schlagen, und mein seelisches Gleichgewicht drohte bedenklich ins Schwanken zu geraten. Endlich trat ich in die Schreinerei und klopfte an die Tür des Ateliers. Miss Maryon, seine treue Mitarbeiterin beim Schnitzen und Malen im alten Goetheanum, öffnete, und Rudolf Steiner übernahm das gegenseitige Vorstellen. Das tat er in seiner liebenswürdigen Art, indem er mir jungen Menschen gegenüber seine Wertschätzung zum Ausdruck brachte, die aber zugleich jede Gefahr ausschloß, daß ich in Eitelkeit oder Selbstüberhebung verfallen könnte. Er schien sich dabei eher an das Zukunftsbild von mir zu wenden, dem ich gerade anfing, mich mehr und mehr verpflichtet zu fühlen. — Nun wies er mich auf die verschiedenen Skizzen für die einzelnen Motive der Kuppelmalereien sowie auf Ton- und Plastilinentwürfe zu den Plastiken der „Gruppe" hin und sagte, indem er die von Miss Maryon ausgesägten Eurythmiefiguren kurz zeigte, daß diese nun bemalt würden. Er selbst habe noch ein wenig zu tun, solange möge sich sein Gast alles in Ruhe ansehen.

Mir kamen die auf solche Art geschenkten etwa zehn Minuten äußerst gelegen, konnte ich doch während dieser Zeit meine Gedanken und das aufwallende Gefühl ordnen und besänftigen. Ja, es schien mir, als werde sich Rudolf Steiner erst in dem Augenblick wieder an mich wenden, in dem ich meine innere Ruhe völlig wiederhergestellt hatte.

Inzwischen war er auf ein niedriges Gerüst getreten und schnitzte an der Figur des Menschheitsrepräsentanten mit einem breiten flachrunden Messer. Seine Rechte führte einen sehr großen Klöppel äußerst behutsam; ebenso bewegte die Linke das Hohleisen vorsichtig und, wie es schien, mit großer Kraft, die aber völlig verhalten wirkte. — Ich hatte nun Zeit, mir eine Reihe von Skizzen für Einzelheiten der Malereien in den beiden Kuppeln des Goetheanum anzusehen. Eine in Schraffiertechnik ausgeführte Zeichnung der drei Kabiren-Opfergefäße von Samothrake lag auch dort und einige Skizzen der beiden Widersacher. Nach einem flüchtigen Betrachten des Ahrimankopfes, der Luziferbüste und des Hauptes des Menschheitsrepräsentanten wendete ich mich nun dem Kopf Ahrimans eingehender zu. Das starr nach hinten gebogene, griesgrämige, spöttisch verzogene Antlitz wirkte mit den schräg geschlitzten Augen furcht- und mitleiderweckend zugleich. Es sprachen aus ihm Hohn und Kälte, aber auch in der ganzen Negation der deutliche Wille, vernichtende Angriffe gegen Welt und Menschheit zu führen.

Nun legte Rudolf Steiner sein Werkzeug zur Seite und trat zu mir heran. Er sprach zunächst über den Ahrimankopf. Wenn Lieblosigkeit, Philistrosität und Pedanterie, wie sie sich heute leider immer mehr unter den Menschen ausbreiteten, überhand nähmen, dann würden ihnen alle individuellen Züge verlorengehen. Ja, bis in die Einzelheiten der Gesichtszüge, aber auch der Konfiguration der Hände und Füße und schließlich der ganzen Gestalt würden sie dem Ahriman immer ähnlicher werden. Die Menschheit der Gegenwart müßte danach trachten, sich klare Vorstellungen von den Widersachermächten zu erarbeiten und ihnen dadurch ihre Macht zu nehmen. Deshalb habe er sich auch bemüht, so sagte er, die Darstellung in allen Einzelheiten so genau wie möglich zu machen. Auf diese Weise habe er die größtmögliche Porträtähnlichkeit zustandegebracht. — Da dieses Wort offensichtlich seinen Gast recht verwunderte, holte er noch etwas weiter aus und berichtete, wie er sowohl Ahriman als auch Luzifer genötigt habe, ihm Modell zu sitzen. Bei Ahriman sei es erst gelungen nach Anwendung eines regelrechten starken Zwanges, während sich Luzifer verhältnismäßig leicht mit dieser Situation abgefunden habe. Mich erfüllten während dieser Worte staunend ehrfürchtige Gedanken über die Größe des Geistes, der solche Worte wie nebenbei aussprechen durfte.

Rudolf Steiner schien diese Gedanken augenblicklich zu spüren und gab dem Gespräch zunächst eine etwas leichtere Note, indem er lächelnd auf einen breiten Lehnstuhl hindeutete, in den man eben hohen Besuch plazieren müsse. Kaum hatte ich mich innerlich gefangen, fuhr er wieder in dem ursprünglichen ernsten Ton fort, daß er Ahriman so lange in diesen Sessel festgebannt habe, bis er mit seiner Studie fertig gewesen sei. Dann habe *er*, Rudolf Steiner, die Sitzung beendet, jener aber hätte sich bös gerächt: Er habe an der Westfront des Goetheanum das große purpurrote Fenster zerstört. Dieses hatte damals einen Sprung von oben bis unten durch.

Nun trat ich vor die schon in ihrer ganzen Größe und in mächtigen Flächen wunderbar ausplastizierte Luzifergestalt. Diese gab außer dem Haupt und der Brust die Arme und flügelartige Gebilde wieder. Das Auffallendste aber war für mich die rätselhafte Formung, durch die der Kehlkopf Luzifers in Verbindung stand mit den Ohren einerseits und andererseits mit den starken wellenartigen Schwüngen, die vom Brustbein aus nach oben gehen. Rudolf Steiner veranlaßte mich, meine Beobachtungen an der vor mir stehenden Plastik erst einmal in größtmöglicher Genauigkeit in Worte zu fassen. Dann sagte er etwa folgendes: „Sie sehen, daß sehr vieles von dem, was Sie zu Ostern rein aus Ihrem Überlegen über die Zusammenhänge der Sprache mit dem Hören und dem Atmen gesagt haben, in der Leibesgestalt des Luzifer ausgeprägt erscheint. Das braucht Sie nicht zu erschrecken, denn Luzifer hat es durchaus zu Recht mit allem, was künstlerisch ist, zu tun." Es folgte noch eine Reihe weiterer Darstellungen über Zusammenhänge der Sprach- und Atemorganisation, die aber so weit ins Medizinische gingen, daß wohl Ärzte eher als ein angehender Lehrer darüber berichten könnten.

Wieder folgten Betrachtungen über die Porträtähnlichkeit des Luzifermodells. Dann aber sah Rudolf Steiner, wie sein Zuhörer versuchte, mit Händen und Fingern die Gesten Luzifers und Ahrimans nachzuahmen. Da kam er mir auf folgende Weise zu Hilfe. Er griff nach einer Kaffeetasse, die dastand, faßte sie mit Daumen und Zeigefinger ganz zierlich am Henkel, ließ die beiden Mittelfinger ein wenig herabfallen und spreizte in unnachahmlich charmanter und koketter Art den kleinen Finger seitlich nach oben ab. Dabei fragte er mit einem vergnügten Blinzeln in den Augen, wo und bei wem man diese Handhaltung oft beobachten könne. Das veranlaßte den jungen Wandervogel zu der etwas frechdachsigen Antwort, daß man solches bei manchen Damen in der Kantine durchaus sehen könne. Rudolf Steiner quittierte zunächst diese Bemerkung mit sichtlichem Vergnügen, schwächte sie dann aber sofort ab und sagte, er meine eben den richtigen Kaffeeklatsch der Kaffeeschwestern, die über alles und jedes mit sich übersteigernder Kritik herfallen könnten. Dann fügte er gütig hinzu, daß so etwas im Umkreis des Goetheanum doch wohl kaum zu finden sein werde.

Wie so ganz anders sind die Fingerstellungen bei den gichtisch verhärteten Händen Ahrimans! Daumen und Zeigefinger bilden gleichsam eine offene Zange, während die drei anderen Finger starr nach unten gekrümmt sind. Brutaler Wille äußere sich in dieser Haltung, erläuterte Rudolf Steiner. Dagegen deute die Handhaltung des Menschheitsrepräsentanten auf eine Harmonie der drei Seelenkräfte Denken, Fühlen und Wollen. In der Streckung des Zeige- und Mittelfingers senkrecht nach oben, der unter 90° nach vorn gestreckten beiden folgenden Finger und in dem in die letzten der drei Raumesrichtungen weisenden Daumen müsse man erkennen, wie in Zukunft die Kräfte des Denkens, Fühlens und Wollens in Selbständigkeit und doch in gegenseitiger Harmonie leben müßten. Wie einseitig sei die Geste und die Redewendung, man müsse etwas unter dem Daumen halten. Ja, bis zu juristischen Gebräuchen bei Verurteilungen ging er in seinen Betrachtungen, wenn der abwärts zeigende Daumen unter Umständen gar das Todesurteil ausdrücken konnte. Hier aber an der Statue des Menschheitsrepräsentanten seien die Gesten der Hände und Finger Folge der Liebesströme, die vom Herzen ausgehen. So dürfe man auch keineswegs meinen, daß Luzifers Absturz etwa infolge einer kämpferischen Kraft von dem Christus ausginge; ebenso fessele sich Ahriman durch alles, was an selbstisch-zerstörender Gewalt in seinem zwar höchst intelligenten, aber liebeleeren Wesen geboren würde.

Dann sprach Rudolf Steiner auch über die Ähnlichkeit zwischen seiner Studie und dem Antlitz des Christus. Wenn man ihm in der geistigen Welt begegne, so sei der erste Eindruck, daß er sich bei jedem Gedanken, Gefühl und Willensimpuls in ganz überraschend starker Weise verändere. Man verstünde dann, daß seine Gegner und Feinde darauf angewiesen gewesen seien, daß sich in Judas Ischariot ein Verräter habe finden müssen, der ihnen die Zweifel zerstreuen sollte, welcher der Richtige sei; denn seine Jünger seien ihm zum Verwechseln ähnlich gewesen, besonders wenn sie zu Worten und Handlungen gleichsam aus seinem Wesen heraus erfüllt und befeuert worden seien. Jetzt, da sein Wesen unabhängig vom Leibe des Jesus von Nazareth frei in Ätherhöhen walte, sei dieser ständige Wandel seines Antlitzes, ja seiner ganzen Gestalt noch vermehrt. Trotzdem aber, versicherte Rudolf Steiner, seien sowohl die Plastik als auch die farbigen Darstellungen des Menschheitsrepräsentanten so gestaltet, daß man diesen, wenn man ihm begegne, sofort erkennen müsse. Also auch hier dürfe man durchaus von einer Art von Porträtähnlichkeit sprechen.

Nun schritt Rudolf Steiner zu seinem Arbeitsplatz zurück, ergriff das breite, flache Hohleisen und den Klöppel und erläuterte, was er meine, wenn er von der doppelt gekrümmten Fläche spreche. Er schlug von einem Werkstück, das da noch völlig unbearbeitet, aber schon eingespannt an einer großen Werkbank war, durch einen sehr kräftigen Meißelschlag ein Stück Holz herunter. Dabei entstand ein Span, der nur durch die Höhlung des Meißels bedingt war. Später nannte er diese Art des Holzbearbeitens etwas wegwerfend einmal einfach „Hacken". Direkt daneben führte er nun einen Schnitt aus, bei dem man sah, wie er das Eisen schraubenartig bewegte, so daß er bei der fast gleichen Schnittlänge eine Drehung um etwa 60° entgegen der Uhrzeigerbewegung ausführte, und in einem dritten Schnitt wurde die Meißelführung schraubenartig im

Sinne des Uhrzeigers gehandhabt. Bei dem zweiten und dritten Schnitt wurden viele kleine Meißelschläge ausgeführt. Aber sowohl am Werkstück als auch am Span selbst war nicht etwa ein stufenweises Rucken des Schnittes zu sehen. Während der erste Schnitt öde und tot wirkte, lockten die beiden nächsten Schnitte mit ihrer doppeltgekrümmten Fläche sofort lebendig die Phantasie heraus. Rudolf Steiner bestätigte diese Beobachtung und sagte, man sollte deshalb bei jeder in Holz auszuführenden Arbeit von Anfang an auf die doppeltgekrümmte Fläche achten und sich vor dem ertötenden „Hacken" hüten. Nun zeigte er an der Figur des Menschheitsrepräsentanten, wie lebendig die doppelt gekrümmten Flächen das Licht spiegelten. Dann ging er wieder dazu über, am Knie der vorwärtsschreitenden Gestalt zu schnitzen. Gerade die Art und Weise, wie man hier die Schnitte lege, müsse einerseits die majestätische Ruhe des Schreitenden zeigen, andererseits müsse das Schreiten dadurch deutlich werden, denn es dürfe nicht der Eindruck entstehen, als stehe der Christus hier still.

Auch von der Aquarelltechnik Rudolf Steiners bekam ich einen Begriff, als ich einige Male dabei sein durfte, während unter seiner tätigen Mithilfe an Plakaten für eurythmische Darbietungen gearbeitet wurde. Es können dies die Entwürfe oder auch schon die Originale für die Bilder der Urpflanze und des Adam Kadmon gewesen sein, an denen Miss Maryon und andere Künstler mitwirkten. Voll Staunen konnte man da sehen, wie Rudolf Steiner mit breitem Pinsel arbeitete und die farbigen Flächen sich unter seiner Hand konturierten, obgleich er die Farben so naß und saftig auftrug, daß sie nicht nur einmal ineinanderzufließen drohten. Meine ersten Versuche, diese Malweise nachzuahmen, führten dazu, daß entweder alles fest und hart wurde oder aber hoffnungslos zerfloß. Es entstand beim Zuschauen der Wunsch, Rudolf Steiner zu bitten, er möge vor den Teilnehmern des Jugendkurses auch das Malen einmal vorführen, was dann Anfang Oktober 1922 in Stuttgart möglich wurde.

Nun neigten sich die sechs Wochen in Dornach, die mich in jeder Beziehung so überaus reich beschenkt hatten, ihrem Ende zu. Ich nahm in tiefer Dankbarkeit Impulse mit nach Hause, die bestimmend für mein ganzes Leben werden sollten. Im besonderen fühlte auch ich die Verpflichtung in mir, alle Kräfte einzusetzen für das Zustandekommen des von Rudolf Steiner versprochenen Jugendkurses.

Im Rückblick auf die so reich erfüllte Zeit zu Weihnachten 1922 steht mir vor allem in der Erinnerung die Intensität, mit der Rudolf Steiner sich auf allen Gebieten einsetzte. Er war überall zu finden, sei es nun bei den Proben für die Spiele in der Schreinerei und für die Eurythmieaufführungen in den Übungssälen und im Kuppelsaal des Goetheanum. Er half den Künstlern und den Wissenschaftlern bei der Lösung ihrer Probleme, er sprach zu den Arbeitern und zu den Mitgliedern. Ferner steht mir vor der Seele seine Heiterkeit und sein Humor, z. B. beim Einstudieren der Spiele, andererseits der ungeheure Ernst, mit dem er uns hinführte zum Erfassen dessen, was es hieß, wirklich Anthroposoph zu sein.

Kurz bevor wir nach Dornach fuhren zu dieser Weihnachtstagung 1922, da waren wir dabei, in Jena die Gemeinde der Christengemeinschaft zu gründen, und zwar möglichst wenig so, daß man viel von der Anthroposophischen Gesellschaft, dem Jenaer Zweig, hingab. Da war der damalige Priester geradezu großartig, wie er versuchte, uns Junge anzufeuern, damit wir, was wir als solche zu geben hatten, hinopfern konnten für die Christengemeinschaft. Aber — so ging ein wesentlicher Teil unserer Zeit und Kraft, ein wesentlicher Teil unserer Zweigarbeit in der Sache der Christengemeinschaft auf, indem wir oft an mehreren Kulthandlungen an einem Morgen nacheinander in verschiedenen Ortschaften teilnahmen, oder indem der Pfarrer mit uns an den Evangelien arbeitete. Aus dieser Situation kamen wir damals nach Dornach und hörten die Vorträge, die uns hinführten vom Begreifen der alten Sommer- und Wintermysterien, vom Hineingestelltsein des Menschen in den Tages- und Jahreslauf, zur Wandlung der Sommermysterien in das Tiefwintermysterium durch die Tat von Golgatha im feierlichen Weihnachtsvortrag vom 24. Dezember. Hier wurden wir aufgerufen, „den Weg zur Wahrheit und zu dem Leben im Geiste" zu suchen, den Weg der Verinnerlichung aus Erkenntnis zu gehen. Wohin uns Rudolf Steiner führen wollte, wurde deutlicher im nächsten Vortrag am 29. Dezember. Es fiel zum ersten Mal das Wort vom „Kosmischen Kultus", von dem „jeder Erdenkultus ein symbolisches Abbild" ist. Aus dem Zusammenleben mit dem Erden- und Weltenlaufe, nicht bloß als „passives Erkennen", sondern in „positiver Hingabe" mit seiner ganzen Wesenheit in geistiger Erkenntnis, daraus entsteht der kosmische Kultus des Menschen.

Dann aber hörten wir den Vortrag vom 30. Dezember über die Stellung der Anthroposophischen Bewegung und Gesellschaft und der Bewegung für religiöse Erneuerung zueinander und über ihre Aufgaben. Ich war zuerst erschrocken und schockiert über das, was da ausgesprochen wurde. Aber dann begriff ich, in welcher Gefahr wir auch in Jena gestanden hatten, wie notwendig dieser Vortrag war, um Anthroposophen davor zu warnen, den Mutterboden, auf dem der Kult der Christengemeinschaft erwachsen war, zu vernachlässigen, indem sie scharenweise zu den Kulthandlungen der Priester eilten und nur Empfangende, Nehmende waren. Sie hatten nicht begriffen, daß sie eigentlich aufgerufen waren, den Quell dieses Kultes mit rein zu halten, den Mutterboden Anthroposophie zu pflegen, damit diese für viele Menschen unserer Zeit so dringend notwendige Bewegung lebensfähig werden und bleiben könnte für solche Menschen, die den Weg zur Anthroposophie zunächst nicht finden können. „Für sie muß durch Gemeindebilden in herzlichem, seelischem und geistigem Zusammenwirken der Geistesweg gesucht werden..." Das waren also die Kreise außerhalb der Anthroposophischen Gesellschaft, von denen Rudolf Steiner sprach. „Diejenigen, die den Weg einmal in die Anthroposophische Gesellschaft gefunden haben, die brauchen keine religiöse Erneuerung. Denn was wäre die Anthroposophische Gesellschaft, wenn sie erst religiöse Erneuerung brauchte!" Im Sinne dieses Vortrages der Bewegung für religiöse Erneuerung „Rater und Helfer zu sein, „um diesen Kulthandlungen auf den Weg zu helfen", bemühte ich mich später, als ich dann 1923 in Hamburg auch Mitglied der Christengemeinschaft wurde.

Während der letzten Tage vor Weihnachten war die Zahl der Zuhörer immer größer geworden, so daß die Vorträge nicht mehr in der Schreinerei, sondern im großen Kuppelsaal des Goetheanum selbst stattfanden. Hier wurde einerseits darum gerungen, altes Geistesgut, alte Mysterienweisheit in den Herzen von Menschen des 20. Jahrhunderts neu bewußt zu machen, eine neue Geistigkeit aus der geistigen Welt für die Menschheit herabzuholen. Andererseits mündete herein aus alter bäuerlich-christlicher Kultur eine Strömung, die die Oberuferer Spiele in unserer Zeit wieder lebendig werden ließ in der Art, wie sie durch Rudolf Steiner der Festeszeit um Weihnachten eingegliedert worden waren.

In diese Zeit der Rettung des Geistigen schiebt sich hinein die Zerstörung des Irdisch-Physischen, des Baues, durch den Brand. Rudolf Steiner hatte des öfteren seine warnende Stimme erhoben, daß das Goetheanum aufs äußerste gefährdet sei. Man hatte Wachen organisiert, vor allem aber wohl hinsichtlich einer Gefährdung durch technische Mängel oder Naturgewalt. Die Gefährdung durch die Gegner des Hasses, die ringsum saßen und zum Teil in offenster Weise hetzten gegen die „hölzerne Mausefalle", die man zerstören müßte, die ein unrühmliches Ende nehmen sollte, hatte man unterschätzt. Während in diesen Tagen ernst und eindringlich seine Warnung erklang gegen die Zerstörung von innen heraus, dadurch, daß man das Geistige, daß man Anthroposophie nicht genügend pflegte, war das Schicksal des alten Goetheanum schon besiegelt. Noch ahnten wir nicht, was der Silvesterabend 1922 uns bringen würde, nicht, daß wir zum letzten Mal im geliebten Bau einem Vortrag unseres verehrten Lehrers lauschen durften, nicht, daß, wie einst im Anbruch einer neuen Zeit mit der Geburt Alexanders des Großen beim Brand von Ephesos, dieser Bau ein Raub der Flammen werden würde.

Nach den Erlebnissen des Sommers im Goetheanum war dies nun das erste Wiedersehen mit dem großen und kleinen Kuppelsaal. Dabei sann ich so nach, wie es eigentlich gewesen war, als ich etwa acht bis zehn Tage nach meiner Ankunft im Sommer zum ersten Mal wagte, nach oben in die Kuppeln mit ihren gewaltigen Malereien hinaufzuschauen. Meistens saß ich bei solchen Gelegenheiten weit hinten zur Mitte, schaute zunächst über die große Kuppel hinweg und betrachtete den Ausschnitt, den ich von der kleinen sehen konnte. Die Bilder der großen Kuppel waren im Anfang außerordentlich schwierig für mich zu begreifen. Es kam mir vor, als ob die Bilder der kleinen mir viel näher lagen. Das hing wahrscheinlich damit zusammen, daß ich vor meiner Ankunft bestimmte Kapitel der *Geheimwissenschaft* gründlich studiert hatte. Die einzelnen Bildergruppen der kleinen Kuppel fesselten mich ganz besonders, wie sie sich im Kreise um die Gestalt des Menschheitsrepräsentanten ordneten, ganz aus der Farbenperspektive, aus dem Farbenfluten heraus gebildet. Es war ja so, daß Rudolf Steiner die rechte Hälfte der kleinen Kuppel auf Bitten der Maler selber ausgestaltet hat, wonach dann die andere Hälfte von den Künstlern spiegelbildlich kopiert worden ist. An der großen Kuppel haben ausschließlich die verschiedenen Maler und Malerinnen nach seinen Angaben, Skizzen, Anregungen und Entwürfen gearbeitet. Vielleicht würde die große Kuppel, wenn auch sie von seiner Hand selbst ausgemalt worden wäre, noch mancherlei anderes offenbart haben. Die Malereien der kleinen Kuppel nahmen mich in kürzester Zeit ganz gefangen. Mir ist es nie so ergangen, daß ich etwa lange vor dem Anblick der großen habe verweilen können, obgleich sie einem räumlich näher lag. Es zog mich unwillkürlich immer wieder dahin, wo man wie durch einen offenen Vorhang ins Allerheiligste hineinschauen konnte, in den Osten. Aus einem unglaublich lichten gelben Farbenwogen in der Mitte war es ja die Gestalt des Menschheitsrepräsentanten, wie er zwischen dem aus dem Orange-Rot über ihm erscheinenden Luzifer und dem im braun-schwarzen Dunkel unter ihm wesenden Ahriman heranschritt. Diese farbigen Kräfteströme wirkten weiter bis in den Ostteil der großen Kuppel hinein, sich wie ausstülpend in einem Oval von Pfirsichblüt, das umwogt war von einem zarten Lila. Wenn man sich vorstellt, daß unter der gemalten Christusgestalt die geschnitzte einst hätte Platz finden sollen, so kann man sich denken, wie gewaltig und eindrucksvoll das Ganze gewesen sein müßte, mehr noch als es ohnehin schon war, wenn es vollendet vor den Menschen dagestanden hätte. Zum Rande der kleinen Kuppel hin sah man eine zunächst verwirrende Fülle von Häuptern, menschlichen und übermenschlichen Wesenheiten, unter ihnen auch Kentaurenartige mit vielen Beinen und menschlichem Kopf. Man hatte aber überall das Gefühl, erahnen zu können, um was es ging, daß es sich um den Menschen handelte und um die Wesen, die inspirierend seine Entwicklung begleiteten und begleiten. Besonders eindrucksvoll war z. B.

das aus dem Blau herausleuchtende wache Antlitz des nach Erkenntnis strebenden faustischen Menschen als Vertreter des Zeitalters der Bewußtseinsseele, wie er durch seine Ichkräfte befähigt werden soll, das wie aus der Zukunft heranschwebende Kind in sich aufzunehmen, das Geisteskind in sich zu bergen; dieses Kind war ganz aus verschiedenen gelborange Tönen herausgeboren. Unter dieser Gruppe im Braun-Schwarzen die Todeskräfte, dargestellt in einem Skelett. Dies alles aus dem Blauen heraus überwölbend ein engelartiges Wesen, wie von oben die Faustgestalt inspirierend. Ebenso konnte ich erkennen, wie die Menschen der verschiedenen Kulturepochen getragen und gehalten wurden durch das, was wie eine Geistgemeinschaft um sie herum sich im Farbenfluten an helfenden Wesenheiten kundtat.

Einen völlig anders durchgestalteten Charakter wies die große Kuppel auf, wo sich im großen Raume über den Zuschauern in gewaltigen Farbenwogen die ganze Menschheitsevolution in einem Panorama auszubreiten schien. Während in der kleinen Kuppel sich der Blick in der lichten Gestalt des Christus in der Mitte erfing, so fand man beim Anblick der großen zunächst Halt in einer gedachten West-Ost- und einer Nord-Süd-Achse, an der man sich orientieren konnte, und um deren Schnittpunkt sich wie um ein Weltenkreuz im weiten Rund die Bildgestaltungen gruppierten. Es war dann wirklich so, daß die Bilder, die man dann im einzelnen anschauen konnte, einem entgegengetragen wurden durch das, was da durch Rudolf Steiner als farbige Wellen hineinkomponiert worden war. Wendete man den Blick im Westen an der Rundung der Orgelempore vorbei scharf nach oben, so begann das farbige Wogen im Dunkelvioletten bis Blauen. In diesem Teil eines Kreisbogens war noch gar nicht sehr viel zu sehen. Es war, wie wenn man hineinschaute in ein tiefes, unendlich reichhaltiges Meer. Aber wirkliche Bilder konnte man darin noch nicht wahrnehmen. Darüber lichtete sich das Blau allmählich auf zum Blaugrün, Grüngelb und Gelb, welche alle wie in einer umfassenden Geste die vornehmlich in flammendem Orange, Rotgelb und Rot gehaltenen Gestaltungen der östlichen Mitte umfluteten. Es war, als wenn diese außerordentlich aktiven Farben anbrandeten an das — wie schon oben beschrieben — aus der kleinen Kuppel hereinragende Farbenoval von Pfirsichblüt und Lila. Das, was man an den farblichen Grundelementen in der kleinen Kuppel erlebte, empfand man in diesem von Gelbtönen umfaßten Oval der großen Kuppel wie in einer Umstülpung sich wiederholend. Diese Farben des Ovals empfand ich durchaus als solche der Verinnerlichung gegenüber dem Regenbogenspektrum der großen Kuppel. — Das, was sich aus diesem Farbenwogen an Gestaltungen heraushob, war für mich, abgesehen von diesen allgemeinen Aspekten, anfangs schwer zu deuten. So benutzte ich jede Gelegenheit, dabei zu sein, wenn Rudolf Steiner oder irgendjemand anderes über diese Malereien sprach, um mich zu orientieren, um zu begreifen und ein wenig dahinter zu kommen, was es mit diesen gewaltigen Bildern wohl auf sich habe. Aus diesen Führungen und aus all dem, was ich an geistigen Eindrücken durch Vorträge, Eurythmieaufführungen, Bücherstudium usw. empfing, konnte ich allmählich vom Erahnen zu ersten Erkenntnissen vorankommen. Andererseits geschah es dann auch, daß mir beim Studium von Vorträgen etwas aus der Bilderwelt der Kuppeln zum Verständnis zu Hilfe kam, ein außerordentlich beglückendes Erlebnis für mich.

Ein Bild, das mir unmittelbar gleich zu Anfang klar wurde, war das, welches die Paradiesesgeschichte darstellte. Über dem Blau-Grünen des westlichen Kreisbogens, in welchem sich die ersten Gestaltungen wie schaffende Wesenheiten kundtaten, in das hinein sich beiderseits der west-östlichen Symmetrieachse wie eingebettet in dieses Strahlen ein Weben von blauen Augen und roten Ohren entfaltete, erhob sich genau in der Mitte ein rötliches Dreieck aus dem sich aufhellenden Grün. Indem man sich hineinvertiefte, konnte man Gestaltungen entdecken, die über einem Baumgebilde ein altes, ehrwürdiges Antlitz, einem Gottvater vergleichbar, aus dem Blauen heraus erkennen ließen; darunter aus den Roten Gestalten wie Adam und Eva, die Schlange, Flammen von beiden Seiten her, von blauleuchtenden Engelwesen entfacht und unterhalten. Seitlich zu diesem Dreieck nach Norden sprachen dann die farbigen Gestaltungen von der lemurischen Erdepoche in der Menschheitsentwickelung, im Süden von der Atlantis; im weiteren Umkreis erschienen die anderen Kulturepochen der Menschheit und ihre geistigen Helfer, Bilder, denen man eigentlich nur nahe kommen konnte und sollte durch ein Einleben in die Sprache der Farben, wie man sich auf der anderen Seite in die Formenwelt des Baues einleben mußte. Auf diese Art konnte man wirklich zum Erleben desjenigen kommen, was Rudolf Steiner so ausgesprochen hat: „Betritt man dieses Haus, dann soll man die Empfindung haben: In den Formen, in den Malereien, in allem, was da ist, findet man hier dasjenige, was Menschengeheimnis ist, und man vereinigt sich hier gerne mit andern Menschen, weil hier jeder das findet, was seinen Menschenwert, seine Menschenwürde offenbart, in dem man sich am liebsten liebevoll mit anderen Menschen zusammenfindet." (*Stilformen des Organisch-Lebendigen, S. 39.*)

So war der Silvesterabend 1922 herangekommen. Ich erlebte zum ersten Mal eine solche Fülle von Zuhörern im Goetheanum, daß jeder Platz besetzt war. Ich selber saß an gewohnter Stelle, mich mit meinem ganzen Wesen wie hineinströmen fühlend in die Farben- und Formenwelt, mich getragen fühlend von der Gemeinschaft erwartungsfroher Menschen.

Vorn rechts, wo der Zuhörerraum und der Bühnenraum sich trafen, stand ein kleines Rednerpult mit Tafeln zur Rechten und Linken. Noch einmal wanderten meine Gedanken zurück zum Nachmittag, wo der große Vorhang geschlossen war, ehe die Eurythmieaufführung begann. Auf dem Vorhang gemalt war eine Flußlandschaft mit dem Ausblick nach links auf einen Doppelkuppelbau wie auf eine Gralsburg, von rechts kommend zwei Wanderer, auf dem Fluß ein Nachen, der diese zum anderen Ufer bringen sollte. Während das Auge auf diesem Gemälde ruhte und dabei die verschiedenen Bilder aus Goethes *Märchen* vor dem inneren Blick auftauchten, stand ein wenig rechts zur Seite Rudolf Steiner und hielt seine Ansprache, hinweisend auf die Bedeutung der Eurythmie gerade für die Darstellung des größten Werkes Goethes, den Faust; denn anschließend sollte der *Prolog im Himmel* aus diesem Werk aufgeführt werden.

Während der Rede geschah plötzlich etwas, das viele Zuhörer unheimlich berührte, vielleicht sogar erschrecken ließ. Direkt rechts neben Rudolf Steiner, das bemerkte man erst jetzt, war das große Rednerpult, von dem aus er sonst sprach, nach unten unter die Bühne versenkt worden...[4] Die seitlichen Konturen begannen plötzlich, leise vibrierend sich zu be-

---

[4] Ernst Lehrs, ebenfalls Augenzeuge, berichtigt und ergänzt die Aufzeichnungen von Heinz Müller wie folgt:

Rudolf Steiner trat in die Mitte des Bühnenrahmens vor den geschlossenen sandfarbenen Vorhang. (Der bemalte Vorhang war die liebevolle Schöpfung eines Maler-Freundes nach dem Tode Rudolf Steiners.) Eben als er anheben wollte zu sprechen, trat von rechts her eilenden Schrittes ein junger Mann auf ihn zu, ihm einen Zettel überreichend. Wie viele der Anwesenden erschreckte dieser Vorgang auch mich. Konnte eine solche ungewöhnliche Störung doch nur einen schwerwiegenden Anlaß haben. Rudolf Steiner zog seinen Kneifer (den er zwischen zwei Knöpfen seiner Weste zu tragen pflegte) hervor, las, was auf dem Zettel stand und gab ihn mit zustimmendem Nicken dem Boten zurück. Dann trat er ein paar Schritte zur Seite und begann seine Ansprache. Während derselben sah man die Stelle, wo er zuvor gestanden hatte, sich öffnen. Es war die versenkbare Platte, die an sich das große Rednerpult trug und das auf diese Weise versenkbar war, um die Bühne für eine Aufführung freizugeben, was in diesem Falle bereits zuvor geschehen war. Zu welchem Zwecke die Versenkung jetzt betätigt wurde, konnte man sich in diesem Augenblicke natürlich nicht erklären. Klar war nur — so sagte man sich lächelnd-beruhigt —, daß, wenn Rudolf Steiner nicht gewarnt worden wäre, er mit der Versenkung nach unten verschwunden wäre. — Dann öffnete sich der Vorhang, die Worte der Erzengel ertönten, hörbar und sichtbar, und aus der Tiefe herauf, auf die versenkbare Platte gekauert, erschien Mephisto. Wie ich später von anderen Teilnehmern erfuhr, geschah ihnen in diesem Augenblicke das gleiche wie mir, indem durch mein Herz, es momentan zusammenkrampfend, das — unter dem Erleben des herrlichen Geschehens zwar schnell wieder verklingende — Wort zuckte: „Rudolf Steiner hat dem Teufel weichen müssen!" — Wie schmerzlich wurde man bald wieder daran erinnert!

wegen, und aus der Tiefe tauchte etwas Schwarzes herauf. Rudolf Steiner stutzte überrascht, da wurde offensichtlich die versehentlich in Betrieb gesetzte Hebevorrichtung abgeschaltet, und die gespenstischen „Hörner" verschwanden wieder nach unten. Als Rudolf Steiner geendet hatte, trat er ruhig zur Seite und setzte sich in der ersten Reihe neben Frau Marie Steiner und Albert Steffen auf den Platz, auf dem er immer gesessen hatte.

Die beiden Teile des Vorhanges wurden nun zur Seite hochgerafft, und man schien wirklich einen Blick in den Himmel zu tun. Vorn standen die drei gewaltigen Erzengelgestalten des Michael, Gabriel und Raffael. Hinter ihnen auf flachen Stufen, ein wenig erhöht, gruppierten sich die zu jedem von ihnen gehörenden Engelchöre, die sich durch die zarten Pastelltöne ihrer Gewänder unterschieden. Jeweils bei den Worten eines der Erzengel wurde das ganze Rund des Bühnenraums mit seinen herrlichen schlanken Säulen von den Farben seines Engelchores ausgeleuchtet. Bei den Worten des Mephisto: „Da du, o Herr, dich einmal wieder nahst..." erhob sich jetzt gespenstisch das schwarz verkleidete Rednerpult mit dem Mephisto, der gegen den Herrn anhöhnt, in seinen Bewegungen durch die mächtigen Fledermausflügel seines schwarzen Gewandes sich absetzend von dem lichten Wogen der Eurythmie-Engelchöre, die seine lästernden Worte, wie es schien, durch eurythmische Gegenbewegungen zu neutralisieren trachteten. — Später hörte man, daß zur gleichen Zeit, als die „Panne" mit dem verfrüht aufsteigenden Rednerpult geschah, ein großer Wandspiegel sich im Umkleideraum der Eurythmistinnen von der Wand gelöst hatte und in Scherben gegangen war.

Es wird auch folgendes erzählt: Ein alter Anthroposoph mit hellseherischen Fähigkeiten — Rudolf Steiner hatte ihm öfter seine Schauungen bestätigt — war, als er gegen fünf Uhr nachmittags das geistige Bild des brennenden Baues vor sich sah, entsetzt von seiner Arbeit aufgesprungen, um sofort Warnungen zu geben. Doch dann besann er sich, daß man es Rudolf Steiner gewiß ansehen würde, ob er von der schreckerregenden Gefahr für den Bau Kenntnis habe. Da er wußte, daß ein Eingeweihter niemals von sich aus vor einer okkulter Einsicht bekannten Gefahr warnen dürfe, so wollte er dieser Warner sein. Er sagte sich, wenn er genau genug beobachte, werde er an dem Antlitz Rudolf Steiners oder seinem Benehmen ablesen können, ob seine Imagination einer Realität entspräche oder nicht. Er war ruhiger geworden, als er am Bau selbst alles in Ordnung vorgefunden hatte. Als er vor dem Vortrag Rudolf Steiner sah und von diesem völlig unbefangen aufs herzlichste begrüßt wurde, kam er zu der festen Überzeugung, daß er diesmal einer Täuschung erlegen sei.

Später stellte sich dann heraus, daß der Brand tatsächlich etwa zu der Zeit, da er seine Vision gehabt hatte, angelegt worden sein mußte.

Ich selbst konnte mich von einer inneren Unruhe seit dem Nachmittag nicht recht befreien und war über mich selbst erstaunt, daß es mir nicht gelingen wollte, mich auf den Abendvortrag zu konzentrieren. Immer wieder schweiften meine Blicke von einer der gewaltigen Imaginationen der Kuppelmalereien zur anderen. Dazwischen wanderten meine Augen an den herrlichen Schäften der Säulen empor und gingen den Formen der Kapitäle nach. Immer wieder zwang ich mich zu besserem Zuhören, bis mich dann schließlich doch die Worte Rudolf Steiners ganz in ihren Bann zogen, ging es doch um so große Dinge wie der Fixsterne Himmelswesen in Verbindung mit dem Physisch-Mineralischen des Menschenleibes und der Wandelsterne Himmelstaten in Beziehung zu dem Säftestrom, dem Ätherischen der menschlichen Organisation. So wie der Mensch in diesen Wesensgliedern sterblich ist, so steht er einer toten Welt im Mineralischen der Erde und der Gestirne gegenüber. So wie er aber Zukunft hat in seinem Astralischen und Ichwesen, wie er empfangend, die geistige Kommunion empfangend sich dem die Welt durchdringenden Göttlich-Geistigen öffnet, so gibt er auf der anderen Seite der Erde, der Welt Zukunft: „Der Mensch wandelt sie von seinem eigenen Geistigen aus, wenn er von seinem Geistigen der Welt mitteilt, indem er die Gedanken belebt zur Imagination, Inspiration, Intuition, indem er die geistige Kommunion der Menschheit vollführt" (S. 191). Und dann entwickelte Rudolf Steiner die wunderbaren Sprüche, die er uns als eine „kleine Grundlage" für ein solches Tun gab:

> Es nahet mir im Erdenwirken,
> In Stoffes Abbild mir gegeben,
> Der Sterne Himmelswesen:
> Ich seh' im Wollen sie sich liebend wandeln.
>
> Es dringen in mich im Wasserleben,
> In Stoffes Kraftgewalt mich bildend,
> Der Sterne Himmelstaten:
> Ich seh' im Fühlen sie sich weise wandeln.

Die Feierlichkeit, die Eindringlichkeit seiner Sprache steigerte sich im Laufe des Vortrags. Man hatte das Gefühl: Hier zelebriert ein großer Eingeweihter den Kultus der Zukunft, den kosmischen Kultus der Menschheit. Nachdem er die Sprüche noch einmal gesprochen hatte, trat er in größter Bescheidenheit vom Podium zur Seite, und so war es auch selbstverständlich, daß niemand applaudierte, was bei anderen Vorträgen durchaus üblich war. Die beiden Sprüche standen noch in seiner schönen Handschrift auf den beiden Tafeln geschrieben, als wir, die Alten und die Jungen, tief ergriffen in die sternklare Silvesternacht hinausgingen.

Nur wenige wohnten so nahe wie ich im Hause Friedwart. Ich saß sinnend auf meinem Bettrand, da schrillte nebenan im Sekretariat das Telephon. Jemand nahm den Hörer ab, und im gleichen Augenblick vernahm ich den Entsetzensruf: „Was, Feuer im Goetheanum?" — Mantel und Mütze nehmen und losstürmen war eines für mich. So hetzte ich den Hügel empor. Noch strahlten die geschliffenen bunten Fenster in die stille Nacht hinaus. Von Süden herauf klangen die eiligen Schritte zweier Männer. Da sah ich im Schimmer der am Südportal eingeschalteten Lampen, vom Ostportal kommend, Rudolf Steiner. Er rief mir zu, ich sollte ihm zum Heizhaus folgen; auch die zwei von Süden Kommenden beorderte er dorthin. Ich glaube, es waren Dr. Walter Johannes Stein und Dr. Eugen Kolisko. Im Lauf uns voraneilend, erklärte er uns, er brauche Zeugen. Er ging nun zunächst an das Thermometer, an dem man die Temperatur des Rücklaufwassers ablesen konnte. Rudolf Steiner reichte mir eine Taschenlampe, und ich las ab: fünfunddreißig Grad. Die beiden anderen Zeugen stellten das gleiche fest. „Es ist also durchaus normal", sagte Rudolf Steiner, und wir stürmten bereits wieder den Hügel hinauf zum Goetheanum, während er hinzufügte: „Also von einer Überhitzung der Heizung kann ein Brand nicht herrühren. Nun gilt es, die elektrische Anlage zu überprüfen." Wir eilten also durch das Ostportal in den Raum unter der Bühne, in dem sich die großen Schalttafeln befanden. Er ließ uns sämtliche Schalter betätigen, und wir konnten feststellen, daß alle Kontrollämpchen brannten, so daß man auf einen Blick sehen konnte: auch hier war alles in Ordnung. Der gesamte Bau war dadurch erhellt. Nirgends zeigte sich ein Kurzschluß. Er ließ uns alles nachprüfen und bestätigen. Da hörten wir seine Stimme neben uns klanglos und dumpf: „Also auch hier liegt kein Fehler vor; so kann es sich nur um Brandstiftung handeln!" Diese Worte ließen die kleine Gruppe, die um ihn war, im Tiefsten erschauern.

Nun erst eilten wir im Südtrakt die Treppe zum weißen Saal hinauf, den wir also von Norden betraten. Der Nachtwächter hatte ja Alarm gegeben wegen der dort entdeckten verdächtigen feinen Rauchwölkchen, die besonders an der Westseite durch die Ritzen der geschnitzten Wand drangen. Schon auf der Treppe hatten wir ungewöhnliche Wärme verspürt, die uns nun beim Öffnen der Saaltür verstärkt entgegenschlug. Uns allen war klar, daß wir hier dem Brandherd nahe waren. Rudolf Steiner wies mich an: „Schlagen Sie hier draußen die Scheibe des Kastens ein und nehmen Sie das Beil heraus — aber", fügte er fürsorglich auch in dieser Situation hinzu, „ziehen Sie den Ärmel über die Faust, damit

Sie sich nicht schneiden!" Und dann zeigte er auf eine Stelle der Saalwand, wo der Südtrakt sich aus dem Westteil herausgliederte, mit den Worten: „Hier schlagen Sie einmal ein Loch!" Ich hatte das Beil in der Hand und schlug in die Wand des Goetheanums. Ich weiß nicht, ob man nachfühlen kann, was es bedeutet, so mit einem Beil in das geliebte Goetheanum hineinzuhauen. „Mehr! Fest!" hörte ich Rudolf Steiner. Und endlich brach ein Stück von der Größe eines Mauersteins durch und fiel nach innen in die Wand. Im selben Augenblick wurde mit heulendem Ton von den drinnen emporschießenden Flammen die Luft eingesogen. Entsetzt wichen wir zurück und hörten neben uns Rudolf Steiners Stimme wie erstickt, als hätte sich Asche auf sie gelegt: „Da ist keine Rettung mehr möglich."

Währenddessen hatte eine Gruppe von jungen freiwilligen Feuerwehrhelfern, die sofort alarmiert worden waren, eine Schlauchleitung hereingelegt und ließ jetzt mit voller Gewalt das Wasser in die aufgeschlagene Wand hineinströmen. Im nächsten Augenblick gab es eine ohrenbetäubende Detonation, und Rudolf Steiner, der gerade durch ein paar Notizen, die er sich machte, abgelenkt war, sagte, das müßten wir doch wissen, daß in einem solchen Fall durch die ungeheure Glut das Wasser sofort in Knallgas zerlegt würde, und wir könnten froh sein, daß nichts Schlimmeres passiert sei.

Dann wies er uns an, durch die große Südtür auf die schneebedeckte Terrasse hinauszugehen und unsere Untersuchungen fortzusetzen. Dort entdeckten wir oben unter dem Dach einen kleinen Feuerschein, und unten lag eine einfache Dachdeckerleiter. Als wir sie anlegten und hinaufstiegen, kam man in Kopfhöhe an eine Stelle, wo etliche Teile aus der äußeren Wandung herausgebrochen waren und ein Loch freigaben, etwa fünfmal so groß wie das, welches ich drinnen hatte in die Wand schlagen müssen. Nun konnte man hineinsehen in das Gewirr der stützenden und tragenden Balken, die im Feuerschein glühten. An dieser Stelle war offensichtlich der Brandherd gelegt worden, wo sich auch noch Reste von Werg und Stroh und Spuren von Petroleum fanden. Jeder von uns begriff sofort, daß Rudolf Steiner Recht hatte, davon zu sprechen, daß keinerlei Rettung möglich sei, denn die ca. dreißig bis vierzig Zentimeter starken Balken waren durch die Glut stellenweise schon fast um die Hälfte verzehrt worden.

Inzwischen waren immer mehr Helfer herbeigeeilt. Da hörten wir vom Südportal her Schreckensrufe, die uns darauf aufmerksam machten, daß wieder etwas Schlimmes geschehen sein mußte. Man hatte entdeckt, daß einige fanatisierte Burschen aus dem Dorf Schlauchleitungen mit ihren Messern durchstochen hatten. Nun wurde sofort eine provisorische Wache organisiert. Um diese Dinge hat sich dann Dr. Günther Wachsmuth — auch später — energisch gekümmert. Ich schloß mich anderen Helfergruppen an, um zu retten, was an beweglichem Gut noch zu retten war.

Ich fand mich zunächst bei einigen jungen Anthroposophen, deren Sorgen der „Gruppe" galt. Man wollte sie ins Freie bringen, wo sie weniger gefährdet schien als in dem leichten, schon sehr heißen Holzbau der Schreinerei, der durch Funkenflug allzu leicht in Brand geraten konnte. Wer den Anlaß dazu gegeben hat, die Statue hinauszuschaffen, ist nicht mehr gewiß. Ich lebte in der Vorstellung, Rudolf Steiner sei gefragt worden, und legte in gutem Glauben an sein Einverständnis mit Hand an, die Südwand des Ateliers aufzubrechen, weil wir glaubten, sie im Süden der Schreinerei am besten schützen zu können. Die Gestalt des Menschheitsrepräsentanten bestand aus aufeinandergesetzten Einzelteilen, die damals noch nicht fest zusammengefügt waren. Trotzdem war es schon schwer genug, diese Teile der mächtigen Holzplastik vorsichtig umzukippen und auf einer doppelten Zeltplane hinaus ins Freie zu tragen. Dieses Werk zu vollenden, fiel uns schwer; die physische Anforderung war schon gewaltig. Dazu kam, was man seelisch dabei durchzumachen hatte. Als ich am nächsten Tag erfuhr, daß Dr. Steiner beim Anblick seines schwerbeschädigten Ateliers entsetzt und gar nicht einverstanden gewesen ist mit unserem doch in Ehrfurcht und aus bestem Wollen heraus vollbrachten Tun, war ich tief betroffen. Und immer wieder mußte man sich auch später mit dem Geschehen in Gedanken auseinandersetzen.

Dann eilte ich mit einigen anderen zum Westportal in den großen Saal. Dieser war schon ziemlich verqualmt. Aber sämtliche Lichter brannten noch. Die wertvollsten Gegenstände waren die auf der Orgelempore abgestellten Musikinstrumente. Diese und die Noten wurde geborgen. Dann half ich, die Heizkörperverkleidungen ins Freie zu schaffen. Bühnenutensilien und einen Teil der Vorhänge hatte man schon gerettet. Inzwischen begann es bedenklich zu dröhnen und zu krachen im ganzen Bau. Gegen den zunehmenden Qualm schützten wir uns mit feuchten Essigtüchern. In aller Eile haben wir dann die beiden Sprüche, die noch vom Abendvortrag auf den Tafeln standen, abgeschrieben.

Da kam auch schon einer der Boten, die geschickt wurden, um auch die Letzten zum schnellsten Rückzug aus dem Bau zu veranlassen. Rudolf Steiner ließ uns sagen, daß höchste Einsturzgefahr sei. Jetzt verlöschte auch das Licht, und die ersten Flammen schlugen von oben herein. So stürzte ich mit Wilhelm Rath, René Maikowski, Wolfgang Rudolph und anderen hinaus. Es war wenige Minuten vor Mitternacht. Draußen war die Hitze fast noch größer als im Saal. Lange hatte es schon gebrannt, ehe man von außen Flammen sah. Nun aber war das Dach fast völlig zerstört, und die Seitenwände standen in lichter Glut. Wir mußten also gleich einen großen Bogen nach Süden herum über den Kirschenhang nehmen, um zur Schreinerei durchzukommen. Da stürzten die Kuppeln unter schrecklichem Prasseln in sich zusammen. Bald bogen sich die Säulen infolge der Hitze oben auseinander. Wie glühende leuchtende Lilien standen sie in den Flammen gegen den nächtlichen Himmel.

Jetzt begannen von den umliegenden Ortschaften die Neujahrsglocken zu läuten. Ein Teil des Goetheanums stand noch: der Orgeltrakt im Westen, der aus dem härtesten Holz geschnitzt war. Man konnte sich von dem grandios-schauerlichen Anblick schwer lösen. Ich sah, wie auf dem Platz unmittelbar vor der Schreinerei Rudolf Steiner mit mehreren Persönlichkeiten stand. Er beobachtete gespannt den Verlauf des Brandes. Da er mehrere Male, sich zu den bei ihm Stehenden wendend, mit ausgestrecktem Arm nach Westen weisend etwas zu zeigen schien, ging ich unterhalb der Gruppe am Hang vorbei. Ich duckte mich dabei, so daß ich nicht stören konnte. Und so vernahm ich seine Worte: „Diesen Augenblick prägen Sie sich ein!" Im Umwenden sah ich, wie gerade die Orgelpfeifen zu verglühen begannen und die Flammen in allen möglichen Farben färbten, insbesondere aber bläulich und grünlich. Während wir alle noch wie gebannt auf die schaurige Farbenpracht am nächtlichen Himmel schauten, war Rudolf Steiner plötzlich verschwunden und niemand wußte, wo er sich aufhalten könnte. Das wurde schließlich einem nach dem anderen von uns bedenklich. So bildeten wir eine kleine Gruppe, die in Sorge um ihn systematisch das ganze Gelände abzusuchen begann. Nach Stunden erst erhielten wir Kunde davon, daß er mit wenigen jüngeren Anthroposophen in weiten Kreisen immer wieder die Brandstätte umschritten hatte. Im Morgengrauen standen die gewaltigen Säulen noch immer in Flammen. Als dann schließlich eine fahle Sonne über dem Gempen den Neujahrstag heraufbrachte, zog ich mich für wenige Stunden auf mein Zimmer zurück.

Als ich gegen zwölf Uhr mich wieder an der Schreinerei einfand, wies ein Anschlag an der Tür darauf hin, daß alle vorgesehenen Veranstaltungen, Eurythmiedarbietungen, das Dreikönigsspiel und der Vortrag Rudolf Steiners programmgemäß durchgeführt würden. Hier zeigte sich Ungebrochenheit im Geiste gegenüber der Stätte der Verwüstung, wo in den schwarzen Trümmern auf dem Betonunterbau noch immer die Säulenstümpfe brannten. Die Räume der Schreinerei waren in aller Eile für die Fortführung der Tagung hergerichtet worden. Dort drängte man sich eng zusammen, damit jeder daran teilnehmen konnte. Rudolf Steiner in seiner Umsicht, seiner Größe, seiner Güte, er gab uns allen die Kraft des Ertragens, den Mitwirkenden den Mut für ihren Auftritt trotz des maßlosen Schmerzes in diesem ungeheuren Unglück. Sein Antlitz war in einer Weise gezeichnet, das aufs tiefste erschütterte; seine Geistesgröße, sich den Anforderungen der Tagung zu stellen, Beispiel und Verpflichtung für die Zukunft:

> Es wollte im Sinnenstoffe
> Das Goetheanum vom Ewigen
> In Formen zum Auge sprechen.
> Die Flammen konnten den Stoff verzehren.
> Es soll Anthroposophie
> Aus Geistigem ihren Bau
> Zur Seele sprechen lassen.
> Die Flammen des Geistes,
> Sie werden sie erhärten.
>
> *Rudolf Steiner*

ERNST LEHRS

Aus den Anfängen meiner Mitgliedschaft in der Anthroposophischen Gesellschaft

Zu meiner ersten Begegnung mit Rudolf Steiner kam es durch den Anthroposophischen Hochschulkursus in Stuttgart im März des Jahres 1921. Zu meinem und mancher Angehöriger meiner Generation Erstaunen wurde uns im Laufe der folgenden Jahre deutlich, wie viele von uns, die wir dann in der einen oder anderen Weise, z. T. in engster Arbeitsverbindung, in der Bewegung tätig geworden sind, an diesem Kursus teilgenommen haben, ohne einander damals zu kennen noch kennenzulernen. Es war offenbar ein ganzer Karmaschub, der sich dort zu einer — für die meisten — Erstbegegnung mit der Anthroposophie und ihrem Schöpfer einfand.

Neben den laufenden Vorträgen Rudolf Steiners und denen anderer Redner gab es da Seminarien über die verschiedenen Wissensgebiete, an denen Rudolf Steiner, soweit seine Zeit es ihm ermöglichte, teilnahm. Wo es ihm aus dem Verlaufe der Diskussion oder aufgrund bestimmter Fragestellungen erforderlich schien, ergriff er selber das Wort, wobei die Aussprache jedesmal eine erstaunliche Förderung erfuhr. Nun war das die Zeit, wo er — leider ohne den erhofften Erfolg in der Öffentlichkeit — sich darum bemühte, das deutsche Volk von dem Odium zu befreien, das ihm durch den Versailler Vertrag auferlegt worden war, den Ausbruch des Krieges verschuldet zu haben. So kam es, daß in dem Seminar über Geschichte eine Frage hiernach gestellt wurde. Rudolf Steiner erklärte sich sofort bereit, zur ganzen Teilnehmerschaft des Kursus hierüber zu sprechen. So geschehen am 21. März 1921.

Bedenkt man, daß der größte Teil der Zuhörerschaft aus jungen Leuten bestand, die den Krieg ganz oder teilweise aktiv mitgemacht hatten, so kann man verstehen, daß den für den folgenden Tag angesetzten Ausführungen Rudolf Steiners mit höchster Spannung entgegengesehen wurde. Was sich ereignete, übertraf alle Erwartung. Schon hatte man in den vorangegangenen Tagen das Umfassende seines Wissens mit Staunen erfahren, hier wurde dies noch schier überboten. Ich habe damals, so gut ich vermochte, mitgeschrieben. So sind mir die Hauptzüge der Rede und ihre großen Akzente deutlich im Gedächtnis haften geblieben. Eine private maschinengeschriebene Nachschrift, in die ich in jüngster Zeit Einsicht nehmen konnte, hat mir meine Erinnerungen bestätigt, erwies sich aber zugleich bei aller Ausführlichkeit doch als nicht vollständig, gerade auch bezüglich manchem, was hier vorzubringen ist. Auch läßt sie nicht erahnen, *wie* Rudolf Steiner an bestimmten Stellen, gleichsam seine ganze Persönlichkeit in die Worte werfend, gesprochen hat.

Da war sogleich von der Erklärung der Schuld Deutschlands die Rede als einem reinen Siegerdiktat und von der unseligen Tatsache, daß dieses in Versailles vom deutschen Unterhändler unterschrieben worden ist, um, wie man meinte, dadurch ein größeres Unglück zu verhüten. Aber: „Derjenige, der in die wirklichen Ereignisse hineinschaut, weiß, daß man doch durchkommt durch die gegenwärtige Weltsituation *nur mit der Wahrheit und mit dem Willen zur vollen Wahrheit.*" Wie den ganzen Raum erfüllend tönte da uns entgegen das (sonst so gerne verschwiegene) Wort von der Wahrheit!

Und nun ging es in die Einzelheiten der Weltsituation, aus der heraus der Krieg entstanden war. Da hieß es mit dem Blick zunächst auf das angelsächsische Volk, daß bei ihm und besonders bei gewissen Menschengruppen innerhalb desselben „eine in gewissem Sinne durchaus weltgeschichtlich großzügig gehaltene politische Anschauung besteht." Genährt sei sie durch eine tief eingewurzelte Vorstellung von der Weltmission dieses Volkes für die gegenwärtige Geschichtsepoche, die nur vergleichbar sei mit der im althebräischen Volke seinerzeit herrschenden: das für diese Epoche auserwählte Volk Gottes zu sein. (Wie sehr habe ich in den Jahren meines Lebens in England und Schottland dies bestätigt gefunden, und wie vieles, dem man dort begegnet ist, konnte man dadurch in seiner Bedeutung erfassen.)

Soeben waren einem solche geistigen Hintergründe eröffnet worden, da wandelte sich der Aspekt, und man sah Rudolf Steiner mit sicherer Hand eine Karte von Europa mit einem Teil Asiens auf die Wandtafel zeichnen, während er von dem für England eben aus solchen Gründen heraus alles bedeutenden Seeweg nach Indien sprach, demgegenüber es keinerlei Konkurrenz zulassen konnte, so etwa durch die vom deutschen Kaiser aus diesem Grunde betriebene Idee der sogenannten Bagdadbahn. (Und wie stolz waren wir jungen Preußen-Deutschen in unserer Ahnungslosigkeit auf die Tatsache ihres Baues gewesen!) Desgleichen konnte England nicht dulden, daß Deutschlands Wirtschaftsniveau das seine überflügele. Und schon erschienen Zahlen auf der Tafel, die Exportziffern beider Länder bis zum Jahre 1914 darstellend, wo Deutschland im Begriffe war, England wirtschaftlich einzuholen.

Im Unterschiede hierzu in Mitteleuropa bei Verleugnung seiner ureigentlichen geistigen Aufgabe nur kleinzügiges politisches Denken und daraus folgend ein sich Hineinmanövrieren in eine „Nullpunkt"-Situation, so in Deutschland wie in Österreich. Und wieder eine überraschende Zahl konkreter Einzelheiten, mit denen dies illustriert wurde. Demgegenüber habe in beiden Ländern alles zum Erfassen einer notwendigen Dreigliederung des sozialen Gefüges gedrängt, zu dessen Einsicht aber niemand sich habe aufschwingen können. So habe der deutsche Staatssekretär Kühlmann das diesen Gedanken enthaltende Elaborat in seiner Tasche mitgenommen, als er sich zu den Friedensverhandlungen mit den Russen im Oktober 1917 nach Brest Litowsk begab, habe sich aber nicht entschließen können, davon Gebrauch zu machen. Und mit großer Erregung in seiner Stimme, vor sich auf die Reihen der Zuhörer weisend, rief er aus, unter den Zuhörern befinde sich jemand, der bezeugen könne, daß er die Wahrheit spreche. (Ich erfuhr später, daß das der Sohn des Generalobersten von Moltke war.) Plötzlich erlebte man da diesen Rudolf Steiner als einen mitten im politischen Getriebe Stehenden, wenn auch ohne sich darin aktiv einzumischen, der aus einzigartiger Einsicht heraus nach den verschiedenen Seiten hin — wenn auch vergeblich — Rat zu geben versucht hatte. Vergeblich, eben infolge der politischen Blindheit der die Geschicke Mitteleuropas leitenden Persönlichkeiten und der nicht überwindbaren Kleinzügigkeit ihres nur Von-Tag-zu-Tag-Denkens, im Unterschiede zu dem die angelsächsische Politik bestimmenden. Worauf es ankäme, das sei, daß man in Mitteleuropa lerne, sich zu einem entsprechenden großzügigen Denken aufzuschwingen, aber nicht, wie dort, in einem rein volks-egoistischen, sondern in einem volks-unegoistischen Sinne.

„Meine lieben Freunde!" — so schloß er in starker Bewegung seine Rede, uns so anredend, nachdem er zuvor immer ‚Meine sehr verehrten Anwesenden' gesagt hatte: „Weil ich doch glaube, daß in der deutschen Jugend Persönlichkeiten sind, die den Weg zum wahren Deutschtum wieder zurückfinden, die Sinn und Herz, ein offenes Gemüt haben für das Empfangen der Wahrheit, deshalb, weil ich hier vielleicht doch mit einiger Aussicht gerade zu jüngeren Leuten, zu dem besten Teil vielleicht unserer Jugend sprechen konnte, deshalb habe ich mich entschlossen, heute zu Ihnen diese Andeutungen zu machen."

Zum besten Teil vielleicht unserer Jugend! Wer war man selber, als wer war man vom Schicksal gemeint, um so angesprochen zu werden?! Ich weiß, daß nicht ich allein es war, der vor Erregung zitternd den Saal verließ. Sah man sich doch plötzlich als junger Mensch in ernstester geistiger Verantwortung in den Strom des großen geschichtlichen Geschehens gestellt.

An meinen Studienort (Jena) zurückgekehrt, machte ich mich sogleich an das Studium der *Philosophie der Freiheit,* der *Kernpunkte* und anderem Anthroposophischen und entschloß mich bald, um meine Aufnahme in die Gesellschaft anzusuchen. Dann fand in Stuttgart vom 29. August bis zum 6. September 1921 ein öffentlicher Kongreß mit dem Thema *Kulturausblicke der anthroposophischen Bewegung* statt[1], zu dem ich selbstverständlich hinfuhr. Gleich am ersten Tage — mich freute dies, weil das Goethes Geburtstag war — wurde mir meine Mitgliedskarte überreicht. An einem der nächsten Tage, am 4. September, fand eine Mitgliederversammlung statt, an der ich auf Grund meiner neuen Mitgliedschaft teilnehmen durfte. Was ich dort erlebte und erfuhr, wurde schicksalbestimmend für meinen weiteren Weg als Angehöriger der Gesellschaft.

Durch die Verhandlungen wurde mir bekannt, daß von dem ursprünglichen Vorstand der im Jahre 1912 gegründeten Gesellschaft zwei Persönlichkeiten ihr Amt niedergelegt hatten. Die eine, aus Gründen versagender Gesundheit, war Michael Bauer. Er war selber zu der Versammlung gekommen und ergriff im Verlaufe derselben das Wort. Er sprach mit sehr leiser, ganz umflorter Stimme, so daß ich von meinem Platz in den hinteren Reihen des Saales nur weniges verstehen konnte. Die Art jedoch, wie er sprach, und seine ganze Erscheinung machten mir einen tiefen Eindruck. Wie einer jener russischen Starzen erschien er mir, von denen mir Dostojewski in seinen Schriften ein Bild vermittelt hatte. Ähnlich, wie ich es dort gelesen hatte, fühlte ich jetzt dieser Erscheinung gegenüber.

Ganz konsterniert war ich durch dasjenige, was dann Frau Dr. Steiner vorbrachte, warum sie im Anfang des Jahres 1916 (nach ihrer Verheiratung mit Dr. Steiner) ihr Amt als Vorstandsmitglied niedergelegt habe. Sie las diese Erklärung vor. Darin hieß es, es sei dies aus dem Grunde geschehen, weil sie den Namen Dr. Steiners nicht mit den tausend kleinen Angelegenheiten der Gesellschaft verquickt haben wolle. — Der Name Rudolf Steiners, um dessentwillen ich doch in die Gesellschaft eingetreten war, soll nicht mit dieser verquickt sein?? So wäre denn diese Gesellschaft etwas ganz anderes, mußte ich mich fragen, als ich mir unter ihr vorgestellt, was ich von ihr erwartet hatte? (Ich konnte ja damals noch nichts wissen von dem Zweierlei von ‚Bewegung' und ‚Gesellschaft', wie es bis zur Weihnachtstagung bestanden hat, und worauf ja Rudolf Steiner, um das dann Neue deutlich zu machen, selber so nachdrücklich hingewiesen hat.)

---

[1] Es handelt sich um jenen öffentlichen Kongreß, in dessen Rahmen der Zyklus *Anthroposophie, ihre Erkenntniswurzeln und ihre Lebensfrüchte* gehalten wurde.

Bestätigt wurde mir dies durch den ersten der drei Ratschläge, die Rudolf Steiner in seinen Worten am Ende der Versammlung gab. Denn da hieß es, dieser Rat ginge dahin, „dafür zu sorgen, daß die Reste, nicht der Theorie, aber des theosophisch-gesellschaftlichen Empfindens endlich aus unserer Gesellschaft herausgesetzt werden mögen". — Theosophisches Empfinden? Vor neun Jahren war diese Gesellschaft durch Abtrennung von der Theosophischen Gesellschaft begründet worden, und immer noch theosophisches Empfinden?? [2]

Im Verlaufe der vorangegangenen Aussprache hatte sich auch ein Tübinger Student zum Wort gemeldet, wovon niemand besondere Notiz nahm, bis auf Rudolf Steiner. Denn nachdem er seinen dritten Rat vorgebracht hatte, der dahin ging, „daß wir uns die Fähigkeit aneignen, die Dinge ernst genug zu nehmen, nicht mit der heute in der Welt vorhandenen Oberflächlichkeit", kam er im Sinne dieses Rates auf jene Wortmeldung zu sprechen, indem er sagte:

„Hier hat ein Vertreter der Jugendbewegung gesprochen! Hier sitzen eine ganze Anzahl von Vertretern der Studentenschaft, meine lieben Freunde! Daß die Angehörigen solcher Bewegungen oder solcher Körperschaften zu unserer Anthroposophischen Gesellschaft kommen, das ist etwas, was wir (mit erhobener Stimme) als *epochemachend* innerhalb der Geschichte unserer anthroposophischen Bewegung betrachten müssen. Wir müssen die Möglichkeit empfinden, alles zu tun, was von solcher Seite her mit Recht von der Anthroposophischen Gesellschaft erwartet werden kann. Auf der Studentenbewegung, welche entstanden ist innerhalb unserer Anthroposophischen Gesellschaft, ruht ein großer Teil der Hoffnung auf das Gelingen unserer Gesellschaft."

Man wird mir nachempfinden, was in der Seele des eben Mitglied gewordenen Jenaer Studenten in diesem Augenblick vor sich ging. Ich glaube noch heute in der Erinnerung zu spüren, wie mein Herz damals klopfte.

Als sich in der Folgezeit zeigte, daß trotz seines dritten Rates sein Hinweis auf das Hereinkommen von Jugend in die Gesellschaft doch nicht wirklich ernst genommen wurde, lieh er auf der Delegierten-Tagung im Februar des Jahres 1923 seine Hand zur Gründung einer zweiten Gesellschaft, der er den Namen *Freie Anthroposophische Gesellschaft* gab, und deren Komitee ich dann unter anderen selber angehörte.

Der Person jenes Studenten und des Inhaltes seiner Worte wegen

---

[2] Man kann alles dieses, so auch Frau Dr. Steiners Brief sowie das hier weiter Vorzubringende in der ersten Nummer der „Mitteilungen" nachlesen, die von dem damals neu gebildeten Zentralvorstand herausgegeben wurden, welche das Protokoll dieser Versammlung enthält.

möchte ich dieselben hier auch noch im Wortlaut anführen. War es doch — wie ich genau einundzwanzig Jahre später bei Gelegenheit einer gemeinsamen Arbeit im von Raketengeschossen bedrohten London herausfand — unser unlängst durch die Pforte des Todes gegangener Freund Alfred Heidenreich, der da in dieser Weise aufgetreten war.

„Wenn ich als junger Mensch um das Wort gebeten habe, so möchte ich in aller Bescheidenheit eine Mitteilung machen. Wir Anthroposophen, die aus der Jugendbewegung hervorgegangen sind, haben uns während des Kongresses in einigen Sonderbesprechungen zusammengefunden und sind uns klar geworden, daß uns in unserer Mittlerstellung zwischen Jugendbewegung und Anthroposophie besondere Aufgaben erwachsen. Wir sind uns darüber klar geworden, daß es nicht nur unsere Pflicht ist, Anthroposophie an die Jugendbewegung heranzubringen, sondern daß es auch unsere Pflicht ist, unsere jungen Kräfte in den Dienst der Anthroposophie zu stellen, daß ein entsprechendes Tun daraus hervorgehen kann."

Wie real diese Worte gemeint waren, und wie treu er ihnen nachgelebt hat, zeigt Alfred Heidenreichs ganzer anschließender Lebensgang.

Zu den meinen Weg in der Gesellschaft bestimmenden Ereignissen gehört im ersten Halbjahr meiner Mitgliedschaft mein erstes öffentliches Eintreten für die Sache der Anthroposophie gegen einen gegnerischen Angriff. Deshalb sei hier davon berichtet. Es fand anfangs des Jahres 1922 in Jena statt, wenige Monate vor dem — durch die Wachsamkeit einiger Freunde vereitelten — Angriff auf Rudolf Steiners Leben in München. Den Mut zu solchem Auftreten schöpfte ich aus der Erinnerung daran, was ich im vorangehenden Jahre bei den zwei geschilderten Gelegenheiten als Rudolf Steiners Bejahung unserer Generation und seiner Erwartung von ihr erlebt hatte.

Zwei wissenschaftliche Gegner der Anthroposophie traten da kurz nacheinander mit öffentlichen Vorträgen in Jena auf. Der eine war der damals an der Jenaer Universität Philosophie lehrende Max Wundt, Sohn des bekannten Psychologen Wilhelm Wundt, Mitglied der Deutschen Fichtegesellschaft, die, gestützt auf Fichtesche Gedanken (wie man sie verstand), eine deutsch-völkische Weltanschauung betrieb. Uns Jenaer Anthroposophen und unter ihnen besonders uns Studenten mußte es ein dringendes Anliegen sein, daß diesem Hochschullehrer, der für sein schneidendes Denken bekannt war, ein Kontrahent gegenübergestellt würde, der ihm in der Diskussion gewachsen wäre. Unser Appell an den Zentralvorstand in Stuttgart wurde damit beantwortet, daß Prof. Hermann Beckh, der sich gerade in Berlin befand und dies zeitlich einrichten konnte, ersucht wurde, auf seiner Reise in Jena Station zu machen, um in der Diskussion Wundt entgegenzutreten. Wir waren verzweifelt, weil uns klar war, daß der feinsinnige, in sich gekehrte Prof. Beckh einem Wundt bestimmt nicht gewachsen sein würde. Vergeblich warnten wir den Vorstand. Wie erwartet, geschah es. Beckh vermochte gegen die scharfe Klinge Wundts nichts auszurichten. Es schmerzte uns tief, ihn hilflos den kürzeren ziehen zu sehen.

Nicht lange danach erschien Dr. Hans Leisegang, seines Zeichens Philosoph und Religionswissenschaftler. An welcher Universität er damals als Privatdozent lehrte, erinnere ich mich nicht. Seine Absicht war die Bekämpfung des Gedankens der Dreigliederung des sozialen Organismus und von daher Rudolf Steiners selber. Der Vortrag war unter dem gleichen Thema zuerst in Weimar, dann in Jena angekündigt. Seines Sieges gewiß, ließ er im Kreise der Familie, bei der er für diese Tage in Jena untergebracht war, verlauten, er würde an beiden Orten wörtlich das gleiche sagen, indem er Weimar gewissermaßen als seine Generalprobe betrachtete, bevor er in der Universitätsstadt selber sprechen würde. Zu seinem Unglück war seine Gastgeberin die Professorenwitwe Frau Knauer, deren Kinder — Dr. Ilse, Dr. Helmut usw. — alle in der Bewegung tätig geworden sind und die samt der Mutter damals schon alle mit Anthroposophie verbunden waren. So hatte denn Sohn Helmut nichts Eiligeres zu tun, als uns andere hiervon in Kenntnis zu setzen. Daraufhin begaben wir anthroposophischen Studenten uns mitsammen nach Weimar und notierten uns Leisegangs Ausführungen Punkt für Punkt. Was wir da zu hören bekamen, hatte mit den wirklichen Inhalten der „Kernpunkte" nichts zu tun. Vielmehr operierte er mit einzelnen herausgerissenen Sätzen, die, bar ihres Zusammenhanges, ein völlig verzerrtes Bild ergaben. Noch in der Nacht verglichen und ergänzten wir gegenseitig unsere Notizen. Da wir in den Tagen vorher auf einen nochmaligen telephonischen Appell in Stuttgart nur eine ärgerliche Abfuhr erhalten hatten, blieb uns nichts anderes übrig, als uns selbst in die Schanze zu werfen. Man kam überein, daß ich in entscheidender Weise auftreten solle.

Ich tat daraufhin zweierlei. Einmal bezeichnete ich jeden Ausspruch Leisegangs in meinen Notizen der Reihe nach mit den Buchstaben des Alphabetes und legte in jede Seite des Buches, wo der betreffende Satz bei Rudolf Steiner in seinem Zusammenhange sinnvoll vorkam, ein entsprechendes Zeichen. Außerdem begab ich mich zu einem Studenten der Landwirtschaft, mit dem ich lose befreundet worden war, der die „Kernpunkte" gelesen hatte und ihren Inhalt höchst positiv beurteilte, sonst aber noch nicht näher an die Anthroposophie herangekommen war, und legte ihm folgendes nahe. Ich erzählte ihm von dem, was bevorstand und was ich vorhatte. Ich meinte, es würde von Hilfe sein, wenn er, falls er ganz von sich aus fände, daß das von Leisegang Vorgebrachte mit dem wirklichen Inhalte des Buches nichts zu tun hatte, sich als erster zum Worte meldete und unter Betonung, daß er mit der Anthroposophie als solcher keine Verbindung habe, die „Kernpunkte" aber kenne und ihren Inhalt positiv bewerte, dieses vorbrächte. Ich würde, die dadurch entstandene Situation ausnutzend, mich sofort zum Worte melden und anhand meines Materiales dem Vortrag als solchem Punkt für Punkt widersprechen. Ich möchte nicht unerwähnt lassen, daß dieser Student der nachmalige biologisch-dynamisch arbeitende Landwirt Walter Ritter war, der nun schon seit einer Reihe von Jahren nicht mehr unter den hier Lebenden weilt. Ich hatte Gelegenheit gehabt, seinen Charakter kennenzulernen und wußte, daß ich in dieser Sache auf ihn bauen konnte.

Tatsächlich trat er am Abend, gleich nachdem Leisegang geendet hatte, in der ihm von mir nahegelegten Weise auf. Der Jenaer Rosensaal war gepackt voll mit Professoren und Studenten. In das basse Erstaunen, das sich der Versammlung durch Ritters Ausführungen bemächtigt hatte, hinein meldete ich mich sofort zum Worte.

Man muß sich meine Lage vorstellen: In der Mitte der Bühne des Saales stand das Rednerpult, seitlich daneben ein Tisch, an dem einige Kollegen von Leisegang, ihrerseits Vertreter der philosophischen Gesellschaft, Platz genommen hatten, und wohin sich Leisegang selbst nach seinem Vortrag begab. Während Ritter nur kurz nach vorne gegangen war und dann gleich wieder zurück an seinen Platz, blieb mir nichts anderes übrig, als mich oben ans Rednerpult zu stellen — brauchte ich doch auch eine Unterlage für Buch und Notizen — und von dort meine „Enthüllungs"-Rede zu halten. Das tat ich nun, indem ich eine Aussage Leisegangs nach der anderen vornahm, mich jedesmal zu ihm wendend mit der Frage, ob es stimme, daß er das so gesagt habe. Das konnte er nicht anders als, zumeist nur mit dem Kopfe nickend, bestätigen. Dann las ich aus dem Buche vor, was an der betreffenden Stelle wirklich steht, und so Satz für Satz zum wachsenden Erstaunen der Zuhörer und seiner sichtlich steigenden Beklemmung. Zwischendurch sagte ich einmal, es sei mir äußerst peinlich, hier zu stehen und als Student mich gegen einen Hochschullehrer derart wenden zu müssen.

Indem ich mich mehr und mehr von der im Saale aufkommenden Stimmung getragen fühlte, unternahm ich zum Schluß ein Wagnis. Es lag mir daran, das Ganze auf eine objektive Ebene zu heben und den anwesenden Kommilitonen zugleich eine grundlegende Einsicht zu vermitteln. So sagte ich abschließend, wenn einem so etwas wie das hier zutage Getretene sonst im Leben begegne, so würde man sich fragen, ob der Betreffende bei gesunden Sinnen sei. Selbstverständlich gelte das nicht für Herrn Dr. Leisegang. Was sich da gezeigt habe, sei nur die Folge der heutigen Methode der Wissenschaft, die uns verhindere, Ganzheiten zu erfassen, weil sie den Sinn stets nur auf Teile richte. Solches sei daher auch die Darstellungsweise heutiger wissenschaftlicher Bücher. So habe Herr Dr. Leisegang eben auch das besprochene Buch gelesen, indem er nur Teile bemerkt und diese aus dem Ganzen herausgezogen habe, ohne welches sie aber sinnlos erscheinen müssen. Das aber sei gerade die Aufgabe der Anthroposophie, uns zum Ganzheits-Erfassen zu verhelfen, und so sei daher auch ein Buch wie dieses geschrieben.

Starker Beifall im Saal, nach dessen Abklingen Leisegang aufsprang und sagte, die ganze Anthroposophie sei von Dr. Steiner zusammengelogen. Hierauf ich, noch oben stehend: Ich würde bisher noch keineswegs sehr viel von allem, was Dr. Steiner geschrieben und gesprochen hat, kennen, aber was ich kenne, das sei in sich so konsequent, sich gegenseitig so tragend, daß das unmöglich gelogen sein könne. Denn so konsequent könne kein Mensch lügen. Damit kehrte ich in den Saal zurück. Leisegang aber sprang nochmals auf und rief in höchster Erregung alles mögliche in den Saal hinein, darunter, in Dornach würden unterirdische Kulte vollführt mit Kerzen tragenden Jungfrauen in weißen Gewändern. Das war der immerhin wissenschaftlich eingestellten Zuhörerschaft denn doch zu viel. Es erhob sich ein Scharren, Zischen, ja Pfeifen, empört stand alles auf und verließ eilends den Saal, Leisegang und die Seinen allein lassend. Ich selber wurde, ob des errungenen Sieges, von Studiengenossen auf ihren Schultern im Triumph nach Hause (in meine ‚Bude') getragen. — Leisegang hat sich seitdem nicht mehr öffentlich hören lassen.

Noch einmal appellierte Rudolf Steiner an die Gesellschaft, nicht zu ignorieren, was von der Jugend mit bestimmten Impulsen in sie hineinkomme. Das war bald nach dem Brand des Goetheanum in Stuttgart am 23. Januar 1923 in dem Vortrag, der den vielsagenden Titel trägt *Worte des Schmerzes, der Gewissenserforschung. Worte zum Bewußtwerden der Verantwortlichkeit.* Da spricht er von der studierenden Jugend, die sich zum Pädogogischen Jugendkursus zusammengefunden hatte — Jugend, der es nicht darum zu tun war,

„etwa in die Hörsäle hereinzutragen den Einfluß der Anthroposophie... Da war ein anderer Schauplatz in Aussicht genommen worden; da war es nicht der Hörsaal, da war es das Innere des Menschen, das menschliche Herz, der menschliche Geist, die menschliche Empfindungsweise." Es wird das dann noch weiter charakterisiert, und dann heißt es: „Die Anthroposophische Gesellschaft aber muß, wenn sie in richtiger Weise wirkt, weitherzig genug sein können, überall den Menschen bis in das innerste Menschenwesen hinein zu finden, wenn er zu ihr kommt und an ihr eine Helferin haben will für dieses sein Suchen, dieses sein Streben."

Weil sich von seiten der Leitung der Gesellschaft in dieser wie in manch anderer Hinsicht nichts änderte, verlangte Rudolf Steiner die Einberufung einer allgemeinen Delegierten-Tagung, die ja dann im Februar des Jahres 1923 stattfand. Es bestand damals noch der Anthroposophische Hochschulbund mit René Maikowski als Sekretär. Als eine Zusammenfassung studentischer Arbeitsgruppen an den verschiedenen Hochschulen war der Bund schon eine Weile lang nicht mehr wirksam. Dafür leistete das Sekretariat seinen Dienst für die Verbindung unter der seit dem Jugendkursus in dem von Rudolf Steiner charakterisierten Sinne strebenden Jugend. Die Delegiertentagung stand bevor. Draußen in der Gesellschaft erfuhr man nichts von dem, welches die Gründe ihrer Einberufung waren, welchem Ziele sie dienen sollte. Zu Maikowski, der öfter Gelegenheit hatte, Rudolf Steiner zu sehen, sagte er bei einer solchen, er möge dafür sorgen, daß recht viel Jugend zu der Tagung komme. Hierauf dieser, wie er dafür sorgen könne, wenn gar nichts zu sagen sei, wozu man kommen solle. Dr. Steiner habe da regelmäßige Besprechungen mit dem „Dreißiger-Kreis", aber von dem, was da besprochen würde, erführe man naturgemäß nichts. Darauf gab Dr. Steiner Maikowski den Rat, sich jedesmal, wenn eine solche Sitzung stattfinde, eine gewisse Zeit nach deren Beginn draußen einzufinden. Er würde ihm dann stets selber das Nötige sagen. Auf diese Weise erfuhren wir jungen Leute draußen im Lande, worum es ging. Bald merkte man dies in den Zweigen, und es kamen von dorther Klagen nach Stuttgart, man erführe selber nichts und müsse sich bei den jungen Leuten erkundigen, um auf dem laufenden zu sein!

Als dies bei einer Dreißiger-Sitzung Rudolf Steiner vorgelegt wurde in dem Sinne, daß Angehörige des Kreises anscheinend Indiskretion begingen, erklärte er ihnen sein Verfahren und daß er das selber wäre!

Da mein Weg in die Gesellschaft und innerhalb ihrer, wie eingangs erwähnt, durch Erfahrungen dieser Art bestimmt worden ist, konnte ihre Erwähnung nicht unterbleiben. Fällt davon doch zugleich auch ein Licht auf Rudolf Steiners Wirken in damaliger Zeit. Als ich im Frühjahr 1923 Jena verließ, um mit meiner Tätigkeit als Waldorflehrer zu beginnen, hinterließ ich den dortigen Freunden ein Schreiben des Inhaltes: „Ich verspreche Euch hiermit, daß ich in Stuttgart niemals vergessen werde, einmal auch nicht in Stuttgart gelebt zu haben." In unserer Freien Anthroposophischen Gesellschaft bemühten wir uns eifrig, uns in diesem Sinne gegenseitig zu verhalten. — Mit dem, was Rudolf Steiner am Ende jenes Jahres durch die Weihnachtstagung neu schuf, waren dann, wenigstens der Veranlagung nach, noch ganz andere, viel weitergreifende Möglichkeiten gegeben. Im Zuge der neuen Ordnung bildete sie dann nach dem Willen Rudolf Steiners als Trägerin einer anthroposophischen

Jugendbewegung im Sinne der von ihm gegebenen Prinzipien eine „Gruppe auf sachlicher Grundlage", bis wir im Jahre 1930 den Entschluß faßten, sie angesichts der inzwischen in der allgemeinen Gesellschaft eingetretenen Verwicklungen aufzulösen.

WILHELM RATH

Von der Begegnung der Jugend mit Rudolf Steiner Michaeli 1922

Als Rudolf Steiner auf der Weihnachtstagung der Anthroposophischen Gesellschaft Mitteilung machte von seinem Entschluß, nunmehr die Führung der Gesellschaft selbst zu übernehmen, da es notwendig geworden war, der Anthroposophischen Gesellschaft eine neue, der Zeit entsprechende Gestaltung zu geben, begründete er diesen Entschluß mit dem Hinweis auf jene tiefgehende Wandlung, die sich mit der Jahrhundertwende im geistigen Geschehen der Menschheit vollzogen hatte. In einer besonderen Weise war ihm dieser Umschwung durch das Herankommen junger Menschen, die um die Jahrhundertwende geboren worden waren, entgegengetreten.

„Das, was in diesen jugendlichen Herzen schlägt, was in einer so schönen und oftmals auch so unbestimmten Weise entgegenlodert geistiger Betätigung, das ist der äußere Ausdruck für dasjenige, was im tiefsten Inneren des geistigen Weltenwebens im letzten Drittel des 19. Jahrhunderts bis zum 20. Jahrhundert hin sich vollzogen hat." [1]

Es war der Wille und die Aufgabe Rudolf Steiners, dem heraufkommenden „Lichten Zeitalter" auf allen Lebensgebieten die Tore zu öffnen. Für viele Gebiete, besonders für das künstlerische, das pädagogische, medizinische und religiöse war das Erneuernde schon geschehen. Mit dem Herankommen der um die Jahrhundertwende geborenen Jugend ergab sich für Rudolf Steiner die Notwendigkeit, nun auch das Wesen der Gesellschaft von Grund aus zu erneuern. Denn die Gesellschaft trug bis zum Brande des Goetheanums noch manche Merkmale der Vergangenheit an sich. Er wollte nicht, daß diese jungen Menschen, die mit Impulsivität den Weg zur Anthroposophie und zu ihm selber suchten, durch den Zustand einer noch mit veralterten Formen behafteten Gesellschaft zu einer oppositionellen Haltung genötigt würden und dadurch gehindert wären, sich in voller Hingabe mit der anthroposophischen Bewegung zu verbinden. Das war auch der Grund, aus dem er — es war im Februar 1923 — der Jugend eine „Freie Anthroposophische Gesellschaft"

---

[1] Eröffnungsvortrag zur Weihnachtstagung, 24. Dezember 1923.

gab. Es war eine Spaltung. Rudolf Steiner selber hatte den Rat dazu gegeben, „schweren Herzens", so sagte er, denn „dieser Rat widersprach im Grunde allen Grundfesten der Anthroposophischen Gesellschaft". „Denn wenn nicht *diese*, welche Vereinigung von Menschen hier in der irdischen Welt sollte eine Stätte sein dafür, daß die Jugend, die heutige Jugend, sich voll darinnen geborgen fühlt!" Eine solche Stätte wollte er auf der Weihnachtstagung schaffen. Er hatte ja jenen Rat zu einer vorübergehenden Spaltung sich nur im Hinblick darauf abgerungen, daß er selbst das Getrennte wieder vereinigen wollte. Das verwirklichte er nun auf der Weihnachtstagung, indem er eine neue „Allgemeine Anthroposophische Gesellschaft" schuf, in der man sich nicht zu irgendwelchen Grundsätzen bekennen mußte, sondern in der freie Menschen in autonomen Gruppen miteinander in Beziehung treten.

„Die Menschenseele von heute ist der Empfindung nach fremd gegenüber aller Dogmatik und ist im Grunde genommen fremd gegenüber allem sektiererischen Wesen... Es muß abgeschafft werden. Und es darf auch kein Fäserchen davon in der Zukunft in der neuen, zu gründenden Anthroposophischen Gesellschaft darinnen sein."

Und als Rudolf Steiner dann über die Aufnahme-Bedingungen in diese neue Gesellschaft sprach, da war es so, daß ein Philistergemüt wenig hätte damit anfangen können; denn was sollte die Aufnahme-Bedingung z. B. für die Jugend sein?

„Nichts anderes ist die Bedingung, als in dem Sinne wirklich *jung* zu sein, indem man jung ist, wenn alle Impulse der Gegenwart diese jugendlichen Seelen erfüllen... Und wie ist man im richtigen Sinne, meine lieben Freunde, alt in der Anthroposophischen Gesellschaft? Wenn man ein Herz hat dafür, was für jung und alt als Weltenjugendhaftes heute aus geistigen Untergründen in die Menschheit hineinsprudelt, erneuernd alle unsere Lebensgebiete."

Diesen Welt-Erneuerungs-Impuls, der den ganzen Umfang des menschlichen Lebens auf der Erde ergreift und alles verwandelt, hatte die Jugend im Grunde gesucht — schon vor dem Kreise in der „Jugendbewegung", wenn diese sich selbst nur recht verstanden hätte. Jugend schloß sich zusammen, und das Verbindende war das gemeinsame Erlebnis, daß die altgewordene Welt nichts enthielt, was dem eigenen Wollen als Strebensziel hätte erscheinen können. Man floh aus der phrasenhaften Zivilisation in die Natur. Manch ein „Wandervogel" aber wurde im Krieg zum „Wanderer zwischen beiden Welten" (Walter Flex), wenn die liebsten Kameraden gefallen waren, und man doch noch ihre Stimmen im Seelen-Inneren vernahm und ihre helfende geistige Führung aus einer unsichtbaren Welt heraus gefühlt wurde. Und die Sonne ging dieser Jugend anders auf über der von Trommelfeuern zerrissenen

Landschaft, wenn dann die stumme Frage im Kreis der Freunde umging: Wer von uns wird ihren Untergang heute noch erleben?

Laut aber wurde immer wieder die Frage nach dem Sinn des Lebens gestellt. — Die Besten hatte dieser Krieg verschlungen. Von denen aber, die er verschonte oder wieder freigab, fanden nur wenige die Erfüllung ihrer Sehnsucht und ihres Suchens. Sie fanden diese Erfüllung in der Begegnung mit Anthroposophie; manche durch einen Kameraden hinter dem Stacheldraht eines Gefangenenlagers. Sie erlebten die anthroposophische Bewegung, wie diese zur Darstellung kam in den Hochschulkursen und Kongressen der Jahre 1920, 1921 und 1922 — dann aber — und das wurde dieser Jugend zu dem größten Fest ihres Lebens — in der Begegnung mit Rudolf Steiner selbst zu Michaeli 1922 in Stuttgart auf dem sogenannten Pädagogischen Jugendkurs.

Diese Begegnung trug von vornherein einen besonderen Charakter innerhalb der Veranstaltungen der anthroposophischen Bewegung. Schon vorher, während der großen Tagungen, hatten sich Jugendkreise gleichsam tastend Dr. Steiner genaht und hatten ihm ihre meist noch viel zu unklaren Fragen gestellt, und er hatte diese in großer Geduld angehört und beantwortet. Es muß für Dr. Steiner ein erschütterndes Erlebnis gewesen sein, zu sehen, wie das, was er in den Seelenuntergründen dieser Jugend lebend erkannte und was auch von der Jugend so deutlich gefühlt wurde, durch den korumpierenden Einfluß der Zivilisation den entsprechenden Ausdruck nicht finden konnte, so daß alles verkehrt und entstellt herauskam, wenn es nach Begriffen und Worten suchte. Diese Diskrepanz wurde auch auf Seiten der Jugend schmerzlich empfunden. Wenn auch in dem anthroposophischen Hochschulbund, in dem sich der akademische Teil dieser Jugend zusammenfand, man unter den vergeblichen Versuchen der Nachahmung des so ledernen Stiles der „objektiven Wissenschaft" litt, und auf der anderen Seite manch einem die Anthroposophische Gesellschaft wie eine aus vielleicht sehr lieben, aber auch sehr eingeweihten Onkeln und Tanten bestehende Sekte erschien — so war es ja doch die Anthroposophie, deren Weltbedeutung ahnend erkannt wurde. Sie war es schließlich doch ganz allein auf dieser Welt, die die große Sehnsucht befriedigen konnte.

Und es kam der Augenblick, wo völlig unabhängig voneinander, so daß es wie ein Wunder erlebt wurde, in einer Anzahl junger Menschen der Impuls entstand, sich ganz mit der anthroposophischen Bewegung zu verbinden. Der eine erlebte es am anderen, und es begann das Ringen um die Frage, ob es möglich war, einen entsprechenden Ausdruck dafür zu finden, daß dieser Jugendimpuls nicht ein egoistischer war, nicht eine Sonderbestrebung darstellen wollte, wie man es ihm nachsagte, sondern daß er nichts anderes wollte, als sich ganz erfüllen und formen zu lassen durch den wirksamen Geist, den die Anthroposophie verkündete, von dem man sich so stark ergriffen fühlte. Wenn es nur einmal möglich wäre, es Dr. Steiner selbst zu sagen, daß man sich nach gar nichts anderem sehnte, als sich ganz in die anthroposophische Bewegung hineinzustellen und sich zugleich so miteinander zu verbinden, daß der Geist selber zum Lebensführer werden könne, dann würde er aus seiner Weisheit und Güte heraus alle die Fragen, die einen als jungen Menschen so bedrängten, beantworten!

So entstand — es war zu Pfingsten auf dem Wiener Kongreß — der allen gemeinsame Wunsch, Dr. Steiner um ein Zusammensein gleichsam im Hintergrund oder im Anschluß an eine der nächsten Tagungen zu bitten, und wenn es auch nur für eine Stunde gewesen wäre. Die Enttäuschung war groß, als man erfuhr, daß die erhoffte Tagung nicht stattfinden würde. Da ergriffen diejenigen, die diesen Wunsch an Dr. Steiner herantragen wollten, die Initiative und fuhren zu ihm nach Dornach. Überraschend und unsagbar beglückend war, wie die in aller Bescheidenheit vorgetragene Bitte von ihm aufgenommen wurde. Dr. Steiner lud die Jugend nach Dornach ein, und nicht für einen, zwei oder acht, sondern für vierzehn Tage. Es sollte diesmal nicht ein „Hochschulkursus" sein mit festem Programm, mit Vortragenden und Hörern. „Wir wollen das Programm während des Kursus selber lebendig unter uns entstehen lassen", so war sein Vorschlag. Die Jugend sollte sich vorher und dann in seinen Ausführungen diese Fragen beantworten. Er erkannte den Wunsch der Jugend zum Mittun. Ein Eurythmiekurs wurde eingerichtet. Er selbst wollte mit Marie Steiner zusammen eine Einführung in die neue Sprachgestaltung geben, Malstunden sollten sein, und das Goetheanum wollte er selbst der Jugend zeigen. So streckte er beide Hände der Jugend entgegen. Es mag ihm wohl etwas schmerzlich gewesen sein, daß wegen der Inflation in Deutschland und Österreich der Jugend dieser Länder ein Aufenthalt in der Schweiz untragbar erschien. Er war aber auch bereit, dieser Jugend entgegenzukommen, und so wurde Stuttgart der Ort dieser Begegnung Rudolf Steiners mit der Jugend.

Als die drei jungen Menschen, die das so beglückende Gespräch mit Dr. Steiner gehabt hatten, seine Einladung den Jugendkreisen überbrachten, da flammte überall ein Feuer der Begeisterung in den Herzen auf, und es wurde zur Gewißheit: Dr. Steiner will uns helfen, daß alle Unklarheit, die die Seele durchwogt, zur Klarheit geführt wird, daß die Impulse, die zu geistiger Betätigung drängten, ihre Richtung erhalten sollten und daß das Suchen nach wahrer menschlicher Gemeinschaft eine dem Geist der Zukunft entsprechende Erfüllung finden würde.

So fand sich denn die Jugend am Michaelstag 1922 in Stuttgart ein. Ein Teil von ihr suchte den Weg in die Waldorf-Pädagogik. Man hoffte, daß der Anfang eines Lehrer-Seminars in Stuttgart entstehen würde. Andere ersehnten sich die Hilfe Dr. Steiners für andere Berufsgebiete. Allen gemeinsam aber war das Gefühl, in bezug auf die eigene Zukunft vor einem völligen Nichts zu stehen. Die Berufe, die die Zivilisation bot, schienen dieser Jugend unzugänglich. Man konnte in ihnen nicht „Mensch" sein. Und so sehnte man sich nach einer neuen geisterfüllten Menschlichkeit. Die Wissenschaft hatte den Menschen bewußt ausgeschaltet. Ihre Abstraktheit drang in alle Lebensverhältnisse ein und entfremdete die Menschen einander.

Wie schwer es auch der versammelten Jugend war, sich zu finden und sich über die an Dr. Steiner zu stellenden Fragen zu einigen, war gleich das Ausgangserlebnis dieses Treffens. Sein Kommen verzögerte sich um einige Tage. Diese Tage waren erfüllt von einem intensiven Ringen. Der Vorstand der damals in Stuttgart zentralisierten Anthroposophischen Gesellschaft, gewöhnt an Tagungen mit einem geordneten Vortragsprogramm, war entsetzt über den chaotischen Charakter des jugendlichen Meinungsaustausches, von dem man ihm aber nur berichtet hatte. Er hatte wohl das damalige Zweighaus in der Landhausstraße zur Verfügung gestellt, doch sah er sich, und so auch alle Mitglieder, völlig ausgeschaltet. Die Jugend wollte und mußte aus innerer Notwendigkeit zunächst ganz unter sich sein, um das, was in den Gefühlen wogte, was in den starken Willensimpulsen drängte, zur ersten gedanklichen Klarheit zu bringen, so daß sie dann auch *wußte,* was sie wollte.

So war es wie eine Erlösung, als Rudolf Steiner dann von Dornach kam, und die Jugend ihm das Resultat ihres tagelangen gemeinsamen Ringens vorlegen konnte. In den 13 Vorträgen des *Pädagogischen Jugendkurses,* an denen dann jeweils auch der damalige Vorstand und das ganze Kollegium der Waldorfschule teilnahmen, gab Rudolf Steiner seine Antwort auf die Fragen der Jugend. Mit zunehmender Begeisterung, Dankbarkeit und zugleich tiefster Befriedigung erlebten die jungen Menschen, wie wunderbar Dr. Steiner auch die unausgesprochenen Regungen der jugendlichen Herzen verstand. Sich ganz verstanden zu fühlen, ist das schönste Erlebnis, das einem Menschen auf Erden zuteil werden kann. So umhüllt von dieser großen schenkenden Liebe lernte die Jugend die Grundkraft der anthroposophischen Geist- und Menschenerkenntnis erahnen.

Hier kann es sich nicht darum handeln, auf das Inhaltliche dieser Vorträge, die eigentlich Gespräche mit der Seele der Jugend sind, im einzelnen einzugehen. Wer als anthroposophischer Lehrer oder als Anthroposoph, der mit Jugend zu tun hat, diese Vorträge mit Andacht liest, wird in ihnen etwas wie ein großes Vorbild sehen; denn sie werden zu einem Schulungsweg für das Hinhören-Können auf das, was in jungen Menschen vor sich geht, in denen die Sehnsucht nach dem Geist sich auch oft ganz verhüllt. Ja, man kann sagen, diese Vorträge sind so recht eigentlich ein Übungsbuch für gegenseitiges Menschen-Verständnis überhaupt. So, wenn Rudolf Steiner über das egoistische Behaupten der Standpunkte spricht:

„So sagen die Leute: Das ist mein Standpunkt. Jeder hat seinen Standpunkt. Als ob es darauf ankäme, was man für einen Standpunkt hat! Der Standpunkt im geistigen Leben ist nämlich ebenso vorübergehend, wie der Standpunkt im physischen Leben. Gestern stand ich in Dornach, heute stehe ich hier. Das sind verschiedene Standpunkte im physischen Leben. Es kommt darauf an, daß man einen gesunden Willen und ein gesundes Herz hat, um die Welt von *jedem* Standpunkt aus betrachten zu können ... Näher kommt man sich, wenn man seine verschiedenen Standpunkte weiß in eine gemeinsame Welt hineinzustellen. Aber diese gemeinsame Welt für den Menschen findet sich nur im Geiste."

Und als dann Rudolf Steiner auf das Erleben der Jugend zu sprechen kam, wurde seine Rede bildhaft:

„Ach, die Menschen hatten allmählich, als das neunzehnte Jahrhundert zu Ende ging, alle, alle ihren Standpunkt. Der eine war Materialist, der andere Idealist, der dritte Realist, der vierte Sensualist usw. Sie hatten alle ihren Standpunkt. Aber allmählich unter der Herrschaft von Phrase, Konvention und Routine war der Standpunkt auf einer Eiskruste angekommen. Die geistige Eiszeit war gekommen. Nur daß das Eis dünn war, und da die Standpunkte der Menschen die Empfindung für ihr eigenes Gewicht verloren hatten, so durchbrachen sie nicht die Eiskruste. Sie waren außerdem in ihren Herzen kalt, sie erwärmten die Eiskruste nicht. Die Jüngeren standen neben den Alten. Die Jüngeren mit den warmen Herzen, das noch nicht sprach, aber das warm war. Das durchbrach die Eiskruste. Und der Jüngere fühlte nicht: Das ist mein Standpunkt, sondern der Jüngere fühlte: Ich verliere den Boden unter den Füßen. Meine eigene Herzenswärme bricht dieses Eis auf, das sich zusammengezogen hatte aus Phrase, Konvention und Routine ..."

Diese herzhafte, bildhafte Sprache durchzieht den ganzen Jugendkurs. Wie erlösend wurde von den anwesenden Studenten die Charakteristik der „objektiven Wissenschaft" empfunden!

„Sie bläute den Menschen in allen Tonarten das ein, daß sie zu respektieren sei als objektive Wissenschaft ... Aber die objektive Wissenschaft war ganz sicher kein Mensch, sondern es ging etwas Unmenschliches unter den Menschen herum und nannte sich objektive Wissenschaft."

Von den Musen der griechischen Zeit sagte Dr. Steiner, sie waren noch „reale Wesen".

„Man konnte sie noch lieben. Die sieben freien Künste des Mittelalters wurden schon allmählich furchtbar dürre Damen, aber sie waren z. B. bei Boëthius noch dralle Figuren gegen die objektive Wissenschaft."

Das aber bildete die Kluft zwischen dem Alter und der Jugend, daß diese „steif gewordene, objektive Wissenschaft" zur Erzieherin werden sollte, die Jugend dieses aber „wie ein Hereinstoßen eines Pfahles ins Fleisch" fühlen mußte. „Man stieß ihr einen Pfahl ins Herz, den Tod, und sie sollte sich aus dem Herzen herausreißen das Lebendige." Aber so etwas geschah der Jugend nicht nur in den Hörsälen. Es konnte auch geschehen, daß junge Menschen nur außerhalb der Universitäten den lebendigen Geist suchten, und zu ihnen wohl von Geist, aber nicht gerade in geistvoller Art gesprochen wurde. Auch über diese Erlebnisse sprach Dr. Steiner erlösende Worte:

„Glauben Sie nicht, daß Sie hier eine Verteidigung finden dieser schematischen Begriffe, wie physischer Leib, Ätherleib, Astralleib, Begriffe, die so hübsch schematisch in den theosophischen Zweigen aufgehängt sind und mit dem Stock gezeigt werden, wie im Hörsaal Kalium, Natrium usw. mit ihren Atomgewichten gezeigt werden... In diesem Sinne ist es sogar so, daß diese Art von Theosophie oder auch Anthroposophie — wenn Sie es so nennen wollen — nicht etwas Neues ist, sondern das letzte Produkt von dem Alten... Also das ist das, meine lieben Freunde, was ich einmal ganz deutlich ausgesprochen haben möchte: daß es sich bei dem, was ich hier meine und jemals gemeint habe, nicht darum handelt, *von* Geist zu reden, sondern darum handelt, *aus dem Geiste heraus zu reden, im Reden selber den Geist zu entwickeln.* Das ist dann der Geist, der erst wirklich erzieherisch in unser totes Kulturleben wiederum hereinschlagen kann. *Das muß der Blitz werden, der in unser totes Kulturleben hereinschlagen muß, um es wiederum zum Leben zu entzünden.*"

So rückhaltlos und so befeuernd waren die Worte, die Rudolf Steiner zur Jugend sprach, um das Denken aus dem Grabe des Intellektes herauszuführen, es zu spiritueller Aktivität aufzurufen. Alles wurde zum leuchtenden Bild und zu unmittelbarer Anschauung. Es standen die großen Geister der Menschheitsgeschichte, wie wenn sie gegenwärtig wären, gleichsam im Raume da. Die jungen Hörer sollten zu einer totalen menschlichen Empfindung gelangen. So zeigte Dr. Steiner, wie man z. B. Fichte auch noch auf andere Art hätte kennenlernen können, als durch die bloße Vertiefung in seine Philosophie, wenn man ihm nämlich einmal nachgegangen wäre und gesehen hätte, wie er mit seiner ganzen Fußsohle, besonders mit der Ferse, stets aufgetreten ist. „Die Empfindung von diesem Auftreten Johann Gottlieb Fichtes, diesem eigentümlichen Aufstellen von der Ferse auf die Erde, ist etwas, in das hereingelegt ist eine ungeheure Kraft." Solche Sätze wurden nicht nur gesprochen, sondern, man könnte sagen: zugleich geschritten. Denn Dr. Steiner sprach diese Vorträge nicht, wie sonst, von einem Rednerpult, sondern von der Bühne des Saales. In diesem Fall unterstützte das Rampenlicht — dank eines lockeren Kontaktes — die lebhafte Darstellung durch ein Aufflammen bei jedem festen Auftreten, mit dem Dr. Steiner den Gang Fichtes selber demonstrierte.

In einem dieser Vorträge behandelte Rudolf Steiner, um das Jugenderlebnis in seiner ganzen Tiefe zu erfassen, das Karma dieser um die Jahrhundertwende geborenen anthroposophischen Jugend. Diese Seelen, die ein so starkes Empfinden für die Seelenlosigkeit des heutigen Intellektes in sich tragen, hatten schon in ihrem letzten Erdenleben — in der der Zeit der Hochscholastik vom 13. bis in das 15. Jahrhundert etwa — die Gottverlassenheit des menschlichen Denkens als Tragik erlebt und brachten dieses Empfinden mit herüber in die gegenwärtige Inkarnation. Es ist in diesem 8. Vortrag des Jugendkursus das erste Mal, daß Dr. Steiner das Schicksal der kosmischen Intelligenz im Verhältnis zur anthroposophischen Bewegung andeutend dargestellt hat. So wurde hier zu Michaeli 1922 schon angeschlagen, was dann, beginnend mit der Weihnachtstagung, von Rudolf Steiner über das Karma der Anthroposophischen Gesellschaft in ihrem Zusammenhang mit der Michaels-Bewegung wie eine neue Heilige Schrift den Mitgliedern unserer Gesellschaft ins Herz hineingeschrieben worden ist. Denn es war doch so, daß diese Jugend, die den Weg zur anthroposophischen Bewegung gefunden hatte, dem großen Michaelskampf, den es in unserer Zeit zu kämpfen gilt, nicht ausweichen wollte, wie es demjenigen Teil der Jugendbewegung geschehen war, der, indem man vor den „Alten" in die Natur hinaus floh, ein Land suchte, in dem „der Drache" nicht zu finden war. In all den Gesprächen, die während des Kurses dann in Gegenwart Dr. Steiners von dem versammelten Jugendkreise gepflogen wurden, handelte es sich darum, wie man den Weg zu diesem das Geistesleben der Menschheit erneuernden Geist finden und sich ihm verbünden könne, in einer durch innere Aktivität sich stets erneuernden, Raum und Zeit überbrückenden Gemeinsamkeit. Es war ein dramatisches Ringen, das allen Teilnehmern eine erste Ahnung von dem Ernst und auch der Tragik des großen Geisteskampfes brachte, den es in dieser Inkarnation zu kämpfen gilt. Diese Jugend, die in Dr. Steiner nicht nur ihren Lehrer, sondern ihren Geistesführer suchte und finden durfte, erlebte in größter Erschütterung und Dankbarkeit seine helfende, schenkende Güte, die Sicherheit seiner Seelenführung und die schöpferische Geistesgegenwart des großen Eingeweihten. Sie war sich dessen bewußt, einem Gottesfreund und Menschheitsführer begegnet zu sein, der der Jugend die erbetene Rüstung verlieh, in der sie geistverbunden, gemeinsam und dennoch jeder auf seinem individuellen Lebensweg in den zu kämpfenden Geisteskampf mutgestärkt ausziehen konnte.

Ein wesentlicher Teil des Jugendkurses hatte von dem Wesen der im Innern der menschlichen Individualität erarbeiteten moralischen Intuitionen gehandelt, die durch die objektive Wissenschaft zu Illusionen gestempelt worden waren, die jedoch alleine imstande sind, den Materialismus, der nicht mit „Gründen" zu widerlegen ist, zu überwinden. In dieser inneren, stets neu aus dem Geiste schöpfenden Aktivität der Seele, die in inneren Überwindungen Sieg auf Sieg erringt, die aus dem Schmerz Selbsterkenntnis und Weisheit gewinnt, die dann nach außen sich in schöpferischen Liebestaten offenbaren, liegt das Geheimnis des Michaelkampfes. Von diesem Michaelkampf sagte uns Rudolf Steiner, daß er der Erde erst den Frieden bringen werde.

„Die Menschen haben sich zerfleischt, weil sie den Kampf auf ein Gebiet getragen haben, wo er nicht hingehört, weil sie den eigentlichen Feind, den Drachen, nicht gesehen haben."

Und was ist dieser Drache? Dr. Steiner sprach es in aller Deutlichkeit aus:

„Der Drache drängt sich vor, er fordert die höchste Autorität. Es hat niemals in der Welt eine so mächtig auftretende Autorität gegeben, als diejenige, welche heute von der Wissenschaft ausgeübt wird ... In alten Zeiten hat man dieses Bild noch im Imaginativen gesehen. Heute ist das für das äußere Bewußtsein nicht möglich. Daher kann jeder Tor sagen, der spreche nicht wahr, welcher von dieser äußeren Wissenschaft sagt, daß sie der Drache sei. Aber sie ist der Drache."

Rückhaltlos war eben die Sprache Rudolf Steiners zur Jugend, und es war das, was er sagte, nicht nur durch die Ausführungen des Kurses begründet, sondern durch sein ganzes Lebenswerk, das mit dem Kampf gegen den Kantianismus begonnen hatte. „Hier hilft nur das Finden des Michael, der den Drachen besiegt!" Und er rief, in dieser bildhaften Form mit einer gewaltigen Imagination den Kursus beschließend, die Jugend auf, dem Michael einen Wagen zu bauen, durch den er hereinfahren wird in unsere Zivilisation.

„Wir müssen gewissermaßen lernen — wenn wir im Bild sprechen —, uns zu Bundesgenossen des hereinziehenden Michael zu machen, wenn wir richtige Erzieher werden wollen. Mehr als mit allen theoretischen Grundsätzen ist getan für die Erziehungskunst, wenn dasjenige, was wir in uns aufnehmen, für die Erziehungskunst so wirkt, daß wir uns fühlen als Bundesgenossen des Michael, des auf die Erde hereinfahrenden Geisteswesens, dem wir das Fahrzeug bereiten durch eine lebendige, künstlerisch geführte Erziehung der Jugend."

Und so stand am Schluß dieser für viele dieser jungen Menschen für ihr ganzes weiteres Leben so bedeutungsvollen, ja entscheidenden Festeszeit „das Bild des vom Lichtglanz umflossenen starken Michael, der den die Menschheit aussaugenden Drachen zu besiegen vermag durch die Kraft des zu lebendigem Seelenleben sich entwickelnden Menschen."

Was damals zur Jugend gesprochen wurde, es gilt auch für heute und für die Zukunft, ja es gilt heute in noch viel höherem Maße. Heute ist eins schon in das allgemeine Bewußtsein übergegangen: Die Entwicklung der Wissenschaft hat die Zukunft der Menschheit, ja der Erde, in die allergrößte Gefahr gebracht. Dr. Steiner sah diese Gefahr voraus. Mit der Begründung einer Freien Hochschule für Geisteswissenschaft, nach der die Jugend selbst verlangte, sollte der Anfang damit gemacht werden, daß die kommenden Generationen das der Materie zugewandte Denken, das den Menschen verloren hat, wiederum lernen, dem Geiste zuzuwenden. Da handelt es sich darum, daß das alte Denken, Gedanke für Gedanke verwandelt wird, damit ein neues, geisterfülltes Denken in die Menschheit einziehe und den Weg freimache für eine neue aus dem Geist geschöpfte Moralität. Das Leben aus moralischen Intuitionen bedeutet aber zugleich: Mitwirken am Neubau der Welt. Die Mitteilung dieses Geheimnisses ist auch im Pädagogischen Jugendkursus enthalten:

„Wir müssen den Aufblick zu Michael gewinnen, der uns zeigt, daß das, was auf der Erde materiell ist, nicht bloß durch den Wärmetod durchgeht, sondern einmal wirklich zerstiebt, und daß wir imstande sind, durch Verbindung mit der geistigen Welt, *mit unseren moralischen Impulsen Leben zu pflanzen*. Und da tritt ein *die Umbildung dessen, was in der Erde ist*, in das neue Leben, in das Moralische. Denn Realität der moralischen Weltordnung ist dasjenige, was uns der an uns herantretende Michael geben kann: *Realität der moralischen Weltordnung.*"

So rüstete Rudolf Steiner die Jugend, die er Zeiten der Vernichtung entgegenleben sah, mit Weltenzukunfts-Hoffnung aus. Und es entsprach ja auch den innersten Impulsen der Jugend. In seiner letzten Ansprache an junge Menschen — es war in Arnheim am 20. Juli 1924 — sprach es Rudolf Steiner aus: „Ich habe niemals etwas anderes im Unterbewußtsein der jugendlichen Menschen eingeschrieben gesehen; das haben sie eingeschrieben:

„Die Welt muß aus den Fundamenten neu begründet werden.""

Dazu gehören geisterfülltes Denken, Mut und Opfersinn. Diese in der Jugend immer wieder zu wecken, ist und bleibt die Aufgabe der anthroposophischen Bewegung, damit immer mehr und immer bewußtere Menschenkräfte mitwirken an dem Auferstehungsgeschehen der Welt.

WILHELM RATH

Das große Fest des Menschenherzens

Auf dem Wege zur „Weihnachtstagung"

Viele Wege sind denkbar und werden beschritten werden müssen, um sich dem Verständnis für die Weihnachtstagung des Jahres 1923 zu nähern. Sie ragt über alle anderen Tagungen der anthroposophischen Bewegung in ihrer Bedeutung so wesentlich hervor, daß wir uns gewöhnt haben, sie schlechthin „die Weihnachtstagung" zu nennen, und ein jeder fühlt, wenn dieses Wort ausgesprochen wird: Hier handelt es sich um das größte und bedeutungsvollste Geschehen in unserer Bewegung. Einer dieser Wege kann uns dadurch zu einem Verständnis führen, daß wir versuchen, uns in Ehrfurcht und Liebe in die Seele unseres großen Lehrers hineinzuversetzen: wie er in den letzten Jahren seines Lebens um den Menschenfortschritt gerungen hat, wie er die Weihnachtstagung vorbereitete, wie er sie gestaltete und was sich für sein und unser Schicksal aus ihr ergab. Und wenn versucht wird, dieses aus dem Gesichtswinkel des eigenen persönlichen Erlebens zu schildern, so ist damit kein Anspruch verbunden, etwas Allgemeingültiges zu sagen, sondern vielleicht eine Anregung gegeben, auf diesem oder auch anderem Wege das eigene Denken und Forschen mit diesem großen Geschehen zu verbinden. Auf den Wegen der Verinnerlichung können wir uns dann schließlich alle in der Erkenntnis der Wahrheit finden, die doch, wenn auch auf individuelle Weise erlebt, die Individualitäten zur Übereinstimmung führt.

Es war in Wien zu Pfingsten 1922 auf dem *West-Ost-Kongreß* — der wohl größten öffentlichen Veranstaltung der anthroposophischen Bewegung —, daß einige von uns damals jungen Mitgliedern in großer Erschütterung erstmals eine Ahnung von der großen Sorge unseres Lehrers über den weiteren Fortgang der anthroposophischen Bewegung erhielten. Er hatte durch zehn Tage hindurch, Abend für Abend im großen, überfüllten Saal des Musikvereins-Gebäudes im Zentrum von Wien und damit zugleich in einem Zentrum Mittel-Europas zu der Intelligenz seines Geburtslandes mit wachrufenden Worten gesprochen, um die Menschen der Mitte auf die ihnen durch Anthroposophie geschenkte Möglichkeit hinzuweisen, die Brücke über den Abgrund zwischen West und Ost zu bauen. Dann aber sprach Dr. Steiner (am 11. Juni 1922) zu den Mitgliedern der Anthroposophischen Gesellschaft. Und hier sprach er in den einleitenden Worten zu unserer Erschütterung ebenfalls von einem Abgrund, vor den sich die anthroposophische Bewegung innerhalb ihres eigenen Kreises gestellt sah. Es war das Schicksal der anthroposophischen Bewegung geworden, das im Esoterischen Empfangene, das Herzensgut geworden war, nun in der Öffentlichkeit in strengen Gedankengängen zu rechtfertigen. Gegnerschaft, besonders auch aus der äußeren Wissenschaft, hatte sich gemeldet und war im Anschwellen, aber die Gesellschaft zeigte sich dem neuen Zustand nicht gewachsen. So war es wie ein schmerzlicher Ruf nach Menschen, die ihm helfen sollten, diese Kluft zu überbrücken. Waren die Menschen in unserer Gesellschaft da, die den Willen hatten und die Hingabe, den Offenbarungsstrom aus der geistigen Welt zu empfangen, doch nicht nur um ihn für das eigene Gemüt zu bewahren und ihn in engem Zirkel zu pflegen, sondern die auch gewillt waren, mit ihm die Wissenschaft und das Leben zu durchdringen und ihn im Kampf der Gegenmächte zu verteidigen und zu schützen? „Es hat eine Anzahl von geistigen Mächten, die im Außerirdischen sind, den übermenschlichen Entschluß gefaßt, eine Welle geistigen Lebens auf die Erde hereinfließen zu lassen" — und — „es kommt der Menschheit, wenn sie ein wirkliches Wollen äußert, eine Offenbarung aus geistigen Welten entgegen" — diese Worte rief uns Dr. Steiner damals zu. Er war es, der diesen Offenbarungsstrom für uns empfangen wollte und wir empfanden, daß die Gesellschaft vor eine ernste Entscheidung gestellt war: Ist sie ein würdiges Gefäß für diesen Strom der göttlichen Liebe?

Ein halbes Jahr später standen wir vor den Flammen, die uns und der Menschheit das Heiligtum raubten, das uns zum Sinnbild der durch Anthroposophie inaugurierten Menschheits-Erneuerung geworden war. Vermochten diese Flammen uns, die Gesellschaft, aus dem Schlaf zu erwecken, in den man versunken war, und uns zu zeigen, in welch ungeheure Diskrepanz unser Lehrer hineingestellt war? Wer ihm in diesen Tagen in dem einen oder anderen bestimmten Augenblick begegnete, der konnte ihn völlig verwandelt erleben. Er, der immer Spendende, Licht und Liebe Schenkende, zeigte ein Antlitz von einem unertragbaren Schmerz durchfurcht.

Da war das kleine Häuflein der Anthroposophen, dieser kleine Ausschnitt aus der großen Menschheit — wohl eine Art Vortrupp, der sich mitunter auch als solcher fühlte. War er aber auch das „Musterhäuflein", das er nach dem mit liebevoller Ironie von Dr. Steiner einmal gewählten Ausdruck doch eigentlich sein sollte? Hatte diese Gesellschaft die ihrer großen Menschheits-Aufgabe entsprechende, achtunggebietende Physiognomie, so wie ihr Bau in Dornach, wenn auch für viele noch befremdend, achtungsgebietend sich erhoben hatte? Sah die Welt in dieser Gesellschaft eine konsolidierte Gemeinschaft sich gegenseitig anerkennender, tragender, für einander einstehender Persönlichkeiten? War sie eine Gesellschaft mit wachem Interesse für alle Angelegenheiten der Welt, die gar nichts Sektenhaftes an sich hatte, weil in ihr alles auf das Rein-Menschliche gebaut war? In der man sich frei fühlen konnte, weil keinerlei Bekenntnis von einem gefordert wurde? Und wenn sie Gegner abzuwehren hatte, geschah es mit der Souveränität des Geistes, für den sie eintrat? Dadurch, daß die anthroposophische Bewegung nicht nur durch ihren Bau, sondern durch eine Fülle von Institutionen und Publikationen vor die Welt mutig hingetreten war, waren alle diese Aufgaben der Anthroposophischen Gesellschaft zur Pflicht geworden. Nur wenn die einzelnen Mitglieder sich dieser Aufgaben, die sie als Gesellschaft zu erfüllen hatten, voll bewußt geworden wären, hätte die Gesellschaft als eine wirkliche Trägerin der anthroposophischen Bewegung gelten können. Die Tatsache, daß sie das ihr anvertraute Heiligtum, den Bau, nicht zu schützen vermocht hatte, zeigte ihr nun, daß sie ihre Aufgabe als Gesellschaft noch nicht erfaßt hatte. Und „Worte des Schmerzes und der Gewissens-Erforschung" unseres Lehrers wurden notwendig, weil die prüfenden Flammen jener Silvesternacht wohl heilige Impulse und Gelöbnisse in den Herzen geweckt hatten, aber das Bewußtsein, worauf es jetzt ankam, sich nur mühsam einstellen wollte. Denn nichts ist so schwer, als eigene Fehler, Irrtümer, die man beging, die eigene Lieblosigkeit sich einzugestehen. „Die Töchter hatten die Mutter vergessen", so charakterisierte Dr. Steiner den Zustand, in den die Gesellschaft dadurch gekommen war, daß Begründer und Mitarbeiter der zahlreichen Institutionen in der Hingabe an ihre Spezialaufgabe das Interesse für die Aufgaben der Gesellschaft verloren hatten. Dadurch war aber — und das wurde nun allmählich erschreckend klar — Dr. Steiner selbst in eine tragische Einsamkeit gekommen. „Helfen Sie mir Menschen suchen, auf die ich die *Gesellschaft* aufbauen kann!" Das waren damals die von ihm wie flehend ausgesprochenen Worte zu einem unserer jetzt verstorbenen Freunde. Die Gesellschaft drohte sich aufzulösen, ja sie befand sich bereits in einem Auflösungsprozeß. Die Neubegründungen hatten ihr die Lebenskraft entzogen.

Jugend, die in der Gesellschaft den *Menschen* suchte, weil sie ihn auf den Hochschulen und im Leben der Zivilisation nicht finden konnte, fühlte sich in der Gesellschaft nicht menschlich aufgenommen, und Dr. Steiner war genötigt, selbst und ganz allein sich dieses Jugendstrebens anzunehmen und ihm ein gesondertes, nur mit ihm direkt verbundenes Wirkensfeld zu schaffen. Als er den Vorschlag zur Begründung der *Freien Anthroposophischen Gesellschaft* machte, begründete er es damit, daß er sagte: Auf geisteswissenschaftlichem Boden vereinigt man sich dadurch, daß man differenziert, individualisiert, nicht daß man zentralisiert."[1] Und doch sagte er später: „Es war eine Anomalie. Denn wenn nicht diese, welche Vereinigung von Menschen hier in der irdischen Welt sollte eine Stätte sein dafür, daß die Jugend, die heutige Jugend, sich voll darinnen geborgen fühlt!" Die „Hochschulkurse" der Jahre 1920—22 bezeichnete Dr. Steiner als ein „Mißverständnis". Um Hochschuljugend anzusprechen, hatte man den Fehler begangen, den Stil des äußeren Wissenschafts-Betriebes in die Vertretung der Anthroposophie hineinzutragen. Das aber hatte die Jugend gar nicht gesucht. Ja man hatte diesen Stil in den Bau selbst hineingetragen, aber die Form dieser Reden widersprach den Formen des Baues, und die ahnungslosen Redner waren sich nicht bewußt, daß sie selbst es waren, die den zerstörenden Mächten den Weg bis ins Zentrum zubereiteten. Wie mag Rudolf Steiner, der dieses klar überschaute, in seinem Innern gelitten haben, er, dem es heiligstes Gesetz war, den Menschen auf ihren Wegen, auch auf dem zur Selbsterkenntnis, die Freiheit zu lassen.

Im Laufe dieses Jahres nach dem Brande bildeten sich in den verschiedenen Ländern eigene Landesgesellschaften in Unabhängigkeit von der bisherigen zentralen Leitung der Gesellschaft in Stuttgart. So reiste Dr. Steiner 1923 außer nach Stuttgart nach Prag, Norwegen, England, Österreich und Holland, um den neu entstehenden autonomen Landesgesellschaften bei ihren Begründungen behilflich zu sein. Es waren die Wehen einer Neugeburt, ein wenn auch befreiender, so doch unendlich mühevoller und schmerzlicher Prozeß. Vor unserem Lehrer stand immer wieder in diesem schweren Jahr die ernste Frage: Wer würde denn diese sich auflösenden Glieder wieder zu einem Ganzen, zu einem Organismus zusammenfügen? Wer hätte diese Gestaltungskraft und diese allgemeine Anerkennung? Waren doch alle, die sich bisher an der Führung der Gesellschaft versucht hatten, gescheitert. Blieb ihm allein dieses überlassen? Ihm, der bisher nur der „Lehrer" war, der nicht einmal Mitglied der Gesellschaft geworden war, der aber immer ihr ratend und helfend zur Seite stand, solange man ihn fragte und seine Hilfe erbat. War es denn seine Aufgabe, die Gesellschaft selbst zu führen? Ja, wenn die Mitglieder in allem, was sie als Gesellschaft tun wollten, den ihnen verbundenen übersinnlichen Menschen Anthroposophie fragen und dessen Hilfe erbitten würden, dann könnten sie doch selber alles richtig machen, und er könnte der Lehrer bleiben und die großen Offenbarungsströme zu den Menschen leiten, ohne von den Verwaltungsaufgaben einer Gesellschaft be-

---

[1] Ansprache vom 28. Februar 1923; abgedruckt in *Rudolf Steiner und die Zivilisationsaufgaben der Anthroposophie*, Seite 64 ff. Privatdruck, Dornach 1943.

lastet zu sein! Noch im November dieses Jahres, etwa sechs Wochen vor der Weihnachtstagung, sprach er in tiefster Niedergeschlagenheit zu einigen ihm eng verbundenen Freunden über das allgemeine Versagen und warf die Frage auf, ob es nicht richtiger sei, die Gesellschaft sich selbst zu überlassen und so etwas wie einen Orden zu begründen, dem er die großen Offenbarungen, die er der Menschheit noch zu bringen habe, anvertrauen könne!

Schon kündigten sich die neuen Geistesgeschenke an. Ein Michaels-Herbstes-Fest sollte gefeiert werden. In Kristiania, Berlin, in Dornach und zu Michaeli in Wien hatte er auf die Begründung eines solchen Festes im Jahreslauf hingewiesen, die großen Erzengel-Imaginationen, die leuchtend über unseren Jahresfesten stehen, wurden uns geschenkt, eine imaginative Geist-Natur-Wissenschaft wurde in dem Zyklus: *Der Mensch als Zusammenklang des schaffenden, bildenden und gestaltenden Weltenwortes* im Oktober 1923 der Menschheit übergeben. Frau Dr. Wegman, seine Mitarbeiterin auf medizinischem Gebiet, die mit seinem Rat das Klinisch-therapeutische Institut in Arlesheim begründet hatte, um ihm bei der Ausarbeitung einer neuen anthroposophisch orientierten Medizin mit ihrer Erfahrung als praktische Ärztin zur Seite zu stehen, hatte an ihn die Frage nach einer Erneuerung der Mysterien gerichtet. Und als er nun, aus Holland zurückgekehrt, unmittelbar vor der schon angekündigten Weihnachtstagung im Dezember 1923 vor der Gesellschaft über das Wesen der Mysterien zu sprechen begann und die alten Mysterien in ihrer ganzen Monumentalität vor dem Seelenblick der Mitglieder wiedererstanden, da wurde es deutlich, daß die Anthroposophische Gesellschaft gewürdigt werden sollte, die Trägerin des neuen Offenbarungs-Stromes zu werden.

Das Weihnachtstagungsgeschehen

Rudolf Steiner aber sah sich vor die Tatsache gestellt, daß er, weil die Menschen, die sich zur Anthroposophie gefunden hatten, die Reife noch nicht hatten, aus eigener Kraft eine geisttragende, vom Christus-Impuls durchdrungene Gemeinschaft zu bilden, daß er das Opfer zu bringen hatte, die Führung der Anthroposophischen Gesellschaft selbst zu übernehmen. Es war das größte Opfer seines opferreichen Lebens.

Zwei Fragen waren es, die zunächst unbeantwortet vor ihm standen: Würden die geistigen Wesenheiten ihn weiterhin begnaden? Und die zweite Frage: Würden die Menschen dieses Opfer erkennen und daran reifen, so daß der Fortgang der anthroposophischen Bewegung gewährleistet war? Aus einem für uns heutige Menschen unvorstellbaren

Menschen- und Gott-Vertrauen stürzte sich Rudolf Steiner in dieses Wagnis hinein — und wenn es nicht anders sein konnte — in die Tragik.

Daß sein Vertrauen zur Menschheit bisher durch unsere Schwäche noch nicht die entsprechende Antwort gefunden hatte, zeigten uns, den Besuchern, die zur Weihnachtstagung nach Dornach gekommen waren, die brandgeschwärzten Ruinen, an denen vorbei uns der Weg durch Regen und Schnee zu der in dieser Winterzeit so düster erscheinenden Baracke der Schreinerei führte.

Es war eine Prüfung der Herzen: Würden wir unserem Lehrer, der nun unser Führer auch im Gesellschaftlichen werden wollte, soviel Liebe und Hingabe, soviel Kraft und Verantwortungsbewußtsein entgegentragen können, daß ihm dieser so schwere Neubeginn etwas erleichtert werden könne, daß ihm der Schmerz des vergangenen Jahres sich in die Freude eines neuen schöpferischen Gestaltens verwandle? Wieviel Glück und Freude hatte ihm das schöpferische Gestalten dieses Baues gebracht, der nun in Trümmern vor uns dalag! Damals waren es physische Stoffe gewesen: Stein, Holz und Metall, die unter seinen Händen durchleuchtet worden waren von dem Licht der geistigen Welt, bis das Haus des Logos auf dem physischen Plan für physische Augen sichtbar erstanden war. Jetzt war der Augenblick gekommen, wo wir selbst dazu aufgerufen waren, uns als lebendige Steine in einen Tempel hineinzubauen, zu dem er uns den inneren Bauplan zu geben gewillt war und zu dem er den Grundstein selber legen wollte.

„Grundsteinlegung der Allgemeinen Anthroposophischen Gesellschaft durch Dr. Rudolf Steiner", so stand es auf dem Programm. Ein jeder fühlte, daß er sich in diesem heiligen Augenblick nicht durch den Anblick der Ruinen entmutigen lassen durfte, daß eine Auferstehungs-Stimmung mit der ganzen Kraft des Herzens wie ein Sonnenaufgang im Innern erschaffen werden müßte, damit der Neubeginn für unsere Gesellschaft ein Neubeginn im Menschheitsfortschritt werden könne.

Zu dem ersten Vortrag am 24. Dezember 1923 hatte Rudolf Steiner Albert Steffen gebeten, der mit Dr. Wachsmuth zusammen die ersten Einladungen zu dieser Tagung unterschrieben hatte. Albert Steffen sprach von dem Bau. Auf dem dunklen Wolken-Hintergrund der geistentfremdeten Gegenwart erhob sich für die Zuhörer der Bau in seiner ganzen lichten Schönheit und auch sein tragisches Schicksal wurde in herzergreifender Weise erlebt. Dr. Steiner selbst war tief bewegt, er umarmte Albert Steffen in größter Dankbarkeit und sagte ihm: „Ich bin überzeugt, daß die lieben Worte, die Sie ausgesprochen haben, hinüberglänzen werden über unsere Versammlungen und Zusammenkünfte wie ein leuchtender Stern..."

Dann fand man sich zu dem Eröffnungs-Vortrag Rudolf Steiners ein.

Der Vortragssaal in der Schreinerei war zu klein für die angemeldeten Gäste. Anbauten und Umbauten mußten im letzten Augenblick vor der Tagung noch vorgenommen werden. Das Wetter war naß und kalt, und die Heizung reichte nicht aus. In diesem „ärmlichen, furchtbar ärmlichen Heim", das der Anthroposophischen Gesellschaft geblieben war, sollte nun ein geistiges Feuer entzündet werden, nicht der verzehrenden, sondern der aufbauenden Flammen, das in seiner Herzen erwärmenden und erleuchtenden Lichtes-Feuerkraft über die Jahrhunderte hinaus leuchten wird. Und all das entströmte seinem starken feurigen Herzen, seiner schenkenden Güte und der sich durch ihn offenbarenden göttlichen Weisheit. „Lassen wir die tiefste Aufforderung des Anthroposophischen, überhaupt alles Spirituellen gerade heute hineinglänzen in unsere Seelen; außen Maya und Illusion, im Innern voll sich entfaltende Wahrheit, voll sich entfaltendes Gottes- und Geistesleben." Man empfand: Jetzt führt Michael im Weihnachtslicht einen neuen Siegszug auf dieser dunklen Erde, und „Die anthroposophische Bewegung ist nicht ein Erdendienst, sie ist in ihrer Ganzheit mit all ihren Einzelheiten ein Götter-, ein Gottesdienst." Er sprach dann davon, unter welchen Bedingungen allein es ihm möglich sein würde, die anthroposophische Bewegung innerhalb der Gesellschaft weiterzuführen, indem er zugleich die Entscheidung seines schwersten Ringens mitteilte: „Es würde mir unmöglich sein ..., wenn diese Weihnachtstagung nicht zustimmen würde darin, daß ich nun wiederum selber in aller Form die Leitung bzw. den Vorsitz der hier in Dornach zu begründenden Anthroposophischen Gesellschaft übernehme." Seinen Entschluß begründete er gerade mit dem, was ihm durch das Herankommen der Jugend an die Gesellschaft zum Erlebnis geworden war. „Was in diesen jugendlichen Herzen schlägt, ... ist der äußere Ausdruck für dasjenige, was im tiefsten Inneren des geistigen Weltenwebens im letzten Drittel des 19. Jahrhunderts bis zum 20. Jahrhundert sich vollzogen hat", mit diesen Worten hindeutend auf die michaelische Bewegung im Heraufkommen eines neuen „Lichten Zeitalters". „Die Menschenseele von heute ist der Empfindung nach fremd gegenüber aller Dogmatik und ist im Grunde fremd gegenüber allem sektiererischen Wesen. Und nicht zu leugnen ist, daß es schwierig ist, gerade dieses sektiererische Wesen innerhalb der Anthroposophischen Gesellschaft abzustreifen. Aber es muß abgestreift werden. Und es darf auch kein Fäserchen davon in der Zukunft in der neuen zu gründenden Anthroposophischen Gesellschaft drinnen sein."

Und ehe er verlas, was er als Statuten in dem modernen Sinne verstand, betonte er, daß diese Statuten nicht auf Dogmen eingestellt seien, zu denen man sich zu bekennen habe, sondern auf das Rein-Menschliche und Tatsächliche. Sie sind eigentlich nur eine Beschreibung dessen, was da ist und von Menschen angestrebt wird, mit dem man verbunden sein will. „Allein die Tatsache steht da, daß es ein Goetheanum gibt und daß mit diesem Goetheanum Menschen verbunden sind, die dies oder jenes in diesem Goetheanum tun und glauben, daß sie mit diesem Tun die Menschheitsentwickelung fördern." „Und von demjenigen, der sich dieser Gesellschaft anschließen will, wird kein Glaubensbekenntnis, keine wissenschaftliche Überzeugung... gefordert, sondern lediglich, daß man sich heimisch fühlt, verbunden zu sein mit dem, was am Goetheanum geschieht." Nicht sollten Vertrauensleute von Dornach designiert oder ernannt werden, sondern die Gesellschaft sollte das sein, was sich in den Ländern selbst bildet und dort als Selbständiges entstehen kann. „Dann wird jede Gruppe, die sich in dieser Anthroposophischen Gesellschaft bildet, wirklich autonom sein."

Und als nun Dr. Steiner diesen seinen Statuten-Vorschlag verlas und mit kurzen Worten erläuterte, da war es ein unbeschreibliches Glücksgefühl, das uns durchdrang, ein Gefühl der Dankbarkeit für diese Menschen-befreiende Tat. Man empfand: hier wird nicht mehr, wie sonst überall auf Erden „regiert", sondern hier wird in wahrhaft menschlichem Sinne geführt, hier wird Vertrauen geschenkt und nicht von vornherein eingeschränkt oder entzogen, die Autorität wird nicht gefordert, und so kann sie in Freiheit anerkannt werden.

Dann stellte Dr. Steiner der Versammlung die Persönlichkeiten vor, die er sich zu engeren Mitarbeitern im Vorstand erwählt hatte: Herrn Albert Steffen, Frau Marie Steiner, Frau Dr. Ita Wegman, Frl. Dr. Elisabeth Vreede und Herrn Dr. Guenther Wachsmuth. Er tat dieses in einer so liebenswürdigen, ja man kann sagen entzückenden Form der Anerkennung für jede dieser Persönlichkeiten, daß alle erlebten, wie sehr ihm jeder dieser Menschen, auf die er die Gesellschaft nun aufbauen wollte, ans Herz gewachsen war.

Der nächste Tag, der erste Weihnachts-Feiertag, vereinigte uns in der Schreinerei zur „Grundsteinlegung der Allgemeinen Anthroposophischen Gesellschaft".

Als man das Wort Grundsteinlegung in dem Programm der Weihnachtstagung las, da wußte man irgendwie, hier wird etwas Besonderes geschehen. Was aber wird es sein? Ein Vortrag, wie ihn sonst Dr. Steiner hielt, war ja auch immer ein Geschehen. Wir Jüngeren hatten uns berichten lassen von jener gewaltigen kultischen Handlung, in welcher Dr. Steiner bei Fackelschein und Ungewitter den Grundstein zum ersten Goetheanum in die Dornacher Erde versenkt hatte, einen metallenen Grundstein in der Form des Pentagon-Dodekaeders. Aus welcher Substanz würde *dieser* Grundstein sein, und wohinein wird er gelegt?

In feierlicher Stille erwartete die Versammlung Dr. Steiner. Dann teilte sich der blaue Vorhang und er bestieg das Rednerpult. Drei Schläge hallten durch den Raum, und dann begann Dr. Steiner zu sprechen. Sein Wort klang anders als sonst. Seine Stimme drang hervor wie aus Urwelt-Tiefen — feierlich, getragen. Sie wirkte schon in den ersten Worten erschütternd und doch so lichtvoll klingend und so welten-ernst. Und diese Stimme kündete an die Erneuerung des alten Mysterienwortes: Erkenne dich selbst.

Dreimal wurde die Menschenseele angerufen, und jeder der Anwesenden konnte empfinden, als sich die Worte rhythmisch gestalteten und uns gleichsam wie die Klänge einer gewaltigen Symphonie tönend umschwebten: Jetzt spricht die geistige Welt unmittelbar mit der Menschheit, und es war wie ein Brausen, das das ganze Haus erfüllte. Dabei fühlte das Herz eine himmlische Klarheit, in der lichtvoll formende Kräfte walten, um die Menschenseele sich in ihrer Dreigestaltigkeit bewußt werden zu lassen, so wie das ganze menschliche Wesen der Urdreiheit, die allem Weltgeschehen zugrundeliegt, nachgestaltet ist.

Und nun formen die Worte in unserer Seele eine Imagination: Aus dem Geist, der in den Höhen strömt und sich im Menschenhaupte offenbart; aus der Christuskraft, die überall im Umkreis wirkt und mit den Lüften webt; aus der schöpferischen Vatertätigkeit, die in den Tiefen wirkt, entsteht vor unseren Seelenblicken der dodekaedrische Grundstein, der „aus Welten-Menschenliebe seine Substanz, aus Welten-Menschenimagination seine Bildhaftigkeit und aus Welten-Menschengedanken sein Glanzeslicht erhält."

Eine wunderbare Kraft entstand in diesem Geschehen, als das einheitliche Geist-Gebilde sich gleichsam zerteilend in das Herz eines jeden, der dieses miterleben durfte, einsenkte. Ein neues Leuchten fühlte ein jeder in seinem Herzen. Nun kannten wir die Substanz dieses Grundsteins und wußten auch, in welchen Grund er gelegt wurde. „Der rechte Boden, das sind unsere Herzen in ihrem harmonischen Zusammenwirken, in ihrem guten, von Liebe durchdrungenen Wollen, gemeinsam das anthroposophische Wollen durch die Welt zu tragen."

Hier wurde wahrhaft die Anthroposophische Gesellschaft geboren. Die Seelen wurden weltenweit, ein kosmisches Licht durchströmte diesen Weihenachts-Feiertag, und die Bretterwände dieses „furchtbar ärmlichen Heimes" waren wie versunken, als nun die Stimme Rudolf Steiners die Hierarchien anrief. Die Höhen erklangen und die Tiefen hallten das Echo. Das Feuer des Ostens suchte seine Formung durch den Westen —, aus den Tiefen wurde erbeten, was die Höhen erhören können. Die Geister der Elemente hörten die Worte dieses durch Kosmos und Erde dringenden Kultus, und dieses kleine Menschenhäuflein fühlte in Demut und heiligem Ernst der Verantwortung sich verbunden mit der ganzen

Menschheit, die da wartet, daß die Kunde von diesem Geschehen einst über die ganze Erde hin vernommen werde.

Als man den Raum verließ, umtönten einen noch die Worte dieser gewaltigsten Symphonie, die durchdrungen war von dem dreifach gestalteten Thema des alten Rosenkreuzer-Spruches.

Wie gern hätte man dieses Erleben noch in sich nachklingen lassen! Doch schon begann die Gründungs-Versammlung der Allgemeinen Anthroposophischen Gesellschaft.

Es gehörte zu der Schulung, die uns durch Dr. Steiner zuteil wurde, unmittelbar aus dem größten geistigen Erleben in die ernste, verantwortungsvolle Arbeit am physischen Plan einzutreten. Die Weihnachtstagung war für alle zugleich eine Arbeitstagung. Es sollte ja die Gesellschaft eine „Physiognomie" erhalten. Die mußte gleichsam herausgemeißelt werden. Die Gründungs-Versammlung sollte zugleich Vorbild künftiger Generalversammlungen sein. Zunächst gilt es, ein allgemeines Gesellschaftsbewußtsein zu schaffen. So stehen am Anfang die Berichte der Generalsekretäre von 15 verschiedenen Ländern. Wie verschieden sind die Menschen, wie anders berichtet ein jeder, wie anders wird Anthroposophie in anderen Ländern und anderen Individualitäten erlebt! Dr. Steiner führt den Vorsitz und erteilt das Wort. Sein Interesse, sein liebevolles Hinhören schaffen eine Atmosphäre der Freude am Erleben des anderen Menschen, seine Geduld schafft eine Atmosphäre der Toleranz; auch schweigend gestaltet er im Sozialen. Wenn die Versammlungen beendet sind, so übernimmt er es auch, die Regie der Tagung selbst zu führen. Er, der vor einer Stunde noch mit den Göttern sprach, macht den Versammelten Mitteilung über die Tages-Einteilung oder sagt an, wo die vergeßlichen Freunde ihre verlorenen Sachen abholen können; daß er noch Heizröhren einbauen lassen wird, damit man nicht friere, daß er für die Abende die Kantinenräume heizen ließ; er bittet, daß man beim Hereingehen nicht dränge und nicht ganze Sitzreihen belege und die vorderen Plätze für Gelähmte und Schwerhörige freilasse, und wo man am besten die Fahrkarten für die Rückreise besorge. So sorgte er für uns alle, auch für die Kinder. Als er nach einem Weihnachtsspiel Kinder mit sehnsuchtsvollen Augen zu den am Buffet ausgebreiteten Süßigkeiten hinblicken sieht, kauft er geschwind eine ganze Reihe von Bonbonnieren — die am Buffet sich Drängenden bemerken es gar nicht — und verteilt sie unter die kleine Kinderschar. „Es sind doch Kinder", sagt er zu einem verwundert Dreinschauenden, der Zeuge dieser Liebestat war, als wolle er sagen: Für euch Große habe ich ja so viel größere Geschenke.

Jeden Morgen, bevor die Gründungsversammlung fortgesetzt wurde, sprach Dr. Steiner Teile der Worte, „die mit dem Willen der geistigen

Welt zu Ihnen gesprochen worden sind", und hob einzelne Rhythmen, die er an die Tafel schrieb, hervor. So stand alles, was in dieser Gründungs-Versammlung verhandelt wurde, auf diesem Grundstein. Jeder einzelne Satz der von ihm vorgeschlagenen Statuten wurde nunmehr durchgesprochen, nach dem Wunsche der Mitglieder auch geändert, wo dieses dem Sinn entsprechend möglich war oder eine besser scheinende Formulierung vorgeschlagen wurde — oder auch von ihm erläutert, wenn Fragen darüber gestellt wurden. Doch mancher Satz mußte von Dr. Steiner auch verteidigt werden. Besondere Schwierigkeit bereitete dem Verständnis das in der Welt völlig neu Dastehende, daß eine esoterische Gesellschaft doch zugleich eine in voller Öffentlichkeit stehende Gesellschaft sein soll, bzw. daß eine öffentliche Gesellschaft, die kein Bekenntnis fordert, doch zugleich eine esoterische Schule in ihrem Innern birgt, und daß diese esoterische Schule als Freie Hochschule der Geisteswissenschaft in die Welt hineingestellt wird. Die Grade der alten Esoterik sind gefallen. An ihre Stelle tritt die Einrichtung der Klassen. Drei Klassen sollten dem Schüler den Aufstieg zu den höheren Erkenntnissen ermöglichen, so wie man im Studium der Mathematik von der niederen zur höheren Mathematik aufsteigt — und die Anthroposophische Gesellschaft selbst, die jedem ehrlich Interessierten offensteht, ist gleichsam die Vorschule dieser Hochschule. Auch die Vortragszyklen, die das „Herzensgut" der Gesellschaft sind und in ihren Nachschriften ursprünglich nur von den Mitgliedern erworben werden konnten, wurden prinzipiell als öffentlich erklärt. Sie sollten durch einen eingedruckten Vermerk einen geistigen Schutz erhalten, der besagt, daß ein kompetentes Urteil über den Inhalt nur den Mitgliedern der Hochschule zugestanden wird.

Dann wurde die vorgesehene Einteilung der Hochschule in Sektionen behandelt. Und schließlich skizzierte Rudolf Steiner in großen Zügen den Plan des neuen in Beton zu errichtenden Baues.

Von Tag zu Tag erlebten die Versammelten mehr, welch ungeheure Vorarbeit von Dr. Steiner für diese Neubegründung geleistet worden, wie alles in großer Weisheit bis ins einzelne von ihm durchdacht worden war. Dennoch sollten die Freunde sich zu jedem äußern und ihre Fragen, Wünsche und Einwände beitragen. Zu jeder Einzelheit sollte das freie Menschen-Ich seine Stellung nehmen und das Ganze sollte der einmütige Beschluß der ganzen Gemeinschaft sein. Es war klar: Jetzt kam es auf uns Mitglieder an, dies alles zu realisieren, und würde es gelingen, dann konnte der Kultur-Entwicklung der Zukunft ein neues Geistesleben zuteil werden, das aus dem Untergang wieder herausführt. Dazu müßten wir zusammenhalten können, denn alles, was in die Zukunft führt, ist auf *Kollegialität* gestellt. In den Mitarbeitern, die sich Rudolf Steiner für die Führung der Gesellschaft erwählt hatte, empfanden wir die Repräsentanten nicht nur ihrer besonderen gegenwärtigen Aufgabengebiete, sondern von Menschheits-Kultur-Strömungen. Anthroposophie hatte sie zusammengeführt, Anthroposophie vereinigte sie und würde sie immerdar vereinigen, auch wenn die Unterschiede ihrer karmischen Herkunft sie noch vorübergehend in Gegensatz zueinander bringen würden.

Die Abende dieser Weihnachtstagung waren ausgefüllt mit dem Vortragszyklus *Die Weltgeschichte in anthroposophischer Beleuchtung und als Grundlage der Erkenntnis des Menschengeistes*. Rudolf Steiner zeigte uns, daß die Weltgeschichte nur verstanden werden kann, wenn der Wandel des Bewußtseins erkannt wird, den die Menschheit im Laufe der Reinkarnationen von dem gottnahen atlantischen Bewußtsein bis zum heutigen Gegenwartsbewußtsein durchlebt hat. Die alten Mysterien erstanden neu vor unseren Seelenblicken, vor allem aber das Mysterium von Ephesus, das die alten Mysterienströmungen in sich vereinigte und in welchem in einer besonderen Weise der Impuls der Entwicklung zum freien auf sich selbst gegründeten Ich vorbereitet wurde. Wir erlebten mit dieser Mysterienstätte, als Heraklit die Lehre vom Logos verkündete, besonders innig verbunden die beiden großen Freunde, die einst als Gilgamesch und Eabani sich zur Gestaltung der chaldäischen Kultur verbunden hatten und die in einer späteren Inkarnation als Alexander und Aristoteles ihre menschheitsverwandelnden Kräfte unter Michaels Führung zum Heile der Menschheit entfalteten.

Schon früher einmal, in der Weihnachtszeit des Jahres 1910, hatte Rudolf Steiner von diesem bedeutenden Karma gesprochen und hatte damals auch den Brand des ephesischen Diana-Tempels in der Geburtsnacht Alexander des Großen erwähnt. Wie anders konnte dieses alles aber jetzt erlebt werden an Weihnachten 1923! Wie nah war jetzt alles gerückt! Damals war ja das Goetheanum noch nicht erbaut und nicht ein Raub der Flammen geworden. Des Aristoteles, des Alexanders Leben und die Flammen von Ephesus waren noch wie in ferner geschichtlicher Vergangenheit liegend. Noch hatte der geistige Blick unseres Lehrers nicht, wie in jener Brandnacht, die von unserem Heiligtum aufsteigenden Flammen durchdrungen und in ihrem Hintergrunde die Flammen des ephesischen Heiligtums geschaut. Jetzt wurde diese Vergangenheit gleichsam unmittelbare Gegenwart. Jetzt erst konnte durch diese zwei gewaltigen, so bedeutungsvollen Brandfackeln die Weltgeschichte eine neue Einteilung erhalten. Und der gewaltige Geisteskampf, den Michael immer wieder mit seinen Getreuen um den Menschheitsfortschritt führt, konnte erst jetzt in seiner ganzen Bedeutung erlebt werden.

„Alexander der Große wird geboren, findet seinen Lehrer Aristoteles. Und es ist, als wie wenn aus diesen zum Himmel aufsteigenden Feuerflammen von Ephesus heraus ertönen würde für diejenigen, die verstehen konnten: Begründet ein geistiges Ephesus, daß in den Weiten das alte physische Ephesus wie sein Mittelpunkt, wie sein Zentrum in der Erinnerung dastehen kann!"

Alle bisherigen Einteilungen der Weltgeschichte: Altertum, Mittelalter, Neuzeit verloren ihre Bedeutung, und eine neue Gliederung tauchte auf: Jenseits des Brandes von Ephesus in die Vergangenheit hinein eine alte, von der Urweisheit gestaltete, spirituelle Menschheitskultur — diesseits des Brandes von Ephesus bis zur Gegenwart der Abstieg der Menschheit in eine sich immer mehr dem Geist entfremdende irdische Zivilisation — mit dem Brande des Goetheanums und seiner Auferstehung in Menschenherzen auf dieser Weihnachtstagung beginnt eine neue in die Zukunft führende, geistbefruchtete Kulturentwicklung, die aber nicht mehr wie einst in Asien von den Göttern gestaltet wird, sondern von Menschenherzen gewollt werden muß, von Menschenherzen, die sich in freiem Wollen mit Göttern wieder verbinden.

Wer die Weihnachtstagung mit ganzem Herzen miterlebte, dem ergab sich: Hier wurde Weltgeschichte nicht nur gelehrt, hier geschah sie, hier wurde sie getan!

Der Neid der luziferisch-ahrimanischen Götter hatte durch Herostrat die Brandfackel vorgestreckt, damit kein Spirituelles aus dem alten Asien hinübergelange in die europäische Zivilisation. Dem hatten sich Aristoteles und Alexander widersetzt, und wir erkannten den spirituellen Impuls der Alexanderzüge. Der „Neid der Menschen" hatte das Goetheanum vernichtet. Dem aber stellten sich Rudolf Steiner und seine Mitarbeiter auf der Weihnachtstagung entgegen. Und so wie damals ein geistiges Ephesus unter Michaels Führung über Orient und Okzident aufgerichtet werden sollte, so konnte jetzt wiederum aus der Kraft Michaels, des Christusboten, ein geistiges Goetheanum auf Erden dadurch aufgerichtet werden, daß wir die Erinnerung an das verlorene physische Goetheanum in unseren Herzen belebten.

So wurde uns die Weihnachtstagung zum Aufruf zu einem Geisteskampf in einer „Welten-Zeiten-Wende", durch den dem allgemeinen Niedergang ein künftiges spirituelles Zeitalter entrungen werden soll. Dies ist der Sinn des großen Opfers, das Rudolf Steiner uns und der Menschheit auf der Weihnachtstagung gebracht hat, indem er sich selbst und damit die anthroposophische Bewegung mit der Anthroposophischen Gesellschaft verband. Die geistigen Wesenheiten hatten sein Opfer angenommen und begnadeten ihn bis zu seinem Tode mit den größten Offenbarungen, die er der Menschheit noch zu bringen vermochte. Und als besondere Fügung seines Lebenswerkes können wir es erkennen, daß er noch beginnen konnte, die Frage Ita Wegmans zu beantworten, indem er die Mysterien für die Gegenwart dadurch erneuerte, daß er die erste

Klasse der Michael-Schule in der Hochschule der Geisteswissenschaft eingerichtet hat.

Wir aber können, auf uns selber blickend, an seinem zu frühen Sterben und an all dem, was wir uns selbst seit seinem Tode zubereitet haben, ermessen, ob und wie weit wir selbst an dem, was er uns übergab, schon etwas reifen konnten, und können auf die Gegenwart blickend erkennen, wieviel oder auch wie wenig wir bisher getan haben, um der Zivilisation den neuen geistigen Einschlag zu geben, der durch Rudolf Steiner und besonders durch die Weihnachtstagung unserem Zeitalter eingeprägt worden ist.

MAX STIBBE

Rudolf Steiner bei der Begründung der „Anthroposophischen Verenigung in Nederland"

Es ist mir nicht bekannt, ob es mehrere Generalversammlungen innerhalb der Anthroposophischen Gesellschaft gegeben hat, wo man in heller Freude fortwährend das Lachen hören konnte der Anwesenden. Ich habe nur eine miterlebt, und das war die Gründungsversammlung der niederländischen anthroposophischen Gesellschaft am 18. November 1923 in Anwesenheit und unter Mitwirkung Rudolf Steiners. Es war gerade diese Anwesenheit und Mitwirkung, welche auf der einen Seite tiefen Ernst mitbrachte, aber auf der anderen Seite diese ungewöhnliche Freude, die so selten ist in ernsten Zusammenhängen.

Es war die holländische die letzte der neu zu begründenden anthroposophischen Landesgesellschaften in Europa vor dem Anfang der Weihnachtstagung. Außer Rudolf Steiner war fast der ganze spätere Vorstand anwesend; auch der größte Teil der holländischen Mitglieder, darunter viele jüngere.

In diesem Jahr 1923 hatten im Haag zwei neue Institutionen, gerade zwei Monate vorher, ihren Anfang gemacht: die Rudolf Steiner-Klinik, welche von Dr. Zeylmans van Emmichoven und Dr. van Houten geführt wurde, und die Freie Schule im Haag, die drei Klassen umfaßte in jenem Augenblick. Rudolf Steiner hatte beide Institutionen besucht und war über deren Führung außerordentlich zufrieden, obwohl beide noch sehr klein waren und äußerlich unbedeutend. Er sprach ausführlich darüber während der Generalversammlung der Gesellschaft und auch noch in seinem letzten Vortrag am Abend. Er tat es immer wieder mit Liebe und Humor. Aber auch mit weitumfassendem Blick.

Während der Generalversammlung griff er fortwährend ein bei den Diskussionen. Es war selbstverständlich, daß er nicht den Vorsitz hatte. Er war unser Helfer und Berater. Den Vorsitz hatte Dr. Zeylmans, der am Ende der Diskussionen als Generalsekretär erwählt wurde.

Wir hatten wenig Erfahrung in offiziellen Verhandlungen und machten alles falsch. Wir hatten vorher zusammen eine Art Statutenentwurf gemacht. Auch dieser Entwurf erwies sich als völlig unzureichend. Wir hatten Umschau gehalten bei allem, was schon da war: in alten Statuten der Theosophischen Gesellschaft, Statuten der Anthroposophischen Gesellschaft von 1913 und was weiter noch aufzutreiben war. Rudolf Steiner meinte, daß unsere Statuten in Übereinstimmung sein sollten mit denjenigen der neu zu begründenden „Internationalen Anthroposophischen Gesellschaft" in Dornach zu Weihnachten. So drückte er sich fünf Wochen vor der Weihnachtstagung noch aus. Niemand wußte aber, wie diese Statuten oder Prinzipien ausschauen würden.

Indem er über solche Inhalte mit uns sprach, berührte er, wie immer, die großen Gesichtspunkte unserer Bewegung. Weil diese seine Mitteilungen während unserer Generalversammlung sehr wenig bekannt sind, möchte ich einiges von seinen Bemerkungen im Wortlaut mitteilen:

„Ich sagte schon: an dem klinischen Institut und an der Schule sehen wir, wie dann, wenn wir eben einen substantiellen, überschaubaren Inhalt haben, wir auch vorwärts kommen.

Nun sehen Sie, meine lieben Freunde, es ist ja so, daß alle diese einzelnen Bestrebungen nicht da sein könnten, ohne die Zentralbestrebung, die dabei die Hauptsache doch bleibt: die anthroposophische Bewegung selbst.[1] Nun könnten wir geradezu eine Musteridee für das Wirken der Anthroposophischen Gesellschaft gewinnen aus dem Wirken dieser einzelnen Bestrebungen. Man muß sich ja da ganz offen und ehrlich aussprechen. Nehmen Sie einmal an: es besucht irgend jemand, der fachlich wenigstens denken will, die Schule, die hier begründet worden ist. Er wird überall acht geben, ob dasjenige, was die Erziehungs- und Unterrichtskunst durchdringt, Aussicht hat, die Kinder wirklich vorwärts zu bringen, die Kinder so ins Leben hineinzustellen, wie sie nach den gegenwärtigen Zeitforderungen hineingestellt werden müssen. Keinen Augenblick wird ihm einfallen (ich habe die Schule gesehen, ich kann das sagen), keinen Augenblick wird ihm einfallen zu sagen: Das ist eine sektiererische Schule, da kann man nicht mitgehen, da wird sektiererisch gearbeitet.

Und gehen wir hinüber ins klinische Institut. Gewiß, diejenigen, die diese beiden Vorträge in den letzten Tagen gehört haben,[2] sie werden gewiß in mannigfacher Weise mit dem einen oder anderen, vielleicht auch mit dem Ganzen nicht einverstanden sein, — das schadet nichts, das muß im Anfang einer Bewegung so sein; da muß man das Vertrauen haben zu dem, was eben die dahinter liegende Kraft ist. Aber mögen die Leute auch mit Einzelheiten oder mit dem Ganzen nicht einverstanden sein, —

---

[1] Bemerkung des Verfassers: Dazumal war es selbstverständlich, daß jeder Lehrer und Arzt sich voll einsetzte für die anthroposophische Arbeit. Daß jemand Arzt oder Lehrer sein könnte, ohne sich verantwortlich zu fühlen für die anthroposophische Mutterbewegung, wäre unmöglich gewesen.

[2] Dr. Zeylmans hatte eine große Anzahl von Ärzten zusammengerufen zu zwei Vorträgen Rudolf Steiners über anthroposophische Medizin in der Klinik.

den Eindruck, daß man es da mit einer medizinischen Sekte zu tun hat, den wird keiner der Teilnehmer irgendwie haben empfangen können, das war ganz unmöglich.

Ebensowenig wird man versucht sein, von sektiererischer Eurythmie, von sektiererischer Rezitation oder sektiererischer Deklamation zu reden.

Nun aber fragen wir uns, ob dasselbe nun gilt für die zentrale Bewegung, insofern sie in der Anthroposophischen Gesellschaft zentriert ist! Da bekommt eben gar mancher, der von außen hereinkommt, den Eindruck des Sektiererischen, desjenigen, was durchzogen ist von allem möglichen, von Fanatismus, von Eigensinn, von abstraktem Idealismus, von verschwommenem Mystizismus usw., von allem möglichen, was ihm so riecht, wie es riecht in Sektengemeinschaften, geistig-seelisch. Ich sage das ja natürlich nur, weil die Sachen ausgesprochen werden müssen, nicht weil ich Vorwürfe machen möchte und dergleichen. Ich sage es auch nur, um sozusagen das Gegentableau hinzustellen, weil ich betonen möchte: So wie es in diesen einzelnen Bestrebungen, die ja so fruchtbar sind, ist, so müßte es eben in der Anthroposophischen Gesellschaft selber auch sein. Da müßte wirklich drinnen sein ein sachlicher, objektiver Geist, der als solcher sich dokumentiert vor der Welt.

Das lag zugrunde, meine lieben Freunde, der Idee, nunmehr von Dornach aus die Internationale Anthroposophische Gesellschaft zu begründen."

In den weiteren Ausführungen weist Rudolf Steiner darauf hin, daß eine solche weltoffene Gesellschaft, wie die anthroposophische sein sollte, auch Kenntnis haben sollte von demjenigen, was innerhalb ihrer eigenen Kreise geleistet wird. Er teilt dann mit, daß gerade in der damaligen Zeit wichtige Veröffentlichungen mit bedeutsamen Entdeckungen darin erschienen sind, welche die Mitglieder im allgemeinen nicht kennen. Er betrachtet das als unrichtig:

„Es sind zwei biologische Entdeckungen über die Milz und über die Wirksamkeit kleinster Entitäten (von Frau L. Kolisko). Ich will das jetzt nicht ausführen, aber es wäre interessant, wenn man einmal darüber abstimmen würde, und alle die aufstehen würden, die noch nichts gehört haben von der Bedeutung dieser wissenschaftlichen Entdeckungen. Es muß wirklich bei uns so etwas geben, durch das man erfährt, was alles geschieht."

Er meint, daß durch die Formation einer richtigen allgemeinen Gesellschaft die Mitglieder ihre Weltorientierung und gesellschaftlichen Weitblick bekommen sollen.

Er fährt dann fort in der Besprechung der Ziele dieser Internationalen Anthroposophischen Gesellschaft und die Art und Weise, wie sie zustandekommen soll. Er teilt mit, daß diese nur aus den einzelnen Landesgesellschaften heraus entstehen kann, daß er deshalb durch Europa gereist sei, um in diesem Jahr 1923 die Landesgesellschaften entstehen zu lassen. Das beschreibt er und fährt fort:

„Also alle diese Landesgesellschaften sind begründet worden, und ich durfte rechnen bei meiner Anwesenheit hier auf die Begründung der holländischen Anthroposophischen Gesellschaft, die dann ihrerseits die mit allen möglichen Willensinhalten der gesamten Gesellschaft versehenen Delegierten zu Weihnachten nach Dornach schickt. Dadurch kommen wir zu einer Internationalen Anthroposophischen Gesellschaft, die endlich einmal wirklich arbeitet.

Nun wird es sich heute zunächst darum handeln, in vollem Bewußtsein dessen, daß auch die ganze Anthroposophische Gesellschaft den Charakter tragen muß, den die einzelnen Bestrebungen, die Schule, die Medizin usw. tragen, die aus diesem Charakter heraus begründet wurden, — es wird sich darum handeln, daß man wirklich einmal draußen läßt alle sonstigen Differenzen, und eben doch bedenkt, daß ja auch die anthroposophische Sache selber wirklich vor der Welt heute schon vertreten werden kann. Dazu ist natürlich notwendig, daß in der Leitung der einzelnen Landesgesellschaften die Persönlichkeiten bedacht sind darauf, so sachlich zu wirken, wie da auf den einzelnen Gebieten gewirkt wird. Man kann nicht sagen, daß auf den einzelnen Gebieten nicht die führenden Persönlichkeiten hinauskommen über ihre subjektiven Meinungen. Sie kommen hinein in das sachliche, inhaltvolle Wirken. Das muß auch auf dem Gebiete der gesamten Anthroposophie geschehen."

Nach diesen Auseinandersetzungen geht Rudolf Steiner über zur Besprechung des Inhaltes der Statuten. Da macht er fortwährend humorvolle Bemerkungen. Er spricht wiederum über das Weltmännische einer solchen Gesellschaft, er prägt das Wort „weltfraulich", und so kritisiert er manches, was vorgebracht wurde, in liebevoller, humoristischer Art. Und er führt so das Ganze in eine Richtung, welche eben mit der kommenden Weihnachtstagung nicht in Gegensatz stehen kann. Er weist immer wieder darauf hin, daß man alles in Statuten hereinbringen kann, was man will, daß es aber wesentlich ist, *wie* das geschieht, so daß es nie einen sektenhaften Eindruck machen könnte. Es muß alles so klingen wie in einer modernen Vereinigung, wie z. B. in einer Naturforschervereinigung. Ein Beispiel: Es stand in dem Statuten-Entwurf ein Satz: „Jeder, der ein wahrhaftiges Interesse hat..." Rudolf Steiner sagt:

„Da ist schon ein ganzer Umfang von Dogmatismus darinnen. Wer das liest als Außenstehender, der muß ja denken: ich komme da bis über den Kopf in das Wasser des Sektiererischen hinein. Und das muß man streng vermeiden. Sonst werden Sie es weiter erleben: daß die anthroposophische *Bewegung* nicht mehr aufzuhalten ist, daß aber die Anthroposophische *Gesellschaft* nicht mehr imstande ist, zu fassen, was in der anthroposophischen Bewegung enthalten ist. Die Anthroposophischen *Gesellschaften* machen vielfach auf die Welt den Eindruck von kleinen Sekten. Das ist die anthroposophische *Bewegung* nicht. In der Art möchte ich empfehlen, über die Sache nachzudenken."

Nachdem er vieles vorgebracht hat zur Hilfe, sagte er:

„Das alles sind aber nur Hinweise, nicht einmal Vorschläge. Ich lege großen Wert darauf, daß alles, was in den Statuten der Landesgesellschaften entsteht, nicht von mir kommt, sondern von den Landesgesellschaften selber. Ich möchte nur eingreifen und helfen, wenn die Diskussion stockt."

So bekamen wir die Überzeugung, daß die Landesgesellschaft eine selbständige Organisation ist, welche die Aufgabe hat, mit selbständigen Impulsen und Initiativen zu leben und diese hineinzutragen in die allgemeine Gesellschaft. Mit Begeisterung konnten wir bei der Weihnachtstagung erfahren, daß die neue allgemeine Gesellschaft aufgebaut werden sollte auf Menschliches und Sachliches. Gerade dieses Menschliche und Sachliche hatten wir in unserer Generalversammlung so herzlich und aufmunternd erleben können. Dabei fühlten wir uns immer in dem eigenen Selbstbewußtsein, gerade als Landesgesellschaft, gestärkt.

Langsam und mit viel Geduld kamen die Statuten zustande. Dann wurde die Landesgesellschaft offiziell begründet. Es fand die Wahl des Generalsekretärs statt, und schließlich wurde ein Vorstand gewählt, bestehend aus sechs Personen. Vielleicht ist es interessant, Rudolf Steiners Bemerkungen über diesen Vorstand mitzuteilen.

Im Statutenentwurf stand, daß zukünftige Vorstandsmitglieder zwar in Holland ernannt und gewählt werden sollten, daß aber der Dornacher Vorstand Einspruchsrecht haben sollte. Rudolf Steiner sagte:

„Meinetwillen können Sie sagen: Der Vorstand kann erweitert werden durch Ernennungen seitens des bisherigen Vorstandes usw. Die Wahl oder Ernennung zukünftiger Vorstandsmitglieder gilt, wenn von seiten der internationalen Leitung in Dornach kein Einspruch erhoben wird. — Es ist meine Meinung, daß das etwas zu weitgehend sein würde. Aber wenn Sie wollen, können Sie es so machen. Es ist in gewisser Beziehung gut, wenn, falls einmal die internationale Gesellschaft da ist, die Zusammengehörigkeit auch dadurch zum Ausdruck kommt, daß die internationale Leitung ein Veto einlegen kann gegen eine Ernennung, daß sie aber kein positives Mitbestimmungsrecht hat. Ein Einspruchsrecht ist ja ganz was anderes als ein positives Mitbestimmungsrecht."

Nachdem also die Vorstandsmitglieder der neuen holländischen Gesellschaft gewählt waren, blieben alle sitzen auf ihrem bisherigen Platz. Nur derjenige, der gerade zu sprechen hatte, war aufgestanden und hatte sich dann wieder gesetzt. Weder Rudolf Steiner noch ein anderer hatte irgendeinen offiziellen Platz gehabt. Nun war offensichtlich Rudolf Steiner nicht zufrieden. Er stand auf, wies auf das kleine Podium hin, das in diesem Saal war (wo ein kleiner Tisch stand mit einigen Stühlen dahinter) und sagte, er fände, daß der Generalsekretär und der Vorstand sich dorthin setzen sollen und sich so der Versammlung *zeigen*. Dann blieb er stehen und fing an in die Hände zu klatschen. Voller Freude folgte die ganze Versammlung diesem Beispiel, und unter diesem Klatschen bestieg der ganze neue Vorstand das Podium.

Kurz nachher konnte diese fröhliche Versammlung, die doch auch tiefe Einblicke gegeben hatte in das zukünftige Wirken der Anthroposophischen Gesellschaft, mit tiefer Dankbarkeit Rudolf Steiner gegenüber geschlossen werden.

WILLY KUX

Erinnerungen an Rudolf Steiner

Weihnachten 1923 waren mein Bruder Ralph, der im Jahre 1965 verstorbene Eurythmist und Musiker, und ich nach Dornach gekommen. Wir wollten dort Eurythmie studieren und die Vorträge Rudolf Steiners hören. Im Februar 1924 wurden von ihm für die Eurythmisten fortbildende Vorträge über Ton-Eurythmie gehalten. Eine ganz neue Seite der jungen Kunst wurde uns damit erschlossen. Bis dahin waren die vorhandenen Angaben für die eurythmische Darstellung der Tonwelt mehr oder weniger beschränkt auf die Gesten für die einzelnen Töne der Skala. Jetzt eröffnete Rudolf Steiner eine bisher ungeahnte Fülle von neuen Bewegungsmöglichkeiten, die uns mit großer Begeisterung ergriffen und zu intensivem Studium anspornten. Ich erinnere hier an die ganz aus dem Geiste der Eurythmie geborenen Gesten für die Intervalle, Dreiklänge in Dur und Moll, Motivschwünge, Dissonanzen. Jeder Tag brachte neue Überraschungen und Entdeckungen im inneren Erleben.

Wie in Verbindung mit dem tieferen Schritte in das Geheimnis der musikalischen Kunst hatte Rudolf Steiner ebenfalls im Februar begonnen, die zu Weihnachten 1923 gegründete Freie Hochschule für Geisteswissenschaft am Goetheanum auszubauen, indem er die Klasse 1 schuf. Es sollte dadurch eine Erneuerung der alten Mysterien in zeitgemäßer Form stattfinden. Auch hier gab er ganz konkrete Angaben zum Betreten eines geistigen Entwicklungsweges zu höherer Erkenntnis. Beides — das Betreten des Schulungsweges und der Welt der Eurythmie — ist innerlich verwandt.

Das wurde mir einmal besonders klar, als eine Eurythmistin folgendes erzählte: Vor der Begründung der Freien Hochschule für Geisteswissenschaft hatte Rudolf Steiner einzelnen, dafür geeigneten Mitgliedern der Anthroposophischen Gesellschaft, die ihn darum gebeten hatten, Meditationsübungen für den persönlichen Gebrauch gegeben. Die Künstlerin war als junger Mensch zur Eurythmie gekommen und begeistertes Mitglied der Gesellschaft geworden. Eines Tages faßte sie sich ein Herz und bat den verehrten Lehrer, ihr doch auch solch eine Meditationsübung für den persönlichen Gebrauch zu geben. Zu ihrem Erstaunen erwiderte

Rudolf Steiner, daß er ihr doch schon längst eine solche Übung gegeben habe. Als sie verneinend den Kopf schüttelte, sagte er voller Ernst zu ihr: „Aber Sie haben doch von mir die Übungen für die Eurythmie erhalten!" Da ging ihr mit einemmal die geheimnisvolle Seite dieser künstlerischen Tätigkeit auf.

Hier darf eingeschoben werden, daß Rudolf Steiner eine wesentliche Erweiterung der Eurythmie darin sah, daß sich nun auch Männer entschlossen hatten, die bis dahin nur von Frauen ausgeübte neue Kunst zu studieren. Mehrfach hat er uns gegenüber seine Freude und Befriedigung darüber zum Ausdruck gebracht. Er war eben der Auffassung, daß die Eurythmie nur dann eine vollgültige Kunst neben den anderen sein würde, wenn sie von *allen* Menschen — ob Frauen oder Männern — ausgeübt würde. Ich halte es für wichtig, das hier zu betonen, weil ich zuweilen davon hörte, Rudolf Steiner habe einen gegenteiligen Standpunkt vertreten. Das trifft nicht zu.

Mein Bruder und ich waren von Rudolf Steiner zu gleicher Zeit als Mitglieder der Freien Hochschule in die Klasse 1 aufgenommen worden. Eine neue Welt geistiger Erlebnisse tat sich vor uns auf. Das Studium der Eurythmie wurde jetzt erst so recht mit dem Lebenshauche durchdrungen, ohne den sie sich nicht voll entfalten kann. Die Verbindung mit dem weihevollen Ernst übersinnlichen Erlebens muß vorhanden sein.

Fast jeden Tag sahen und hörten wir nun Rudolf Steiner, wenn er nicht auf Reisen war. Die Vorträge waren dreimal wöchentlich, außer bei Kursen, dann sprach er jeden Tag. Sie fanden in der sogenannten „Schreinerei" statt, die der Erstellung des ersten Goetheanumbaues gedient hatte. In der Schreinerei waren auch der Arbeitsraum Rudolf Steiners, das „Atelier", ferner unsere Eurythmieübungsräume und der große provisorische Vortragssaal mit der Bühne, auf der die herrlichsten Eurythmieaufführungen stattfanden. Vor der Schreinerei lag das Gelände mit der traurig anmutenden Ruine des ersten Goetheanums.

Um die Situation, in der sich Rudolf Steiner befand, ganz zu verstehen, muß man sich folgendes vergegenwärtigen: Weihnachten 1923 hatte er mit dem vollen Einsatz seiner Persönlichkeit die Neubegründung der Anthroposophischen Gesellschaft vollzogen. Er wollte aus ihr eine moderne, öffentliche Gesellschaft machen. Bis dahin war sie eine mehr oder weniger logenartige, der Vergangenheit zugewandte Vereinigung gewesen. Damals war er dreiundsechzig Jahre alt. Seine schlanke Gestalt war elastisch und voller Lebenskraft, sein Haar schwarz, seine Haltung aufrecht und willenskräftig, sein Schritt voller Initiative wie bei einem noch jüngeren Manne. Von seinem unterhalb des Baugeländes gelegenen Hause ging er jeden Tag zu Fuß den Berg hinan, ohne eine Anstrengung zu verraten.

Und nun geschah das Erschütternde, daß nach all den großen Weihnachtsereignissen das Bild des gesunden Mannes sich rasch in dasjenige eines kranken verwandelte. In der umfassenden Tätigkeit Rudolf Steiners trat aber keine Unterbrechung ein. Schon unmittelbar nach der Tagung begann er mit einer neuen Vortragsreihe für Ärzte, die über eine Woche ging.

Wenn sich auf solche Weise auch die außergewöhnliche Seelenstärke des großen Lehrers zeigte, so war Rudolf Steiner doch fortan durch physisches Siechtum bis zu seinem Lebensende gezeichnet. Viel war dem Unverständnis der Mitglieder der Gesellschaft — er hat dies selber mehrmals ausgesprochen — zuzuschreiben, daß er sich nicht wieder erholen konnte. Mit egoistischen Alltagssorgen unterminierten sie seine Lebenskräfte, indem sie Tag um Tag sein Atelier belagerten und seinen Rat suchten. Ununterbrochen helfend war er so dauerndem Kräfteverzehr ausgesetzt.

Oft habe ich beobachten können, wie er mit dem Auto zu seiner Arbeitsstätte gebracht wurde. Diese lag erhöht und war über eine primitive, in die Erde gegrabene Treppe von etwa fünfzehn Stufen zu ersteigen. Da hinauf zog er sich mehr, als daß er sich stützte, ein erschütterndes Bild körperlicher Schwäche.

Als junger Mensch konnte man dieses Bild mit dem des abendlich Vortragenden schwer in Einklang bringen. Da stand er vor uns, voll Lebenskraft und Leichte, ganz von unsterblichem Geiste durchdrungen. Ebenso war es, wenn er plötzlich in einer Eurythmieprobe erschien und wie aus einem unversieglichen Quell die schöpferischsten Anregungen erteilte.

Von da an kam aber Rudolf Steiner nur noch im Auto zu seinem Atelier, während er früher hinaufwanderte. Mancher hat ihn vormals beobachten können, wie er jeden Menschen freundlich begrüßte und zuweilen mit dem einen oder anderen ein kurzes Gespräch führte. Nun mußte er selbst die kleinste Strecke gefahren werden, damit seine Kräfte für wichtigere Aufgaben geschont wurden.

Der Fahrer seines Autos war ein junger Schweizer. Er wurde im Mai 1924 vorübergehend krank, und man überlegte, wie Rudolf Steiner zu seinen verschiedenen Arbeitsstätten gefahren werden könnte. Heute wäre das kein Problem. Man würde ein Taxi bestellen. Damals war man aber in Dornach noch „auf dem Lande", da gab es kein Taxiunternehmen.

Nun erinnere ich mich nicht mehr genau, wodurch ich von dem eingetretenen Notstand erfuhr. Jedenfalls war ich gleich hellwach. Ich hatte doch einen Führerschein. Sofort sah ich die günstige Gelegenheit, wie ich meinem geliebten Lehrer einen Dienst erweisen konnte, indem ich mich als Chauffeur zur Verfügung stellte. Umgehend erkundigte ich mich, wo das Auto stand, und eilte dorthin.

Damals standen dem Goetheanum zwei Autos zur Verfügung. Ein vornehmer, sechssitziger Reisewagen, Marke Maybach, den eine Rudolf Steiner befreundete Familie ihm für seine strapaziösen Reisen geschenkt hatte. Das andere war ein preiswerter Ford, der für die Fahrten in der näheren Umgebung diente. Wenn ich nicht irre, war es das berühmt gewordene T-Modell, mit dem Ford seine erste Millionenserie erreichte.

Noch heute sehe ich das schwarze Vehikel in der Erinnerung vor mir, das einen aufregenden Duft von Benzin und Gummi um sich verbreitete. In ihm konnte man mit einem Zylinder auf dem Kopfe Platz nehmen, so hoch war sein Dach. Auf hohen Rädern stehend war es jedem Gelände gewachsen. Damals gab es noch keine elektrische Starteranlage. Man mußte den Motor mittels Muskelkraft anwerfen, indem man eine vorne angebrachte Kurbel betätigte. Auch waren die verschiedenen Gänge nicht mit der Hand, sondern mit dem Fuße einzulegen, eine Eigenart, die das Auto, auf dem ich bisher gefahren war, nicht besaß. Ich fand mich jedoch schnell zurecht, der Motor lief bald, ich flitzte nach hinten zum Führersitz, in den ich mich kühn hineinschwang. So hatte ich auch bald heraus, wie der Wagen zu hand- respektive zu fußhaben war. Eine kurze Übung, vor und zurück — ich wollte mich doch vor Rudolf Steiner nicht blamieren — und dann brauste ich auch schon die bekannte Zufahrtstraße vom Goetheanum hinunter an der damaligen „Kantine", dem heutigen Speisehaus, vorbei in Richtung „Villa Hansi" am Unteren Zielweg, wo Rudolf Steiner abzuholen war. Hinter mir wirbelte zum Mißvergnügen der Fußgänger eine schöne, weiße Staubwolke auf, denn damals gab es auf den Nebenwegen noch keinen staubfreien Belag. So konnte man die Jurakreideformation der dortigen Gegend recht bildhaft zur Darstellung bringen.

Nachdem ich mich gemeldet hatte, erschien Rudolf Steiner in seinem bekannten schwarzen Mantel und rundkrempigen Hut, begleitet von einigen besorgt dreinblickenden weiblichen Wesen, die im Gegensatz zu ihm wohl kein allzugroßes Zutrauen in meine jungen Fahrkünste zu setzen schienen. Rudolf Steiner stieg jedoch seelenruhig und auch seelenberuhigend — mir klopfte das Herz merklich — in das schwarze Blechhäuschen des Automobils und bat mich, ihn zur Klinik nach Arlesheim zu bringen, wo er damals mit Frau Dr. Ita Wegman zusammen an dem Buche *Grundlegendes für eine Erweiterung der Heilkunst* arbeitete.

Behutsam brachte ich das Wägelchen in Gang und fuhr in deutlichem Andante los. Rudolf Steiner schien alles aufmerksam zu beobachten. Er saß schräg hinter mir auf der rückwärtigen Bank und beugte sich alsbald ein wenig vor, um mich besser von der Seite aus ansehen zu können. Dann sagte er in bekümmertem Tone: „Das ist mir aber gar nicht recht, Herr Kux, daß Sie mich nun hier im Auto fahren müssen. Sie sind doch in Dornach, um Eurythmie zu studieren." Diese herzlichen Worte sind mir nie wieder aus der Seele entschwunden. Erstens nannte er mich „Herr" Kux, wohingegen mich die älteren Mitarbeiter am Goetheanum gewöhnlich nur kurz „Küxchen" riefen; das war zwar ein liebevoll gemeintes Diminutiv, aber es stellte einen doch auf eine gewissermaßen kindliche Stufe, auf der man als junger und auch etwas eingebildeter Kunstjünger nicht gerne stehen wollte. Zweitens war es von Rudolf Steiner in einer so echten Weise vorgebracht, gleichsam entschuldigend, daß einem eine besonders ausgeprägte Seite seines Charakters zum Bewußtsein kam: seine einzigartige Bescheidenheit. Er war jedem Menschen, der ihm einen Dienst erwies — und wer kommt heute im Zeitalter der Arbeitsteilung ohne die Dienste anderer Menschen aus? — dankbar. Das konnte man jeden Tag erleben, wenn man ihn im Umgang mit seiner Umgebung beobachtete. Und die Dankbarkeit desjenigen, dem alle so viel verdankten, schrieb sich mir unvergänglich in mein Herz.

Wenn ich heute nach fast einem halben Jahrhundert an diese „goldenen Zeiten" mit Rudolf Steiner zurückdenke, dann überkommt mich aus zweierlei Gründen eine gewisse Traurigkeit. Erstens: weil die Erinnerungen bis auf wenige verblaßt oder gar ganz hingeschwunden sind. Als junger Mensch lebte ich, wie so viele meinesgleichen, wie im Traume dahin. Zweitens: weil ich in jener so erlebnisreichen Zeit kein Tagebuch geführt habe. Dann hätte ich heute eine Fülle von Erinnerungen ausbreiten können. In diesen drei Jahren meines Lebens, in denen ich Rudolf Steiner nahe sein durfte, hörte ich ihn in über 220 Vorträgen.

Bei fast jedem dieser Vorträge, zu denen oft mehrere hundert Zuhörer erschienen, hatte man das sichere Gefühl, daß Rudolf Steiner einen mindestens einmal mit seinen aufmerksamen, dunklen Augen ansah. Dadurch fühlte man sich stets wie persönlich angesprochen und aufgerufen. Ein lichtvoller Strom der Ich-Erkraftung durchzog einen dabei. Jeder Vortrag vermittelte das Erlebnis des unmittelbaren Drinnenstehens in der geistigen Welt, da Rudolf Steiner nicht *über* die geistige Welt, sondern *aus* ihr sprach.

Nach manchem Vortrag in der äußerlich so primitiven Schreinerei — aber wie haben wir diesen nach Holz duftenden Raum geliebt! — trat man hinaus in die nächtlich-dunkle Natur. Dann schauten wir wie mit verklärten Augen auf die Sternenpracht des Himmels. Sie war in der damaligen Zeit noch so gewaltig und eindrucksvoll zu erleben, weil die elektrische Zivilisation mit ihrem kalten und blendenden Kunstlicht nicht so störend bemerkbar war wie heute, da man kaum noch das Funkeln der Sterne am Nachthimmel bewundern kann. Im Frühjahr und Sommer 1924 wanderte man zuweilen nach einem Vortrage, im Innersten aufgerührt und überwach, mit gleichgesinnten jugendlichen Freunden im angeregtesten Gespräch oder auch ergriffen und stumm unter dem blitzenden Nachthimmel. Wie oft sah man dann Scharen von Meteoren über das Himmelsgewölbe ziehen, die man als Boten einer anderen Welt ehrfürchtig mit den Augen verfolgte. Wenn dann schließlich die Sonne in der Juralandschaft farbenglühend ihr Wiederkommen anzeigte, suchte man schnell noch für ein Stündchen sein Ruhelager auf, um sich dann erfrischt wieder den künstlerischen Übungen zuzuwenden.

Eine Begebenheit aus diesem Frühjahr 1924, wo ich sozusagen zum „Hof-Chauffeur" Rudolf Steiners avanciert war, ist mir noch lebhaft in Erinnerung, weil ich sie später oft Freunden als ein sprechendes Beispiel für seine Menschlichkeit und Güte erzählt habe.

Unter den älteren Bekannten von Rudolf und Marie Steiner war auch die Familie des Grafen Polzer-Hoditz. Von altem österreichischen Adel, voll von einfachem Charme des patriarchalischen Gutsbesitzers, war sie dem großen Lehrer ehrfurchtsvoll und freundschaftlich verbunden. Hier tönte diesem der geliebte Dialekt seines Heimatlandes gemütvoll entgegen, Erinnerungen an die dort verlebte Kindheit erweckend.

Die Familie des Grafen Ludwig besaß zwei Söhne. Der Älteste hatte eine entzückende und graziöse Eurythmistin zur Frau. Sie war als noch junges Mädchen von Rudolf Steiner zu den Vorträgen zugelassen und Mitglied der Anthroposophischen Gesellschaft geworden. Als eine der ersten wandte sie sich der von ihm geschaffenen Kunst der Eurythmie zu. Bei der jungen Familie war ein Stammhalter angekommen. Er sollte in diesen Maientagen getauft werden, wobei ihm ein von Rudolf Steiner erbetener Vorname gegeben werden sollte. Letzterer war zur Taufe eingeladen worden. Zu diesem Zwecke hatte ich ihn von der „Villa Hansi" zu dem Hause gefahren, in dem die Feier stattfand. Es war von seinem Hause bis dort zwar nur ein kurzer Weg von einigen hundert Metern, trotzdem mußte er seiner Schwäche wegen hingefahren werden.

Als ich mit meiner schwarzen Motorkutsche in dem Hof des Anwesens erschien, strömte aus dem Hause eine bunt und sommerlich gekleidete Schar festlich gestimmter Menschen, um den Gast zu empfangen. Es mußte wohl eine Art Lynkeus auf dem Turme des Hauses Wache gestanden haben, der die Ankunft so schnell gemeldet hatte. Wie von einer maienhaften Frühlingwolke eingehüllt, verschwanden alle in dem zur Feier hergerichteten Hause.

Im Auto vor der Tür richtete ich mich auf eine längere Wartezeit ein, wie das ein richtiger Chauffeur ja tun und können muß. Doch nur kurze Zeit war vergangen, da sah ich, daß sich die Haustür wieder öffnete. Der junge Graf, dessen Kind getauft werden sollte, kam heraus und eilte zu meinem Auto. Ich schaute mich schon um in der Annahme, daß vielleicht ein Taufgeschenk liegengeblieben sei. Graf Polzer jr. riß die Wagentür auf und rief mir zu: „Herr Kux, kommen Sie doch sofort mit ins Haus.

Der Doktor hat gesagt: ‚Sie können doch nicht den jungen Kux draußen allein im Auto sitzen lassen, während wir hier die Taufe feiern!'" Ich war gerührt, daß Rudolf Steiner in all dem Gedränge, das eine solche Familienfeier mit sich bringt, noch an den jungen Studenten-Chauffeur dachte, den er draußen vor der Tür zurückgelassen hatte, und der sich vielleicht jetzt zurückgesetzt und von dem allem unfreundlich ausgeschlossen fühlte. Schließlich kannte ich aber die Familie ja nicht näher und war zudem, als unbekannter Jüngling, der keine besonderen Vorzüge aufzuweisen hatte, nicht eingeladen.

Derart gab Rudolf Steiner immer ein Vorbild, wie man junge Mitglieder, die mehr oder weniger fremd nach Dornach kamen, behandeln sollte. Auf der kurz zuvor abgehaltenen Gründungstagung hatte er betont, daß in der neureformierten Gesellschaft alles auf das Menschliche abgestellt sein sollte. Jeder möge sich in Dornach und überhaupt in der Gesellschaft als Mensch unter Menschen wohl und wie zu Hause fühlen. Das bezeugt folgende Stelle aus einer „Kapuzinerpredigt", die Rudolf Steiner den Mitgliedern des „Zweiges am Goetheanum" gehalten hat und die man ausführlich im Band 32, Seite 418 der Gesamt-Ausgabe (GA) nachlesen kann:

„Sehen Sie, das, was wirklich zu den Aufgaben des Zweiges am Goetheanum gehören wird — nicht statutengemäß aber mehr als statutengemäß —, das ist, sich verpflichtet zu fühlen, diejenigen Freunde, die von auswärts hierher kommen, in einer nicht nur konzilianten, sondern herzlichen Weise zu empfangen und herzlich mit ihnen zu sein! Wenn man Mitglied des Zweiges am Goetheanum ist, so darf man nicht bloß den Glauben haben: man ist nur im *allgemeinen* Mitglied und was geht mich der an, der da kommt. *Es geht Sie jeder an!* Man muß sich denjenigen Menschen gegenüber, die hierher kommen, geradeso fühlen, wie sich einer, der Leute zu sich eingeladen hat, verpflichtet fühlt, die Leute in entsprechender Weise zu empfangen."

So ging ich nun mit dem jungen Grafen in das Haus und wurde von der Festgesellschaft als weiterer Gast aufgenommen, wobei Rudolf Steiners Auge zufrieden aufleuchtete. Dieser Tauffeier kam, wie ich später erfuhr, eine besondere, gewissermaßen historische Bedeutung zu. Der Priester der Christengemeinschaft, der das Taufsakrament feierte, war der Erzoberlenker Friedrich Rittelmeyer selber. Er zelebrierte bei dieser Gelegenheit zum ersten Male im Priesterornat in Gegenwart Rudolf Steiners ein Sakrament, das vor noch nicht langer Zeit von diesem der Bewegung für religiöse Erneuerung übergeben worden war.

Vom Gründungsvorstand der Allgemeinen Anthroposophischen Gesellschaft waren außer Rudolf Steiner Ita Wegman, Elisabeth Vreede, Albert Steffen und Günther Wachsmuth anwesen. Frau Marie Steiner befand sich auf einer Tournee mit der Eurythmiegruppe.

Gut ist mir noch in Erinnerung, daß Friedrich Rittelmeyer etwas aufgeregt war, was ja bei dieser Anzahl von prominenten Gästen nicht weiter verwunderlich war. Die Handlung selber wurde von ihm mit eindrucksvoller Geisteskraft gestaltet, wobei er dem Täufling den Namen „Christwart" gab.

Nachdem das Ritual beendet war, dem alle konzentriert und still — bis auf den kleinen Erdenankömmling — gelauscht hatten, trat Rudolf Steiner auf die junge Mutter zu, die das Kind auf den Armen trug, und schaute beide liebevoll an. Plötzlich lächelte er und fragte die Mutter schelmisch: „Ist Ihnen nichts aufgefallen während der Taufhandlung?" Die Befragte überlegte einen Augenblick überrascht und meinte dann zögernd: „Ja, das Baby hat geschrien!" Rudolf Steiner: „Richtig — und bei welcher Stelle?" Die Mutter: „Als das Vaterunser gesprochen wurde." Rudolf Steiner: „So ist es — und bei welchem Wort?" Schweigen. Rudolf Steiner darauf: „Als der Priester sprach ,und gib uns unser täglich Brot', das Kindchen hat nämlich Hunger!" Und dabei lächelte er verschmitzt, als er das betroffene Gesicht der Mutter sah. Das konnte diese indessen nicht auf sich sitzen lassen, und sie erklärte, daß sie vom Arzt genaue Anweisung über die täglich zu verabreichende Nahrungsmenge erhalten habe. Daran halte sie sich streng. Rudolf Steiner beharrte jedoch darauf, daß das Kindchen hungrig sei und aus diesem Grunde geweint habe. Er nahm es hierauf selber auf den Arm, und die Mutter mußte eine Flasche Milch holen. Als sie mit dieser wiederkam, wollte sie das Kind selber füttern. Das ließ Rudolf Steiner jedoch nicht zu, er nahm die Flasche, ging zu einem Stuhl in der Ecke, setzte sich und fütterte das Kleine eigenhändig. Das zierte sich auch nicht lange wegen des fremden Pflegers, sondern machte sich mit offensichtlichem Vergnügen an die Arbeit, wobei Rudolf Steiner es freundlich lächelnd beobachtete. Im Nu war die Flasche leer, und Rudolf Steiner hielt sie der Mutter befriedigt entgegen, die über ihn und den satten Säugling nicht wenig staunte. Rudolf Steiner sagte: „Das Kind hatte *doch* Hunger! Und jetzt geben Sie ihm jeden Tag zu der von dem Arzt verordneten Menge eine Flasche zusätzlich. Die habe ich verordnet!"

Alle Umstehenden freuten sich über die humorvolle Art, durch die er eine frohe und gelöste Stimmung unter den Gästen hergestellt hatte.

Es wurden noch Erfrischungen gereicht. Der Priester, inzwischen wieder umgekleidet, war hinzugekommen und sprach einige Worte mit dem verehrten Lehrer. Nach einiger Zeit verabschiedete sich Rudolf Steiner mit freundlichem Winken beider Hände von den Anwesenden. Ich aber war froh, als ich den von uns allen so Hochgeschätzten wieder heil an seinem Hause abgesetzt hatte.

WILHELM RATH

Berliner Erinnerungen aus der Zeit der Weihnachtstagung

Als ich im letzten Herbst in Berlin war — zum ersten Mal wieder nach mehr als zwanzig Jahren —, besuchte ich auch mit einigen Freunden das Haus in der Motzstraße (ehemals Nr. 17 — heute Nr. 30), das einstmals in seinem Hinterhaus das Zentrum der Bewegung beherbergt hat, ein Haus, mit dem mich mancherlei Erinnerungen verbinden. Es ist wie durch ein Wunder erhalten geblieben. Die ganze andere Straßenseite ist durch den Bombenkrieg verschwunden. Man blickt weithin über freies Gelände, aus dem sich einige neue Wohnblocks erheben. Ich mußte mich an ein Wort Rudolf Steiners erinnern, das mir seinerzeit von einem ihm nahestehenden Mitglied berichtet wurde: Dr. Steiner sei plötzlich auf der Straße wie in tiefer Erschütterung stehen geblieben und habe auf die Frage „Herr Doktor, was ist Ihnen?" mit einer Handbewegung auf all die Häuser dieses so dicht bebauten Teiles der Stadt gedeutet und gesagt:

„Zu denken, daß das alles einmal nicht mehr ist!"

In diesem Hinterhaus aber ist — von außen betrachtet — noch alles so, wie es war, als wir jungen Leute damals im Anfang der zwanziger Jahre hier aus- und eingingen; nur daß heute andere Menschen in diesen Wohnungen leben, die wohl kein Bewußtsein davon haben, daß hier einmal der Himmel über der Erde offen stand.

Im ersten Stock rechts war der Philosophisch-Anthroposophische Verlag; hier waltete Johanna Mücke, die aus der langjährigen Lehrtätigkeit Rudolf Steiners an der Arbeiter-Bildungsschule ihm treu geblieben war. Im zweiten Stock links wohnten Herr und Frau Walter, im dritten rechts war die Wohnung von Herrn und Frau Dr. Steiner, und im vierten Stock links behütete Herr Selling die „Theosophische Bibliothek". Hier waren wir, d. h. die Berliner Gruppe des Bundes für anthroposophische Hochschularbeit, gastlich aufgenommen worden, als wir im Sommer 1922 nach einem geeigneten Raum für unsere Arbeit suchten.

Es war das merkwürdige Ergebnis all der Hochschulkurse (der letzte in Berlin im März 1922) und Kongresse (der West-Ost-Kongreß hatte zu Pfingsten in Wien stattgefunden), daß wir das Bedürfnis empfanden, dem „akademischen Stil" Valet zu sagen, in dem gezeigt werden sollte, wie die Spezialwissenschaften durch Anthroposophie „befruchtet" werden könnten; wir wollten uns intensiv mit dem Wesen der Anthroposophie selbst befreunden. Dazu schien uns diese Bibliothek der rechte Ort zu sein. Sie war uns dadurch ehrwürdig, daß Rudolf Steiner — wenn auch nicht in dieser Straße und in diesem Raum — so doch in dieser Bibliothek am Michaelstag des Jahres 1900 den ersten „esoterischen Vortrag" über Goethes Märchen gehalten hatte, dem dann die Vorträge *Die Mystik im Aufgange des neuzeitlichen Geisteslebens* und *Das Christentum als mystische Tatsache* gefolgt waren. So fühlten wir uns hier gleichsam mit dem Ursprung der anthroposophischen Bewegung verbunden. Hier war es dann, daß im Zusammenhang mit der Arbeit an Dr. Steiners Buch über die Mystik, die Wesenheit des Gottesfreundes vom Oberland, sein Leben und Wirken, und die mit ihm in geistigem Zusammenhang stehende Gestalt des Christian Rosenkreutz sich unserem ahnenden Verständnis erschlossen. Wir lernten nicht nur die Weltgeschichte in einem neuen Lichte sehen; diese Arbeit weckte in uns den Impuls, den Weg zu dem großen Eingeweihten unserer Zeit in einer der Gegenwart entsprechenden Form zu suchen.

Der gleiche Impuls, wenn auch von individuell verschiedenen Ausgangspunkten aus, erfüllte in dieser Zeit die zur Anthroposophie strebende Jugend an manchen Orten in Deutschland, Holland, Österreich und der Schweiz. Als dieser Impuls an Rudolf Steiner in Dornach herangetragen wurde, lud er die Jugend zu einem „Jugendkurs" ein, der dann im Oktober 1922 in Stuttgart stattfand.

Aus der Berliner Studentengruppe war nach dem Februar 1923 ein Zweig der Freien Gesellschaft geworden, der sich nach wie vor in der Bibliothek in der Motzstraße und damit zugleich in der Wohnung der lieben alten, inzwischen verstorbenen Freunde Wilhelm und Karin Selling versammelte. Dort hatte uns Dr. Steiner bei einem kurzen Aufenthalt in Berlin — es war im Mai 1923 — einen ganzen Nachmittag gewidmet, sich von unseren verschiedenen Arbeitsgruppen berichten lassen und uns Anregungen für unsere Weiterarbeit gegeben.

Als es auf die Weihnachtszeit zuging, kam eines Tages Anna Samweber in die Motzstraße und brachte uns aus Dornach die so erschütternden und zugleich so tröstenden Worte Rudolf Steiners: „Den Berliner Freunden", und ich erinnere mich noch, wie ich sie mir aus seiner Handschrift abgeschrieben habe. Bald danach kam Marie Steiner nach Berlin, um das alte Berliner Zentrum (die Wohnung im dritten Stock) aufzulösen und den Verlag nach Dornach zu übersiedeln.

In dieser Zeit entstand bei uns der Gedanke, eine „Anthroposophische Bücherstube" zu begründen. Aus einem von meinem Vater hinterlassenen Antiquariat war schon ein kleines Lager, besonders goetheanistischer Literatur, beisammen. Die große Wohnung im ersten Stock des Hinterhauses der Motzstraße 17, aus der auszuziehen der Philosophisch-Anthroposophische Verlag im Begriff war, erschien als der geeignete Ort, den die Berliner Mitglieder schon kannten, um diese Bücherstube hier einzurichten. Diese war zugleich als eine gemeinschaftliche Aufgabe für uns junge Leute gedacht. Ein Freund war bereit, seinen kaufmännischen Beruf aufzugeben und sich in diese Aufgabe hineinzustellen. Es entstand die Frage, ob diese Bücherstube nicht auch die Auslieferung für den nach Dornach — und damit ins Ausland — übersiedelnden Verlag an den deutschen Buchhandel übernehmen könne. Ein solcher Plan konnte nur mit Zustimmung von Herrn und Frau Dr. Steiner verwirklicht werden. Als alles innerlich soweit klar war, daß ich glaubte, die Frage an Frau Doktor herantragen zu können, machte ich mich in Begleitung des Freundes, der das Kaufmännische übernehmen wollte, in die Motzstraße auf, wo wir nun von Herrn Selling erfuhren, daß Dr. Steiner selbst nach Berlin gekommen sei. Doch nur für ein paar Stunden und ganz „inkognito". Er habe streng darum ersucht, daß er ungestört bleibe. Ich stand vor einer ernsten Entscheidung, ob ich es trotzdem wagen dürfte, meine Frage vorzubringen. Die innere Selbstprüfung ergab, daß ich ja nichts für mich, sondern nur für die Sache wollte, und daß das Ganze ja in aller Kürze dargestellt werden konnte. So faßte ich den Mut, im dritten Stock, wo der Name „Steiner" stand, auf den Klingelknopf zu drücken. Wir standen in banger Erwartung, was uns die nächste Minute bringen würde. Wir hörten Schritte, die Tür öffnete sich. Dr. Steiner stand vor uns und fragte: „Nun, was haben Sie?" Und ich sagte: „Herr Doktor, ich habe eine Idee." — „So, dann kommen Sie doch herein." Er wies uns an, in einem Zimmer am Flur Platz zu nehmen, eilte zu Frau Doktor, und ich hörte ihn sagen: „Der Herr Rath ist da, er hat eine Idee!" Ich hatte das Gefühl: Dr. Steiner weiß schon, was wir wollen. Als sich dann beide zu uns gesetzt hatten, sagte er zu mir: „Also, was haben Sie für eine Idee?"

Die Sache war in aller Kürze dargestellt, was mir um so leichter fiel, als die ihm eigentümliche, intensive und zugleich liebevoll-tolerante Art seines Zuhörens mir eine große Hilfe bedeutete, wie immer, wenn ich ihm etwas zu sagen hatte. Aber ich war doch überrascht, als er, kaum daß ich geendet hatte, zu Marie Steiner sagte: „Ist das nicht das Ei des Kolumbus? Dann könnten wir ja vielleicht gleich einen Teil der Bücher hier lassen und uns einen Möbelwagen sparen (soviel ich mich erinnere, wurde aber doch alles nach Dornach übersiedelt); dann brauchen wir auch nicht mit den Herren in Stuttgart zu verhandeln." (Gemeint war der Verlag des *Kommenden Tages* — wegen der Auslieferung.) Dann fragte er mich: „Sie kommen doch zur Weihnachtstagung nach Dornach?" Und als ich es bejahte, sagte er: „Nun, ich werde Ihnen dann einen Termin angeben, wo wir das alles fixieren. Denn im Augenblick habe ich keine Zeit."

Bis hierher hatte das Gespräch kaum fünf Minuten in Anspruch genommen, und wir wollten uns schon, glücklich und dankbar, verabschieden, als Marie Steiner sich gedrängt fühlte — wohl aus der Stimmung des Abschiedes von diesem Haus, mit dem sie so viele Erinnerungen verbanden, und gewiß auch, um uns jungen Leuten ein Vorbild vor die Seele zu stellen —, uns von der ersten Zeit der Bewegung zu berichten: Wie sie mit Herrn Doktor zusammen in mancher Nacht den Versand der Zeitschrift *Luzifer-Gnosis* mit dem im wesentlichen von ihm gestalteten Inhalt besorgte, wie sie gemeinsam die Kreuzbänder klebten, die Adressen schrieben, und wie sie dann, wenn frankiert war, beide zusammen die ganze Sendung in einem Wäschekorb die drei Treppen hinuntertrugen, um diese, oft schon im Morgengrauen, in den verschiedenen Briefkästen der Umgebung unterzubringen. „Jetzt aber" — fügte sie mit sichtlicher Befriedigung hinzu — „werden, wenn der Verlag in Dornach sein wird, auch die Zyklen in Buchform erscheinen." Ich hatte das Gefühl, daß sie bei mir als einem Buchhändlersohn auf ein besonderes Verständnis rechnete. In diesem Augenblick griff Dr. Steiner in das Gespräch ein und sagte: „Dazu muß ich Ihnen als jungem Menschen nun aber doch das Folgende sagen: Sehen Sie, man hat es mir seinerzeit *abgerungen*, daß meine Vorträge, die ich für die Mitglieder hielt, nachgeschrieben worden sind." Darauf Marie Steiner zu ihm: „Wir sind ja so froh, daß Sie sich das haben abringen lassen; was hätten wir denn sonst heute von all den Geistesschätzen, die Sie uns geschenkt haben!" Dr. Steiner aber entgegnete: „Sagen Sie das nicht! Bedenken Sie doch einmal, was für ein ganz anderes Verhältnis zwischen jung und alt in unserer Gesellschaft entstanden wäre, wenn die älteren Mitglieder sich immer dafür verantwortlich hätten fühlen müssen, dasjenige, was ich in den Vorträgen und Zyklen dargestellt habe, in der richtigen Art den jüngeren Mitgliedern zu übermitteln. Es wäre doch das Verhältnis zwischen den Älteren und Jüngeren heute ein ganz anderes!" Marie Steiner aber sagte hierauf in ihrer temperamentvollen Art: „Ach, was hätte dann die Jugend heute schon! Wir haben doch alle so ein ‚Spatzengedächtnis'! Da würde ja alles ganz verkehrt weitergegeben worden sein. So sind wir nun doch sehr froh, daß wir das alles jetzt Schwarz auf Weiß haben!" Darauf wendete sich Dr. Steiner wieder an uns: „Dabei ist nun aber doch das Folgende zu berücksichtigen: Sehen Sie, ich habe ja nicht die Zeit gehabt, diese Nachschriften zu korrigieren. Es hätte mich an der Weiterarbeit gehindert. Da passiert es einem dann: man nimmt sich solch einen Zyklus vor, um einmal nachzusehen: Wie hat man denn ‚damals' über dieses Thema gesprochen, über das man wieder zu sprechen hat, man schlägt so einen gedruckten Zyklus auf, und da steht dann Schwarz auf Weiß das genaue Gegenteil von dem, was man damals gesagt hat!" Frau Dr. Steiner aber ließ sich in diesem in seiner positiven Stimmung vorbildlichen Streitgespräch durchaus nicht beirren: „Das kann ja wohl hin und wieder einmal vorkommen. Im Grunde sind wir doch froh, daß wir das alles nun haben!" Nun aber beendete Dr. Steiner dieses Gespräch, indem er aufstand: „Das wollte ich gerade Ihnen als jungen Menschen sagen: ‚*Haben* wird man in der Zukunft von all dem, was ich geschrieben oder gesprochen habe, *nur das, was in Herzen lebt*'." Und er fügte noch einmal zum Abschied hinzu: „Nicht wahr, Sie kommen doch zu Weihnachten nach Dornach?"

Es war am letzten Tag der Weihnachtstagung in Dornach, am Nachmittag des 1. Januar 1924 während des sogenannten „Rout". Der Saal der Schreinerei, in dem am Weihnachtstag die feierliche „Grundsteinlegung der Allgemeinen Anthroposophischen Gesellschaft" stattgefunden hatte, in dem durch eine Woche hindurch die Konstitution der neuen Gesellschaft mit den Delegierten der Länder und den aus aller Welt zahlreich erschienenen Mitgliedern verhandelt und beschlossen worden war, in dem die gewaltigen Abendvorträge, welche die Offenbarung des Karma der Anthroposophischen Gesellschaft gleichsam einleiteten, von Dr. Steiner gehalten worden waren — dieser Saal war für diese die Tagung abschließende gesellige Zusammenkunft ausgeräumt worden und war nun erfüllt von einer sich durcheinander bewegenden oder in Gruppen zusammenstehenden Menge, so daß, wie man sagt, kein Apfel zur Erde fallen konnte. Nur vorne, neben der Bühne war ein freier Platz ausgespart für einen Tisch und einige Sessel für Herrn und Frau Dr. Steiner und für die anderen Mitglieder des neugebildeten Vorstandes. Verschiedene Erfrischungen wurden gereicht von jungen Damen, die sich mit ihren Tabletts mühsam den Weg durch die dicht gedrängte Menge bahnten. Ich sehe mich in der Erinnerung inmitten all dieser vielen mir unbekannten Menschen völlig allein, als plötzlich Dr. Steiner, der mich gesucht hatte, vor mir steht und sagt: „Ich wollte Ihnen doch einen Termin bestimmen, an dem wir die Sache mit der Bücherstube fixieren. Warten Sie hier, ich werde gleich mit Frau Doktor besprechen, wann es am besten paßt, daß Sie zu uns kommen." Sprach's und war auch schon wieder unter den vielen Menschen verschwunden. — Ich war betroffen, daß er bei der ungeheuren Beanspruchung durch diese Tagung sich von sich aus an das in Berlin gegebene Versprechen erinnert hatte. Ich selbst wollte ihn erst nach der Tagung von mir aus aufsuchen. Gleichzeitig sagte ich mir: ‚er wird mich in dieser dichtgedrängten Menge doch unmöglich wiederfinden', und so versuchte ich mich zu dem Ort durchzukämpfen, wo ich wußte, daß Frau Dr. Steiner saß. Aber als ich dorthin kam, sah ich ihn schon wieder in der Menge untertauchen, um mich dort zu finden, wo er gesagt hatte: „Warten Sie hier." Ich versuchte ihn zu erreichen, aber es gelang mir nicht, so schnell bewegte er sich zwischen all den Menschen, bis er an dem Platz stehen blieb, an dem er mich kurz zuvor verlassen hatte, offensichtlich verwundert, daß er mich dort nicht fand. Als ich mich hinter ihm bemerkbar machte, drehte er sich um und sagte: „Wir erwarten Sie morgen um zehn Uhr in der Villa Hansi." Und schon war er wieder fort. — Ich habe jedenfalls aus diesem Erlebnis gelernt, daß, wenn Rudolf Steiner sagte: „Warten Sie hier", man nicht daran zweifeln darf, daß er einen wiederfindet.

Am nächsten Tag waren wir, mein Berliner Freund und ich, zur angesagten Stunde in der Villa Hansi. Herr und Frau Doktor erwarteten uns. Dr. Steiner diktierte die Punkte des Vertrages zwischen dem Philosophisch-Anthroposophischen Verlag und der Anthroposophischen Bücherstube in Berlin, welchem damit die Auslieferung des Verlages an den deutschen Buchhandel übertragen wurde.

Als diese Angelegenheit — es ging sehr rasch — erledigt war, sagte er zu mir: „Sie werden doch den Berliner Freunden von der Weihnachtstagung berichten." Ich verstand nicht gleich und sagte, daß ich das ganz gewiß tun werde, aber es seien doch mehrere von uns da, und es werde gewiß jeder von uns sein Erleben berichten. Er aber sagte: „Ich meine nicht die Jugend, sondern den alten Berliner Zweig. Es war nämlich niemand da!" Darauf entgegnete ich, ich hätte doch den Zweigleiter in diesen Tagen in Dornach gesehen. Aber Dr .Steiner beharrte darauf: „Es war niemand da!" Und sich an Frau Doktor wendend, fragte er: „Wieviel Mitglieder haben wir denn in Berlin?" Und als sie sagte: „Es sind über tausend Mitglieder, es ist der größte Zweig", wendete er sich an mich: „Denken Sie, über tausend Mitglieder! Es ist der größte Zweig! Und es war niemand da!" Dabei blickte er mich mit so unsagbar traurigen Augen an, daß ich tief betroffen war und ihm versprach: Ich werde den Berliner Freunden von der Weihnachtstagung berichten.

Wieder war ich im Zweifel über das, was sich nun in Berlin ergeben würde, wenn ich dorthin komme, und es ist der Zweigleiter dort und ich müßte sagen: Ich habe Herrn Dr. Steiner auf seine dringende Frage an mich versprochen, dem Berliner Zweig von der Weihnachtstagung zu berichten. Ich konnte mir keine Vorstellung machen, wie sich das alles gestalten würde.

Wie aber sah es dann in Wirklichkeit aus, als ich in Berlin ankam? — Ich hatte einen Umweg über Kassel gemacht, wo gerade die erste öffentliche Tagung der Christengemeinschaft stattfand. Als ich nun unmittelbar nach meiner Ankunft in Berlin in die Potsdamer Straße ging, wo der große Saal des Berliner Zweiges war, und ich Anna Samweber, die treue Hüterin dieses Saales aufsuchte, kam sie mir schon zuvor: „Herr Rath,

Sie müssen uns von der Weihnachtstagung berichten!" Ich sagte ihr, Dr. Steiner habe es mir auch gesagt und ich hätte es ihm versprochen. Aber was denn mit dem Zweigleiter sei, der doch auch in Dornach war? Sie aber sagte mir: Wir wissen nicht, wo er ist. Er hat sich bis jetzt hier nicht sehen lassen.

So kam es denn, daß ich in einem festlich geschmückten, bis auf den letzten Platz gefüllten Saal den Berliner Freunden einen Bericht über dieses große Geschehen geben durfte, das nicht nur einen Neubeginn für die Anthroposophische Gesellschaft brachte, sondern darüber hinaus einen Wendepunkt in der Evolution der Menschheit bedeutet. Denn hier war erstmalig in der Weltgeschichte eine esoterische Hochschule für Geisteswissenschaft geschaffen worden, an der die nach dem Geiste strebende Jugend ihre Ausbildung für Geist-verwirklichende Berufe finden sollte. Es war der Grundstein gelegt für ein wirklich im Geiste gegründetes „Freies Geistesleben", und ich empfand: Der Sinn des ganzen Lebenswerkes Rudolf Steiners fand in dieser Weihnachtstagung seine Erfüllung, und diese brachte damit zugleich die Erfüllung der Sehnsucht unseres jugendlichen Ringens.

Als ich im Herbst 1924 in Berlin war, um nach vierzig Jahren wieder zu den jetzt in Berlin lebenden Freunden über die Weihnachtstagung zu sprechen, konnte ich auch unsere liebe Anna Samweber, die nun schon in den achtziger Jahren steht, in Ostberlin aufsuchen. Wir kamen auch auf dieses damalige Ereignis und das Wort Dr. Steiners zu mir zu sprechen, und sie nannte mir einige Namen von Berliner Freunden, die damals doch in Dornach gewesen sind. Sie meinte, Dr. Steiner habe von deren Anwesenheit wohl nichts gewußt. Mir aber scheint, es könne hier vielleicht auch das Wort Dr. Steiners gelten, das er einmal im Stuttgarter „Dreißiger Kreis" (es war nach dem Brand im Februar 1923 in Stuttgart) gebraucht hat: „Man kann auch hier sitzen und doch nicht da sein."

Die Bejahung, die unsere Bücherstuben-Idee durch Dr. Steiner gefunden hatte, wirkte sich auch noch weiterhin schicksalbestimmend aus. So stellte ein junger Freund, der in seiner Berufswahl noch geschwankt hatte, sich mit seiner ganzen Initiativkraft und seinen Fähigkeiten auf wirtschaftlichem und künstlerischem Gebiet tatkräftig in die hier sich bietende Aufgabe mit hinein. Und so entstand als eine Frucht jugendlicher Gemeinschaftsarbeit dieses in aller Bescheidenheit sich doch als ein Zweig der anthroposophischen Bewegung fühlende kleine Wirtschafts-Unternehmen, in dessen Verlag dann auch die anthroposophische Jugendzeitschrift *Der Pfad* und eine kleine Schriftenreihe erschienen sind. Die geschmackvoll eingerichteten Räume wurden durch Jahre hindurch ein Treffpunkt für viele junge Menschen, und manch einer fand hier vielleicht zum ersten Mal einen Überblick, soweit das damals möglich war, über das literarische und künstlerische Werk Rudolf Steiners.

Einer der Räume dieser verhältnismäßig großen Wohnung, aus der der Philosophisch-Anthroposophische Verlag ausgezogen war, eignete sich als Zweigraum für den Berliner Zweig der Freien Anthroposophischen Gesellschaft. Ich hatte — noch zu Weihnachten — Dr. Steiner gefragt, ob er nicht in absehbarer Zeit wieder nach Berlin kommen würde und bei dieser Gelegenheit unseren neuen Zweigraum einweihen wolle. Er aber sagte mir: „Ich werde jetzt nicht nach Berlin kommen, aber wenn Sie wieder nach Dornach kommen, so erinnern Sie mich daran. Ich werde Ihnen dann einen Weihespruch geben, mit dem Sie Ihren Raum dann selbst einweihen können."

Als ich dann im März wieder in Dornach war, bald nachdem Dr. Steiner die „Jugendsektion" am Goetheanum eingerichtet hatte, bestellte er mich — wieder von sich aus — in das Atelier und übergab mir auf einem Blatt in seiner Handschrift den Weihespruch für unseren neuen Zweigraum. Mit diesem Weihespruch konnten wir dann für diesen Raum — er hatte durch eine Bespannung der Wände mit dunkelrotem Rupfen etwas sehr Feierliches erhalten — am 3. April 1924 die Einweihung vollziehen. Dieser Weihespruch lautet:

> Raumeswände trennen schützend uns
> Von der Welten störend' Lärmgetriebe;
> Seele findet in der Stille sich
> Zu der Seele in dem Geistesraum;
> Aber Welten-Kräfte binden wirksam,
> Was die stärkste Wand gesondert hält;
> So auch muß die Liebe kräftig tragen
> Menschenkräfte in der Seelen Geistverein.

Es war der erste eigene Zweigraum der Freien Anthroposophischen Gesellschaft, der überdies durch Dr. Steiner, wenn auch aus räumlicher Entfernung, die Weihe erhalten hatte.

Ich war tiefbewegt, als dreiunddreißig Jahre danach zu Pfingsten 1957, bei der Einweihung des Rudolf-Steiner-Hauses in Stuttgart, unser inzwischen verstorbener Freund Dr. Eberhard Schickler — ohne damals den Zusammenhang zu kennen — diesen Weihespruch sprach. Er hatte ihn aus der dritten Auflage der *Wahrspruchworte* entnommen, wo er zuerst, allerdings nur in der Notizbuch-Fassung, abgedruckt worden war. Das Blatt mit der Handschrift Dr. Steiners hatte ich damals nach der Einweihung unseres Berliner Raumes noch vor meiner Übersiedlung nach Stuttgart, wo ich das Sekretariat der Freien Anthroposophischen Gesellschaft übernahm, den Freunden in Berlin übergeben, die es dann in einem schönen Rahmen hinter Glas in dem neuen Zweigraum an der Wand befestigten. Dieser Spruch hat seither in manchen Herzen weitergelebt, gerade auch in Berlin, wo inzwischen die Menschen-trennenden Mächte mit der „Mauer" gleichsam ein äußeres Symbol ihrer finsteren Zielsetzung errichtet haben. Die Mahnung dieses Weihespruches möge mithelfen, daß Anthroposophie immer mehr Herzen so selbstlos und zugleich so stark mache, daß diese auch die stärksten *inneren* Wände zwischen den nach dem Geiste strebenden Seelen allmählich zu überwinden vermögen.

RUDOLF MEYER

Die Pfingsttagung in Koberwitz 1924

Es wird im Jahre 1921 gewesen sein, da der Landwirt Ernst Stegemann, der in Marienstein, nahe bei Göttingen, ein Klostergut bebaute, an Dr. Steiner die bedeutsamen Fragen stellte, welche aus einer tiefen Sorge um den Fortgang der Landwirtschaft, die Erhaltung und Erneuerung unserer Kulturpflanzen geboren waren. Ich erinnere mich noch, wie er nach diesem Gespräch in Stuttgart auf mich zukam und tiefbewegt zu berichten begann, was ihm von nun an den Inhalt seines Lebens und Wirkens geben sollte. Denn um nichts Geringeres ging es, als um die Züchtung ganz neuer Getreidearten aus Gräsern, die ihm aufgegeben war. Rudolf Steiner hatte ihm, der nach dieser Richtung gewisse intimere Beobachtungen gemacht und seine Sorge ausgesprochen hatte, geradezu gesagt, daß mit dem Ablauf des Kaliyuga alle unsere Kulturpflanzen sich erschöpfen würden; es gehe darum, neue Arten zu züchten — und er gab ihm sofort die praktischen Anweisungen, wie z. B. aus einer bestimmten Grasart ein kräftiger Hafer gezogen werden könne, aus dem später ein gesundes Brot zu backen sei. So ungefähr waren diese Worte. Und nun begannen, neben andern Anweisungen, sogleich jene Versuche, von denen Dr. Wachsmuth aus parallelen Arbeiten, die er in Dornach durchzuführen hatte, in seiner Darstellung des Lebensganges Rudolf Steiners berichtet hat. Bald darauf, als ich einmal wieder in Marienstein zu Besuch war, konnte ich schon die berühmten „Kuhhörner" mit den kostbaren Füllungen bewundern, die die fruchtende Substanz zubereiteten für die zu züchtenden Pflanzen. Man konnte etwas von urweltlichen Kulturen wieder aufleben fühlen: von jenen Zeiten, da die Menschheit unter Anleitung ihrer großen Eingeweihten die Getreidearten züchtete, von denen durch die Jahrtausende hindurch die Völker ihr tägliches Brot empfangen durften. — Und in Ernst Stegemann begegnete man einer Persönlichkeit, die durch intensives meditatives Vermögen einen sicheren Spürsinn gegenüber den Vorgängen innerhalb ihrer Landwirtschaft ausgebildet hatte. Eine ganz neue Seite innerhalb der universellen Kulturerneuerung, wie sie durch Anthroposophie angestrebt wird, konnte einem damals aufgehen.

Welche hochgespannten Erwartungen erfüllten uns daher in Koberwitz, als im Frühling 1924 Graf Carl v. Keyserlingk sich um die Abhaltung eines landwirtschaftlichen Kurses durch Dr. Steiner bemühte. Es war für Rudolf Steiner selbstverständlich, daß ein solcher Kursus auch das ihm entsprechende Milieu, die landwirtschaftliche Umgebung brauchte. Und diese war ja nun auf dem Schlosse Koberwitz und dem dazugehörigen mustergültigen Gutsbetrieb in schönstem Sinne gegeben. Dr. Steiner hat selbst über diesen Kursus und den ihn so beglückenden Rahmen im Mitteilungsblatt der Gesellschaft (Juni 1924) Bericht erstattet. Bekannt ist ja jene köstliche Szene, wie Graf Keyserlingk in seiner geradlinigen Art den Neffen, der aus dem Baltikum zu ihm gekommen war, nach Dornach sandte, um den Bescheid mitzubringen, wann der landwirtschaftliche Kursus stattfinden könne. Wenn man nun weiß, in welchem Maße nach der Weihnachtstagung Dr. Steiners Zeit mit Initiativen, Kursen, Reisen vollbesetzt war, so schien es unwahrscheinlich in jenem Jahre (das aber das letzte in Rudolf Steiners Wirken auf Erden war!), noch irgendetwas unterzubringen. Graf Keyserlingk hatte aber seinem Neffen verboten zurückzukehren, ehe er nicht die endgültige Zusage des Termins hätte. Diesem Umstand ist es allein zu verdanken, daß der Kursus zu Pfingsten und, man darf wohl sagen, überhaupt stattfand. Denn nur auf die Erklärung, daß er nicht abfahren dürfe, ehe er nicht endgültigen Bescheid habe, entschloß sich Dr. Steiner, den Pfingsttermin zuzusagen. Und er selbst schilderte in einer Koberwitzer Tischrede, von dieser Methode offensichtlich belustigt und befriedigt, die Eindrücke, die er damals empfangen habe: wie etwas aus dem Innersten unserer Bewegung Wirkendes sei es gewesen, was mit magnetischer Kraft ihn dorthin gezogen habe, obwohl die Zeit nicht leicht freizumachen gewesen sei. Deshalb müsse man von nun an „von dem eisernen Grafen und der eisernen Gräfin" sprechen. Und als Dr. Steiner dann im Lauf der Tage die reich wuchernden Brennesseln in Koberwitz sah — die Brennessel, die er in jenem Kursus gerade die große Wohltäterin des Menschen nannte und von ihrer Beziehung zu den Eisenkräften des Bodens sprach —, da erklärte er lächelnd, nun wisse er auch, woher dieser „eiserne Geist" des Hauses Keyserlingk komme; denn hier sei der Boden und das Wasser in besonderem Maße eisenhaltig, wie die Brennesseln ja ankündigten.

Aber noch ein anderes Element waltete in jener Atmosphäre, in der Dr. Steiner so gerne wirkte und uns aus der Fülle des Geistes beschenkte: das war die Liebe zu dem Lehrer, die Ehrfurcht gegenüber seiner Sendung und die selbstverständliche Bereitschaft, als Geistesschüler ihm und seinem Werke alles, was man hatte und konnte, zur Verfügung zu stellen. Man spürte, wie es für den Lehrer, der sich so vollkommen bescheiden gab, doch etwas Beglückendes war, das ihn von Tag zu Tag mehr aufblühen ließ, nachdem er in einem so tiefe Besorgnis erweckenden Gesundheitszustande dort eingetroffen war. Wie festlich waren die Augenblicke für alle Anwesenden und Erwartenden, wenn er die große Treppe zum Schloßvestibül herabkam und seine Gestalt zwischen den jungen Birken hindurchschritt, die man — die Pfingststimmung zu erhöhen — zu Seiten der Treppe aufgerichtet hatte!

Sprach Dr. Steiner vom Komposthaufen und vom Mistrühren, so wurde man gleich in eine so elementar-bäuerliche Atmosphäre versetzt, daß man glauben mußte, dies sei nun sein eigentlicher Beruf, in welchem er sich beheimatet fühle. Begreiflich, daß Graf Keyserlingk ihn als den „Großbauern" ansprach, von dem sie alle gern die Weisungen für ihren Beruf entgegennähmen. Dr. Steiner jedoch wies dieses zurück und wollte sich — in Erinnerung an seine Hilfsarbeiten, die er als Knabe im Ackerbau geleistet habe — höchstens als „Kleinbauern" betiteln lassen. Und welche Spannweite des Miterlebens bedeutete es für uns, wenn man dem *gleichen* Geiste an den Abenden in Breslau lauschen durfte, wie er den Gang der Menschenseelen durch die Planetensphären schilderte, ihr Weiterschreiten von Erdenleben zu Erdenleben nach den Schicksalsgesetzen im Zusammenwirken mit den erhabenen Geistern der Hierarchien...

Wunderbar eingebettet in dieses Milieu des Landwirtschaftlichen und der Naturandacht konnten wir noch ein besonderes Geschenk erleben, das uns Breslauer Mitarbeitern der Christengemeinschaft, die wir an dem Landwirtschaftlichen Kursus teilnehmen durften, zuteil wurde. Dr. Steiner gab uns Priestern ja die Wortlaute und Anweisungen für die Feste im Jahreslauf erst nach und nach; so waren inzwischen seit ihrer Gründung im Herbst 1922 alle Feste eingerichtet; einzig Johanni fehlte noch. Das heidnische Sonnenwendfest, wie wir es aus unserer Jugendzeit mit seinen Flammenzeichen liebten, sollte nun in durchchristeter Art neu erstehen. Christus selber, als das aus Sonnenhöhen der Welt zu uns herniedersteigende Wesen, wollte von den des Lichtes bedürftigen Seelen empfangen werden, wie Er an der Zeitenwende einstmals durch die Jordantaufe in die Hülle eines Menschen Einzug gehalten hatte. Und Johannes, der Herold dieses weltenwendenden Geschehens, sollte bei diesen Feiern auf bedeutsame Weise angerufen, sein Genius in die opfernde Menschengemeinschaft herein erfleht werden. Der Genius des Christentums selbst schien in die Zeitenführung wieder einzutreten. Welch ein unverlöschlicher Augenblick, wenn der Bote der Geisteswelt — es war in einer Pause während der landwirtschaftlichen Vorträge — ganz schlicht und doch selber freudig von einem solchen Texte beglückt, der in der Nachtarbeit fertig geworden war, vor uns hintrat und in seiner edlen Schrift uns die Bogen überreichte, auf denen die Weiheworte der Johannifesthandlung zu lesen waren. Ich sehe uns noch unter dem Schloßportal vor dem Park in der leuchtenden Juniwelt um ihn versammelt stehen; sehe vor allem auch noch das große kindliche Staunen und die heilige Begeisterung, die aus unserem verehrten älteren Mitarbeiter Rudolf von Koschützki hervorbrach: für ihn bedeuteten diese Pfingsttage wohl die höchste Erfüllung seines Strebens, da er ja Landwirt (er hatte ein großes Fachbuch „Die Praxis des Landmanns" gerade vor kurzem herausgebracht) und zugleich Priester war und beides in einer einzigartigen Befruchtung und Durchdringung dieser zwei Sphären darzuleben verstand.

Zu jenem Pfingstfeste gehören jedoch noch die Begegnungen mit der Jugend, die Dr. Steiner damals in seiner verschwenderischen Bereitschaft so gütig-weise wie jugendlich-impulsierend ausgestaltete. Es war die Zeit, in der mit großer Spannung die neu zu gründende *Sektion für das Geistesstreben der Jugend* erwartet wurde.[1] Er selbst lauschte unermüdlich darauf, was die Jugend wolle und fordere: „Ich weiß wohl, was sie will", konnte er dann etwa bei Tisch sagen, „aber das genügt nicht, die Jugend muß es erst selbst wissen." — Man sprach unter uns damals viel von der *„neuen Jugendweisheit"*, die er geben wollte: „die für unsere Zeit etwa das bedeuten könne, was die Evangelien für das Urchristentum waren". In einer kleinen Zwischenbesprechung im Schlosse sagte er uns, als Kurt von Wistinghausen noch einmal konkret die Frage danach stellte: sie würde etwas ergeben, wie Feuchterslebens „Diätetik der Seele", nur eben in anthroposophischer Art. Wer aber von uns hatte schon Feuchtersleben gelesen, den altmodischen! Es geschah also sofort nach diesem Gespräch. — In den Breslauer Jugendversammlungen sprach er dann offen von der besonderen Seelenart der Jugend, die um die Jahrhundertwende zur Verkörperung herabgestiegen sei: mit dem Willen zur *Durchseelung* aller irdischen Verhältnisse sei diese Generation herabgekommen! Nietzsche gehöre, gleichsam als ein älterer Bruder, zu dieser Schicksalsgemeinschaft von Seelen, seine tragische Bestimmung war es, wie eine Frühgeburt dieser michaelischen Zeit ins Erdenleben einzutreten, noch ehe das neue Geisteslicht über der Erde aufgegangen war. — Damals trat ein eingefleischter „Jugendbewegter" auf und beklagte sich über seine Kameraden; einst seien sie Woche für Woche hinausgewandert, hätten am Lagerfeuer geschwärmt, im Stroh geschlafen usw. ... Seitdem aber meine Kameraden *Ihre* Bücher studieren, so etwa sagte er, indem er bei Dr. Steiner gleichsam eine Hilfestellung suchte, wollen sie nicht mehr alle Sonntage wandern, und unsere schöne Jugendgruppe löst sich auf. — Er könne nicht verstehen, meinte Dr. Steiner, weshalb sich durch die Beschäftigung

---

[1] Rudolf Steiner hatte im Nachrichtenblatt des Goetheanum vom 24. Februar 1924 die Errichtung der Jugendsektion als Absicht des Vorstandes angekündigt.

mit anthroposophischen Ideen Jugendfreundschaften auflösen und gemeinsam erlebte Jugendideale verblassen sollten. „Wie erlangt man Erkenntnisse der höheren Welten?" sei doch eigentlich „ein rechtes Wandervogelbuch". — „Es ist nämlich bis in jeden Satz hinein erwandert worden", so versicherte er uns. Allerdings werde man, wenn man die Übungen dieses Buches mache, allmählich dazu gelangen, vielleicht schon bei der ersten Blume, die man am Wege finde, stille zu stehen; denn sie könne einem einen ganzen Sternenkosmos enthüllen, der in sie hineingeheimnißt sei. Dann brauche man nicht grade immer so weit wandern, weil man an den einfachsten Erscheinungen bereits die Möglichkeit habe, in die Höhen und Tiefen des Kosmos zu dringen. „Es ist wirklich erwandert", beteuerte er nochmals, wenn dieses Buch auch — wie er schelmisch hinzufügte — größtenteils des Nachts im Bette niedergeschrieben werden mußte, da ihm innerhalb der Tagespflichten kaum Zeit zum Bücherschreiben geblieben sei.

Und als nach dem festlich-geselligen Ausklang der Gesamttagung die unersättliche Jugend den Lehrer nochmals mit Fragen bedrängte, die er sehr ernst nahm, kam es zu jener schon oftmals geschilderten letzten Jugendansprache, zu der ein kleiner Kreis am Morgen seiner Abreise zusammengebeten wurde. Diese bildgewaltige Rede, die mehr den Stil einer esoterischen Unterweisung an sich trug, wird allen, die an jenem Morgen anwesend sein durften, als ein heiliger Schatz im Herzen bewahrt sein. Damals sprach er von Rousseau und von seinem Rufe, der die europäische Jugend des 18. Jahrhunderts so sehr berauschte: „Zurück zur Natur!" Man konnte, so sagte er, als dieser Ruf erklang, hinter den Kulissen des äußeren Daseins die Dämonen kichern hören. Dieses Kichern der Dämonen aber steigerte sich im 19. Jahrhundert zum Hohnlachen, als sich die Naturseligkeit in den naturwissenschaftlichen Materialismus verwandelte. Denn die Seele läuft heute Gefahr, ihr Menschentum zu verlieren, wenn sie sich blind der Natur hingibt, ehe sie in sich selber den lebendigen Geist gefunden hat. Heute müsse, so sagte er, in mächtigen Bildern erfaßt werden, was das innerste Streben der Jugend sei. Zwei Worte haben sich miteinander verbunden, um zu einem Symbol des Jugendstrebens in der Gegenwart zu werden. Sie heißen, zusammengefaßt: *„Wander-Vogel"*. — Und Rudolf Steiner stellte die Frage: „Weiß denn heute überhaupt der Mensch, was in alten Zeiten das Wandern war, was der Wanderer war, der in Wind und Wetter webende Wanderer?" — Wir müssen wieder den Weg zu jenem Ur-Wanderer finden, der einstmals den Seelen in Wind und Wetter die Weltengeheimnisse offenbarte: zu Wotan. Denn erst, wenn man diesem Wanderer ins Auge geschaut hat, weiß man in Wahrheit, was „Wandern" ist. — „Und wer weiß denn heute noch, wenn er der Vogelwelt gegenübersteht, daß man erst das durchmachen muß, was einst Siegfried durchmachen mußte, um die Sprache der Vögel zu verstehen?" Erst wer das Siegfried-Schwert, das den Drachen zu besiegen vermochte, in sich rege macht, jenes Schwert, das nur die prophetische Vorausnahme des Michael-Schwertes ist, kann erwürdigt werden, auch die verborgene Sprache der Vögel kennenzulernen. Nur wer diesen zweifachen Weg, der zu Wotan und der zu Siegfried führt, zu gehen bereit ist, erwirbt sich das Recht, den zweifachen Namen für sich zu gebrauchen: „Wander-Vogel".

Es gibt intime Eindrücke, die man bei solchen Unterweisungen haben konnte und von denen zu sprechen etwas gewagt ist. Nach 30 Jahren darf es vielleicht doch geschehen, andeutungsweise. Rudolf Steiner konnte in solchen Lehrstunden so wirken, als ob er sich mit seinem Dasein in dasjenige verwandelte, von dem er sprach. Wie uralt, wie aus grauen Jahrhunderten kommend, verwittert die Züge und vom Hauch der Vorwelt umweht, so stand er da. In diesem Augenblick war er Wotan; ging Wotan gleichsam durch ihn wesenhaft hindurch ... Und dann, kurz darauf, war er ein völlig anderer. Sieghaft leuchtend, als er von Siegfried, dem Drachentöter sprach: ein Jüngling, bei dessen Anblick man erst ahnte, wie jung der Geist, der heilige Geist zu machen imstande ist — der Zeuge einer anbrechenden Menschheitsjugend.

So fuhr er, das letzte Pfingstfest auf Erden beschließend, von Koberwitz ab, um in der gleichen Nacht noch Jena zu erreichen. Es galt, die erste Stätte einer besonderen Liebestat, zu der sich gerade ganz junge Menschen aufgerufen fühlten, aufzusuchen und sie durch seine Gegenwart einzuweihen: den „Lauenstein", mit dem die Heilpädagogische Bewegung nun beginnen sollte.

SIEGFRIED PICKERT

Von Rudolf Steiners Wirken bei der Begründung der heilpädagogischen Arbeit

Mit der „Weihnachtstagung" ist der Anfang der Arbeit unserer heilpädagogischen Institute innig verknüpft. Albrecht Strohschein, Franz Löffler und ich fuhren zu dieser Tagung Weihnachten 1923 gemeinsam nach Dornach. Strohschein stand leitend in der anthroposophischen Jugendarbeit in Jena, Löffler und ich hatten dort aus diesen Zusammenhängen heraus wenige Wochen zuvor als junge Lehrer in einer Anstalt für psychopathische Kinder zu arbeiten begonnen. Wir wollten versuchen, anthroposophische Ideen auf dem Gebiet der Heilerziehung fruchtbar zu machen. Handlungsfreiheit war uns zugesichert, zumal wir vorwiegend bei hoffnungslosen Fällen verwendet wurden, denen nach den bestehenden Erfahrungen weder wesentliche Förderung noch besondere Schädigung gebracht werden konnte. Mit jugendlicher Begeisterung hatten wir uns bemüht, in den stumpfen Gemütern unserer Kinder ein weckendes Licht zu entzünden. Eine Fülle von Fragen nach der rechten inneren Einstellung, nach Lösung dieser besonderen Form menschlicher Schicksalsrätsel, nach der praktischen äußeren Handhabung brannten uns auf der Seele. Für diese drängende Not durften wir Rudolf Steiners Rat erbitten. Er verwies uns an Ita Wegman; sie hatte gerade die Leitung der neubegründeten Medizinischen Sektion am Goetheanum übernommen und kurz zuvor auch mit der Behandlung abnormer Kinder im Klinisch-Therapeutischen Institut in Arlesheim begonnen. Bei dem ersten Kurs für junge Mediziner, der sich gleich an die Weihnachtstagung anschloß, durften wir aufnehmen, was Rudolf Steiner zur Weckung des Heilerwillens vermittelte.

In einem persönlichen Gespräch im Atelier konnten wir Rudolf Steiner von unserer Arbeit erzählen und unsere Fragen vorbringen. Zu Füßen der Christusstatue saß der große Lehrer und hörte den jungen Leuten zu mit einer unendlichen Güte und Hingabe, die allen Abstand überbrückte. Dann kamen Antworten auf alles, was gefragt wurde, und auf vieles, was unausgesprochen in der Seele sich regte. Worte, die in wenige kostbare Minuten gedrängt waren und doch tragender Inhalt eines ganzen Erdenlebens werden konnten. Er sprach davon, wie solche

„abnormen" Kinder mit ihrem Ich und Astralleib sich nur unvollständig verkörpert haben und schon jetzt, besonders im Schlaf, der Ausgestaltung eines zukünftigen Erdenlebens hingegeben sind; wie der Heilpädagoge das in seinem Bewußtsein halten müsse und in bildhafter Seelenübung vollziehen könne, was diese Kinder bei der gegenwärtigen Verkörperung nicht erreicht haben. Rudolf Steiner sagte: „Wenn ich nach Stuttgart in die Hilfsklasse komme, sage ich mir, hier wird für ein nächstes Erdenleben gearbeitet, ganz abgesehen von dem, was jetzt erreicht wird, und das kann recht viel sein... Nach meiner Forschung ist fast jedes Genie in einem früheren Leben durch ein solches Trotteldasein gegangen." Und in wenigen Sätzen kam eine Fülle von praktischen Ratschlägen für Sprachgestaltung, Eurythmie, Schreiben, Lesen, Geschicklichkeitsübungen bis zu medikamentöser Hilfe; lauter Maßnahmen, die dahin zielten, das reale Geistige bewußt und liebevoll zum Ergreifen der Leiblichkeit zu bringen.

Rudolf Steiner geleitete uns an die Tür. „Hoffentlich habe ich einmal Gelegenheit, Ihnen an Ort und Stelle mit meinem Rat zu dienen", waren seine Abschiedsworte, deren gütige Selbstlosigkeit noch heute wie beschämend in der Seele wirken kann.

Tief innerlich beglückt von der Fülle der Geistgeschenke kehrten wir nach Jena zurück. Der ganzen anthroposophischen Bewegung war durch die Weihnachtstagung ein neues Fundament gegeben, und wir hatten mit unseren Arbeitszielen Verbindung mit dem großen Geistesstrom finden dürfen.

Die nächsten Wochen waren dem intensiven Bemühen gewidmet, die Ratschläge zu verwirklichen, und führten bald zu erfreulichen, greifbaren Erfolgen. In manchem verdunkelten, abgestumpften Kindergemüt blitzte und leuchtete es auf, manche Fähigkeit konnte geweckt werden, mehr als man zu hoffen wagte. Im Betrieb der Anstalt regte sich Zustimmung von den Praktikern; Ablehnung von der zünftigen Wissenschaft. Dem jugendlichen Erneuerungswillen sollte allmählich ein Riegel vorgeschoben werden.

Da wurde uns trotz der auch damals herrschenden Wohnungsnot ein Haus angeboten, das die Einrichtung eines kleinen, eigenen Heimes ermöglichte, wenn die katastrophale Wirtschaftslage das zuließ. Auf unsere Frage über solche Möglichkeit gab Rudolf Steiner bei der pädagogischen Ostertagung in Stuttgart zur Antwort: „Wenn Sie die Sache physisch auf die Beine bringen, wird sich die rechte Form des Zusammenarbeitens finden lassen... Auf die wirtschaftlichen Verhältnisse dürfen Sie keine Rücksicht nehmen." So entschlossen wir drei uns zur Begründung des heilpädagogischen Instituts „Lauenstein" in Jena. Außer dem nahezu leeren, reparaturbedürftigen Haus war an äußeren Voraussetzungen zunächst nichts vorhanden: Kein Geld, keine Eltern, die Kinder schicken wollten, keine Referenzen oder dergleichen. Aber das Interesse, das Rudolf Steiner unserem Streben entgegenbrachte, weckte bald an manchen Stellen zielvolle und hilfreiche Begeisterung. Emil Molt schenkte eine Summe, welche die Miete der ersten Monate deckte. Die Freie Anthroposophische Gesellschaft stellte einen Leihbetrag zur Verfügung. Louis Werbeck in Hamburg übernahm einen laufenden Zuschuß und spendete eine Fülle von Haushaltsgegenständen. Möbel wurden von Freunden überlassen. Eltern meldeten sich, die in dem festen Vertrauen zu dem geistigen Quell der Arbeit, trotz aller äußeren Unzulänglichkeiten, ihre Sorgenkinder uns anvertrauen wollten.

So fuhren wir zur Ostertagung 1924 nach Dornach. Wieder durften wir an dem Kurs für junge Mediziner teilnehmen, wieder empfing uns Rudolf Steiner im Atelier zu persönlichem Gespräch. Wir konnten ihm melden, daß nun die erste Grundlage für eigenes Arbeiten geschaffen sei. Es war ein feierlicher Augenblick, als Rudolf Steiner sagte: „Ich werde Sie besuchen und dann einen Kurs halten." Er zog sein dickes Notizbuch hervor und setzte den Termin nach Rückkehr vom landwirtschaftlichen Kurs in Schlesien auf Mitte Juni fest. Beglückt und beflügelt eilten wir nach Jena zurück, um die weiteren Vorbereitungen zu treffen. Vor allem mußte das Haus instandgesetzt werden. Die Räume wurden in den Farben gestrichen, die Rudolf Steiner angegeben hatte, der verwilderte Garten einigermaßen in Ordnung gebracht. Da Handwerkerrechnungen in unseren bescheidenen Etat nicht paßten, wurden fast alle diese Arbeiten von uns allein ausgeführt. Als tatkräftiger Helfer, am Anfang besonders für die Gartenbestellung, hatte sich Werner Pache inzwischen hinzugesellt, der auch am landwirtschaftlichen Kurs in Koberwitz teilnehmen konnte. Die ärztliche Betreuung übernahm zunächst Dr. med. Ilse Knauer aus dem benachbarten Saalfeld. Für die schwierige Aufgabe der Hausmutter war Schwester Grete tätig, später Frau Dr. Hardt, die mit der Führung des „Lauenstein" 25 Jahre verbunden blieb bis zur Schließung des Heimes, die am 1. Mai 1949 in der Ostzone erzwungen wurde.

In der Nacht vom 17. zum 18. Juni 1924 traf Rudolf Steiner auf dem Bahnhof in Jena ein, begleitet von Dr. Elisabeth Vreede und Dr. Günther Wachsmuth. In einem Hotel, das sich rühmte, schon Martin Luther und Bismarck beherbergt zu haben, hatten wir unsere hohen Gäste untergebracht. An dem strahlend schönen Sommermorgen des nächsten Tages kam Rudolf Steiner mit seinen Begleitern auf den „Lauenstein" gefahren, zu dem kleinen Haus am Bergeshang über der Saale, inmitten eines Gartens gelegen. Dort warteten wir mit neun Kindern. „Seelenpflegebedürftige" Kinder hatte sie Rudolf Steiner genannt (statt der lieblosen Bezeichnung „abnorm, psychopathisch" und dergleichen). Und nun warteten wir mit ihnen auf den großen Menschheitslehrer und Seelenpfleger. Am Eingang des Gartens blieb Rudolf Steiner einen Augenblick stehen mit jener inneren Geste der Hingabe, die man wohl auch beim Betreten des Saales vor einem Vortrag an ihm wahrnehmen konnte. Im Empfangszimmer sollten die Kinder vorgestellt werden. Wir hatten einen bequemen (geliehenen) Sessel für Rudolf Steiner bereitgestellt, der mit freundlicher Bestimmtheit sofort einen andern dort plazierte.

Nun kamen die Kinder einzeln herein. Wunderbar war es zu erleben, wie die Kinder sich Rudolf Steiner gegenüber verhielten, wie Rudolf Steiner auf die Wesensart jedes einzelnen unmittelbar einging. Ein äußerst sensibles Kind, das sonst gegen jeden fremden Menschen heftige Abwehr zeigte, ging direkt auf Rudolf Steiner zu und setzte sich ihm auf den Schoß, ihn voll Vertrauen anblickend.

Ein anderer Junge, 15jährig, auf der Entwicklungsstufe eines Idioten, kommt, von wilden Erregungszuständen geplagt, lärmend hereingestürzt. Wir wollen ihn beruhigen. Rudolf Steiner wehrt ab: „Lassen Sie nur, es ist sehr interessant." Wie ein wilder Kreisel saust der Junge um den runden Tisch. Plötzlich ergreift er ein Kissen, stopft es einem Anwesenden in den Rücken, reißt es mit Triumphgeschrei wieder hervor, beim Nächsten das gleiche, so in der Runde weiter bis zum Platz von Rudolf Steiner. Plötzliches Verstummen; voll stiller Verwunderung betrachtet unser wildes Karlchen eine Weile den Geisteslehrer, macht einen ehrfürchtigen Bogen um ihn und setzt sein Spiel beim nächsten wieder fort. So brachte auch der „Idiot" seine stumme Huldigung dar. Besonders eingehend hat sich dann Rudolf Steiner mit diesem Kinde befaßt. Er strich ihm über den mißgestalteten Kopf, beobachtete seinen Haarwuchs, die Bildung der Zähne, die Finger. Auf manche Einzelheit der physischen Prägung als Abdruck des Geistigen machte er aufmerksam.

Nach der Vorgeschichte der Kinder wurde gefragt. Bei dem einen Kind müsse ein Schock oder leichter Unfall der Mutter vor der Geburt sich ereignet haben, was uns unbekannt war, sich nachher aber bestätigte. Bei einem anderen müßten Störungen zwischen dem 3. und 4. Lebensjahr aufgetreten sein, ein heftiges Jucken und Kratzen. Die später befragte Mutter berichtet, daß mit dem 4. Lebensjahr diese Erscheinungen mit unerklärlichem Fieber aufgetreten seien und von daher die Entwicklungsstörung des Kindes datiere.

Ein 15jähriger Junge mit ungetrübter Intelligenz, aber asozialen Neigungen kommt herein, etwas selbstbewußt und großsprecherisch. Mit einigen freundlichen Worten fragt Rudolf Steiner nach dem, was er kann; und wie ausgelöscht ist sein gespreiztes Wesen. Still und bescheiden verläßt er dann den Raum. Es kommt der Rat, den Jungen vor allem zu praktischen Arbeiten, wie Schuhebesohlen, heranzuziehen und ihn zu kleinen Erfindungen anzuregen, z. B. wie eine Eisenbahntür selbsttätig beim Betreten des Wagens sich öffnen und schließen könne. Es folgt behutsam ein karmischer Hinweis: Ein Schockerlebnis im früheren Erdensein hat durch lange Zeit die damaligen Lebensverhältnisse dieser Individualität in großer Einsamkeit bestimmt und wirkt sich jetzt als Ichschwäche aus. Monate später kommt der Junge, der natürlich nie etwas von dieser vertraulichen Mitteilung erfuhr, ganz ergriffen zu uns. Er hatte eine Ballade gelesen, in der gerade ein solches Schicksal, wie Rudolf Steiner es schilderte, konkret dargestellt war.

Ein „Zufall" fügte es, daß wir eine Putzfrau fanden, die zwei Albinokinder hatte, jene weißhaarigen Wesen mit den außerordentlich empfindlichen, flackernden, rötlichen Augen. Diese Kinder wurden vorgeführt und von Rudolf Steiner mit dem größten Interesse betrachtet. Er ließ die Eltern rufen, die voller Argwohn waren, man wolle mit ihren Kindern irgendwie experimentieren. Aber schon nach wenigen Worten wandelte sich die mißtrauische Abwehr in strahlende Dankbarkeit für die in Aussicht gestellte Behandlung, die später erfreuliche Veränderungen bewirkte. Ausführlich wurde an diesen beiden Fällen die besondere Wirkung des kosmischen und terrestrischen Einflusses auf die Menschenbildung dargestellt. Für uns war dies alles eine wunderbare Unterweisung in wahrhafter Menschenkunde und Seelenpflege.

Nach den Vorstellungen der Kinder folgte ein Rundgang durch Haus und Garten. Jede Einzelheit wurde ins Auge gefaßt, manche praktische Anregung gegeben. Blätter des Spitzwegerich solle man zur Blutreinigung in kleinen Stückchen dem Salat zufügen. Der Grasschnitt könne verkauft werden. Auf dem Rasen sollten die Kinder ruhen. Für alles, was in der Umgebung webt und lebt, solle man ihnen ein gemüthaftes Verständnis erwecken. Der Auswuchs am Stamm der Rüster könne zur Heilmittelherstellung besonders gute Verwendung finden. — Ein Junge kommt heran, gutmütig, plump: Er möchte uns mit seinem neuen Kodak photographieren. Rudolf Steiner ist sofort bereit. Unser Versuch, dem Jungen zu helfen, um nicht Zeit zu verlieren, wird abgelehnt: „Lassen Sie nur...", und Rudolf Steiner wartet mit der größten Geduld, bis alle Manipulationen umständlich erfolgt sind, wie wenn es für ihn in dieser Welt keine wichtigere Sache gäbe, als sich von einem schwachsinnigen Kinde photographieren zu lassen. Leider war die Aufnahme trotzdem mißlungen, aber 14 Tage später wird gerade an diesem Vorfall die besondere Entwicklungsschwierigkeit des Jungen und die Möglichkeit der heilsamen Beeinflussung dargestellt.

Ein gemeinsames Mittagessen vereinte dann Rudolf Steiner, die beiden anderen Dornacher Vorstandsmitglieder, uns und unsere Kinderschar an einem Tisch. Das Tischgebet „Es keimen die Pflanzen" wird gesprochen und aus Rudolf Steiners Munde ertönt das Amen, segnend wie aus Urwelttiefen. Sein Gesundheitszustand war schon so geschwächt, daß er von den besonders für ihn zubereiteten Speisen kaum etwas genießen konnte.

Es folgten dann noch Besprechungen über die Einrichtung des ganzen Heimlebens, Verteilung des Unterrichtes über die Tageszeiten, die tägliche „Erbauungsstunde", Fragen der behördlichen Genehmigungen, Verteilung der Verantwortlichkeiten, Betrachtungen der geistigen Situation Jenas und dergleichen. Als am späteren Nachmittag Rudolf Steiner im Auto nach Weimar hinüberfährt, ist von dem unermüdlichen, gütigen Helfer der Menschheit ein neuer Keim heilender Kräfte gelegt worden.

Eine Woche später dürfen wir uns in Dornach im Saal der Schreinerei zum *Heilpädagogischen Kurs* versammeln, ein kleiner Zuhörerkreis. Außer dem Dornacher Vorstand, den Ärzten des Klinisch-Therapeutischen Instituts, den werdenden Heilpädagogen sind nur wenige Menschen geladen. In 12 Vorträgen gibt Rudolf Steiner, gleichlaufend mit dem Lauteurythmiekurs, Karmavorträgen und Klassenstunden, die methodischen Grundlagen anthroposophischer Heilpädagogik. Jedes Kind, das auf dem „Lauenstein" vorgeführt wurde, wird noch einmal eingehend betrachtet. Die Seelenpflege-bedürftigen Kinder, die inzwischen Dr. Ita Wegman im Klinisch-Therapeutischen Institut zur Behandlung aufgenommen hatte, werden vorgeführt, das Wesen ihrer Krankheit und Wege zur Förderung und Heilung entwickelt. Die Grundtypen leiblich-seelischer Entwicklungsstörungen werden dargestellt. Große, weite Gesichtspunkte leuchten auf, aus denen sich die gegenwärtigen Erscheinungen im Zusammenhang mit dem vorgeburtlichen und nachtodlichen Dasein erfassen lassen. Auf die krankmachenden und gesundenden Kräfte der allgemeinen Zivilisation wird hingewiesen, auf die Selbsterziehung des Erziehers, der sich bemühen muß, in das Schicksalsgefüge seines Zöglings heilsam einzugreifen. In den Schlußworten wird mit eindringlichstem Ernst gesprochen von dem Organismus, der die Anthroposophische Gesellschaft nach der Weihnachtstagung werden soll, in dem sich auch eine solche heilpädagogische Begründung, zu der die anthroposophische Bewegung ihr „Ja" sagt, in rechter Art einzufügen hat.

Diese Schlußworte des Heilpädagogischen Kurses waren das Letzte, was wir von Rudolf Steiner über unsere Arbeit hören durften. Ein Vierteljahrhundert ist seitdem vergangen. Die damals gestellte Aufgabe ist durch die allgemeine Menschheitsnot um vieles dringlicher und schwieriger geworden. Aber die lebendige Keimkraft dieser Ideen, die Rudolf Steiner noch in den letzten Wochen seines physischen Wirkens der Menschheit geschenkt hat, wird unsere heilpädagogischen Freunde auch weiterhin erfüllen und tragen können. Was es für das Schicksal der Seelenpflege-bedürftigen Kinder bedeuten mag, daß sie mit diesem Geistesstrom in Verbindung kommen durften, kann man an einem Erlebnis wie dem folgenden verspüren: Eines Morgens, einige Zeit nach Rudolf Steiners Tod, erwacht eins unserer Kinder glückstrahlend, jubelnd: „Oh, ich habe Doktor Steiner gesehen, wie einen Engel so groß über dem ganzen Lauenstein!"

KURT VON WISTINGHAUSEN

Die Breslauer Jugendansprachen Rudolf Steiners Juni 1924

Im letzten Jahr seines Lebens hatte Rudolf Steiner eine für viele Teilnehmer geradezu lebensentscheidende Begegnung mit der ihm zustrebenden Jugend in Schlesien aus Anlaß des Landwirtschaftlichen Kursus, der von ihm im Breslau benachbarten Koberwitz abgehalten wurde.

Die Ansprachen sind, soweit nachgeschrieben, 1957 im damaligen Verlag der Rudolf Steiner-Nachlaßverwaltung in dem Band *Die Erkenntnisaufgaben der Jugend. Ansprachen und Fragenbeantwortung aus den Jahren 1920 bis 1924* in Dornach erschienen. 1966 sind sie in dem Band *Die Konstitution der Allgemeinen Anthroposophischen Gesellschaft und der Freien Hochschule für Geisteswissenschaft* (im gleichen Verlag) S. 251, 285 aufgenommen worden.

Die erste Zusammenkunft fand in einem Musik-Saal, der damals der Christengemeinschaft zur Verfügung stand, mitten im Zentrum Breslaus, am 9. Juni in Anwesenheit der nach Schlesien gekommenen Dornacher Vorstandsmitglieder und einiger älterer Mitglieder statt, eine zweite wenige Tage später in einer Schulaula in etwas kleinerem Kreise und fast ohne Beteiligung älterer Anthroposophen. Noch kleiner war der Kreis der jungen Teilnehmer des eben beendigten Landwirtschaftlichen Kursus, die am 17. Juni noch einmal nach Koberwitz bei Breslau kamen, um dort eine Stunde besonderer Weihe mit R. Steiner und den Gastgebern zu erleben. Vom 9. und 17. Juni sind Nachschriften vorhanden und gelegentlich in Abschriften bekanntgeworden; von der vermutlich am 11. Juni stattgehabten zweiten Jugend-Zusammenkunft ist es zweifelhaft, ob sie überhaupt nachgeschrieben wurde, denn ein Wortlaut ist den damals Beteiligten bisher nicht zu Gesicht gekommen. Das mag damit zusammenhängen, daß R. Steiner am Schluß der ersten Zusammenkunft seiner Freude darüber Ausdruck gab, „daß heute keiner mitschreibt". Als wir jungen Veranstalter ihm daraufhin beichten mußten, daß doch jemand im Hintergrund sitze, der den Verlauf festgehalten habe (es war Frau Lili Kolisko), ging zwar R. Steiner herzhaft lachend darauf ein, doch hat der Ernst, mit dem er von seiner ursprünglichen (allgemeinen) Absicht gesprochen hatte, „gewisse Dinge, die man von Mensch zu Mensch sagt, niemals drucken zu lassen", die Beteiligten bei der nächstfolgenden Gelegenheit davon abgehalten, seine Worte zu stenographieren. Es kam ihm ganz besonders im Kreise der Jugend darauf an, alles konventionell üblich Gewordene vermieden zu sehen und nur das rein Menschliche wirksam sein zu lassen. „Sprechen Sie sich unverhohlen aus... Der Dornacher Vorstand wird sicher aufmerksam zuhören, und wir werden das alles als gute Lehren für die Jugendsektion am Goetheanum entgegennehmen, was Sie selber zu sagen haben. Wir wollen uns nicht väterlich, sondern recht söhnlich verhalten zu dem, was Sie zu sagen haben." In seinen Begrüßungsworten hatte nämlich der junge Versammlungsleiter R. Steiner nicht als „Großvater" der Jugend ansprechen wollen, sondern als denjenigen, der sie das rechte Jungsein lehren könne, — nachdem R. Steiner vorher im großen Mitgliederkreise als „Vater" der anthroposophischen Bewegung willkommen geheißen worden war und diesen Titel freundlich abgewehrt hatte. „Aber da werde ich als der Vater angesprochen. Väter sind alt, die können nicht mehr ganz jung sein..." In Dornach „traten eine Anzahl junger Leute auf und sprachen sich sehr schön und ehrlich aus. Da sprach ich mich auch aus. Nachher... sagte mir jemand, der mich sonst ganz gut kennt, nachdem er sich das auch angehört hatte: ,Sie sind dennoch der Jüngste unter den Jungen gewesen.' So etwas kann einem heute passieren, da wird man als der alte Vater angeredet, da als der Jüngste unter den Jungen... Also wissen Sie, wenn man so die Sprossen hinauf- und hinunterklettert, bald als das Väterchen, bald als der Jüngste unter den Jungen, hat man gerade Gelegenheit, in das hineinzuschauen, was alles die Gemüter bewegt."

Die Kameradschaftlichkeit, mit der Dr. Steiner so zu uns sprach, war aber nur die Einleitung zu dem, was nun kam. Die Verbundenheit der von Rudolf Steiner repräsentierten Geistesströmung mit den nach der Jahrhundertwende Geborenen beruhte auf geistigen Hintergründen, die wir noch kaum ins Auge zu fassen gewagt hatten. Jetzt wurde direkt von uns gesprochen: „Sehen Sie, man macht, bevor man zum physischen Erdendasein heruntersteigt, in der geistigen Welt allerlei durch, was inhaltvoller, gewaltiger ist als das, was man auf der Erde durchzumachen hat. Damit soll das Erdenleben nicht unterschätzt werden. Die Freiheit könnte sich nie entwickeln ohne das Erdenleben. Aber großartiger ist das Leben zwischen Tod und Geburt. Die Seelen, die heruntergestiegen sind, das sind die Seelen, die in Ihnen sind, meine lieben Freunde. Die waren wirklich ansichtig einer hinter dem physischen Dasein verlaufenden ungeheuer bedeutungsvollen geistigen Bewegung in überirdischen Regionen, derjenigen Bewegung, die ich innerhalb unserer Anthroposophischen Gesellschaft die Michaelsbewegung nenne... Die Seelen, die in Ihrem Leben auf die Erde heruntergezogen sind, die haben diese Michaelsbewegung gesehen und sind unter dem Eindruck der Michaelsbewegung heruntergekommen. Und hier lebten sie sich ein in eine Menschheit, die eigentlich den Menschen ausschließt, den Menschen zur Maske macht... Die Anthroposophische Bewegung möchte hier auf der Erde von der Erde aus hinaufschauen zu der Michaelsbewegung. Die Jugend bringt sich die Erinnerung aus dem vorirdischen Dasein mit. Das führt schicksalsmäßig zusammen."

Mit diesem Wort von den Michaels-Ereignissen in der geistigen Welt war das Thema angeschlagen, das einerseits Rudolf Steiners ganzes Wirken jener letzten Jahre durchzog, andererseits aber auch den roten Faden durch die Breslauer Jugendbegegnungen schlingen sollte. Auftrag und ernste Problematik der jüngeren Generation traten in ein unerahnt neues und großes Licht. Ein neues Michaelszeitalter war 1879 angebrochen. Das „Finstere Zeitalter" (Kali Yuga) war mit der Jahrhundertwende abgelaufen. „Denn im Grunde genommen ist das, was nach dem Ablauf des Kali Yuga in den Untergründen der jugendlichen Seele lebt, der Schrei nach dem Geistigen."

Als dann in der Fragebeantwortung, die schon an diesem 9. Juni einen breiten Raum einnahm, die brennende Frage nach dem rechten geistgemäßen Beruf gestellt wurde und nach einem Handeln im Sinne der Michaelsidee, sprach Rudolf Steiner mit Entschiedenheit von dem Leerlauf der üblichen Berufe und von der Notwendigkeit, neben dem Beruf einen Weg zu finden zum Kraftquell für die Lebensgestaltung. In diesem Zusammenhang fiel das Wort von den grandiosen Michaelsfesten, die er, Dr. Steiner, für die Zukunft im Auge habe, die er aber unbedingt zurückhalten werde, solange in der anthroposophischen Bewegung die Kraft nicht da sei, das Fest „würdig zu halten". „Wenn es in würdiger Weise gefeiert wird, wird es große Impulse in die Menschheit hineinsenden." Während Rudolf Steiner von den kommenden „Festen der Hoffnung und Erwartung" sprach, straffte sich vor den Augen der Anwesenden seine Gestalt, sein Blick richtete sich über unsere Köpfe hinweg wie in die Ferne und nahm einen stählernen Glanz an, der uns als Spiegelung einer Welt erschien, die er unmittelbar erschaute. Mit erhobener Stimme sagte er, in diesen Festen müßte man das Bild vor sich haben *„des Michael mit den Führeraugen, der weisenden Hand, mit dem geistigen Rüstzeug"*. Es war ein Augenblick von schicksalbildender Eindruckskraft.

Am Schluß der Aussprache kam noch etwas Unerwartetes: Rudolf Steiner bezeichnete sein Buch *Wie erlangt man Erkenntnisse der höheren Welten?* als ein „Wandervogelbuch". Es sei keineswegs, wie Kritiker gemeint hätten, mit der Schreibmaschine geschrieben (denn er habe es wie die meisten seiner Werke im Bett liegend verfaßt), sondern „durchaus im

Anblick der Natur". Auf das Wandern als solches komme es nicht an, sondern darauf, daß man mit dem Herzen etwas sieht.

Hier knüpfte eine Frage an, die Rudolf Steiner bei der darauf folgenden zweiten, ganz als Aussprachestunde veranlagten Zusammenkunft gestellt wurde: es gebe zwei Arten des Naturerlebens, die eine, wenn man singend und in Gesprächen hinausgeht und hauptsächlich sich und einander fühlt, die andere, wenn man allein hinausgeht und die Formen und Linien der Naturerscheinungen wie Buchstaben lesen möchte. Welche Art sei die rechte? Dr. Steiner griff die Frage auf, betonte ihre Wichtigkeit und sprach im Anschluß an Nietzsches *Geburt der Tragödie aus dem Geiste der Musik* vom dionystischen Erleben einerseits und vom apollinischen andererseits. Die Bedeutung des letzteren im Sinne einer anthroposophisch vertieften Naturerkenntnis trat unmittelbar hervor und wies auf ein ganz neu verstandenes Wandervogeltum. Vom Nahsein der im Weltkrieg gefallenen Kameraden wurde in ernster und zarter Weise gesprochen.

Wegen ihrer Wichtigkeit sei hier noch die Antwort Rudolf Steiners auf eine einzelne Frage bei dieser zweiten Jugendbegegnung herausgegriffen. Eine junge Teilnehmerin hatte infolge ihres Miterlebens in der anthroposophischen Jugendgruppe große Schwierigkeiten mit ihren Eltern, was den häuslichen Frieden, auch für ihre zahlreichen Geschwister, zu gefährden schien. R. Steiner sagte auf die Frage, ob man in solchen Fällen etwa lieber auf die anthroposophische Betätigung verzichten solle: Ihre Eltern werden Ihnen nach ihrem Tode dankbar sein selbst für diese Begegnung mit der Geisteswissenschaft. (Nach der Erinnerung wiedergegeben.) Vielen Menschen ist dieser Ausspruch schon zu einer Kraftquelle in ernsten Auseinandersetzungen und zur Richtlinie im Verhalten beim Kampf um die Wahrheit geworden.

Die beiden Motive des michaelischen Auftrags und der durchgeistigten Naturerkenntnis schlossen sich dann in der dritten Versammlung, der erwähnten Koberwitzer Jugendstunde vom 17. Juni, in tiefster Weise zusammen. Die jugendlichen Teilnehmer am Landwirtschaftlichen Kursus hatten R. Steiner um die Gelegenheit gebeten, mit ihren Fragen und Gesinnungen vor ihn hintreten zu dürfen, worauf er mit großer Güte einging. Was erfolgte, war weit mehr als eine Ansprache, es war ein Abschiedssegen. Sehr ernst war der Ton seiner Worte, als Dr. Steiner von dem „Ruf nach der Natur" im 19. Jahrhundert sprach, der eine schauerliche Erfüllung der Rousseauschen Sehnsucht durch den Materialismus brachte, denn „die Dämonen lachten Hohn". „Aber wie, wie wird vermieden dasjenige, was wie ein Regen wilder Dämonen, aber auch wie ein Regen wilder Täuschungen dem Ruf nach der Natur nachgefolgt ist im 19. Jahrhundert? Das darf nicht sein! Das 20. Jahrhundert darf nicht werden ein materialistisches! So ruft die Stimme des Karmas in den Seelen der jungen Leute von heute: wenn ihr werden laßt das 20. Jahrhundert materialistisch, wie es das 19. war, dann habt ihr vieles nicht nur von eurer, sondern von der Menschlichkeit der ganzen Zivilisation verloren."

Eine Naturanschauung, die zu erleben vermag, daß Götter den Tod der Verwandlung sterben mußten, um „in den licht-erglänzenden Kristallformen wieder aufzuleben", sucht die Jugend. „Sehen Sie, denken Sie, Sie verwandeln dasjenige, was scheinbar auch nur in Ideen lebt, in wirkliche Andacht, dann sind Sie auf dem allerbesten Wege... Meditieren heißt ja: dasjenige, was man weiß, in Andacht verwandeln, gerade die einzelnen konkreten Dinge." — „Man sagte, man schmiede das Michaelsschwert" (im Begreifen der Natur). „Es handelt sich darum, daß nun einmal diese Tatsache in dem okkulten Teil der Welt besteht, daß dasjenige, was als Michaelsschwert hergerichtet werden muß, daß das wirklich im Schmieden auf einen Altar getragen werde, der eigentlich äußerlich nicht sichtbar sein könnte, der unter der Erde liegen müßte." „Naturgewalten unter der Erde kennenzulernen, führt dazu, zu verstehen, daß das Michaelsschwert im Schmieden auf einen Altar getragen werden muß, der unter der Erde ist." „Haben Sie das starke und zugleich bescheidene Selbstvertrauen als junge Menschen, daß Sie karmisch dazu berufen sind, das Michaelsschwert herauszutragen, es zu suchen und zu finden."

Am Schluß der unvergeßlich mahnenden und zugleich — man kann es nicht anders ausdrücken — Liebe ausströmenden Ansprache folgte noch ein Hinweis, der die Teilnehmer überraschte und bewegte. Wie am 9. Juni knüpfte R. Steiner an das von der Jugendbewegung des Jahrhundertanfangs geprägte Wort „Wandervogel" an und gab ihm einen völlig neuen, vertieften Sinn. „Denken Sie in mächtigen Bildern daran, daß zwei Worte sich verbunden haben in dem Streben der Jugend." Was man eigentlich gesucht habe, war der Wanderer der uralten Zeit: Wotan, der „in Wind und Wolken und Wellen des Erdorganismus webende Wotan". Und man suchte die Sprache der Vögel, „die man kennenlernen muß, indem man zuerst das Siegfried-Erinnern und das Siegfried-Schwert in sich rege macht, das nur die prophetische Vorausnahme des Michaelsschwertes war." Mit dem Schwert überwand Siegfried den Drachen, in dessen Blut er badete, das er kostete, um dadurch die „Sprache der Vögel" zu lernen. „Man muß den Weg finden vom Wandern zu Wotan, vom Wotan zum Siegfried."

Eine aus alteuropäisch-germanischen Mysterien gespeiste Sehnsucht lebte in der jungen Generation auf, die nach der Jahrhundertwende zur Erde herabgekommen ist. Aber sie muß verstanden und weitergeführt werden zum Erfassen des Michaelmysteriums unserer Zeit. Sonst gleitet sie — so darf man wohl folgern — in den Materialismus ab und ruft nach einer unzeitgemäßen Rückkehr zu Kräften der Vergangenheit und verfällt damit der Dämonie. Das sagte uns Rudolf Steiner in jenen festlichen Pfingsttagen des Jahres 1924 und forderte uns kurz danach durch die Jugendsektion auf, in die dreißiger Jahre des Jahrhunderts vorauszublicken. Es war ein vorschauender Hinweis auf die heraufstürmenden Gefahren, denen Mitteleuropa im geheimen Drang nach großer Bewegung, echtem Führertum und nach dem Ich-Geheimnis des Blutes erlegen ist. Aber Rudolf Steiners Worte sind weiterhin ein Vermächtnis an die Gegenwart und die Nachgeborenen. Was im Jahre 1924 geschah, kann auch gesehen werden als ein allererster, von den Beteiligten damals kaum begriffener Schritt auf dem Wege zum wahren michaelischen Jungsein, dem Rudolf Steiner die Jugend ernst und freudig entgegenführen wollte.

Die anfangs geschilderte erste Jugendversammlung in Breslau hatte ein kurzes, unerwartetes Nachspiel. Tags darauf traf Rudolf Steiner einen der jungen Versammlungsleiter als einen Teilnehmer am Landwirtschaftlichen Kursus in der Eingangstür, hielt ihn an und fragte: „War es Ihnen gestern recht so?" In höchster Überraschung über die Frage stammelte dieser einen Dank aller Teilnehmer, hatte aber im gleichen Augenblick den unmittelbaren Eindruck, jetzt sei die Gelegenheit eine Frage zu stellen. Ich also: „Herr Doktor, Sie schreiben doch jetzt wöchentlich Briefe an die Mitgliedschaft im Nachrichtenblatt, könnten Sie nicht auch Richtlinien geben für die Jugendarbeit? Wir wissen nämlich oft gar nicht, wie wir es machen sollen." R. Steiner darauf nach einigem Überlegen: Ja, das könnte schon geschehen, aber — nicht wahr? — nicht jede Woche." „Gewiß nicht, Herr Doktor, wie Sie es eben einrichten können, vielleicht monatlich oder vierteljährlich." „Ja," erwiderte Rudolf Steiner, „und das müßte dann so etwas sein wie Feuchtersleben." „Wie wer?", fragte der Ahnungslose. „Kennen Sie nicht Feuchtersleben?" Damit ging das Gespräch zuende, und Rudolf Steiner wurde abgerufen. Erst später konnte sich der Fragende über den Wiener Arzt aus der ersten Hälfte des vorigen Jahrhunderts und seine in der Zeit der eigenen Jugend Rudolf Steiners weitbekannte *Diätetik der Seele* orientieren. Zu den Briefen an die Jugend kam es durch Rudolf Steiners Krankheit und Tod nicht mehr.

WILHELM RATH

Anthroposophischer Landbau

Koberwitz vom 7. bis 16. 6. 1924

Die Menschheitsentwicklung ist in das Stadium der großen Entscheidungen getreten. Durch die Entdeckung der Möglichkeiten zur Entfesselung bisher schlummernder Energien ist das Schicksal der Erde und des Lebens auf der Erde in die Hand des Menschen gelegt. Was vor 30 Jahren noch unvorstellbar schien, ist heute zur allgemein bekannten Tatsache geworden, daß der Mensch in der Lage ist, in zerstörender Weise tief in das Gefüge der Natur einzugreifen, — und eine ungeheure Sorge erfüllt jeden verantwortlich Denkenden.

Viel weniger aber ist man sich darüber klar — erst hier und da beginnt es zu dämmern —, daß die Auswirkungen einer materialistischen Wissenschaft, wie sie besonders in der Landwirtschaft und für die Nahrungsmittel-Bereitung in Anwendung sind, wenn auch in langsamerem Tempo, der gleichen Krisis zusteuern. Noch hält man allenthalben die Wege, die hier beschritten werden, für Wege des Fortschritts. Wie klein ist noch die Anzahl derer, die den Weg, der aus dem Abgrund herausführt, kennen, und wie wenige sind es noch immer, die um den Sinn des menschlichen Daseins auf unserer Erde wissen und die bewußt mit dem Einsatz ihrer Arbeitskraft darum ringen, die Erde in ihrer Fruchtbarkeit zu erhalten, und die selber Hand anlegen, um der Menschheit eine Ernährung zu sichern, die eine spirituelle Entwicklung nicht hindert, sondern fördert!

Und doch ist der Weg, der zur Rettung aus diesem Abgrund führt, im Jahr 1924 gewiesen worden! Noch bevor die Entwicklung in dieses gefahrbringende Stadium trat, wurde durch den Eingeweihten der Menschheit die Hilfe gezeigt. Dieses geschah zu Pfingsten 1924 in Koberwitz, als Rudolf Steiner dort einen Kursus für die Landwirte in der Anthroposophischen Gesellschaft hielt.

Es war von allem Anfang an der Impuls Dr. Steiners, den Geist, den er der Menschheit zu bringen hatte, bis in die äußersten Verzweigungen des Lebens hinein zur Wirksamkeit zu bringen. Bis in die Handhabung des Wirtschaftslebens sollte der Geist als Berater und Führer wirken. Dem stehen allerdings gerade auf diesem Lebensgebiet nach wie vor die größten Hindernisse im Wege. In besonders radikaler Weise müßten sich die Gesinnungen der im Wirtschaftsleben Stehenden ändern, wo noch alles Tun von dem Streben nach Gewinn diktiert ist, und dadurch ein unsachliches Element das ganze Wirtschaften durchzieht. Doch würde es ein Zeichen dafür sein, daß man Dr. Steiner nicht verstand, wenn man von ihm erwartet hätte, daß er durch Ermahnung oder Predigt eine Gesinnungsänderung hätte hervorrufen wollen. Er vertraute auf die Kraft der Anthroposophie, die das materialistische und egoistische Denken in ein geistgemäßes und menschheitliches Denken verwandelt — und daß dadurch allein sich allmählich die Gesinnungen auf allen Lebensgebieten ändern. Die Freiheit und Menschenwürde ist nur dann gewährleistet, wenn sich die neue Gesinnung aus der *Einsicht* bildet, und so war es sein ganzes Bestreben, *neue Einsichten* den Menschen zu vermitteln. Einsichten in die Sache selbst, mit der es die Menschen auf den einzelnen Lebensgebieten zu tun haben.

Aber er mußte warten, bis die Menschen mit ihren Fragen zu ihm kamen und seine Hilfe erbaten. Die gab er dann gerne, und aus der Fülle seines hohen Geistes-Wissens — und mehr und Größeres, als man zu hoffen gewagt hatte. Doch mußten es auch die richtigen Menschen sein, die durch ihr ganzes Wesen, ihr Verantwortungsbewußtsein, ihren Mut und durch die Kraft ihrer Hingabe an das Neue, das er zu bringen hatte, eine geeignete Grundlage boten. Diese war mit Bezug auf die Landwirtschaft für Dr. Steiner gegeben, als der Graf Carl Keyserlingk ihn durch einen Abgesandten aus seiner Familie um die Abhaltung eines Kursus für die Landwirte bat und ihn nach Koberwitz einlud, wo Graf Keyserlingk eine Gütergemeinschaft in einem Ausmaß von nicht weniger als 30 000 Morgen verwaltete. Schon früher hatte dieser bedeutende Landwirt in der Eigenschaft eines Güterdirektors der dem *Kommenden Tag* angeschlossenen Landwirtschaften Dr. Steiner mit seiner Erfahrung zur Seite gestanden. Durch ihn und andere in der Praxis stehende Landwirte aus dem Kreis der Anthroposophischen Gesellschaft, besonders durch Ernst Stegemann und den Grafen Lerchenfeld, waren im Laufe der Zeit die Fragen der Landwirtschaft an Dr. Steiner herangetragen worden. Er hatte in Dornach durch Ehrenfried Pfeiffer Düngerpräparate zur Belebung des Bodens herstellen lassen. Er selbst hatte den so präparierten Mist mit Regenwasser verrührt, das dann auf Versuchsfeldern bei Dornach ausgespritzt worden war, und die Ergebnisse beobachtet.

Inzwischen war auf der Weihnachtstagung die Hochschule für Geisteswissenschaft begründet und eine naturwissenschaftliche Sektion unter der Leitung von Dr. Wachsmuth eingerichtet worden. So konnte das, was Rudolf Steiner nunmehr nach der Weihnachtstagung in Koberwitz als den Anfang einer spirituellen Landwirtschaftswissenschaft gab, geistig auf den Boden des Goetheanums gestellt werden.

In den gleichen Tagen, an denen dieser landwirtschaftliche Kursus in Koberwitz gehalten wurde — vom 6. bis 17. 6. 1924 — fand in Breslau eine interne Pfingsttagung statt, auf der Dr. Steiner an den Abenden jenen Karma-Vortragszyklus hielt, der durch die Innigkeit, mit der die menschlichen Herzenskräfte angesprochen wurden, sein besonderes Gepräge erhielt. Er gab auch einige Klassenstunden. Er nahm sich die Zeit, zweimal mit der schlesischen Jugend beisammen zu sein, und hörte mit dem Herzen auf ihre Lebensfragen und Sorgen, sprach ihnen Mut zu und öffnete mit seinen bildgestaltenden Worten ihre Seelenaugen für die menschheitführende Lichtgestalt Michaels.

Von Breslau aus ging des Morgens ein Zug nach Koberwitz. Es waren etwa 130 Menschen, die sich jeden Vormittag in dem von hohen, alten Bäumen umgebenen Gutshaus der Familie Keyserlingk einfanden, um diese für die Zukunft der Erde so bedeutungsvollen Tage hier mitzuerleben. Nicht alle waren Landwirte. Einige waren, wie Dr. Steiner sagte, „hereingeschneit", besonders von den jüngeren Teilnehmern, die Dr. Steiner aber doch in seiner Güte und Weitherzigkeit zuließ, wohl in der Annahme, daß für den einen oder anderen die Teilnahme an diesem Kursus schicksalbestimmend sein würde.

Er selbst und Frau Dr. Steiner wohnten als Gäste der Familie Keyserlingk in diesem schönen, weiträumigen Haus. Man sah es Dr. Steiner unmittelbar an: Er war gern hierhergekommen, er fühlte sich glücklich und frei in der Atmosphäre dieses Hauses. Er sprach selbst in Dankbarkeit von dieser „geistig-seelischen Atmosphäre". Er empfand die hingebungsvolle Liebe und Verehrung seiner Gastgeber, die die gewissenhafteste Fürsorge für ihn walten ließen, die dem verantwortungsgetragenen Bewußtsein entsprang, den großen Eingeweihten im eigenen Hause zu beherbergen. Vom Vorstande in Dornach waren während des Kursus außer ihm selbst und Frau Dr. Steiner Fräulein Dr. Vreede und Dr. Wachsmuth anwesend.

Worum handelte es sich in diesem Kursus?

Dr. Steiner sprach es gleich in den einleitenden Worten aus, daß alles, was er in diesem Kursus zu sagen habe, „durchaus auf anthroposophischem Boden gesagt werden soll" — und damit meinte er, daß es sich nicht darum handeln könne, so, wie es im neuzeitlichen Geistesleben üblich geworden sei, aus theoretischen Erwägungen heraus *über* die Dinge zu reden , sondern daß man nur aus der Sache selbst heraus zu dem richtigen Urteil kommen kann. „Über die Landwirtschaft kann nur derjenige urteilen, der sein Urteil vom Feld, vom Wald, von der Tierzucht hernimmt." Man dürfe aber nicht dabei stehen bleiben, die Dinge nur in ihren engen Grenzen zu betrachten. So wie man die Magnetnadel nicht versteht, wenn man die Ursache zu ihrem Verhalten in ihr selbst und nicht in der ganzen Erde mit ihren magnetischen Polen sucht, so versteht man die Rübe nicht, wenn man sie zerschneidet oder sie nur in ihrem engen Umkreis untersucht, während sie in ihrem Wachstum von Umständen abhängig ist, die gar nicht allein auf der Erde, sondern in der kosmischen Umgebung der Erde vorhanden sind. Unter der oberflächlichen und engen Betrachtungsart der Wissenschaft haben die einzelnen Lebensgebiete „furchtbar gelitten", und diese Leiden würden sich noch mehr zeigen, wenn sich nicht trotz aller Wissenschaft gerade beim Bauerntum noch gewisse Instinkte erhalten hätten. Zu den alten Bauernregeln aber könne man nicht mehr zurückkehren. Anthroposophie aber ermögliche, aus einer tieferen geistigen Einsicht dasjenige zu finden, was die unsicher gewordenen Instinkte immer weniger geben können. *„Dazu ist notwendig, daß wir uns einlassen auf eine starke Erweiterung der Betrachtung des Lebens der Pflanzen, der Tiere, aber auch des Lebens der Erde selbst, auf eine starke Erweiterung nach der kosmischen Seite hin."*

Und nun wurden im Laufe der acht Vorträge dieses landwirtschaftlichen Kursus die Fenster nach den kosmischen Regionen hin weit geöffnet, und die Teilnehmer sahen all die Dinge, mit denen der Landmann sich täglich abmüht, in einem ganz neuen Licht — in dem geistigen Licht der Sterne, der Sonne und des Mondes. Der Bauernhof mit seinem Ackerboden aus Sand, Lehm oder Mergel, seinem Getreide, den Rüben, Kartoffeln, Klee und Wiesen — die Obstbäume, Wald und Auen, das Milchvieh und die Schweine, die Vögel und die ganze Welt der Insekten, ja selbst der Mist und Kompost — all dieses wurde dem lauschenden Landmann gleichsam durchsichtig, und er sah alles wie durchströmt und durchkraftet von diesem Himmels-Sternenlicht.

Er lernte sehen, wie sich die Wirkungen der obersonnigen und untersonnigen Planeten im Kiesel- und Kalkgehalt des Bodens begegnen und wie das Tonige vermittelnd wirkt und was der Humus im Boden bedeutet. — Wie das Wasser im Boden die Mondenwirkungen aufnimmt, die die Keimung befördern, und wie die Wärme der Luft die Wirkungen des Saturn trägt, der die Reifung bewirkt. Wie der Ackerboden selbst ein Organ ist, das den gesamten Organismus einer jeden Landwirtschaft wie ein Zwerchfell in ein Oben und Unten teilt, und wie jeder Hof eine Art Individualität ist, die sich in ihrer Besonderheit der Boden- und Wasserverhältnisse, des Tier- und Pflanzenbestandes usw. von jeder anderen landwirtschaftlichen Individualität unterscheidet. Er lehrte sehen, wie die Pflanze in dieses kosmische Strömen mitten hineingestellt ist, indem sie von diesem Zwerchfell des Bodens aus nach zwei Seiten hin wächst, ihre Wurzeln in die eine Region dieses Organismus hinein erstreckt, und in die andere ihre Blätter, Blüten und Früchte. An den Formen und Farben der Pflanzen sollen wir erkennen, wie die kosmischen und wie die terrestrischen Kräfte in ihnen wirksam sind: daß in der Verzweigung der Wurzeln irdische Einflüsse erkennbar sind, während an den sich rundenden Wurzeln der Kosmos gestaltet. Sternenkräfte färben die Blüten und verleihen den Früchten ihren feinen Geschmack. „Im Apfel essen Sie tatsächlich den Jupiter, in der Pflaume essen Sie tatsächlich Saturn!" so rief Dr. Steiner aus, und wer ihn recht verstand, wußte, daß er damit keine Glaubenssätze verkünden wollte, sondern die Augen öffnen und das Sehen, ja das Schmecken und Riechen, schulen wollte, so daß man immer erkennen kann, was an einer Pflanze kosmisch, und was an ihr irdisch ist. Dieses sei „sozusagen das ABC für die Beurteilung des Pflanzenwachstums".

Es kann sich im Rahmen dieser Betrachtung nicht darum handeln, ein Referat zu geben oder Einzelheiten zu berichten, die nur in ihrem Zusammenhange richtig verstanden werden können, sondern eine Art Stimmungsbild zu geben. Dieser wunderbare Unterricht ließ es zu einem tief beglückenden Erlebnis werden: Hier wird eine uralte Mysterien-Weisheit, aus der einst alle landwirtschaftliche Kultur entsprang, **der Menschheit** neu geschenkt, und die Landwirtschaft erinnert sich wieder des Himmels, ohne dessen Segnungen auf Erden nichts gedeihen kann.

All diese Betrachtungen und Hinweise, die Dr. Steiner in großer Fülle gab, waren durchaus nicht theoretisch gemeint. Sie wurden ja Praktikern gegeben, die diese Himmels- und Erdenkräfte nicht nur sehen, sondern in ihrem Beruf handhaben lernen sollten. Es waren ja die praktischen Fragen zu beantworten: Wie düngen wir richtig? Wie behandeln wir den Mist und bereiten wir den Kompost, wie bringen wir den Stickstoff an die Pflanze heran, damit wir Erträge haben und das Wirtschaften rentabel ist? Der Gesichtspunkt der Nützlichkeit ist ja im Wirtschaften unerläßlich. Wie können wir wirtschaftlich bestehen, auch wenn wir den mineralischen Dünger vermeiden, weil er auf die Dauer die Böden ruiniert und weil man es mit dem Gewissen nicht vereinbaren kann, den Konsumenten die Nahrung zu verschlechtern? Oder die andere Frage: Wie füttern wir unsere Tiere, damit sie gesund und stark werden, wenn wir sie als Arbeitstiere verwenden wollen, oder wie müssen wir füttern, wenn sie gute und reichliche Milch geben sollen, oder wie mästen wir auf wirtschaftseigener Basis die Schweine? All diese Fragen galt es ja aus der Anthroposophie heraus zu beantworten, und dieses geschah in der konkretesten Weise; aber es wurden nicht einfach irgend welche Rezepte gegeben, sondern jede einzelne Maßnahme wurde eingehend begründet und in ihrer Wirkungsweise erklärt, z. B. die für die Düngung so eminent wichtige Frage des Stickstoffs. Auch hier zeigte Dr. Steiner, sich an die Bewußtseinsseele wendend, zuerst, was der Stickstoff im ganzen Haushalt der Natur bedeutet. Er schildert ihn in dem Zusammenwirken mit seinen „Geschwistern", dem Schwefel, Kohlenstoff, Sauerstoff und Wasserstoff und entwickelte die Grundlagen einer völlig neuen, spirituellen Chemie. Da sind diese Stoffe nicht mehr die toten Stoffe der heutigen Chemie. Sie bekommen Leben, ja sogar Empfindung und eine Art Vernünftigkeit. Man sieht, wie der eine Stoff das Geistige mit dem Stofflichen verbindet und der andere das Stoffliche zum Geistigen zurückführt, und wie andere im Irdischen die Träger des Ätherischen, Astralischen und Ichlichen sind. Er wies darauf hin, daß es Pflanzen gibt, die den Stickstoff „einatmen", die Leguminosen, die ihn dann im Wurzelbereich den anderen Kulturpflanzen zustrahlen. Und es ergab sich im Anhören dieser Darlegungen Dr. Steiners die Folgerung, daß, wenn der Bauer durch die richtige Anwendung der Leguminosen diese Stickstoffwirkungen zu handhaben lernt, die Stickstoffwerke, die den Stickstoff der Luft entreißen, um ihn in Säcke zu füllen und dem Bauern um teures Geld zu verkaufen, unnötig werden würden.

Einen wesentlichen Teil dieses Kursus bildeten die Ausführungen über das Herstellen und Anwenden von Präparaten zur Aufbesserung des Bodens, sowohl solcher, die wie ein „geistiger Mist" über die Felder hin versprüht werden, als auch derjenigen, die den Mist und Kompost mit ihrer strahlenden Kraft durchdringen. Mit diesen Präparaten bleibt man durchaus im Bereiche des Natürlichen, nichts wird aus der heutigen Chemie bezogen. Einfache Pflanzen, die überall wachsen, meist übersehen, mitunter als Heilpflanzen verwendet, oft als Unkraut betrachtet und aus Unverstand ausgerottet werden, bilden einen wesentlichen Bestandteil dieser Präparate, nachdem sie den kosmischen Kräften über oder unter der Erde in verschiedenen Jahreszeiten ausgesetzt wurden. Bei der Schilderung dieser Pflanzen in ihrer großen Bedeutung für den ganzen Naturprozeß konnte man nicht nur Rudolf Steiners Weisheit, in der sich die große Weisheit der Natur offenbarte, bewundern — man wurde mit ihm ein Liebender für diese Wesen der Natur, und man fühlte sich bereit, an seiner Seite eine Lanze für diese so verachteten Pflanzen zu brechen. So, wenn er von der Brennessel sagte, daß sie Kali und Kalzium in ihren Strahlen und Strömungen fortführt und daß sie außerdem auch eine Art Eisenstrahlungen habe, die dem Laufe der Natur fast so günstig sind, wie unsere Eisenstrahlungen im Blute. Rudolf Steiner sagte wörtlich: „Die Brennessel verdient es eigentlich durch ihre Güte gar nicht, daß sie da draußen oftmals so verachtet in der Natur wächst. Sie müßte eigentlich den Menschen ums Herz herum wachsen, denn sie ist wirklich in der Natur draußen in ihrer großartigen Innenwirkung, ihrer inneren Organisation eigentlich ähnlich demjenigen, was das Herz im menschlichen Organismus ist." So wissend und so liebevoll sprach er auch über die anderen bei diesen Präparaten verwendeten Pflanzen: die Schafgarbe, die Kamille, den Löwenzahn usw.

Wenn nun der Landwirt solche aus diesen Pflanzen hergestellten Präparate seinem Dünger zusetzt und verfolgt, wie diese den Mist durch ihre Strahlungskraft in einen rascheren und richtigen Verrottungsprozeß hinüberführen, dann kann der Landwirt schon etwas leichter die Forderung, die Dr. Steiner an ihn stellte, erfüllen — er sagte selbst: „Es ist ein hartes Wort" — der Landwirt müsse verstehen, „ein persönliches Verhältnis zu dem Dünger zu gewinnen". Denn — und dieses ist der eigentliche Kernpunkt der neuen durch Dr. Steiner gegebenen Düngungslehre — „man muß wissen, daß das Düngen in einer Verlebendigung der Erde bestehen muß".

Bisher war die Meinung, die Düngung müsse dem Boden die Nährstoffe zurückgeben, die die Pflanze dem Boden entzogen habe. So glaubte man, daß man dieses mit den mineralischen Düngemitteln am leichtesten erreichen könne. Dr. Steiner aber zeigte uns nun, daß diese mineralischen Düngemittel wohl eine Wirkung im Wässrigen der Erde erzeugen, „sie dringen aber nicht vor zur Belebung des Erdigen selber" und daß die so gedüngten Pflanzen wohl ein Wachstum zeigen, das von „angeregter Wässrigkeit" unterstützt wird, nicht aber von „belebter Erdigkeit". „Das Wichtigste aber bei alle dem ist" — Dr. Steiner meinte all das, was durch seine Ratschläge für die menschliche Ernährung getan werden kann — „daß, wenn die Dinge an den *Menschen* herankommen, daß sie seinem Dasein am allergedeihlichsten sind". Man kann die schönsten Früchte erzeugen, die glänzend aussehen, die aber für den Menschen vielleicht nur magenfüllend sind, nicht aber sein „inneres Dasein organisch befördern". Überall gehe er in der Betrachtung vom Menschen aus. *„Der Mensch wird zur Grundlage gemacht."*

Außer der Frage der Düngung, die als die zentralste erschien, wurden noch viele Fragen, die der heutige Landwirt zu stellen hat, behandelt. Es gibt ja kaum ein Gebiet des Lebens, das nicht in irgend einer Form in die Landwirtschaft hineinragt. Eine Fülle von Anregungen für die Praxis wurde weiterhin gegeben. So für die Abwehr von tierischen und pflanzlichen Schädlingen, für die Bekämpfung der Unkräuter, für den Gemüse- und Obstbau, bezüglich der Bedeutung der Vögel und Insekten, und des für den Boden so wichtigen Regenwurmes. So entwickelte Dr. Steiner auch die Grundzüge einer Fütterungslehre, indem er zeigte, wie das Tier ebenso wie der Erdboden und die Pflanze, nur wiederum in ganz anderer Art in das Zusammenwirken der kosmischen und irdischen Kräfteströmungen hineingestellt ist und wie der *Kräfte*-Strömung eine

Stoff-Strömung begegnet. Er zeigte, welche Bedeutung der Weidegang hat, und was die einzelnen Nahrungsmittel, die Möhre, der Leinsamen, das Heu, die Kleearten, Rüben und Kartoffeln in diesem Sinne für die Ernährung der Tiere bedeuten. Dabei war es ihm besonders wichtig zu zeigen, wie der Darminhalt sich zu einem Teil umsetzt in die „irdische Stofflichkeit" des Gehirns, das beim Menschen als Unterlage für das Ich dient, während beim Tier das Gehirn sich erst auf dem Wege zur Ich-Bildung befindet. Ein anderer Teil des Darminhaltes aber wird ausgeschieden als Mist, der nun wiederum an die Pflanzenwurzeln herangebracht wird. Die Pflanze hat weder Astralisches noch Ich in sich. Sie berührt sich nur in der Blüte mit der sie von außen umhüllenden Astralität. Durch die Ausscheidungen der Tiere aber empfängt sie an ihrer Wurzel im Verkehr mit dem Dünger die Ich-Anlage. Wenn sich der anthroposophische Landwirt solches in all seiner Konsequenz klarmacht, so erkennt er die große Bedeutung seines Tuns auch für den Fortgang der Entwicklung der ihm anvertrauten Wesenheiten aus dem Tier- und Pflanzenreich. Er wird zu einem bewußten Helfer der großen kosmischen Entwicklung, indem er den in der richtigen Weise zubereiteten Dünger über seine Felder ausbreitet. Sein von dem naturentfremdeten städtischen Intellekt oft so verachtetes Tun wird zu einem wahrhaften Gottesdienst. Die Bauern der Zukunft werden das Bewußtsein haben, den Wesen der Natur gegenüber ein priesterliches Amt zu verrichten, indem eine Kommunion der Himmels- und Erdenkräfte durch ihrer Hände Arbeit vollzogen wird.

So gibt es für den Landwirt einen Weg zum Geist, der „im Schaffen und in der Arbeit an die Einsichten aus dem geistigen Gebiete" heranführt. In diesem Sinne sprach Dr. Steiner, als der landwirtschaftliche Kursus schon beendet war, zu einem kleinen Jugendkreis, der sich am Tage seiner Abreise in aller Frühe im Gutshaus in Koberwitz eingefunden hatte. Diese jungen Menschen hatten an dem Kursus teilgenommen, teils standen sie schon in der Landwirtschaft, teils fühlten sie die Sehnsucht, in diesem Sinn einmal zu wirken. Es lag über dieser esoterisch gehaltenen Stunde eine ganz besondere Stimmung. Es war eigentlich ein Gespräch, das Dr. Steiner einleitete, indem er mit unmittelbar aus dem Geiste schöpfenden Worten auf den Urbeginn alles Werdens und das große Opfer der hierarchischen Mächte wies, durch das der Erdenuntergrund und alle Natur um uns und in uns ins Dasein trat — um dann von der Verantwortung und der Aufgabe des Menschen gegenüber allen Wesen in der Natur zu sprechen. In heiligstem Welten-Ernst hatte diese Stunde begonnen, in einer freien, gelösten Stimmung mit dem ganzen liebevollen Humor, den Dr. Steiner so gerne, gerade auch bei der Behandlung ernstester Lebensfragen, walten ließ, wurde durch ihn das

Gespräch geführt, das er dann in feierlicher Weise beendete, indem er den Anwesenden in imaginativer Form den Weg, den sie suchten, zeigte. In seinem Abschiednehmen lag zugleich etwas wie ein inniges Sich-Verbinden mit einem jeden zu gemeinsamen geistigen Taten.

Als erste unmittelbare Auswirkung des Kursus war, noch während derselbe seinen Fortgang nahm, der „Versuchsring", den der Graf Keyserlingk angeregt hatte, zustandegekommen. Dr. Steiner begrüßte es mit herzlicher Freude, daß diese landwirtschaftliche Berufsgemeinschaft sich mit der neugeschaffenen naturwissenschaftlichen Sektion zusammenschließen wollte. Er betonte, daß diese kein „Ausführungs-Organ" von Dornach sein sollte, sondern er charakterisierte den Zusammenhang mit dem Bild von Zwillingen. „Von Zwillingen sagt man, sie haben eigentlich ein gleiches Fühlen, ein gleiches Denken." Ja, ihm schwebte vor, daß Dornach und der Ring „wie die siamesischen Zwillinge zusammenwachsen" sollten. Es war ihm wichtig, seine eigene Liebe und Verbundenheit zu der Landwirtschaft auszusprechen. „Ich bin herausgewachsen so recht aus dem Bauerntum. Ich bin der Gesinnung nach immer drin geblieben." Und er erzählte, wie er selbst Kartoffeln gepflanzt habe, wie er, wenn auch nicht gerade Pferde, so doch Schweine aufgezogen oder wenigstens dabei mitgetan habe, wie er an der Kuhwirtschaft in der Nachbarschaft teilnahm. „Alle diese Dinge haben mir ja lange Zeit in meinem Leben nahegestanden und ich habe mitgetan und bin gerade dadurch wenigstens sozusagen in Liebe der Landwirtschaft geneigt, aus der Landwirtschaft herausgewachsen. Das hängt mir viel mehr an als das bißchen Mistrühren..."

So verband sich für Dr. Steiner das, was er in seinem letzten Lebensjahre noch auf diesem Gebiete für die Menschheit und für die Erde geben konnte, mit seiner ersten Jugendzeit, und er brachte in dieser zu Herzen gehenden Weise zum Ausdruck, daß er selbst ganz mit dieser neu begründeten Berufsgemeinschaft anthroposophischer Landwirte verbunden sein wolle — und wir sollten es wissen, daß seine Worte auch über seinen Tod hinaus ihre Gültigkeit bewahrten und immer bewahren.

Welch große Bedeutung er diesem für die Landwirtschaft zustandegekommenen Neubeginn beimaß, geht uns aus einem Wort, das Dr. Wachsmuth uns berichtet, hervor. Dr. Wachsmuth schreibt: Ich werde nie vergessen, wie er (Dr. Steiner) mir auf der Rückreise von diesem Kursus in seiner schlichten Art sagte: „Jetzt sind wir wieder einen großen Schritt vorwärts gekommen."

Ein solches Wort bestätigt die Befriedigung, die Dr. Steiner darüber empfand, daß aus der Anthroposophie heraus diese landwirtschaftliche Bewegung entstehen konnte. Doch auch eine fernere Zukunft stand vor seinem Seher-Auge, und diese erfüllte ihn mit größter Sorge. Man glaubte diese Sorge aus seinen Augen lesen zu können, gerade wenn er der Jugend gegenüberstand, und sie lag sozusagen zwischen den Zeilen, wenn er zur Jugend sprach. Er hat sie aber auch direkt ausgesprochen, und zwar gerade während des landwirtschaftlichen Kursus in Koberwitz in einem Tischgespräch. Dr. Steiner weilte gerne während der Mahlzeiten in der Tafelrunde, die sich in diesen Pfingsttagen täglich am Tische der Familie Keyserlingk versammelte. Da waren unter anderen auch zu Gast Graf Polzer-Hoditz, Graf Lerchenfeld, Frau von Moltke, Persönlichkeiten, die ein hohes Verantwortungsgefühl für die Entwicklung in Europa hatten. Und so erschien es wie selbstverständlich, daß man auch auf die Zukunft Deutschlands zu sprechen kam. Da sagte Dr. Steiner auf eine Frage des Grafen Keyserlingk unter anderem, was sich auf die Zukunft bezog, auch etwa folgende Worte (der Schreiber dieser Zeilen, der dieses Tischgespräch nicht selber miterlebte, möchte die Worte so wiedergeben, wie sie ihm noch am gleichen Tage mitgeteilt wurden und im Gedächtnis geblieben sind): „Mitteleuropa wird ein Agrargebiet werden. Die Schornsteine werden fallen, die großen Städte und Industriezentren werden verschwinden. In diesem Agrarland aber werden, wie Oasen, Stätten der Geistespflege sein."

Wenn man bedenkt, daß Landwirtschaft, so wie sie in diesem Kursus aufgefaßt wird, aus dem verachteten Zustand, in dem sie sich heute noch vielfach befindet, trotz der mit ihr verbundenen schweren physischen Arbeit zu einem der geistigsten Berufe geworden ist, so kann einem klar werden, daß die Verwandlung eines Erdengebietes von einer bürgerlich-städtischen und industriellen Zivilisation in eine inmitten eines Agrargebietes sich aufbauende spirituelle Kultur erst durch diesen landwirtschaftlichen Kursus überhaupt denkbar geworden ist — und man möchte wünschen, daß immer mehr junge Menschen dieses verstehen und mittun, damit einmal „Pflegestätten des Geistes" auf einer landwirtschaftlichen Grundlage geschaffen werden können.

So wurde mit diesem landwirtschaftlichen Kursus der Menschheit etwas anvertraut, was den zerstörenden Kräften, die als das Resultat einer ahrimanisch gewordenen Wissenschaft auf Erden immer mehr entfesselt werden, ein die Erde und ihre Pflanzen und Tiere Heiligendes und Heilendes entgegenstellt. Vieles wurde schon auf diesem Wege in hingebungsvollster Weise, vielfach in aller Stille, getan und der Impuls ist trotz mancher durch unser wirtschaftliches und politisches Chaos bewirkten Rückschläge lebendig geblieben. So gibt uns dieses große Geschenk unseres Lehrers, wenn weiterhin opferfreudig darum gerungen wird, trotz der drohenden Finsternis die Hoffnung, daß auch die physischen Grundlagen geschaffen und erhalten werden können für eine von künftigem Geisteslicht erhellte Zukunft der Menschheit und der Erde.

MORITZ BARTSCH

Ein Schlesier berichtet

In meiner Jugend, in den achtziger Jahren des 19. Jahrhunderts, herrschte das materialistische Denken im Geistesleben. Auch meine Seele hatte der Zeitgeist ergriffen: die Welt bestand nur noch aus Stoffen und Kräften. Bei etwas tieferem Nachdenken über Mensch und Welt lernte ich bald die Oberflächlichkeit dieses Materialismus und Atheismus erkennen. Es begann mein Suchen nach der Wahrheit, die ich bei Kant, Schopenhauer, in der indischen Theosophie nicht finden konnte; ich fand sie in einer, die stärksten Erkenntnisbedürfnisse befriedigenden Weise bei dem Geistesforscher Rudolf Steiner.

Es war wohl im Jahre 1908, als ich eine gedruckte Einladung zu einem Vortrage von Dr. Rudolf Steiner erhielt, der bei uns in Breslau über das Thema sprechen wollte: *Wie und wo findet man den Geist?* Das interessierte mich. Ich ging in die „Vier Jahreszeiten". Außer mir waren dorthin etwa 50—60 Menschen gekommen, die den kleinen Saal füllten. Ich saß etwa mitten unter den Zuhörern neben einem meiner Bekannten.

Da trat zwischen die Pfosten der offenstehenden Saaltür ein Mann im schwarzen Gehrock mit einer schwarzen, genial gebundenen Künstlerkrawatte. Aus einem durchgeistigten ausdrucksvollen Gesicht schauten ein paar glänzende dunkle Augen über die Versammlung hin. Der Blick verweilte über meinem Haupte. Mein befreundeter Nachbar sagte zu mir: „Wenn ich abergläubisch wäre, würde ich glauben, der Mann in der Tür sieht was an Ihnen." Wir lachten über den Einfall. Nach einiger Zeit konnten wir feststellen, daß dieser Mann Dr. Rudolf Steiner war. Er stieg aufs Podium und hielt den angekündigten Vortrag, der mich sehr interessierte und zu dem ich schriftlich einige Fragen stellte, die so tiefgründig beantwortet wurden, daß ich nicht alles verstand.

Für den nächsten Abend wurde ich in die Wohnung von Marie Ritter eingeladen. Das ist die Persönlichkeit, welche die sogenannten Ritter-Mittel erfunden hat, die von vielen Ärzten den Kranken verschrieben worden sind. Ich war seit Jahren mit ihr befreundet. Rudolf Steiner sprach vor vielleicht 20 Zuhörern, die das Zimmer bis zum letzten Platz füllten, über die Erlebnisse und Schicksale der Menschenseele nach dem

Tode. Nach Beendigung des Vortrages meldete ich mich zu Wort und führte etwa folgendes aus:

„Die Darlegungen des Vortragenden waren außerordentlich interessant. Nur will es mir nicht in den Sinn, daß das Leben der Seelen in der geistigen Welt so geschildert wurde, als ob die Formen unseres menschlichen Anschauens und Denkens auch für sie maßgebend seien: Raum und Zeit und Kausalität. Seit Kant wissen wir doch, daß Raum und Zeit Anschauungsformen a priori und Kausalität ein Begriff a priori ist. Dasselbe wollen uralte Weisheitsstimmen der Menschheit sagen, wenn die Inder z. B. behaupten, das Brahman sei nicht zersplissen in Zeit und Raum und frei von aller Veränderung, d. h. raum-, zeit- und kausalitätslos. Schließlich meint das Christentum dasselbe, wenn es sagt: Gott ist ewig, zeitlos, allgegenwärtig, raumlos und unveränderlich, kausalitätslos. — Wenn wir Durchschnittsmenschen im Vorhofe des Tempels der Menschheit verweilen müssen, scheint es dem Hellseher gestattet zu sein, ins Heilige eintreten zu dürfen; der Eintritt ins Allerheiligste scheint auch ihm verwehrt zu sein."

Nach meiner Rede erhob sich ein Theosoph, um Dr. Steiner zu verteidigen. Ich weiß nicht mehr, was er sagte; der kurze Sinn seiner Ausführungen war der: Bartsch hat nichts verstanden.

Da ich das Vereins- und Versammlungswesen als Vorsitzender verschiedener Vereine genügend kennengelernt hatte, sagte ich mir: hier bist du erledigt; Dr. Steiner wird seinem Anhänger Recht geben und sein Urteil unterstreichen. Zu meiner Verwunderung geschah das nicht. Im Gegenteil: Dr. Steiner ließ seinen Befürworter vollständig fallen, indem er sagte: „O nein, so hat Herr Bartsch das nicht gemeint." Und dann ging er in feinsinniger und tiefschöpfender Weise auf meine Bemerkungen ein. Eine solche Objektivität und die damit verbundene geisteswissenschaftliche Darlegung erweckten in mir Gefühle des Staunens und der Hochachtung. Ich sagte mir: dieser Geist verdient studiert zu werden. Ein Theosoph besaß ein Exemplar der *Philosophie der Freiheit;* die kaufte ich ihm ab und fing an, sie zu studieren.

Das war keine leichte Arbeit. Ich steckte tief in Kantschen Denkgewohnheiten. Hatte ich doch ein Büchelchen über Kants Erkenntnistheorie geschrieben, das wohl drei Auflagen erlebt hat. Diese Denkgewohnheiten standen wie eine Mauer zwischen mir und der *Philosophie der Freiheit,* die unsere Erkenntnis ins Innere der Welt führen will, die aufforderte, das „Abenteuer der Vernunft", wie Kant es nennt, nicht zu scheuen.

Stellt die *Philosophie der Freiheit* sowieso schon größte Anforderungen an ein energisches vorurteilsfreies Denken, für einen philosophisch gebildeten Menschen mit seinen Vorurteilen ist sie ein wahres Kreuz. Auch ich konnte mich sehr schwer in ihren Gedankeninhalt finden. Daß ich trotzdem mit dem Studium nicht aufhörte, hatte verschiedene Gründe, vor allem den: ich bemerkte eine Wandlung in meinem Seelenleben, über die ich große Freude empfand. Die oft so lästigen Tiere, die in der Seele rumoren, wurden stiller; es war, als ob sie Dressur angenommen hätten. Solch eine Erfahrung hatte ich bisher mit keinem Buche gemacht. Als ich später Dr. Steiner davon erzählte, sagte er: „Ja, ja, Herr Bartsch, so soll es sein. Sie machen den richtigen ersten Schritt in die geistige Welt; viele wollen den zweiten und dritten zuerst machen, das ist nicht in Ordnung."

Im Hinblick auf die erwähnten Seelenvorgänge sagte ich u. a.: „Eins, Herr Doktor, scheint sich sehr schwer bändigen zu lassen: die Eitelkeit. Wenn ich in einer Versammlung gesprochen und den Beifall vernommen habe, da merke ich, wie sich meine Seele geschmeichelt fühlt und die Brust sich unter der Weste hebt. Freilich, ich beobachte mich und versetze mir alsbald eine moralische Ohrfeige; ich glaube aber, das nützt nicht viel."

„Da haben Sie ganz recht", antwortete der Lehrer, „diese Empfindungen kommen mit so leisen Tritten auf verborgenen Wegen in die Seele, daß sie von vielen Menschen gar nicht bemerkt werden. Auch solche Empfindungen können durch Meditation zum Schweigen gebracht werden."
Und richtig, wer solche Hinweise des Lehrers befolgt, erlebt ihre Wahrheit. Für den Schüler ist dies ein unumstößlicher Beweis dafür, daß die Geisteswissenschaft aus der Wahrheit fließt. Ihre Behauptungen bleiben nicht in Theorien und Hypothesen stecken, sondern können seelisch experimentell erlebt werden. „Was fruchtbar ist, allein ist wahr" (Goethe).

Es wird einem im Laufe der Übungen auch klar, warum das so ist. Die wirkliche Meditation führt zur Vereinigung mit der Welt der Ideen, der göttlich geistigen Welt, der Welt der Wahrheit, der Schönheit und der Tugend. Wenn die Kräfte dieser Welt die Seele ergreifen, dann vollzieht sich in ihr ein Vorgang, den der religiöse Mensch die Geburt Christi im Menschen nennt. Und der Heiland der Welt reinigt, entsühnt den Sünder und führt ihn dorthin, wo er seinen Ausgang nahm, zur Gottheit, ins Paradies.

Ich vertiefe mich also weiterhin täglich in die *Philosophie der Freiheit*, bis mir endlich der Geistgehalt, das Wesen, der Sinn dieses Buches aufging. Das war wohl das glücklichste Ereignis meines Lebens. Immer mehr sah ich ein, daß dieses Buch das Tor zur zukünftigen Philosophie, besser gesagt, Geisteswissenchaft sein wird, so wie Kants *Kritik der reinen Vernunft* das Tor zur Philosophie des 19. Jahrhunderts war. In seinen in die Welt der Ideen hineinreichenden Wirkungen wird die *Philosophie der Freiheit* den Anstoß für die so notwendige Erneuerung der gesamten Kultur geben und den Untergang des Abendlandes verhindern.

Im Winter 1913 zu 1914 sollte ich das erste Mal Gelegenheit haben, die Wahrheiten Rudolf Steiners in der Öffentlichkeit vertreten zu dürfen. Eine wissenschaftliche Vereinigung in Waldenburg in Schlesien hatte mich um Vorträge ersucht. Ich wollte sprechen über „Untersuchungen über das Innenleben des Menschen mit Ausblicken auf Weltanschauungen und pädagogische Probleme der Gegenwart". Bevor diese Vorträge begannen, kam Dr. Rudolf Steiner nach Breslau, um einen Vortrag zu halten. Ich erzählte ihm von den beabsichtigten Vorträgen in Waldenburg und sagte, daß ich gewisse Bedenken wegen der Annahme des Honorars hätte. „Warum?" fragte Dr. Steiner. „Weil ich im Grunde genommen Ihr Gedankengut zum Vortrag bringe", antwortete ich. Da lachte Dr. Steiner und sagte: „Nein, Herr Bartsch, so ist das nicht. Schauen Sie auf den Bauern: der hat auch nicht den Boden geschaffen, auf dem er pflügt und erntet. Die Früchte aber, die er mit Fleiß erarbeitet hat, kann er mit Recht als sein Eigentum betrachten. Ebenso ist es im Geistesleben. Nicht jeder schöpft aus dem Ideengehalt der Welt; was er sich aber durch fleißige Arbeit zu eigen macht, das kann er mit Recht als sein Eigentum ansehen."

Das sah ich ein und habe nichts dagegen gehabt, daß die Waldenburger mein Honorar verdoppelten, weil immer mehr Zuhörer in meine Vorträge kamen, die mit ihren Eintrittsgeldern ihre Kassen füllten.

An diese Unterredung habe ich mich oft erinnern müssen, wenn die kurzsichtigen Gegner Rudolf Steiners uns vorwarfen, wir seien seine autoritätsgläubigen Nachbeter. Der Schreiber der *Philosophie der Freiheit* wollte nicht Nachbeter, sondern freie Persönlichkeiten zu seinen Schülern. Was würde man wohl sagen, wenn man einen Lehrer der Mathematik einen autoritätsgläubigen Nachbeter Euklids und anderer schöpferischer Geister der Mathematik nennen würde? Dieser Lehrer hat sich die Wahrheiten der Mathematik gerade so erarbeitet wie der Schüler Dr. Steiners die geisteswissenschaftlichen; deshalb sind sie nicht Nachbeter, sondern freie Menschen.

Einmal holten Stadtbibliothekar Dr. Dedo und ich Dr. Steiner vom Bahnhof in Breslau ab. Dr. Steiner trug eine verhältnismäßig große Ledertasche, die so an einem Riemen hing, daß die Tasche auf den Magen drückte. Dr. Dedo und ich bemühten uns um die Tasche; es war nicht möglich, sie zu erhalten. Dr. Steiner gab sie nicht aus der Hand. Warum ein scheinbar so nebensächliches Erlebnis erzählt wird? Weil wir Grund hatten, den Inhalt dieser Tasche für sehr wichtig zu halten. Zu seinen Vorträgen bedurfte Dr. Steiner dieser Tasche nicht.

Wir brachten Rudolf Steiner in das Hotel *Vier Jahreszeiten*. Nach unserer Verabschiedung suchten wir den bedienenden Kellner auf und machten ihn darauf aufmerksam, daß Rudolf Steiner Vegetarier ist. Was heute jedes Kind weiß, kannte der „Ober" nicht. In unserer Ratlosigkeit gab Dr. Dedo dem Kellner ein Zweimarkstück. Da kam diesem die Erleuchtung. „Ich verstehe", sagte er, „der Mann ist Agrarier." Wie rasch ist nach dem Unverständnis die „Erkenntnis" gekommen. Damals allerdings wurde der Vegetarismus noch wissenschaftlich ebenso bekämpft wie die Naturheillehre, und die Pflanzenesser wurden als lächerliche Sonderlinge betrachtet.

Rudolf Steiner liebte den Humor. Als er nach dem Weltkrieg das erste Mal wieder nach Breslau kam, sagte ich in meiner Begrüßungsansprache u. a., daß wir uns über das Wiedersehen so freuen, wie wenn ein Vater nach Jahren von einer Reise in seine Familie zurückkehrt. Diesen „Vater" verwandte nun Rudolf Steiner fast in jedem Vortrage in humorvoller, oft auf mich bezogener Weise. Als wir beim Grafen Keyserlingk zu Tisch saßen, und Dr. Steiner mir wieder den „Vater" zuspielte, sagte Frau Dr. Steiner: „Uzen Sie doch nicht immer Herrn Bartsch mit dem ‚Vater'!" Worauf der von uns allen hochverehrte „Vater" antwortete: „Ich uze doch Herrn Bartsch nicht, ich finde, das Wort ist eine schöne Sentenz, die man immer wieder anwenden kann."

Wie groß seine Freude am Humor war, konnte ich in einer Versammlung erfahren, die Anfang der zwanziger Jahre im großen Saal des Gustav-Siegle-Hauses in Stuttgart stattfand. Es hatten sich, wie das in geistigen Bewegungen wohl immer vorkommt, gegensätzlich gesinnte Mitgliedergruppen gebildet, die einander bekämpften. Auf jener Versammlung kamen diese Gegensätze zum Ausdruck. Sie äußerten sich in Reden und Gegenreden, die man nicht gerade als fruchtbare bezeichnen konnte. Ohne besondere Absicht ergab es sich, daß ich das Schlußwort auf dieser mehrtägigen Versammlung bekam. Und nun goß ich meinen Humor kräftig über Reden, Begebenheiten, überhaupt über dasjenige aus, was meiner Meinung nach verdient hatte, ein wenig durch den Kakao gezogen zu werden. Bei dieser Rede hat Rudolf Steiner sich vor Lachen gebogen.

Man ist ganz im Irrtum, wenn man meint, daß ein Geistesforscher, der in Ehrfurcht über die tiefsten Mysterien der Welt spricht, ein weltabgewandter, fürs Leben unbrauchbarer Mensch wird. Im Gegenteil: sein tiefes Wissen befähigt ihn gerade dazu, Religion, Kunst, Wissenschaft, überhaupt alle Gebiete des Lebens zu befruchten; es verleiht ihm Freude am praktischen Schaffen und erfrischt ihn durch echten Humor.

Nach dem Ersten Weltkrieg hatte Dr. Steiner einen Aufruf an das deutsche Volk und an die Kulturwelt erlassen, der die Unterschriften vieler namhafter Persönlichkeiten trug und die Grundgedanken zum Neuaufbau der Kultur und damit zur Lösung der sozialen Frage enthielt. Über diese „Dreigliederung des sozialen Organismus" sollten recht bald Vorträge in der Öffentlichkeit gehalten werden. Ich suchte in unserer kleinen Gruppe, die in einem zweifenstrigen Zimmer bei der schon erwähnten Marie Ritter Platz hatte, nach einem Redner, der im Wirtschaftsleben verwurzelt war, das mir als Pädagogen ziemlich ferne lag. Aber es wollte niemand diese Dreigliederungs-Vorträge halten. So blieb mir nichts anderes übrig, als selbst zu sprechen. Später erzählte ich Dr. Steiner davon und sagte: „Nie mehr möchte ich wieder so vortragen wie an jenem Abend." „Warum?" fragte der Lehrer. „Weil ich von der Sache so gut wie nichts verstanden hatte", antwortete ich. „Es sind nur skizzenhafte Mitteilungen über die Dreigliederung zu uns gelangt. Ihr Buch über die Lebensnotwendigkeiten des sozialen Organismus war noch nicht erschienen, an dem man sich orientieren konnte. So war ich in einer verzweifelten Situation. Aber ich bin auch dort ein Glückspilz gewesen." „Wieso?" frug Dr. Steiner. „Weil meine Zuhörer noch dämlicher als ich auf diesem Gebiete waren." Diese Bemerkung belustigte den Geistesforscher.

Die ihn kennenlernten, staunten immer wieder über sein universelles Wissen auf allen Gebieten des Lebens, in Wissenschaft, Kunst, Religion, Politik usw. Selbst die Witze des Volkes waren ihm bekannt. Als in Koberwitz einmal die Rede davon war, daß im Park um das Schloß so gute Luft vorhanden war, fragte ich verschmitzt: „Wissen Sie, warum das so ist?" — „Natürlich", antwortet Dr. Steiner, „weil die Leute die Fenster nicht aufmachen." —

1922 kam Rudolf Steiner auf einer großen Vortragsreise durch Deutschland auch nach Breslau. Ich stand damals dicht vor der Pforte des Todes. Konnte ich doch zeitweise nur noch etwas Zwieback und Milch genießen. Graf Keyserlingk hatte mich ersucht, während Dr. Steiners Aufenthalt in Koberwitz auch im Schlosse zu wohnen. Gelegentlich sagte die Gräfin: „Herr Dr. Steiner, was machen wir mit Herrn Bartsch, der will schon in die geistige Welt gehen, und wir brauchen ihn doch hier auf Erden noch sehr nötig?" Daraufhin fragte er mich, was mir fehle. „Ich weiß es nicht", antwortete ich, „der Arzt behandelt mich jetzt als Leberkranken." Daraufhin blickte er mich ein paar Sekunden mit seinem bis ins Seelische durchdringenden Blick an und sagte: „Sie müssen nach Stuttgart kommen, Herr Bartsch, und dort geimpft werden." Nun war mir bekannt, daß auf seine Angaben hin von unseren Ärzten und Apothekern ein Mittel gegen Krebs geschaffen worden war. Ich ahnte etwas. Bei meinem Besuch bei Dr. Palmer in unserem Klinisch-therapeutischen Institut in Stuttgart fand ich diese Ahnung bestätigt. Ich machte nun eine Kur mit diesem Mistelpräparat und war in einigen Monaten wieder so weit hergestellt, daß ich allen meinen Pflichten nachkommen konnte. —

In Breslau vernahmen wir, daß Dr. Steiner besonders in Stuttgart und Dornach die Mitglieder der Anthroposophischen Gesellschaft durch seine Vorträge in die tiefen Mysterien der Welt und des Menschen hineinschauen ließ. Hier im Osten bekamen wir nur hin und wieder etwas zu hören. Darauf bezugnehmend sagte ich einmal zu Dr. Steiner, wie gut es die Stuttgarter Freunde uns gegenüber hätten. „So", meinte er, „glauben Sie es wirklich, daß Sie schlechter dran sind als die Stuttgarter?" Ich kam ein wenig in Verlegenheit und antwortete: „Nun, wir schwimmen nicht tiefer ins Meer, als uns unsere Kräfte tragen, und da geht es eben auch voran." Darauf antwortete Dr. Steiner nichts; offenbar war er mit dieser Einstellung einverstanden. War doch von Mitgliedern der Fehler gemacht worden, über die von Dr. Steiner mitgeteilten tiefen Wahrheiten über das Innere der Welt und des Menschen vor Nichtmitgliedern zu sprechen. Das konnte der Bewegung nur schaden. Wenn man einem Menschen, der die Mathematik nicht kennt, über Logarithmen spräche, würde er möglicherweise auf den Gedanken kommen, es habe sich in dem Kopfe des Redners etwas verrückt. Ebenso ist es mit der Anthroposophie, die als Wissenschaft wie jede andere Wissenschaft verlangt, daß erst ihr Elementares studiert werde, ehe in die Tiefen gestiegen wird. Diese Erkenntnis hatte mich bei meinen Vorträgen geleitet.

Die Menschen zeigten sich nach dem Ersten Weltkrieg hungrig nach geistiger Nahrung. Weder das Geistesleben noch das politische und Wirtschaftsleben konnte ihren Hunger stillen. Sie suchten sich zu betäuben mit Alkohol, Nikotin, Tanz usw. Diejenigen, welche tiefere und kräftigere Erkenntnisbedürfnisse hatten, suchten Anschluß an unsere Bewegung zu bekommen. Unser Zweig in Breslau stieg von ein paar Dutzend auf Hunderte von Mitgliedern.

Rudolf Steiner wollte sich für meine anthroposophische Tätigkeit in Schlesien bedanken, als wir einmal allein beisammen saßen. „Aber Herr Doktor", unterbrach ich sein Wort, „Sie wollen sich bei mir bedanken? Bitte sehen Sie mich einmal an; ich bin nur 1 m 62 cm groß, bin als Junge barfuß über Wege und Stege gelaufen und auf die Bäume geklettert, und jetzt habe ich die große Gnade, das Christentum im Zeitalter der Bewußtseinsseele in neuer Art den Menschen zu verkünden. Dieses hohe Glück verdanke ich Ihnen, Herr Doktor!" Da reichte er mir wortlos seine Hand, aber ich glaube beobachtet zu haben, daß seine Augen feucht geworden waren.

Pfingsten 1924 war Rudolf Steiner das letzte Mal in Breslau. Ihn, den Mediziner, Pädagogen, Theologen, Künstler usw. um Vorträge gebeten hatten, die der Vertiefung der fachlichen Bildung und damit der Erneuerung der Kultur dienten, hatten nun auch die Landwirte gebeten, ihnen zu sagen, wie man aus der landwirtschaftlichen Kalamität mit ihren Pflanzen- und Tierkrankheiten, den giftigen Spritzmitteln und anderen bedenklichen Verhältnissen herauskommen könne. Rudolf Steiner willfahrte auch diesem Wunsche und hielt die grundlegenden Vorträge vor etwa 100 Zuhörern Pfingsten 1924 vormittags im Schloß Koberwitz bei Breslau. — Am Nachmittag empfing er Besuche von Mitgliedern, besonders von Ratsuchenden; abends hielt er in Breslau Mitglieder-Vorträge, und nachts schrieb er die Artikel für unsere Zeitschriften.

Mit den Mitgliedern hatte ich besprochen, daß wir uns von den Plätzen erheben wollen, wenn der Lehrer in den Saal tritt, so wie sich meine Schüler auch erheben, wenn ich in die Klasse trete. Als ich Rudolf Steiner aus dem Nebenzimmer in den Saal hineinführte, erhob sich die ganze Versammlung von den Plätzen. Rudolf Steiner dankte mit beiden Händen. Diesem wahrhaft großen und dabei restlos bescheidenen Manne aber war diese Ehrung peinlich. Er sagte zu mir: „Sie sollen doch sitzen bleiben!"

Während er aufs Podium stieg, setzte ich mich auf seinen Platz neben Frau Dr. Steiner und sagte schnell zu ihr: „Der Herr Doktor wünscht, daß die Mitglieder sitzen bleiben; ich finde es aber ganz in Ordnung, daß aufgestanden wird." „Ich auch", antwortete sie schnell, und da blieb es beim Aufstehen. Dr. Steiner mußte sich diese kleine Ehrung von seinen Verehrern gefallen lassen.

Auch ein andermal konnte ich seinen Wunsch nicht ausführen. Ein Mann von etwa 30 Jahren bewarb sich um Aufnahme in unsere Gesellschaft. Dieser Herr X tat wenig und nichts, ließ sich von seinen Verwandten erhalten und führte überhaupt ein Leben, das aus dem Rahmen der gesellschaftlichen Ordnung herausfiel, ohne genial zu sein. Ich war der Meinung, daß er dem Ansehen unserer Gesellschaft Schaden bringen könnte, und lehnte seinen Antrag ab. Nun kam Dr. Steiner nach Breslau. Der Freund dieses „Plastikers", Herr Dr. Y, brachte ihn zu Dr. Steiner nach Koberwitz, bat um seine Aufnahme in die Gesellschaft, indem er sich wahrscheinlich sehr für ihn einsetzte. Rudolf Steiner in seiner großen Güte willfahrte der Bitte.

Am Abend kam Graf Keyserlingk, mit dem ich den Fall schon früher besprochen hatte, zu mir und sagte: „Nun müssen Sie doch Herrn X aufnehmen; der Doktor wünscht es." „Ich denke nicht daran, das zu tun", antwortete ich. Diese Antwort brachte den sonst so gleichmäßig guten Grafen in Erregung. „Aber Herr Bartsch", rief er, „der Doktor will es haben!" Die aristokratische Tradition, die verlangte, seinem anerkannten Herrn ohne Widerrede zu gehorchen, wurde im Grafen lebendig. Ich dagegen stamme aus dem Volke. In mir ist nicht das autoritativ gestimmte Gefühl des Aristokraten, sondern der freiheitsdürstende Wille des Volksmannes das vorherrschende Element in der Seele. Außerdem hatte ich mit heißem Bemühen die *Philosophie der Freiheit* studiert. Ich antwortete dem Grafen: „Bitte sagen Sie nur Herrn Dr. Steiner, daß ich nichts gegen meine Überzeugung tue." Dabei blieb es, und der Lehrer hat meine Stellung durchaus respektiert.

Was hätte ein solches Verhalten wie das meine wohl bei einem wirtschaftlichen, politischen oder geistigen Führer unserer Tage für Folgen gehabt! Rudolf Steiner war eben eine wahrhafte Führerpersönlichkeit, dem Wissenschaftler, Künstler, Handwerker, Proletarier, überhaupt alle, die ihn in seiner überragenden geistigen und sittlichen Größe kennengelernt hatten, gern jeden Wunsch erfüllten. Sie taten es aber nicht aus Gehorsam, sondern aus freiem Bedürfnis heraus, das auf Vertrauen beruhte.

Auf Wunsch Dr. Steiners machte ich in den ersten Monaten des Jahres 1925 eine Vortragsreise für die Freie Waldorfschule und die in ihr geübte Pädagogik Rudolf Steiners durch Deutschland. Rudolf Steiner lag in dieser Zeit krank zu Bett. Er ist nicht mehr aufgestanden und kurz nach Beendigung meiner Reise gestorben.

Zur Zeit, als sein letzter Geburtstag in diesem Erdenleben herannahte, war ich in Leipzig, um dort meinen Vortrag über „Das gegenwärtige Bildungsideal und die Freie Waldorfschule in Stuttgart" zu halten. Ich wollte meinem hochverehrten Lehrer, dem ich so außerordentlich viel Gutes verdanke, eine kleine Geburtstagsfreude machen und schrieb ihm einen Brief über den Verlauf und die Erfolge meiner Reise. Die schon erwähnten sich bekämpfenden Strömungen in der Gesellschaft waren noch nicht zur Ruhe gekommen. Auf meiner Reise merkte ich aber wenig davon. Ich konnte nur dankbar beobachten, wie die Mitglieder sich die größte Mühe gaben, alles zu tun, was meine Vorträge zu Erfolgen führen konnte. Unter anderem teilte ich dem Lehrer auch dies mit und schrieb: „Wenn die Mitglieder auch manchmal unter sich uneinig sind, in der Verehrung und Liebe zu Ihnen sind sie ein Herz und eine Seele." Zum Schluß sprach ich meine Verwunderung darüber aus, daß es mir einfachem Volksmanne vergönnt sei, die erwähnten Vortragserfolge zu erreichen; denn ich gehöre doch nur zum linken Flügel seiner Avantgarde.

WILLI KUX

Aus dem Dornacher Leben im Jahre 1924

Im Jahre 1924 hatten sich in Dornach viele charaktervolle Persönlichkeiten aus West und Ost zu längerem oder kürzerem Aufenthalte eingefunden. Sie wollten dem zu weltweiter Berühmtheit gelangten Geistesforscher näher sein und seine bedeutenden Vorträge hören. Äußerlich war ja in Dornach nicht viel zu sehen, wenn man absah von der traurigen Ruine des ersten Goetheanumbaues, die einem die gewaltige Kraft des zerstörenden Brandes vor Augen führte.

Unter den genannten markanten Erscheinungen waren auch zwei Admirale. Der eine war Russe, der andere Engländer, die durch ihre Art interessante Gegensätze darstellten. Der russische Admiral war blaß, mit Zarenbart, von großer Statur, jedoch demütiger Haltung. Er war durch die Revolution aus Rußland vertrieben worden und lebte in Südfrankreich an der Riviera im Exil. Seiner Kleidung nach zu schließen, mußte er in ärmlichen Verhältnissen leben. Er verbrachte einige Wochen als Gast im Hause „Duldeck", in dem damals noch die Familie des Schweizer Zahnarztes Dr. Emil Grosheintz lebte, der Rudolf Steiner das große Gelände zur Verfügung gestellt hat, auf dem das Goetheanum errichtet wurde.

Der englische Admiral war von kleiner aber sehniger Gestalt und von militärisch aufrechter Haltung. Sein glattrasiertes Gesicht war wettergebräunt. Er hieß Grafton. In seinem ganzen Auftreten verriet er den Weltmann. Während Rudolf Steiners letztem Besuch in England im August 1924 starb Admiral Grafton plötzlich in Dornach am 13. August. Von England zurück hielt Rudolf Steiner eine ergreifende Gedenkansprache vor dem Vortrage vom 14. September für den entschlafenen anthroposophischen Freund. Nur vierzehn Tage später sollten wir den letzten Vortrag Rudolf Steiners in diesem Leben hören.

In dem genannten Vortrag sprach er über Konstantin den Großen, Julian Apostata und Herzeloide, die Mutter Parzivals. Dort heißt es: „Bevor ich heute den Vortrag beginne, möchte ich aus einem bestimmten Anlasse heraus ein Wort des Gedenkens für eine uns sehr wertvolle, von uns sehr geliebte Persönlichkeit sprechen. Wir hätten heute gelegentlich der Eurythmie-Aufführung ganz gewiß die Befriedigung gehabt, unter den Mitwirkenden den Admiral Grafton zu haben, wenn er noch auf dem physischen Plane hier weilen würde. Und ihm ein Gedenkwort gerade in diesen Tagen zu widmen, ist mir ein tiefes Herzensbedürfnis..." [1]

Grafton war verwitwet. Mit seiner jugendlich schönen Tochter war er nach Dornach gekommen, um ihr das Studium der Eurythmie zu ermöglichen. Marie Steiner, die neben anderen Sprachen auch die englische fließend beherrschte, hatte das auffallend blonde und liebenswerte Geschöpf in ihr Herz geschlossen und hatte persönlich dafür gesorgt, daß sie eine tüchtige Bühnenkünstlerin als Lehrerin bekam. Der immer auf das modernste gekleidete Admiral war mir durch das stets im Auge getragene Monokel aufgefallen. Mit Bezug auf anthroposophische Tätigkeiten war er von der rührendsten Hilfsbereitschaft, wie aus den Anfangsworten der Gedenkansprache bereits hervorging. Selbstlos tätigen Freunden gegenüber war Rudolf Steiner von der größten Dankbarkeit erfüllt.

Grafton spielte, wie sicher schon mancher berühmte Seeheld vor ihm, die Querflöte. Mit dieser war er eine hochwillkommene Verstärkung für das Dornacher Mitarbeiterorchester, das sich in der Hauptsache aus Musikliebhabern zusammensetzte. Dieses stand unter der Leitung des genialen holländischen Musikers und Komponisten Jan Stuten. Er war einer der vielen Künstler, die jahrelang bei der Errichtung des ersten Goetheanumbaues mitgeschnitzt hatten. Seine zarten und auch großartigen Kompositionen geben noch heute einen Eindruck von seiner Schöpferkraft, die er für die Aufführungen der Mysteriendramen und die Eurythmie zur Verfügung stellte. Stuten war einer derjenigen, die den eigenen Weg zum Künstlerruhme, der ihnen sicher gewesen wäre, der hingebungsvollen Mitarbeit an dem Werke Rudolf Steiners geopfert hatten.

Zu jener Zeit spielte das Orchester unter den Augen von Rudolf Steiner und denen der übrigen Mitglieder des Gründungsvorstandes der Allgemeinen Anthroposophischen Gesellschaft mit flammender Begeisterung — wenn auch nicht immer in der reinsten Intonierung.

Da ich zur Unterstützung meines Eurythmiestudiums die Querflöte als Instrument gewählt hatte, gehörte ich ebenfalls zum „Dornacher Goetheanum-Orchester". Grafton saß am zweiten Pult, mich hatte Stuten an das erste Pult gesetzt. So hatte ich die beste Gelegenheit, nicht nur die liebenswerten menschlichen Eigenschaften des neben mir sitzenden Grafton, sondern auch die englische Sprache besser kennenzulernen, denn Grafton sprach kaum ein Wort Deutsch. Das war bei vielen Angehörigen dieses

---

[1] Die eindrucksvollen Gedenkworte für Admiral Grafton können in dem Bande 261 GA Seite 317 nachgelesen werden, der unter dem Titel *Unsere Toten* herausgekommen ist und viele Ansprachen Rudolf Steiners enthält, die er für verstorbene Freunde gehalten hat.

damals noch weltbeherrschenden Volkes üblich. Bei der international gemischten Besucherschaft in Dornach konnte man sich oft nur durch den Gebrauch der englischen Sprache verständigen.

Während der unvergeßlichen Vorträge Rudolf Steiners im Jahre 1924 über Schicksalszusammenhänge bedeutender geschichtlicher Persönlichkeiten saß auch Admiral Grafton unter den Zuhörern in dem provisorischen Vortragssaal der Schreinerei. (Wie herrlich dufteten doch die dort lagernden edlen Hölzer unseren jungen Nasen!) Sein Platz war gewöhnlich in der Mitte des Saales an dem Gange, der den Raum in zwei Hälften teilte. Auf der linken Seite sitzend, mit dem Blick direkt auf das Vortragspult, auf dem Rudolf Steiner wie von ewiger Jugend erfüllt vortrug, beobachtete Grafton den Redner unverwandt, das Monokel fest ins Auge geklemmt. Wie gebannt schaute er während des ganzen Vortrages — und der war gewöhnlich nicht kurz — auf den einzigartigen Redner, ohne auch nur einmal abzuschweifen! Noch heute sehe ich in der Erinnerung den Charakterkopf Graftons deutlich vor mir, der mich an den eines römischen Feldherrn denken ließ. Die ununterbrochen hochgespannte Aufmerksamkeit des alten Herrn mußte ich unwillkürlich bestaunen, denn von dem verstandesmäßigen Inhalt des Vortrages konnte er kaum etwas aufnehmen wegen seiner fehlenden Kenntnis der deutschen Sprache. Aber man sah ihm deutlich an, daß er an alles das hingegeben war, was nicht vom Intellekte, sondern von der unmittelbar geschärften Wahrnehmungskraft aufgenommen wurde: Ton, Geste, Haltung, Rhythmus und Charakter der Sprache. Seine wachen Leibessinne waren vollständig auf das Geschehen gerichtet, das sich einmal ruhig, dann wieder befeuert vor ihm abspielte. Ein eindrucksvolles Beispiel der in der angelsächsischen Rasse zur Ausbildung kommenden Fähigkeit der Bewußtseinsseele!

Wenn sich auch mancher der anwesenden Zuhörer in dem sommerlich heißen, zudem mangelhaft gelüfteten Vortragsraum zuweilen dabei ertappte, daß er ein wenig einzunicken begann, Admiral Grafton war stets hellwach! Rudolf Steiners aufmerksamer Blick ruhte während seiner Ausführungen ab und zu auf diesem eigenartigen Zuhörer. Als junger Mensch habe ich das alles voller Anteilnahme miterlebt: ein Befehlshaber von hohem Rang, der die ganze Welt kennengelernt hatte, der gewohnt war, daß Tausende auf ihn hörten und Haltung vor ihm annahmen, saß bescheiden und voller Verehrung vor einem Größeren, einem Helden des Geistes. Tief berührt bemerkte man gelegentlich, wie die lichterfüllten Blicke des Redenden und Zuhörenden ineinandertauchten.

An dieser Stelle mache ich eine Einschiebung, um auf eine Frage zu anworten, die mir oft von Menschen gestellt worden ist, die Rudolf Steiner nicht persönlich gekannt haben: Wie war es einem zumute, wenn man

Rudolf Steiner im Vortrage erlebt hat? Außer in Dornach Ende 1923 und 1924 habe ich Rudolf Steiner in drei Städten sowohl öffentlich wie auch zu Mitgliedern sprechen hören, und zwar 1922 und 1923 in Berlin, Wien und Stuttgart. In den genannten Jahren hörte ich über 220 Vorträge und Ansprachen von ihm. Im Zurückerinnern an diese Jahre ist mir besonders ein Anlaß zu dieser oben genannten Frage bewußt geworden. Es ist der, daß viele Menschen der Auffassung sind, daß man bei Ausführungen eines Eingeweihten, der von sich behauptet, über seelisch-geistige Fähigkeiten zu verfügen, die einem Durchschnittsmenschen der Gegenwart verschlossen sind, nicht in der Lage sei, das Vorgebrachte beurteilen zu können. Man sei daher einem blinden Glauben anheimgegeben. Man könne aus diesem Grunde die Anhänger Rudolf Steiners nur als eine urteilslose Sekte ansehen.

Rudolf Steiner hat im Laufe der Jahre immer wieder darauf hingewiesen, daß eine solche Beurteilung lebensfremd und unwirklich sei.[2]

In seinen Vorträgen fühlte man sich, wenn man nicht durch falsches Leben oder Erziehung verdorben war, so mächtig angesprochen, daß man unmittelbar die Wahrheit des Vorgetragenen durch sein gesundes Wahrheitsgefühl bewahrheitet fand. Bei solchen Gelegenheiten spürte man, wie man über die Grenzen seines beengten Alltagsmenschen hinauswuchs, sich dabei aber in der vollsten Besonnenheit erlebte. Hier kann man berechtigt an das schöne und leider so oft mißbrauchte deutsche Wort „Begeisterung" denken. Es gibt den Tatbestand hier am besten wieder.

In Rudolf Steiner erlebte ich eine in dieser Stärke sonst nie wieder beobachtete Kraft der Selbstlosigkeit. In seinen Vorträgen trat der irdische Verkünder vollständig zurück und der aufleuchtende Geist der Wahrheit selber senkte sein befeuerndes Wort dem Zuhörer ins Herz. Wer so etwas nicht selber erlebt hat, wird sich nur schwer eine treffende Vorstellung davon machen können. Ja, er wird das vielleicht gar für die Äußerung einer kritiklosen Haltung ansehen.

Diese Zwischendarstellung bezieht sich mehr auf den gegenüber der Erkenntnis gesicherten Inhalt seiner Vorträge, auf deren absolut freilassende Art, die nirgend Zustimmung, sondern eher ganz nüchterne Beurteilung forderte.

Nun möchte ich aber auch noch einige Mitteilungen über unmittelbar Erlebtes bezüglich der ganzen Erscheinung Rudolf Steiners machen. Da kann ich mich der ganz gezielten Fragen bedienen, die mir vor einigen Jahren eine Sprachkünstlerin gestellt hat, die sich unter anderem auch mit dem Vorlesen von Vorträgen Rudolf Steiners befaßt hat. Da diese Fra-

---

[2] Siehe *Theosophie*, Ausgabe 1961, Seiten 18 und 20.

gen doch von einem ganz allgemeinen Interesse sind, setze ich sie mit den Antworten hierher:

„Wie hat Rudolf Steiner gesprochen? laut? vokalisch, dunkle Stimme?"
Rudolf Steiners Stimme war derart modulationsfähig und verwandelbar, wie ich es kaum je wieder erlebt habe. Er beherrschte, wenn man so sagen darf, sämtliche Register dieses Seeleninstrumentes. Seine Stimme, die eine dunkle Färbung und einen warmen Ton hatte, zeigte, ohne daß man eine größere Anstrengung bemerkte, eine auffallende Resonanz und Tragweite. Besonders fiel mir das sympathisch gemüthafte der österreichischen Abstammung auf; zum Beispiel — wenn man übertreiben würde — könnte man sagen, daß er bei Worten wie Revolution oder Evolution das „o" nach „au" hin getönt sprach. Das schönste Erlebnis war es, wenn er einmal etwas im Dialekt seiner österreichischen Heimat vortrug, wie zum Beispiel im Dramatischen Kurs die Dialektdichtung des österreichischen Piaristenmönches Misson *Da Naz, a niederösterreichischer Bauernbui, geht in d'Fremd*. Das war etwas Köstliches! Rudolf Steiner sprach nicht übertrieben laut, obwohl er über eine gewaltige Lautstärke verfügte. Das fiel mir besonders auf während der Gründungsversammlung an der Weihnachtstagung, wenn er jeweils des morgens vor den Vorträgen den Grundsteinlegungs-Spruch sprach und an jene Stelle kam: „Denn es waltet der Vatergeist der Höhen . . ." Da hatte man das Gefühl, als ob sich das Dach des Schreinereivortragssaales in die Höhe hob.

Rudolf Steiner sprach auch nicht besonders vokalisch. Sicher geben die Vokale das Tragende beim Sprechen ab, das er wie kaum jemand besaß. Aber es stand im harmonischen Verhältnis zu den Konsonanten, die der Sprache wiederum die Plastik und vor allem die Deutlichkeit verleihen. Daher konnte man ihn selbst in Sälen mit einer schlechten Akustik immer ausgezeichnet verstehen, selbst wenn er nicht betont laut sprach. Man hatte das unmittelbare Erlebnis, daß die Stimme vollständig in dem Elemente der Luft und nicht in seinem Körper lebte.

„Sprach er schnell im Vortrag? Ich werde immer, wenn ich Vorträge von Rudolf Steiner vorzulesen habe und auch andere sie lesen, darauf gestoßen, daß er nicht zu langsam beim Vortrag gesprochen haben kann: die oft sehr vielen Wiederholungen deuten auf ein leichteres, flüssiges Sprechen hin."

Auch hier ist zu sagen, daß es außerordentlich unterschiedlich war, je nachdem, was er vortrug. Das Wie hing eben sehr von dem Was ab. Hier gab es eine unglaublich weite Skala der Möglichkeiten. Wenn Rudolf Steiner erzählte — und wie spannend und auch humvorvoll konnte er erzählen! —, war es flüssig und charakterisierend. Handelte es sich um gedanklich anspruchsvolle Themen, konnte man mit ihm erleben, wie schwer es ist, für manche Seelen- oder Gedankeninhalte das rechte und treffende Wort zu finden. Da erschien er mir oft wie ein schwer arbeitender Bildhauer, der aus einem harten Stein eine Gestalt erlösen wollte.

Bei dem ersten Vortrag, den ich überhaupt von Rudolf Steiner hörte — es war übrigens der letzte öffentliche in Berlin —, saß ich hinter ihm auf der Bühne. Es war in dem größten Saale der Stadt. Rund 2000 Menschen hörten zu. Viele standen vor den Eingängen und fanden keinen Einlaß mehr. Polizei war aufgeboten, um die Eingänge freizuhalten. Als zwanzigjähriger Student saß ich neben einem Kameraden der anthroposophischen Hochschulgruppe. Man hatte uns hinter Rudolf Steiner gesetzt, um zu verhindern, daß er von nationalen Rowdies von hinten etwa angegriffen würde. Es war die Zeit der rechtsradikalen Unruhen. Der neben mir sitzende Student war ein geborener Berliner und als solcher ein treffliches Beispiel dieser helldenkenden Volksgenossen. Nach dem Vortrag tauschten wir begeistert unsere Eindrücke aus. Plötzlich sagte er: „Du, Rudolf Steiner spricht manchmal so langsam, so daß ich zwischen zwei Worten immer einen ganzen Satz denken kann!" Da kam mir erst zum Bewußtsein, wie blitzschnell manche Leute — vor allem die Berliner — denken können!

„Dann: Wie ging er? ... Wie war seine Gestikulation, überhaupt seine Körperbewegung? Welche der sechs von ihm gegebenen Gebärden war am meisten vorhanden?"

Bis zu der Erkrankung im Jahre 1924 war der Gang Rudolf Steiners von auffallender Energie und Beherrschung, ja, von einer jugendlich anmutenden Schönheit, obwohl er das sechzigste Lebensjahr überschritten hatte. Wenn man ihn sah, ging er gewöhnlich zu irgendeiner Verabredung oder Tätigkeit, dann war in seinem Gang eine lebhafte Initiative zu bemerken, nichts Langsames oder gar Unentschiedenes. Die Ferse berührte den Boden in einer aktiven und willensbetonten Geste, die Haltung des Körpers war stets enorm aufrecht und gerade. Man könnte den Gang als besonders ich-haft bezeichnen. Aber dabei war nichts im geringsten Steifes zu sehen, alles in lebendiger Elastizität.

In seinen Gesten lebte eine allseitige Vielfalt, sie waren im besten Sinne des Wortes sprechend und ausdrucksvoll. Die sechs von ihm im Dramatischen Kurs gegebenen Gesten, die in einem gesunden Zusammenhang mit einem entsprechenden Ton beim Sprechen zusammenklingen sollten, konnte man bei ihm von Grund auf studieren. Zum Beispiel wenn er „wirksam" sprach, so hatte er entschieden „deutende Gebärden", wobei der Ton des Sprechens einen „schneidenden" Charakter annahm; sprach er jedoch „bedächtig", war seine Geste in einer schönen und ausdrucksvollen Weise „an sich haltend", wobei der Ton wirklich „voll" empfunden wurde. (Man lese die Charakteristik der Gesten und des dazugehörigen Tones nach im Bd. 282 der GA im 2. Vortrag vom 6. September 1924.)

Wie derart die Gesten ein reiches Bild zeigten, so sah man ihn eigentlich nie ohne eine entsprechende Geste reden, wenn sie zuweilen auch nur zart und andeutend war. Vor allem galt das für seine ausdrucksvollen Hände. Die zartesten und auch die stärksten Seelenstimmungen fanden unmittelbaren Ausdruck in ihnen.

Wie hell oder dunkel wurde es einem in der Seele, je nachdem er einem die Handfläche offen zeigte oder wenn er nur den Handrücken sehen ließ. Diese seltsam ausdrucksvollen Hände waren gleichermaßen geeignet, den Hammer beim Schnitzen zu führen oder die dünne Feder beim subtilen Zeichnen von Eurythmieformen. Zuweilen erschienen die Hände wie zerbrechliche Blüten, die sich öffneten, oder auch wie granitharte Instrumente, denen man nicht gerne im Zorne begegnen möchte.

Nur eine Geste habe ich, soweit ich mich erinnern kann, nie bei ihm beobachtet, die man bei einem westlichen Volke öfter sehen kann, daß er nämlich die Hände beim Reden in die Hosentasche steckte.

Öfter sah man ein mehr oder weniger starkes Hindeuten der Finger, dann wieder ein sich gegenseitiges Berühren der Hände als Ausdruck vollkommener Bedächtigkeit. Ebenfalls war auch die Geste des Formens und Gestaltens während eines Vortrages charakteristisch, wie man sie etwa bei einem Plastiker sehen kann, wenn er im Ton arbeitet. Da wurde einem die berechtigte Wortbildung im Deutschen einleuchtend, daß man etwas „begreifen" kann, wenn man es geistig versteht. Oft hatte man so den Eindruck, daß Rudolf Steiner das Geistige oder Seelische „begriff" wie eine vorhandene unsichtbare Substanz.

Für einen angehenden Eurythmisten war das Anhören von Vorträgen Rudolf Steiners ein einmaliger Genuß für die Augen. Ja, ich darf sagen, daß der redende Rudolf Steiner ein fortdauernder Beweis für die Richtigkeit und Notwendigkeit des Entstehens der jüngsten unter den Künsten, der Eurythmie, war.

Rudolf Steiners Antlitz war außergewöhnlich ausdrucksvoll durch das Licht oder Dunkel, das die Seele darauf zauberte. Immer war die Beteiligung des vollen Menschen erkennbar. Feines Lächeln, tiefer Ernst oder auch Trauer verrieten, je nach dem Vorgebrachten, die Augen. Das Antlitz war nie unbelebt oder gar starr, wenn er sprach. Immer schaute er voller Aufmerksamkeit und Anteilnahme die Zuhörer an. So hatte man das unmittelbare Gefühl, daß er zu ihnen sprach, und nicht etwa über die Köpfe hinweg. Daher war der Stil seiner Rede immer anders, je nachdem, zu wem er sprach. Die genaueste Exaktheit des Wissenschafters wie auch die Güte des hingebungsvollen Menschenfreundes standen ihm zur Verfügung. Für uns Junge war es auch stets von neuem eine

Überraschung, daß hochgelehrte Akademiker genauso begeistert über seine Vorträge waren wie einfache Menschen, denen er aus den Erfahrungen ihres eigenen Lebens zu sprechen in der Lage war.

Nachsinnend über diese Zeiten muß ich immer wieder an Admiral Grafton denken. Was wird eine solche Individualität nach dem Tode vor der Seele stehen gehabt haben, die mit so kraftvoller Hingabe eben nicht die verstandesmäßig-intellektuelle, sondern die moralisch-willensmäßige Seite der Vorträge Rudolf Steiners in sich aufgenommen hat? Ich zweifle nicht daran, daß er von allen Zuhörern sicher dem wesentlichen Gehalt seiner Ausführungen am nächsten gekommen sein wird. Ein außergewöhnlich eindrucksvolles Erleben muß sich für ihn im Nachtodlichen ergeben haben.

ERNST WEISSERT

Neustiftung der Dramatischen Kunst

Erinnerungen aus dem Jahre 1924

Ich darf aus dem Blickpunkt eines damals jungen Menschen berichten. Er hat damals in dem für jede Biographie wichtigen neunzehnten Lebensjahr Begegnungen mit Rudolf Steiner erleben dürfen. Sie haben sein Leben, seine Aufgaben, seine Ziele bestimmt und wurden von ihm immer mit Mysterienerlebnissen früherer Jahrtausende verglichen. Schon vorher, 1922, hat der Sechzehn-/Siebzehnjährige Rudolf Steiner zum ersten Mal sprechen hören auf der von der Konzertdirektion Wolff & Sachs eingerichteten Reihe öffentlicher Vorträge durch die großen Säle der deutschen Städte. Damals war es für ihn noch nicht an der Zeit. Ich erwartete einen Mystiker oder Verkünder mittelalterlichen Stils, einen Heiligen von mitreißender Rede und der seelenrührenden Kraft eines Franz von Assisi. Wir wissen, wie stark sich Rudolf Steiner damals hütete, vor diesen riesigen Auditorien auch selbst zarte seelische Emotionen in dieser Richtung zu erwecken, wie er bewußt ganz ruhig und nüchtern anthroposophische Wahrheiten, zum Beispiel der Weltenzustände, vortrug. Nun reisten am 2. Januar 1924 junge Menschen aus der Jugendbewegung zu der ersten Jugendtagung der Christengemeinschaft in Kassel. Beim Umsteigen in Frankfurt lernten wir andere Reisende mit dem gleichen Ziel kennen, zum Beispiel junge Mitarbeiter der Christengemeinschaft wie Eduard Lenz. Alle waren von einer frohen, erwartungsvollen Stimmung erfüllt. Manche hatten an der vorausgehenden Weihnachtstagung in Dornach teilgenommen und berichteten von dem dortigen Geschehen. Die jungen Menschen wurden von der Überzeugung berührt: Alles ist nun neu geworden, das gilt besonders auch für die Lebensschicksale von uns Jungen. Seit der Neubegründung der Anthroposophischen Gesellschaft sind unsere Lebens- und Zukunfts-Hoffnungen mit diesen Geschicken verbunden. Der gesamte Priesterkreis war in Kassel anwesend, die Gründergestalten wurden Ereignis und Erfahrung; wir nennen nur die tief religiöse Milde und Kraft von Friedrich Rittelmeyer, die souveräne Sicherheit von Emil Bock, die auch im persönlichen Gespräch mit wenigen Worten die Gedanken eines noch Zweifelnden zurechtrückte. Was bald damals einen Buchtitel ergab, war in dieser Festwoche in Kassel einigen Hundert jungen Menschen Wirklichkeit: Jugendbewegung und Anthroposophie fanden sich zu einer Einheit zusammen.

Nach dem Abitur fuhr ich vor dem Osterfest zur zweiten Erziehungstagung der Waldorfschule. Auch hier ergaben sich schon in dem Beschleunigten Personenzug von Frankfurt (der billigen Reisemöglichkeit der damaligen Zeit, weil es noch eine vierte Klasse gab) viele Begegnungen mit Menschen der Jugendbewegung, die man als aus der bekannten Gemeinschaft stammend begrüßte, manchen kannte man von der Kasseler Tagung her. Man stieg hinauf zum Kanonenweg, man ging voller Ehrfurcht über den Schulhof. Am Nachmittag allein die Vorhalle durchschreitend, sah ich plötzlich an dem linken Schalter drei ernste Persönlichkeiten im Gespräch stehen, von denen ein persönlicher, tiefer Eindruck ausging: Es waren Rudolf Steiner und Frau Doktor und Dr. Wachsmuth. Wir erwähnen hier nur die großen Vorträge im Gustav-Siegle-Haus *Die Methodik des Lehrens und die Lebensbedingungen des Erziehers;* der Saal faßte damals mehr Menschen als seit seinem Wiederaufbau nach dem Kriege, wohl 1400. Man fühlte sich zu einer Gemeinschaft gehörend, wie unter die Zuhörer einer alten Weisheitsschule versetzt. Um Rudolf Steiner, vorn im Saal und auf der Bühne neben dem Rednerpult, hatten die Waldorflehrer Platz genommen. Die Vorträge erscheinen einem auch heute immer wieder wie von einem neuen Siegel geprägt, der Geist der Weihnachtstagung durchwehte sie; bei aller Nüchternheit, es sind ja öffentliche Vorträge, haben sie einen esoterischen Charakter, steigern sich zur geistigen Offenbarung und werden beschlossen mit einem Mantram: „Dem Stoff sich verschreiben ..."

Bei den Vorträgen droben im Festsaal der Schule lernte man die Lehrer kennen, denen man nun als kommender Student nachstreben wollte: Stein, Kolisko, Schubert und andere. In der Monatsfeier — auf der rechten Galerie in der zweiten Reihe stehend — wurden Lebensentschlüsse gefaßt: Als Dr. Maria Röschl (-Lehrs) mit einer Klasse aus dem altsprachlichen Unterricht rezitierte, war innerlich die Gewißheit da, in diesem neuen Sprachunterricht aus der Sphäre des lebendigen, tönenden Wortes die eigene Lebensaufgabe suchen zu wollen. (Die seit einigen Jahren ernst betriebenen Schauspielstunden und die Gewißheit, hier den Lebensauftrag zu finden, waren schon durch ein kurzes Freundeswort mit dem Jugendfreund und Wandervogelführer, dem jungen Priester Gerhard Klein, zart erschüttert. Er sagte: „Heute" — gemeint war, nach der Weihnachtstagung — „können andere Schauspieler werden, wir sollten bestimmte neue Berufe ergreifen.") Das ergab schon in Stuttgart bei der Ostertagung die Verbindung mit dem Tübinger Pädagogischen Arbeitskreis. Nach der Stuttgarter Tagung folgte das Mitspielen bei Passionsspielen der Münchner Jugendgruppe und mit ihr zusammen die Reise nach Nürnberg, um auf der zweiten Jugendtagung der Christengemeinschaft in der Meistersingerkirche das Redentiner Osterspiel aufzuführen. Anschließend fand ein Kurs in einem kleineren Kreis meist junger Menschen für Helfer in der Arbeit der Christengemeinschaft statt. Es schloß sich das erste Studiensemester in Heidelberg und der Eintritt in die Freie Gesellschaft an. Am 1. August wurde dann eine große Tagung der Christengemeinschaft im Siegle-Haus eröffnet, sie war durchleuchtet von der Hochstimmung des Jahres 1924. Es war zum Beispiel gerade das Werk von Dr. Günther Wachsmuth über die ätherischen Bildekräfte erschienen, und Rittelmeyer sprach von dieser Gegenwartstat des 20. Jahrhunderts, menschliche Geistigkeit und Kosmologie wieder miteinander zu verbinden. Tief wirkte die religiöse Sprache durch das dichterische Wort Friedrich Doldingers.

Nach dem Tagungsausflug in den Schönbuch verblieb ich zur Arbeitstagung des Tübinger Pädagogischen Kreises in der ferienhaften Ruhe der alten Universitätsstadt; die Arbeitswoche endete mit der Aufnahme in den Tübinger Kreis. Ihm hatte Rudolf Steiner einen zweiten Jugendkurs zugesagt, man rechnete damals mit dem Februar 1925 als Termin. Die ältesten Freunde hatten schon den ersten Jugendkurs mitgemacht und waren etwa fünfundzwanzigjährig, zum Beispiel Dr. Gerbert Grohmann, Karl Ege, Dr. Friedrich Kübler, Wilhelm Dörfler. Aber auch viele jüngere Freunde gehörten dazu — Friedrich Hiebel spricht in seiner Darstellung vom Dramatischen Kurs im *Goetheanum* (1974, Heft 38 und 39) von dieser hoffnungsvollen Schar.

Außer der Kunde von der Einrichtung der Hochschule, ihrer ersten Klasse und von den Darstellungen der Karmavorträge waren in den Monaten dieses Frühsommers 1924 die Berichte von großen, grundlegenden Kursen in die Zweige gedrungen: Von dem Landwirtschaftlichen Kurs in Koberwitz und den anschließenden Breslauer Veranstaltungen, von der Eröffnung des Heilpädagogischen Institutes Lauenstein bei Jena und dem Heilpädagogischen Kurs in Dornach und von den europäischen Reisen Rudolf Steiners. Auf die Nachricht von einem im September geplanten Kurs über „Sprachgestaltung und Dramatische Kunst" schickte ich eine bescheidene Anfrage um Erlaubnis der Teilnahme nach Dornach. Noch zwischen den Schauspielplänen der letzten drei Jahre und den neuen Aussichten auf eine pädagogische Tätigkeit stehend, war mir das ein Herzenswunsch. Ich besprach ihn mit meiner mütterlichen Freundin Emma Klein, der Pfarrfrau an der Christuskirche in Mannheim; sie hatte wiederholt Rudolf Steiner beherbergen dürfen und war eine vertraute Schülerin von Michael Bauer. Aus England erhielt ich eine lange gehütete, im Krieg dann zerstörte Postkarte mit den charakteristischen Schriftzügen Marie Steiners. Der Inhalt war ungefähr: Sehr geehrter Herr, im Einverständnis mit Herrn Dr. Steiner teile ich Ihnen mit, daß Sie gerne an dem Dramatischen Kurs teilnehmen können. Mit besten Grüßen hochachtungsvoll Marie Steiner. Diese Postkarte war mir immer ein Beweis für die jahrzehntelange treue Arbeit von Frau Doktor, die so vieles in der Gesellschaft in diesen Jahren persönlich erledigte.

Beim Eintreffen in Dornach erfuhren die Teilnehmer, daß Rudolf Steiner, von England kommend, in Stuttgart aufgehalten war. Frau Dr. Steiner richtete vier oder fünf Sitzungen ein, wo sie in der Schreinerei einen Vorkurs abhielt und aus den Inhalten der von Rudolf Steiner schon vorher abgehaltenen Kurse über Rezitation und Deklamation vortrug; daran schloß sich jeweils eine längere Beschäftigung mit den Sprachübungen an. Vorne an der Bühne, auf der sie thronte, hatten die Mitglieder der Haaß-Berkow-Gruppe Platz genommen und, wie bald klar wurde, auch andere Schauspielergruppen, wie das Kugelmann-Ensemble aus Mecklenburg und einzelne kleinere Gruppen, die von verschiedenen Bühnen gekommen waren. Man bekam bald eine Übersicht: Der Zustrom zu diesem Kurs war ungewöhnlich, und so hatten Frau Dr. Steiner und Rudolf Steiner die ursprüngliche Absicht eines klein gehaltenen Kurses aufgegeben. Es kamen auch andere junge Künstler, Musiker, junge Dichter, Germanisten, auch ältere Freunde der anthroposophischen Bewegung, die sich zur Dichtung und zum Wort hingezogen fühlten und teilweise schon an den Münchener Veranstaltungen mitgewirkt hatten. Eintritt erhielten auch die Mitarbeiter der Christengemeinschaft, die alle versammelt waren, um den Kurs über die Apokalypse entgegenzunehmen, und die für den gleichzeitig angesetzten Pastoralmedizinischen Kurs herbeigeeilten Ärzte und Jungmediziner. Viele von den Jungen lernte man im Massenquartier auf den Strohsäcken im Tanzsaal des Gasthofes Jura kennen.

Der Kurs bei Marie Steiner war eine großartige Vorbereitung. Nicht nur erfuhr man mehr als bisher auf der Schule von ästhetischen Fragen des sprachlichen Kunstwerkes, von dem Unterschied von Rezitation und Deklamation, von den Gattungen der Dichtung, von der Metrik, von Vokal und Konsonant. Sie gab uns das, was durch Rudolf Steiner als die Kunstepoche der zehnten Klasse (an der Waldorfschule in Stuttgart) in die neue Erziehungskunst eingefügt war. Man lernte sie bewundern und verehren in ihrer blitzenden Geistigkeit, in ihrer Majestät und ihrem Humor. An den Sprechübungen beteiligten sich vor allem die jüngeren Menschen. Man meldete sich ganz froh und mutig, aber wenn man ein, zwei Zeilen gesprochen hatte, wies sie mit schneller Korrektur auf die zutage liegenden Fehler hin. Schnell setzte man sich wieder. Auch würdige Freunde standen auf, vielleicht von ihr liebenswürdig gefragt, ich erinnere mich, wie zum Beispiel Max Gümbel-Seiling sich aufbaute, das edle Haupt ins Profil gerückt, um nach ihrer humorvollen Aufforderung Goethes „Über allen Wipfeln ist Ruh" zu rezitieren — das bleibt als Bild für das Leben.

Die Vorgeschichte dieses Kurses wurde einem jetzt allmählich klar: Die Münchner Aufführungen von 1909 bis 1913 waren durch begabte Mitglieder, die aber doch Laien waren, gestaltet. Frau Dr. Steiner stand aus ihren jahrelangen dramatischen Studien heraus einend in der Mitte, die Regie führte jeweils Rudolf Steiner selbst. Im neuen, heranwachsenden Goetheanum wurde während des Krieges viel Eurythmie betrieben, die Faust-Szenen wurden nacheinander erarbeitet. Offenbar müssen bei der bevorstehenden Eröffnung des Goetheanums Herr und Frau Dr. Steiner die Gedanken an eine für das Goetheanum zu bildende Schauspieltruppe bewegt haben; gesprochen wurde, wie es uns scheint, nicht darüber. Aber immer wieder hielt Rudolf Steiner seit 1919 in kleinen Kreisen, auch im Wohnzimmer des Hauses Hansi, Kurse für Sprachgestaltung ab, wo sich meist junge Studenten um beide scharten. Die Freunde erzählen noch heute gelegentlich von solchen Kursen; Dr. Friedrich Kempter oder Walter Beck aus München waren beispielsweise als Studenten oder Schüler zugelassen. Nun, nach dem Brand des Goetheanums, nach der Gründung der Anthroposophischen Gesellschaft in der Weihnachtstagung, als der Bauplatz hergerichtet wurde für den Neubau und Rudolf Steiner das Modell den Mitgliedern zeigte, schien es „an der Zeit" zu sein. Es sind die Anfragen und Bitten von jüngeren Schauspielern, die im Engagement waren — wie zum Beispiel Frau Langheintz, Edwin Froböse, die erwähnten Haaß-Berkow- und Kugelmann-Mitglieder — gewesen, die den neuen Einschlag auslösten; sie hatten um geisteswissenschaftliche Hinweise auf ihren Beruf gebeten, so wie neue Lebensgebiete sich offenbarten in der Begründung der Erziehungskunst, der religiösen Erneuerung, der Landwirtschaft, der Heilpädagogik.

Alles war von Zukunfts-Hoffnungen und -Begeisterung erfüllt, in der Schreinerei saß man zusammen wie die große Schülerschaft einer Weisheitsstätte alter Zeiten. Das hat um diese Wochen eine lebendige Aura gelegt. Die verschiedenen Kurse, der Priesterkurs, der für Priester und Ärzte gemeinsam gehaltene Pastoral-medizinische Kurs, unser Dramatischer Kurs, klangen an den Abenden zusammen in dem ungeheuren Akkord der Karmavorträge, und wie einen sozialen Gegenton empfand man, daß an manchen Vormittagen Rudolf Steiner zu der wachsenden Belegschaft der Goetheanumarbeiter sprach. Man mußte oft an eines der großen Menschheitsgemälde denken, an Raffaels Darstellung von der Schule von Athen. Am Vortag des Kursbeginns war ich spätnachmittags mit Emma Klein in der Schreinerei. Rudolf Steiner kam, langsam gehend, von seinem Atelier herüber. Er freute sich, die langjährige Schülerin zu begrüßen, ich wurde vorgestellt. Man hatte den Eindruck unendlicher Güte.

Die Kursstunden waren stets auf zwölf Uhr angesetzt. Rudolf Steiner sprach von einem Pult von der Seitenwand aus, Frau Doktor saß auf der Bühne und rezitierte von dort. Dr. Steiner hat immer wieder betont, daß dieser Kurs von ihnen beiden gemeinsam gehalten wird; in der Tat waren die vielen, auch fremdsprachlichen Rezitationen innerhalb der Vorträge ein wichtiges praktisch-künstlerisches Erlebnis. Einige Male hat Rudolf Steiner von seinem Pult aus selbst vorgelesen: Aus dem *Cid* von Herder, Szenen aus *Danton und Robespierre* von Hamerling, aus dem Faust-Fragment von Lessing oder aus der österreichischen Dialektdichtung von Misson *Der Naz in der Fremde*. Oft noch denken wir an den vollen, tiefen Klang seiner Stimme. Rudolf Steiner wurde einem in diesen drei Wochen (der Kurs war auf fünfzehn Vorträge berechnet und wurde von ihm auf neunzehn Vorträge ausgedehnt) menschlich immer wärmer, näher, vertrauter. Er hielt den Kurs mit spürbarer Freude und Wärme; was er vorbrachte, war in Jahrzehnten erfahren und gewachsen: in seiner Jugend in Neudörfl und seiner Oberrealschulzeit, in der Wiener Studentenzeit, in den Vorstellungen des Burgtheaters, in den Kunsteindrücken während des Aufenthalts im Hause Specht, in österreichischen Sommertheatern mit reisenden Truppen, im Weimarer Theater, in der Berliner Kritikerzeit, in den Theateraufführungen der Literarischen Gesellschaft. Er hatte viele Bühnenkünstler persönlich kennen und schätzen gelernt, er war vertraut mit Inszenierungsfragen — das alles umfaßte er mit Wärme, mit Anteilnahme, mit Humor und doch dann wieder mit esoterischem Ernst. Wie schön war es beispielsweise, ihn vorne in der ersten Reihe vor der Bühne sitzen zu sehen, als die Kugelmann-Truppe an einem Nachmittag die *Iphigenie* aufführte — väterlich freundlich war sein Auge geneigt, leise wippte er mit dem übergeschlagenen Bein. An einem Sonntagvormittag währte die Generalprobe noch für die nachmittägliche Eurythmieaufführung; wohl eine halbe Stunde standen Herr und Frau Doktor im freundlichen Gespräch unter den vielen Teilnehmern unter den Bäumen vor der Schreinerei, die Kinder eines Schauspielerehepaares, sonntäglich gekleidet, wurden ihnen vorgeführt. Von dieser spürbaren Menschlichkeit, Freude und Zufriedenheit über das sich Begebende und die dadurch erweckten Hoffnungen fällt ein wunderbares menschliches Licht auf Rudolf Steiners letzte Monate.

Der *Dramatische Kurs* ist bald gedruckt worden. Wir haben seither gesehen, daß er viel studiert wurde, auch von den Besten der Bühne unserer Zeit. Und doch fällt ein herber Schmerz heute auf unser Herz, jetzt nach fünfzig Jahren, wenn wir in denselben Tagen, wo diese Vorträge gehalten wurden, sie wieder lesen: Was haben wir in den fünfzig Jahren aus diesen Mysterieninhalten gemacht? Was ist davon realisiert worden? Was ist im Sinne des Dramatischen Kurses von ihnen immer noch „Partitur" geblieben? Auch der *Dramatische Kurs* ist ein hoher geistiger Vorgang, die Neu*stiftung* einer durch Jahrhunderte von den Menschen gepflegten Kunst und ihre Erneuerung aus dem Spirituellen heraus. Voll Dankbarkeit schauen wir auf Marie Steiners Ensemblebildung, die bald danach einsetzte, auch auf die hingebende, opferbereite Arbeit dieser Menschen, die wir vom Dramatischen Kurs her kennen.

1927 konnten zur Eröffnung des Goetheanums die Mysteriendramen wieder aufgeführt werden; die Saat des Dramatischen Kurses war aufgegangen. In der Aufführung der gesamten Faustdichtung kulminierte sie. Es folgte die Arbeit mit den Dramen Albert Steffens, die Schilleraufführungen während des Krieges. Seit 1928 reiste der Sprechchor durch die deutschen Städte; tiefste spirituelle Wortwirkungen gingen von diesem gewaltigen Instrument aus. Wir denken an die Aufführungen in Deutschland gleich nach dem Krieg, an *Die Braut von Messina*, an die *Iphigenie* — das lebendige, ätherisch durchdrungene Wort in der Gestaltung unserer Freunde aus der jahrzehntelangen Schulung Marie Steiners. Es haben sich neue Gastspielreisen durch Deutschland angeschlossen, neue Schulen der Sprachgestaltung und Bühnenkunst sind gegründet worden — und doch sehen wir vom Fünfzig-Jahr-Fest des Dramatischen Kurses aus erwartungsvoll in die kommenden Jahrzehnte, in das kommende Jahrhundert. Werden Akademien für Wortkunst und Dramatische Kunst erstehen, wie sie im Kurs ganz fertig veranlagt sind? Wird — nach einer Zeit des Niedergangs und der sich über die Erde wie Mehltau ausbreitenden mechanischen Wort- und Ton-Hülsen — diese neu gestiftete Kunst siegreich hervordringen und sich, spirituell Menschentum erziehend, bewähren?

Wohl keiner hat *vor* dem *Dramatischen Kurs* sich eine ungefähre Vorstellung machen können, was Rudolf Steiner bringen würde. Der erste Teil umfaßt sieben Vorträge, sie sind überschrieben „Von der eigentlichen Sprachgestaltung". Manches, was Rudolf Steiner seit 1919 ausgeführt hatte, klingt hier an, aber es geschieht mit gewaltigem Griff. Rudolf Steiner enthüllt wieder die seit Jahrtausenden gepflegten Sprachkräfte, die Inhalte der Weisheitsschulen, er schließt die Sprachgestaltung an die griechische Gymnastik an. Er zeigt die inneren Gesetze und Möglichkeiten des Sprechens in den sechs Offenbarungen und verbindet diese mit der Gebärdensprache des Menschen, er behandelt das plastische und musikalische Element der Sprache. Er führt von der Sprachgestaltung hinüber zur Gebärde und zur mimischen Gestaltung auf der Bühne und wieder zurück auf das griechische Urelement der Gymnastik.

Vom dritten Vortrag an wird die Metrik immer wichtiger. Gegenüber der modernen Prosa offenbart sie sich in ihrem pädagogischen, menschenerziehenden Wesen. Die Grundelemente einer noch vor uns liegenden Dramatik der Zukunft zeigen sich uns. Es sind Aspekte kommender Zeiten, so, wie sie auf Elemente zurückgehen, die seit Jahrtausenden gepflegt wurden. Immer sah man sich in den konkreten Bühnenvorgang versetzt, wenn Rudolf Steiner Bezug nahm auf große dramatische Werke von Goethe und Schiller, wenn Marie Steiner z. B. Goethes Prosa-Iphigenie vorlas und die spätere metrische Form gegenüberstellte. Wir gestehen, daß wir schmerzlich empfinden, wie stümperhaft wir nach solchen Offenbarungen geblieben sind. Und doch empfindet man: so weit vielleicht im Verstehen und der Anwendung dieser Grundlagen in *diesem* Leben kommen zu können; der zweite und dritte Teil überschreitet dieses Maß.

Auch der zweite Teil umfaßt sieben Vorträge, er widmet sich der „Regie und Bühnenkunst". Die Frage stand immer wieder im Zuhörer auf: Woher weiß er alle diese wunderbaren Angaben bis in die Einzelheiten hinein? Man rätselte an der offensichtlich ungeheuren Bedeutung herum, die die dramatische Kunst in langen Jahrhunderten für die Menschenerziehung gehabt hat, man sah die Armseligkeit des heutigen Gefühlslebens gegenüber dem nuancierten Reichtum ehemaliger Gestaltung. Es wurde von den Grundgesetzen der Menschendarstellung gesprochen, von ihrem Ausgang aus dem Mimischen und Gebärdenhaften, von dem künstlerischen Prozeß, in welchem Kunstelemente zur instinktiven Ausübung übergehen. — Dann kamen wieder vertrautere Strecken, in denen z. B. *Iphigenie* und *Tasso* Goethes als Kulminationen der künstlerischen Sprachgestaltung behandelt wurden.

Seit der Drucklegung steht über dem zehnten Vortrag der Titel *Der Mysteriencharakter der dramatischen Kunst*. Das ist das Schlüsselwort des ganzen Kurses vom September 1924. „Eine religiöse Auffassung des Sprechens und des damit verbundenen Mimischen und Gebärdenspieles" wurde ausführlich behandelt. Es wurde von dem seelischen Stimmungsstil der Dichtung gesprochen anhand von Schillers *Maria Stuart;* „an dem Stil der Dichtung muß der Schauspieler seinen Stil entwickeln". Dann ging Rudolf Steiner immer stärker auf die gesamte Stückgestaltung über. Hier behandelt er den vorliegenden Dichtertext als „Partitur" des dramatischen Künstlers; er muß sie mit seinen Kunstmitteln zum Leben erwecken. Es handelt sich immer um ein ernstes Wiedererschaffen. Die esoterischen Stimmungen des Trauerspiels wie des Lustspiels wurden behandelt. Der letzte Vortrag dieser Abteilung (der vierzehnte) behandelt das Dekorative auf der Bühne, das Bühnenbild, Farbe und Licht. Hier schloß Rudolf Steiner noch einmal tief an die in der Poetik des Aristoteles dargelegten Wirkungen von Furcht und Mitleid und an die Katharsis, die sie hervorrufen.

Der dritte Teil ist überschrieben mit den Worten *Die Schauspielkunst und die übrige Menschheit*. Der junge Zuhörer und Adept der Schauspielkunst fühlte den eigenen Erfahrungshorizont weit überschritten; wohl alle empfanden sich wie aus sich und über sich hinausgehoben. In diesen fünf Vorträgen ist die Rede von der Esoterik des Bühnendarstellers: „Ohne das Herausarbeiten des Künstlerischen aus der geistigen Welt tritt Routine ein, Maniertheit oder unkünstlerischer Naturalismus". Die Verinnerlichung des Schauspielers führt ihn zu einer ungeahnten Beweglichkeit. Rudolf Steiner behandelt die Meditationen über das Trauerspiel, mit denen der Schauspieler sich durchdringt, und ebenso die für das Lustspiel. Diese Übungen sind ganz auf den Schauspieler hingezielt, sie unterscheiden sich deshalb stark von Gestaltungen im Sinne der Wahrspruchworte. Es folgen Ratschläge, wie der Schauspieler z. B. seine Träume mit in seine künstlerische Arbeit einbezieht: „Imaginationen, Bilder und Phantasien gehören zum Wesen der Schauspielkunst." — Ausführlich wurden Schicksal, Charakter und Handlung der Menschheitsgeschichte des Dramas dargestellt; „es verschwindet das waltende Schicksal, und das Handeln aus dem Charakter heraus wird von der Bühne aus hingestellt". In den Schauspielschulen der Zukunft sollten diese Menschheitsschritte vom Schicksal zum Charakter dargestellt werden, wie z. B. im Bewußtseinsseelenzeitalter das Schicksalsdrama in das Charakterdrama hineinwächst. Rudolf Steiner stellte den dabei waltenden „elementarischen, volkstümlichen Humor" dar, der beispielsweise in der Comedia del arte waltete. Ein feines Licht wird auf das Lustspiel geworfen, das eigentlich erst im Römertum entsteht, im Gegensatz zum griechischen Satyrspiel oder der griechischen Komödie. Ein solches, auch geschichtliches Studium gibt die Stimmung für die Regiegestaltung.

Die letzten Vorträge greifen — scheinbar — oft auf die erste Vortragsabteilung zurück, aber das geschieht in einer ungeheuren Vertiefung: „Lautempfindungs-Übungen für das Durchfühlen des Lautlichen können bis in das Wort-Geheimnis hineinführen. Darin liegt eine besondere Esoterik der Sprachgestaltung." Es wurde gesprochen von der Gesinnung der Schauspielgestaltung, die durchdrungen ist von Spiritualität. „In der menschlichen Gestaltung offenbart sich die Welt am bedeutsamsten, am intensivsten. Der Mensch aber offenbart sich in der Wort- und in der Lautgestaltung... Jenen götterhaften Wesen aber, die unsere Lehrmeister sind, den Lauten, müssen wir religiöse Verehrung entgegenbringen können."

Wir haben hier immer wieder aus der Zusammenfassung der Inhalte für die Drucklegung, die wohl auf Marie Steiner zurückgeht, zitiert, um aus der Stimmung des Kurses zu berichten. Der Schlußvortrag ist im Druck überschrieben *Das Wort als Gestalter*. Rudolf Steiner weist darauf hin, daß dem so Übenden die Sprache immer objektiver, gegenständlicher wird, dem Schauspieler wird seine Kunst „dann zu einer wirklichen Art von Opferdienst, durch den das Geistige in die Welt des Physischen hereingetragen wird".

Die Schlußveranstaltung war tief bewegend. Rudolf Steiner übergab diese Inhalte den Menschen zur Beherzigung und zur Weiterarbeit, „die in der Lage sind, ihnen verständnisvoll entgegenzukommen". Er betont, daß er den Kurs mit „einer wirklichen Liebe" gehalten hat. Jetzt sprang Gottfried Haaß-Berkow auf, er sprach im Namen der Angehörigen seiner Truppe, aller Schauspieler und dann aller Anwesenden Herrn und Frau Dr. Steiner den Dank aus. Er gelobte, die ihm anvertrauten Inhalte zu pflegen und ernst zu erarbeiten; „ich stelle mich als Mensch mit meiner ganzen Arbeit Herrn Dr. Steiner zu Verfügung".

Wie im Namen aller Diener des Wortes sprach Albert Steffen. Er hatte während des Vortrags von seiner Reihe aus die Gesichter der Zuhörenden beobachtet und die ungeheuren Wandlungen, die vorgingen, bemerkt, er umfaßte auch die anderen Kurse, die gleichzeitig liefen. Er sprach vom heilenden Wort im medizinischen Kurs, vom heiligen Wort im Apokalypse-Kurs, vom schöpferischen Wort im Dramatischen Kurs und den Schicksalsworten in den abendlichen Karma-Vorträgen. Er sprach von dem Wort als dem Schwert des Michael und von dem innigen Wunsche aller Teilnehmer, mit diesem Wort-Schwert für das heilige Werk Rudolf Steiners mitzukämpfen.

Schweigend verteilten sich die Menschen, sie kehrten an ihre Arbeitsstätten zurück.

Nach dem 28. September verbreitete sich in den Zweigen die Kunde, Rudolf Steiner habe den Michaelivortrag abbrechen müssen. Es kamen die Nachrichten von seinem Krankenlager im Atelier, aber wöchentlich seine Mitgliederbriefe und die Leitsätze. So war man gewiß, daß er in Bälde die Arbeit wieder aufnehmen würde. Am Ende des März durften wir vor der Schreinerei warten, um an sein Todeslager geführt zu werden.

Im Jahr 1975 werden wir des fünfzigsten Todestags gedenken. Uns alle wird die Frage tief bewegen, was aus den Mysterienbegegnungen, deren wir gewürdigt worden sind, seither durch unser tägliches Tun und in unserer Mitverantwortung geworden ist. Voll Hoffnung schauen wir auf die Jahre des Jahrhundertendes und des neuen Jahrtausendbeginns hin.

Kleine Streiflichter

Der Regenschirm

An einem sonnigen, schönen April-Morgen 1921 erwarteten die etwa fünfzig Teilnehmer des zweiten Medizinerkurses vor dem Glashaus neben dem Goetheanum in Dornach Rudolf Steiner. Bald kam er — wie immer pünktlich — von der Schreinerei den Hügel herunter. Auf diesem Weg gibt es von ihm eine bekannte Aufnahme: ohne Hut, im schwarzen Mantel. In der rechten Hand hielt er eine Manuskript-Mappe und einen Regenschirm, die Augen hatte er wegen der hellen Sonne etwas zusammengekniffen. Um seinen Mund lag ein freundliches Lächeln.

Nach dem Vortrag gab es eine Pause mit lebhaften Gesprächen vor der Tür im Sonnenschein. Wir waren eine „gemischte" Gesellschaft, von alten Praktikern bis zum sehr jungen Medizinstudenten, und vom alten Anthroposophen bis zum ganz neuen Mitglied. Soviel ich mich erinnere, war sogar ein Vertreter der Bayer A.G. dabei, der nur Interessent und nicht einmal Mitglied war. Und unter den Jungen gab es auch einige, die sozusagen „ganz ohne Hemmungen" gegenüber Rudolf Steiner waren. Einer von diesen muß es gewesen sein, der plötzlich mit der Frage herausplatzte: „Herr Doktor, warum sind Sie bei diesem schönen Tag mit einem Regenschirm gekommen? Wenn jemand wissen kann, wie das Wetter wird, dann müssen doch Sie als Eingeweihter darüber im Bilde sein!" Allgemeine peinliche Betroffenheit und Herzklopfen über solche Impertinenz — — —, aber Rudolf Steiner erwiderte lächelnd und mit funkelnden Augen: „Nun, ich habe ja öfter davon gesprochen, daß hinter der Natur eine Wesenheit wirksam ist, die man die ‚Göttin Natura' nannte, oder wenn Sie wollen auch Persephone. Auf jeden Fall ist sie eine Göttin — also eine Dame! Und bei den Damen kann auch ein Eingeweihter nicht voraussagen, von welcher Laune sie im nächsten Augenblick ergriffen wird!" *Manfred von Kries*

Besuch in Bremen

Es war in der ersten Hälfte des Ersten Weltkrieges. Steiner sollte nach Bremen kommen und Vorträge halten. Die Kriegsereignisse erschütterten uns damals mehr als man sich heute vorstellen kann. Viele Rätselfragen verlangten nach Antwort, und mit Sehnsucht sahen wir dem Tage entgegen, wo Dr. Steiner sie uns geben würde.

Rudolf Steiner und Marie von Sivers wohnten in der Nähe von Bremen auf einem kleinen Landgut, das einem Mitglied gehörte und wo die anthroposophischen Freunde sich gelegentlich trafen. Der Zweig Bremen wurde eingeladen, und einige durften an der gemeinsamen Mittagstafel teilnehmen. Die Feierlichkeit des Ereignisses wirkte aber etwas beklemmend auf die Stimmung der Teilnehmer. Besonders die Herrin des Hauses war etwas aufgeregt. Sie fühlte sich der Situation nicht ganz gewachsen, vor allem in anthroposophischer Beziehung, hatte sie doch eine große Kinderschar zu betreuen, die ihr zum Studium nicht viel Zeit ließ. Man ging zu Tisch. Dr. Steiner sprach das Tischgebet. Aber zu unserer Überraschung wählte er nicht den von ihm selbst geprägten Spruch, sondern das im Hause übliche und der Hausherrin vertraute: „Komm, Herr Jesu, sei unser Gast..."

Uns schien, daß diese einfache Geste von menschlichem Verständnis, mehr als vieles Reden, geeignet war, das Selbstvertrauen der Hausherrin zu stärken und ihr zugleich Vertrauen zu dem hohen Gaste zu geben. — Die Kinder aber gewann er, als er nach dem Essen ins Kinderzimmer ging, das Schaukelpferd bestieg und zeigte, daß er auch im Reiten nicht ungeschickt war. — Erwachsene waren ihm gegenüber oft befangen; Kinder hatten unmittelbar Zugang zu ihm. *Friedrich Husemann*

In Nürnberg

Im Dezember 1907 wohnte ich anläßlich von Vorträgen Rudolf Steiners in Nürnberg in dem gleichen Hotel wie er. Am ersten Morgen saß ich sehr früh in dem sonst leeren Frühstückszimmer. Dr. Steiner kam sehr bald auch in dieses Zimmer und setzte sich zu mir. Wir nahmen gemeinsam das Frühstück ein. Er sprach mit mir über Verschiedenes, auch über meinen Studiengang. Ich studierte damals im 1. Semester Chemie und ich erzählte ihm von einem Professor der Physik, dessen Vorlesungen so waren, daß das Vorgebrachte kaum zu verstehen war. Als Beispiel erwähnte ich eine physikalische Theorie. Dr. Steiner erklärte sie mir nun so, wie der betreffende Professor eigentlich die Sache darstellen wollte. Jetzt war sie ohne weiteres zu verstehen. Es war für mich nicht nur ein Erlebnis zu sehen, daß Dr. Steiner auch mit Theorien von Fachgebieten vollkommen vertraut war, sondern auch, wie sehr er in der Lage war, sich in das voll und ganz hineinzuversetzen, was andere gedacht und gewollt haben.

Bei einem Zweigvortrag in München führte Dr. Steiner aus, wie die Edelsteine Sinnesorgane von höheren Hierarchien sind. Bei der Fragenbeantwortung frug ich, ob bei der Herstellung von synthetischen Edelsteinen Sinnesorgane geschaffen würden. Rudolf Steiner antwortete darauf, daß er das nicht sagen könne, da er noch nicht bei einer synthetischen Herstellung habe anwesend sein und diese beobachten können. Nach der Fragenbeantwortung kam er zu mir, klopfte mir, fast wie sich entschuldigend, auf die Schulter und sagte: „Wirklich, ich habe es noch nicht beobachten können." Es war dies einer der seltenen Fälle, die ich erlebt habe, daß Dr. Steiner auf eine Frage die Antwort schuldig geblieben ist. Aber dieser Fall war mir auch ein Zeichen dafür, daß er keine Antwort gab, welche nicht durch eigene Beobachtung fundiert war.

Oskar Schmiedel

Ein Wedekind-Erlebnis

Im Jahre 1909 war ich im Münchener Schauspielhaus mit Rudolf Steiner und anderen in einem Stücke von Frank Wedekind, worin dieser — wie gewöhnlich — die Hauptrolle spielte. Das Stück hieß *Hidalla*. Frank Wedekind spielte darin die Rolle des häßlichen Menschen, welcher selbst über seine eigene Häßlichkeit so entsetzt ist, daß er eine Gesellschaft begründet zum Zwecke der Zucht schöner Menschen. Nun geschieht es aber, daß er diese Schönheitszucht selbst dadurch aufs höchste gefährdet, daß er besessen wird von einem unwiderstehlichen Sinnestrieb zur schönsten Frau der von ihm begründeten Gesellschaft. Man sieht ihn auf der Bühne in seinem Hotelzimmer in verzweifeltes Entsetzen geraten, wobei er sich überschlägt.

Gerade in diesem Moment tritt in die Türe ein Zirkusdirektor, welcher sich in der Zimmernummer geirrt hat und glaubt, den gesuchten Clown vor sich zu haben. Als er den Purzelbaum des vermeintlichen Clowns sieht, klatscht er begeistert Beifall und bietet die doppelte Gage. Dadurch zur höchsten Verzweiflung getrieben, erhängt sich der Begründer der Schönheitszüchtung.

Am Tage nach dieser Aufführung waren durch Rudolf Steiner die Mitwirkenden für das Drama *Die Kinder des Luzifer* von Edouard Schuré ins Atelier von Sophie Stinde und Gräfin Pauline Kalckreuth gebeten, darunter auch ich. Als uns Rudolf Steiner den Zustand der gegenwärtigen Theaterkultur charakterisiert hatte, rief Gräfin Kalckreuth: „Aber die

Stücke von Frank Wedekind sind doch abscheulich!", worauf Rudolf Steiner sagte: „Wedekind ist ein Genie! Ja, so sehen heute die Genies aus. Er ist fähig, alles für die Bühne herzurichten, was man von ihm verlangt. Aber — Wedekinds Stücke wirken auf die Seele verheerender als die Beulenpest auf den physischen Leib." *Maximilian Gümbel-Seiling*

Frage

An einem Zweigabend erzählte ein Mitglied, in Hannover sei folgende Frage an Rudolf Steiner gestellt worden: „Welchen Einfluß hat der Alkohol auf den Geheimschüler?" Worauf Rudolf Steiner anwortete, diese Frage könne überhaupt nicht beantwortet werden, denn ein Geheimschüler trinke keinen Alkohol. *Ludwig Kleeberg*

Der Bettler

In Elberfeld fanden die Vorträge Rudolf Steiners zuerst in der Privatwohnung des Zweigleiters statt, in dessen Mansarde er auch schlief. Beim Vortrag stand er in der offenen Türe zwischen zwei Zimmern, in denen die Zuhörer sich befanden. Vormittags mußte die Hausfrau kochen und konnte dem Gast nicht Gesellschaft leisten. Einmal klingelte es, und Rudolf Steiner ging zur Entlastung der Hausfrau zur Etagentür, um einen Mann abzufertigen. Darauf kam er in die Küche und berichtete der Hausfrau, daß ein Bettler dagewesen war. Die Hausfrau frug: „Haben Sie ihm Geld gegeben?" Er bejahte es. „Das hätten Sie aber nicht tun sollen! Das setzt er doch nur in Schnaps um!" — „Aber es ist doch die einzige Freude, die er hat..." *Hans Reipert*

Das Stammgericht

In einer Stadt (Kassel?) hielt Rudolf Steiner einige Vorträge, von denen der eine am Vormittag stattfand. Der zweite Vortrag — oder eine seminaristische Veranstaltung — sollte nachmittags folgen. So tauchte die Frage auf, ob man ohne zu großen Zeitaufwand eine Mittagsmahlzeit zu sich nehmen könne, und man machte den Vorschlag, eine in der Nähe liegende kleine Gastwirtschaft aufzusuchen, in der recht gut gekocht werde. Etwa 20 Teilnehmer machten sich also zu gegebener Zeit auf den Weg dorthin.

Eine Vorbestellung war wohl nicht erfolgt, und so kamen zwanzig oder mehr Personen mit Rudolf Steiner zusammen unerwartet in die verhältnismäßig kleine Gaststätte. Sie fanden zwar Platz, aber es stand nur *ein* Kellner zur Verfügung. Und nun entstand das Problem.

In Rudolf Steiners Gegenwart hatten viele die Meinung, man müsse seine positive Gesinnung oder Überzeugung durch eine *vegetarische* Mahlzeit unter Beweis stellen. Aber wie das vor dem Jahre 1914 üblich war, gab es in diesem, auf „feste Kunden" eingestellten Lokal nur Fleischgerichte.

Man stelle sich die Situation recht deutlich vor: „Haben Sie keine Makkaroni oder Spaghetti? Keine Gemüsegerichte? Keine Salatplatte? Ja, nicht einmal Kartoffelpuffer mit Preiselbeeren? Oder Spinat mit Bratkartoffeln? Oder ein Fischgericht? Eine Quarkspeise? Oder —?"

Nach kurzer Zeit standen dem Kellner die Haare zu Berge und der Schweiß auf der Stirn. Vor lauter Nervosität war er kaum noch imstande, seine Höflichkeit zu bewahren. So kam er auch zu Rudolf Steiner und fragte ihn nach seinen Wünschen. Dieser sah freundlich und ruhig zu ihm auf und sagte: „Bitte, bringen Sie mir das Stammgericht." — Und das war deutsches Beefsteak!

Als das Essen beendet war und die Gäste das Lokal verließen, hörte einer der letzten den Stoßseufzer des Kellners zum Wirt: „Der einzige Vernünftige unter all den verrückten Vegetariern war der schlanke, dunkle Herr im Gehrock!!"

Manfred von Kries

In der Waldorfschule

Der erste Eindruck, den ich von Rudolf Steiner empfing, läßt sich nur paradox bezeichnen als machtvolle Schlichtheit. Persönlich-Originelles spielte überhaupt keine Rolle, stark war dagegen die Wirkung seines inneren Wesens. Man spürte sofort: das ist ein Mensch, der souverän aus einem geistigen Mittelpunkt lebt und schafft. Sein Gang, seine Gesten, sein Blick sprachen es ebenso aus wie sein Wort; sie waren von einer tief ruhigen „Natürlichkeit", aber diese Natur war höherer Art.

Immer wieder überraschte seine innere Wahrnehmungsfähigkeit. Als meine Anstellung an der Waldorfschule noch in der Schwebe war, fuhr ich in den Tagen des Pädagogischen Jugendkurses (Oktober 1922) nach Stuttgart. Ich bat um eine Unterredung mit Rudolf Steiner und wurde von ihm auf den nächsten Morgen beschieden. Ich war in Ungewißheit: er hatte weder auf ein früheres Gespräch in Leipzig Bezug genommen noch von künftiger Mitarbeit gesprochen. Das Bewußtsein von der Größe der Aufgabe, der man vielleicht nicht gewachsen war, führte zu dem Entschlusse, alles Wünschen ganz zurückzustellen und dem Blicke Rudolf

Steiners die Entscheidung anheimzugeben. Am nächsten Morgen traf ich ihn vor der Schultür. Er schien mir in seiner Haltung völlig verändert; mit herzlicher Begrüßung kam er auf mich zu und führte mich in eine Klasse, wo ich zuhören durfte. Eine Weile unterrichtete er auch selber.

In den Konferenzen war oft zu beobachten, wie er spürte, daß sich noch Fragen in den Seelen regten. Bei der ersten Konferenz, die ich mitmachte, erfuhr ich es selber. Rudolf Steiner sprach über Nebensätze; ich mußte an eine geistvolle Untersuchung von Wegener denken, der die Entstehung mancher Nebensatz-Konjunktionen aus dem Fragewort psychologisch begründet hatte. Rudolf Steiner bemerkte sofort meinen inneren Einwand, den ich aber durchaus nicht etwa hatte vorbringen wollen, und forderte mich auf, doch zu sagen, was ich meinte. Ich war so erschrokken, daß ich es nicht verständlich darstellen konnte.

Einmal begleiteten einige Waldorflehrer Rudolf Steiner in später Nachtstunde nach der Konferenz zu seinem Quartier. Man stand noch einen Augenblick in Unterhaltung vor der Tür; dann verabschiedete er sich, indem er jedem die Hand gab. Ich hielt mich ganz im dunkeln Hintergrunde, denn mir waren eben an diesem Tage alle meine Unzulänglichkeiten wieder einmal zu Bewußtsein gekommen. Du bist gar nicht wert, daß er dir die Hand gibt, dachte ich gerade, da trat er zum Schluß durch die vor mir Stehenden hinduch und reichte mir die Hand.

Später bestätigten sich mir diese ersten starken Eindrücke auch in Gesprächen; manches scheinbar einfache Wort zeigte einem mit den Jahren, wieviel klare Schau und helfende Güte in ihm lag. *Martin Tittmann*

Werkunterricht

Als Rudolf Steiner eines Tages in der Freien Waldorfschule in Stuttgart erschien, folgte er bereitwillig einer Aufforderung, in der Schülerwerkstatt die neuesten plastischen Arbeiten anzuschauen. Mit großem Interesse ließ er vor seinem Auge die künstlerischen Versuche vorüberziehen, als er auf einmal an einer plastischen Formung sinnend haften blieb, mit der Frage: „Welcher Schüler hat das gemacht?" Als der Name des Betreffenden genannt wurde, rief Rudolf Steiner in der Unterrichtspause auf dem Schulhofe den Knaben zu sich und sagte zu ihm: „Rudi, ich habe in der Werkstatt bei Herrn Wolffhügel eine Arbeit von dir gesehen, die hat mich so erfreut und angeregt, daß ich diese plastische Anregung bei meiner eigenen Arbeit am Goetheanum verwenden werde."

Beim Plastizieren mit einer der oberen Klassen kamen interessante Bildungen heraus. Eine davon erregte meine besondere Anteilnahme. Mir schien eine undurchschaubare Realität damit verbunden zu sein. Als

Rudolf Steiner daraufhin angesprochen wurde, mit dem Bekenntnis einer gewissen Erahnung, aber nicht Erfassung des vorliegenden Phänomens, lächelte Rudolf Steiner gütig verständnisvoll und sagte: „Das stimmt schon, Sie haben es hier mit einem medizinischen Falle zu tun. Sie werden bei der Weiterentwicklung der plastischen Übungen auf solche geheime Realitäten stoßen."

Diese bedeutsame Aufklärung wirkte sich unmittelbar als ein Impuls in mir aus, indem ich in der Folgezeit des öfteren nicht nur zu Diagnosen krankhafter Phänomene gelangte, sondern in verschiedenen Fällen durch bestimmte künstlerische Aufgaben die Heilung anzuregen vermochte.

Max Wolffhügel

Ein Chauffeur Rudolf Steiners erzählt

Auf der Fahrt zwischen Stuttgart und Dornach gab es eine Fahrtunterbrechung, meist in Freiburg. Da sagte Dr. Steiner jedesmal: „Hald, stärken Sie sich, daß Sie uns nicht umschmeißen!" Als Hald nach Wartung des Autos in das Lokal kam, hatte Dr. Steiner dafür gesorgt, daß für Hald jedesmal eine Flasche besten Weines und ein Schnitzel bereitstand.

Nach vierzig Jahren ist Hald noch so beeindruckt von der Güte und Menschenfreundlichkeit, die Dr. Steiner trotz seiner außergewöhnlichen Inanspruchnahme jedem entgegenbrachte.

Hald erkannte die übergroße Inanspruchnahme und fragte Dr. Steiner: Wollen Sie nicht mal ausspannen? Antwort: Habe keine Zeit! Auf Halds Bedenken wegen möglicher Folgen war Dr. Steiners Antwort: Dann ist's vorbei...

Im „Pfauen" in Freiburg im Beisein von Herrn von Grunelius erinnert sich Hald an den Ausspruch von Dr. Steiner: „Ich werde es nicht mehr erleben, aber Ihr werdet es erleben, 1938/39 wird ein Krieg sein, wie ihn die Welt noch nie erlebt hat. Wer überlebt, wird bessere Zeiten haben."

Auf meine Frage, ob Dr. Steiner das Fahrtempo bestimmt habe, erklärte Hald, daß er nie wegen der Fahrweise einen Wunsch geäußert habe und nie einen Tadel aussprach.

Else Deutsch

Beim Bau des Goetheanum

Eines Tages wurden die Pläne des Baues besprochen. Graf Lerchenfeld übernahm deren Erklärung und hielt einen Vortrag. Alles hörte begeistert zu. An Hand der Pläne wurde gezeigt, wie die verschiedenen Räume gelegt sein sollten. Man zeigte uns die Lage der reichlich mit Licht bedachten Ateliers, dann aber auch die bescheideneren Räume, die für die Unterhaltung eines kleinen Gewerbes, für Näherinnen, für Studenten, Schriftsteller usw. vorgesehen waren. Diese Räume allerdings hatten keine so großen Fenster, ja, sie sahen in allem recht bescheiden aus.

Da sah man Dr. Steiner nach seinem Zwicker greifen und mit diesem gegen den Daumennagel klopfen. Wer oft um Dr. Steiner war, der wußte, was dieses Klopfen am Daumennagel bedeutete. Er war mit einer Sache nicht einverstanden. Er meldete sich zu Wort und bemerkte, daß er mit den kleinen Fenstern, mit denen die nacherwähnten Räume bedacht, nicht einverstanden sei. Eine Näherin, wie auch ein Student, benötigen so gut belichtete Räume wie die bildenden Künstler. Licht ist ebenso wichtig wie Nahrung. Licht bewirkt außerdem, daß beim Schaffen die Phantasie reger wird. Er bat eindringlich, auch die bescheideneren Räume reichlich mit Licht zu versehen.

Damals hat man zur Zeichnung von „Bausteinen" Listen aufgelegt. Es geschah, daß gleich am ersten Nachmittag 80 000 Mark gezeichnet wurden. Als Dr. Steiner davon erfuhr, zeigte er sichtbare Freude und sagte begeistert, nach solch einer großen Opferfreude dürfe er mutig an sein Werk gehen. Graf Lerchenfeld aber, der Pläne und Kostenvoranschläge ausgearbeitet hatte, meinte darauf: „Gewiß, Herr Doktor, es wird damit schon werden, wenn öfters solche Summen gezeichnet sind, doch vorläufig reicht ein Betrag wie der heute gezeichnete knapp für eine der im Innern geplanten 14 Säulen. Noch ist es ein weiter Weg, bis wir die Mauern aufrichten und alles überdachen können." Aber Dr. Steiner strahlte wie jemand, der eine große Erbschaft angetreten hat und antwortete: „Der Ackermann freut sich zuweilen mehr über das Keimen und Aufgehen einer Saat, als dann über die Ernte. Ich sehe, daß ein guter Opferwille vorhanden ist, und so wird auch alles gut werden."

Roberto Sobeczko

Aus Briefen eines alten Wiener Mitgliedes

Es war während einer der Proben, ich glaube des 4. Mysterien-Spieles, als Rudolf Steiner einmal auf der Bühne des Gärtnerplatz-Theaters im Gespräch mit dem Theater-Friseur und umgeben von einer Anzahl unserer mitspielenden Freunde stand und dem Friseur Anweisungen für die verschiedenen benötigten Perücken gab. Ich stand, in Gesellschaft zweier Freunde, in der gegenüberliegenden Ecke der Bühne im Gespräch, als Rudolf Steiner plötzlich, begleitet von seiner ganzen Corona auf uns zukam, mir in meinen damals noch vollen roten Haarschmuck griff und ein Büschel Haare zwischen seinen Fingern wuzzelnd, laut sagte, mich dabei etwas schelmisch anschauend: „Ja, ja, das ist die rechte Farbe für den *Luzifer.*" Ich glaube, ich lachte mit den anderen mit. Aber eine Herabdämpfung meines (Feuer-)Eifers für das Theaterspielen hatte das nicht zur Folge gehabt.

Als Rudolf Steiner im Jahre 1907 zum ersten Male nach Wien kam in die damalige Theosophische Gesellschaft, um Vorträge zu halten, da gab es auch eine kleine Anzahl von jüdischen Menschen, die sofort nach seinen Vorträgen und Aussprachen mit ihm sich ihm als Schüler anschließen wollten. Ich tat es auch.

Im Jahre 1911, nach dem Zyklus Okkulte Geschichte, durfte ich Rudolf Steiner anfangs Januar sprechen. Worüber wir zuerst sprachen (ich hatte damals auch den Vorträgen zwischen Stuttgart und Frankfurt beigewohnt), weiß ich heute nicht mehr. Aber das Folgende habe ich mir Wort für Wort gemerkt: *„Die Juden erhalten in bezug auf den Christus wieder einmal eine Mission."* Ohne Kommentar. Ich habe diesen Ausspruch nach Beginn des Zweiten Weltkrieges Albert Steffen und später wenigen anderen Freunden zur Kenntnis gebracht. *Robert Lissau*

In Koberwitz

Es war (etwa) am 11. Juni 1924 während des Landwirtschaftlichen Kursus im Hause Keyserlingk in Koberwitz bei Breslau. An diesem Tage war ich unter etwa 20 sich an den Festtagen abwechselnden Gästen zur Mittagstafel geladen. Rudolf Steiner saß an der Spitze des Tisches, flankiert von Frau Marie Steiner, Frau (Helmuth) von Moltke und Graf und Gräfin Keyserlingk. Während der Mahlzeiten hatte Graf Keyserlingk sich angewöhnt, Rudolf Steiner über die Aussichten von Politik und Wirtschaft ein wenig auszufragen. Er wollte gar zu gern wissen, was die damalige Zukunft bringen würde. Das wurde nun an jenem Tage Rudolf Steiner — jedenfalls bei der Mahlzeit — sichtlich zuviel. Mit Humor stoppte er die Fragen und erklärte, er würde nun lieber eine kleine Geschichte erzählen. Diese Äußerung hatte zur Folge, daß ich mich auf das nun Kommende freute und dies wohl auch auf meinem damals sehr jugendlichen Gesicht zeigte. Mit einemmal wendet sich Rudolf Steiner über die halbe Tafel weg zu mir und fragt: „Ja, kennen Sie die Geschichte schon, die ich jetzt gerade erzählen will?" (Es folgt eine harmlose Anekdote über den Philosophen Kuno Fischer in Heidelberg.)
Kurt v. Wistinghausen

Die Blumenfrau

Im Mai 1924 sollte Dr. Steiner in Paris Vorträge halten. Durch einen mißlichen Umstand wurde der D-Zug verpaßt, und wir warteten in Basel auf einer Hotel-Terrasse auf den nächsten Zug. Es wurden lebhafte Gespräche geführt.

Nach einiger Zeit trat eine Blumenfrau an unseren Tisch und bot ihre Blumen an. Die Herren winkten einer nach dem anderen ab. Als sie zu Rudolf Steiner kam, schaute dieser einen Augenblick auf und wählte dann so viele rote Rosen aus dem Korb, als Damen am Tisch saßen, und überreichte sie uns.
Hildegard Müller-Fürer

„Ja, bi Gott, er kann's"

Frau H. von Arx, Hebamme von Dornach, erzählte aus ihrer Jugend, etwa aus dem Jahre 1914, folgendes Erlebnis:

Ihr Vater, der Küfer und Landwirt Zeltner von Oberdornach, der sich Müßiggängern gegenüber oft etwas drastisch verhielt, war einst auf seiner Wiese am Melchers Graben beim Mähen. Seine Tochter Hermine half ihm mit Verzetteln der hohen Maden. Als ein Spaziergänger in langsamen Schritt daherkam und zu Zeltner, der fast in Schweiß gebadet war, sagte: „Das ist ein mühsames Schaffen", gab dieser reichlich barsch zur Antwort: „Was verstehen die Herren, die noch spazieren können!" Der ältere Mann entgegnete darauf: „Das habe ich auch schon gemacht." „Ja, so seht Ihr aus", murrte Zeltner. Aber der Herr sagte ruhig: „In meiner Jugend habe ich für unsere Geißen oft einen steilen Bahndamm abgemäht." Er ging auf Zeltner zu, nahm ihm die Sägesse (Sense) aus der Hand und begann völlig korrekt zu mähen. Da rief Zeltner aus: „Ja, bi Gott, er kann's!"

Die beiden betrachteten dann das Gras zusammen und unterhielten sich darüber, welche Kräuter die beste Milch geben. Der fremde Herr erwies sich als ebenso guter Kenner aller Grasarten wie Zeltner.

Er erkundigte sich dann, ob die überschüssige Milch verkauft werde, und als dies bestätigt wurde, ließ er von da ab täglich die Milch bei der Familie Zeltner holen. Es war Rudolf Steiner.
Hans Kühn

Bibliographie

Die Veröffentlichung der Aufsätze erfolgte in den nachstehend aufgeführten Heften der „Mitteilungen aus der anthroposophischen Arbeit in Deutschland" (Stuttgart, 33. Jahrgang 1979; Redaktion E. Beltle und K. Vierl), herausgegeben von der Anthroposophischen Gesellschaft in Deutschland. Ergänzend werden Buchveröffentlichungen genannt, die mit den Aufsätzen in engem Zusammenhang stehen bzw. aus ihnen hervorgegangen sind.

Baditz-Stein, Nora von	Heft 15, 1951
Bartsch, Moritz	Heft 71, 1965
Benzinger, Max	Heft 65, 1963
Bock, Emil	Heft 21, 1952

vergl. E. Bock, Rudolf Steiner. Studien zu seinem Lebensgang und Lebenswerk. 2. Aufl., Stuttgart 1967

Büchenbacher, Hans	Heft 125, 1978
Bühler, Walther	Heft 110, 1974
Conradt, Walter	Heft 3, 1947
Deventer-Wolfram, Erna van	Hefte 78, 1966; 78, 1966; 81, 1967; 97, 1971
Dubach-Donath, Annemarie	Heft 97, 1971

vergl. A. Dubach-Donath, Erinnerungen einer Eurythmistin an Rudolf Steiner. 3. Aufl., Dornach 1970

Gärtner, Lothar	Heft 97, 1971
Grosheintz-Laval, N.	Heft 25, 1953
Gümbel-Seiling, Maximilian	Hefte 7, 1949; 54, 1960; 59, 1962; 63, 1963
Haebler, Martha	Hefte 105, 1973; 106, 1973

Hahn, Herbert	Heft 12, 1950

vergl. H. Hahn, Rudolf Steiner, wie ich ihn sah und erlebte. Stuttgart 1961; Der Weg, der mich führte. Stuttgart 1969

Hartmann, Georg	Heft 116, 1976
Husemann, Gottfried	Heft 22, 1952
Klein, Gerhard	Hefte 80, 1967; 75, 1966
Koschützki, Rudolf von	Heft 11, 1950
Kricheldorff, Lutz	Heft 48, 1959
Kühn, Hans	Heft 88, 1969

vergl. H. Kühn, Dreigliederungszeit. Dornach 1978

Kux, Willy	Hefte 93, 1970; 104, 1973

vergl. R. u. W. Kux, Erinnerungen an Rudolf Steiner. Stuttgart 1976

Lehrs, Ernst	Heft 89, 1969

vergl. E. Lehrs, Gelebte Erwartung. Stuttgart 1979

Maier-Smits, Lory	Hefte 15, 1951; 18, 1951
Mayer, Gladys	Heft 113, 1975
Meyer, Rudolf	Heft 28, 1954

vergl. R. Meyer, Rudolf Steiner, Anthroposophie Herausforderung im 20. Jahrhundert. 3. Aufl., Stuttgart 1975

Molt, Emil	Heft 87, 1969

vergl. E. Molt, Entwurf meiner Lebensbeschreibung. Stuttgart 1972

Münch, Martin	Heft 11, 1950
Müller, Heinz	Hefte 83, 1968; 84, 1968; 86, 1968

vergl. H. Müller, Spuren auf dem Weg. 2. Aufl., Stuttgart 1976

Neumeister, Johannes	Heft 12, 1950
Pals, Leopold van der	Heft 6, 1948
Petersen, Adelheid	Hefte 10, 1949; 82, 1967
Pickert, Siegfried	Heft 11, 1950

vergl. S. Pickert, 50 Jahre Heilpädagogischer Kurs. Arlesheim 1975

Ranzenberger, Hermann	Heft 6, 1948

vergl. H. Ranzenberger, Lebenserinnerungen an Dr. Rudolf Steiner. Dornach 1956

Rath, Wilhelm	Hefte 26, 1953; 28, 1954; 32, 1955; 35, 1956; 71, 1965; 92, 1970
Rißmann, Rudolf	Heft 33, 1955
Schmiedel, Oskar	Heft 7, 1949

Schubert, Karl	Heft 6, 1948
Schweitzer, Albert	Heft 114, 1975
Steiner, Marie	Heft 7, 1949

vergl. R. Steiner/M. Steiner - von Sivers, Briefwechsel und Dokumente 1901—1925. Dornach 1967

Stibbe, Max	Heft 52, 1960
Stracke, Viktor	Hefte 73, 1965; 78, 1966
Theberath, Hans	Heft 102, 1972
Treichler, Rudolf	Hefte 108, 1974; 109, 1974
Turgenieff, Assja	Heft 15, 1951

vergl. A. Turgenieff, Erinnerungen an Rudolf Steiner. 2. Aufl., Stuttgart 1973

Weißert, Ernst	Heft 110, 1974
Wistinghausen, Kurt von	Heft 21, 1952
Woloschin, Margarita	Hefte 115, 1976; 117, 1976; 118, 1976; 119, 1977; 120, 1977

vergl. M. Woloschin, Die grüne Schlange. 5. Aufl., Stuttgart 1976

Wolffhügel, Max	Heft 99, 1972

vergl. M. Wolffhügel, Bekenntnisse. Stuttgart 1973

Errata:

S. 54   Zeile 9, 12, Buddhi statt Budhi.
S. 107 Zeile 20 v. unten, Hamerling statt Hammerling.
S. 136 Die ersten beiden Zeilen sind in den zweiten Absatz, nach der 7. Zeile, einzuordnen.
S. 164 Der Spruch hat keine Leerzeile.
S. 222 Anm.: Der Titel der Schrift ist Michael gegen Michel.

RUDOLF STEINER — STUDIEN ZU SEINEM LEBENSGANG UND LEBENSWERK

von *Emil Bock*. Herausgegeben von *G. Kačer-Bock* und *Erich Gabert*
2. Auflage, 407 Seiten, 17 Abbildungen auf Tafeln, Leinen
„Eine ‚erste Einführung' in das Leben und Werk Rudolf Steiners können und wollen diese Vorträge nicht sein. Sie wenden sich an Menschen, denen ein tieferes Eindringen in das Wesen der Anthroposophie ein ernstes Anliegen ist, und die deshalb auch die Lebenswege Rudolf Steiners als des Begründers der Anthroposophie besser und tiefer erkennen wollen."
Aus dem Vorwort

DER WEG, DER MICH FÜHRTE

Lebenserinnerungen von *Herbert Hahn*
600 Seiten, Leinen
Dr. Herbert Hahn gehört zu den Initiatoren und ersten Lehrern der Stuttgarter Waldorfschule, die 1919 als Keimzelle der heute weltweiten Waldorfschulbewegung von Rudolf Steiner begründet wurde. Seine umfangreiche pädagogische Tätigkeit und sein literarisches Werk hat einen großen Freundes- und Leserkreis gefunden, der schon lange auf die Veröffentlichung seiner Lebenserinnerungen wartet.

DIE GRÜNE SCHLANGE

Lebenserinnerungen von *Margarita Woloschin*
4. Auflage, 384 Seiten, Leinen
„Am stärksten aber bezwingt den Leser die leidenschaftliche Sehkraft der Woloschin, dieser Dichterin und Malerin, die jedes geschaute Bild in eine Ikone am Seelenweg ihrer Erinnerungen verwandelt."   Merkur

ERINNERUNGEN AN RUDOLF STEINER
und die Arbeit am ersten Goetheanum

von *Assja Turgenieff*
2. Auflage, 113 Seiten, 4 Abbildungen, kartoniert
„Assja Turgenieff hat mit ihren Erinnerungen etwas wirklich Originäres an die Reihe der Schriften angefügt, die sich mit Rudolf Steiners Wirken befassen."   Mitteilungen aus der anthroposophischen Arbeit

VERLAG FREIES GEISTESLEBEN

DER LEHRERKREIS UM RUDOLF STEINER
in der ersten Waldorfschule

Lebensbilder und Erinnerungen, herausgegeben vom Lehrerkollegium der Freien Waldorfschule Stuttgart-Uhlandshöhe durch *Gisbert Husemann* und *Johannes Tautz*
416 Seiten, 52 Tafeln nach Porträtfotos, Leinen

Die Lebensberichte aus dem Kreis der ersten Waldorflehrer machen einen Vorgang sichtbar, der geschichtliche Bedeutung hat: die Begründung der ersten Waldorfschule durch Rudolf Steiner. Auf Bitten des Schulgründers Emil Molt hatte er die Schulleitung übernommen und bis zu seinem Tode ausgeübt. Während dieser Zeit von sechs Schuljahren haben etwa 55 Lehrer am Aufbau der Schule mitgearbeitet. Dieses von Rudolf Steiner geleitete Kollegium ist zu einem kulturpädagogischen Phänomen geworden und ihre „Urlehrer" zu Vorbildern für die heute über einige Kontinente der Erde verteilten Lehrerkollegien der internationalen Waldorfschulbewegung.
„In jedem Fall ist die einzelne Biographie von der Geistmächtigkeit, die von dem Gründer und Lehrer der Lehrer ausging, wie auch von der tief verwandelnden Kraft, die bis in das individuelle Geschick wirkt. Mit einem Gefühl der Dankbarkeit und der Beeindruckung legt man den Band aus der Hand, erfährt, wie das, was heute in Ausbreitung begriffen ist, durch die Kraft einzelner Individualitäten geschaffen, im persönlichen Ringen und in eindrucksvoller biographischer Entwicklung die ersten Schritte nahm, wie geistige Wirksamkeit fast handgreiflich sich verdichtet hat." Erziehungskunst

ENTWURF MEINER LEBENSBESCHREIBUNG

von *Emil Molt*. Nachwort von Johannes Tautz
Anhang mit Dokumenten aus der Zeit der Schulgründung und Dreigliederungsbewegung
260 Seiten, 8 Abbildungen, kartoniert

„Entwurf meiner Lebensbeschreibung" nannte Emil Molt (1876—1936) bescheiden seine Biographie. In Wirklichkeit ist es die fesselnde Darstellung eines Lebens, das man als das des ersten modernen Mitteleuropäers bezeichnen könnte." Menschenschule

VERLAG FREIES GEISTESLEBEN

RUDOLF STEINER: MEIN LEBENSGANG

2. Auflage, 355 Seiten, Taschenbuch
Rudolf Steiners Autobiographie umfaßt die Jahre seiner Kindheit und Jugend bis zum Münchner Kongreß 1907.

WIR ERLEBTEN RUDOLF STEINER

Erinnerungen seiner Schüler. Herausgegeben von *M. J. Krück v. Poturzyn*
5. Auflage, 274 Seiten, Taschenbuch
Beiträge von: George Adams / Emil Bock / Gottfried Haaß-Berkow / Herbert Hahn / Grete Kirchner-Bockholt / Ernst Lehrs / Kurt Magerstädt / Lory Maier-Smits / Ehrenfried Pfeiffer / Maria Röschl-Lehrs / Karin Ruths-Hoffman / Albrecht Strohschein / Guenther Wachsmuth / F. W. Zeylmans v. Emmichoven.

RUDOLF STEINER
Anthroposophie: Herausforderung im 20. Jahrhundert

von *Rudolf Meyer*
4. Auflage, 200 Seiten, Taschenbuch
Dieses Buch berichtet über den Lebensgang Rudolf Steiners und sein Lebenswerk, die Anthroposophie. Es zeigt, wie dieses Werk aus der Ideenwelt Goethes und der klassischen deutschen Philosophie hervorwächst. Es gibt Auskunft über die Erkenntnisgrundlagen der Anthroposophie und eröffnet Ausblicke auf eine neue Kosmologie und Geschichtsbetrachtung. Es weist auf neue Wege, die auf vielen Arbeitsgebieten, wie Pädagogik, Landwirtschaft, Heilpädagogik, Medizin usw., schon beschritten werden und anthroposophisches Denken praktisch verwirklichen.

RUDOLF STEINER UND BRUNN AM GEBIRGE

Unbekanntes aus seinen Jugendjahren. Von *Ludwig Müllner*
52 Seiten, 5 Tafeln, kartoniert
Diese biographisch sehr interessante Studie berichtet über eine Zeit, die Rudolf Steiner in seinem „Lebensgang" ausläßt, die aber — keimhaft zunächst — den Beginn der Anthroposophie in sich barg. Manches Unbekannte wird hier berichtet, und so bildet dieses Bändchen eine gute Ergänzung zum „Lebensgang". (Siehe S. 17)

VERLAG FREIES GEISTESLEBEN